디지털 콘텐츠의 이해

Digital Contents

노영희

도서출판 청람

∷ 머리말

21세기 정보통신기술의 발전으로 전 지구적 인프라가 구축이 되었고, 인터넷을 통해 유통되는 수많은 정보원으로부터 원하는 정보원을 신속하게 검색해서 제공하는 방법들도 지속적으로 발전하여 이제는 어느 정도 안정기에 접어들었다고 할 수 있다. 또한 전 세계의 도서관 · 정보센터, 데이터베이스 제공업체, 출판사 등에서 제공하는 지식정보들을 하나의 인터페이스를 통해 제공하기 위해 세계적인 학술정보망을 구축하고 있고, 기타 각종 기관 및 개인에 의해 구축된 정보들은 포털사이트들을 중심으로 제공되고 있으며, 더 나아가 학술정보망의 서지정보가 포털사이트와 연계되어 서비스되는 단계까지 발전하여 왔다. 즉, 지구촌 곳곳에서 구축된 모든 지식정보들에 접근하고 이용하기 위한 인프라 구축 및 정보통신기술의 발전, 그리고 정보망은 어느 정도 만족할 만한 수준에 도달했다고 할 수 있다.

이제는 콘텐츠다. 초고속 정보고속도로 위를 달리게 될 콘텐츠를 어떻게 구축하고 또 어떠한 내용을 구축하느냐가 관건이며, 이러한 콘텐츠를 구축하여 제공함으로써 다양한 방법으로 수익을 창출하고자 하는 업체들이 등장하게 되었다.

그러나 최근 들어, 콘텐츠를 기반으로 하는 인터넷업체들의 수익창출을 위한 방안으로 콘텐츠 유료화에 대한 논의가 활발히 진행되고 있다. 디지털콘텐츠를 기반으로 하는 업체의 수익모델은 크게 주요 수익원으로 광고비, 구독료와 보조 수익원으로 전자상거래, 라이선스 등으로 분류할 수 있다. 그러나 실질적으로 대다수의 디지털콘텐츠업체들은 무료 콘텐츠를 제공하고 접속건수를 높여 광고를 유지하는 수익모델에 높은 의존도를 보여 왔다. 그러나 온라인 광고 지출이 감소하면서 수익원으로서의 광고에 대한 우려가 확산되고, 이는 다시 디지털콘텐츠업체의 수익성 전반에 대한 회의론으로 이어지면서 투자자의 외면을 초래하는 상황을 가져왔다. 이에 대한 타개책으로 디지털콘텐츠업체는 콘텐츠를 이용하는 인터넷 사용자에게서 직접 수익을 창출하는 콘텐츠 유료화를 수익성 증대방안으로 추진하기 시작했다. 구체적으로 국내의 경우, 만화, 영화, 게임, 성인 대상 웹캐스팅 등 엔터테인먼트콘텐츠와 재테크 등 경제관련 콘텐츠, 그리고 교육용 콘텐츠를 중심으로 유료화를 진행하고 있거나 추진 중이다.

이 책에서는 이러한 디지털콘텐츠의 개념에 대해서 살펴보고 디지털콘텐츠 제작에 필요한 기술 및 기술개발 현황에 대해서 기술하고 있다. 또한 콘텐츠가 유통되는 단계에서 야기되는 저작권 문제 및 법적 관리, 디지털콘텐츠의 유료화, 그리고 디지털콘텐츠산업의 동향 및 현황에 대해서 살펴봄으로써 디지털콘텐츠에 대한 이해를 높이고자 하였다.

끝으로 이 책을 출판하기까지 정보자료 수집 및 원고 교정 등에 정성과 노고를 아끼지 않은 건국대학교 문헌정보학과 박은주, 허성옥, 임지현, 윤다영 연구원에게 깊은 감사를 드린다.

2014년 2월

노영희

:: 차례

Chpater 03 디지털콘텐츠의 기술

Chpater 04 디지털콘텐츠의 법적 권리

Chapter **01**

디지털콘텐츠의 개요

1. 콘텐츠의 개념
2. 디지털콘텐츠의 개념
3. 디지털콘텐츠의 특징
4. 디지털콘텐츠의 장 · 단점
5. 디지털콘텐츠의 분류

1. 콘텐츠의 개념

콘텐츠(contents)란 단어는 매우 여러 가지 뜻으로 광범위하게 사용되고 있기 때문에 그 정확한 뜻을 정의하기는 어렵다(Harris 1998). 콘텐츠는 본래 문서나 연설 등의 내용이나 목차 · 요지를 뜻하는 말이었다. 그러다 정보통신기술이 빠르게 발달하면서 각종 유 · 무선통신망을 통해 제공되는 디지털정보나 그러한 내용물을 총칭하는 용어로 널리 쓰이게 되었다.

콘텐츠의 사전적인 의미로는 두 가지가 있다. 첫째는 '내용, 알맹이, 목록' 등을 의미하며, 둘째는 '만족시키다, 기쁘게 하다' 등의 의미로 사용된다. 결국 콘텐츠의 본래적 의미는 구체적인 알맹이이자 내용인 동시에 이를 통해 만족을 줄 수 있는 것이라는 의미로 유추 · 해석할 수 있다(송해룡 2002).

일반적으로 콘텐츠는 말이나 문장 또는 여러 종류의 예술작품과 같이 어떤 매체를 통해서 표현되어지는 내용을 뜻한다. 어떤 대상이 콘텐츠가 되기 위해 가장 중요한 요소는 그것이 누군가에게는 나름대로의 중요한 의미를 제공해 줄 수 있어야 한다는 것이다(오익재 2002). 이는 콘텐츠가 이용자에게 제공되었을 때 그 이용자가 가치와 효과를 누릴 수 있어야 한다는 뜻이다.

콘텐츠는 인류역사와 함께 존재하였다. 선사시대에는 바위에 새긴 벽화의 형태로, 글자가 출현한 후에는 비석에 새긴 글의 형태로, 종이와 인쇄술의 발명 이후에는 종이책의 형태로 존재하였다. 현시대에는 음반, 비디오, CD 등 다양한 저장매체의 발전과 함께 콘텐츠는 다양한 형태로 기획 · 제작 · 저장되어 유통 · 활용 · 소비되고 있다.

즉, 콘텐츠는 과거에는 논문, 서적, 문서의 내용이나 그 목차를 의미하는 말이었지만, 최근에는 영화, 방송, 뉴스 등 미디어의 내용이나 게임, CD롬 타이틀 등 컴퓨터 관련 각종 저작물의 내용을 지칭하는 말로 사용되고 있다. 지금까지 콘텐츠산업으로 분류되어 온 것은 출판, 음악, 영화, 방송, 프로그램, 뉴스, 애니메이션 등 영상 분야이었지만 이제 인터넷의 지식정보까지 콘텐츠의 산업범주로 포함하게 되었다. 이러한 맥락에서 콘텐츠에 대한 다양한 정의를 살펴보도록 하겠다.

랜덤하우스의 정의에 따르면 일반적으로 콘텐츠란 '말이나 문장 또는 여러 종류의 예술작품과 같이 어떤 매체를 통해서 표현되어지는 내용'을 뜻한다.

앞에서 어떤 대상이 콘텐츠가 되기 위해서는 그것이 누군가에게는 나름대로의 중요한 의미를 제공해 줄 수 있어야 한다(김하진 외 1999)고 하였다. 이는 그것이 필요로 하는 고객에게 제공되었을 때 그 고객이 가치와 효용을 누릴 수 있기 때문이다. 이러한 맥락에서 한국디지털콘텐츠학회는 콘텐츠를 '다양한 미디어를 통해서 그래픽, 텍스트, 동영상, 사운드 등의 멀티미디어적 요소들의 복합적인 형태로 변화되면서 가치와 효용을 제공하는 핵심 지식과 정보'라고 정의하고 있다. 또한 문화체육관광부의 '콘텐츠산업진흥법'과 '문화산업진흥기본법'에서는 콘텐츠를 '부호 · 문자 · 도형 · 색채 · 음성 · 음향 · 이미지 및 영상 등(이들의 복합체를 포함한다)의 자료 또는 정보를 말한다'라고 정의하고 있다.

이처럼 콘텐츠에 대한 정의가 매우 광범위한 것이어서 일반 극장에서 상영되는 모든 영화나 서점에서 볼 수 있는 다양한 형태의 도서, 연속간행물도 모두 콘텐츠의 범주에 포함시킬 수 있다(임은모 1998).

협의의 의미로 콘텐츠에 대한 정의를 종합해 보면, 유 · 무선 전기통신망에서 사용하기 위하여 문자 · 부호 · 음성 · 음향 · 이미지 · 영상 등을 디지털방식으로 제작해 처리 · 유통하는 각종 정보 또는 그 내용물을 통틀어 이르는 개념이다.

콘텐츠는 형식에 따라 비디오콘텐츠와 데이터콘텐츠로 분류할 수 있다. 비디오콘텐츠는 영상콘텐츠로서 영화, 텔레비전 프로그램, 오디오 클립 등이며, 데이터콘텐츠는 문자콘텐츠로서 신문과 잡지, 각종 출판물, 인터넷에서 접할 수 있는 막대한 텍스트정보 등이다. 예전에는 비디오콘텐츠와 데이터콘텐츠가 별도로 제작 · 유통되었지만 디지털화가 진행되면서 이 둘의 경계가 불분명해졌고, 따라서 비디오정보도 데이터정보의 일부로 간주되고 있는 실정이다(유승호 외 2000).

일본멀티미디어포럼에서는 콘텐츠를 특성에 따라 멀티형, 축적형, 쌍방향성, 실시간 정보형, 수집 · 갱신형으로 분류한 바 있다(일본멀티미디어포럼 1998). 멀티형 콘텐츠는 영화나 애니메이션처럼 한 번 제작된 콘텐츠가 다양한 유통경로를 통해 반복적으로 소비되는 콘텐츠이다. 축적형 콘텐츠는 정보가 데이터베이스로 축적되어 이용되는 콘텐츠이며, 쌍방향성 콘텐츠는 서로 정보를 주고받는 데 가치가 있는 콘텐츠로서 커뮤니케이션형 콘텐츠라고도 한다. 그리고 실시간 정보형 콘텐츠는 신문과 텔레비전 뉴스 등 통신회사가 제공하는 속보성 가치가 있는 콘텐츠이며, 수집 · 갱신형 콘텐츠는 정기적으로 정보를 수집 · 갱신하여 데이터베이스로 활용할 수 있는 콘텐츠이다.

2. 디지털콘텐츠의 개념

지식정보사회의 도래로 등장한 디지털기술을 기반으로 한 콘텐츠는 새로운 의미로 다가오고 있다. 콘텐츠는 멀티미디어콘텐츠, 디지털콘텐츠, 인터넷콘텐츠 등으로 혼용되어 사용되고 있는데, 이는 콘텐츠의 형태가 기존의 미디어에서 표현되는 내용물과 다르기 때문이다. 우선 간단하게 이들 개념을 비교해 보면, 멀티미디어콘텐츠는 '멀티미디어적 요소를 지닌 콘텐츠'이고 인터넷콘텐츠는 '인터넷이라는 유 · 무선 정보통신망에서 유통되는 콘텐츠'라고 할 수 있다. 그리고 디지털콘텐츠는 '디지털방식으로 제작되거나 처리된 콘텐츠'를 말한다.

디지털콘텐츠(digital contents)라는 개념은 일반적으로 제작 프로세스에 따라 디지털과 아날로그로 분리되고, PC통신이나 인터넷 등의 유 · 무선통신 유통 여부에 따라 온라인과 오프라인으로, 그리고 이용형태에 따라 멀티미디어와 텍스트 단일미디어로 구분된다.

국내에서 통용되는 디지털콘텐츠에 대한 정의는 '문화산업진흥 기본법' 제2조 5항에 나타난 해석이 주류를 이루고 있다. 이 법에서는 디지털콘텐츠에 대한 정의를 디지털콘텐츠와 멀티미디어콘텐츠를 구분하여 다음과 같이 정의한다.

- 디지털콘텐츠 : 부호 · 문자 · 도형 · 색채 · 음성 · 음향 · 이미지 및 영상 등(이들의 복합체를 포함한다)의 자료 또는 정보로서 그 보존 및 이용의 효용을 높일 수 있도록 디지털 형태로 제작하거나 처리한 것
- 멀티미디어콘텐츠 : 부호 · 문자 · 도형 · 색채 · 음성 · 음향 · 이미지 및 영상 등(이들의 복합체를 포함한다)과 관련된 미디어를 유기적으로 복합시켜 새로운 표현기능 및 저장기능을 갖게 한 콘텐츠

위의 정의들에 따르면 디지털콘텐츠는 전자적 형태로 제작되거나 처리된 모든 콘텐츠를 지칭하며 유 · 무선 인터넷이나 PC통신 등을 이용해서 전달 · 유통되는 디지털콘텐츠를 온라인 디지털콘텐츠라 할 수 있으며 [그림 1-1]과 같다.

세계 여러 나라의 정의를 살펴봄으로써 디지털콘텐츠의 개념에 대한 이해를 높일 수 있을 것이다. 먼저 일본디지털콘텐츠협회가 제작한『디지털콘텐츠백서』에 나타난 정의를 보면 '디지털콘텐츠란 문자 등의 텍스트 데이터나 이미지 데이터, 음성 데이터를 디지털화하는 것'으로 정의되어 있다.

그림 1-1 | 정의에 기반한 디지털콘텐츠의 범위

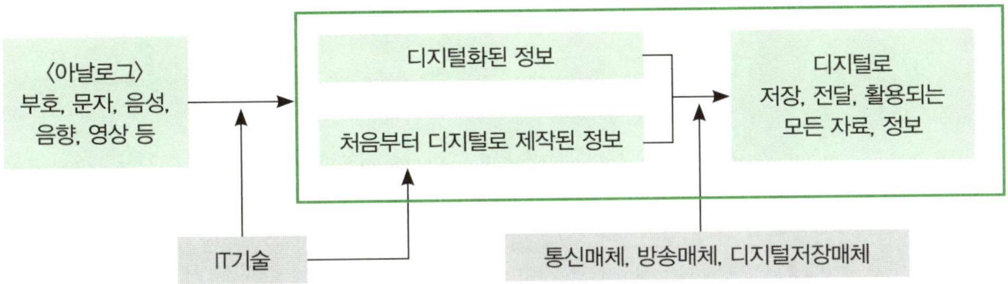

1995년 발표되어 콘텐츠에 관한 초기의 정의로 많이 인용되고 있는 IMO(International Market Observatory, 정보시장관측소)에서는 멀티미디어콘텐츠를 소설, 그림, 사진, 비디오, 음악 등의 멀티미디어 제품 및 서비스의 근간을 형성하는 지적재산권으로 정의했다. IMO의 콘텐츠산업은 출판에서부터 시각서비스, 게임 및 교육용 소프트웨어를 포함하고 있다. 또한 가치사슬의 과정 중 유통에서 소매점, 박물관, 도서관, 영화관, 방송국 등 전통적 유통과 전화, 케이블, 위성, 무선 등의 디지털 유통을 구분하였다.

경제개발협력기구(OECD)에서는 1998년 'Contents as a Growth Industry'를 발표하면서 콘텐츠를 성장산업으로 접근하고 있으나 상호작용성을 기준으로 올드미디어와 뉴미디어를 구분하고 있을 뿐, 그 내용면에서는 콘텐츠의 정의와 구분에 있어서 굳이 새로운 기준을 설정하지 않았다. OECD에서 콘텐츠산업으로 분석한 부분은 서적 및 정기간행물, 영화 및 비디오, 음악, 방송, 컴퓨터서비스 등이다

미국, 캐나다, 멕시코 등 북미의 표준산업분류안을 제시하고 있는 NAICS(North American Industry Classification System, 북미산업분류시스템)에서는 별도로 디지털콘텐츠 분야를 정의하지 않고 ① 정보 · 문화상품을 생산 및 배포하거나 ② 데이터나 커뮤니케이션뿐 아니라 이러한 생산물을 전송 · 배포하는 수단을 제공하거나 ③ 데이터 처리와 관련된 분야를 정보산업(information industry)으로 정의하고 있다. 즉, 정보관련 산업에 대한 관심은 뚜렷하나 콘텐츠산업을 독립적인 산업 분야로 보지 않는다.

호주 연방정부의 경우 커뮤니케이션, 정보기술 및 예술부(Department of Communications, Information Technology and the Arts)에서 2001년에 발표하기를, '디지털콘텐츠라 함은 전자 · 디지털 형태로 제작되고 배포되며, 지적재산권으로

서의 가치가 있는 창조적 생산물'로 정의하고 있다.

리서치기관인 Strategy Analytics사에서는 콘텐츠를 '실시간으로 제작된 혹은 저장장치에서 재생된 데이터, 텍스트, 사운드, 이미지 및 멀티미디어 콤비네이션'으로 정의하고 있다.

이상에서 간략히 살펴본 세계 각국 정부와 연구기관들의 정의에서 알 수 있듯이, 콘텐츠는 저장 · 전달될 수 있는 인류의 모든 표현 및 지식을 의미하고, 디지털콘텐츠는 콘텐츠 중 전자적으로 창조 또는 변환된 것이며, 저장 · 전달에서 획기적인 효율성을 향상시킨 것을 의미한다. 그러나 최근의 정의일수록 전자적 창조보다는 저장 · 전달의 효율성에 초점을 맞추고 있는 것을 알 수 있다(손정훈 외 2002).

위의 정의를 종합 · 정리해 보면, 디지털콘텐츠란 '유 · 무선 정보통신망에서 유통될 수 있도록 부호 · 문자 · 음성 · 음향 · 이미지 또는 영상 등으로 표현된 자료 또는 정보로서, 그 보존 및 이용에 있어서 효용을 높일 수 있도록 디지털방식으로 제작되거나 처리된 콘텐츠'라고 정의할 수 있다. 또한, 디지털콘텐츠는 기존의 콘텐츠를 디지털화하여 제작 · 유통 · 소비하거나 처음부터 디지털방식으로 제작한 것 등을 모두 포함한다.

2.1 멀티미디어콘텐츠와의 관계

멀티미디어콘텐츠에 대한 정의는 명확하게 확립되어 있지 않고, 또한 멀티미디어를 논하는 사람의 목적에 따라 달리 해석되는 경우도 많다. 일반적으로 멀티미디어콘텐츠란 멀티미디어로 구성된 콘텐츠 및 정보내용으로서, 다양한 매체형태로 구성되고 일체화된 정보형태라고 이해되고 있다.

IMO(Information Market Observatory)에서는 '정보콘텐츠 또는 비디오, 음악 등을 막론하고, 멀티미디어 상품이나 서비스를 형성하는 지적재산권을 지칭한다'고 정의하고 있으며(IMO 1995), 소프트웨어종합육성계획의 1998년 자료에서는 멀티미디어콘텐츠를 '문자 · 음성 · 영상 등의 다양한 정보형태가 통합되어 생성 · 전달 · 처리되도록 하는 시스템 및 서비스에서 활용되어지는 정보서비스 내용물'로 규정하고 있다. 그리고 정보통신부의 『정보화백서』에서는 '정보콘텐츠를 디지털화하여 정보기기에 의해 생산 · 유통 · 소비되는 정보콘텐츠와 쌍방향성이 추가되어 광대역 정보통신망 또는 방송망을 통해 송 · 수신되는 정보콘텐츠'로 정의하고 있다(정보통신부

1998).

결국 이러한 정의를 디지털콘텐츠 정의와 비교하여 분석해 보면, 디지털콘텐츠는 그 존재형식에 대한 의미 비중이 강한 반면, 멀티미디어콘텐츠는 콘텐츠 내용에 대한 의미 비중을 강하게 둔 개념이라고 볼 수 있다(정보통신연구원 1997). 즉, 디지털콘텐츠가 기존 정보형태의 디지털화된 개념으로 이해되고 있듯이, 멀티미디어콘텐츠는 개개 멀티미디어의 구체적인 내용들을 가리키는 개념으로 이해될 수 있다. 결국 양자는 상호종속적인 관계라기보다는 형태와 내용의 관계라는 점에서 접근되어야 한다.

2.2 프로그램과 데이터베이스

디지털콘텐츠와 유사한 개념으로 사용하는 것이 프로그램과 데이터베이스라는 개념들이다. 이 세 가지 개념은 모두 디지털로 된 내용이라는 점에서는 매우 비슷하지만 어떤 요소들로 주로 구성되어 있는가 하는 점에서는 서로 다른 특징을 지니고 있다(김진우 2002).

프로그램은 주로 어떤 기능을 제공하는가에 초점을 맞추고 있다. 예를 들어, 셈틀프로그램(spreadsheet)은 정확한 수치 계산을 할 수 있는 기능을 제공하고 있으며, 글틀프로그램(word processor)은 글을 효과적으로 쓸 수 있는 기능을 제공하고, 발표용 프로그램(presentation)은 발표 자료를 손쉽게 만들 수 있는 기능을 제공한다. 따라서 이러한 프로그램들의 목적은 특정 기능을 효과적이고 효율적으로 제공하는 것이다. '저작권법' 제2조 제16호에서는 컴퓨터프로그램저작물을 '특정한 결과를 얻기 위하여 컴퓨터 등 정보처리능력을 가진 장치 내에서 직접 또는 간접으로 사용되는 일련의 지시 · 명령으로 표현된 창작물'로 정의하고 있으며, '소프트웨어산업진흥법'에서는 S/W를 '컴퓨터 · 통신 · 자동화 등의 장비와 그 주변장치에 대하여 명령 · 제어 · 입력 · 처리 · 저장 · 출력 · 상호작용이 가능하도록 하게 하는 지시 · 명령(음성이나 영상정보 등을 포함한다)의 집합과 이를 작성하기 위하여 사용된 기술서, 기타 관련 자료를 말한다'라고 정의하고 있어 콘텐츠와 S/W(프로그램을 포함한다)의 가장 큰 구별은 그 정보의 내용이 '스스로 구현될 수 있는가' 하는 점이다. 일반적으로 디지털콘텐츠는 프로그램 등을 통해서만 그 내용에 접근이나 이용이 가능한 반면 S/W는 자체 내에 프로그램이 포함되어 있어서 아주 예외적인 경우가 아니고서는 스스로 그 구현이 가능하다.

한편, 데이터베이스는 주로 '어떤 정보나 자료를 제공하는가'에 초점을 맞추고 있다. 예를 들어 언론사에서 보유하고 있는 인물데이터베이스는 주로 여러 인물에 대한 자료를 제공해 주고 있으며, 기업데이터베이스는 현재 활동을 하고 있는 회사들에 대한 자료를 제공하고 있다. 따라서 데이터베이스들의 목적은 가능한 한 포괄적인 자료를 모아서 제공하는 것이라고 할 수 있다.

반면에 디지털콘텐츠는 기능과 데이터를 같이 제공함으로써 최종적으로 '어떤 경험을 제공하는가'에 초점을 맞추고 있다. 예를 들어, 최근에 각광을 받고 있는 스타크래프트나 디아블로와 같은 전략 시뮬레이션게임의 경우는 레이저 광선이라는 기능을 제공하며, 다양한 등장인물이라는 정보를 제공하고 있다. 하지만 이들 게임에서 중요한 것은 어떤 기능이나 등장인물의 정보를 제공하느냐가 아니라 궁극적으로 게임을 하면서 사용자가 얼마나 재미있고 즐거워하느냐 하는 것이다.

그러나 최근 들어 프로그램과 데이터베이스 및 디지털콘텐츠의 구분이 더 이상 명확하지 않게 되는 추세를 보이고 있다. 예를 들어, 프로그램은 단순히 기능만을 제공하는 것이 아니라 이러한 기능을 좀 더 쉽고 재미있게 사용할 수 있는 여러 가지 자료를 동시에 제공한다. 파워포인트와 같은 발표용 프로그램의 경우는 단순한 화면 편집 기능뿐만 아니라 여러 가지 다양한 슬라이드 양식을 제공함으로써 사용자들이 이를 이용해 전문가 수준의 발표 자료를 만드는 과정을 쉽고 재미있게 느끼도록 지원하고 있다. 동시에 데이터베이스도 방대한 자료만을 단순하게 제공하는 것이 아니라, 이러한 방대한 자료를 효과적으로 사용할 수 있는 여러 가지 기능을 제공한다. 예를 들어, 상품 데이터베이스 등은 상품관련 정보뿐만 아니라 이러한 정보를 검색할 수 있는 기능이나 상품의 특성을 요약할 수 있는 기능, 더 나아가 이러한 정보를 기초로 상거래를 할 수 있는 기능을 제공하고 있다. 따라서 [그림 1-2]에서 보는 바와 같이 프로그램과 데이터베이스의 차이가 점점 없어지고, 이 둘이 디지털콘텐츠로 수렴되는 현상을 볼 수 있다. 따라서 기존의 프로그램 또는 데이터베이스가 디지털콘텐츠화되는 것은 디지털콘텐츠시장이 확산되는 또 하나의 이유가 된다고 할 수 있다.

과거에는 프로그램이나 데이터베이스가 주종을 이루었다면 앞으로는 디지털콘텐츠가 인터넷시대의 대표적인 디지털상품이 될 가능성이 높아졌다. 특히 이러한 디지털콘텐츠는 무조건 기능이 많다거나 정보가 많다고 해서 좋은 것이 아니라 사용자에게 높은 품질의 경험을 제공해 주어야 할 것이다.

그림 1-2 | 프로그램과 데이터베이스의 디지털콘텐츠화

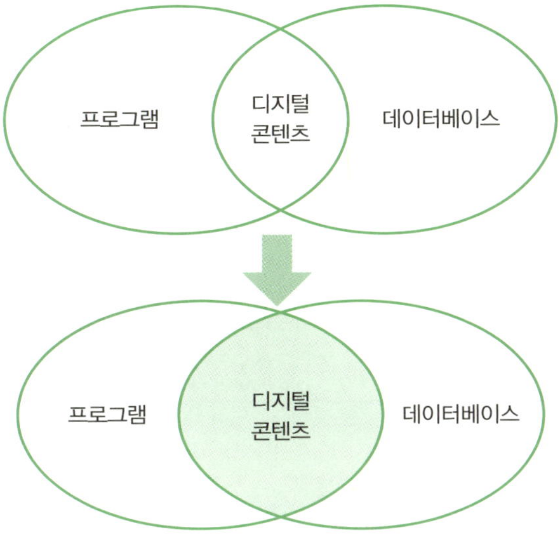

3. 디지털콘텐츠의 특징

디지털콘텐츠의 특징도 보는 관점에 따라 다양하게 정의될 수 있다. 먼저, 디지털콘텐츠를 아날로그콘텐츠와 비교했을 때 가지는 특징과 디지털콘텐츠를 물리적인 관점에서 보거나 경제적 관점에서 본 특징으로 나누어 살펴볼 수 있다.

3.1 아날로그와 비교되는 특징

디지털콘텐츠가 갖는 일반적인 특징을 아날로그콘텐츠와 비교해 보면 [표 1-1]과 같다(이영아, 하재구 1999).

아날로그와 비교되는 디지털콘텐츠의 특징은 첫째, 항상성(indestructibility)이다. 이를 비소모성 또는 비파괴성이라고도 한다. 이는 기존의 아날로그콘텐츠에 비하여 마모나 질의 절하가 없으므로 아무리 복제하여도 제품의 품질이 무제한 유지되는 특성이다.

| 표 1-1 | 아날로그콘텐츠와 디지털콘텐츠의 특징 비교

아날로그콘텐츠	디지털콘텐츠
책, 신문, 라디오, TV 등의 올드 미디어로 제공되는 콘텐츠	총체적인 매체를 활용하여 재창출시키는 제반 내용들
아날로그	디지털
단방향으로 제공	쌍방향으로 제공
콘텐츠 생산자(공급자)와 수요자 구분 명확	정보이용자가 동시에 정보제공자
시공간의 제약을 받음	시공간의 제약 없이 제공
갱신비용이 큼	갱신이 쉽고 비용이 저렴
순차적인 방법에 의해 정보제공	정보습득과정이 비순차적

둘째, 변형가능성(transmutability)이다. 기존의 아날로그콘텐츠와 달리 이용자의 요구에 따라 비용의 추가 등이 거의 없이 자유롭게 정보의 추가, 삭제, 형태 변경 등을 할 수 있는 특성이다.

셋째, 보관의 편리성(custody convenience)이다. 디지털화된 콘텐츠는 압축 등의 기술로 축소하여 원하는 여러 곳에 분산하여 저장할 수 있고 저장에 드는 비용이 아날로그콘텐츠에 비하여 낮다.

넷째, 재생가능성(reproducibility)이다. 보관된 콘텐츠나 타인으로부터 전송받은 디지털콘텐츠는 원형의 변화가 거의 없이 얼마든지 재생복원이 가능하다.

다섯째, 비이전성(non-transferability)이다. 타인에게 이전하더라도 여전히 원래의 콘텐츠가 소유주에게 남아 있어 무한히 콘텐츠의 재전송이 가능하다.

여섯째, 결합성(consolidatibility)이다. 디지털화된 콘텐츠는 원거리 소유자의 정보이더라도 실시간 전송 · 결합이 가능하고 소량의 콘텐츠를 데이터화하여 결합함으로써 가치극대화된 콘텐츠군을 형성할 수 있다.

일곱째, 가치상대성(value relativity)이다. 개인에 따라 디지털콘텐츠에 대한 가치가 달리 평가될 수 있어 콘텐츠의 가격결정이 어렵다.

3.2 물리적 · 경제적 관점에 따른 특징

물리적 관점과 경제적 관점에서 본 특징은 디지털콘텐츠의 아날로그와 비교되는 특징과 완전히 다른 개념에서 설명되는 것은 아니다. 그러나 이를 편의상 분리해서 살펴봄으로써 디지털콘텐츠의 특징을 보다 쉽게 이해할 수 있을 것이다.

디지털콘텐츠는 물리적인 면에서 비파괴성, 쉬운 복제성, 변형가능성이라는 특징을 가지고 있고, 경제적인 면에서는 경험재이며, 공공재이고, 한 번 만들기는 어렵지만 만들어진 콘텐츠를 다시 만드는 데는 추가비용이 거의 들지 않는다는 특징을 가지고 있다. 물리적 관점과 경제적 관점으로 나누어 디지털콘텐츠의 특징을 구체적으로 살펴보면 다음과 같다.

디지털콘텐츠의 가장 중요한 물리적 특징 중의 하나는 비파괴성이라고 할 수 있다. 즉, 디지털콘텐츠는 사용하면서 마모되거나 손상되지 않기 때문에 한 번 구입하게 되면, 이론적으로는 영원히 그 형태와 품질을 유지할 수 있다는 것이다. 따라서 디지털콘텐츠에서는 내구재와 비내구재의 차이가 없어 모든 콘텐츠가 내구재라고 볼 수 있다. 이러한 특징은 사업자들에게 기존의 물리적인 제품과는 전혀 다른 개발전략을 요구한다. 예를 들어 디지털콘텐츠 개발자는 동일한 내용을 가진 콘텐츠일지라도 이를 사용해 다양한 경험을 할 수 있는 방법을 개발함으로써 같은 콘텐츠를 산 고객에게 다시 판매할 수 있는 방안을 모색해야 한다.

디지털콘텐츠가 가지고 있는 두 번째 물리적 특징은 변형가능성이다. 이는 디지털콘텐츠가 가지고 있는 내용이 짧은 시간 동안에 많이 변화될 수 있다는 것이다. 예를 들어, 실제 세상의 장난감 완구는 한 번 만들어지면 이를 변형하는 것이 어려운 반면에 디지털완구는 사용자가 훨씬 더 쉽게 변형할 수 있다는 특징을 가진다. 이는 공급자가 디지털콘텐츠에 대해서 가지고 있는 통제권이 없어진다는 것을 의미한다. 따라서 디지털콘텐츠는 기존의 상품처럼 한 번 판매되고 마는 상품이 아니며 지속적인 상호작용서비스를 제공하는 상품이라고 할 수 있다.

디지털콘텐츠가 가지고 있는 첫 번째 경제적인 특징은 이것이 경험재(experience goods)라는 것이다. 즉, 고객이 직접 경험해 보지 않는 한 아무리 설명하거나 탐색을 하더라도 디지털콘텐츠의 가치를 정확하게 알기는 힘들다는 것이다. 예를 들면, 우리가 아무리 게임에 대해서 설명을 듣는다고 할지라도 한 번도 그 게임을 해보지 않았다면, 그 게임이 우리에게 주는 가치를 정확하게 알 수 없다는 것이다. 특히 디지털콘텐츠는 그 콘텐츠를 사용할 때마다 매번 경험하는 가치가 바뀌기 때문에 경험재의 성격이 더욱 뚜렷하다고 볼 수 있다. 어제 어떤 게임을 하면서 내가 느꼈던 가치가 오늘 똑같은 게임을 하면서 내가 느끼는 가치와 같으리라는 보장이 없다는 것이다. 따라서 이러한 경험재의 특성을 충분히 반영해서 디지털콘텐츠를 개발하려면 '사용자에게 최적의 경험을 제공해 주는 것'이라는 기본적인 사실을 인식해야 한다.

디지털콘텐츠가 가지는 두 번째 경제적 특징은 그 비용구조에 있다. 즉 처음에 디지털콘텐츠를 만드는 데는 일반적으로 많은 비용이 들어가지만 일단 한 번 만들어 놓으면 하나 더 만들 때에 들어가는 추가비용이 거의 없다. 예를 들어, 디지털애니메이션을 처음 만들어서 첫 고객에게 판매하는 데에는 막대한 제작비용이 들어가지만 일단 한 번 만들어지면 그 애니메이션을 하나 더 복제해서 다음 고객에게 제공하는 데는 비용이 거의 들어가지 않는다. 이러한 특징은 앞에서 살펴본 디지털콘텐츠의 물리적 특징과도 관련이 있다. 또한 이러한 특징은 디지털콘텐츠시장에 불법복제나 해적판이 난무하는 이유이기도 하다. 따라서 디지털콘텐츠에서는 콘텐츠의 지적재산권을 효과적으로 보호할 수 있는 관리방법이 매우 중요한 비중을 차지하게 된다.

디지털콘텐츠가 가지고 있는 세 번째 경제적 특징은 공공재(public goods)라는 점이다. 즉, 내가 어떤 디지털콘텐츠를 쓴다고 하더라도 다른 사람이 동일한 디지털콘텐츠를 쓰는 것을 방해하거나 다른 사람이 가진 디지털콘텐츠의 가치가 감소하지 않는다. 가장 대표적인 사례로 영화 · 비디오콘텐츠를 들 수 있다. 이러한 콘텐츠가 아날로그 형식의 비디오테이프로 되어 있을 때는 어느 한 사람이 비디오테이프를 사용하고 있다면 다른 사람은 그 테이프를 볼 수 없다. 반면에 만약 그 영화 · 비디오콘텐츠가 디지털화되어서 디지털 TV를 통해 제공된다면 다른 사람이 그것을 보고 있다 하더라도 내가 동일한 영화를 보는 것에 방해를 받지 않게 된다. 오히려 대부분의 디지털콘텐츠는 동시에 그 콘텐츠를 사용하는 사람이 많을수록 그 가치가 더 증대하는 경우도 있다. 리니지와 같은 온라인게임이 그 대표적인 예라고 할 수 있다.

4. 디지털콘텐츠의 장 · 단점

디지털콘텐츠는 인터넷망을 이용해 유통될 수 있고, 비교적 쉽게 합쳐지거나 나누어질 수 있으며, 여러 가지 다양한 버전으로 특화될 수 있다는 장점이 있다. 그러나 상대적으로 아직 시장이 작고, 경험을 제공할 수 있는 수단이 제한되어 있으며, 운영에도 여러 가지 어려움을 안고 있다. 디지털콘텐츠에 대하여 일반적으로 지적되는 장단점을 구체적으로 살펴보면 다음과 같다.

디지털콘텐츠의 장점으로는 첫째, 인터넷망을 통해서 배급되고 유통될 수 있다는 것이다. 이는 과거 물리적 상품을 대상으로 한 전자상거래의 발전을 저해했던 가장 큰 문제점이 바로 유통과 배급의 문제였다는 것을 생각하면 매우 중요한 장점이 된다. 특히 디지털콘텐츠는 상품의 제작 및 유통과 최종적인 소비까지도 인터넷을 통해서 일괄적으로 진행될 수 있다는 장점을 가지고 있다. 전자책의 경우에는 책을 저술해 나가는 과정에서도 인터넷을 통해서 많은 사람들이 동시에 책을 써 나갈 수 있고, 완성된 책을 인터넷을 통해서 많은 사람들에게 즉시 배달할 수 있으며, 여러 이용자는 인터넷 브라우저 등을 통해서 책의 내용을 동시에 읽을 수 있다.

둘째, 한 가지 디지털콘텐츠를 여러 부분으로 나눌 수도 있고, 여러 콘텐츠를 모아서 하나의 콘텐츠로 만들 수도 있다. 전자책의 경우, 한 권의 책을 여러 장으로 나누어서 각각의 장을 독립적인 콘텐츠로 만들 수도 있고, 또는 여러 권의 책을 하나의 콘텐츠로 묶어서 대규모의 콘텐츠로 제공할 수도 있다. 따라서 디지털콘텐츠는 물리적 상품보다 훨씬 더 쉽게 새로운 제품이나 서비스를 만들어 내는 것이 가능하다.

또 다른 융합(fusion)의 형태로는 디지털콘텐츠를 중심으로 컴퓨터, 가전, 출판, 방송, 영화산업이 하나로 융합되어 디지털콘텐츠의 중요성을 더해 주고 있다. 이러한 융합의 모습으로 다양한 형태의 정보를 동일한 네트워크로 전달 가능한 '네트워크의 융합', 전화, TV, PC와 같은 사용자 미디어기기가 하나의 단말기에서 수행되는 '미디어기기의 융합', 유 · 무선, 통신, 방송서비스의 통합인 '서비스의 융합' 등 다양한 모습으로 전개되고 있다. 이러한 융합의 결과로 원소스(one-source), 멀티유즈(multi-use)가 가능해졌고, 미디어 간, 서비스 간의 영역 구분이 없어지게 되었다.

셋째, 얼마든지 차별화가 가능하다는 것이다. 같은 뉴스일지라도 그 사람의 취향이나 필요에 따라 적절하게 차별화해서 제공할 수 있다. 이는 기존의 신문에서는 불가능한 일이다. 특히 사람들의 개성이 점점 더 존중되는 사회에서는 개인에게 가장 특화된 서비스를 제공할 수 있다는 이러한 장점이 더욱더 부각될 것으로 보인다.

디지털콘텐츠의 단점으로는 첫째, 물리적인 상품에 비해서 디지털콘텐츠를 판매할 수 있는 시장이 아직은 협소하다는 점이다. 아직까지는 일반 서적을 이용하는 사람들에 비해서 전자책을 이용하는 사람들의 수가 극히 제한되어 있다. 이는 전자책을 보기 위한 플랫폼이 필요하기 때문이다. 그러나 이러한 단점은 디지털콘텐츠를 이용할 수 있는 정보기기의 급속한 증가로 곧 해소될 수 있을 것으로 보인다.

둘째, 사람들이 이를 직접 접할 수 있는 수단이 제한되어 있다는 점이다. 물리적인 상품의 경우에는 사람의 시각, 청각, 미각, 촉각, 후각 등 모든 감각기관을 총동원해 원하는 내용을 사람들에게 전달할 수 있는 반면에, 디지털콘텐츠는 아직은 대부분이 시각 및 청각에 전적으로 의존하고 있기 때문에 이용할 수 있는 수단이 상대적으로 제한될 수밖에 없다. 그러나 이러한 단점도 정보기술이 발전함에 따라 점점 해소될 것으로 보인다. 향기를 전달할 수 있는 컴퓨터나 진동을 느낄 수 있게 해주는 마우스 등이 개발된 것을 보면 알 수 있다.

셋째, 무단복제가 성행하게 되고, 개인정보의 보호가 어려워진다는 점이다. 특히 재생산이 용이하고 저렴하다는 디지털콘텐츠의 특징은 무단복제를 촉진시키는 역할을 하고 있다. 또한 콘텐츠를 사용하는 개인의 정보가 좀 더 쉽게 노출될 수 있기 때문에 개인에게 가장 적합한 콘텐츠를 제공할 수는 있는 이면에 그만큼 개인의 신상정보가 외부로 노출되기 쉽다는 단점이 있다.

5. 디지털콘텐츠의 분류

디지털콘텐츠에 대한 정의가 다양한 만큼 디지털콘텐츠를 분류하는 기준 역시 다양하며, 따라서 분류체계는 각국은 물론 한 국가에서도 각 기관별로 다양하게 나타나고 있다. 디지털콘텐츠에 대한 분류는 대개 학문적인 차원에서라기보다는 실무적이고 비즈니스적인 관점에서 접근이 되고 있는데, 이는 디지털콘텐츠산업이 아직까지는 확장 · 변화되고 있는 산업이기 때문인 것으로 보인다. 현재까지 진행된 분류를 보면 명확한 기준과 원칙보다는 시장의 크기와 상업적 속성에 의해서 규정되고 있는 경향이 강하다(손정훈 외 2002).

국내에서도 콘텐츠를 구분하는 방법을 다양하게 시도하여 왔으며, 그 결과는 분류 목적만큼이나 다양하다. 먼저 콘텐츠는 내용의 성격에 따라 정보콘텐츠와 문화콘텐츠로 구분할 수 있고, 사용자에게 전달되는 매체의 종류에 따라 방송콘텐츠, 인터넷콘텐츠 등으로 구분되기도 한다. 또한 디지털콘텐츠는 저장 및 유통경로에 따라 온라인콘텐츠와 오프라인콘텐츠로 구분된다. 다른 물적 매체를 통하지 않고 인터넷을 통해 유통되는 콘텐츠는 온라인콘텐츠, 그렇지 않은 경우는 오프라인콘텐츠로 구분하는 경우도 있고, 유 · 무선 전화를 이용한 부가서비스, SMS서비스 등도 온라인콘텐츠의 범주에 포함시키기도 한다.

또한 콘텐츠는 제공되는 형태에 따라 세 가지 그룹으로 분류되기도 한다(김진우 2002). 하나의 상품 또는 제품(product)의 형태를 가지고 있는 것이 가장 일반적인 의미의 디지털콘텐츠라고 한다면, 그 자체보다는 그것이 상징하고 있는 실제 세상의 대상에 더 많은 가치가 있는 상징물(symbol or token)로서의 디지털콘텐츠가 있고, 마지막으로 서비스나 프로세스(services or processes)로서의 디지털콘텐츠가 있다.

상품으로서의 디지털콘텐츠는 다시 정보콘텐츠(information contents), 엔터테인먼트콘텐츠(entertainment contents), 그리고 교육콘텐츠(education contents)로 나뉜다.

상징으로서의 디지털콘텐츠는 그 자체로서는 별 가치를 가지지 못하지만 이러한 것들이 실제 세상의 물리적인 대상들을 표현하거나 대표함으로써 가치를 가지는 디지털콘텐츠들이다. 이러한 콘텐츠에 속하는 예로 연극 · 영화 예매사이트 등을 들 수 있다. 이 사이트에 올라오는 콘텐츠 자체가 별다른 가치를 가지고 있지 못하지만 그 콘텐츠가 표현하고 있는 영화표나 연극표는 가치를 가지는 콘텐츠다. 또한 은행, 증권회사 등에서 취급하고 있는 주식이나 채권, 그리고 백화점이나 전문점에서 제공하고 있는 상품권 등이 이러한 콘텐츠와 같은 특성을 갖는다고 할 수 있다.

마지막으로 프로세스로서의 디지털콘텐츠는 눈에 보이는 어떤 콘텐츠로 존재한다기보다는 무형의 프로세스나 서비스가 가치를 제공해 주는 디지털콘텐츠를 의미한다. 인터넷쇼핑몰, 정부의 민원서비스사이트 등이 여기에 속한다고 할 수 있다.

이와 같이 분류기준에 따라 디지털콘텐츠에 대한 분류는 매우 다양하다. 국가 간의 분류체계는 통일되어 있지 않을 뿐더러 한 국가 내에서도 분류체계가 통일되어 있지 않다는 것을 알 수 있는데, 이는 디지털콘텐츠에 대한 정의가 상이하고 또한 디지털콘텐츠의 범위가 예측할 수 없을 정도로 확대되고 있기 때문이라고 할 수 있다. 각국의 여러 기관들의 분류체계를 살펴보는 것은 향후 디지털콘텐츠산업의 발전방향과 범위를 예측할 수 있게 할 것이다.

5.1 일본디지털콘텐츠협회

일본의 디지털콘텐츠협회가 미쓰비시종합연구소에 의뢰해서 수행한 『디지털콘텐츠백서』 조사에 따르면 디지털콘텐츠는 [표 1-2]에서 보는 바와 같이 크게 패키지, 네트워크, 이동통신, 디지털방송 등 네 부분으로 분류된다. 이는 전송과 유통형태에 따른 분류로 보인다. 또한 디지털콘텐츠산업 전체는 콘텐츠, 프로덕션, 서비스로 나누어진다. 프로덕션과 서비스 부분은 디지털콘텐츠가 탑재하는 각종 전자가전과 통신기기 등을 프로덕션으로 분류하고 통신망과 결제대행 등을 서비스 영역으로 분류하고 있다.

일본디지털콘텐츠협회의 분류는 한마디로 디지털이라는 모든 내용과 형식으로 접근 가능한 영역을 전부 포괄하고 있다.

| 표 1-2 | 일본의 디지털콘텐츠백서 분류

콘텐츠	프로덕션	서비스
〈패키지 유통콘텐츠〉 • 영화계 콘텐츠 – 영상 – 성인물 • 음악계 콘텐츠 – 음악 – 가라오케 • 게임계 콘텐츠 – 게임 • 출판계 콘텐츠 – 내비게이션 – 레퍼런스 – 교육 · 교양 · 오락 〈네트워크콘텐츠〉 • 영상계 콘텐츠 • 음악계 콘텐츠 • 소프트웨어계 콘텐츠 • 출판계 콘텐츠 〈휴대전화용 콘텐츠〉 • 휴대전화용 콘텐츠 〈디지털방송콘텐츠〉 • BS 디지털방송콘텐츠 • CS 디지털방송콘텐츠	〈영화계〉 • 디지털방송기기 – 디지털방송 수신 단말기 – 방송설비(디지털화 관련) • 디지털비디오 – DVD플레이어 – 디지털비디오카메라 • 디지털스틸카메라 〈음악계〉 • 가전 플레이어 – CD/MD 플레이어 – 실리콘오디오 플레이어 • 영업용 가라오케기기 〈소프트웨어계〉 • 컴퓨터 – 개인용컴퓨터 (소프트웨어 포함) – 워크스테이션 • 모바일 툴 – 인터넷용 휴대전화 – 휴대용 단말기(PDA) – 자동차 내비게이션 • 게임기 – 가정용 게임기 – 영업용 비디오게임기 • 인터넷 단말기	〈네트워크서비스〉 • 통신회선(인터넷분) • 인터넷 접속 • 디지털방송 송신대행료 〈네트워크 부가가치서비스〉 • 인터넷 광고 • 디지털방송 광고 • 전자결제서비스 (기업 · 소비자 간 전자상거래용) 〈거점형 서비스〉 • 게임센터 매상 • 가라오케점 매상

5.2 NAICS

1997년 NAFTA(North American Free Trade Agreement) 회원국인 미국, 캐나다, 멕시코가 채택한 NAICS(North American Industry Classification System)는 재화와 서비스를 산출하기 위해 유사 프로세스를 사용하는 경제단위를 한데 묶는 단일경제 개념을 도입한 새로운 형태의 산업분류시스템이다. 미국예산관리청(OMB : Office of Management and Budget), 캐나다통계청(Statistics Canada), 멕시코지리정보통계청(INEGI : Instituto Nacional de Estadistica Geografia e Informatica)이 참여하였으며, 관련 데이터의 수집 · 분류 · 제시 · 분석을 용이하게 하고 각 산업을 기술하는 통계 데이터의 분석 및 발표에 있어 비교가능성과 균질성을 증진시킨다는 큰 틀 아래에서 작업이 이루어졌다. 이 NACIS는 최초로 정보부문을 'Sector 51'의 대분류로 분류함으로써 정보통신 분야에서 큰 주목을 받았다.

NACIS는 분류체계의 제정에 있어 다음의 네 가지 원칙을 적용하였다. 첫째, NAICS는 생산 위주(production-oriented), 또는 공급기반(supply-based)의 개념적 틀을 근간으로 했다. 이는 동일 혹은 유사한 생산공정을 사용하는 생산단위는 NAICS에서 동일 군에 속한다는 것을 의미한다. 둘째, 신산업, 서비스산업, 신기술 생성과 관련된 산업에 대해서는 특별한 관심을 지속적으로 갖기로 했다. 셋째, 최대한 데이터의 시계열 연속성을 유지한다. 넷째, UN의 ISIC 2digit level(division)과 양립성을 갖도록 하는 것 등이다.

NAICS는 [표 1-3]과 같이 2007 개정안의 정보 섹터를 크게 출판산업(인터넷 제외), 영상 및 사운드 레코딩산업, 방송산업(인터넷 제외), 텔레커뮤니케이션, 데이터 처리, 호스팅, 관련 서비스, 기타 정보서비스 등 6개의 하위 섹터로 구성하고 있다.

또 다른 변화는 전통적인 전화사업자와 케이블사업자 간의 구분이 어려워짐에 따라 텔레커뮤니케이션 분야를 유선, 무선, 위성, 기타 통신서비스로 재편하고, 변화하는 관련 산업들의 융합에 따른 진화와 소비자들의 이용행태의 변화 등을 잘 반영하였다는 것이다.

| 표 1-3 | NAICS의 정보산업 분류(2007)

중분류	소분류	세분류
출판산업 (인터넷 제외)	신문, 정기간행물, 책과 디렉터리 출판	신문 출판
출판산업 (인터넷 제외)	신문, 정기간행물, 책과 디렉터리 출판	정기간행물 출판
출판산업 (인터넷 제외)	신문, 정기간행물, 책과 디렉터리 출판	책 출판
출판산업 (인터넷 제외)	신문, 정기간행물, 책과 디렉터리 출판	디렉터리와 메일링 리스트 출판
출판산업 (인터넷 제외)	신문, 정기간행물, 책과 디렉터리 출판	기타 출판
출판산업 (인터넷 제외)	소프트웨어 출판	소프트웨어 출판
영상 및 사운드 레코딩산업	영상과 비디오산업	영상과 비디오 제작
영상 및 사운드 레코딩산업	영상과 비디오산업	영상과 비디오 배급
영상 및 사운드 레코딩산업	영상과 비디오산업	영상과 비디오 전시
영상 및 사운드 레코딩산업	영상과 비디오산업	포스트 프로덕션서비스와 기타 영상, 비디오산업
영상 및 사운드 레코딩산업	사운드 레코딩산업	음반 제작
영상 및 사운드 레코딩산업	사운드 레코딩산업	통합 음반 제작/배급
영상 및 사운드 레코딩산업	사운드 레코딩산업	음악 출판
영상 및 사운드 레코딩산업	사운드 레코딩산업	사운드 레코딩 스튜디오
영상 및 사운드 레코딩산업	사운드 레코딩산업	기타 사운드 레코딩산업
방송산업 (인터넷 제외)	라디오 및 TV방송	라디오방송
방송산업 (인터넷 제외)	라디오 및 TV방송	TV방송
방송산업 (인터넷 제외)	케이블과 기타 유료방송 편성	케이블과 기타 유료방송 편성
텔레커뮤니케이션	유선 텔레커뮤니케이션 전달	유선 텔레커뮤니케이션 전달
텔레커뮤니케이션	(위성을 제외한) 무선 텔레커뮤니케이션 전달	(위성을 제외한) 무선 텔레커뮤니케이션 전달
텔레커뮤니케이션	위성 텔레커뮤니케이션	위성 텔레커뮤니케이션
텔레커뮤니케이션	기타 텔레커뮤니케이션	기타 텔레커뮤니케이션
데이터 처리, 호스팅, 관련 서비스	데이터 처리, 호스팅, 관련 서비스	데이터 처리, 호스팅, 유관 서비스
기타 정보서비스	기타 정보서비스	뉴스 신디케이트
기타 정보서비스	기타 정보서비스	도서관과 아카이브
기타 정보서비스	기타 정보서비스	인터넷출판과 방송, 웹서치 포털들
기타 정보서비스	기타 정보서비스	기타 모든 정보서비스

5.3 JSIC

일본표준산업분류(JSIC)는 산업별 통계조사를 나타내는 통계기준으로서, 재화와 서비스의 생산 및 제공과 관련된 모든 경제활동을 분류하고 있다. 통계의 정확성과 객관성을 유지하고, 통계 결과의 상호 비교 및 이용촉진을 목적으로 1949년에 설정되었으며 지금까지 총 12차례 개정되었다.

| 표 1-4 | JSIC Rev.12의 정보통신부문 분류(2007)

<table>
<tr><th>대분류</th><th>소분류</th><th>세분류</th></tr>
<tr><td rowspan="9">커뮤니케이션</td><td rowspan="2">행정 기관 또는 부가적인 경제활동에 종사 (커뮤니케이션)</td><td>본사 경영업무에 주로 종사</td></tr>
<tr><td>기타 행정기관 또는 부가적인 경제활동에 종사</td></tr>
<tr><td rowspan="4">유선통신</td><td>유선방송 · 전화를 제외한 지역통신</td></tr>
<tr><td>원거리통신</td></tr>
<tr><td>유선방송 · 전화</td></tr>
<tr><td>다양한 유선통신</td></tr>
<tr><td>모바일통신</td><td>모바일통신</td></tr>
<tr><td>통신에 따른 서비스</td><td>통신에 따른 서비스</td></tr>
<tr><td rowspan="9">방송</td><td rowspan="2">행정기관 또는 부가적인 경제활동에 종사(방송)</td><td>본사 경영업무에 주로 종사</td></tr>
<tr><td>기타 행정기관 또는 부가적인 경제활동에 종사</td></tr>
<tr><td>케이블방송을 제외한 공중방송</td><td>케이블방송을 제외한 공중방송</td></tr>
<tr><td rowspan="4">케이블방송을 제외한 사적-분야 방송</td><td>위성방송을 제외한 TV방송</td></tr>
<tr><td>위성방송을 제외한 라디오방송</td></tr>
<tr><td>위성방송</td></tr>
<tr><td>다양한 사적-분야 방송</td></tr>
<tr><td rowspan="2">케이블방송</td><td>케이블 TV방송</td></tr>
<tr><td>케이블 라디오방송</td></tr>
<tr><td rowspan="2">정보서비스</td><td rowspan="2">행정기관 또는 부가적인 경제활동에 종사 (정보서비스)</td><td>본사 경영업무에 주로 종사</td></tr>
<tr><td>기타 행정기관 또는 부가적인 경제활동에 종사</td></tr>
</table>

정보서비스	컴퓨터프로그래밍과 다른 소프트웨어서비스	주문 소프트웨어서비스
		임베디드 소프트웨어서비스
		패키지 소프트웨어서비스
		게임 소프트웨어서비스
	데이터 처리와 정보서비스	데이터 처리서비스
		마케팅이나 의견 리서치서비스를 제외한 리서치 정보서비스
		다양한 데이터 처리와 정보서비스
인터넷기반 서비스	행정기관 부가적인 경제활동에 종사(인터넷기반 서비스)	본사 경영업무에 주로 종사
		기타 행정기관 또는 부가적인 경제활동에 종사
	인터넷기반 서비스	웹포털 공급자
		애플리케이션서비스 공급자
		인터넷지원서비스
비디오, 사운드정보, 문자정보 제작과 배급	행정기관 또는 부가적인 경제활동에 종사(비디오, 사운드정보, 문자정보 제작과 배급)	본사 경영업무에 주로 종사
		기타 행정기관 또는 부가적인 경제활동에 종사
	비디오정보 제작과 배급	텔레비전 프로그램과 애니메이션 제작은 제외한 영상과 비디오 제작
		애니메이션 제작을 제외한 텔레비전 프로그램 제작
		애니메이션 제작
		영상, 비디오, TV 프로그램 배급
	사운드정보 제작	레코딩과 디스크 제작
		라디오프로그램 제작
	신문 발행자	신문업자
	신문을 제외한 출판업자	신문을 제외한 출판업자
	상업적 예술과 그래픽 디자인	상업적 예술과 그래픽 디자인
		비디오, 음성정보, 문자정보 제작과 배급에 따른 다양한 서비스
	비디오, 음성정보, 문자정보 제작과 배급에 따른 서비스	비디오, 음성정보, 문자정보 제작과 배급에 따른 다양한 서비스
		뉴스 연합(뉴스 공급자)

2007년에 개정된 일본표준산업분류(JSIC) Rev.12는 대분류 20개, 중분류 99개, 소분류 529개, 세분류 1,455개로 구성되어 있다. JSIC Rev.12의 기본 목적은 JSIC Rev.11과 마찬가지로 통신산업의 발달과 서비스 경제화 등의 발전에 따른 산업구조의 변화에 부응하고, 통계의 연속성을 유지하면서 명백한 개념과 정의를 가지도록 적절한 분류항목을 설정하며, ISIC와 같은 국제적 산업분류체계와의 비교가능성을 향상시키는 것이다(경기디지털콘텐츠진흥원 2009).

5.4 UN ISIC

국제표준산업분류인 ISIC(International Standard Industrial Classification)는 경제주체들이 행하는 경제활동에 의거하여 산업을 분류하고 있는데, A부터 Q까지 총 17개의 카테고리(단문자 알파벳 코드)로 이루어져 있다. 각각의 카테고리별로 관련 산업이 분류되고, 다시 하위 그룹으로 세분류된다.

1948년 처음 제정된 이래 2002년 3월 3.1버전이 승인되었으며, 비록 별도 체계이긴 하지만 국제표준분류체계에서 처음으로 정보부문(Information Sector)과 정보통신산업부문(ICT Sector)을 규정한 것에 의미가 있다.

ISIC Rev.3.1 정보부문은 특수분류체계로 'Section D'의 'Division: 22-출판, 인쇄, 복제산업', 'Section K'의 'Division: 72-컴퓨터관련 활동', 'Section O'의 'Division: 92-오락, 문화, 스포츠업' 등을 끌어와 하나의 부문으로 규정한다. 즉, 정보 및 문화상품, 이 상품을 가공하는 산업, 이 상품을 유통 혹은 배포하는 산업으로 정보부문을 [표 1-5]와 같이 구성하고 있다.

ISIC Rev.3.1에서 정의하는 정보통신부문(ICT Sector : Information and Communication Technology Sector)은 OECD의 ICT에 대한 정의와 일치한다. 이는 정보통신산업은 크게 제조업과 서비스업이라는 범주하에서 다음과 같이 정의될 수 있다. 첫째, 제조업의 경우, 'ICT'라고 선정된 산업의 선택기준 개념은 산업 중 다음과 같은 목적의 생산물을 생산 · 제작하는 경우이다. 즉, "정보의 전송 및 표현을 포함한 정보의 처리 및 통신기능을 실현시킬 목적으로 생산 · 제조하거나 탐지, 계측, 그리고 물리적 현상의 저장 혹은 물리적 처리의 제어를 위한 전자적 처리(과정)를 이용하고, 또한 위에서 정의한 생산물의 사용을 목적으로 사용되는 주요 구성물"을 포함하는 재화를 생산 · 제조하는 경우 제조업 중 ICT산업으로 분류되는 것이다.

둘째, 용역(서비스)산업의 경우는 정보처리 및 전자적 수단에 의한 통신의 기능을 수행하는 통신 · 방송산업은 물론, ICT 재화의 도매업과 임대업이 포함된다. 그러나 보다 거시적인 시각에서 보면, 정보경제(information economy)는 콘텐츠를 생산하는 경제적 행위들을 포함하며 콘텐츠의 이동 및 표현에 대한 산업 또한 포함하고 있다고 보는 견해가 많다. 이는 광의의 의미에서의 정보사회(information society) 정보경제를 말한다.

ICT부문은 ISIC Rev.3에서 규정한 산업 중에서 ICT산업에 해당하는 부분을 뽑아내어 정의하고 있다. 현재 세계적으로 산업분류체계 내에서 정보부문을 정의하는 것은 선진국을 중심으로 진행되고 있지만, ICT산업을 따로 분류하고 있는 나라는 보이지 않는다. 다만 관련 산업의 동향 파악 및 국제 간의 통계 비교를 위해 특수분류표로 설정하고 있다.

| 표 1-5 | ISIC Rev.3.1 정보부문

중분류	소분류	세분류	
제조업	출판, 인쇄, 복제산업	출판	책, 브로슈어, 음악 책 및 기타 발행물의 출판
			신문, 저널, 정기간행물의 발행
			기록된 미디어(recorded media) 발행
			기타 출판
운송, 저장, 커뮤니케이션	우편과 텔레커뮤니케이션	텔레커뮤니케이션	텔레커뮤니케이션
부동산, 임대, 비즈니스활동	컴퓨터관련 활동	소프트웨어 컨설턴트와 공급	소프트웨어 컨설턴트와 공급
		데이터 처리	데이터 처리
		데이터베이스활동	데이터베이스활동
기타 커뮤니티, 사회 외 개인적 서비스활동	오락, 문화, 스포츠활동	영화, 라디오, TV, 기타 오락활동	영화, 비디오 제작과 유통
			영화 상영
			라디오와 TV 활동
			극 예술, 음악, 기타 예술활동
			기타 오락활동 n.e.c.

기타 커뮤니티, 사회 외 개인적 서비스활동	오락, 문화, 스포츠활동	뉴스 에이전시활동	뉴스 에이전시활동
		도서관, 자료실, 박물관, 기타 문화 활동	도서관과 자료실 활동
			박물관 활동, 역사적 장소와 건물 보존
			동물원, 식물원, 자연보존활동

자료 : 2006 디지털콘텐츠산업 분류체계 재정립 연구

| 표 1-6 | ISIC Rev. 3.1 정보통신부문

중분류	소분류	세분류
제조업	사무, 계산 및 회계용 기기 제조업	사무, 계산 및 회계용 기기 제조업
	전자기기 및 장비 제조업	절연선 및 케이블 제조업
	라디오, TV, 커뮤니케이션기기 및 장비 제조업	전자밸브, 전자튜브 및 기타 전자 구성체 제조업
		TV 및 라디오 송신기, 유선전화기기, 유선문자송 · 수신기 제조업
		TV 및 라디오 수신기, 음향 및 영상 녹음 및 재생장비 및 관련 상품 제조업
	의료, 정밀광학기기, 시계 제조업	계측, 검사장비, 시험장비, 내비게이팅과 기타 목적을 위한 기기 및 응용기기 제조업(산업용 공정제어장비 제외)
		산업용 공정제어장비
도 · 소매업	도매 및 수수료 거래	컴퓨터, 컴퓨터 주변기기, 소프트웨어 도매
		전자 및 텔레커뮤니케이션 부품과 장비 도매
운송, 저작, 커뮤니케이션	우편, 텔레커뮤니케이션	텔레커뮤니케이션
부동산, 임대, 비즈니스관련	사무용 기계 및 장비(컴퓨터 포함)의 임대	사무용 기계 및 장비(컴퓨터 포함)의 임대
	컴퓨터와 이와 관련된 활동	하드웨어 컨설팅업
		소프트웨어 출판
		기타 소프트웨어 컨설팅과 공급

부동산, 임대, 비즈니스 관련	컴퓨터와 이와 관련된 활동	데이터 처리
		데이터베이스, 전자콘텐츠의 온라인 유통
		사무, 계산, 회계용 기기 수리 및 유지 보수업
		기타 컴퓨터관련 활동

5.5 IDATE

유럽 각국의 정보통신관련 기업들이 정보통신 분야의 발전을 논의하기 위하여 설립한 이다트(IDATE) 재단에서는 TV, 비디오, 영화 등을 포함하는 시청각서비스를 정보통신산업에 포함시키고 있다. TV, 비디오, 영화 등이 점차 전자적 형태로 제작·처리되고 있다. 특히 DVD, 디지털 TV의 등장과 영화관에서의 디지털 프로젝트의 보급 등으로 머지않은 미래에 시청각서비스는 전부 디지털콘텐츠화될 것에 대비한 분류로 볼 수 있다([표 1-7] 참조).

| 표 1-7 | IDATE의 정보통신 분야 분류

분류	정의
통신서비스산업	유·무선통신, 데이터 및 이미지 전송
통신장비산업	공공 네트워크 장비, 사설 시스템 및 터미널
정보서비스산업	소프트웨어, 정보처리, 전자출판
정보 하드웨어	메인프레임, PC, 주변기기 및 데이터장비
시청각서비스	TV, 비디오, 영화
가전	시청각장비

5.6 호주 연방정부의 분류

호주 연방정부의 정보통신기술예술부(DCITA : Department of Communications, Information Technology and the Arts)에서는 디지털콘텐츠관련 산업을 [표 1-8]과 같이 분류하고 있다.

| 표 1-8 | 호주 연방정부의 디지털콘텐츠 분류체계

분류	정의
영화 제작	애니메이션 포함, 디지털카메라 및 디지털편집을 사용한 영화 제작
영화 제작 사후 작업	특수효과, 이미지 작업
광고, 방송	디지털 제작된 광고 및 방송
유료 텔레비전서비스	디지털 제작된 텔레필름(telefilms), 다큐멘터리 등
인터넷방송	지상파 방송사 및 인터넷방송 전문가가 제작한 방송서비스
뉴미디어 커뮤니케이션	Ninemsn, ABC Online 등
출판	인터넷이나 DVD, CD로 출판되는 텍스트 및 그래픽
신문, 잡지	인터넷, DVD, CD로 출판되는 텍스트 및 그래픽
게임	콘솔게임 및 인터넷게임
온라인서비스	일반적인 카테고리(홈페이지 콘텐츠)
정보서비스, 디렉터리	전자도서관 및 기타 정보서비스
전자상거래	주로 온라인 거래에 의해 운영되는 기업들
광고	배너 광고, 인터넷을 이용한 다이렉트마케팅
오디오/음악	
건축 및 기타 디자인	
교육과 건강	
시각예술	그림, 사진, 조각
공연예술	

5.7 한국의 분류체계

(1) 정보통신연구원

정보통신연구원의 인터넷사업 통계조사를 위한 분류체계에서는 대분류로 기반산업, 지원산업, 활용산업으로 나누고 있다. 이 중 디지털콘텐츠 분류체계 연구와 관련 있는 부분은 지원산업과 활용산업이다. 그리고 지원산업은 시스템 구축, 보안솔루션, 상거래솔루션을 제공하는 기술지원 부분과 컨설팅서비스, 마케팅서비스, 거래지원서비스를 제공하는 사업지원 부분으로 구성되어 있다. 지원산업 부분은 직접적으로 디지털콘텐츠를 제작·유통하지는 않지만 원활한 콘텐츠서비스를 제공해 주는 분야라고 할 수 있다.

| 표 1-9 | 정보통신정책연구원의 인터넷산업 분류체계

대분류	중분류	소분류	세분류	내용/예시
기반산업	하드웨어	단말장비	서버	서버용 단말장비
			클라이언트	클라이언트용 단말장비
		네트워크 장비	시스템용	라우터, MPLS, 스위치, 케이블, 교환기
			일반용	랜카드, 모뎀
	소프트웨어	개발용 소프트웨어	시스템개발	서버용 OS, 서버용 데몬, 서버보완
			응용개발	DBMS, 검색엔진, 콘텐츠 개발도구
		응용 소프트웨어	범용	브라우저, 통신프로그램
			전문	웹저작도구, 메일 클라이언트
	네트워크 서비스	인터넷백본 서비스	기간망	기간망서비스, IX
			전용회선	전용회선서비스
		가입자접속 서비스	초고속망	XDSL, 케이블망
			기타	PSTN, IDSN, 기타 가입자망서비스
		설비대여, 운영대행	설비대여	PC방, 서버호스팅, 스토리지호스팅
			운영대여	웹호스팅, 보안관리
			기타	도메인 등록
지원산업	기술지원	시스템 구축		SI, SM, DB 설계, 콘텐츠 설계, 웹디자인
		보안솔루션		웹사이트 보안시스템 구축
		상거래솔루션		인증, 지불, 과금 등 거래관련 솔루션
	사업지원	컨설팅 서비스	법률	인터넷기업 관련 법률 컨설팅
			회계	인터넷기업 관련 세무 또는 회계 컨설팅
			기타	인터넷기업 관련 기타 컨설팅
		마케팅 서비스	인터넷 조사	시장조사, 여론조사
			인터넷 광고	온라인 광고대행
			기타	기타 온라인마케팅
		거래지원 서비스	결제대행	PG 등 상거래 결제대행서비스
			기타 거래지원	조회, 인증대행 등

<table>
<tr><td rowspan="24">활용산업</td><td rowspan="8">응용서비스</td><td rowspan="2">응용프로그램 호스팅</td><td>종합 ASP</td><td>종합 응용프로그램서비스</td></tr>
<tr><td>전문 ASP</td><td>전문 응용프로그램서비스</td></tr>
<tr><td rowspan="3">포털서비스</td><td>검색기반</td><td>검색 중심 포털</td></tr>
<tr><td>커뮤니티기반</td><td>커뮤니티 또는 커뮤니케이션 포털</td></tr>
<tr><td>기타</td><td>기타 포털</td></tr>
<tr><td rowspan="3">부가통신 서비스</td><td>음성</td><td>인터넷전화서비스(VoIP)</td></tr>
<tr><td>화상</td><td>화상대화서비스</td></tr>
<tr><td>기타</td><td>인터넷팩스 등</td></tr>
<tr><td rowspan="11">콘텐츠</td><td rowspan="3">인터넷 미디어</td><td>신문</td><td>인터넷신문</td></tr>
<tr><td>방송</td><td>AOD, VOD 등 인터넷방송</td></tr>
<tr><td>기타</td><td>기타 인터넷미디어서비스</td></tr>
<tr><td rowspan="4">엔터테인먼트</td><td>영화</td><td>인터넷영화서비스</td></tr>
<tr><td>음악</td><td>인터넷음악서비스</td></tr>
<tr><td>게임</td><td>인터넷게임서비스</td></tr>
<tr><td>기타</td><td>기타 인터넷엔터테인먼트</td></tr>
<tr><td rowspan="4">전문정보 서비스</td><td>교육</td><td>교육용 콘텐츠 개발</td></tr>
<tr><td>법률</td><td>법률콘텐츠 개발</td></tr>
<tr><td>의료</td><td>의료콘텐츠 개발</td></tr>
<tr><td>기타</td><td>기타 생활문화정보콘텐츠 개발</td></tr>
<tr><td rowspan="5">전자상거래</td><td rowspan="2">B2C, C2C</td><td>중개</td><td>거래당사자 연결, 경매</td></tr>
<tr><td>판매</td><td>개인 상거래</td></tr>
<tr><td rowspan="2">B2B</td><td>중개</td><td>기업 간 거래당사자 연결</td></tr>
<tr><td>판매</td><td>기업 간 상거래</td></tr>
<tr><td>B2G</td><td></td><td>정부조달</td></tr>
</table>

활용산업 분야는 응용프로그램 호스팅, 포털서비스, 부가통신서비스를 제공하는 응용서비스 분야와 인터넷 미디어, 엔터테인먼트, 전문정보서비스를 제공하는 콘텐츠 분야, 그리고 전자상거래 분야로 이루어져 있다. 여타의 분류체계와 달리 주목할 만한 점은 포털서비스 영역을 하나의 세분류로 나누고 있다는 것이다. 우선 인터넷미디어 부분을 살펴보면 대부분의 다른 분류체계에서 출판과 영상으로 분리하여 분류한 것을 인터넷미디어라는 하나의 범주로 두어 인터넷신문, 인터넷방송 등을 포괄하

고 있다. 그리고 현재 디지털콘텐츠의 상당부분을 차지하고 있고 앞으로 높은 발전가능성을 가지고 있는 인터넷영화, 인터넷음악, 온라인게임 영역을 '엔터테인먼트'라는 영역으로 묶어서 분류하고 있다. 또한 전문정보서비스 영역은 교육, 법률, 의료, 생활문화 등의 정보를 개발하는 분야로 이루어져 있다. 마지막으로 개인이나 기업 간, 그리고 정부조달 등의 전자상거래 영역이 있다. 분류체계기준을 적용해서 살펴보면, 대분류(기반산업, 지원산업, 활용산업)는 비즈니스 유형을 기준으로 분류하고 있고, 중분류는 활용별로, 세분류는 내용별로 분류하고 있다.

(2) 한국정보통신진흥협회

한국정보통신진흥협회는 방송통신발전기본법 제15조에 의거하여 설립된 사업자단체이다. 이 기관에서 사용하고 있는 정보통신산업 분류체계는 다음 [표 1-10]과 같다. 우선 대분류에서 정보통신서비스, 정보통신기기, S/W 및 컴퓨터관련 서비스 등으로 크게 나누고 있다. 디지털콘텐츠관련 산업은 S/W 및 컴퓨터관련 서비스 항목에 포함되어 있다. 디지털콘텐츠는 정보용, 오락·게임용, 디지털출판물개발서비스, 디지털영상물개발서비스, 기타로 분류된다.

한국정보통신진흥협회의 분류는 ICT 제조업, ICT 서비스업, 디지털콘텐츠 부분이 적절히 혼합되어 있다는 것을 특징으로 들 수 있으나 ICT산업에 비해 콘텐츠 부분 및 디지털콘텐츠에 대한 분류가 제한적이라는 아쉬움이 있다.

(3) 정보통신산업진흥원

2009년 8월 한국소프트웨어진흥원, 정보통신연구진흥원, 한국전자구매진흥원이 통합된 정보통신산업진흥원은 과거 한국소프트웨어진흥원에서 디지털콘텐츠에 대하여 크게 제작 및 서비스, 유통, 솔루션으로 나누어 분류하고 있다([표 1-10] 참조). 제작 및 서비스에서는 게임, 디지털영상, 애니메이션, 웹정보 콘텐츠, 디지털교육, 디지털음악, 전자출판, 디지털캐릭터산업이 포함되며, 유통은 온라인과 오프라인으로 구분하고 있다. 또한 솔루션 부분에는 유통, 보안/과금, 이러닝(e-learning)이 포함된다.

| 표 1-10 | 한국정보통신진흥협회의 정보통신산업 분류

<table>
<tr><th>대분류</th><th>중분류</th><th>세분류</th><th>내용/예시</th></tr>
<tr><td rowspan="22">정보통신서비스</td><td rowspan="8">기간통신서비스</td><td rowspan="5">유통통신서비스</td><td>전화서비스</td></tr>
<tr><td>전용회선</td></tr>
<tr><td>초고속망서비스</td></tr>
<tr><td>전신, 전보</td></tr>
<tr><td>기타 유선통신서비스</td></tr>
<tr><td rowspan="3">무선통신서비스</td><td>이동통신</td></tr>
<tr><td>무선 고정통신서비스</td></tr>
<tr><td>위성통신서비스</td></tr>
<tr><td rowspan="3">별정통신서비스</td><td colspan="2">설비 보유 재판매</td></tr>
<tr><td colspan="2">설비 미보유 재판매</td></tr>
<tr><td colspan="2">구내 통신</td></tr>
<tr><td rowspan="4">부가통신서비스</td><td colspan="2">네트워크서비스</td></tr>
<tr><td colspan="2">인터넷접속서비스</td></tr>
<tr><td colspan="2">부가통신 응용서비스</td></tr>
<tr><td colspan="2">온라인정보처리</td></tr>
<tr><td rowspan="7">방송서비스</td><td rowspan="2">지상파방송</td><td>라디오방송</td></tr>
<tr><td>TV방송</td></tr>
<tr><td colspan="2">유선방송</td></tr>
<tr><td colspan="2">위성방송</td></tr>
<tr><td colspan="2">프로그램 제작, 공급</td></tr>
<tr><td colspan="2">기타 방송</td></tr>
<tr><td rowspan="8">정보통신기기</td><td rowspan="8">통신기기</td><td rowspan="8">유선통신기기</td><td>유선전화기</td></tr>
<tr><td>교환기</td></tr>
<tr><td>전송기기</td></tr>
<tr><td>무선전신기기</td></tr>
<tr><td>전선 및 광섬유 케이블</td></tr>
<tr><td>네트워크 장비</td></tr>
<tr><td>유선통신기기 부분품</td></tr>
<tr><td>기타 유선통신기기</td></tr>
</table>

<table>
<tr><td rowspan="13">정보통신기기</td><td rowspan="6">통신기기</td><td rowspan="6">무선통신기기</td><td>무선통신 단말기</td></tr>
<tr><td>무선통신시스템</td></tr>
<tr><td>무선통신 송 · 수신기</td></tr>
<tr><td>위성통신기기</td></tr>
<tr><td>무선통신기기 부분품</td></tr>
<tr><td>기타 무선통신기기</td></tr>
<tr><td rowspan="7">정보기기</td><td rowspan="2">정보기기</td><td>컴퓨터 본체</td></tr>
<tr><td>컴퓨터 주변기기</td></tr>
<tr><td rowspan="5">방송기기 부품</td><td>지상파방송 수신기기</td></tr>
<tr><td>유선방송 송 · 수신기기</td></tr>
<tr><td>위성방송 송 · 수신기기</td></tr>
<tr><td>방송국용 기기</td></tr>
<tr><td>방송기기 부분품</td></tr>
<tr><td rowspan="18">S/W 및 컴퓨터
관련 서비스</td><td rowspan="4">패키지 S/W</td><td>시스템 S/W</td><td></td></tr>
<tr><td>개발용 S/W</td><td></td></tr>
<tr><td>응용 S/W</td><td></td></tr>
<tr><td>기타 패키지 S/W</td><td></td></tr>
<tr><td rowspan="7">컴퓨터관련
서비스</td><td rowspan="3">SI</td><td>컨설팅 및 기획</td></tr>
<tr><td>설비 및 네트워크 구축</td></tr>
<tr><td>S/W 개발지원</td></tr>
<tr><td>시스템관리 및 유지보수</td><td></td></tr>
<tr><td>자료처리</td><td>자료입력, 처리</td></tr>
<tr><td>ASP</td><td></td></tr>
<tr><td>정보보호서비스</td><td></td></tr>
<tr><td rowspan="7">디지털
콘텐츠
개발서비스</td><td rowspan="2">정보용</td><td>교육용(온라인, 오프라인, 모바일)</td></tr>
<tr><td>생활문화용(온라인, 오프라인, 모바일)</td></tr>
<tr><td rowspan="5">오락 · 게임용</td><td>PC게임용</td></tr>
<tr><td>비디오게임용</td></tr>
<tr><td>아케이드게임용</td></tr>
<tr><td>모바일게임용</td></tr>
<tr><td>기타</td></tr>
</table>

S/W 및 컴퓨터 관련 서비스	디지털 콘텐츠 개발서비스	디지털출판물	e-book 개발서비스
			기타
		디지털영상물	특수 영상
			애니메이션, 만화
			기타
		기타	
	데이터베이스 제작 및 검색 서비스	DB 제작	
		DB 검색서비스	
		DB 컨설팅 및 교육	
		기타 관련업	

표 1-11 한국소프트웨어진흥원 디지털콘텐츠 분류체계

대분류	중분류	소분류	정의
제작 및 서비스	게임	아케이드게임	오락실 등 컴퓨터게임장용 게임
		PC용 게임	개인용 컴퓨터를 사용하여 컴퓨터와 대전하는 Stand-alone 및 네트워크 게임
		비디오게임	TV에 연결할 수 있는 전용 게임기를 기반으로 다양한 게임을 CD나 DVD 형태로 제공하는 게임
		온라인게임	게임회사나 ISP의 서버에 게임을 장착하여 접속한 이용자들이 동시에 진행하는 게임
		모바일게임	휴대전화이나 PDA로 모바일 인터넷게임을 서비스하는 형태
	디지털 영상	영화 제작	디지털장비를 이용하여 촬영, 편집, 서비스되어지는 영화, 즉 순수하게 디지털용으로 제작된 영화
		위성방송	디지털위성방송 프로그램
		온라인 영화서비스	온라인을 통해 제공되는 모든 영화서비스
		웹캐스팅 콘텐츠	디지털영화를 제외한 영상콘텐츠 제작 및 서비스
		컴퓨터 그래픽	CF, 뮤직비디오, 영화 등의 CG업체 및 포스트 프로덕션
		모바일방송	휴대전화 또는 PDA를 기반으로 제공하는 방송서비스
	애니 메이션	2D	
		3D	

제작 및 서비스	웹정보 콘텐츠	금융, 경제	온라인상에서 증권, 부동산, 은행, 신용카드, 대출 등 경제관련 정보제공서비스
		가정, 생활(생활정보)	여성, 육아, 패션/뷰티, 컴퓨터, 종교, 여행, 이민, 취업, 날씨, e카드, 심리테스트 등 실생활에 관련된 정보제공서비스
		엔터테인먼트(오락정보)	영화, 연예, 공연, 문화, 스포츠, 퀴즈/경품/복권, 운세, 유머, 취미 등 흥미 및 오락성 정보제공서비스
		의료(건강)	온라인상에서 의학, 약학, 한방, 민간요법 등 건강관련 정보제공서비스
		법률	온라인상에서 법률관련 정보제공서비스
		위치기반정보	위치확인정보 및 이와 연동된 정보제공서비스
	디지털 교육		온라인교육 및 스토리지 저장형 학습프로그램, 교육용 콘텐츠서비스
	디지털 음악	벨소리	음원을 미디로 재생하여 휴대전화 벨소리로 사용하는 서비스
		통화연결음	통화연결 시 기계음 대신 자신이 설정한 배경음악을 들려주는 서비스
		스트리밍	인터넷에서 별도의 다운로드 없이 실시간으로 음악을 재생하여 들을 수 있는 서비스
		다운로드	다른 컴퓨터에 저장되어 있는 음악파일을 자신의 컴퓨터로 전송받아 저장할 수 있는 서비스
	전자 출판	신문, 연속간행물	온라인을 기반으로 활자 중심의 정보를 가공하여 실시간으로 갱신서비스를 제공하는 인터넷의 모든 간행물
		만화	인터넷, 휴대전화, PDA를 기반으로 제작/가공된 만화 또는 만화정보서비스
		전자책	단행본, 연속간행물, 전자출판물을 온라인상으로 별도의 뷰어를 설치 또는 실행하여 볼 수 있도록 제공하는 서비스
	디지털 캐릭터	아바타	게임, 채팅사이트 등 사이버공간에서 사용자의 역할을 대신해 사용되어지는 애니메이션 캐릭터 또는 그래픽 아이콘
		캐릭터	인간 혹은 실생활의 특성에서 취할 수 있는 특별한 유형의 브랜드 상징(라이선스), 오프라인을 통한 매출액 제외
유통	온라인	신디케이트	콘텐츠 생산자와 사용자 사이를 연결하고 마켓플레이스 역할을 하는 디지털콘텐츠 중개업체
		포털/ISP	유·무선통신사 및 통신사가 운영하는 포털사이트 또는 유·무선을 통해 사용자 및 기업체를 대상으로 콘텐츠 및 서비스를 제공하는 업체(HUB 역할 또는 자체 접속서비스 제공업체)

유통	오프라인		디지털화된 콘텐츠의 오프라인상의 유통 (아날로그방식의 테이프, VCR 등의 매출액 제외)
솔루션	유통	CRM	고객관리시스템
		P2P	기존의 서버와 클라이언트 개념이나 공급자와 소비자 개념에서 벗어나 개인컴퓨터끼리 직접 연결하고 검색함으로써 모든 참여자가 공급자인 동시에 수요자가 되는 형태
		CDN	콘텐츠 전송 네트워크(Content Delivery Network)
		DRM	디지털콘텐츠의 무단 사용을 막아 저작권관련 당사자들의 이익과 권리를 보호해 주는 기술과 서비스
		SMS/MMS	휴대전화 이용자들이 별도의 부가장비 없이도 40자 내외의 단문을 주고받을 수 있는 문자서비스, 휴대전화로 각종 멀티미디어관련 파일(동영상, 사진 등)을 주고받을 수 있는 서비스
		게이트웨이	BREW 등
		응용솔루션	GVM(General Virtual Machine) 등
	보안/ 과금	암호화/ 보안키	공개키기반구조(Public Key Infrastructure), 웹 보안, 전자우편 보안, 원격접속, 전자문서, 전자상거래 애플리케이션 등에 이용, 가상사설망(VPN : Virtual Private Network), Firewall
		과금결제 시스템	Billing System
	e-learning	LMS	Learning Management System
		CMS	Contents Management System
		저작툴	

(4) 한국콘텐츠진흥원

한국콘텐츠진흥원에서는 디지털콘텐츠산업통계의 통계청 승인을 폐지하고 문화산업통계와 디지털콘텐츠산업통계를 통합한 콘텐츠산업통계를 개발하여 디지털콘텐츠를 콘텐츠산업 특수분류로 분류하였다. 콘텐츠산업 특수분류는 문화산업통계와 디지털콘텐츠산업통계의 분류체계 및 통계청의 한국표준산업분류체계를 바탕으로 2010년에 제정되었다.

콘텐츠산업 특수분류는 제정 당시 8개의 대분류, 22개의 중분류, 64개의 소분류로 구성되었으나, 콘텐츠산업 범위의 확대에 따라 콘텐츠산업 전문가들의 의견을 반영하여 2012년에 12개의 대분류, 51개의 중분류, 131개의 소분류로 구성되는 분류체계로 개정되었다. 콘텐츠산업 특수분류는 12개 영역인 출판산업, 만화산업, 음악산업, 게임산업, 영화산업, 애니메이션산업, 방송산업, 광고산업, 캐릭터산업, 지식정보산업, 콘텐츠솔루션산업, 공연산업으로 구성되어 있다.

표 1-12 한국콘텐츠진흥원 콘텐츠산업 통계조사 분류체계

대분류	중분류
출판산업	출판업
	인쇄업
	출판 도·소매업
	온라인 출판 유통업
	출판 임대업
만화산업	만화 출판업
	온라인 만화 제작·유통업
	만화책 임대업
	만화 도·소매업
음악산업	음악 제작업
	음악 및 오디오물 출판업
	음반복제 및 배급업
	음반 도·소매업
	온라인음악 유통업
	음악공연업
	노래연습장 운영업
게임산업	게임 제작 및 배급업
	게임 유통업
	게임 도·소매 및 임대업
영화산업	영화 제작, 지원 및 유통업
	DVD/VHS 제작 및 유통업
애니메이션산업	애니메이션 제작업
	애니메이션 유통 및 배급업
	온라인 애니메이션 유통업

방송산업	지상파방송
	유선방송
	위성방송
	방송채널사용사업
	전광판방송
	방송영상물제작업
	인터넷영상물제공업
	방송영상물 배급 및 중개업
	기타 방송영상물서비스업
광고산업	광고(종합)대행업
	광고 제작업
	서비스업
	인쇄업
	온라인업
	기타업
캐릭터산업	캐릭터 제작업
	캐릭터상품 유통업
	캐릭터 놀이시설 운영업
	캐릭터상품 온라인 유통업
지식정보산업	e-learning업
	기타 데이터베이스 및 온라인정보제공업
	포털 및 기타 인터넷정보 매개서비스업
	가상세계 및 가상현실업
콘텐츠솔루션산업	콘텐츠솔루션업
	컴퓨터 그래픽스(CG) 제작업
공연산업(음악공연 제외)	공연업
	공연관련 서비스업

Chapter 02

디지털콘텐츠의 종류

1. 게임
2. 방송영상
3. 애니메이션
4. 만화
5. 캐릭터
6. 스마트콘텐츠
7. 이러닝
8. 지식정보콘텐츠
9. 음악콘텐츠
10. 디지털출판
11. 디지털스토리텔링

디지털콘텐츠의 종류는 일반적으로 유통(전달)형태에 따라 오프라인과 온라인 디지털콘텐츠로 구분된다. 이 중에서 오프라인 디지털콘텐츠는 플로피 디스크, CD-ROM, DVD 등의 매체를 통해 전달되거나 전시관, 영화관, 오락장 등에서 상영 또는 서비스되는 디지털콘텐츠를 의미한다. 또한 온라인 디지털콘텐츠는 물적 매체를 통하지 않고 PC통신망이나 인터넷망 등을 통해 바로 유통되는 디지털콘텐츠를 의미한다.

그러나 디지털콘텐츠의 내용 및 디지털콘텐츠산업의 종류가 매우 다양하기 때문에 콘텐츠산업의 분류나 범위에 있어서 각 나라, 각 기관마다 조금씩 차이가 있다는 것을 발견할 수 있다.

정보통신연구원(2000)에서는 디지털콘텐츠의 종류를 다음 [표 2-1]과 같이 크게 인터넷미디어, 인터넷엔터테인먼트, 인터넷활용서비스, 그리고 인터넷상거래로 분류

표 2-1 | 온라인 디지털콘텐츠의 종류

분류		정의
인터넷 미디어	포털	인터넷 활용의 관문 역할을 하는 서비스로 사용자 트래픽을 기반으로 수익을 창출하는 서비스
	인터넷신문	웹상에서 하루 1회 이상 정보내용을 갱신하여 여론을 전달할 목적으로 발행하는 전자적 형태의 신문
	인터넷방송	멀티미디어콘텐츠를 압축하여 웹사이트에서 실시간으로 이용자에게 전송하는 웹캐스팅서비스
인터넷 엔터테인먼트	인터넷음악	MP3 등 온라인음악서비스
	인터넷영화	인터넷을 통해 기존의 영화, 디지털영화, 애니메이션 등의 유통 및 서비스
	온라인게임	통신망을 통해 서버에 접속하여 타인과 게임을 진행하는 유형의 게임
	e-book	다양한 단말기를 통해 열독할 수 있는 디지털화된 책
인터넷 활용서비스	온라인교육	온라인교육 및 저장형 학습프로그램
	온라인금융	컴퓨터나 이동전화 등을 통한 뱅킹, 보험, 증권 등 기존의 금융서비스 또는 새로운 형태의 금융서비스
인터넷 상거래	인터넷쇼핑몰	인터넷에서 소비자들을 대상으로 상품 및 일부 규격화된 서비스를 판매하는 업종
	인터넷경매	입찰 및 낙찰형태로 가격을 결정하는 경매방식을 활용하는 인터넷 상품 판매 혹은 개인 간 거래 중개업

한다. 인터넷미디어에는 포털, 인터넷신문, 인터넷방송이 포함되며 인터넷엔터테인먼트에는 인터넷음악, 인터넷영화, 온라인게임, 전자책(e-book)이 포함된다. 또한 인터넷활용서비스에는 온라인교육과 온라인금융이 포함되고 인터넷상거래에는 인터넷쇼핑몰과 인터넷경매가 포함된다.

이 책에서는 디지털콘텐츠의 범위를 문화체육관광부와 한국콘텐츠진흥원의 콘텐츠산업통계를 참조하여, 게임, 방송영상, 애니메이션, 음악, 이러닝, 모바일콘텐츠 등을 포함시키고 있다.

2012년에 문화체육관광부와 한국콘텐츠진흥원은 콘텐츠산업통계에서 다양한 콘텐츠들의 산업통계를 조사하였다. 출판, 만화, 음악, 게임 등 11개 산업부문의 사업체수, 매출액, 부가가치액, 부가가치율, 수출액, 수입액, 전체 수출입 차액, 종사자수에 관하여 통계를 조사하였다.

2011년 콘텐츠산업의 디지털콘텐츠 매출액을 각 산업별로 살펴보면, 지식정보가 9조 458억 원으로 가장 많았고, 그 다음으로 게임 7조 122억 원, 콘텐츠솔루션 2조 8,672억 원, 출판 1조 4,814억 원, 광고 1조 4,430억 원, 음악 9,076억 원 등의 순으로 나타났다. 지식정보산업에는 이러닝업, 포털 및 기타 인터넷정보 매개서비스업 등이 포함되는데, 인터넷을 이용한 멀티미디어 교육시장이 지속적으로 성장하고 있으며 최근 디지털 교과서 및 참고서 이용이 증가함에 따라 이러닝업의 매출액이 증가하여 지식정보산업 매출액이 증가한 것으로 판단된다. 게임산업의 온라인 및 디지털콘텐츠 매출액이 증가한 이유는 크로스파이어, 포인트블랭크 등 대작 온라인게임을 중심으로 수출액이 증가하였기 때문이다.

영화산업의 디지털콘텐츠 매출액은 2009년 224억 원, 2010년 286억 원, 2011년 1,819억 원으로 연평균 185.0%의 가장 높은 증가율을 보였다. 그 이유로는 극장 매출과 더불어 디지털 케이블방송, IPTV(Internet Protocol Television) 등의 신규 매체를 이용하여 영화를 보는 사람들이 증가했기 때문이다. 반면에, 방송산업의 디지털콘텐츠 매출액은 2009년 5,025억 원, 2010년 5,014억 원, 2011년 4,959억 원으로 연평균 0.7% 감소하여 콘텐츠산업 중 유일하게 감소한 산업인 것으로 나타났다. 그러나 방송산업의 디지털콘텐츠 매출액에는 IPTV 매출액이 제외되어 있었으며, IPTV 매출액이 포함되었다면 방송산업 역시 디지털콘텐츠 매출액이 증가한 것으로 나타났을 것이다. 즉, 11개의 콘텐츠산업 모두 디지털콘텐츠 매출액이 증가한 것으로 나타났다.

| 표 2-2 | 2009~2011년 콘텐츠산업별 디지털콘텐츠 매출액 (단위 : 억 원, %)

구분	지식정보	게임	콘텐츠솔루션	출판	광고	음악	방송	영화	만화	애니메이션	콘텐츠산업전체
2009년	60,715	45,720	21,822	11,495	8,781	5,899	5,025	224	1,009	79	160,766
2010년	72,427	55,942	23,599	13,094	8,895	6,505	5,014	286	1,053	75	186,887
2011년	90,458	70,122	28,672	14,814	14,430	9,076	4,959	1,819	1,182	131	235,656
연평균증감률	22.1	23.8	14.6	13.5	28.2	24.0	−0.7	185.0	8.2	28.8	21.1

한국콘텐츠진흥원에서는 2012년 해외 콘텐츠시장 동향조사에서 세계 콘텐츠시장의 동향을 조사하였다. 세계 콘텐츠시장은 2011년 유럽 위기의 와중에도 2010년 4.5%에 이어 2011년에도 4.9%의 성장을 이루었다. 이는 유럽에서 시작된 금융불안이 세계경제에 영향을 주고 있지만 세계 콘텐츠산업은 향후 5년간 전체 콘텐츠산업 소비시장이 연평균 5.7%씩 성장할 것으로 전망되어 세계 명목 GDP성장률인 6.6%보다 낮은 수준이지만, 신흥국가들의 콘텐츠시장 성장세에 힘입어 비교적 안정적인 성장이라고 할 수 있다.

| 표 2-3 | 2007~2016년 세계 분야별 콘텐츠시장 규모 (단위 : 십억 달러)

구분	2007	2008	2009	2010	2011P	2012	2013	2014	2015	2016	2012~2016 CAGR
영화	82.3	82.0	83.4	84.9	85.4	87.9	90.7	93.7	96.7	99.7	3.1
애니메이션	12.0	12.5	12.7	14.1	13.8	14.8	15.2	16.0	16.8	17.0	4.2
방송	383.6	397.5	393.1	425.0	446.3	474.1	497.9	535.5	560.5	602.2	6.3
게임	44.7	54.3	55.5	57.8	59.0	62.7	66.6	71.6	77.3	83.4	7.2
음악	56.8	54.2	53.2	49.3	49.9	51.1	52.8	54.8	57.1	59.7	3.7
출판	397.3	388.5	357.9	358.5	355.3	356.1	358.9	363.5	369.8	377.1	1.2
만화	6.3	6.5	6.3	6.1	6.1	6.2	6.3	6.4	6.5	6.4	0.9
광고	495.4	491.1	488.3	468.7	485.7	512.9	539.0	581.0	611.7	660.9	6.4
지식정보	419.4	441.2	442.1	465.8	508.1	545.5	586.6	627.0	672.2	719.7	7.2
캐릭터	159.5	167.9	149.8	150.6	152.9	157.6	163.0	169.5	176.7	184.2	3.8

전체	1,461.6	1,501.3	1,464.5	1,530.2	1,604.6	1,690.9	1,781.6	1,889.9	1,994.2	2,120.1	5.7
* 캐릭터시장 포함 규모											
단순 합계	2,057.3	2,095.6	1,992.0	2,080.8	2,162.6	2,268.9	2,337.0	2,519.1	2,645.3	2,810.3	
광고 제외	1,562.0	1,604.6	1,553.7	1,612.0	1,676.9	1,755.9	1,838.0	1,938.1	2,033.6	2,149.4	

2011년 세계 콘텐츠시장에서 가장 큰 성장을 이루어 낸 분야는 지식정보콘텐츠시장이지만, 앞으로 5년간 연평균 성장률에 있어서는 게임 분야가 높은 성장률을 기록할 것으로 전망된다. 특히, 2011년 590억 달러에서 2016년에는 830억 달러로 연평균 7.2%의 성장세를 보일 전망이다.

더불어 향후 5년간 4%대 이상의 성장을 기록할 것으로 전망되는 분야는 애니메이션 분야로, 3D 상영관 및 3D TV의 보급이 확대되면서 애니메이션 분야가 4.2%까지 성장을 기록할 것으로 전망되고 있다.

음악시장에서 오프라인 음반 매출이 지속적으로 감소될 것으로 예상되지만, 온라인 매출과 공연수익은 꾸준히 증가할 것으로 보이며, '2011 해외 콘텐츠시장조사'에서도 향후 5년간 마이너스 성장일 것으로 전망되었던 음악 분야는 플러스 성장으로 돌아설 것으로 전망되었다. 캐릭터 분야의 경우, 신흥국가들의 라이선싱 규모가 확대

그림 2-1 | 2012~2016년 연평균 성장률 4% 초과 콘텐츠산업 분야의 성장률 (단위 : %)

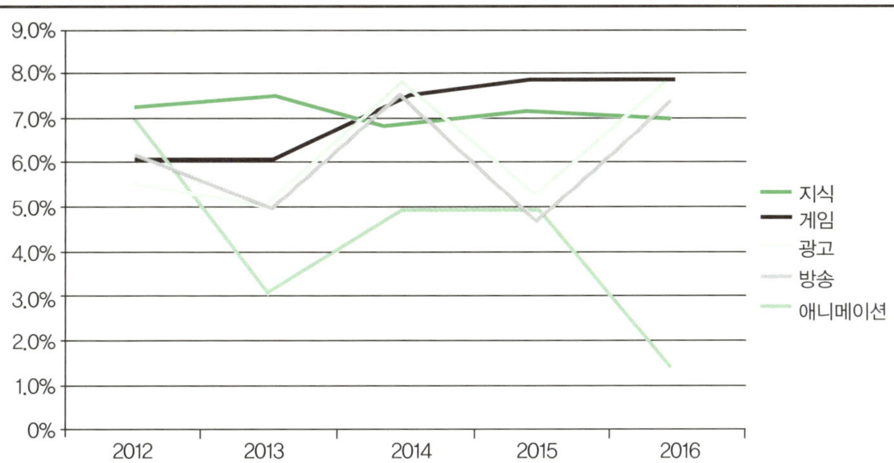

자료 : PwC(2012), MPAA, FCC, EPM, OECD, IFPI, ICV2, The Numbers

되면서 점진적으로 성장할 것으로 예상되고 있다.

1. 게임

게임(game)의 어원에 대해 흔히들 인도 유러피언 계통의 단어 'ghem'과 순수 옛 영어의 'gamen'을 말하곤 한다. 'ghem'은 '흥겹게 뛰다'라는 의미이며 'gamen' 역시 '즐거움으로 하는 것, 오락'의 의미를 가지고 있어서 양자 모두 유희적 행위로 해석 가능하며 다양한 놀이문화를 지칭하는 단어이다. 게임의 사전적 의미를 정리해 보면, 놀이, 유희, 오락, 재미있는 일을 가리키며, 종합적으로는 다양한 놀이문화를 뜻한다.

전통적으로 게임은 '인간생활 중 노동을 제외한 여가생활에서 편을 가르거나 특정한 규칙을 세워 경쟁을 도입함으로써 유희적 재미를 배가한 레크리에이션의 일종'으로 정의되기도 한다. 그러나 이러한 정의는 컴퓨터시대의 출현과 함께 새로운 정의를 요구하게 되었고, 이에 '기억능력이 있는 실리콘칩 컴퓨터 회로에 의해 작동되는 모든 놀이의 총칭'이라 정의되는 컴퓨터게임이라는 용어가 생성되었다. 즉, 컴퓨터게임이란 아케이드와 가정용 홈게임기로 하는 전통적 의미의 비디오게임, 그리고 PC를 비롯한 모든 컴퓨터를 이용하는 게임을 통틀어서 말할 수 있다.

최근 유·무선 인터넷과 네트워크기술, 정보기술, 디지털콘텐츠의 발전으로 온라인게임과 모바일게임이 대중 속에 깊숙이 파고들고 있으며, 콘솔게임기의 네트워크 기능 탑재, 아케이드게임의 네트워크화, 이동통신, 디지털방송 등으로 게임의 유형과 미디어 및 게임 동작형태가 다양하게 변화되어 발전하고 있다.

1.1 게임의 특징

게임은 문화적·산업적·사회적·학습적 특징을 동시에 지니고 있다. 특히, 전통적 개념에서는 제외되었던 산업적 특성을 살펴보면 다음과 같다. 첫째, 게임산업은 원자재나 대량의 설비투자 없이 기획력과 아이디어로 승부하기 때문에 투입 대비 산출의 비율이 여타 다른 산업보다 월등히 높은 고부가가치산업이다. 둘째, 엔터테인먼트산업적 요소를 강하게 형성함에 따라 높아진 제작비용, 짧아진 제품의 라이프사이클, 불확실한 수요예측의 특성을 지니게 되어, 고부가가치의 수익을 얻는 것은 흥행에 성공하여 손익분기점을 넘어선 경우에만 가능하므로 벤처산업의 특성을 보인다. 셋째, 게임산업은 게임산업 자체뿐 아니라 만화, 애니메이션, 영화, 방송, 인터넷 및 네트워크, 음악산업, 캐릭터산업 등과 같은 주변산업과 접목하여 부가가치 및 파생상품을 창출할 수 있다는 산업적 특성도 가지고 있다.

1.2 게임의 분류

전자게임은 전자신호에 의해 제어되는 형태의 게임을 칭하는데 PC 혹은 전용 하드웨어 플랫폼을 통해 실행되는 모든 게임을 지칭한다. 이러한 전자게임은 새로운 하드웨어의 등장에 따른 플랫폼을 중심으로 분류되는 특징을 지니며, 게임장르에 따라서도 분류할 수 있다. 그러나 최근 들어 아케이드게임물에 ROM을 포함한 기판 대신 PC 본체를 이용하는 사례가 늘어나고, 모든 게임의 온라인화 경향, 그리고 무선 인터넷의 등장과 함께 나타나고 있는 모바일게임 등으로 플랫폼에 의한 게임의 분류가 점차 모호해지고 있다(이경형 2004).

(1) 플랫폼에 따른 분류

플랫폼에 따라서는 온라인게임, 모바일게임, PC게임, 아케이드게임, 콘솔게임 등으로 분류할 수 있다.

온라인게임은 PC 또는 콘솔게임 가운데 게임회사나 ISP의 서버에 게임을 장착해 이곳에 접속한 다수의 게이머가 실시간으로 함께 게임을 진행할 수 있는 형태를 의미한다. 사용자가 PC를 상대로 진행하는 형태에서 발전한 것으로 PC와의 일대일 접촉과 달리 일정한 네트워크에 접속한 후 다수와 게임을 즐기는 방식이다.

한국첨단게임산업협회(KESA)는 온라인게임을 운영방식에 따라 좁은 의미에서의 온라인게임, 네트워크게임, 인터넷게임으로 분류하고 있다(KESA 2000). 먼저 좁은 의미의 온라인게임은 게임 S/W업체가 콘텐츠 공급업자가 되어 통신 서버에 게임을 올려놓고 네티즌이 사이트에 접속하는 형태로서 동시접속자수가 1,000명 이상까지 가능한 게임이다. 둘째, 네트워크게임은 PC게임에 기반을 두고 온라인 기능을 겸한 게임으로 최대 동시접속자수가 16명까지 가능한 멀티플레이 기능을 갖춘 게임이다. 마지막으로 인터넷게임은 브라우저를 구동시켜서 인터넷에 접속한 상태에서만 구동

그림 2-2 | 게임의 분류

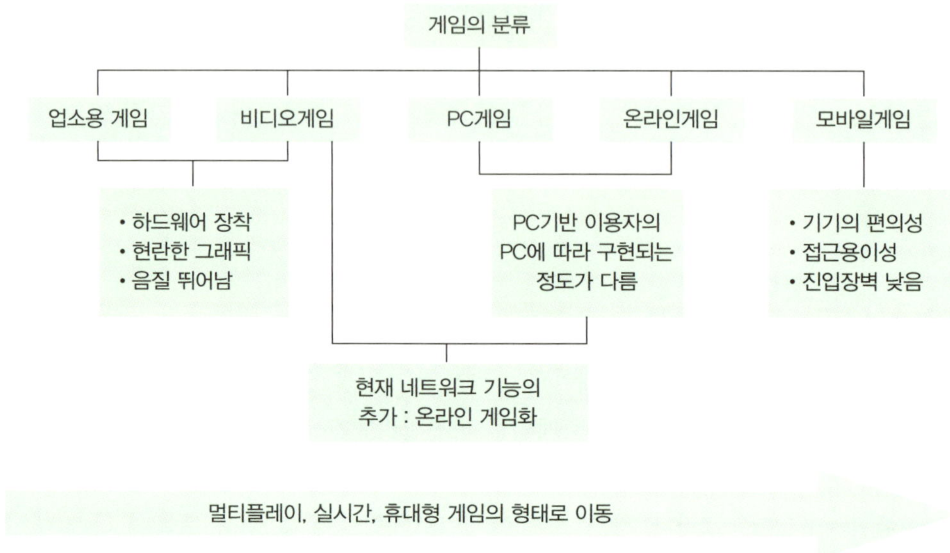

되는 게임이며, 인스톨이 필요 없도록 제작되거나 혹은 작은 인스톨프로그램만으로 구동이 가능하도록 하여 인터넷을 이용하여 손쉽게 접속할 수 있다는 특징이 있다.

한편, 온라인게임서비스와 PC게임을 개발 측면, 사업 측면, 그리고 이용자 측면으로 나누어서 비교해 보면 [표 2-4]와 같다.

| 표 2-4 | 온라인게임과 PC게임의 특징 비교

구분	온라인게임	PC게임
개발 측면	• 평균 2~4년 개발 소요기간 • 롤플레잉 위주의 장르 • 1,000명 이상이 네트워크를 통해 게임 가능	• 평균 1~3년 개발 소요기간 • 슈팅, 액션, 스포츠, 어드벤처, RPG 등 다양한 장르 • 2~6명이 게임 가능
사업 측면	• 2단계 이상의 단순 유통방식 • 장기간 분할 수익 가능(1년 이상의 수명주기) • 국내 개발사 해외 경쟁력 갖춤 • 이용자 증가에 따른 서버증설의 부담	• 다단계방식의 유통사에 의존 • 수명주기가 6개월에서 1년 • 외국의 소수 타이틀에 이익이 집중
이용자 측면	• 인간 대 인간의 관계로 게임	• 인간 대 게임의 관계로 게임

일반적으로 한국은 1990년대 후반 세계 최초로 온라인게임의 상용화에 성공한 국가로 평가받고 있다. 이후 한국은 발달한 IT 인프라와 반도체, TFT, LCD, 모바일 분야에서 세계 1위의 기술력을 기반으로 온라인게임의 발전을 선도해 2004년에 세계시장의 31.4%를 장악하기도 했다. 한국의 온라인게임은 아시아는 물론 유럽과 북미까지 서비스되어 'IT 한류(韓流)'라는 현상을 만들어 냈으며 현재 '오프라인게임의 온라인화'라는 세계 게임산업의 흐름을 주도하고 있다.

그러나 이 같은 계량적인 성과보다 더 중요한 것은 콘텐츠의 질적인 면이다. 한국의 온라인게임은 인류의 이야기 예술에 혁명적인 변화를 가져왔다. 게임학(ludology)의 세계적인 석학 아세스(Aarseth 2004)는 "한국의 다사용자 게임 '리니지'는 게임의 미래일 뿐만 아니라 미래의 인간 커뮤니케이션 형식을 만들어 낼 거대한 사회적 실험"이라고 평가할 정도이다. 대표적인 게임으로 스타크래프트, 리니지, 미르의 전설, 메이플스토리, 카트라이더, 로한, 마비노기, 월드오브워크래프트 등이 있다.

모바일게임은 넓게는 모바일기기(휴대전화, PDA, 휴대용 게임기 등)에서 이용하는 게임으로 정의할 수 있으며, 좁게는 이용자가 이동전화 단말기를 통해 모바일로 서버에 접속하여 이용하는 게임으로 정의할 수 있다.

모바일게임의 분류는 플레잉 형태별, 장르별, 이용방식별, 프로토콜별로 분류가 가능하다. 이용방식에 따라서는 단말기 내장형(휴대형 게임기, 휴대전화 내장게임 등), 스트리밍방식(온라인 접속형), 다운로드방식으로 구분해 볼 수 있다. 좁은 의미에서의 모바일게임 정의를 사용한다면 스트리밍방식과 다운로드방식만 모바일게임의 범주에 포함된다고 하겠다. 또한, 다운로드방식과 스트리밍방식은 각각 현재 이용되고 있는 WAP(모바일 인터넷)과 VM(버추얼 머신) 등의 무선 인터넷방식으로 대별되며, 이를 이용하여 게임은 WAP게임, GVM방식, KVM방식으로 분류할 수 있다. 플레잉 형태별로는 [표 2-5]와 같이 임베디드형, 싱글형, 멀티플레이형으로 구분된다.

다른 게임 플랫폼과 비교할 때 모바일게임이 지니는 특성을 이용자 측면과 제공자 측면으로 나누어 살펴보면 다음과 같다. 먼저, 이용자 측면에서는 시간과 공간의 제약을 받지 않는다는 것이다. 이는 짧은 여유시간을 보내는 데 적당하여 모바일게임의 빠른 확산을 가능케 한다. 둘째, 휴대전화라는 커뮤니케이션 수단을 이용하기 때문에 접근용이성이 높으며 이동성, 휴대성, 간편성에서 우위에 있다. 또한 간편한 조작으로 게임운용이 가능하므로 게임과 친숙하지 않은 일반인들도 쉽게 접근할 수 있어 다수의 이용자 확보가 가능하다. 즉, 기존의 게임이 마니아층을 타깃으로 한 반면 모바

| 표 2-5 | 플레잉 형태별 모바일게임의 분류

구분	정의 및 특징
임베디드형	• 최초의 무선 인터넷게임 형태로 단말기가 제조될 때부터 삽입되어 출시된 게임을 말함 • 사용자 선택의 폭이 제한적이고 트래픽을 발생시키지 않는 특징이 있어 서비스의 개념으로 바라보기 어려우나, 몇몇 게임개발사들이 임베디드게임에서 트래픽을 발생시키고 있음
싱글형	• 로컬 내지는 네트워크에 연결하여 사용자 혼자 진행하는 게임을 말하며, 보통 5분 이상 지속되지 않는 간단한 게임들이 대부분 이러한 범주에 포함됨
멀티플레이형	• 로컬이나 네트워크에 연결되어 여러 사용자가 서로 대전하며 즐기는 게임형태를 말하며, 현재 대부분 비동기적인 특징을 갖고 있음 • 사용자는 다른 사용자의 움직임이 끝날 때까지 기다리지 않기 때문에 사용자들이 시간에 기반한 가격모델에 익숙해 있는 환경을 고려할 때 모바일게임 환경에 적합한 유형임

일 게임은 일반 게이머층을 확보하여 게임시장 전체의 확대에 큰 역할을 할 수 있을 것이다. 게임 제작업체 및 이동통신업체 등 제공자 측면에서는 단순하고 간단한 게임이라는 특성으로 인해 타 게임시장에 비해 진입장벽이 매우 낮다. 즉, 배급에 따른 부담이 없고 제작기간이 짧아 수요자의 특성 및 요구사항에 대한 정보가 확보되면 단기간에 수요자의 구미에 맞는 게임콘텐츠의 개발이 가능하나, 낮은 진입장벽, 높은 마케팅비용, 높은 경쟁강도로 인해 기대만큼 수익성 확보는 어려운 상황이다. 대표적인 모바일게임으로는 애니팡 사천성 for Kakao, 다함께 차차차 for Kakao, 니트로, 밀리언아서, 타이니팜 등이 있다.

PC게임은 개인용 컴퓨터를 이용해 게이머와 이미 프로그래밍된 인공지능 간의 대결을 중심으로 하는 싱글플레이어와 네트워크 기능이 탑재된 게임을 뜻한다. 초창기 PC게임은 완결된 스토리로 만들어져 디스켓이나 CD 형태로 출시되었으며, 플레이어들은 이러한 CD를 구입하여 자신의 컴퓨터에 설치하는 방식으로 게임을 즐겼다. 플레이어는 컴퓨터를 상대로 혼자서 플레이할 수 있는 것이 특징이다. 대표적인 게임으로 엑스맨레전드2, 타이거우즈PGATour06, 스타십트루퍼스, 블리츠크리그2 등이 있다.

아케이드게임은 오락실 등 컴퓨터게임장, 게임센터, 테마파크 등에서 사용되는 게임을 의미한다. 이들 게임은 대부분 코인을 이용하거나 각종 카드 등 게임 플레이에 일정한 비용 지불을 요구한다. 개발비가 높으며, 고가이므로 콘솔게임이나 PC게임과 같은 대량 판매는 이루어지지 않으나 매우 큰 시장 규모를 가지고 있다. 대표적인 게임으로 웜즈아마게돈, 하얀마음백구3, 짱구는못말려4, BnB어드벤처 등이 있다.

콘솔게임이라고도 하는 비디오게임은 TV에 연결할 수 있는 전용 하드웨어를 이용한 게임으로 플레이스테이션 2, X박스, 게임큐브 등을 이용한 게임이 이에 해당한다. 이들이 다른 게임들과 차별화되는 점은 하드웨어 자체가 게임을 구동하는 데 최적화된 전용 하드웨어를 사용한다는 점이다.

플랫폼에 따른 게임의 분류를 표로 정리해 보면 [표 2-6]과 같다. 여기에서는 게임들의 몇 가지를 예로 들어 놓았을 뿐이며, 그 외에도 수없이 많은 게임이 개발되어 이용되고 있다.

| 표 2-6 | 플랫폼에 따른 게임의 분류

분류	정의	대표작품
아케이드게임	이른바 '오락실'에 설치되어 게임장 전용게임기로 구현되는 게임	버추얼 파이터, DDR
PC게임	개인용 컴퓨터를 사용해 컴퓨터에 내장된 프로그램과 대전하는 Stand-Alone Game	Age of Empire, Civilization
비디오게임	TV에 연결된 전용게임기에 CD 혹은 DVD를 넣어 구현하는 게임	파이널판타지, GTA진삼국무쌍, 헤일로
온라인게임	많은 사용자가 서버급 컴퓨터의 통신망을 통해 동시에 진행하는 게임	리그오브레전드, 서든어택, 아이온, 리니지, 던전앤파이터, 사이퍼즈
모바일게임	휴대전화나 개인휴대단말기(PDA)로 인터넷에 접속해 서비스를 제공받는 게임	Kakao 게임, 타이니팜, 밀리언아서

(2) 신규 플랫폼에 따른 분류

신규 플랫폼에 따라서는 스마트폰, 소셜네트워크, 크로스 플랫폼 등으로 분류할 수 있다. 스마트폰게임은 모바일 인터넷 환경에서 애플리케이션을 통하여 제공되는 게임이다. 4G LTE시대의 도래와 같은 통신망의 진화로 게임업체 서버와 데이터 전송 속도가 대폭 증가하게 되어 게임에 더 많은 기능의 추가가 가능하게 되었다. 스마트폰게임은 항상 지니고 다니는 휴대폰의 특성상 접근성이 높으며 구글 플레이, 애플 앱스토어 등 글로벌 유통망의 확보로 수익화가 용이하다.

소셜네트워크게임은 소셜네트워크와 연동되어 친목도모의 목적으로 활용되는 게임이다. 대표적인 게임으로 카카오게임은 카카오 계정을 이용하여 카카오톡 친구들과 함께할 수 있는 게임이다. 카카오게임의 성공요인은 사업성 및 개발사들과의 상생구조로 게임이 개발된 것과 소셜네트워크를 통하여 지인들 간의 경쟁과 소통이 가능한 점이다. 또한 부분 유료화 시스템으로 지속적인 업데이트가 이루어지고 있는 것이다. 그러나 흥행주기가 짧고, 영업 및 마케팅비용이 높기 때문에 실질적인 수익 관점에서 독자 서비스보다 효과적일지는 미지수이다.

크로스 플랫폼게임은 기기에 상관없이 게임을 즐길 수 있는 게임으로 PC, 웹, 스마트폰 등의 기기에서 사용이 가능하다.

| 표 2-7 | 신규 플랫폼에 따른 게임의 분류

분류	정의
스마트폰게임	모바일 환경에서 애플리케이션을 통하여 제공되는 게임
소셜네트워크게임	소셜네트워크와 연동되어 친목도모의 목적으로 활용되는 게임
크로스 플랫폼게임	기기에 상관없이 즐길 수 있는 게임

(3) 게임장르에 따른 분류

게임장르에 따라서는 전략게임, 스포츠게임, 롤플레잉게임(RPG), 액션게임, 어드벤처게임, 시뮬레이션게임, 드라이빙(레이싱)게임 등으로 분류할 수 있다.

전략게임(strategy simulation game)은 전략적으로 전쟁을 흉내내는 시뮬레이션 게임 중 하나이다. 자원의 채취, 운영, 건설, 전투 등의 요소를 바탕으로 게이머와 AI(인공지능) 간의 대결이 핵심요소이다. 1990년대 중반 이전에는 롤플레잉게임과 비슷한 턴제 전략 시뮬레이션이 많았지만, 1990년대 중반 이후로는 컴퓨터 성능 향상에 힘입어 실시간 전략 시뮬레이션들이 주류를 이루었다. 1990년대 후반부터는 사람들끼리 할 수 있도록 네트워크지원이 유행하기 시작했다. 대표적인 게임으로는 블리자드사의 '크래프트' 시리즈, 커맨드 앤 컨커, 워크래프트, 에이지 오브 엠파이어, 삼국지 시리즈(KOEI), 문명 등이 있다.

스포츠게임은 야구, 축구, 농구 등 현실세계의 스포츠를 게임화한 장르다. EA의 FIFA 시리즈, NBA 라이브 시리즈나 MVP 베이스볼 시리즈, 코나미의 월드 사커 위닝 일레븐 시리즈 등을 꼽을 수 있다.

| 표 2-8 | 게임장르에 따른 분류

분류	정의	대표작품	예시
롤플레잉 게임	가상시나리오 내에서 주어진 역할(role)을 수행하는 게임	임무를 완수하고 장비와 스킬을 얻어 캐릭터를 육성하는 재미가 있고, 플레이어의 자유도 많음	마비노기, 뮤, 리니지
어드벤처 게임	탐험, 수수께끼 풀기 등의 스토리에 주인공으로 참여하는 게임	현실세계의 복잡성을 재현한 치밀하고 세밀하며, 소설, 만화 등 이미 검증된 시나리오를 게임화하는 경향이 강함	원숭이섬 시리즈, 화이트 데이
시뮬레이션 게임	특수한 상황의 가상공간으로 현실과 유사한 시뮬레이션 경험을 하도록 유도하는 게임	무한 반복의 형식이며, 비행, 도시건설, 우주전쟁전략 등을 시뮬레이션화함	스타크래프트, 심시티
액션 게임	신체나 무기를 이용해 대전하는 격투게임	다양한 전투기술 시현과 키보드 조작의 재미가 있으며, 화려한 그래픽과 사운드 효과	소울 칼리버, 스트리트 파이터
스포츠 게임	축구, 농구, 야구 등 다양한 스포츠 종목을 게임화한 것	실제 스포츠 스타의 각종 데이터를 게임에 적용, 현실감이 높은 경기를 구현	FIFA 게임, NBA 게임, NFL 게임
보드 게임	현실의 판 위에서 벌어지는 오락거리를 게임화한 것	조작이 용이하고 누구나 게임의 룰을 알고 있다는 장점을 가짐	바둑, 장기, 고스톱, 포커

롤플레잉게임(role-playing game)은 게임 이용자가 게임프로그램에 등장하는 한 인물의 역할을 맡아 직접 수행하는 형식으로 된 컴퓨터게임 유형이다. 게임 이용자는 게임관리자가 정해 놓은 규칙에 따라 모험과 상상의 세계를 여행하며 다양한 임무를 수행하므로 마치 게임 속의 주인공이 된 듯한 흥미를 느낄 수 있다. 혼자 또는 통신망을 이용하여 여러 사람이 동시에 할 수도 있다. 스퀘어에닉스의 파이널판타지 시리즈, 바이오웨어의 발더스 게이트 등이 여기에 속한다.

액션게임은 시점에 따라 1인칭 또는 3인칭으로 구분되며 주어진 미션에 따라 무기를 이용해 다른 게이머와의 전투가 중심이 된다. 소프트웨어 퀘이크, 둠 시리즈와 밸브소프트웨어의 하프라이프 시리즈 등이 있다.

어드벤처게임은 게이머가 주어진 스토리를 따라 퍼즐을 풀거나 사건의 단서를 찾아 전체적으로 큰 사건을 해결하는 형태를 취하고 있다. 유비소프트의 미스트 시리즈, 시에라의 가브리엘 나이트 등이 여기에 해당한다.

시뮬레이션게임(simulation game)은 모의실험이나 전투를 수행하는 게임이다. 즉 모든 형태의 현실 또는 가상세계를 재현한 것으로 경영, 연애, 전략, 비행 등 다양한 형태를 띠고 있다. 전투기의 조작을 그대로 재현하는 프라이트 시뮬레이션이 있으며, 대표적인 게임으로는 스타크래프트와 삼국지, 심시티 등이 있다.

드라이빙(레이싱)게임은 주로 차량 또는 그 밖의 탈것을 이용해 인공지능 또는 게이머와 레이싱을 펼치는 형태다. 액션성이 강조된 것과 시뮬레이션성이 강조된 2가지 형태로 분류가 가능하다. EA의 니드 포 스피드 시리즈와 폴리포니 디지털의 그란 투리스모 시리즈가 대표작이다.

기타 보드게임이 있으며, 장르에 따라 게임을 분류해서 요약해 보면 [표 2-8]과 같다.

1.3 게임콘텐츠산업

게임산업은 멀티미디어, 디지털, 네트워크기술 등 다양한 첨단기술과 엔터테인먼트 요소가 결합된 서비스다. 특히 게임 자체만으로 성립되던 과거와는 달리 최근에는 원소스 멀티유즈 형태로 발전했으며, 영화, 애니메이션, 캐릭터 등 다양한 콘텐츠와의 결합이 시도되고 있다.

게임산업의 구조는 크게 기획, 개발, 유통, 서비스가 상호 유기적인 가치사슬로 연결되어 있다(KIPA 2004b). 이러한 구분은 플랫폼에 따라 다소 차이가 있다. PC게임, 아케이드게임은 게임이 하나의 패키지 형태로 제작되어 유통 · 서비스되는 형태이고, 온라인게임과 모바일게임은 패키지가 아닌 네트워크를 통해 유통 · 서비스되며 과금 형태도 차이를 보인다.

게임산업의 가치사슬 구조를 요약해 보면 [그림 2-3]과 같다.

그림 2-3 | 게임산업의 가치사슬 구조

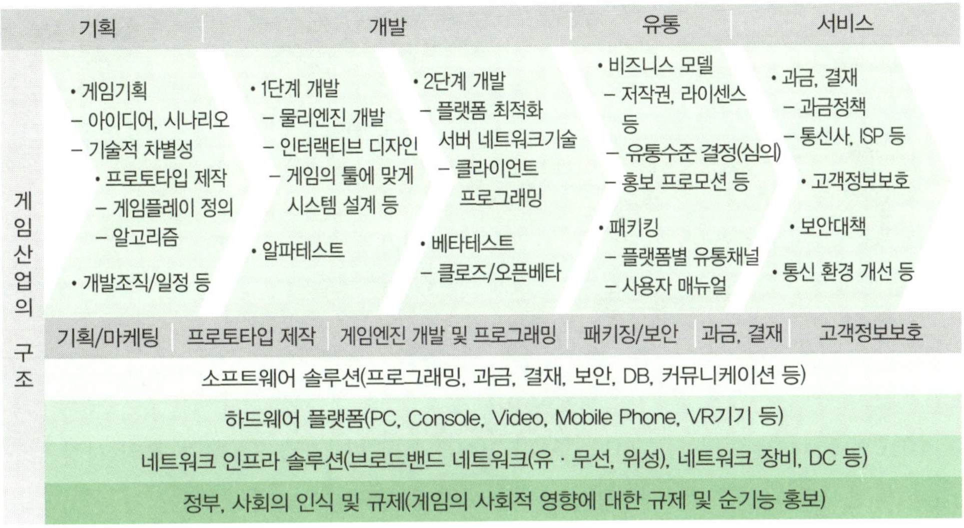

(1) 게임산업의 현황

2011년 해외 게임시장 규모는 590억 달러로 전년 대비 시장성장률은 2.2%를 기록했다. 게임시장은 최근 3년간 저조한 성장률을 보였는데 글로벌 경제위기 영향과 더불어 온라인게임이 콘솔시장을 잠식하면서 전망치보다 성장 폭이 감소했던 것으로 분석된다. 2012년부터는 성장이 보다 가속화될 것으로 보이는데, 향후 5년간 게임시장 연평균 성장률은 7.2%로 2016년 시장 규모는 834억 달러를 기록할 것으로 예상된다.

분야별로는 콘솔/핸드헬드가 276억 달러로 가장 큰 시장을 형성하고 있으며 온라인게임이 169억 달러로 그 뒤를 따르고 있다. 34억 달러를 기록한 PC게임은 최근 몇 년간 시장 규모가 꾸준히 축소되어 왔으며 향후에도 하락 추세가 지속될 전망으로 게임 분야 중에서는 유일하게 마이너스 성장이 예상된다.

온라인게임은 최근 4년 동안 시장 규모가 2배 이상 증가하며 가장 빠른 성장세를 기록했던 분야이며 향후 전망에서도 가장 급속한 성장이 예상되는 분야이다. 2012~2016년 온라인게임시장 연평균 성장률은 13.3%이며 전망대로라면 2016년 온라인게임시장 규모는 315억 달러까지 확대되어 콘솔/핸드헬드를 앞지르게 될 것으로 보인다(PWC 2012).

표 2-9 2007~2016년 세계 게임시장 규모

(단위 : 백만 달러)

구분	2011P	2012	2013	2014	2015	2016	12-16CAGR
콘솔/핸드헬드	27,595	27,212	26,696	27,815	29,016	30,598	2.1
온라인	16,898	19,589	22,350	25,202	28,315	31,536	13.3
모바일	8,888	10,010	11,124	12,239	13,329	14,392	10.1
PC	3,474	3,387	3,323	3,263	3,206	3,152	-1.9
게임지출소계	56,855	60,198	63,766	68,519	73,866	79,678	7.0
게임광고	2,183	2,492	2,800	3,103	3,414	3,715	11.2
합계	59,038	62,690	66,566	71,622	77,280	83,393	7.2

2012년 국내 게임산업은 2011년보다 19.6% 성장한 10조 5,333억 원의 시장 규모를 기록할 것이다. 온라인게임이 2011년 대비 26.3%의 성장을 보이는 가운데, 모바일게임 또한 2011년 대비 49.4% 성장한 6,328억 원, 아케이드게임이 4.0% 성장한 765억 원이 될 것으로 예측된다. 비디오게임은 2011년 대비 22.4% 하락한 2,084억 원, PC게임은 21.3% 하락한 76억 원으로 전망된다. 게임 유통업 중 PC방은 3.5% 하락한 1조 6,562억 원, 아케이드게임장은 0.8% 하락한 757억 원을 기록할 것으로 예측된다.

표 2-10 국내 게임시장의 규모와 전망(2011~2014)

(단위 : 억 원)

구분	2011		2012(E)		2013(E)		2014(E)	
	매출액	성장률	매출액	성장률	매출액	성장률	매출액	성장률
온라인게임	62,639	30.8%	78,762	26.3%	97,076	23.3%	117,986	21.5%
모바일게임	4,236	33.8%	6,328	49.4%	9,180	45.1%	12,580	37.0%
비디오게임	2,684	-37.1%	2,084	-22.4%	2,019	-3.1%	1,974	-2.2%
PC게임	96	-20.0%	76	-21.3%	61	-19.6%	53	-13.2%
아케이드게임	736	2.9%	765	4.0%	791	3.3%	810	2.4%
PC방	17,163	-2.5%	16,562	-3.5%	15,590	-5.9%	14,395	-7.7%
아케이드게임장	763	-0.7%	757	-0.8%	756	-0.1%	760	0.6%
합계	88,047	18.5%	105,333	19.6%	125,472	19.1%	148,558	18.4%

2013년과 2014년 전체 게임시장 역시 온라인게임과 모바일게임을 중심으로 2012년과 마찬가지로 꾸준히 성장할 것으로 전망된다. 2013년에는 전년 대비 19.1% 성장한 12조 5,472억 원, 2014년에는 전년 대비 18.4% 성장한 14조 8,558억 원을 기록할 것으로 예측되며, 국내 게임시장에서 가장 높은 비중을 차지하는 온라인게임은 2013년에 시장 규모가 10조 원에 근접할 것으로 보인다. 모바일게임에 대한 수요가 지금의 추세로 지속될 경우 2014년에는 1조 원 규모대로 성장할 것으로 보인다(2013 게임백서).

(2) 게임의 성공사례

울티마는 온라인게임의 교과서로 불리는 미국 오리진사의 작품이다. 지난 1997년 지구촌을 상대로 서비스를 시작한 데 이어 2000년에는 한국 게이머를 겨냥해 한글화를 마무리했다. 전 세계 20만 명의 울티마 온라인 이용자 가운데 국내 사용자는 2만 명에 달해 전체 20%를 차지할 만큼 폭발적인 지지를 얻어냈다.

스톤 에이지는 2000년 10월 9일에 한국 시범서비스 5일 만에 2만 회원을 확보할 정도로 폭발적인 인기를 끌어 관련업계를 놀라게 한 바 있다. 스톤 에이지는 일본시스템서플라이(JSS)의 작품으로 한국 파트너는 이니엄㈜이다.

여기에 엔씨소프트의 '리니지'와 넥슨의 '바람의 나라'와 같은 한국산 타이틀들은 이미 많은 마니아를 확보한 상태이다. 리니지는 초보수준에 머물던 국내 온라인게임

그림 2-4 | 2011 국내 게임시장의 분야별 비중

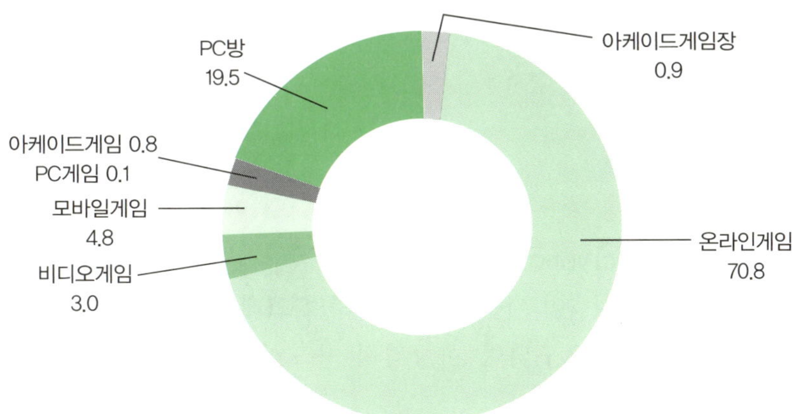

자료 : 2012 콘텐츠산업통계 전체, 한국콘텐츠진흥원.

을 세계적인 수준으로 끌어올렸고 온라인게임의 대중화에 기폭제 역할을 했다는 점에서 높은 평가를 받고 있다. 특히 사전에 정해진 스토리를 따라가지 않고 게임에 참여한 사용자가 직접 구성을 만들어 가기 때문에 한 번 게임에 참여하면 대단한 중독성을 가지는 특징이 있다.

최근에는 스마트폰이 급부상하면서 모바일게임시장 또한 급성장하고 있다. 소셜네트워크와 연동되는 게임들이 출시되고 있어 남녀노소 모두가 부담 없이 게임을 즐기고 있다.

카카오의 경우 2012년 7월 30일에 10개의 게임을 선보이자마자 6개의 카카오게임이 인기 무료게임 애플리케이션 순위 '톱10'의 순위를 장악하였다. 특히 [그림 2-5]에서의 '애니팡'과 '드래곤 플라이트'는 가장 폭발적인 인기를 누리고 있는 게임이다. 이 게임들은 메신저와 바로 연동이 되어 있어 게임 플레이에 필요한 코인을 얻기 위해 친구들을 초대할 수 있고 친구와의 공유, 경쟁, 자랑이 가능하다. 빠른 속도로 전파되고 있는 카카오게임이 지속적인 업데이트와 성장을 이루며 카카오게임의 영향력은 더 늘어날 것으로 전망된다.

그림 2-5 | 카카오게임

자료 : 구글 플레이(https://play.google.com)

1.4 게임 저작도구

(1) 크라이엔진(http://mycryengine.com)

높은 수준의 그래픽 표현력이 가능하며 야외 환경 그래픽을 구현하는 데 뛰어나다. 그러나 높은 사양이 요구되며 비상업적 용도에 한해서 SDK(Software Development Kit)를 배포한다.

그림 2-6 | 크라이엔진

1.5 게임콘텐츠 정보원

(1) 관련 협회

1) 한국인터넷디지털엔터테인먼트협회(http://www.gamek.or.kr)

2004년 4월 28일에 출범하여 글로벌 문화콘텐츠정책 환경 조성에 기여하고 있다. 게임산업 글로벌 네트워크 연계를 강화하고 모바일 · 중소업체와의 상생 협력정책을 추진하고 있다. 그리고 플랫폼사업자의 외연 확대와 정보공유 및 정책 연대의 공감대 형성을 추진하고 있다. 또한 지스타 글로벌 게임쇼를 정착하여 글로벌 게임전시 회사를 목표로 하고 있다.

2) 게임개발자협회(http://www.kgda.or.kr)

2000년 9월에 출범한 협회로 한국국제게임컨퍼런스(KGC)를 개최하여 세계 게임 업계를 대표하는 강연자들이 세계 게임산업 트랜드 및 발전방향에 대해 논의한다. 글로벌 게임 제작 경진대회를 개최하여 창의적이고 독창적인 게임콘텐츠 발굴과 게임 개발 전문인력을 양성한다.

3) 한국게임학회(http://www.kcgs.or.kr)

2001년 2월 24일에 설립하여 게임 제작의 이론 및 기술의 학문적인 연구 보급으로 국내 게임 제작기술의 국제 경쟁력 향상을 도모한다. 또한 게임 제작기술의 국내외 학술적 교류증진을 활성화하고자 한다. 게임관련 학술 발표회를 개최하고 학회지 및 논문지를 발간하고 있다. 게임동아리캠프를 통하여 게임 우수 동아리를 발굴 및 지원하고 게임산업 현장과의 연계 기회를 마련한다.

(2) 관련 업체

1) 넥슨(http://www.nexon.com)

1996년 세계 최초의 그래픽 온라인게임인 '바람의 나라'를 상용화한 이래 다양한 게임들을 선보이고 있다. 국내외 우수 게임들을 출시함은 물론, 개발력이 있는 소규모 게임개발사들을 발굴 및 지원하고 있다. MMORPG(Massive Multiplayer Online Role Playing Game), 전략, 보드 등 모든 장르를 망라한 게임 라인업을 갖추고 있으며 국내 게임회사로는 가장 먼저 국외 시장 발굴에 관심을 가졌다. 1997년 '바람의 나라'를 미국에 수출한 이래 현재 전 세계 60여 개국에서 20여 종의 게임을 서비스하고 있다.

2. 방송영상

브로드밴드의 보급 및 홈 네트워크의 확산으로 언제 어디에서든 원하는 콘텐츠를 즐길 수 있는 유비쿼터스 네트워킹시대로 접어들면서 'Killer Application[01]'의 하나로 디지털영상산업이 부각되고 있다. 디지털기술의 영향이 영상 및 미디어산업에 미치면서 많은 변혁이 일어나고 있으며 이로 인해 새로운 성장기회가 발생하고 있다.

기존 사회에서 지배적인 미디어로 자리를 굳혀온 아날로그방송은 이제 기술의 발전에 힘입어 단방향의 제한된 기능만을 담당하던 안방 속의 미디어에서 쌍방향의 의사소통을 가능하게 하는 통합 멀티미디어 매체로서 그 의미 있는 걸음을 내딛고 있다. 이른바 손안의 TV로 표현되는 DMB(Digital Multimedia Broadcasting)가 이러한 디지털영상 및 방송산업의 변화를 상징적으로 보여주고 있다.

협의적 의미의 디지털영상산업이란 영상콘텐츠를 제작 · 편집하여 유통 · 서비스하는 모든 단계에 디지털기술을 이용하는 산업으로 정의할 수 있다. 그러나 이러한 모든 과정에 디지털기술을 적용한 영상물은 현재 극히 드물며, 제작 · 편집 · 유통 · 서비스 등 각 단계에서 디지털기술을 적용하고 있다. 제작부문에서 디지털기술은 영화 전체를 3D 애니메이션으로 제작한 'Toy Story'와 같이 최종 산출물을 창출해 내기

01 1999년 미국 노스웨스턴대학교의 다운스 교수와 비즈니스 전문지 편집장인 춘카 무이가 공동으로 저술한 『Killer Application』이라는 책에서 비롯된 이 용어는 원래 의도했던 사용목적을 초월해 사회적 · 정치적 · 경제적으로 엄청난 파급효과를 야기하는 상품이나 발명품을 일컫는 말이 되었다.

도 하지만, 영화의 특수효과 및 게임 등의 중간재로도 많이 활용되고 있다. 이에 반해 애니메이션산업은 전반적으로 디지털화가 급속히 진행되고 있다. 3D 애니메이션뿐 아니라 2D 애니메이션도 디지털화가 급격히 이루어져 더 이상 셀 애니메이션은 제작되지 않고 있다. 따라서 애니메이션 장르 자체를 디지털영상산업으로 보는 견해가 지배적이다.

광의적인 의미에서의 디지털영상산업이란 디지털기술을 이용하여 새로운 영화, 애니메이션, 방송콘텐츠 등의 영상콘텐츠를 제작 · 편집하거나, 기존의 아날로그 형태의 영상콘텐츠를 디지털화하여 온라인과 오프라인을 통해 유통 · 서비스하는 산업군으로 정의할 수 있다(KIPA 2003).

디지털방송(digital video)은 디지털데이터를 이용하는 방식으로, 이는 단순히 텔레비전 채널뿐 아니라, 라디오 주파수 대역에 이르기까지 다양한 용도로 이용된다. 특히 위성 텔레비전처럼 텔레비전에 대한 디지털방식의 이용은 널리 쓰이고 있지만, 라디오에 채택하는 속도는 더딘 편이다(위키백과 2013).

축적된 지식정보 및 기술의 활용을 통해 무한한 부가가치를 창출하는 지식기반 사회를 살아가는 데 방송과 통신의 융합을 통한 정보의 수요자와 공급자의 경계 파괴는 양자 간 원활한 의사소통과 아이디어의 전달을 가능하게 해줄 뿐만 아니라 궁극적으로 다양한 구성원들의 수평적 사회참여 및 의사소통을 가능하게 할 것이다. 즉, 송 · 수신자 간의 정보교환을 가능하게 함으로써 시청자는 TV를 시청하면서 자기가 필요로 하는 프로그램을 선택할 뿐만 아니라 전자쇼핑, 홈쇼핑, 대화형 교육 등의 고부가가치서비스를 받을 수 있게 된다. 이는 생활문화적 측면과 경제적 측면에서 큰 의미를 지니게 될 것이다.

2.1 방송영상의 분류

한국콘텐츠진흥원에서는 콘텐츠산업통계를 통하여 방송산업의 분류를 지상파방송, 유선방송, 위성방송, 방송채널사용사업, 인터넷영상물제공업, 방송영상물제작업으로 분류한다.

| 표 2-11 | 방송영상 분류

중분류	소분류	분류체계 정의
지상파방송	지상파방송사업자	방송을 목적으로 하는 지상의 무선국을 관리 · 운영하며 이를 이용하여 방송을 행하는 사업체
	지상파이동멀티미디어 방송사업자	이동 중 수신을 주목적으로 다채널을 이용하여 복합적으로 송신하는 방송을 행하는 지상파방송사업체
유선방송	종합유선방송사업자	다채널방송을 행하기 위한 유선방송국 설비를 관리 · 운영하며 전송 · 선로설비를 이용하여 방송을 행하는 사업체
	중계유선방송사업자	지상파방송을 중계 및 송신하는 사업체
위성방송	일반위성방송사업자	인공위성의 무선설비를 소유 또는 임차하여 무선국을 관리 · 운영하며 이를 이용하여 방송을 행하는 사업체
	위성이동멀티미디어방송 사업자	이동 중 수신을 주목적으로 다채널을 이용하여 복합적으로 송신하는 방송을 행하는 위성방송사업체
방송채널사용 사업	방송채널사용사업자	지상파방송사업 · 종합유선방송사업 또는 위성방송사업과 특정 채널의 전부 또는 일부 시간에 대한 전용사용계약을 체결하여 그 채널을 사용하는 사업체
인터넷영상물 제공업	인터넷프로토콜TV(IPTV)	초고속 인터넷망을 이용하여 제공되는 양방향 텔레비전서비스 사업체
방송영상물 제작업	방송영상독립제작사	재정적인 지원이나 제작 · 설비 등을 방송 측에 의존하지 않고 독자적으로 TV 프로그램을 제작하는 사업체

2.2 방송영상 분야별 개념

(1) 디지털 지상파 TV방송

디지털 TV는 현재 아날로그 TV보다 5~6배 선명한 고선명(HD) 영상과 CD급 고음질 음향을 제공하는 것을 특징으로 한다. 양방향 데이터방송, TV 전자상거래, TV 정부(T-Government) 등 멀티미디어 부가서비스를 이용하여 디지털인프라 간 통합의 구심점 및 정보플랫폼(home gateway) 역할을 수행할 것이다. 또한 디지털 TV를 통해 화질 및 음향 등의 기본 시청 품질이 높아질 뿐만 아니라 양방향서비스 등의 다양한 부가기능이 제공되어 단순히 TV기능이 아닌 광범위한 영역에서 새로운 비즈니스를 창출할 수 있을 것으로 기대된다.

디지털 TV 기술은 품질과 양방향성의 2가지 축으로 진화할 전망이며, 인프라 측면에서는 현재 아날로그방송망의 디지털화 및 방송 · 통신망의 융합, 그리고 홈 네트워크를 포함하는 망으로 발전할 것이다(방송위원회 2003).

디지털 TV는 해상도에 따라 구분하며 HDTV(High Definition)와 SDTV(Standard Definition)로 나누어진다. HDTV는 일반 TV보다 2배 이상의 수직 · 수평 해상도를 가지며, 교차 색상(cross color) 등의 문제점을 개선하고 현재의 TV보다 넓은 화면 비율을 가지는 한편 CD 음질수준의 디지털오디오 성능을 가진 TV를 말한다.

지난 2012년 12월 31일에 서울과 수도권을 마지막으로 아날로그방송을 종료하면서 100% 디지털 지상파 TV시대가 열리게 되었고, 신규 채널들이 추가되고 있다.

| 표 2-12 | 아날로그 TV와 디지털 TV 비교

구분	아날로그 TV	디지털 TV	
		SDTV	HDTV
화질	525개	480 × 704	1080 × 1920
해상도	화질이 떨어짐	고화질(해상도 700선 이상)	
음질	음질 2채널	고음질(5.1채널[02]의 서라운드)	
화면비 (가로×세로)	화면 대비 4 : 3	근거리에서 피로감 없음	
		16 : 9 또는 4 : 3	와이드 16 : 9 화면
정보	일방적 서비스	양방향 정보서비스	
	단순정보 전달 기능	전자상거래, 홈쇼핑	
		인터넷, 데이터방송	
채널	1채널(6MHz)에 1방송	1채널(6MHz)에 4~6개 가능(SD)	
	여유 방송채널 없음	1채널(6MHz)에 1개 가능(HD)	
		유료 방송 및 VOD	

이런 상황에서 디지털 TV 방송이 직면하게 된 새로운 환경은 다음과 같이 네 가지

02 5.1채널이란 5.1개의 독립된 음향채널을 가지고 있다는 뜻이다. 흔히 아는 스테레오는 좌측과 우측스피커의 사운드가 분리되는 2채널이다. 3채널은 공간감을 보다 잘 표현하기 위해 후방에 리어스피커를 하나 더 다는 것이며 4채널은 리어스피커를 2개로 나눠, 리어스피커도 스테레오와 같은 효과를 내게 하는 것, 여기에 주로 대사(말)를 전달하는 센터스피커가 더해지면 5채널이다. 나머지 0.1채널은 '서브 우퍼'를 가리킨다. 서브 우퍼는 저음 보강이라는 전문적인 기능을 위해 20~120Hz대의 아주 낮은 저음효과를 담당하므로, 보통 스피커의 10분의 1 정도의 기능밖에 못한다는 뜻에서 0.1채널이 되었다.

로 요약해 볼 수 있다.

첫째, 방송과 통신의 융합과 디지털 전환, 국제화, 경쟁 상황에 직면하게 되었다. 방송통신 융합시대의 지상파 방송은 우선 디지털 전환이라는 재정적 부담이 높은 기술정책을 수용해야 한다. 대체로 위성방송이 디지털 전환이 적고 용이하며 다음이 지상파, 케이블 순으로 알려져 있다.

둘째, 통신사업자의 방송시장 진출이 활발해짐에 따라 이들과의 경쟁에 직면해 있다. 새로 등장하는 거의 모든 방송서비스는 방송통신 융합서비스를 제공할 것이다.

셋째, 지상파방송은 지상파 DMB, T-Commerce, 데이터방송 등 신규 융합서비스 개발이 예상되고 있으나, 그 채산성과 수익모델이 불확실하다. 통신사업자는 위성방송, 위성 DMB 등의 방송서비스에 실질적으로 진입하는 것에 비하여 방송사업자는 전화, 이동통신서비스 등 본격적인 통신사업에 진입하기 어렵다.

넷째, 우리나라 방송법 및 동 시행령도 최근 소유권 규정을 완화하여 신문사, 대기업, 외국자본의 방송시장에서의 점유율을 확대할 것으로 보인다. 미국, 독일에서는 지상파방송을 제외한 케이블, 위성방송을 비롯한 영상시장의 30%까지를 한 사업자가 점유할 수 있도록 대폭적인 규제완화조치를 취하고 있는 실정이다.

(2) 디지털 케이블 TV

케이블 TV의 디지털화는 양방향 전송망을 통하여 문자, 음성, 동영상 및 정지화상 등을 동시에 제공하는 멀티미디어서비스를 구현한 것으로, 전송망의 고도화와 헤드엔드의 디지털화를 포함하고 있다. 디지털 케이블 TV의 특징은 다음과 같다.

첫째, 케이블 TV의 디지털 전환으로 시청자 중심의 서비스로서 시청자 복지 향상에 크게 기여할 수 있다. 둘째, 서비스 이용에 있어 철저한 종량제 방식이다. 셋째, 홈비디오 대여의 불편함을 극복함과 동시에 원하는 시간대에 원하는 프로그램을 선택하여 볼 수 있다. 따라서 기존 방송채널이 제공하지 못했던 시청의 편의성을 제공하고, 기존 영화채널보다 빠른 프로그램 공급으로 시청자 만족을 극대화함으로써 궁극적으로 새로운 미디어 소비행태를 제공한다. 넷째, 프로그램과 관련하여 보다 철저하게 어린이와 청소년보호대책을 마련할 수 있다. 디지털 셋톱박스에 내장된 CAS(Conditional Access System)를 통해 가정에서 이용자에 따른 인증번호를 부여받아 어린이, 청소년의 19세 이상 프로그램 시청을 엄격히 통제할 수 있고, 또한 프로그램 주문내역이 기록되어 과금되므로 비밀 시청이 불가능하다는 특징도 있다.

(3) DMB

DMB(Digital Multimedia Broadcasting)의 개념은 라디오방송의 디지털화라는 DAB(Digital Audio Broadcasting)에서 출발하였다. 디지털라디오방송은 국가에 따라서 DAB 또는 DAR(Digital Audio Radio)이라는 명칭으로 불렸으나 압축기술의 발달로 같은 주파수 대역에서 오디오, 데이터 이외에 비디오서비스 제공이 가능해지면서 멀티미디어 서비스 기능을 포함하는 의미로 DMB라는 명칭으로 불리기 시작했다.

DMB는 지상파나 위성을 이용하여 고품질의 오디오방송과 부가 데이터서비스, 그리고 동영상서비스를 제공하며, 수용자는 이동 중에 차량용 전용 단말기, 휴대전화, DMB용 전용 단말기, PDA 등으로 서비스를 이용하는 융합매체이다. 이는 기존의 방송과 영상정보의 유통채널보다 휴대성이 좋다는 특징을 갖고 있어서 각종 영상관련 콘텐츠의 소비를 크게 촉진시킬 것으로 전망된다.

또한 DMB 서비스는 위성, 지상파 등 다양한 채널들을 통해 서비스됨으로써 소비자들의 디지털콘텐츠에 대한 접근성도 크게 향상될 것이다. 지상파 DMB와 위성 DMB를 비교하면 [표 2-13]과 같다(한국방송통신위원회 2003, TU미디어 2005).

DMB의 특징은 다음과 같이 크게 두 가지로 나누어 볼 수 있다. 무엇보다 DMB가 방송매체로서 갖는 가장 큰 강점은 이동 중에도 방송 시청이 가능하다는 점이다. 즉, 이제까지는 존재하지 않았던 이동방송시장이라는 새로운 방송시장이 형성되었다는 것이다. DMB는 광역성과 동보성을 특성으로 하는 위성과 갭 필러를 이용한 신호 중계를 통하여 어느 곳에서나 방송을 시청할 수 있는 보편적 서비스의 개념을 도입하고 있다.

DMB 매체의 두 번째로 두드러진 속성은 개인화된 방송매체(personal media)라는 점이다. 일반적으로 '개인화'된 서비스는 고객의 충성도를 높이는 가장 핵심적인 경쟁요소가 된다. '나만의 서비스'를 강조하는 휴대전화나 인터넷사이트 광고에서 볼 수 있듯이 개인화된 서비스는 고객이 제공한 정보나 선호도에 맞추어 서비스를 제공하는 개념이다. 하지만 DMB의 시청행태가 개인적이라는 것은 제공되는 콘텐츠가 개인에 맞도록 특화되었다는 의미보다는 전통적 TV방송에서 보여주는 공동시청 형태가 아니라 주로 개인적인 공간에서 시청행위가 사적으로 일어난다는 의미가 더 강하다. 현재 DMB는 위성망과 지상파방송망을 이용한 방송(casting)서비스이기 때문에 주문형 비디오와 같은 형식의 개인화된 프로그램을 방영할 여건은 아니다. 즉 엄밀히 말해서 개인화라는 것은 사용 공간에 대한 자유를 의미하며 개인 선호도에 맞춘 개별 프로그램(customized program)이 제공된다는 의미는 아니다.

| 표 2-13 | 지상파 DMB와 위성 DMB의 비교

구분	지상파 DMB	위성 DMB
네트워크 형태	• 지상망	• 위성망 + 보조지상망(Gap Filler)
주파수	• 174~216MHz (42MHz, TV ch 7~13) • 수도권 가용 TV ch 12(6MHz)	• 2630~2655MHz(25MHz) • 방송용 중계기 25MHz 1개 • 현재 ITU 규정상 사용가능한 주파수 대역폭은 25MHz • CD급 오디오, 데이터, 영상채널
제공가능 채널수	• VHF-TV 1개 채널(6MHz)로 3개의 블록 할당이 가능하고, 블록당 6개(CD 수준의 음질)의 채널 확보가능	• 13개 TV채널 제공가능(사용가능한 대역폭이 25MHz로 한정되어 있으므로 동영상 위주로 편성 시 채널 축소)
이동수신	• 가능(무지향성 안테나 사용) • 이동수신을 위하여 현 수준의 송신소보다 많은 송신소가 필요	• 가능(무지향성 안테나 사용) • 이동수신을 위하여 위성의 출력 및 보조 지상장비를 도입
화면크기	• 미정	• 최대 7인치
대상시장	• 개인 또는 차량	• 개인 또는 차량
수익모델	• 광고 중심의 무료 서비스	• 콘텐츠 중심의 유료 서비스
서비스 범위	• 수도권/지역방송	• 전국방송
서비스 대상	• 개인 또는 차량	• 개인 또는 차량
서비스 특징	• 공익적 · 보편적 서비스	• 상업적 서비스
네트워크	• 지상망	• 위성망 + 보조지상망
투자비	• 500억	• 4,000~8,000억
주도기관	• 지상파방송사	• 통신사업자

자료 : TU미디어(2005), 한국방송위원회(2003)

(4) 디지털 위성방송

디지털위성방송은 지상에서 송신한 방송전파를 정지궤도의 위성을 통하여 재전송하는 서비스이다. 즉, 위성으로 신호를 보내고 접시형 안테나로 수신되는 기본적인 위성 송 · 수신과정에서 신호를 디지털신호로 변환하여 수신받는 방식이 위성방송이다. 기존 위성방송과 같지만 중간과정에 디지털신호로 변환하는 기술이 사용되는 점이 다르다. 즉 방송국에서 프로그램을 송신지국으로 보내면 이곳의 송신시스템이 화상, 음성, 데이터 등의 프로그램정보를 디지털 신호로 변환해 압축 부호로 만들고 압축된 복수신호를 다중화한다. 그 다음 전송 시의 오류정정 부호를 부가해서 디지털

변조를 한 후 위성중계기를 거쳐 수신기로 쏘아 올린다. 이때 송신의 역처리 과정을 거쳐 각 가정에서는 안테나로 이를 받아 수신기를 통해 텔레비전으로 시청할 수 있게 된다. 디지털기술은 고품질방송서비스 외에도 여러 가지 혜택을 가져온다. 예를 들어 기존 아날로그방송이 방송중계기 1개에 1채널인 데 비해 디지털방식은 영상신호와 음성신호를 압축해 낼 수 있어 중계기당 4개의 채널을 만들어 낸다. 물론 경제성만 뒷받침되면 더 늘릴 수 있다.

이와 같이 디지털 전송으로 디지털영상과 음성을 가정에서 즐길 수 있게 되었다. 디지털 압축을 이용하면 하나의 아날로그 대역폭으로 여러 개의 텔레비전 채널을 전송할 수 있어서 더 선명한 영상과 음향을 여러 채널에서 수신할 수 있다. 디지털 전송의 또 다른 이점은 더 낮은 SN비(Signal to Noise Ratio)로써 더 좋은 품질의 영상을 만들 수 있기 때문에 송신기 전력을 줄일 수 있고 수신 영역도 증가하게 된다는 점이다. 케이블회사들은 더 많은 채널을 제공하기 위해 디지털 전송기술을 이용할 것이다. 관련 기술로는 영상 압축기술, 양자화, 다중화, 오류정정 부호화, 변조가 있다. 국내에서는 2002년 3월 1일에 한국디지털위성방송이 'Sky Life'라는 이름으로 방송을 개시하였으며, 지난 2010년에 스카이라이프가 IPTV인 '쿡TV'와 결합하여 '쿡TV 스카이라이프' 를 선보여 돌풍을 일으킨 바 있다.

(5) 인터넷방송(웹캐스팅)

인터넷방송은 텍스트, 오디오, 그림, 영상, 동영상 등의 콘텐츠를 멀티미디어로 가공 · 압축하여 인터넷을 통해 이용자가 원할 때에 즉시 실시간으로 스트리밍방식으로 전송하는 쌍방향서비스를 의미한다. 인터넷방송에서 제공하는 콘텐츠는 주로 드라마, 영화, 음악 등이다.

인터넷방송의 특징은 공급자 측면에서 기존 방송과는 달리 저렴한 비용으로도 서비스를 할 수 있다는 점이다. 또한 인터넷방송은 규제를 거의 받지 않는 특성을 가지고 있다. 이러한 요인으로 시장 내 진입이 매우 자유로운 대신 경쟁도 치열한 분야라고 할 수 있다.

한편, 인터넷방송은 일반방송과 같이 동시에 다수 대중을 대상으로 서비스하기보다는 가입자가 원할 때 개인적으로 시청하는 형태를 취하기 때문에 인터넷의 전통적 수익구조인 광고 재원 조달이 쉽지 않고, 무료 서비스에 익숙한 인터넷 이용자들에게 과금을 하는 것도 매우 어려워 인터넷방송의 수익구조가 아직은 확실하게 정착되지 않았다고 할 수 있다.

인터넷방송은 수익창출 구조면에서 다음과 같은 문제점이 있다고 지적되고 있다. 첫째, 인터넷 접속 속도의 문제, 둘째, 막대한 크기의 영상데이터를 효과적으로 관리 · 전송할 수 있는 압축기술의 문제, 셋째, 초기 투자비용을 뽑아낼 수 있을 만큼의 효율적인 사업모델 혹은 수익모델의 문제, 넷째, 규모의 경제를 이룰 수 있을 만큼의 충분한 이용자 확보 문제, 다섯째, 이용요금 징수방법의 문제, 여섯째, 이용자 인터페이스 문제 등을 지적한다.

그러나 최근 들어 인터넷방송이 산업이 될 수 있는 기술적 · 사회적 · 정책적 여건들이 조성되고 있다. 계속 발전하는 코덱기술(codec technology)과 초고속 전송망의 확대를 바탕으로, 스트리밍신호에 의한 비디오방송의 질이 일반 VHS 형식보다 나아지고 있다. 또한 최근 조사결과에 따르면 인터넷방송을 통해 오디오 및 비디오 프로그램을 접하는 사람들의 숫자가 급증하고 있다. 인터넷방송은 방송사가 어디에 위치하느냐 하는 지역적 제약을 받지 않는다는 이점도 있다. 지역적 제약을 벗어나 방송지역을 거의 무한정으로 넓힐 수 있다는 점과, 훨씬 더 세분화된 틈새시장(niche marketing)을 공략할 수 있고, 보다 정교한 목표 광고(target advertising)를 할 수 있다는 이점을 갖는다.

또한 인터넷방송이 발전할 수 있는 큰 요인 중 하나는 무엇보다도 인터넷 이용자의 급격한 증가에 있다. 광대역 서비스 가입자의 증가는 인터넷방송의 이용층 형성의 기본 요건이라고 할 수 있다. 이러한 인터넷 보급은 특히 광대역 통신망의 확대로 인하여 방송사업자들은 좋은 음질과 화질서비스가 가능해짐으로써 시장창출이 가능해졌다. 인터넷방송 이용자는 손쉽게 다양한 장르의 VOD 및 AOD서비스를 이용할 수 있고 사업자는 저작권관리와 유료화가 상대적으로 용이하다고 할 수 있다.

유료화를 위한 기반도 이에 상응하여 발달하고 있으며 디지털콘텐츠 유료화를 지원하기 위한 다양한 결제수단도 등장하고 있다. 특히 최근에는 결제수단이 현금이나 카드에서 전자화폐 및 무선결제로 빠르게 발전해 나가고 있으며, 이 중에서도 전화번호기반 결제, 전자지갑기반 결제, IC칩(카드) 및 메모리기반 결제시스템이 급격히 확산되어 가고 있다. 이러한 전자지불수단 간 호환성과 표준화를 위한 전자지불포럼 등이 구성되고 있으며, 고객편의성 및 지불안전성 등을 강화하고 있는 추세이다.

(6) IPTV

IPTV는 초고속 인터넷망을 이용하여 제공되는 양방향 텔레비전서비스로 인터넷 프로토콜 텔레비전(Internet Protocol Television)의 약자이다. IPTV는 초고속 인터넷을 이용하여 정보서비스, 동영상콘텐츠 및 방송 등을 텔레비전 수상기로 제공하는 서비스를 말한다. 인터넷과 텔레비전의 융합이라는 점에서 디지털 컨버전스의 한 유형이라고 할 수 있다. 기존의 인터넷 TV와 다른 점이라면 컴퓨터 모니터 대신 텔레비전 수상기를 이용하고, 마우스 대신 리모콘을 사용한다는 점이다.

IPTV를 이용하기 위해서는 텔레비전 수상기와 셋톱박스, 인터넷 회선만 연결되어 있으면 된다. 곧, 텔레비전에 셋톱박스(set top box)나 전용 모뎀을 덧붙이고 텔레비전을 켜듯이 전원만 넣으면 이용할 수 있다. 따라서 컴퓨터에 익숙하지 않은 사람이라도 리모컨을 이용하여 간단하게 인터넷 검색은 물론 영화감상, 홈쇼핑, 홈뱅킹, 온라인게임, MP3 등 인터넷이 제공하는 다양한 콘텐츠 및 부가서비스를 제공받을 수 있다.

IPTV는 비디오를 비롯한 방송콘텐츠를 제공한다는 점에서는 일반 케이블방송이나 위성방송과 별다른 차이점이 없지만, 양방향성이 추가된다는 점이 큰 특징이다. 일반 공중파방송이나 케이블방송 또는 위성방송과는 달리 시청자가 자신이 편리한 시간에 자신이 보고 싶은 프로그램만 볼 수 있다. 따라서 TV방송의 주도권이 방송사나 중계업자로부터 시청자에게 넘어가는 셈이 된다. 현재 홍콩과 이탈리아, 일본 등 일부 국가에서 IPTV서비스를 하고 있지만 전 세계적으로 초기 단계라고 할 수 있다. 국내의 경우, 통신사업자들이 기존의 인프라를 최대한 활용하여 범위의 경제효과를 누리고자 IPTV 제공에 적극적으로 나서고 있다.

IPTV는 콘텐츠의 전송 · 저장 · 등록 등을 담당하는 'IPTV 서버', IPTV 전체를 관리하며 사용법과 프로그램을 안내해 주는 'IPTV 콘텐츠 매니저', 사용자에게 프로그램을 보여주는 'IPTV 뷰어'로 구성되어 있다.

IPTV의 장점은 다음과 같다. 첫째, IP를 기반으로 네트워크 환경에서 별도의 영상 전용 장비 없이 인터넷을 포함한 기존의 IP기반 네트워크를 활용할 수 있다. 둘째, 기존 TV방송처럼 채널을 선택할 수 있을 뿐만 아니라, 간단한 리모컨 조작만으로 최신 영화를 신청해 보는 주문형 서비스가 가능하다. 셋째, 인터넷과 TV가 합쳐져 여러 가지 편리한 기능을 제공한다. TV로 물건을 사는 'TV 전자상거래', TV로 민원서류를 신청해 발부받는 'TV 정부', TV를 이용한 원격교육인 'TV 교육'서비스가 간단히 구현된다. 넷째, IPTV는 양방향성을 갖췄기 때문에 피드백방송도 가능하다. 예를 들어 드라마를 보다가 주인공의 생사 여부를 리모컨으로 결정할 수 있으며, 뉴스를 보다가 어려운 단어가 나오면 리모컨으로 검색해서 찾아볼 수도 있다.

기술의 발전으로 시작된 통신과 방송의 융합현상은 IPTV에 이르러 이제 통신과 방송의 구별이 어려운 상태에 도달하게 되었다. 케이블 TV 기업들이 통신서비스를 제공하고, 통신기업들이 방송서비스를 제공하게 되어, 서비스 간의 차이는 거의 없어지게 된다. IPTV의 경우 쌍방향 통신, VOD, 티-커머스(Television commerce, T-commerce) 등 다양한 서비스를 통하여 시장은 급속히 성장할 것으로 전망되고 있다(Ronai 2002).

(7) 동영상 UCC

브로드밴드의 확산은 인터넷을 텍스트기반의 지식정보 검색서비스에서 고화질 동영상서비스를 위한 미디어로 발전시켰다. 특히, 인터넷은 TV와 모바일 등과 연계되면서 멀티미디어가 중심이 된 오락 추구의 경향이 강해지는 형상을 보여주고 있다. 그 중에서도 인터넷이 제공하는 상호작용성에 따라 대두되고 있는 이용자의 능동성은 영상콘텐츠 생산과 소비방식을 획기적으로 변화시키고 있다. 참여 · 공유 · 개방을 모토로 하는 웹 2.0의 패러다임은 전문 제작자가 아닌 일반 제작자, 즉 소비자 역할에만 머물렀던 기존 사용자가 콘텐츠 생산의 적극적인 주체가 되도록 만들었다. 이처럼 소비자가 이용자에 머물지 않고 적극적인 생산자로서 행사하는 사람들을 프로슈머(Prosumer)라고 지칭하며 프로슈머가 직접 제작하여 부가가치를 창출하는 콘텐츠를 일컬어 '사용자 제작 콘텐츠(UCC : User Created Content)' 또는 '사용자 창작 콘텐츠(UGC : User Generated Content)'라고 한다. 그리하여 UCC는 전문 제작자에 의해 생산되는 '기존 제작 콘텐츠(RMC : Ready Made Content)'와 대별되어 인터넷 기반의 동영상을 포괄하는 개념으로 사용되고 있다.

UCC는 인터넷기반으로 제공되는 동영상이라는 점에서 크게 두 가지 유형으로 구분할 수 있다. 하나는 인터넷을 통해 사용자의 요구에 따라 동영상을 주문하여 즉시 제공하는 'VOD서비스'이며, 다른 하나는 웹스트리밍(web streaming) 전송방식으로 방송처럼 실시간 제공되는 '온라인 TV'이다. VOD방식의 UCC서비스는 네이버, 다음 등과 같은 기본 인터넷 포털을 통해 제공하는 '인터넷 포털 동영상서비스'와 동영상 UCC를 전용으로 검색 또는 제공하는 '동영상 UCC서비스'로 구분되고 있다. 그리고 온라인 TV는 기존 방송사에서 인터넷 웹사이트를 구축하여 제공하는 '웹방송'과 인터넷 스트리밍 방송시스템을 구축하여 제공하는 '인터넷방송'으로 구분된다(한국콘텐츠진흥원 2009).

| 표 2-14 | 국내 동영상 UCC서비스 현황

회사	서비스	방송콘텐츠
다음	동영상 전문 포털과 제휴, 커뮤니티에 있는 동영상 제공	YTN, ETN, Mnet 등
네이버	동영상 검색, 동영상 게시 서비스, '네이버 툰'서비스	Mnet, XTM, 채널 CGV 등
곰TV	정보검색, 스트리밍 커뮤니티, 플랫폼 공유 웹캐스팅 형태	MBC, MBC 드라마넷, 슈퍼액션 등
아프리카	커뮤니티, 웹캐스팅 형태, UCC 활용 영상 제작	온게임넷, MBC 게임
판도라TV	정보검색, 커뮤니티 플랫폼 공유, 웹캐스팅 형태, UCC 활용 영상제작	YTN

2.3 방송영상산업

(1) 방송영상산업콘텐츠 가치사슬의 변화

디지털 융합은 방송서비스의 개념을 변화시키고, 네트워크 및 단말기의 융·복합화를 진행시킴으로써 방송영상콘텐츠의 제작과 유통, 소비 전반에 걸쳐 패러다임 전환을 유발하였다. 그리하여 전통적인 '제작–유통–소비'의 가치사슬에서 각 단계마다 분화가 발생하여 '생산주체/생산물(장르)의 다양화, 유통의 다각화, 소비형태의 다원

그림 2-7 | 디지털방송영상산업의 가치사슬과 비즈니스 영역

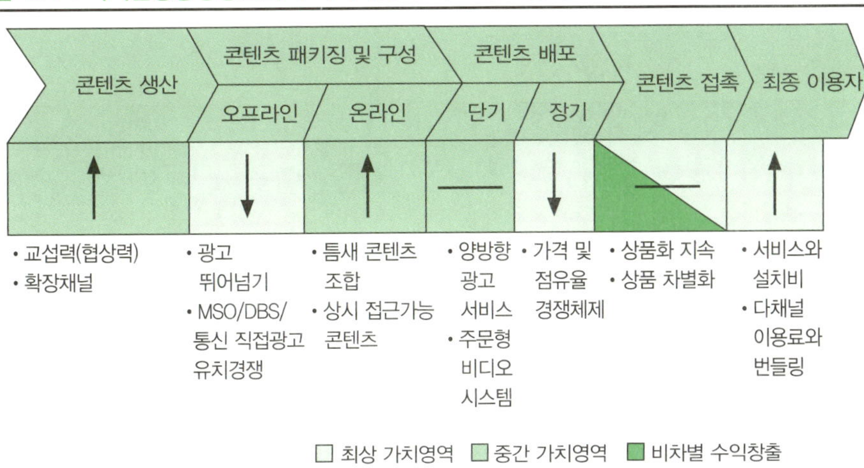

자료 : IMB Institute for Business Value, 2006

화'로 발전되었다.

다양한 플랫폼을 통해 콘텐츠의 접근과 소비가 가능해지는 이용구조(one source multi use)에서 이용자 흡인력이 강한 방송영상콘텐츠가 문화산업과 미디어산업을 견인하는 핵심가치로 부각되었다. TV기반의 방송서비스는 다양한 서비스와 콘텐츠를 연결하는 1차 관문으로서의 기능 수행과 소비자를 유인하는 기폭제 역할을 담당한다.

디지털기술의 발전에 따른 네트워크, 서비스, 콘텐츠의 융합은 미디어 이용자의 문화 소비행태에 직접적인 변화요인이 된다. 양방향 기능에 따른 수용자의 통제력 증가는 TV 이용에 대한 시공간의 한계를 극복함으로써 개인 참여 서비스의 중요성이 증가된다. 이용자들은 과거의 수동적 소비에서 벗어나 콘텐츠의 생산 및 소비에 직접 참여하는 프로슈머(prosumer)로서 자리매김하며, 이용자 제작 콘텐츠(UCC)의 상품화를 촉진한다.

(2) 방송영상산업의 현황

방송영상산업은 전체 디지털콘텐츠산업에서 가장 큰 비중을 차지하고 있는 산업 중 하나이다. 세계 방송영상산업 규모는 PWC 보고서에서 구분한 엔터테이먼트시장 현황에 따라 살펴볼 수 있다. 2010년에서 2016년까지 세계 방송영상산업 규모를 살펴보면 2011년 규모는 전년 대비 5.9% 증가한 총 4,098억 3,500만 달러였다. 2012년의 경우 2011년보다 6.6% 증가한 4,367억 8,200만 달러 규모로 추정되었으며, 2016년의 세계 방송영상산업 규모는 5,633억 8,800만 달러로 추정되어 2011년보다 37.5%

| 표 2-15 | 세계 방송영상산업 규모

(단위 : 백만 달러)

구분		2010	2011P	2012	2013	2014	2015	2016
TV 가입과 수신료시장		207,396	224,830	240,275	256,327	272,874	290,618	308,643
유료방송		168,582	182,959	196,042	209,629	223,832	239,143	254,683
홈비디오 시청	VOD/PPV	4,594	5,034	5,470	5,884	6,286	6,659	7,007
	OTT/스트리밍	1,786	4,260	5,713	7,075	8,440	9,808	11,040
모바일방송		1,437	1,528	1,685	1,889	2,170	2,492	2,847
지상파방송(Public TV) 수신료		30,997	31,049	31,365	31,850	32,146	32,516	30,066
TV 광고시장		179,479	185,005	196,507	203,833	224,710	231,555	254,745
총계		386,875	409,835	436,728	460,160	467,584	522,173	563,388

이상 성장할 것으로 전망되었다.

국내 방송영상산업 규모를 살펴보면 2011년 전체 매출액은 2010년 대비 14.1% 증가하였지만, 2009~2010년 성장률 14.9%보다는 조금 감소했다. 위성DMB와 유선방송범주에 포함된 중계유선방송을 제외한 모든 사업자의 매출액이 증가했고, 특히 IPTV, 방송채널사용사업자, 지상파 DMB가 높은 성장세를 보였다. 위성 DMB의 경우 전년 대비 21.4%가 하락했으며 이는 수익 약화가 심화되고 있는 상황을 그대로 보여주고 있다. IPTV의 경우 전년 대비 성장률이 52.4%에 달했고, 방송채널사용사업자들도 19.1%의 성장률을 보여 모두 전년도에 이어 상승세를 이어가고 있다(한국콘텐츠진흥원 2012).

| 표 2-16 | 국내 방송영상산업 매출액 추이

(단위 : 백만 원)

구분		2009년	2010년	2011년	2010~2011년 증감률
총 방송사업수익		9,008,779	10,439,341	11,856,715	+13.6%
지상파방송		3,256,999	3,649,683	3,914,472	+7.3%
케이블 방송	유선방송	1,816,825	1,937,757	2,122,226	+9.5%
	방송채널사용사업자	3,300,369	3,960,170	4,717,690	+19.1%
	소계	5,117,194	5,897,927	6,839,916	+16.%
위성방송		350,332	351,540	373,853	+6.3%
DMB	지상파 DMB	11,020	14,516	16,897	+16.4%
	위성 DMB	133,434	121,372	95,380	−21.4%
	소계	144,454	135,888	112,277	−17.4%
IPTV		220,400	404,303	616,196	+52.4%
방송영상독립제작사 매출액		796,175	737,092	895,769	+21.5%
총계		9,884,954	11,176,433	12,752,484	+14.1%

2.4 방송영상 저작도구

(1) Adobe Premiere Pro CC(http://www.adobe.com/kr/products)

더욱 긴밀하게 통합된 강력한 Adobe Premiere Pro CC를 사용하면 보다 신속하게 영상을 편집 · 제작할 수 있다. 재설계된 타임라인, 향상된 미디어관리, 간소화된 색상 그레이딩 등 완전히 새로워진 10여 개의 새로운 기능이 포함되어 있으며 한 곳에서 모든 크리에이티브한 작업을 할 수 있다.

그림 2-8 | Adobe Premiere Pro CC

(2) Windows Movie Maker(http://windows.microsoft.com/ko-kr/windows-live)

마이크로소프트 윈도우의 영상 제작/편집 소프트웨어이다. PC 또는 카메라에 담긴 사진과 장면을 빠르게 추가할 수 있으며, 원하는 대로 동영상을 편집할 수 있다. 또한 화면을 움직이게 만들거나 빠르게 혹은 느리게 만들 수도 있고, 전환 및 효과를 자동으로 추가하여 전문가가 만든 것과 같은 세련된 동영상을 만들 수 있다.

그림 2-9 | Windows Movie Maker

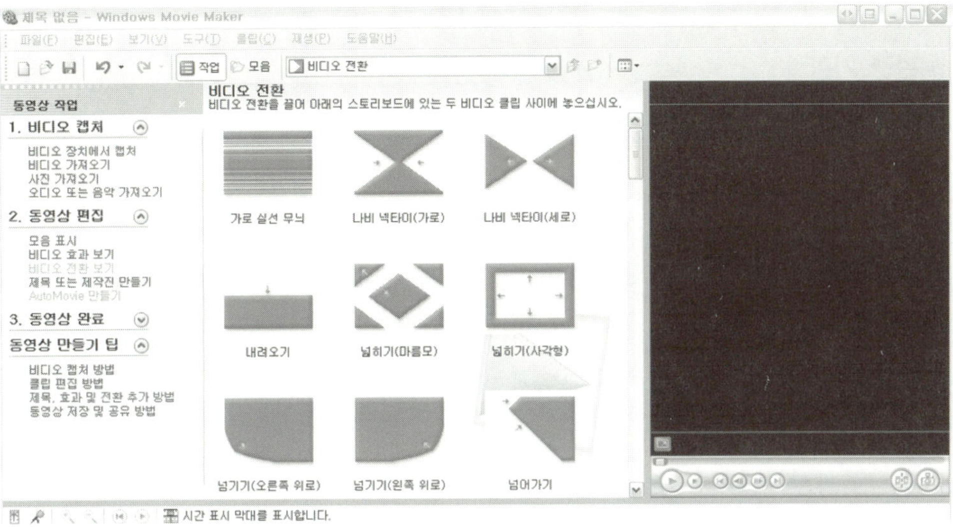

(3) Sony Vegas(http://sony-vegas.en.softonic.com)

프리미어만큼 많은 사람들이 쓰고 있는 동영상 편집프로그램이다. 프리미어에 비해 사용하기 간편한 프로그램이며 다양한 편집 기능을 제공한다. 뿐만 아니라 다양한 NLE(Non Linear Editor)를 사용해 콘텐츠를 제작하는 콘텐츠 제작 환경을 위한 소프트웨어로 더욱 효율적인 편집 워크플로우를 구현할 수 있다.

그림 2-10 | Sony Vegas

2.5 방송영상콘텐츠 정보원

(1) 관련 기관

1) 한국영상자료원(http://www.koreafilm.or.kr)

1974년에 재단법인 한국필름보관소로 설립되었다. 2002년 영화진흥법에 근거한 특수법인으로 개편되어 문화체육관광부 산하에 소속된 문화서비스 공공기관으로 변경되었다. 영화 및 영상자료를 수집, 보존, 복원하고 이것을 활용할 수 있도록 서비스를 제공하는 공공기록관이다. 1920년대 이후부터 지금까지 한국영화에 대한 영상자료와 한국의 영화사, 뉴스와 이벤트에 대한 자료를 제공한다.

2) e영상역사관(http://www.kfaa.org)

한국광고협회 산하의 웹 DB로 광고 제작사와 관련 인물, 연관 문헌에 대한 정보를 수집하고 있다. 광고 자체를 웹스트리밍서비스로 감상할 수 있으며 업종별, 연대별로 정리하여 제공하고 있다. 또한 한국소비자학회나 홍보학회 등 관련 학회에 투고 된 논문의 원문제공서비스를 지원하고 있다.

(2) 관련 웹사이트

1) IMDB(http://www.imdb.com)

미국의 인터넷 영화데이터베이스서비스로 1990년에 개설되어 1998년 아마존에 인수되었다. 국적에 상관없이 거의 모든 영화와 관련 정보를 수집하여 영화와 인명에 대한 검색서비스를 제공하고 있다. 극장용 영화뿐만 아니라 TV드라마와 애니메이션, 단편영화 등 방대한 양의 영상콘텐츠관련 정보를 제공한다. 그리고 작품에 대해 이용자가 토론을 할 수 있는 포럼을 제공하여 서비스 이용자들의 활발한 참여를 이끌어낸다.

2) DVDprime(http://dvdprime.donga.com)

국내 최대의 영화 및 DVD/BD 커뮤니티로 신작 영화에 대한 소개 및 칼럼과 DVD/BC 타이틀에 대한 발매정보 및 구성내용, 평점과 리뷰를 제공한다. 국내에 발매된 거의 모든 BD와 HD-DVD에 대한 구성내용 및 리뷰를 제공한다. 또한 3DTV,

DB플레이어, 스피커, 홈시어터 등 하드웨어에 대한 각 포럼을 제공한다. 그리고 선주문 형식의 DP 시리즈 타이틀을 제작하여 판매한다.

3. 애니메이션

애니메이션은 동화를 의미하며 어원은 '영혼, 정신, 생명'을 뜻하는 라틴어 'anima'이다. 오늘날에는 움직임이 없는 정지된 물체를 여러 번에 걸쳐 연속촬영하거나 기타 영상적인 수법을 이용하여 마치 살아서 움직이는 것 같은 눈의 착각을 일으키는 기술을 의미하게 되었다(이상원 2009).

1980년 국제애니메이션필름협회(ASIFA)는 유고의 자그레브에서 열린 임시총회에서 '애니메이션은 기본적으로 1프레임씩 촬영해 가는 창조적 작업을 의미한다. 이것은 조작된 동작을 창조하기 위한 모든 종류의 테크닉에 관련된 것으로 실사영상방식과는 다른 다양한 기술의 조작에 의해서 동적인 이미지를 창조한다'고 정의하였다.

캐나다의 국립영화위원회(NFBC)의 애니메이션 대가인 노먼 맥라렌(Norman McClaren)은 '애니메이션은 움직이는 그림의 예술이 아니라 그려진 움직임의 예술이다. 각 프레임 사이에 무엇이 발생했는가는 각각의 프레임상에 무엇이 존재하느냐보다 더 중요하다. 그러므로 애니메이션은 이런 프레임들 사이의 속임수로 눈에 보이지 않는 틈새를 적절하게 조작하는 예술이다'라고 정의하였다.

애니메이션은 움직이는 사물을 촬영하여 영화의 움직임을 만드는 것이 아니라, 움직이지 않는 사물을 한 커트(프레임)씩 연속적으로 촬영하여 인위적인 움직임을 창조하는 것이다. 움직이지 않는 그림을 연속적으로 빠른 속도로 보게 되면 마치 움직이는 것처럼 느껴지는데 이것이 바로 잔상 및 가현운동의 원리이다.

인간 시각의 잔상현상에 대한 연구는 일찍이 레오나르도 다빈치를 비롯한 여러 과학자들이 오랜 기간 동안 연구해 온 분야이다. 즉 사람의 눈은 하나의 사물을 보다가 그 대상이 사라져도 일순간 동안 눈에 그 사라진 물건의 상이 남아 있게 된다. 그래서 눈에 잔상이 남아 있는 동안에 다음의 상이 비추어 전상과 후상이 겹치면 그 전후상 간에 시각적 연관이 생기고 다음으로 연속해서 옮겨가면 정지해 있는 것도 움직이는 것처럼 보이게 되는 것이다.

애니메이션은 일반 영화처럼 1초에 24장의 그림을 반드시 사용하는 것은 아니다.

미국의 디즈니를 제외한 대개의 애니메이션은 1초에 12장 내외의(리미티드 방식) 그림으로 만들어진다. 영화는 사물의 움직임을 있는 그대로 영화에 담지만 애니메이션은 만화, 그림, 인형 등을 통해 실제로는 존재하지 않는 상상의 움직임을 자유스럽게 표현하는 것이다. 우리가 애니메이션을 보면서 무한한 상상과 감동을 받는 것도 바로 이러한 이유 때문이라고 할 수 있다.

애니메이션의 시작은 토마스 애디슨이 카메라의 영사기를 발명한 시기부터라고 할 수 있다. 1914년 윈저 맥케이의 '공룡 거티(Gertie the Trained Dinosaur)' 작품을 시두로 예술로서의 애니메이션을 인정하였으며, 1920년대 중반에 제작 현장에도 상업화의 바람이 불어오면서 애니메이션을 상품화하는 큰 변화가 일어나기 시작했다.

3.1 애니메이션의 역사

애니메이션의 역사는 기원전으로 거슬러 올라간다. 기원전 1만 년에서 5천 년경에 스페인 북부지방의 알타미라(Altamira) 동굴벽화에는 다리가 4개가 아닌 8개로 그려져 있는 멧돼지 그림이 있는데 움직임을 표현해 보려는 시도로 보이는 이 그림을 애니메이션의 기원으로 본다.

그 후 기원전 70년경에는 손으로 그린 움직이는 이미지를 스크린 위에 투사했던 메커니즘의 증거가 남아 있다. 16세기 유럽에서는 인간의 성행위 장면을 다룬 플립북(flip-book)이 존재했고 17세기 중반에는 유리 슬라이드를 사용해 움직임을 보여주도록 고안된 장치가 사용되었다. 19세기에 이르러 원판을 이용한 영사기들이 발명되는데 영국인 의사 존 에어튼 파리스(John A. Paris)에 의해 소마트로프(Thaumatrope, 1826년)가 발명된 이후, 스트로보스코(Stroboscope, 1833년), 조트로프(Zoetrope, 1834년) 등의 보다 진보된 원판의 회전으로 생기는 잔상효과를 이용한 움직임 재현장치가 개발되기 시작했다. 1876년에는 에밀 레이노(Emile Reynaud)가 조트로프를 개조하여 만든 프락시노코프(Praxinoscope)에 의해 최초로 대중에게 움직이는 그림을 영사할 수 있게 되었다.

이러한 일련의 시도들은 1895년 뤼미에르(Lumiere) 형제의 시네마토그라프(cinematograph)의 발명으로 이어지면서 영화라는 새로운 예술 장르가 탄생하게 된다. 애니메이션은 이러한 영화적 장치들과 실험적인 기법들의 도입을 통해 새로운 전기를 맞게 된다.

근대 애니메이션의 선구자로는 애니메이션의 초기 역사가 잔상을 응용한 환등의 '영사'와 그림에서 발전된 사진 연결의 '촬영'이라는 개념을 전제할 때, 유럽과 미국의 대표적인 애니메이션을 개발한 두 실험작가, 프랑스의 에밀 콜(Emill Call)과 미국의 제임스 스튜어트 블랙턴(James Stuart Blackton)을 들 수 있다. 1906년 블랙턴은 칠판에 재미있는 스톱모션기법으로 제작한 길이 3분(20ftp)의 '재미있는 얼굴의 익살스런 양상(Humorous Phases of Funny Faces)' 작업을 하였다.

1914년 미국의 윈저 맥케이는 '공룡 거티(Gertie the Trained Dinosaur)'를 만들어 극장영화의 상영에 앞서 보여주는 단편 애니메이션의 존재를 드러냈다. 그러나 이 시대에는 애니메이션이라고 불리면서도 장편극영화 시작 부분의 삽입물이 아니고는 공개될 기회도 없었고 영화예술의 한 장르로 인정받지도 못했으며, 그 후 약 10년간 애니메이션은 상업용 코믹오락물로서 받아들여졌다.

1927년에 디즈니는 낡은 스튜디오를 배회하는 쥐에서 애니메이션 최대의 인기 캐릭터인 '미키 마우스(Mickey Mouse)'를 탄생시켜 그를 주인공으로 한 최초의 유성 애니메이션 '스팀보트 윌리(Steamboat Willie)'를 1929년에 발표하게 되었다. 1928년 오토 메스머(Otto Messmer)에 의해 캐릭터의 자연스러운 움직임이 '고양이 펠릭스(Felix the Cat)'에 제작되고 W2XBS(New York Channel)방송에 방영되면서 애니메이션의 상영매체시대가 열리게 되었다. 1931년에는 그 시대가 요구하는 에로티시즘을 가미한 애니메이션 '베티붑(Betty Boop)'이 상영되어 큰 인기를 끌게 되었다. 이 시점이 애니메이션 기획이라는 개념이 들어간 시기라고 할 수 있다.

월트 디즈니는 '미키 마우스(Mickey Mouse)', '도날드 덕(DonAld Duck)' 등을 제작하여 애니메이션의 오락매체로서의 입지를 다지면서 1937년에는 기술적인 면과 작품의 질에서 모두 뛰어난 평가를 받은 최초의 장편 애니메이션인 '백설공주와 일곱 난쟁이(Snow White and the Seven Dwarfs)'를 완성했다. 이 시기부터 애니메이션은 독립적인 극장용 오락영화로서 인식되기 시작했다. 비슷한 시기 유럽에서는 디즈니로 대표되는 스튜디오시스템에 적응한 셀 애니메이션뿐 아니라 다른 제작기법 내지는 추상적인 주제를 다룬 작품들이 많이 만들어졌고 이러한 유럽의 전통은 오늘날 유럽뿐 아니라 캐나다, 일본 등지에 영향을 끼쳐 소위 작가주의 애니메이션의 주류를 이루고 있다.

제2차 세계대전 이후 애니메이션은 점점 그 영역을 넓혀감과 동시에 상업적 이용가치의 증대로 기존의 전통적인 애니메이션(주로 디즈니로 대표되는 셀 애니메이션) 스타일과 디자인에서 벗어난 작품들이 등장하게 된다. 대표적으로 디즈니 스튜디오

출신 애니메이터들이 설립한 UPA(United Production of America)의 작품들이 그러했다. UPA의 대표적 작품으로 아카데미상을 수상한 '제럴드 맥보잉 보잉(Gerald McBoing Boing, 1951)'이 있다.

1950년대 중반 이후 텔레비전의 보급량이 크게 늘면서 점차 극장이 사양길을 걷게 되자 본격적인 텔레비전용 애니메이션시대가 열리게 된다. 텔레비전이라는 매체의 특성상 저비용 고효율이 필요하였고, 따라서 리미티드 애니메이션기법(limited animation, 1초에 들어가는 프레임수를 줄이는 방식)이 사용되는 작품이 많이 만들어지기 시작했다. 리미티드기법은 오늘날 텔레비전용 애니메이션의 제작기법으로 정착되었다.

텔레비전의 등장으로 잠시 주춤했던 극장용 장편 애니메이션은 1988년 디즈니의 장편, '누가 로저 래빗을 모함했나(Who Framed Roger Rabbit)'가 성공을 거두면서 다시금 극장용 장편 애니메이션의 잠재력을 인식하게 함으로써 1990년대에 디즈니의 연이은 장편 애니메이션의 제작과 흥행으로 이어지게 된다. 그리고 1990년대 들어 기존의 셀 애니메이션뿐 아니라 '토이스토리(Toy Story)'와 같은 컴퓨터 애니메이션, '월리스와 그로밋(Wallace and Gromit)'과 같은 클레이 애니메이션이 성공을 거두면서 더욱 다양한 상업 애니메이션이 만들어지고 있고, 작가주의 애니메이션 또한 캐나다를 위시한 여러 국가에서 많은 작품이 만들어지고 있다.

3.2 애니메이션의 특성

현재의 애니메이션은 타 매체가 지니고 있는 인간의 생활을 지적으로 풍요롭게 하는 문화적 특성을 지니고 있으며 산업적 관점에서는 영화, 스포츠, 음반 등과 같이 소비자들의 관심 및 여가수단으로서의 선호도에 따라 수익이 달라지는 엔터테인먼트 산업의 특성도 가지고 있다.

또한 작품 그 자체의 배급수입뿐만 아니라 작품의 캐릭터나 소재를 원천으로 한 다양한 사업(캐릭터, 음악, 게임 소프트웨어, 테마 파크, 영화관, TV, 비디오, 교육용 자료, 광고)을 전개할 수 있는 '원소스 멀티유즈'의 속성을 갖고 있다. 이는 타 분야에 비해 산업적 연관효과가 월등하게 높고, 매체 간 변형을 통해 고부가가치를 창출하는 성격도 지니고 있다.

실사영화는 대부분 하나의 소프트웨어를 여러 단계의 미디어에 순차적으로 발표하여 부가가치를 높이는 윈도우(window)전략만을 사용한다. 그러나 애니메이션은 하나의 작품을 여러 미디어에 중첩시켜 상승효과를 가져오는 미디어 믹스(Media-Mix)전략의 사용이 가능하다. 따라서 애니메이션은 한 작품의 캐릭터를 게임이나 완구 등 다양한 제품 및 소프트웨어로 창출할 수 있는 전후반 산업연관효과가 큰 산업이다.

3.3 애니메이션의 유형

애니메이션의 종류는 제작기법에 따라 그림 애니메이션기법, 모델 애니메이션기법, 컴퓨터 애니메이션기법, 핸드메이드 애니메이션기법으로 분류할 수 있다(이상원 2009).

(1) 그림 애니메이션기법

1) 셀 애니메이션(cel animation)

1915년 얼 허드(Earl Huurd)가 고안한 가장 전형적인 애니메이션 제작기법으로 전통적인 애니메이션기법이다. 종이에 그린 그림을 셀(투명합성수지인 셀룰로이드)에 옮기고 그 뒷면에 채색을 한 다음 배경과 함께 필름 카메라 밑에서 단일 프레임으로 촬영하는 방식이다. 투명한 셀은 밑에 있는 배경그림을 그대로 투과시키기 때문에 하나의 배경그림에 캐릭터만 바꾸어 다양한 연출을 할 수 있다.

2) 페이퍼 애니메이션(drawing on paper animation)

셀이나 다른 재료를 사용하지 않고 종이 위에 곧바로 연필, 색연필, 파스텔, 물감, 목탄, 콘테 등으로 그림을 그린 후 단일 프레임 촬영을 하는 방식이다. 즉 셀 애니메이션과 달리 필요한 배경과 캐릭터를 분리하지 않고 각각의 작화지에 연속적으로 그림들을 한 장씩 교체해 가면서 촬영하는 방식이다.

3) 컷아웃 애니메이션(cut-out animation)

절지 애니메이션이라고 하며 각 관절부위별로 오려낸 동작그림들을 평면배경 위에서 한 프레임씩 조금씩 움직여 가면서 촬영하는 방식으로, 스톱모션 애니메이션의 한 종류이다. 관절 연결식과 교체식의 두 가지 방식이 있는데 관절 연결식은 연결부위를 바늘과 실을 이용하여 축을 만들어서 사용하는 방식이고 교체식은 각 동작을 미리 모두 잘라놓고 교체해 가며 프레임을 촬영하는 방식이다.

4) 페인트 온 글라스 애니메이션(paint on glass animation)

유리 위에 움직임이 필요한 부분만 지우거나 고치고 그려서 매 프레임을 촬영하는 애니메이션기법이다. 일정한 크기의 유리판 위에 포스터컬러, 유화물감 등을 손가락이나 특정 도구를 사용하여 한 동작씩 그려서 카메라로 찍은 다음 지우고 다음 동작을 그려서 반복하여 카메라에 담는 방식이다.

5) 샌드 애니메이션(sand animation)

페인트 온 글라스 애니메이션에서 그리는 것 대신 모래라는 소품으로 또 다른 이미지를 만들어 내는 방식이다. 우선 카메라 아래에 배치된 유리판에 모래를 펼쳐놓고 형상을 만든 다음 유리판 밑에서 빛을 투사하면서 형상을 변화시키고 그 변화된 형상을 카메라로 촬영하여 제작한다.

6) 핀스크린 애니메이션(pin-screen animation)

평평한 판에 끼운 하얀 천에 수천 개의 가늘고 날카로운 핀들을 꽂아 놓고 옆에서 비추는 조명들과 핀 움직임에 의해 나타나는 그림자를 한 장씩 찍어가는 것이다. 즉 이 핀들이 만들어 내는 그림자를 찍게 되는데 작은 룰러 같은 것으로 핀들을 가볍게 누르면서 지나가 보면 눌린 자리는 핀 머리들이 속으로 눌리기 때문에 색다른 음영의 그림자가 생긴다. 하나의 판 위에서 같은 방법으로 계속 작업해 나간다.

7) 픽실레이션 애니메이션(pixilation animation)

그림이나 모형 대신 실제 사람이나 소품 등의 간헐적인 움직임을 스틸사진을 찍듯이 프레임 바디로 촬영하여 만드는 방식이다. 손이나 컴퓨터로 그린 애니메이션과 구별하기 위한 명칭으로 픽실레이션(pixilation)이라고도 한다. 대상의 움직임을 스틸사진을 찍듯이 촬영하거나 비디오카메라로 동영상을 찍은 후 중간중간의 프레임들을 선별, 편집하여 제작하는 일종의 스톱모션기법이다.

8) 실루엣 애니메이션(silhouette animation)

그림자를 소재로 한 애니메이션으로 두 가지 방법이 있다. 하나는 종이를 오려서 배경에 올려놓고 조명을 비추어 피사체를 조금씩 움직여 가며 촬영하는 방법이다. 다른 하나는 검은 종이를 접거나 오려서 만든 캐릭터와 배경을 순서대로 배열해 놓고 촬영하는 기법이다.

(2) 모델 애니메이션기법

1) 클레이 애니메이션(clay animation)

클레이(clay)와 애니메이션의 합성어로 클레이메이션(claymation)이라고도 한다. 찰흙 등의 점성이 있는 소재로 인형을 만들고 소재의 점성을 이용해 조금씩 움직임을 만들어 가면서 한 프레임씩 촬영해 가는 스톱모션(stop motion)기법으로 넓은 의미의 오브제 애니메이션에 속한다.

2) 인형 애니메이션(puppet animation)

인형의 동작에 조금씩 변화를 주어 한 프레임씩 촬영해 가는 스톱모션기법 애니메이션이다. 인형의 소재는 찰흙, 플라스틱, 나무, 솜, 천 등 다양하다.

3) 오브제 애니메이션(object animation)

주변에서 쉽게 구할 수 있는 물건을 소재로 하여 한 프레임씩 촬영해 가는 스톱모션방식의 제작기법이다. 주방기기, 가정용품, 과일이나 채소 등 생활 주변에 산재한 사물들을 소재로 재미있는 이야기나 주제를 담아낼 수도 있다.

4) 콜라주 애니메이션(collage animation)

잡지, 신문, 사진, 헝겊, 나뭇잎, 말린 꽃잎 등과 같은 평평한 물체의 조각들을 카메라 아래에서 조금씩 움직여 가며 단일 프레임 촬영을 하는 방식이다.

(3) 컴퓨터 애니메이션기법

1) 디지털 셀 애니메이션(digital cel animation)

디지털기술이 발달함에 따라 주로 TV 또는 비디오용 애니메이션을 제작하는 스튜디오의 과거 셀방식으로부터 탈피하여 작화지에 원화와 동화를 그리는 단계 이후의 작업을 디지털방식으로 전환한 기법이다.

2) 3D 애니메이션(3dimensional computer animation)

3차원 가상공간에서 입체물을 만들어 움직임을 구현하는 것을 말한다.

3) 합성 애니메이션(composed animation)

일종의 매체합성(mixed media) 애니메이션이라고 할 수 있다. 셀 애니메이션과 실사영화를 합성한 경우와 디지털컴퓨터 애니메이션을 실사영화로, 셀 애니메이션과 디지털컴퓨터 애니메이션을 합성하는 경우이다.

(4) 핸드메이드 애니메이션기법

1) 드로잉 온 필름(drawing on film)

35mm 혹은 16mm 투명 필름 위에 직접 마커나 물감, 형광 사인펜, 컬러 유성펜을 활용하여 그림을 그려 넣는 애니메이션기법이다. 이 기법은 프레임 라인에 구애받지 않고 다양한 무늬 등을 마음껏 그려 넣을 수 있다.

2) 스크래치 애니메이션(scratch animation)

필름 위에 그림을 그리고 그 이미지를 비디오로 옮기는 텔레시네 작업과정을 거쳐 제작하는 긁기 애니메이션으로 별도의 촬영과정이 필요 없다.

3) 플립북 애니메이션(flip-book animation)

애니메이션 중에 가장 기초가 되는 기법으로 프레임 애니메이션(frame-based animation)이라고도 한다. 종이묶음 귀퉁이를 손톱으로 잡아서 한 장씩 넘기면 그림들이 움직이는 것처럼 보이는 방식이다.

3.4 애니메이션산업

(1) 애니메이션산업의 분류체계

애니메이션산업 분류는 기획, 제작, 유통 형태에 따라 중분류 3개와 소분류 5개로 구성된다. 애니메이션 제작업은 애니메이션 창작 제작업, 애니메이션 하청 제작업, 온라인(인터넷, 모바일) 애니메이션 제작으로 구성된다. 애니메이션 유통 및 배급업은 애니메이션 유통, 배급 및 마케팅, 홍보로 구성된다. 온라인 애니메이션 유통업은 온라인 애니메이션 서비스업(인터넷, 모바일)으로 구성된다(문화체육관광부 2012).

| 표 2-17 | 애니메이션산업 분류

중분류	소분류	분류체계 정의
애니메이션 제작업	애니메이션 창작 제작업	창작 애니메이션 기획 및 직접 제작하는 사업체
	애니메이션 하청 제작업	애니메이션을 외주제작, 주문제작 및 재하청하는 사업체
	애니메이션 유통, 배급 및 홍보업	인터넷용 및 모바일용 애니메이션을 제작하는 사업체
애니메이션 유통 및 배급업	애니메이션 유통, 배급 및 홍보업	극장용, 방송용, 홈비디오용 애니메이션을 유통, 홍보, 마케팅하는 사업체
온라인 애니메이션 유통업	온라인 애니메이션 서비스업(인터넷, 모바일)	애니메이션을 인터넷 및 모바일로 서비스하는 사업체

(2) 애니메이션산업의 현황

세계 애니메이션시장은 크게 영화, 방송, 홈비디오, 디지털 배급의 4가지 분야로 구성되어 있다. 영화시장은 극장용 애니메이션 영화의 박스오피스 수익을, 방송시장은 주로 TV 시리즈 애니메이션의 수신료 및 광고수익 분야로 구성되며, 홈비디오시장은 DVD나 블루레이 등의 포맷으로 제작된 홈비디오 애니메이션의 판매와 대여의 수 분야로 구성된다. 디지털 배급시장은 디지털 다운로드, 스트리밍, 온라인 대여 등을 포함하는 온라인시장과 태블릿PC, 스마트폰을 포함하는 모바일시장의 서비스 매출을 포함한다(PWC 2012).

애니메이션시장은 2010년에 큰 폭으로 성장하여 2011년 세계 애니메이션시장 규모는 138억 달러를 기록했다. 이는 애니메이션시장이 2010년에 큰 폭으로 성장했으며 3D 애니메이션 영화들이 박스오피스 흥행 성공으로 인한 영화 분야의 성장과 이에 따른 홈비디오시장의 선전에 의한 것으로 분석된다. 향후 애니메이션시장 연평균 성장률은 4.2%로 2016년 시장 규모는 170억 달러에 이를 것으로 예상된다.

(3) 애니메이션 성공사례

할리우드 픽처를 위시해 디즈니 스튜디오, 브에나 비스타 배급사 및 가정용 비디오, 디지트 채널 등과 같은 영상매체를 발전시킴으로써 월트 디즈니는 애니메이션 분야에서 세계 최고의 자리에 올라서게 되었다. 월트 디즈니의 CEO인 마이클 아이즈너(Michael Eisner)는 '라이온 킹'과 '미녀와 야수' 등의 애니메이션으로 거액의 수익을 올렸으며, 여기에 그치지 않고 콘텐츠 개념을 접속시켜 오늘의 월트 디즈니시대를 열었다. 콘텐츠의 결정체인 애니메이션은 월트 디즈니에게 효자상품일 뿐 아니라 기업 인수·합병(M&A)의 밑거름이 되었다. 실제로 마이클 아이즈너는 1993년 6,000만 달러로 영화회사 미라맥스를 인수했고, 1996년에는 주당 일대일 교환과 함께 주당 65달러 현금지불조건으로 캐피털 시티/ABC(Capital Cities-ABC)방송국을 인수했다. 인수 규모만도 190억 달러에 달한다. 이를 통해 월트 디즈니는 콘텐츠 분야에서 200억 달러 이상의 자산을 보유한 글로벌 미디어기업으로 탈바꿈할 수 있었다.

표 2-18 2010~2016년 세계 애니메이션시장 규모

(단위 : 백만 달러)

구분	2010	2011P	2012	2013	2014	2015	2016	2012~2016 CAGR
영화	4,329	3,927	4,358	4,561	4,575	5,203	5,241	6.0
방송	3,676	4,198	4,663	4,939	5,437	5,779	5,956	7.3
홈비디오	5,468	4,815	4,593	4,441	4,356	4,209	4,023	-3.5
디지털 배급	647	882	1,186	1,306	1,452	1,590	1,768	15.3
합계	14,120	13,821	41,800	15,247	16,002	16,781	16,988	4.2

3.5 애니메이션 저작도구

(1) 2차원 애니메이션 저작도구

1) TOONZ(http://www.toonzanimationindia.com)

초기에 캐나다의 소프트이미지(SoftImage)사에서 개발한 애니메이션의 후반 작업 프로그램이다. 그 후 소프트이미지사는 마이크로소프트(Microsoft)사에 합병되었다. 전통적인 애니메이션 제작방법에서와 같은 작업 구성이지만 비능률적이고 시간소모적인 작업을 향상시키는 강력한 기능을 갖추고 있다. 제공되는 기능 이외에 같은 회사의 제품이 SoftImage|3D와 연동하여 사용할 수 있기 때문에 다양한 특수효과를 지원받을 수 있다.

그림 2-11 | TOONZ

(2) 3차원 애니메이션 저작도구

1) MAYA(http://www.autodesk.com)

실리콘그래픽스(SGI)사와 엘리어스 웨이브프론트사가 합병한 후에 처음으로 선보인 소프트웨어이다. MAYA의 큰 특징 중 하나는 이용한 캐릭터 애니메이션이다. 모델링된 캐릭터를 애니메이션화했을 때 이음새가 보이지 않고 자연스럽게 움직일 수 있다. 또한 사용자가 캐릭터의 행동양식을 지정하여 보다 효율적인 애니메이션을 가능하게 하였다. MEL이라는 스크립트언어를 제공하여 독특한 캐릭터 애니메이션, 다이내믹 효과와 절차적인 모델링과 애니메이션을 제작할 수 있다. 3차원 소프트웨어

중에서 가장 뛰어나다고 평가받고 있으나 고가로 인해 대형 프로젝트에서만 주로 사용되고 있다.

2) SoftImage|3D(http://www.3dtotal.com)

애니메이션 소프트웨어에서는 최고의 자리를 지키고 있다. 최근에 NURBS 모델링을 추가하였으나 조절능력이 미흡하다. 영화 쥬라기공원의 공룡 애니메이션에 활용되었다.

그림 2-12 | SoftImage|3D

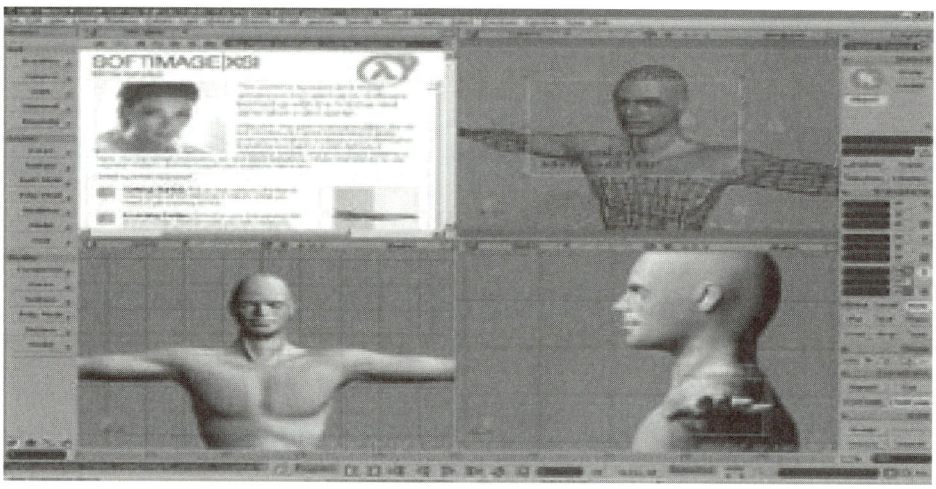

(3) 웹 애니메이션 저작도구

1) Flash(http://www.magichtml.com)

트위닝기법을 사용하여 벡터 애니메이션을 제작하는 소프트웨어이다. 인터랙티브한 홈페이지를 제작할 때 필수적이며, 사용법이 간단하다.

그림 2-13 I flash로 만든 eCard

3.6 애니메이션 정보원

(1) 관련 웹사이트

1) 베스트애니메(http://www.bestanimation.co.kr)

애니메이션정보를 수집하는 웹사이트로 애니메이션에 관한 정보를 연도별, 가나다순, 지역별로 구분하고 제목, 원제, 영제, 부제, 감독, 각본, 제작사, 음악, 장르, 국가로 상세하게 분류하여 DB로 구축하고 있다. 동서양을 불문하고 약 3,000여 편 이상의 애니메이션자료를 소장하고 있다. 트래픽과 서버유지비 절감을 위하여 작품별로 정보의 업로드 한계용량을 설정하고 있는 것이 특징이다.

(2) 관련 기관

1) 서울애니메이션센터(http://www.ani.seoul.kr/potal/index.jsp)

1999년 5월에 개관하여 한국 만화 · 애니메이션산업을 종합적으로 지원하고 만화 · 애니메이션산업을 서울형 산업으로 집중 육성하고자 서울특별시에서 설립하여 서울산업통상진흥원이 위탁운영하고 있다. 주요 사업으로는 만화 · 애니메이션 영화제 및 전시회 개최와 전문 정보자료 구축 및 정보실을 운영하고 있다. 또한 만화 · 애니메이션게임 캐릭터 제작을 지원하고 해외 페스티벌 출품 및 참가와 국내외 마케팅을 지원하고 있다.

(3) 박물관

1) 애니메이션박물관(http://www.animationmuseum.com)

강원도 춘천시에 있는 애니메이션 전문 박물관으로 국내 최초의 애니메이션 박물관이다. 2003년에 설립되어 약 10만 점이 넘는 애니메이션의 역사에 관한 자료와 작품을 전시하고 있다. 전시실은 크게 1층과 2층으로 나뉘어 있고, 기획전시실과 영화상영관이 따로 갖추어져 있다.

(4) 관련 학회

1) 한국애니메이션학회(http://www.koreananimation.org)

애니메이션 전반에 대한 학술연구, 조사 및 정보, 교육을 통한 애니메이션 진흥과 회원 상호 간의 친목도모를 목적으로 2007년 3월에 설립된 문화체육관광부 소관의 사단법인이다. 애니메이션 학술지 발간 및 관련도서의 출판물 기행과 국내외 애니메이션 학술 세미나, 워크숍, 전시회, 강연회 등을 개최한다. 그리고 애니메이션관련 산업 및 창작활동 진흥을 위한 교육 및 학술을 지원하고 있으며 국내외 애니메이션관련 정보에 대한 자료를 수집 및 배포한다.

4. 만화

만화규장각에서 발행한 만화애니메이션 사전에서는 만화를 다음과 같이 정의한다(서은영 2012). "익살스럽고 편하게 그린 그림, 또는 과장하여 인생이나 사회를 풍자·비판하는 그림이라는 뜻을 갖고 있는 예술의 한 장르이며, 오늘날에 이르러서는 '제9의 예술' 또는 '이야기와 그림이 행복한 만남을 이룬 대중예술'로 불리고 있기도 하다. 동양에서의 '漫畵'라는 한자어는 중국 고서에 등장하지만, 현대적 의미의 '만화' 용어는 근대 일본에서 처음 사용되었다."

이 정의는 만화 자체를 '그림'으로 규정하여 만화가 글과 그림의 조화가 이루어진 장르이기도 하지만, 그림의 비중이 더 크고, 때로는 그림만으로 이루어짐을 의미한다. 또한 이 정의는 과거의 만화와 오늘날의 만화가 구분됨을 의미하는데, 이는 오늘날 컴퓨터와 인터넷기술의 발달과 보급으로 만화를 제작하는 환경 및 구현하는 방식이 바뀌었으며, 독자의 독서 환경 또한 변화하여 '웹툰(webtoon)'이라는 용어가 등장한 것을 의미한다. '웹에서 구현되는 카툰'이라는 의미로 널리 쓰이고 있는 이 말은 각종 멀티미디어의 효과를 동원해 제작되는 만화이다.

4.1 만화의 역사

만화는 인쇄기술의 진보에 힘입어 탄생했고, 한편 그 진보의 과정은 만화의 기술적 진보를 도왔다. 단순히 문자인쇄만 가능했던 기술은 이제 글과 그림을 인쇄할 수 있는 진화된 목판인쇄술과 석판화를 통해 문화전달의 또 다른 가능성을 열어주었다(강효숙 2007).

스위스 제네바에서 한 기숙학교의 교장이었던 로돌프 퇴퍼는 인쇄를 통한 재생산 기술에 주의를 기울여 새로운 문화매체의 탄생을 꿈꾸었다. 글과 그림의 결합으로 이루어진 이 새로운 매체는 우스꽝스러운 인물의 형상, 간략하지만 표현력을 가진 몇 가닥의 선으로 채워진 그림이었다. 이는 다소 서툴러 보였지만, 지금까지의 그림예술과는 완전히 다른 표현을 보여주었다. 연속된 칸 속의 그림들은 이야기를 전개했고, 서사로 이루어진 텍스트는 그림 아래에 자리하였다. 퇴퍼는 자신의 학생들을 위해 재미있는 읽을거리를 제공하려고 이 만화들을 제작하였다.

16세기와 18세기를 거치면서 화가들은 지배계급의 우아한 형상과 업적을 기리는 예술에서 벗어나, 시대를 반영하는 새로운 미술로서 만화그림의 전신인 풍자예술이라는 영역을 발전시켰다.

이러한 연속그림과 풍자예술의 존재는 퇴퍼에 의해 글과 그림으로 조합된 새로운 매체의 탄생을 준비했고, 그의 '판화문학'은 7권의 만화책으로 인쇄되어 1893년 출간되었다.

4.2 만화산업의 분류

만화산업은 기획, 제작, 유통 단계에 따라 중분류 4개와 소분류 10개로 체계가 분류된다(문화체육관광부 2012).

| 표 2-19 | 만화산업 분류

중분류	소분류	분류체계 정의
만화 출판업	만화 출판사(만화잡지, 일일 만화, 코믹스 등)	만화잡지를 포함하여 만화도서를 전문으로 발간하는 출판사(사업체)
	일반 출판사(만화부문)	일반도서를 발간하는 출판사 중 만화도서(학습/교양만화 포함)를 발간하는 출판사(사업체)
온라인만화 제작 · 유통업	인터넷/모바일 만화콘텐츠 제작 및 제공(CP)	단행본 만화, 만화잡지 등을 인터넷/모바일에 제공하기 위하여 제작하는 사업체
	인터넷만화콘텐츠서비스	단행본 만화 또는 만화잡지 등 전자출판물 형태로 제작된 콘텐츠를 인터넷으로 서비스하는 사업체(웹툰관련 매출액 제외)
	모바일만화콘텐츠서비스	단행본 만화 또는 만화잡지 등 전자출판물 형태로 제작된 콘텐츠를 모바일로 서비스하는 사업체(SKT, KT, LG U+ 앱만화 포함)
만화책 임대업	만화 임대(만화방, 만화카페 등)	만화방, 만화카페 등 소비자가 점포 안에서 만화책을 유료로 읽을 수 있도록 장소를 제공하거나 책을 임대하는 사업체
	서적 임대(대여)(만화부문)	각종 만화서적, 만화잡지 등만 임대하는 사업체(장소 제공 안 됨)
만화 도소매업	만화서적 및 잡지류 도매	각종 만화서적 및 만화잡지류를 도매하는 사업체
	만화서적 및 잡지류 소매	각종 만화서적 및 만화잡지류를 소매하는 사업체
	인터넷서점(만화부문)	오프라인서점이 아닌 인터넷상에서 서점을 운영하는 사업체(예스24, 인터파크 도서 등)

4.3 만화콘텐츠산업의 특성

만화콘텐츠의 개념을 문화콘텐츠 개념 구성의 연장선상에서 규정해 보면, 만화적 요소로 경제적 가치를 창출하는 문화상품이라 할 수 있다(박성식 2007). 만화적 요소는 만화의 장르적 특성, 즉 글과 그림이 결합한 형식, 읽는 이의 적극적인 개입에 의한 연상, 무한한 상상력, 창작과 감상의 대중성과 민주성 등을 들 수 있다. 만화문화는 만화산업의 토대가 되어 만화콘텐츠 가치의 원천이 되고 있다. 이러한 우리나라의 만화콘텐츠는 비즈니스적 특성을 중점적으로 하여 세 가지 산업적 특성을 가진다.

첫째, 만화콘텐츠산업은 문화산업이다. 우리나라의 만화문화는 모든 세대가 즐기는 문화로 성장해 온 일본의 만화와는 달리 청소년들의 또래문화로 성장해 왔다. 1990년대 중반까지 국가기관의 엄격한 사전검열을 강제하며 만화를 '아이들이 보는 것'으로 저평가했다. 이러한 이유로 청소년들 사이의 또래문화로 만화문화가 자리 잡게 되어 단지 만화를 수동적으로 수용하는 것에서 그치지 않고 능동적으로 만화문화를 만들어 갔다.

둘째, 문화콘텐츠산업은 흥행산업이다. 일반적으로 흥행산업은 경쟁과 시장의 변별력을 두 축으로 'high risk-high return'을 추구하는 속성을 가지고 있다. 통상 30% 미만의 흥행 성공작이 전체 산업을 이끌어가고 있으며, 내용상 재미와 감동을 중시하는 엔터테이먼트산업의 속성도 갖게 된다. 우리나라 만화콘텐츠산업 역시 이러한 속성을 바탕으로 흥행시스템을 구축하고 유지해 왔다. 세계 만화시장을 통틀어 자국의 작가들이 자국의 언어로 그린 만화로 편성한 상업적인 만화시장을 가진 나라는 일본을 제외하면 우리나라가 유일하다.

셋째, 문화콘텐츠산업은 원작산업이다. 원작산업은 해당 콘텐츠의 저작권을 판매하여 벌어들이는 수익을 산업의 근간으로 삼는 산업을 뜻한다. 즉, 타 장르 문화콘텐츠산업의 원작콘텐츠로서 만화콘텐츠의 활용도를 높이고, 원작콘텐츠로서 그 저작권 판매를 통한 수익구조를 산업 전체의 핵심 수익구조로 자리 잡도록 하는 것을 의미한다.

4.4 만화콘텐츠산업의 동향

세계 만화시장은 크게 인쇄만화와 디지털만화의 두 가지 분야로 구성되어 있다. 인쇄만화는 코믹스(Comics)와 그래픽 노블(Graphic Novel)로 구분된다. 코믹스는 30페이지 분량의 소책자로 주간, 월간 단위로 출간하는 연재만을 말하며 추후 합본 과정을 거쳐 단행본으로 제작되기도 한다. 코믹스의 모든 스토리는 30페이지의 짧은 분량에 들어갈 수 있도록 간결한 영웅담이 주를 이루고 있다.

코믹스가 단편소설이라면 그래픽 노블은 장편소설에 비유할 수 있는데 하나의 종결된 긴 스토리를 다루고 있다. 연재가 완료된 코믹스를 하나의 책으로 묶어 발행하거나 처음부터 단행본으로 출판되는 형태이다. 그래픽 노블은 삽화가 들어간 소설이란 의미로 오랫동안 이용되어 오던 단어로서 1978년 작가 윌 아니스너가 성인 취향의 저서와 일반만화를 구분하기 위해 책 표지에 '그래픽 노블'이라는 단어를 기재하면서 만화를 일컫는 용어로 바뀌었다. 그래픽 노블은 보다 진지한 이야기를 다룰 수 있기 때문에 만화작가들에게 심층적인 주제의식을 담을 수 있는 매체 역할을 하게 되었다(PWC 2012).

2011년 만화시장 규모는 61억 1,100만 달러로 전년 대비 시장성장률은 −0.5%를 기록했다. 만화시장은 2008년 소규모 성장을 기록한 이래 2011년까지 3년 연속 하락세를 보였으며 전체 만화시장의 90% 이상을 차지하고 있는 인쇄만화시장이 하락세를 보인 가운데 최근 급격한 성장을 보인 디지털만화시장의 전자책 단가가 낮아 성장률에 비해 매출증가분이 크지 않았던 것으로 분석된다.

그러나 향후 5년간 만화시장 연평균 성장률은 0.9%로 2016년 시장 규모는 63억 8,500만 달러를 기록할 것으로 예상된다. 분야별로는 인쇄만화시장이 55억 5,100만 달러로 전체 만화시장 대부분인 90.8%를 차지하고 있으나, 최근 몇 년간 시장 규모가 꾸준히 축소되어 왔으며, 향후에도 하락 추세는 지속될 전망이어서 만화 분야 중에는 유일하게 0.9%의 마이너스 성장이 예상된다.

반면, 디지털만화시장은 작은 시장점유율을 보이고 있지만 최근 시장 규모가 꾸준히 성장해 왔으며 향후 전망에서도 대부분 두 자릿수의 성장이 예상되는 분야이다.

표 2-20 2010~2016년 세계 만화시장 규모

(단위 : 백만 달러)

구분	2010	2011P	2012	2013	2014	2015	2016	2012~2016 CAGR
인쇄만화	5,639	5,551	5,538	5,552	5,539	5,514	5,311	−0.9
디지털만화	501	560	622	728	854	992	1,073	13.9
합계	6,140	6,111	6,160	6,279	6,394	6,505	6,385	0.9

4.5 만화 저작도구

(1) Manga-studio(http://manga-studio-ex.en.softonic.com)

최첨단 그리기와 색칠도구를 제공함으로써 자연스러운 드로잉이 가능하며 풍부한 색상을 사용할 수 있다. 고급 텍스트 기능과 레이아웃 기능도 탑재하고 있으며, 이를 통해 만화를 쉽게 그릴 수 있으므로 시간을 절약할 수 있다.

그림 2-14 | Manga-studio

(2) SAI(http://www.systemax.jp/en/sai)

페인팅 소프트웨어로 브러쉬 툴 등이 특화되어 있으며 디지타이저 지원과 안티 앨리어싱 기능을 지원한다. 단순한 구조로 이루어져 있어 쉽게 배울 수 있는 인터페이스이다.

그림 2-15 SAI

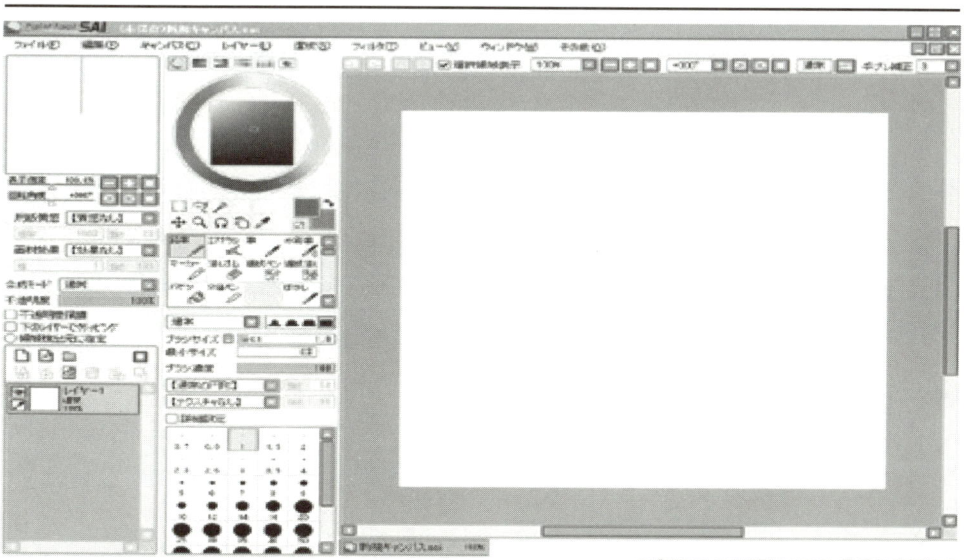

(3) 코미Po!(http://comicsin.oneul.com/comipo)

3D 캐릭터와 아이템부터 배경, 말풍선, 그림문자, 만화효과까지 만화에 필요한 모든 리소스가 탑재되어 있다. 이를 통해 직접 그림을 그리지 않아도 만화를 제작할 수 있으며, 어린아이도 쉽게 쓸 수 있을 만큼 부담 없이 조작이 가능하다. 마우스를 드래그 앤 드롭하여 간단하게 리소스를 배치하면 몇 초 만에 만화 한 컷을 완성할 수 있다.

그림 2-16 | 코미Po!

4.6 만화콘텐츠 정보원

(1) 도서관

1) 한국만화도서관(http://www.comicslib.org)

한국만화도서관은 한국만화박물관 2층에 위치하고 있다. 국내외 만화도서 및 관련자료 총 25만 권가량을 소장하고 있으며, 만화단행본, 이론서, 시청각자료를 비롯하여 다양한 장르의 만화자료가 비치되어 있다. 일반열람실과 영상열람실, 아동열람실, 자료보존실로 나뉘어져 있으며, 자료보존실에 비치되어 있는 만화 해외원서 및 절판본과 희귀자료는 폐가제로 운영되기 때문에 직원에게 신분증을 맡긴 후 열람이 가능하다.

(2) 박물관

1) 한국만화박물관(http://comicsmuseum.org)

한국만화박물관은 한국만화 100년을 체험할 수 있는 공간으로서 방대한 국내외 출간 만화도서와 다양한 만화관련 자료 등을 열람할 수 있는 자료의 집합소이다. 한국만화의 역사와 현주소를 살펴볼 수 있는 주요 작품과 작가들을 소개하고 있으며 다양한 전시와 교육프로그램을 통해 이용자들이 만화를 보다 쉽게 이해하고 체험할 수 있도록 돕고 있다.

2) 청강만화역사박물관(http://museum.ck.ac.kr)

청강만화역사박물관은 전국 대학 유일의 만화 전문 박물관으로 청강문화산업대학 내 청강홀 3층에 위치하고 있다. 2002년 개관하여 1996년 대학 개교 이래 꾸준히 수집해 온 만화자료 2,800여 점을 소장하고 있다. 1909년 대한민보 신문 삽화, 1920년대 조선일보에 실린 안석주 삽화 등 일제 강점기의 만화 사료를 비롯해 해방 이후 발간된 다양한 형식의 만화와 관련 기구, 작화도구, 설정자료집 등을 소장 · 전시하고 있다.

(3) 관련 기관

1) 한국만화영상진흥원(http://www.komacon.kr)

한국만화영상진흥원은 만화문화의 진흥과 저변 확산을 통해 만화의 예술적 · 교육적 · 산업적 가치를 증대하여 한국만화산업을 육성 · 발전시키고 국제 경쟁력을 강화하여 지역경제 활성화에 기여하고 있다. 또한 한국만화박물관, 만화규장각 운영과 만화도시 이미지 조성을 통한 만화영상문화서비스 활성화, 만화콘텐츠 제작 및 유통역량 강화, 만화영상산업 클러스터 고도화, 시장창출형 해외교류 확대를 위해 노력하고 있다.

(4) 관련 웹사이트

1) 디지털만화규장각(http://www.kcomics.net)

디지털만화규장각은 한국만화영상진흥원에서 운영하는 만화지식정보 검색포털서비스로서 국내외 만화와 관련된 모든 도서 및 자료(만화책, 이론서, 영상물, 원화, 캐릭터자료, 소장품 등)를 체계적으로 수집 · 보존한다. 이를 바탕으로 작가, 작품, 잡지, 문헌, 행사, 단체, 교육기관 등에 대한 만화종합데이터베이스를 구축하여 작가는 물론 학생, 마니아, 기업가, 정책가 등 누구나 쉽게 활용할 수 있도록 정보를 제공한다. 도서정보뿐만 아니라 인명정보, 용어사전, 매거진 등 다양한 정보를 이용할 수 있다.

5. 캐릭터

게임과 영화, 애니메이션 등에서 빼놓을 수 없는 것 중에 하나는 캐릭터이다. 콘텐츠 속에서의 생명체를 의미하는 캐릭터는 사람과 같은 성격과 개성을 가진 등장인물이나 이미지를 일컫는 것으로서 위키피디아에서는 반드시 사람만을 대상으로 하는 것이 아니라 의인화한 동물이나 신화적 존재, 생명이 없는 대상까지도 캐릭터로 정의하고 있다.

현재 국내에서 통용되는 캐릭터에 관한 정의를 포괄적으로 수용해 볼 때, 공통적으로 적용되는 관념으로는 '외형', '형상', '이미지', 혹은 '개성'과 '성격', '상징성', '가치', '의인화', '우화화' 등을 들 수 있다(박영로 2005).

캐릭터는 사람들이 기억하기 쉽다. 캐릭터들이 보여주는 외적인 모습이나 내적인 모습의 시각적인 특징이 강하기 때문이다. 기억하기 쉽다는 캐릭터의 특성을 이용하여 많은 업체들이 사람들의 각별한 애정 속에서 기억되는 캐릭터들을 패션과 완구, 문구, 생활용품, 교육자료 등 여러 영역에서 상품화하고 있다.

캐릭터들은 단순히 콘텐츠 속에 포함된 일부 콘텐츠가 아니라 하나의 콘텐츠로서의 독자적인 위치를 차지하고, 그 위치를 지켜나가고 있다.

5.1 캐릭터의 역사

캐릭터는 1893년 영국의 헬렌 비트렉스 포터에 의해 처음 탄생하였다. 고전 캐릭터인 '피터래빗'은 세계 최고의 아동 문학작품의 캐릭터로서 색채감이 돋보이는 고전 캐릭터의 대명사로 호평받고 있다.

전 세계적으로 알려진 미국의 로이 디즈니 형제에 의해 탄생한 '미키 마우스'는 미국에서 처음 탄생한 '팰릭스'의 영향을 받아 제작된 캐릭터이다. 미키 마우스는 1930년에 봉제인형으로 상품화되어 폭발적인 인기를 얻었으며, 시대를 거쳐 현재까지도 많은 사람들이 기억하고 캐릭터로서 대흥행했던 캐릭터 상품으로 알려져 있다. 1932년에는 미국 파라마운트사에서 선보인 '베티붑'이 글래머 캐릭터로 자리 잡음으로써 국제적인 글래머의 대명사로 불리게 되었으며, 그로부터 15년 후에는 눈 큰 노란 병아리 '트위티'가 탄생하였다.

1953년에는 네덜란드 동화작가에 의해 캐릭터 '미피'가 탄생하였다. 미피는 토끼를 형상화한 캐릭터로서 세계적인 캐릭터로 성공하였다. 1958년에는 벨기에의 작가에 의해 파란 캐릭터 '스머프'가 탄생하였고, 1964년에는 미국이 '핑크팬더'라는 캐릭터를 탄생시켜 아카데미상을 수상한 바 있다.

1970년대에는 일본이 '마징가Z'와 '헬로키티'를 선보였고, 국내에서는 애니메이션 '로보트 태권V'를 선보이면서 로봇계의 대표 캐릭터로 자리 잡았다.

1980년대에는 일본의 닌텐도사가 게임 캐릭터 '슈퍼마리오'를 탄생시켰다. 국내에서는 '아기공룡 둘리'가 TV 애니메이션으로 방영되면서 높은 시청률을 기록했고, 이에 따라 둘리는 국내 대표 캐릭터로 자리매김하였다.

1990년대에는 '세일러문'이 등장하여 일본의 캐릭터 붐을 일으켰고, 닌텐도사에서 게임 캐릭터 '포켓몬'을 선보였으며, 영국에서는 '텔레토비'라는 캐릭터가 탄생하였다.

5.2 캐릭터의 유형

캐릭터의 종류는 여러 가지 원천에 따라 다음과 같이 출판만화 캐릭터, 게임 캐릭터, 애니메이션 캐릭터, 웹툰 캐릭터, 스타 캐릭터 등으로 분류할 수 있다.

(1) 출판만화 캐릭터

2011년 캐릭터산업백서에 따르면 출판만화는 캐릭터인 등장인물뿐만 아니라 등장인물 간의 갈등요소, 이야기의 전개가 그림과 글이라는 방식으로 전개되기 때문에 문화콘텐츠에서 가장 중요한 원천콘텐츠 중 하나이다.

출판만화 캐릭터는 문구, 게임, 의류 등 다양한 분야에서 활용될 수 있다는 장점이 있으며, 대표적인 출판만화 캐릭터로는 어린이들의 많은 사랑을 받은 그림책 『구름빵』의 '홍비'가 있다.

그림 2-17 | 구름빵 주요 캐릭터

자료 : 구름빵(http://www.구름빵.com)

(2) 게임 캐릭터

게임 속 캐릭터는 온라인게임, 모바일게임 등에서 생명력을 받는 인물로서 플레이어가 게임에 몰입될 수 있도록 도와주는 매개체이다.

일반적인 의미로서의 게임 캐릭터는 게임 속에 나오는 자기 자신 및 기타 동료와 적 등을 말하며, 게임 진행자의 입장에서 생명력을 부여받는 주인공격의 인물인 PC(Player Character)와 게임에 등장하는 플레이어 이외의 캐릭터인 NPC(Non Player Character)로 구분할 수 있다(윤황록 외 2006). 대표적인 게임 캐릭터로는 '슈퍼마리오'가 있다.

그림 2-18 | 슈퍼마리오

자료 : 뉴 슈퍼마리오 브라더스 Wii(http://www.mariobroswii.com)

(3) 애니메이션 캐릭터

애니메이션 캐릭터는 영상매체에서 움직이는 동작형태로 만들어진 캐릭터이다. 애니메이션 캐릭터는 사전적 정의인 '사람이나 사물의 성격, 특징 또는 그래픽적인 마크나 알파벳 등의 기호활자'의 의미를 넘어서 '외형상의 특징뿐만 아니라 이름, 성격, 행동, 목소리 등에 강한 개성을 갖고 이를 제품 또는 서비스에 이전시켜 소비자에게 친근감을 형성할 수 있는 것으로 정리할 수 있다(이종락 2006).

그림 2-19 | 뽀로로

자료 : 뽀롱뽀롱 뽀로로(http://www.pororo.net/bskr)

애니메이션 캐릭터는 완구나 문구, 생활용품 등 다양한 제품 출시에 활용되고 있어 어린이뿐만 아니라 성인까지도 생활 속에서 여러 애니메이션 캐릭터를 접할 수 있다. 대표적인 국내 애니메이션 캐릭터로는 '뽀로로'가 있으며, 고전 애니메이션 캐릭터로는 미국 월트 디즈니의 '미키 마우스'가 있다.

(4) 웹툰 캐릭터

웹툰 캐릭터는 웹툰 스토리 속 등장인물이기도 하지만, 동시에 작가 자신의 분신인 경우가 많다. 웹툰 캐릭터에는 작가의 성격과 일상, 세계관이 투영되어 있다(최인수, 윤기헌 2010). 그러므로 이용자들은 웹툰 캐릭터들을 통해 작가의 일상과 사회문제 등을 바라볼 수 있으며, 나아가 '웹툰'이라는 특성상 작가와의 소통과 교감이 가능하다.

웹툰의 인기가 상승하면서 웹툰 캐릭터의 가치도 함께 상승하고 있는 추세이며, 모바일 메신저의 이모티콘으로도 활용되고 있다.

그림 2-20 | 웹툰 캐릭터

자료 : 네이버 웹툰(http://comic.naver.com/webtoon/weekday.nhn)

(5) 스타 캐릭터

스타 캐릭터는 게임이나 애니메이션 등과 같은 콘텐츠 속 등장인물이 아닌 연예계에서 인기를 누리고 있는 스타를 본떠서 만든 캐릭터를 의미한다.

현재까지 수많은 스타 캐릭터들이 탄생하였으며, 최근 스마트폰 게임에서는 2012년에 '강남스타일'로 전 세계적인 인기를 얻은 가수 싸이에 대한 캐릭터까지 등장하였다.

그림 2-21 | 윈드러너 싸이 캐릭터

자료 : WEME(http://weme.wemade.com)

5.3 캐릭터산업

(1) 캐릭터산업의 현황

다양한 캐릭터들이 국내는 물론 국외에서 인정을 받으며 일부 캐릭터들은 국제 경쟁력을 갖추게 되었다. 국제 경쟁력을 갖춘 국내 창작 캐릭터들이 증가하면서 여러 캐릭터를 알릴 수 있는 기회가 많아지고 있다. 출판, 게임, 애니메이션 등으로의 캐릭터산업 진출 역시 증가하면서 캐릭터산업의 중요성이 인식되고 있으며 그 규모가 더 커질 것으로 전망되고 있다.

2011년 캐릭터산업백서에 따르면 국내 캐릭터상품 제조업체당 평균 매출액은 61억 8,900만 원이었으며 캐릭터산업 유통업사업체당 평균 매출액은 32억 7,100만 원이었고, 캐릭터상품 도매업은 44억 5,900만 원, 캐릭터상품 소매업은 28억 6,200만 원인 것으로 나타났다. 이를 통해 캐릭터산업 중에서 캐릭터상품 제조업사업체장 평균 매출액이 가장 높다는 것을 알 수 있다.

세계 캐릭터시장 규모는 경제불황으로 인해 2009년에 크게 위축되었지만, 2010년에 1,532억 달러로 전년 대비 2.3% 성장하며 다시 성장세를 보이고 있다.

| 표 2-21 | 세계 캐릭터시장 규모 추이(2006~2015년) (단위 : 천만 달러)

구분	2006	2007	2008	2009	2010	2011	2012	2013	2014	2015
북미	71,30	68,60	104,50	92,45	93,45	93,55	93,84	94,22	94,87	95,53
유럽	25,13	24,75	36,90	32,95	32,450	31,38	30,98	31,16	31,57	32,55
아시아	9,64	9,84	18,95	17,23	18,740	18,95	21,02	22,39	23,82	25,30
오세아니아	1,70	1,80	2,86	250	3,01	2,97	2,96	2,98	3,05	3,14
남미	93	1,10	3,61	3,44	4,07	4,55	5,07	5,63	6,22	6,79
중동 아프리카	–	–	70	75	99	1,25	1,62	2,07	2,64	3,27
기타	30	35	40	40	41	42	42	43	44	45
합계	109,00	106,44	167,92	149,77	153,23	153,36	156,29	159,53	163,27	168,66

자료 : EPM International Licensing, 2011

(2) 캐릭터 성공사례

㈜아이코닉스 엔터테인먼트는 애니메이션 기획 및 마케팅 전문회사로서 국내외 및

해외시장에서의 다양한 프로젝트 경험을 통해 축적된 기획력과 노하우, 범세계적 네트워크를 바탕으로 한 국제 경쟁력기반 국내 창작 애니메이션의 개발 및 캐릭터 비즈니스사업을 전개하고 있다.

㈜아이코닉스에서 기획한 '뽀롱뽀롱 뽀로로'의 '뽀로로(펭귄)'와 그의 친구들 크롱(공룡), 에디(여우), 포비(백곰), 루피(비버) 등이 어린이들의 밝은 모습을 보여줌으로써 큰 인기를 얻었고 그 중 뽀로로는 큰 사랑을 받으며 '뽀통령'이라는 별칭까지 얻었다. 시즌 4가 끝나고 시즌 5를 선보일 만큼 10년 동안 뽀로로의 인기는 지속되고 있으며, 유아 교육자료와 문구, 생활용품, 그리고 뽀로로 우표까지 출시될 만큼 캐릭터 '뽀로로'는 사회 · 문화적으로 많은 영향을 끼치고 있다.

뽀로로가 국외진출까지 성공하면서 ㈜아이코닉스의 2010년 영업이익은 43억 5,166만 원으로 전년 대비 27.5% 증가한 것으로 나타났다.

5.4 캐릭터 저작도구

(1) 오토데스크 3ds MAX(http://www.autodesk.co.kr)

모델링, 애니메이션, 렌더링 및 컴포지팅 소프트웨어로 게임, 영화, TV콘텐츠 작업을 진행하는 게임개발자, 시각효과 아티스트, 그래픽 디자이너를 위한 저작도구이다.

그림 2-22 | 오토데스크 3ds MAX

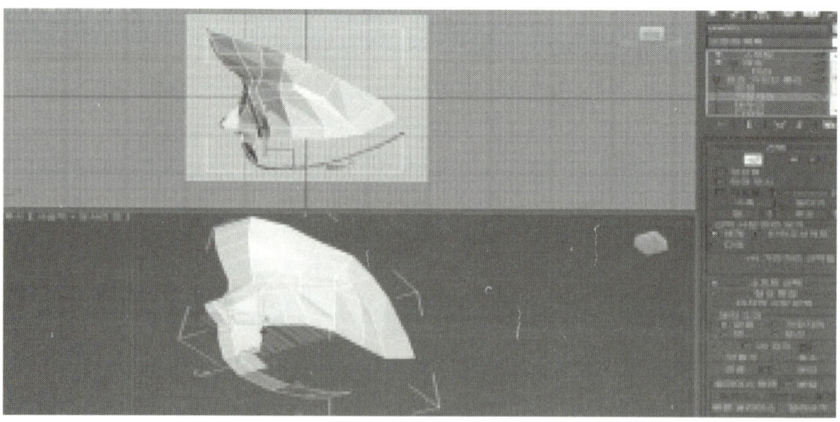

(2) Character Studio(http://www.character-studio.net)

과거에는 3D MAX에 포함되어 있는 플러그인의 일종이었으나 현재에는 3D MAX 자체 기능으로 흡수되었다. 캐릭터에 다양한 움직임의 적용이 가능하다.

그림 2-23 | Character Studio

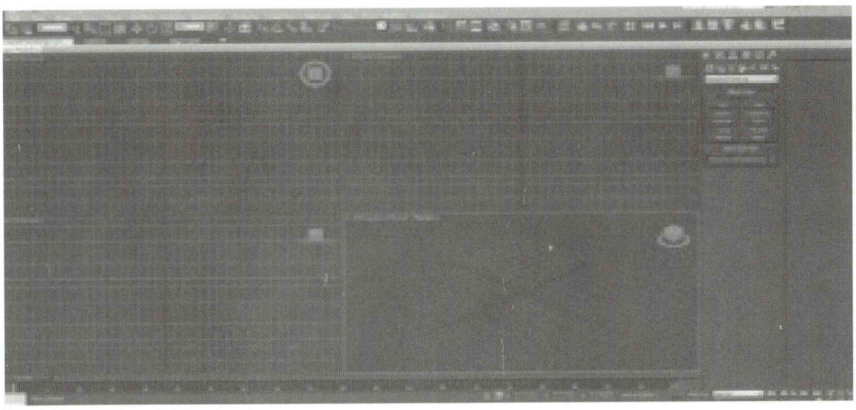

(3) Poser(http://poser.smithmicro.com)

틀 내에서 캐릭터를 만들 수도 있으며 3D 편집능력이나 기초지식 없이도 쉽게 캐릭터의 창작이 가능하다.

그림 2-24 | Poser

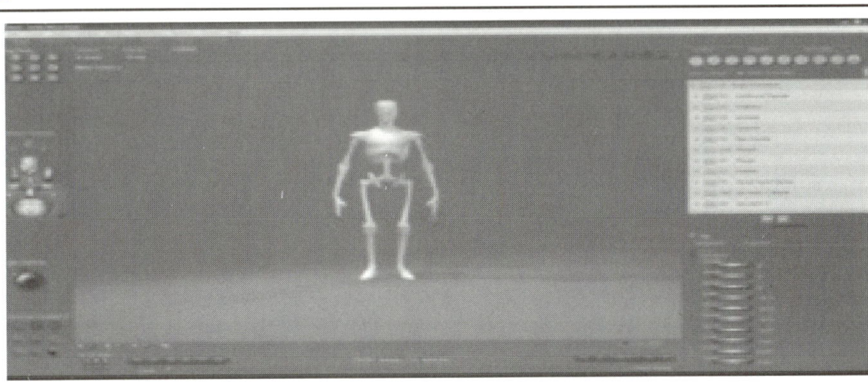

(4) ZBrush(http://pixologic.com)

픽솔로직(pixologic)사에서 개발한 3D 모델링 저작도구이다. 스컬핑(sculpting)이라는 방식을 채택하여 이용자는 점토를 조각하여 모델을 만드는 느낌을 받게 된다.

그림 2-25 | ZBrush

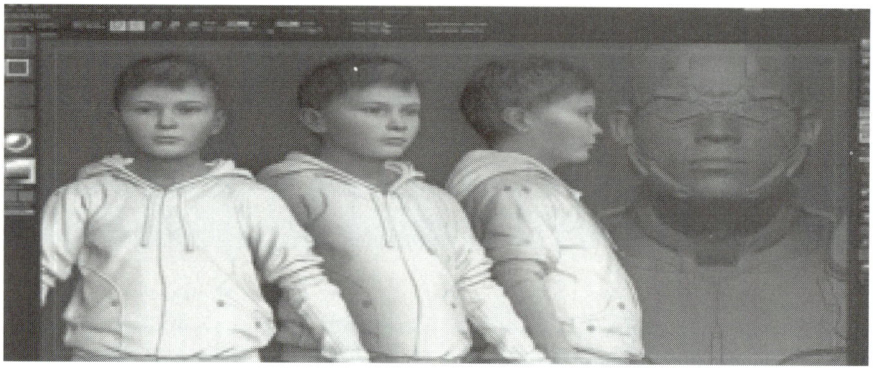

5.5 캐릭터 정보원

(1) 관련 협회

1) 한국캐릭터협회(http://www.character.or.kr)

캐릭터업체들의 상호 협조와 정보공유로 캐릭터 개발, 상품 제조 및 유통, 라이선싱 등 캐릭터비즈니스에 관한 종합관리시스템을 정착시키고자 2008년 8월에 출범하였다. 캐릭터 및 애니메이션관련 산업 육성을 위한 기반 조성사업을 수행하고 있으며 정부의 각종 시책에 필요한 캐릭터관련 조사와 연구사업을 진행하고 있다. 또한 캐릭터의 지적재산권 보호와 불법사용방지 홍보 및 단속지원사업 등을 수행하고 있다.

2) 캐릭터디자이너협회(http://www.kocda.org)

캐릭터디자인 연구 및 상품개발기반 조성을 목적으로 2001년 3월에 설립된 문화체육관광부 소관의 사단법인이다. 한국캐릭터디자인 연구 및 상품개발, 회원작품발표회, 전국공모전을 개최한다. 그리고 국외교류전과 정보교환을 위한 국외진출기반을 조성하고 학술행사, 세미나 개최, 각종 자료집 발간 및 캐릭터디자이너학회를 운영한다.

6. 스마트콘텐츠

과학기술과 정보통신이 발전하고 스마트폰이 등장하면서부터 우리는 스마트시대를 맞이하게 되었다. 스마트폰뿐만 아니라 태블릿 PC, 스마트 TV 등 새로운 스마트기기들도 등장하였으며, 이와 같은 스마트기기들이 빠르게 성장하면서 산업에도 많은 변화를 가져오고 있다.

산업의 변화는 특히 콘텐츠산업에 큰 영향을 끼쳤는데, 그 결과 인터넷/모바일콘텐츠가 스마트콘텐츠로 급속하게 대체되고 있다(한국콘텐츠진흥원 2012).

스마트폰, 태블릿 PC, 스마트 TV 등 스마트기기의 기능성을 활용한 콘텐츠라는 스마트콘텐츠의 특성에 따라 그 정의를 정교화해 보면, 넓은 의미의 스마트콘텐츠는 '스마트기기에서 사용할 수 있는 디지털콘텐츠'로 정의할 수 있으며, 좁은 의미의 스마트콘텐츠는 '스마트기기의 다양한 기능을 활용하여 사용자에게 편익을 주기 위해 스마트기기에 적합하도록 만들어진 콘텐츠'로 정의할 수 있다. 넓은 의미의 스마트콘텐츠는 디지털화되어 스마트기기에서 사용될 수 있는 콘텐츠를 모두 포괄하는 개념이며, 좁은 의미의 스마트콘텐츠는 디지털콘텐츠 중에서도 스마트기기만을 위해 별도로 만들어진 콘텐츠를 지칭하는 것이다(한국콘텐츠진흥원 2011).

6.1 스마트콘텐츠의 특성

한국콘텐츠진흥원이 발간한 『2011년 스마트콘텐츠시장 조사보고서』에서는 스마트콘텐츠의 특성을 다음과 같이 정리할 수 있다.

첫째, 스마트콘텐츠는 생산 측면에서 다양한 개발사가 참여하고 있다. 다양한 개발사라고 함은 기존의 콘텐츠를 생산하고 있는 업체들이 디지털콘텐츠를 통해 스마트콘텐츠시장에 접근하는 것을 포함하여 새롭게 콘텐츠를 만드는 개발자 혹은 개발사 등이 있음을 의미한다.

둘째, 모바일콘텐츠에서 통신사가 가지고 있었던 콘텐츠 유통에서의 장악력이 애플을 비롯한 스마트기기의 OS 개발사 또는 스마트콘텐츠를 유통하는 앱스토어나 안드로이드 마켓 등의 운영자에게 옮겨졌으며, 다양한 개발자에게 열린 오픈마켓으로서 운영됨으로써 마켓 운영자의 영향력이 제한되고 있다. 콘텐츠 유통에서의 단위가 통신사라는 제한된 범위를 벗어나 글로벌한 범위로 확대되었다는 것도 크게 변화한 점이다.

셋째, 스마트기기의 특성에서 비롯된 다양한 콘텐츠 개발의 기회이다. 스마트기기들은 기존의 기기들보다 다양한 기능을 탑재하고 있고, 언제 어디서나 네트워크에 접속할 수 있는 기능을 갖추고 있다. 이에 따라 스마트기기를 통한 기능들이 보다 확대되고 있으며 복합된 기능을 통해 기존의 콘텐츠와는 다른 종류의 콘텐츠 제작과 소비가 가능하게 되었다.

6.2 스마트콘텐츠산업의 분류

2012년 한국콘텐츠진흥원에서는 기존의 콘텐츠산업 특수분류체계와 국내외에서 현행 서비스되고 있는 다양한 분류체계를 참조하여 스마트콘텐츠산업에 대한 새로운 분류체계를 제안하였다.

분류체계기준으로는 먼저 스마트콘텐츠를 11개의 대분류로 제안하였다. 스마트콘텐츠산업 분야에서 신규 기업 또는 비즈니스 영역을 창출하는 대분류로서 광고와 SNS, 생활정보, 여가에 해당하는 내용을 추가로 제안하였다(한국콘텐츠진흥원 2012).

| 표 2-22 | 스마트콘텐츠산업 분류체계(안)

대분류	
문화	1) 게임 2) 전자책(웹툰 포함) 3) 음악 4) 영상 5) 에듀테인먼트 6) 여가(여행, 교통, 스포츠, 연예) 7) 광고
기타	8) 생활정보(건강/의료, 뉴스/날씨) 9) SNS 10) 솔루션 11) 전자상거래(쇼핑, 비즈니스-금융/부동산 포함)

6.3 스마트콘텐츠산업

(1) 스마트콘텐츠산업의 현황

2012년 세계 스마트콘텐츠시장 규모는 1,368억 달러였고, 장르별로 살펴보았을 때에는 게임 301억 달러(22.0%), 에듀테인먼트 152억 달러(11.1%) 등 스마트콘텐츠 중 문화콘텐츠가 83.5%를 차지하였다.

그림 2-26 | 2012년 세계 스마트콘텐츠시장 규모

(단위 : 억 달러)

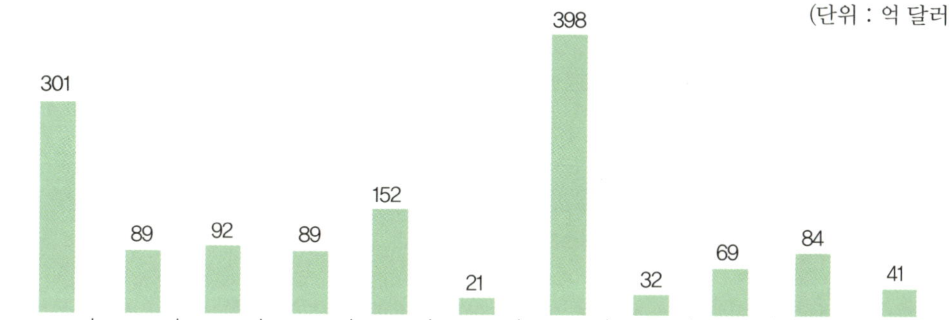

게임	전자책	음악	영상	에듀테인먼트	여가	광고	생활정보	SNS	솔루션	전자상거래
301	89	92	89	152	21	398	32	69	84	41

자료 : 2012 스마트콘텐츠 시장조사, 한국콘텐츠진흥원.

국내 스마트콘텐츠시장 규모는 2012년 기준 1조 9,472억 원으로 나타났고, 향후 스마트기기의 급격한 확산에 힘입어 국내 스마트콘텐츠시장은 연 22%씩 지속 성장하여 2015년에는 3조 5,399억 원 규모에 달할 전망이다. 또한 세계시장은 2012년 1,368억 달러에서 매년 18.8%씩 성장하여 2015년에는 2,293억 달러에 이를 것으로 전망된다(한국콘텐츠진흥원 2012).

그림 2-27 | 2011~2012년 국내시장 규모

연도	스마트콘텐츠 매출		증가율(%)
	2011년(백만 원)	2012년(백만 원)	
게임	705,241	905,471	28.4
전자책	140,286	151,254	7.8
음악	89.752	91,542	2.0
영상	84,785	86,275	1.8
에듀테인먼트	91,254	102,535	12.4
여가	87,274	105,888	21.3
광고	61,951	94,525	52.6
생활정보	21,818	18,686	–14.4
SNS	189,241	190,121	0.5
솔루션	126,521	148,524	17.4
전자상거래	49,839	52,435	5.2
합계	1,647,962	1,947,256	18.2

자료 : 2012 스마트콘텐츠 시장조사, 한국콘텐츠진흥원

그림 2-28 | 2012~2015년 연평균 시장 규모

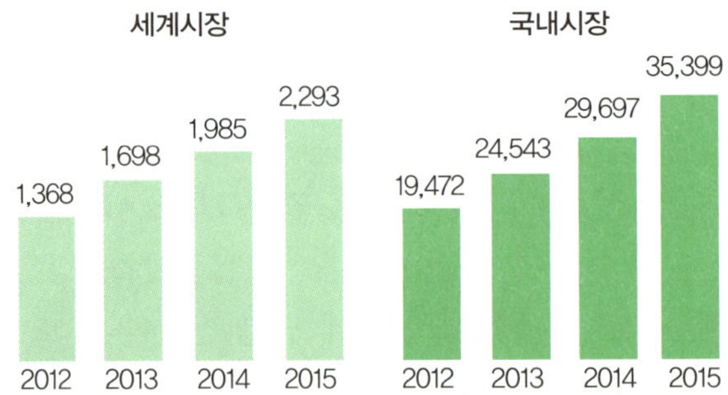

연도	2012	2013	2014	2015	CAGR
세계시장 (억 달러)	1,368	1,698	1,985	2,293	18.8%
국내시장 (억 원)	19,472	24,543	29,697	35,399	22.0%

자료 : 2012 스마트콘텐츠 시장조사, 한국콘텐츠진흥원

(2) 스마트콘텐츠산업의 성공사례

KISDI(정보통신정책연구원)의 'SNS(소셜네트워크서비스) 이용 현황'에 의하면 10,319명을 대상으로 SNS 이용률을 조사한 결과 전체응답자의 23.5%가 SNS를 이용하고 있으며 특히 20대는 61%나 SNS을 이용하고 있는 것으로 나타났다.

SNS 사용자의 하루 평균 SNS 이용량은 73.2분이며, 통화사용자, 문자사용자, 채팅 · 메신저사용자의 이용량은 각각 59.3분, 58.8분, 39.3분으로 각 서비스의 사용자당 하루 평균 이용량은 SNS가 가장 높게 나타났다. 또한 시간대별 사용패턴을 분석한 결과 SNS 이용량은 오후 6~10시 사이에 증가 추세를 보였다. 연령대별 SNS서비스사 이용률은 다르게 나타났으나 10대, 30대, 40대 연령대에서 가장 많이 이용하는 SNS서비스사는 카카오스토리로 나타났으며, 20대 연령대는 페이스북을 가장 많이 이용한다고 응답했다(정보통신정책연구원 2013).

스마트기기의 확산으로 카카오스토리와 페이스북의 사용자와 사용량은 앞으로 더 늘어날 것으로 예측되며, 그 밖에 다른 SNS 또한 사용량이 늘어날 것으로 보인다.

6.4 스마트콘텐츠 저작도구

스마트콘텐츠는 스마트기기에서 사용할 수 있는 디지털콘텐츠이다. 그러므로 스마트콘텐츠 저작도구는 그 특성상 이러닝(iucell, webcap, HALO), 전자책 콘텐츠의 저작도구(ePub)와 비슷하다.

6.5 스마트콘텐츠 정보원

(1) 관련 협회

1) 한국스마트콘텐츠연합회(http://www.smartcontent.or.kr)

스마트콘텐츠 전문가, 디지털미디어 전문가로서의 대표적인 구심점을 두고 국가와 사회에 공헌하는 창조실현 전문가 그룹으로 정부기관의 산하 등록단체이다. 디지털미디어 정보문화 확산 및 디지털콘텐츠산업 육성촉진사업을 실시하고 있으며 멀티미디어날 기념행사와 멀티미디어 세미나 및 워크숍을 개최하고 있다. 또한 기타 멀티미디어 디지털콘텐츠산업 발전을 위한 제반사업을 실시하고 있다.

(2) 관련 기관

1) 대구스마트콘텐츠상용화지원센터(http://dsc3.dip.or.kr)

상용화 테스트 및 기술지원, 스마트콘텐츠사업화 지원, 인력양성 및 일자리창출을 통해 스마트미디어 환경에 맞는 우수한 콘텐츠를 초기에 발굴하고자 개소된 대구디지털산업진흥원의 부속센터이다. 스마트콘텐츠사업화 지원으로 F/S(Feasibility Study)를 지원하고 애로기술 및 인프라를 지원한다.

2) 스마트콘텐츠센터(http://www.smartcontent.kr)

스마트콘텐츠센터는 한국콘텐츠진흥원이 운영하는 기관으로서 영세하지만 역량 있는 국내 스마트콘텐츠관련 전문기업을 대상으로 다양한 역량 강화프로그램 지원을 통한 글로벌 강소기업 육성을 목표로 설립되었다. 스마트콘텐츠 분야의 다양한 아이디어의 사업화를 위한 단계별 지원프로그램을 제공하고 있으며 사업화 컨설팅, 전문교육, 시장정보 등을 관련 업계에 제공함으로써 스마트콘텐츠 분야의 허브 역할을 수행하고 있다.

7. 이러닝

정보사회의 도래로 정보와 지식의 습득이 더욱 쉬워지면서, 정보의 확보에 따라 한 개인과 사회의 역량과 경쟁력이 좌우되었으며, 평생직장의 개념이 사라지면서, 개인은 끊임없는 노력을 통해 자신을 발전시켜야 하는 평생교육의 필요성을 강조하게 되었다. 때와 장소를 가리지 않고 학습자의 교육에 대한 욕구를 충족시킬 수 있는 교육 패러다임이 요구되는 등 다양한 요소가 이러닝 발전의 배경이 되었다고 할 수 있다.

이러닝(e-learning)에 대한 정의는 매우 다양하며 명확한 정립이 이루어지지 않은 상태이다. 이는 교육적 · 사업적 · 기술적인 면에서 보는 시각들이 다르고, 다양한 분야의 산업과 교육의 융합에서 파생되는 산업 영역의 창출과 여러 산업 분야의 연계성 때문에 이러닝산업의 명확한 한계범위의 설정이 어렵기 때문이다. 따라서 세계 각국의 이러닝에 대한 정의 또한 다양하다.

먼저, 영국의 교육부(Department for Education and Skills)에서는 이러닝을 "인터넷, 인트라넷, 컴퓨터기반 기술, 쌍방향 TV 등 정보통신기술도구를 이용한 학습이고, 전자 칠판이나 비디오 컨퍼런스 등의 '전자기술(e-technology)'를 이용하여 전통적인 학습을 지원하는 학습이며, 학습자가 가장 적합한 시간과 장소, 학습 페이스에 따라 광범위한 분야의 학습을 할 수 있는 맞춤형 학습"이라고 정의하고 있다. 또한 영국의 합동정보통신위원회(Joint Information Systems Committee)에서는 "학습자가 필요한 만큼의 지식을 적합한 시간에 어디서나 습득할 수 있는 학습으로 단지 테크놀로지와 결부한 학습이 아닌 교수자와 같은 교육도구"로 정의한다.

일본의 이러닝백서는 이러닝을 '정보통신기술을 이용한 통신 네트워크를 통한 주체적인 학습'이라고 정의하고 있다. 일본미디어교육개발센터는 2003년 9월 위성원격수업 교수설계 강좌인 이러닝 기초 강좌에서 이러닝을 '지식과 성과증진을 위해 인터넷기술을 이용하여 다양한 솔루션을 제공하는 것'이라고 정의하였다([표 2-23] 참조). 또한 지식관리시스템과 성과지원시스템, 온라인교육과 오프라인교육 등을 포함한 한 조직의 인재개발을 위한 총체적인 인프라 구조를 이러닝 시스템이라고 정의했고, 온라인으로 제공되는 교육 모듈을 이러닝 코스라고 정의한다(ALIC 2003).

| 표 2-23 | 일본의 이러닝에 대한 정의

기관	이러닝의 정의
오무사 『이러닝백서 2004/2005』	정보통신기술을 이용한 통신 네트워크를 통한 주체적인 학습
일본미디어교육개발센터	위성원격수업 교수설계 강좌인 이러닝 기초 강좌에서 이러닝을 지식과 성과증진을 위해 인터넷기술을 이용하여 다양한 솔루션을 제공하는 것이라고 정의
일본경제연합출판부 『이러닝 도입법』	인터넷을 활용하여, 자신의 PC를 사용하여, 언제라도, 어디서도, 자신의 페이스로 학습할 수 있는 구조
일본능률협회 매니지먼트센터	WBT솔루션을 활용한 '배움'을 동기, 비동기에 치우치지 않고 제공하는 학습형태. 원격학습 > 이러닝 > 온라인학습 > 컴퓨터 베이스 트레이닝의 포함관계를 도식화함
다이아몬드사 『이러닝 : 실천적 기술의 습득방법』	멀티미디어와 네트워크에 의해 만들어진 가상세계 중 풍부한 정보와 지식의 서포트와 피드백을 모토로, 시행착오를 겪으며 실천하는 학습형태

국내에서도 이러닝에 대한 정의는 기관마다 다양하게 내려지고 있다. 2004년 1월에 의원 입법으로 제정되고 2011년 7월「이러닝산업 발전 및 활용 촉진에 관한 법률」로 개정된「이러닝산업발전법」에서는 이러닝을 '전자학습, 즉 전자적 수단, 정보통신 및 전파, 방송기술을 활용하여 이루어지는 학습법'으로 정의하고 있으며 전자적 방식으로 처리된 부호, 문자, 도형, 음향, 이미지 등으로 이루어진 이러닝정보나 자료를 이러닝콘텐츠라 정의하고 있다. 산업자원부와 한국사이버교육학회는 2003년 이러닝 백서를 통해 전자적인 매체를 기반으로 하는 모든 학습을 이러닝이라 정의하고 통신망을 통한 분산형태의 학습뿐 아니라 독립된 형태의 CD와 같은 매체를 통한 학습까지 포함한다고 기술하고 있다.

이와 같이 이러닝에는 여러 정의가 있으나, 정보통신기술의 발전으로 시간과 공간의 한계를 극복하고 개별 커스터마이징이 가능한 뉴미디어(new media)의 특성이 강조되는 것이 최근의 경향임을 고려하여 이 책에서는 '이러닝은 정보통신기술을 활용하여, 언제(anytime), 어디서나(anywhere), 누구나(anyone) 수준별 맞춤형 학습을 할 수 있는 체계'로 정의하고 있는 한국교육학술정보원의 정의를 따르고자 한다.

표 2-24 한국의 이러닝에 대한 정의

기관	이러닝의 정의
한국소프트웨어진흥원『디지털콘텐츠 산업백서』	광의로는 교수와 교육, 학습 등의 일부 또는 전체를 정보기술을 이용하여 지원 · 전달하는 교육 전체를 총칭. 협의로는 유 · 무선 방송통신망이나 인트라넷을 통하여 시간과 공간의 제약 없이 지식과 정보를 접근하여 쌍방향으로 학습 또는 교육방식으로 정의
산업자원부, 한국사이버교육학회	전자적인 매체를 기반으로 하는 모든 학습을 의미. 통신망을 통한 분산형태의 학습뿐 아니라 독립된 형태의 CD 매체를 통한 학습까지 포함
한국교육학술정보원	정보통신기술을 활용하여, 언제, 어디서나, 누구나 수준별 맞춤형 학습을 할 수 있는 체계
이러닝(전자학습)산업 발전 및 활용 촉진에 관한 법률	전자적 수단, 정보통신 및 전파 · 방송기술을 활용하여 이루어지는 학습

7.1 이러닝의 유사개념

이러닝은 중점 시각에 따라 온라인교육, 사이버교육, 원격교육, 웹기반교육 등 다양한 용어로 불려 왔다. 이들 용어는 인터넷 환경에서 하드웨어나 소프트웨어를 이용하여 교육을 지향한다는 의미에서는 큰 차이가 없으며 좀 더 광의적인 의미를 내포한 이러닝으로 점차 통합되어 가고 있다(산업자원부, 한국사이버교육학회 2003). 이러닝과 유사개념으로 사용되고 있는 사이버교육은 일반적으로 현실적인 공간이 아닌 컴퓨터와 정보통신기술의 발달에 의해 생성된 가상의 사이버공간에서 이루어지는 교육을 의미하며 공간적 · 시간적 제약 없이 개방된 다중적인 속성을 지니고 있다. 원격교육은 교수자와 학습자가 공간적 · 시간적으로 분리된 상태에서 이루어지는 교육으로 전자매체뿐 아니라, 인쇄물, 라디오, TV 등의 전통적인 매체를 이용한 학습을 포함하고 있다. 또한 웹기반교육은 하이퍼텍스트와 멀티미디어를 기반으로 하는 웹 환경에서 지식과 정보를 생성 · 저장 · 전파시키는 교육방식이다.

7.2 이러닝의 발전과정

이러닝은 초기 단계에 CD나 오디오, 비디오테이프와 같은 영상매체를 사용했으나 점차 컴퓨터기반의 기술을 활용한 학습방법에서 웹기반의 기술을 활용하는 형태로 발전해 나가고 있다(김창수 외 2009).

(1) 초기 단계

이러닝의 초기 단계에는 오디오나 비디오테이프와 같은 아날로그영상매체나 CD와 같은 디지털영상매체를 통한 교육이 주를 이루었다. 초기 단계의 이러닝교육은 아날로그 및 CD와 같은 디지털영상매체로 개인별 학습이 이루어졌으므로 강사와 학습자 간의 직접적인 커뮤니케이션은 활성화되지 못하였다. 또한 네트워크를 사용한 교육 역시 멀티미디어정보의 활용이 어려웠기 때문에 보다 질 높은 커뮤니케이션이 어려웠다.

(2) 중기 단계

기존의 아날로그영상매체에 대한 의존이 사라졌으며 네트워크를 통한 대용량의 데이터 전송기술을 활용하여 다양한 멀티미디어정보를 활용한 교육이 가능하게 되었다. 또한 콘텐츠 제작도구의 발전으로 과거와는 달리 보다 상호작용적인 강의 환경을 구축할 수 있게 되었다. 그러나 다양한 기술로 개발되는 이러닝콘텐츠들의 등장으로 기술표준의 문제가 존재했으며 개인별로 차별화된 학습콘텐츠의 개발은 이루어지지 않았다.

(3) 현재

가장 우선적으로 높은 품질의 교육콘텐츠 제작이 이루어지고 있으며 이러닝콘텐츠가 갖고 있는 비용상의 특징과 더불어 높은 대역폭의 네트워크 인프라가 갖추어짐에 따라서 더욱 저렴한 콘텐츠 제공서비스가 가능하게 되었다. 또한 개별 학습자에 대한 학습 진도 및 교육관리가 가능해져 보다 효율적이며 높은 만족의 이러닝학습 환경을 제공할 수 있게 되었다.

7.3 이러닝의 범위

이러닝에서 주요한 개념인 디지털화와 쌍방향성을 중심으로 학습의 방법과 영역을 정리하면 다음 [그림 2-29]와 같이 된다(ALAC 2003). 교재로서 사용되는 콘텐츠가 완전히 전자화되어 있을 경우엔 디지털화가 높고, 서적이나 대면학습 등 전자화되어 있지 않은 교재를 사용할 경우는 디지털화가 낮다. 교수자의 강의를 실시간으로 전송하는 학습 유형은 학습 실행 시에 반드시 교수자가 필요하기 때문에 디지털화 비율은 낮다. 쌍방향성이란 학습자가 스스로의 의지로 학습참여기회를 부여받아, 학습을 진행해 가면서 사람 또는 컴퓨터로부터 적절한 상호작용을 적시에 부여받을 수 있는 것을 의미한다. TV나 라디오방송과 같이 학습자의 행동이 방송내용에 전혀 영향을 미치지 않는 것은 쌍방향성이 가장 낮다고 볼 수 있다. 프로그램 일부나 페이지를 건너뛰는 것이 가능한 CD-ROM과 서적은 방송에 비교하면 쌍방향성이 다소 높지만, 웹기반교육이나 대면형 학습에 비교하면 높다고 말할 수 없을 것이다.

학습자의 행동으로 학습프로그램이 변하는 웹교육시스템에서는 학습관리시스템(LMS)과 조합하거나, 교수자의 지도를 병행하는 경우 더욱 높은 쌍방향성을 확보할 수가 있다. 학습의 자유도가 높은 대면형 학습과 같이, 수강자의 반응을 보면서 교수자가 자유롭게 프로그램을 진행할 수 있는 학습형태는 쌍방향성이 높은 학습방법이라고 할 수 있다.

그림 2-29 | 디지털화와 쌍방향성을 기준으로 한 이러닝의 범위

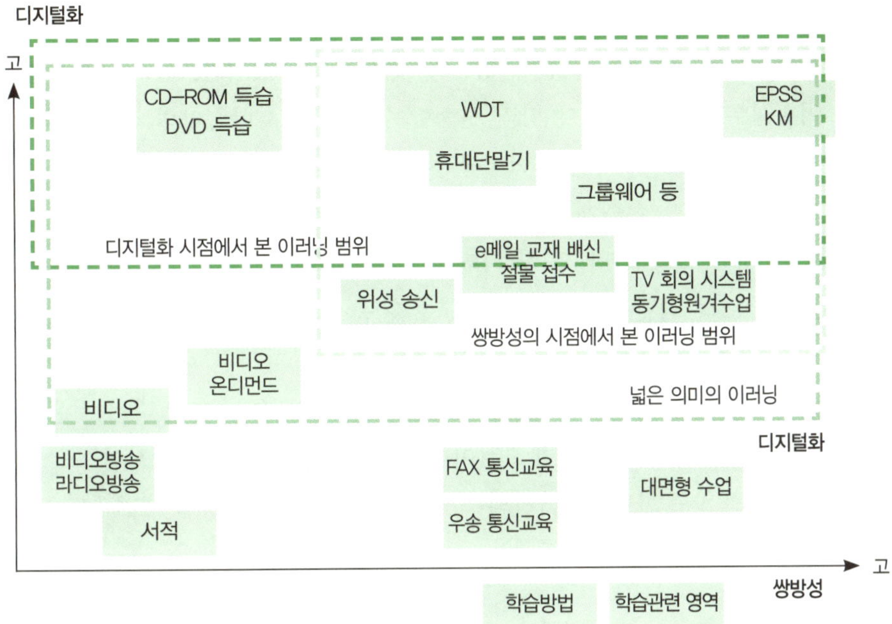

7.4 이러닝의 특징

이러닝의 주요 특징으로는 저렴한 비용, 정보자원의 역동성, 쌍방향성과 커스터마이징을 들 수 있다.

먼저, 첫 번째 특징부터 살펴보면, 저렴한 학습비용을 들 수 있다. 많은 기업과 기관들은 보다 더 저렴한 예산으로 더 많은 인력을 교육하기를 원한다. 기업이 기존의 면대면 집단교육보다 이러닝 형태의 교육으로 직원들을 교육시켰을 때, 50~70%의 비용이 절감될 수 있다고 한다. IBM의 경우에는 강사주도 교육비용의 3분의 1로 5회의 이러닝 연수를 제공하며, 연간 2억 달러의 비용절감효과를 거두고 있다고 한다.

둘째, 정보자원의 역동성과 시공간의 제약을 극복할 수 있는 특성을 들 수 있다. 전통적인 대면 집합교육은 시간과 공간의 제약을 받았고 학습자들은 장기간 일할 수 없었으며 교육장소에 가야만 교육을 받을 수 있었다. 그러나 이러닝을 통해 일반 기업들은 필요한 경우 언제든지 최고의 전문가들이 협력 작업을 통해 개발한 이러닝콘

텐츠를 서비스받을 수 있게 되었으며, 외부의 전문 이러닝콘텐츠서비스를 활용하는 것이 일반화되었다. 또한 온라인정보에 빠르고 손쉽게 접근할 수 있다. 이러한 특성은 교수자나 학습자들이 정보자원을 역동적으로 활용할 수 있게 해준다.

이러닝의 세 번째 특징으로 들 수 있는 점이 쌍방향성 및 커스터마이징이다. 전통적인 면대면 집단교육은 학습자들의 평균에 맞추어 교육했지만, 이러닝을 통한 학습은 언제 어디서든 개인의 필요에 따라 선택할 수 있으므로 학습자의 적극적인 참여를 이끌어낸다. 하이퍼텍스트적인 사이버공간은 관련 자료를 신속하게 파악할 수 있게 해주며, 개인 학습자가 손쉽게 소화할 수 있게 정보를 구성하고 한층 신속하고 손쉬운 정보검색을 가능하게 한다. 또한 사이버공간에서의 학습은 학습자가 자신의 학습과정 전개에 주도적 역할을 해야 한다. 교수자 중심의 교육모델에서 학습자 중심의 교육모델로 바뀌어, 교수자에게 몰려 있던 의사결정이 다양한 학습자들에게 분산되는 양상으로 바뀐다. 익명성이 보장되고 비실시간으로 학습할 수 있다는 것은 언어적인 장애나 성격, 나이, 성별, 신체조건이나 사회적인 계층 등 차별적인 요소들로부터 자유롭다는 것을 뜻한다. 이러닝의 특징을 종합적으로 정리해 보면 [표 2-25]과 같다.

| 표 2-25 | 이러닝의 특징

특징	내용
저렴한 비용	적은 예산으로 더 많은 인력을 교육시킬 수 있다.
정보자원의 역동성	정보에 대한 쉬운 접근성이 정보자원의 역동적 활용을 가능케 한다.
시간과 공간의 제약 탈피	기존의 교육방식을 벗어나서, 언제 어디서든지 학습자가 교육을 받을 수 있도록 한다.
정보 및 지식자원의 공유	지식자원의 공유를 통해서 다양한 사고의 배양과 양질의 정보를 구할 수 있다.
상호작용 패턴의 변화	여러 가지 교육도구를 통해서 교수자와 학습자의 상호작용을 쉽게 한다.
학습자 중심의 맞춤학습	학습자가 교육의 중심이 되면서, 개인의 특성에 맞게 제작된 교육이 가능하다.
탈중심화	교육의 중심이 교수자로부터 학습자로 바뀌면서, 의사결정권 또한 이동한다.

7.5 이러닝의 분류체계

이러닝은 '언제든지(anytime)', '어디에서든지(anywhere)', '누구나(anyone)' 이용할 수 있는 교육형태이지만, 현재 다양한 이러닝서비스 유형에서 학습자들은 서비스 기술의 특성과 인터넷 응용수준을 고려하여 자신에게 맞는 적절한 유형을 선택해야 할 것이다. 서비스 유형은 크게 9가지로 분류해 볼 수 있다.

(1) 사이버 강의/VOD형

VOD는 프로그램을 선택 호출하면 데이터베이스센터에서 단말기로 전송하는 시스템이다. 사이버 강의는 이 방식을 통해 교육용 비디오 혹은 강의를 시청할 수 있도록 제작된 것이다. 그러나 VOD는 강의내용을 일방적으로 전달할 수밖에 없는 단점이 있다.

(2) WBI/HTML형

WBI/HTML형은 컴퓨터 네트워크가 면대면교육이나 원격교육 등에서 하나의 보조적 매체로 이용되는 방식과 컴퓨터 네트워크가 전체 강좌나 강좌의 일부를 가르치는 주된 매체로 활용되는 기법이 채택되었다. 컴퓨터 네트워크를 토론의 참여수단, 온라인 데이터베이스 활용의 수단 또는 세계에 흩어진 전문가들과 정보교환수단 등으로 이용하는 형태도 있다.

(3) 학습지/시험형

학습지형은 학습자료를 이메일 학습지 형태로 전송해 주거나 개별 지도해 주는 서비스를 제공한다. 모의고사 형식과 같은 시험문제들을 학생들이 직접 인터넷상에서 풀고 답을 입력한 뒤 이를 채점해 주는 서비스를 제공하는 사이트가 주류이다.

(4) Q&A/자료실형

인터넷을 통해 학습자들의 질문에 대한 답변을 제공, 교수내용과 관련한 자료들을 자료실 형태로 나열한 사이트들로 게시판의 형태로 운영되는 경우가 많다.

(5) 사이버스쿨형

사이버스쿨은 인터넷상의 가상학교시스템과 인터넷을 통해 강의하는 서비스를 제공한다. 주로 대학을 중심으로 활성화되어 왔으나 최근 들어 고교생을 포함한 더 넓은 범위의 대상층으로 서비스가 확대되고 있다.

(6) 포털형

교육에 관련된 다양한 종류의 콘텐츠들을 디렉터리 검색서비스의 형식이나 링크 형식을 기반으로 제공한다. 직접 교수콘텐츠를 보유하기보다는 교육콘텐츠의 소재(정보 위치)를 제시해 줌으로써 학습자들이 보다 쉽게 교육콘텐츠를 찾아볼 수 있도록 한다.

(7) 시뮬레이션형

동영상 캡처프로그램을 사용하여 교수자가 시연하는 컴퓨터 화면을 전체적으로 녹화하여 보여주는 형태이다. 실습과정을 보여줄 수 있으므로 다양한 프로그램을 가르쳐야 하는 정보통신학과, 멀티미디어디자인학과 등의 강의에서 많이 활용되고 있다.

(8) CG형

VOD 유형의 콘텐츠 내에 관련 이미지와 핵심 내용을 교수자의 설명에 맞추어 제시하는 강의형태이다. 부분 CG, 전체 CG 등 다양하게 CG를 활용하여 이러닝을 제작하는 콘텐츠이다.

(9) 저작도구형

특정 저작도구프로그램을 사용하여 제작되는 형태이다. 교수자의 강의 동영상에 맞추어 해당 교안이 함께 제시되는 형태로서 주로 지식을 전달하는 프레젠테이션 강의에 적합하며 비교적 짧은 시간에 제작이 가능하다.

7.6 이러닝콘텐츠산업의 분류

이러닝콘텐츠는 교육용 콘텐츠 제작산업, 교육용 콘텐츠솔루션산업, 교육용 콘텐츠 운영서비스 및 교육용 콘텐츠 컨설팅산업으로 분류될 수 있다.

(1) 교육용 콘텐츠 제작산업

이러닝시스템의 콘텐츠는 코스웨어(courseware), 맞춤식 콘텐츠, 저작도구를 통해 개발된 콘텐츠의 형태로 존재하며, 이러닝콘텐츠시장은 이러닝 산업 분야 중 가장 큰 부분을 차지한다.

이러닝시장은 점진적으로 확대되고 있으며, 단순한 이러닝에서 복합적인 교육서비스로 진화하고 있다. 또한 단순히 저렴한 가격에 많은 학습자를 교육하는 것을 지양하고 경영성과에 직접적으로 영향을 줄 수 있는 혼합형 교육체계를 채택하는 방향으로 선회하고 있다. 이는 아날로그콘텐츠에 대한 일반 소비자들의 기호가 계속 유지되고 있고, 이론보다는 실습중심으로, 학습과 일이 통합되는 형태로 콘텐츠 개발의 필요성이 증대되고 있기 때문이다. 따라서 혼합형 교육체계는 온라인과 오프라인의 혼합뿐만 아니라, 개별학습과 협동학습의 혼합, 지식관리와 실습의 혼합, 인력자원육성과 인력자원관리의 혼합 등을 포함한다.

지금까지 교육의 확대적인 의미에서의 이러닝은 점차 전문화 · 차별화 · 고급화되어 가고 있다. 따라서 점차 높아지고 있는 학습자의 수준과 요구에 부응하기 위해 다양한 유형의 양질의 전문화 · 차별화된 콘텐츠 설계, 개발산업이 발전할 것으로 전망된다.

맞춤콘텐츠는 이러닝콘텐츠시장에서 가장 빠르게 성장할 분야로 보인다. 변화하는 정부 규정을 준수해야 하는 재정, 의료, 제약, 생명과학계에서 이러한 맞춤콘텐츠의 필요성이 증대되고 있다. 시뮬레이션은 맞춤콘텐츠 패키지의 큰 부분이 되어 가고 있다.

한편 코스웨어시장은 더욱 경쟁적이고 분산될 전망이다. 대규모 회사뿐 아니라 IT나 리더십관리와 같은 전문교육을 제공하는 소규모 회사들로 코스웨어시장은 포화된 상태이다. 또한 콘텐츠 저작도구와 다른 여러 분야들은 자체 콘텐츠를 개발하기 위해 저작도구를 이용하기 때문에 코스웨어시장과 간접적인 경쟁을 하고 있다. 인간적인 유대관계를 중요시하는 학생들의 전통적인 교육방식 고수와 계속되는 DVD나 CD-ROM의 이용교육 또한 온라인 코스웨어사업 성장에 영향을 미칠 것으로 예견되고 있다.

(2) 교육용 콘텐츠솔루션산업

저작도구시장도 더욱 성장할 것으로 기대된다. 특히, 자체 콘텐츠 개발팀을 가지고 있는 회사들은 저작도구기술을 더욱 필요로 하기 때문에 향후 솔루션산업 성장에 영향을 미칠 것이다.

(3) 교육용 콘텐츠 운영서비스

전문서비스 분야도 인프라시장 성장 속도에 맞춰 성장할 것이다. 현재 시스템에 대한 규정준수 평가, 기존의 인프라에 이러닝시스템을 추가하기 위한 인프라 평가, 필요요건 분석, 콘텐츠 평가서비스, 이러닝시스템의 유지서비스 등의 사업기회가 더욱 증가하고 있다. 서비스사업에서는, IT · 컴퓨터와 비즈니스 등의 일반지식에 관한 교육서비스를 실시하고 있는 업체의 비율이 높게 차지하고 있다. 특히 기업 연수와 관계된 서비스 비율이 높고 앞으로도 기업 연수나 교육에 관련된 분야의 서비스가 지속적으로 발전할 것이다.

(4) 교육용 콘텐츠 컨설팅

교육용 컨설팅사업의 종류는 교재 작성 컨설팅, 교육 코디네이트, 시스템 구축 등의 비율이 높고, 학습 성과의 평가와 만족도 평가 등의 서비스는 낮은 편이다. 구체적인 서비스 내용에는, 일반지식, 개별지식(자사상품과 사내 규정 등), 특정 전문지식(IT · 컴퓨터, 서비스, 경영관리, 금융재무) 등이 괄목할 만하고 컨설팅산업의 향후 전망은 일반지식에 관련한 컨설팅에서 전문지식에 관련한 것으로 점차 이동할 것이다.

7.7 이러닝콘텐츠산업

급속한 정보통신기술의 발전 및 인터넷 보급의 확산으로 지식의 확산 · 이전 · 축적이 용이한 이러닝이 디지털콘텐츠산업의 주요 분야로 등장하고 있다. 따라서 미국, 유럽 등 교육 선진국에서는 이러닝산업 육성 및 이러닝기반 확충에 정책적 의지를 반영하여 적극적으로 육성정책을 실행하고 있다.

국내의 경우 사이버대학과 이러닝 전문업체의 등장 및 강력한 교육욕구 등 환경적 배경과 기술적 우수성을 갖추어 산업으로서의 성장잠재력을 갖고 있으며, 정부는 이러닝을 육성하기 위한 법적 근거로서 2004년 1월 이러닝산업발전법을 제정하기까지 하였다. 이러닝콘텐츠산업의 가치사슬 구조를 표현하면 [그림 2-30]과 같다.

그림 2-30 | 이러닝콘텐츠산업의 가치사슬

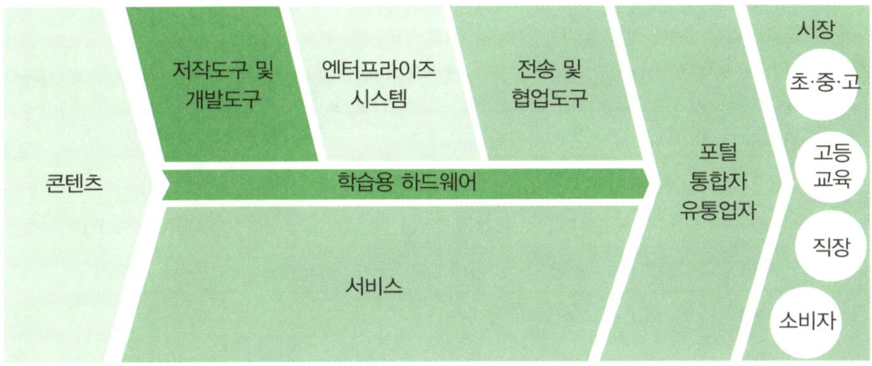

(1) 이러닝콘텐츠산업의 현황

국내 이러닝콘텐츠산업은 2003년 이후 연평균 약 13%의 성장률을 기록하며 2008년에는 전년도 대비 7.7% 성장한 8,459억 원의 시장 규모를 형성하였다. 이는 이러닝사업 확장이 지속적으로 일어나고 있다고 분석할 수 있다(한국소프트웨어진흥원 2009).

| 표 2-26 | 국내 이러닝시장 규모 및 성장률 추이

(단위: 억 원)

구분	2003	2004	2005	2006	2007	2008
시장 규모	4,948	5,819	6,724	7,128	7,930	8,459
경쟁률	19.0%	17.6%	15.6%	6.0%	11.3%	7.7%

세계 이러닝시장 규모는 2007년 128억 달러 규모에서 2008년에는 160억 이상으로 성장하였고 2013년까지 17.0%의 연평균 성장을 달성할 것으로 예측된다. 특히 2008년 기준으로 세계 이러닝시장의 대부분을 미주권에서 차지하고 있음을 알 수 있다. 유럽권도 연평균 24% 정도의 성장률을 보이면서 지속적인 성장세를 보이고 있으며 아태지역 역시 중국시장의 확대와 더불어 21.2%의 고속 성장을 할 것으로 예측된다(한국소프트웨어진흥원 2009).

| 표 2-27 | 세계 이러닝시장의 권역별 규모 및 성장 추이

(단위 : 백만 달러)

권역	2006	2007	2008	2009	2010	2011	2012	2013	2008~2013 CAGR
세계	23,026	29,471	35,990	42,650	50,363	59,483	69,366	79,360	17.0%
미주권	8,867	10,909	13,422	15,796	18,392	20,654	23,479	25,823	14.0%
유럽권	996	1,510	2,005	2,576	3,283	4,363	5,305	6,819	27.7%
일본	224	272	333	403	589	803	992	1,285	31.0%
중국	48	65	80	98	128	276	433	633	51.2%
아태권	98	142	187	251	328	386	485	620	27.1%

(2) 이러닝산업의 성공사례

미국 애리조나 주의 사막 도시인 피닉스에 있는 피닉스대학은 위성교육의 선구자로 불리고 있다. 실제로 피닉스대학 캠퍼스에 단 한 번도 와보지 않고 대학을 졸업한 사람들은 수천 명에 이르고 있다. 이 학교에 진학하기 위해서는 학교 입학기준에 따라 23세 이상으로 뛰어난 영어실력과 최소한 3년 이상의 직장경력이 필요하며, 입학시험을 통과해야만 한다. 그럼에도 불구하고 원격교육의 장점 때문에 전 세계에서 이 학교에 입학하려는 사람들이 인터넷으로 거의 매일 몰려오고 있다. 피닉스대학생들의 평균 연수입은 7만 달러이며 평균연령은 35세로 조사되었다.

피닉스대학 당국이 사이버대학 교육을 실시할 초기에는 미국 교육계에서조차 염려하였으나 이후 미국 대학마다 위성교육과정을 개설해 운영하거나 추진하는 것이 일반화되면서 피닉스대학을 선구자로 평가하는 데 인색해하지 않고 있다. 피닉스대학은 2001년을 열면서 IT지원회사인 휴네트워크시스템즈를 협력업체로 선정해 실시간 교육(realtime synchronous)과정을 운영하고 있다. 이 프로그램은 첨단 인터넷기술과 질 높은 대학교육, 시장성 있는 브랜드 이미지가 적절하게 배합되어 있어서 성공적인 위성교육콘텐츠의 좋은 본보기로 평가받은 바 있다.

7.8 이러닝 저작도구

(1) Lecture MAKER(http://www.daulsoft.com/ko)

이러닝에 사용되는 학습콘텐츠를 저작하는 PC용 저작도구로 다양한 멀티미디어 자료와 ppt, pdf, 플래시, html 문서 등의 문서호환이 가능하다. 동영상, 음성녹화와 전자 판서를 이용한 강의녹화는 물론 상호작용이 가능한 온라인교육 WBT용 학습콘텐츠를 저작할 수 있는 PC용 저작도구이다.

그림 2-31 | Lecture MAKER

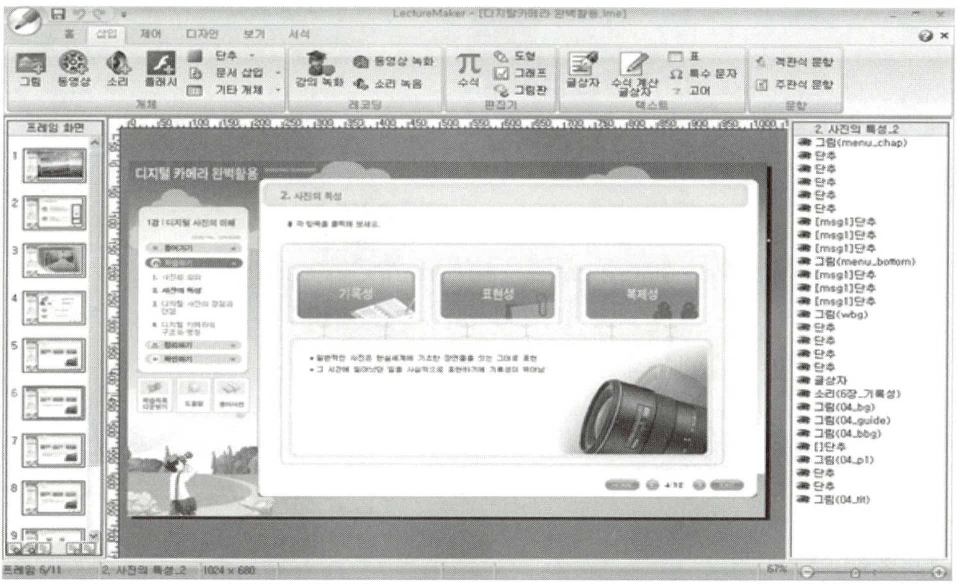

(2) foxCon Creator(http://www.foxcon.biz)

세계 최고 수준의 이러닝콘텐츠 저작도구로서 파워포인트에 최적화되어 있으며 동영상과 슬라이드형, 동영상형, e-Book형 같은 모든 형태의 콘텐츠를 쉽게 생성할 수 있다. 화면에 나타나 있는 작업 순서대로 마우스를 몇 번 클릭하면 정교한 이러닝콘텐츠가 생성된다. 이러닝콘텐츠의 모든 메타데이터는 편리한 엑셀형태의 메타편집기를 제공하므로 한 곳에서 수백 개의 메타데이터를 일괄적으로 수정할 수 있다.

그림 2-32 | foxCon Creator

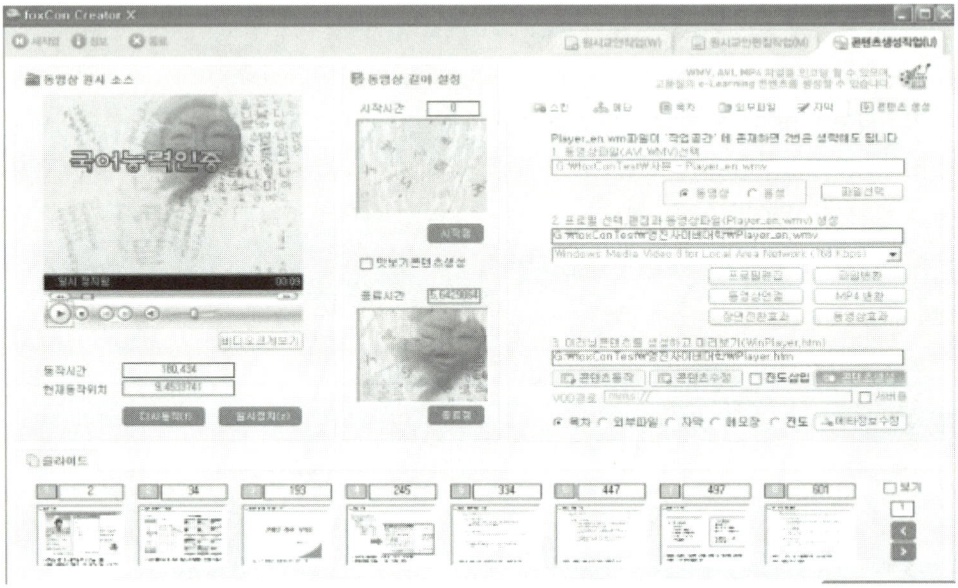

(3) Xerte(http://www.nottingham.ac.uk/xerte/index.aspx)

Xerte는 오픈소스로 개발되고 있는 이러닝 저작도구이다. 이러닝콘텐츠를 전문으로 개발하는 개발자나 전문적인 지식이 부족한 내용전문가(SME)들 모두가 사용할 수 있는 소프트웨어로서 전 세계 조직에서 사용하고 있다. Xerte는 개발용 클라이언트용과 웹용으로 각각 배포하고 있다.

그림 2-33 | Xerte

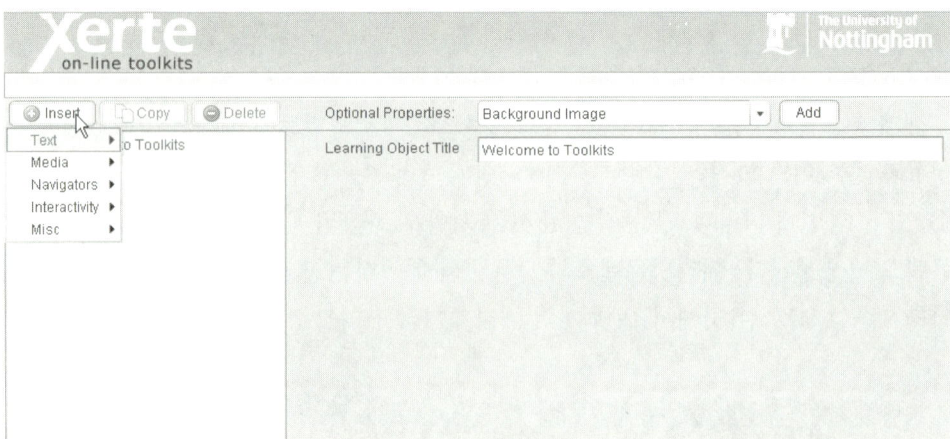

7.9 이러닝콘텐츠 정보원

(1) OCW(Open Course Ware)

OCW는 대학에서 실제로 진행되는 강의를 온라인을 통해 청강할 수 있게 만든 일종의 지식나눔프로그램으로서 강의실 내에서만 이루어지던 강의를 밖에서도 볼 수 있다는 점에서 큰 의미가 있다.

1) TED(http://www.ted.com)

기술, 엔터테인먼트, 디자인, 경영, 과학, 세계 이슈 등에 대한 특강을 무료로 다루고 있다. 사람들이 많이 보는 순으로 정리된 태그를 보고 비디오를 선택할 수 있으며 강연의 성격별로도 선택할 수 있다. 또한 선택한 강의에 대해서는 스크립트를 제공받을 수 있다.

2) MIT OCW(http://ocw.mit.edu)

MIT는 10년 전부터 OCW를 통해 강의 자료를 온라인상에 무료로 공개하고 있다. 세계가 직면한 여러 가지 문제를 해결하기 위해서 이러닝 구축을 통해 집단지성을 활용하는 것이 최선이라는 판단에 따라 대학이 보유한 모든 강의자료를 온라인상에 공개한 것이다. 현재 수백여 개의 강좌가 개방되어 있으며 전 세계에서 한 달에 평균 175만 번을 접속하고 있다.

3) Academicearth(http://academicearth.org)

버클리, 하버드, MIT, 프린스턴, 스탠포드, UCLA, 예일 등 세계 우수 대학의 강의를 모아 놓았다. 대학별, 주제별, 랭킹 순으로 강의 검색이 가능하며, 다양한 주제를 아우르고 있기 때문에 국내에서 흔히 볼 수 없는 Entrepreneurship(창업), AP Test Prep(대학교 과정을 미리 공부할 수 있는 프로그램), Pre-Med(의예과 과정) 등과 같은 강의도 무료로 수강할 수 있다.

4) KOCW(www.kocw.net)

KOCW(Korea Open Course Ware)는 고등교육 교수 · 학습자료 공동활용서비스로서 사이트를 통해 국내 일반대학 및 원격대학 사이버대학에서 개발한 고등교육 이러닝콘텐츠와 해외 고등교육기관들의 강의자료를 무료로 제공한다. 국내 및 해외 공개 강의뿐만 아니라 노벨상 수상자들의 강연과 각 학문 분야의 석학강의까지도 제공한다.

5) SNOW(http://ocw.sookmyung.ac.kr)

SNOW(Sookmyung Network for Open World)는 숙명여자대학교에서 운영하는 인문, 사회, 과학, 응용과학, 문화 등 다양한 분야의 강의이다. 자신이 관심 있는 분야에서 세계적으로 유명한 석학들의 강의를 골라 들을 수 있으며 재학생뿐만 아니라 일반인도 가입하여 강의를 무료로 수강할 수 있다. 휴대용 단말기 앱을 통해서도 강의를 들을 수 있으며 덧글을 통해 토론이 가능하다.

(2) MOOC(Massive Open Online Course)

MOOC는 온라인 대중 공개수업으로서 웹서비스를 기반으로 이루어지는 상호참여적 거대규모의 교육이다. MOOC는 일방향 강의 동영상만을 제공했던 OCW와 달리 실질적인 온라인교육이며 오프라인 강의실에서 진행했던 수업을 동영상으로 찍어 재활용하는 수준이었던 OCW와 달리 온라인교육에 최적화된 강의콘텐츠를 제작해 제공하고, OCW가 강의실을 개방해 대학 울타리 안으로 외부인들의 입장을 허용한 것이었다면 MOOC는 아예 대학 울타리 밖에 강의실을 만든다는 점에서 한층 향상된 모습을 보인다.

1) Coursera(https://www.coursera.org)

코세라는 스탠퍼드대학교 컴퓨터과학과 대프니 콜러와 앤드루 응 두 교수가 실리콘밸리 벤처기업들로부터 투자를 받아 설립한 온라인교육사이트이다. 세계 최고의 대학 및 기관과 파트너를 맺고 있으며 현재 제휴관계를 맺은 미국과 유럽의 16개 대학들이 제공하는 강좌는 100여 개에 이른다. 코세라는 인문학에서부터 의학, 생물학, 사회과학, 수학, 비즈니스, 컴퓨터과학 등 다양한 주제의 과정을 제공한다.

2) Udacity(https://www.udacity.com)

유다시티는 스탠퍼드대학교의 교수 세바스찬 스런이 만들었다. 모든 과정은 무료이며 자신의 수준에 따라 초보자, 중간, 고급과정을 선택할 수 있다. 언제 어디서나 수업을 들을 수 있으며 대학의 학위도 얻을 수 있다.

3) EDX(https://www.edx.org)

EDX는 하버드와 MIT에 의해 만들어진 비영리교육 온라인 강의 프로젝트로서 2012년부터 UC 버클리도 동참하고 있다. EDX는 엄중하면서도 흥미와 재미를 함께 느낄 수 있도록 강의가 설계되어 있으며 쌍방향 온라인 수업을 제공한다. 과학기술에서 인문학에 이르기까지 다양한 주제에 걸쳐 새로운 과정을 선보이고 있다.

(3) 관련 기관 및 협회

1) 이러닝지원센터(http://www.elrc.or.kr)

이러닝지원센터는 국내 이러닝산업을 대표하는 전담기관으로서 표준화기반의 차세대 콘텐츠모델을 개발하고 보급하며 콘텐츠의 평가 및 인증 등 이러닝관련 제도의 개선방안을 수립한다. 뿐만 아니라 국내 우수 이러닝콘텐츠 DB를 구축하고 이러닝 전문인력들의 정보교류와 다양한 네트워크를 구축하는 등 이러닝과 관련하여 국내외로 지원하며 다양한 기술과 경험을 공유할 수 있는 역할을 하고 있다.

2) 한국이러닝산업협회(http://www.kelia.org)

한국이러닝산업협회는 21세기 지식정보사회의 국가경쟁력을 높이고 전 국민의 평생학습지원체계를 구축하기 위해 이러닝의 활성화를 추진한다. 아울러 지식산업으로 육성 · 발전시키고 회원사 간의 정보교류와 업계 공동의 발전을 도모함을 목적으로 한다. 주요 사업으로는 이러닝 연구사업, 이러닝산업기반지원사업, 이러닝 진흥산업, 국제협력 및 서비스사업, 협회운영 및 협회지원사업이 있다.

8. 지식정보콘텐츠

한국콘텐츠진흥원에 따르면 지식정보콘텐츠는 이러닝, 정보콘텐츠, 솔루션을 모두 포괄하는 것으로 규정되어 있다. 이러닝은 정보통신기술을 활용한 디지털매체기반의 다양한 학습으로서 이미 앞에서 다룬 바 있다.

정보콘텐츠는 온라인으로 제공되는 여러 정보들을 의미하며 크게 광의의 개념과 협의의 개념으로 나눌 수 있다. 정보콘텐츠의 광의의 개념은 온라인상에 존재하는 모든 정보콘텐츠이며, 협의의 개념은 온라인으로 제공되는 정보 중 정형화되어 DB화된 유료의 정보콘텐츠이다. 그러나 스트라베이스의 자료에 의하면 무료로 제공되는 온라인 정보콘텐츠와 유 · 무선 네트워크를 거치지 않는 오프라인 정보콘텐츠, 온라인 정보콘텐츠 제작 · 전송 등과 관련된 S/W 및 솔루션은 정보콘텐츠에서 제외하고 있다.

솔루션은 보통 디지털솔루션으로 통칭된다. 이 시장은 디지털콘텐츠의 수명주기(life-cycle), 즉 저작, 편집, 가공, 변환, 저장, 관리, 검색, 유통, 보안, 결제, 과금, 소비의 각 단계별로 적용되는 기반 기술 및 솔루션들을 개발하여 콘텐츠관련 기업들에게 제공하는 시장으로 정의할 수 있다(한국콘텐츠진흥원 2010).

그림 2-34 | 정보콘텐츠와 정보콘텐츠산업에 대한 정의 및 범위

정보콘텐츠	• 광의의 정보콘테츠 : 온라인상에 존재하는 모든 정보콘텐츠 • 협의의 정보콘텐츠 : 온라인으로 제공되는 정보 중 정형화되어 DB화된 유료의 정보콘텐츠	
정보콘텐츠산업	• 정보콘텐츠를 기획, 제작, 유통하는 산업	
정보콘텐츠에서 제외되는 대상	무료 정보콘텐츠	무료로 제공되는 온라인 정보콘텐츠(시장 규모 통계에 반영되지 않기 때문)
	오프라인 정보콘텐츠	유 · 무선 네트워크 거치지 않는 정보콘텐츠
	S/W 및 솔루션	온라인 정보콘텐츠 제작, 전송 등과 관련된 S/W 및 솔루션

↓

온라인으로 제공되는 유료의 정형화된 정보콘텐츠

자료 : 스트라베이스, 2008.

8.1 지식정보콘텐츠산업의 분류

(1) 문화체육관광부의 분류체계

2010년부터 새롭게 정리된 문화체육관광부 '콘텐츠산업통계조사'의 콘텐츠산업 분류를 살펴보면 지식정보콘텐츠 분류는 OECD(콘텐츠미디어산업 분류)와 UNESCO(2009 UNESCO Framework for Cultural Statistics)가 작성한 국제기준을 참조하고 국내 산업의 특성을 반영하여 작성한 것으로서 통계청의 콘텐츠산업 특수분류를 바탕으로 하고 있다. 2개의 중분류와 13개의 소분류로 나뉘어 다음과 같은 분

류체계를 갖는다.

| 표 2-28 | 지식정보콘텐츠산업 분류체계(문화체육관광부)

중분류	소분류
이러닝	이러닝 기획업 이러닝 인터넷/모바일서비스업 인터넷/모바일 이러닝 제작 및 제공업(CP) 에듀테인먼트 기획 및 제작업 기타 데이터베이스 및 온라인 정보제공업 포털 및 기타 인터넷 정보매개서비스업
정보콘텐츠 및 솔루션	저작툴 콘텐츠보호 모바일솔루션 과금/결제 CMS(Contents Management System) CDN(Contents Delivery Network) 기타

(2) 국외 콘텐츠시장조사의 분류체계

한국콘텐츠진흥원에서는 시장통계 데이터와 국외 시장조사 전문기관들의 시장 분류체계를 참고하여 [표 2-29]와 같은 분류체계를 마련하였다. 이러한 시장 분류체계에는 이러닝, 정보콘텐츠, 솔루션 각각의 시장 정의, 국내외 산업 분류체계 및 시장 규정 비교와 국내 통계 분류와의 연관성, 시장조사내용의 목적과 활용범위가 고려되었다.

| 표 2-29 | 2010 국외 콘텐츠시장조사의 분류체계

시장 구분		정의
이러닝	이러닝콘텐츠	유아, 초 · 중 · 고, 대학, 성인 등 모든 연령층을 대상으로 제공되는 온라인/스토리지 저장형 학습프로그램 및 콘텐츠 제공서비스
정보콘텐츠	전문정보	금융/경제, 의료, 법률 등 온라인상에서 제공되는 전문정보 제공서비스
	생활정보	취업, 날씨, 육아, 종교, 여행 등 실생활관련 정보제공서비스
	엔터테인먼트정보	영화/공연/문화, 스포츠, 취미 등 오락성 정보제공서비스
	위치기반정보	위치확인정보 및 이와 연동하여 제공되는 정보서비스

솔루션	CMS(Content Management System)	콘텐츠의 제작, 관리솔루션 문서관리(DM), 디지털 자산관리(DAM), 기록물관리(RM), 이미징&캡처(Imaging&Capture), 아카이빙(Archiving), 디지털 산출물관리(DOM)
	DRM(Digital Rights Management)	콘텐츠의 보안과 보호관리솔루션
	CDN(Content Delivery Network)	콘텐츠 전송지원솔루션 웹콘텐츠관리(WCM), 애플리케이션 딜리버리 컨트롤러(ADC)

문화체육관광부의 분류체계와 달리 국외 콘텐츠시장조사의 분류체계에서 이러닝의 분류체계가 간단하며, 정보콘텐츠와 솔루션이 각각 별개로 구분되어 있다. 정보콘텐츠의 경우 현대인의 일상생활에 필요한 각종 정보들을 포함하여 생활정보와 엔터테인먼트정보, 위치기반정보, 전문정보로 나뉘어 있으며 솔루션의 경우에는 보안과 보호관리에 초점을 맞춘 DRM이 추가되었다.

8.2 지식정보콘텐츠산업

GIA 등의 자료를 바탕으로 한국콘텐츠진흥원이 지식정보콘텐츠산업의 성장률에 대해 추정 · 예측하였다. 그 결과 2010년 936억 1,900만 달러에서 2015년에는 1,465억 1,600만 달러로 9.4%의 성장을 예측하였다. 세부 시장별로는 이러닝시장이 11.4%로 가장 급성장할 것으로 보이며, 정보콘텐츠부문은 5.7%로 가장 낮을 것으로 예측되었다(이재웅 2010).

| 표 2-30 | 세계 지식정보콘텐츠시장 규모 추이

(단위 : 백만 달러)

구분	2010	2011	2012	2013	2014	2015	2010~2015 CAGR
이러닝	51,442	58,812	66,182	73,552	80,922	88,292	11.4%
정보콘텐츠	33,246	36,591	37,896	39,201	41,526	43,851	5.7%
솔루션	8,931	10,015	11,116	12,202	13,288	14,374	10.0%
합계	93,619	105,418	115,194	124,955	135,736	146,516	9.4%

지식정보콘텐츠의 분야별 비중을 살펴볼 때, 솔루션시장의 비중은 2010년과 2015년 모두 약 10%를 차지하며 유사한 비중을 보이겠지만, 정보콘텐츠시장은 약 35%에서 30%로 감소할 것으로 보인다.

그림 2-35 | 2010년과 2015년 세계 지식정보콘텐츠시장 부문별 비중

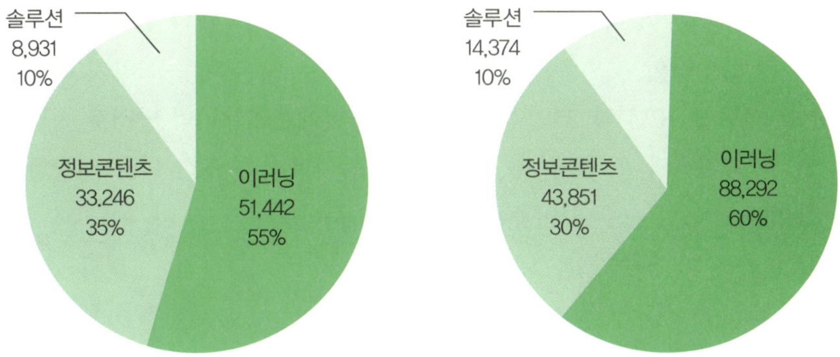

자료 : Simba Informations, 2010; PWC, 2010; eMarketer, 2009; Informa, 2009; GIA, 2010

이러닝시장은 앞에서 이미 다루었으므로 이러닝을 제외한 정보콘텐츠와 솔루션을 중심으로 각 세계시장의 규모와 전망을 살펴보면 다음과 같다.

(1) 정보콘텐츠

정보콘텐츠시장의 전체 시장 규모는 2009년 355억 53,500만 달러에서 2010년 332억 4,600만 달러로 전년 대비 약 6.4% 감소한 것으로 나타났지만, 2011년에 잠시 성장률을 보이다가 다시 감소하여 앞으로는 안정화될 것으로 전망되었다(이재웅 2010).

한국콘텐츠진흥원의 '2010 해외 콘텐츠시장조사'에 의하면, 2010년 당시 정보콘텐츠시장에서 가장 큰 비중을 차지하고 있는 지역은 유럽권이었다. 유럽권 정보콘텐츠시장은 약 140억 달러에 달하였으며, 2015년에는 약 183억 달러로 성장할 것으로 예측된다. 다음으로 많은 비중을 차지고 있는 지역은 아시아권으로 2010년 약 93억 달러에서 2015년에는 약 125억 달러로 성장할 것으로 예측된다. 북미와 유럽의 정보콘텐츠 비중은 향후 다소 줄어들겠지만, 아시아권과 중남미, 오세아니아권역의 시장 비중은 다소 증가할 것으로 예상된다.

(2) 솔루션

솔루션시장은 2009년 78억 4,300만 달러에서 2010년 89억 3,100만 달러로 성장하였다. 향후 계속 성장하여 2015년에는 143억 7,400만 달러까지 성장할 것으로 보이며 이러닝과 비슷한 성장률이 예측된다.

정보콘텐츠와 마찬가지로 2010년 당시 솔루션시장에서 가장 큰 비중을 차지하고 있는 지역은 유럽권이었다. 유럽권 솔루션시장은 약 37억 달러였으며, 2015년에는 약 53억 달러로 성장할 것으로 예측되었다. 다음으로 많은 비중을 차지고 있는 지역은 아시아권으로 2010년 약 25억 달러에서 2015년에는 약 40억 달러로 성장할 것으로 예상된다. 북미권과 오세아니아, 중남미, 중동아프리카 또한 다소 성장할 것으로 보이며 북미와 유럽의 솔루션 비중은 향후 다소 줄어들겠지만, 아시아권과 중남미권역의 시장 비중은 다소 증가할 것으로 예상된다.

8.3 지식정보콘텐츠 저작도구

(1) 이러닝 저작도구

앞에서 이미 다룬 이러닝 저작도구에 대해 다시 정리해 보면 이러닝에 사용되는 학습콘텐츠를 저작하는 PC용 저작도구인 Lecture MAKER, 세계 최고 수준의 이러닝콘텐츠 저작도구인 foxCon Creator, 오픈소스로 개발되고 있는 Xerte가 있다. 그 밖에도 어도비 캡티베이트 6, 핵교소프트의 Lectora 등이 있다.

(2) 정보콘텐츠 저작도구

정보콘텐츠 중 인터넷 이용자들이 가장 쉽게 이용할 수 있는 생활정보 저작도구에는 지도정보 저작도구인 Google Maps Engine Lite Beta가 있다. 그 밖에 이용할 수 있는 저작도구로는 국외 날씨정보 저작도구인 GSGT와 MICAPS3가 있다.

1) Google Maps Engine Lite Beta(http://mapsengine.google.com)

Google Maps Engine은 구글이 제공하는 지도 저작도구이다. 기업에서 지리정보서비스(GIS)를 만드는 전문가용으로 출시했던 서비스로서 일반인의 참여가 어려웠기 때문에 2013년 3월에 구글 회원이라면 누구나 자신만의 지도를 작성하고 공유할 수 있는 Google Maps Engine Lite Beta 버전을 발표하였다.

사용자는 맵 엔진 라이트로 '나만의 구글지도'에 표시되는 장소 데이터가 담긴 스프레드시트파일을 집어넣을 수 있다. 데이터시트를 작성하기 어려운 사용자들은 지도 위에 바로 선이나 그림을 그릴 수 있고, 아이콘을 배치해 나만의 지도를 완성할 수 있다. 작성한 지도는 보관하거나 구글 지도를 통해 배포할 수 있고 다른 사용자가 자신이 작성한 지도를 수정할 수도 있다.

그림 2-36 | Google Maps Engine Lite

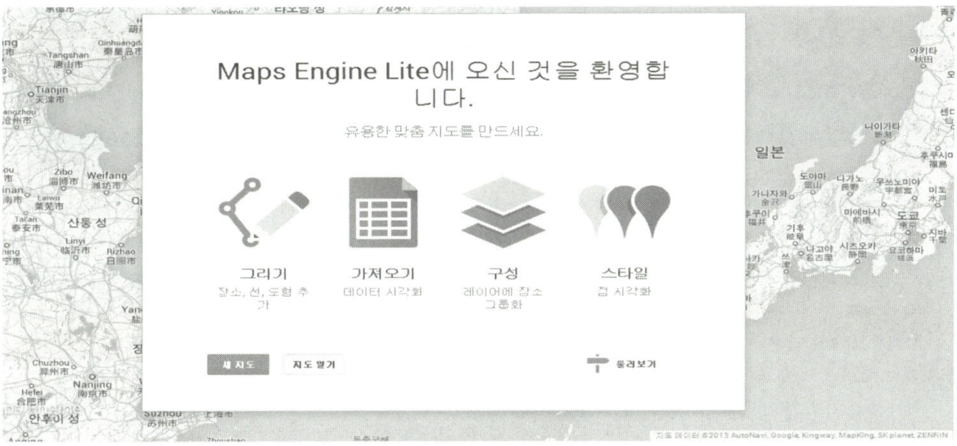

2) GSGT Weather Editor(http://www.jvncomm.com/products/gsgt.htm)

GSGT Weather Editor는 GSGT 시나리오에 포함되어 있는 날씨 편집기로서 날씨 시나리오를 작성하고 편집할 수 있다. 기상데이터와 지도데이터를 개별적으로 조정할 수 있으며 온도, 압력, 바람에 대한 날씨정보, 압력 고도를 지도상 특정 지점에 클릭하여 표시할 수 있다.

그림 **2-37** | GSGT Weather Editor

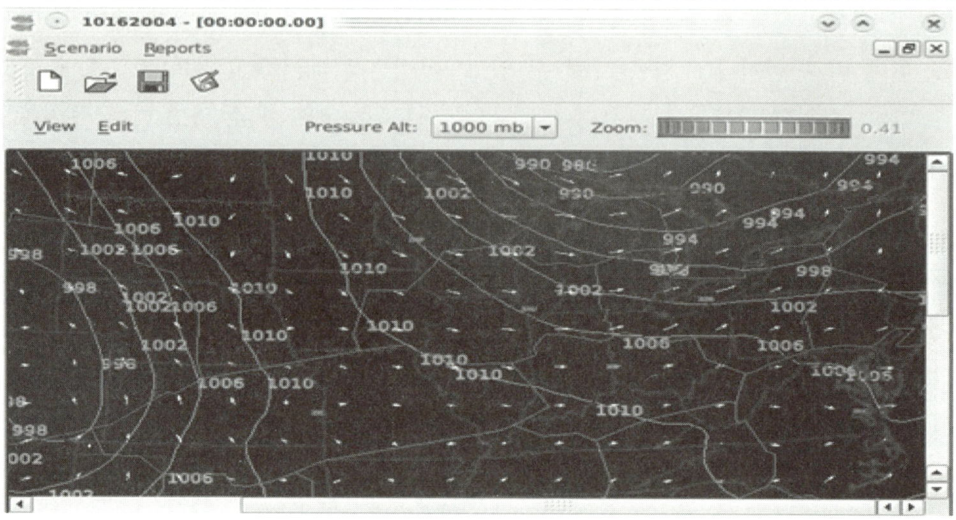

8.4 지식정보콘텐츠 정보원

(1) 전문정보

1) 법원도서관(http://library.scourt.go.kr)

법원도서관은 법률정보 나눔의 공간으로서 국내 제일의 법률전문도서관이다. 국내외 다양한 법률관련 자료를 광범위하게 수집하여 수요자에게 제공하고 있으며, 각급 법원에서 생성된 각종 귀중한 재판자료 등을 데이터베이스화하여 누구나 쉽게 이용할 수 있도록 하고 판례 등의 외국어번역사업을 통해 대한민국 법률문화를 국외에 알리는 첨병 역할을 하고 있다.

2) 국가법령정보센터(http://www.law.go.kr)

법제처 국가법령정보센터는 법률, 조약, 자치법규, 법률용어, 판례 등 각종 법령정보를 제공하며, 생활법령정보를 각 주제별로 이해하기 쉽도록 제공한다. 또한 언제어디서나 검색이 가능한 스마트폰서비스를 통해 다양한 법령정보를 실시간으로 제공한다.

3) 응급의료정보센터(http://www.1339.or.kr)

응급의료정보센터는 전국 12개 권역 응급의료정보센터에 설치되어 권역 내의 응급의료체계에 관련된 정보를 수집 · 정리하고 구급차를 운행하는 기관 또는 국민에게 제공하는 기관이다. 권역 내 응급의료기관에 대한 병상정보와 의료기관 및 약국을 안내해 주며 응급 증상 및 처치방법, 독극물정보, 의학정보 등을 제공해 준다.

4) Thomson Reuters(http://thomsonreuters.com)

톰슨 로이터는 노란리본회사(Beyond the Yellow Ribbon)로 에티스피어(Ethisphere)가 선정한 2012년 세계에서 가장 윤리적인 기업리스트에 오른 바 있다. 법률, 금융, 교육, 과학 및 의료 등 네 개의 전문 분야에 특화된 정보를 제공하는 선두업체로서 기업들이 가진 정보를 더욱 효율적으로 이용할 수 있도록 솔루션을 제공한다.

5) Bloomberg(http://bloomberg.com)

블룸버그는 126개국의 금융정보서비스를 제공하며 세계 금융시장의 정보를 통합적으로 제공한다. 또한 분석 툴, 전자상거래, 커뮤니케이션 툴과 같은 금융업의 필수요소도 함께 제공한다.

(2) 생활정보

1) 기상청(http://www.kma.go.kr)

기상청 홈페이지에서는 과거와 현재, 미래에 대한 기상정보뿐만 아니라 주요 정책과 활동에 관한 정보를 제공한다. 다양한 정보들이 국민의 일상생활과 국가의 경제발전에 유용한 정보가 되기를 바라며 기상청 고유의 임무인 관측업무, 예보업무를 비롯한 지진업무, 황사업무, 국제협력업무 등을 수행한다.

2) 워크넷(www.work.go.kr)

워크넷은 다양한 일자리정보, 인재정보 등 각종 취업관련 정보와 직업적성 흥미검사, 사이버 직업상담, 사이버 채용박람회, 집단 상담프로그램 신청 등 취업지원서비스를 구인업체와 구직자에게 신속하고 편리하게 제공한다. 이를 통해 정보부족으로 인한 마찰적 실업을 최소화시킨다.

3) 건강길라잡이(http://www.hp.go.kr)

보건복지부와 건강증진사업지원단은 국민 모두의 건강증진을 위해 '건강길라잡이'라는 건강증진사업 홈페이지를 운영하고 있다. 건강한 생활을 위해 금연, 절주, 운동, 영양 등 주제별로 정보를 제공하며 질병과 관련한 건강정보도 함께 제공한다. 또한 건강매거진과 건강다이어리를 이용할 수 있으며 건강정보마당을 통해 건강자료 및 기관정보 등을 이용할 수 있다.

(3) 엔터테인먼트

1) 문화포털(http://www.culture.go.kr)

문화포털은 소식, 공연 · 전시정보, 예술지식자료 등 다양한 문화 · 예술정보를 제공하여 국민의 삶을 보다 풍족하고 편리하도록 지원하는 통합 문화정보사이트이다. 문화정보 보유기관 및 사이트에서 수집한 문화정보를 서비스별, 생활분류별, 문화분류별, 유형별, 기관별 검색으로 빠르고 정확한 서비스로 제공하며 문화PD사업으로 구축된 1,700여 건의 문화동영상 및 국내 최대 규모의 전통문양 DB를 제공한다. 이용자들은 전국의 주요 공연 · 전시정보를 편리하게 이용할 수 있으며 공연, 도서, 관광 등 각 분야의 추천정보 및 유익한 테마별 콘텐츠를 즐길 수 있다.

2) KOBIS(http://www.kobis.or.kr/kobis/business/main/main.do)

KOBIS는 전국영화관의 입장권 발권정보를 온라인으로 실시간 처리 및 집계하는 시스템으로서 투명하고 정확한 한국영화산업의 통계자료를 확보하고 한국영화시장의 유통구조를 개선하기 위해 운영되고 있다. 이용자들은 KOBIS 사이트를 통해 DB 검색, 좌석 및 스크린 점유율 등의 정보, 테마통계 및 공식통계정보를 이용할 수 있다.

9. 음악콘텐츠

인터넷음악은 인터넷 네트워크를 통해 유통되는 디지털화된 음악파일을 의미하며 통상 디지털음악 또는 MP3 음악이라고도 한다.

인터넷음악은 1997년 이후 MP3와 같은 디지털음악파일이 등장하면서 구체적으로 실현되기 시작한 분야이다. 디지털음악파일을 인터넷을 통해 배포하기 위한 전송방식에는 스트리밍(streaming)방식과 다운로딩(downloading)방식이 있다. 스트리밍 방식은 인터넷을 통해 실시간으로 음악을 듣게 해주기 때문에 라디오방송과 유사하다. 스트리밍방식은 중간에 끊기는 현상이 자주 발생하며 음질도 매우 떨어지기 때문에 고품질의 음악을 듣는 데는 적합하지 않지만, 실시간으로 전송이 가능하므로 웹캐스팅에서 주로 사용하고 있다.

반면, 파일 전체를 전송해 주므로 음악 전송에 적합한 다운로딩방식은 전송 속도의 제한으로 인해 음질을 해치지 않는 범위 내에서 압축한 파일을 전송하는 것이 더욱 효과적이다. 이러한 압축기술로 가장 보편적으로 사용되는 포맷이 바로 MP3방식이다. 그러나 최근에는 MP3에 대항하는 압축포맷인 AAC나 마이크로소프트의 WMA 등이 음반사들에게 주로 채택되고 있다. 이는 MP3가 사실상의 공개표준으로서 저작권관리가 불가능한 반면 이 포맷들은 고압축과 고품질의 음질을 보장하면서 저작권 관리가 가능하기 때문이다.

또한 국내에서는 최근 무선음악서비스가 활발해지면서 모바일 국제표준기구(Open Mobile Alliance)의 기준에 맞춰 개발된 DCF(DRM Contents Format)가 채택되고 있는데, SK텔레콤의 멜론서비스는 DCF 파일로 저장되며, DCF 파일 재생이 지원되는 휴대전화나 MP3플레이어에서만 재생가능하다.

9.1 음악콘텐츠의 유형

(1) MP3

MP3(MPEG Audio Layer 3)는 MPEG(Moving Picture Experts Group)에서 규정하고 있는 압축된 디지털오디오파일의 일종이다. CD로 표준 디지털음악파일 포맷인 WAV 파일을 녹음하면 74분짜리에 약 740MB의 용량이 필요하다. 그러나 MP3는 CD 데이터의 1/10~1/12 수준으로 압축이 가능하다. 따라서 1분당 약 1MB 정도로 압축하여 일반적으로 음악 한 곡당 4~5MB 파일로 저장할 수 있다. 그리고 음질은 90% 이상 복원하여 컴퓨터와 MP3 플레이어를 통해 손쉽게 재생이 가능하다.

MP3의 기본적인 압축방법에는 두 종류가 있는데, 첫째는 규칙성이 있는 데이터의 배열을 부호화해 압축하는 것이다. 예를 들면, 특정의 데이터 수치가 200개 연속되어 있을 때 특정의 데이터 수치 1개를 정의하고, 그것이 200개 연속하고 있다고 정의하면 200개분의 데이터를 가지고 있는 것보다 데이터 양이 작아진다. 이러한 규칙성을 이용한 압축이다. 둘째는 인간의 지각을 계산에 넣은 것으로 인간의 귀로 알아들을 수 있는 소리의 범위가 있고, 상황에 따라 어느 종류의 소리는 알아듣기 어렵다. 인간의 청각이 알아듣기 어려운 소리를 제거하여 인간의 귀에는 차이가 느껴지지 않은 상태로 사운드 데이터의 양을 줄이는 압축방법이다.

MP3의 가장 큰 장점은 CD에 담긴 음악을 MP3로 재생시켜 주는 소프트웨어의 등장으로 누구나 손쉽게 MP3 음악파일을 제작, 재생, 그리고 복제할 수 있다는 점이다. 이에 따라 인터넷상에서 손쉽게 유통시킬 수 있게 되어 심각한 저작권 문제가 발생하고 있다. 대부분 인터넷에서 다운로드받을 수 있다. 재생프로그램은 대부분 프리웨어이지만, 제작프로그램의 경우에는 프리웨어로 사용하다가 돈을 주고 등록해야 하는 셰어웨어가 있다. MP3 Strip-It과 Easy CD-DA Extractor는 사용기간에 제한을 두고 기간이 끝나면 자동으로 프로그램이 삭제되는 반면, WinDAC은 기능에 제한을 두는 셰어웨어이다.

(2) MPEG 2

MPEG계열의 사운드 압축기술로, BC와 AAC의 2종류가 있다. BC(Backward Compathy) 압축방식은 MP3와 같은 데이터 압축방식을 사용하지만 데이터 스트림이 MP3의 스테레오(2채널)에 비해서 1채널 많은 데이터채널을 가지고 있다. BC 압축은 DVD의 사운드 압축에 사용되고 있다.

AAC의 공식 명칭은 MPEG2 AAC(Advanced Audio Coding)로 MP4라고도 한다. AT&T나 Thomson, Fraunhofer 등의 업체가 공동으로 만든 이 규격은 MP3에 비해 음질이 우수하고, 압축률이 CD의 1/20로서 MP3 파일과 비교하면 최대 30%까지 용량을 줄일 수 있다.

(3) RealAudio G2

RealAudio G2는 RealNetworks사가 개발한 인터넷상에서의 스트리밍 사운드 포맷으로 인터넷 라디오방송국에서 주로 채택하고 있다. 압축방법으로 독자적인 Real Audio G2 Music Codec을 사용하고 있다. 이것은 인터넷 전송을 주목적으로 하며, 16~32Kbps 정도의 낮은 전송 속도에서도 높은 음질이 얻어지도록 만들어졌다.

(4) LiquidAudio

LiquidAudio는 LiquidAudio사에서 제공하는 음악 배포시스템의 사운드 데이터 형식이다. 스트리밍과 다운로드 모두를 지원하며 저작권 보호 기능이 있다. 플레이어는 Liquid Music Player를 사용하며, AOL 및 RealNetworks와의 제휴로 Win-Amp Player와 RealPlayer에서도 재생이 가능하다. 현재까지 MP3 다음으로 인터넷상에 가장 많이 보급된 것이 이 LiquidAudio 형식이며, 메이저 음반사 중에서는 EMI, BMG, Warner Music이 채택하고 있다.

(5) WMA

마이크로소프트사의 WMA(Windows Media Audio) 파일은 MP3 파일 크기의 반만으로 CD와 비슷한 음질을 제공한다. 즉 압축률은 MP3를 100으로 했을 때 WMA는 50 정도로 WMA가 우수하고, 음질은 CD 음질을 100으로 했을 때 MP3는 70, WMA는 90으로 WMA가 더 우수한 것으로 알려져 있다. 스트리밍이나 다운로드 모두 가능하며, 저작권 보호기술을 채택하였고, 재생은 윈도우에 기본으로 포함된 MediaPlayer로 가능하다.

(6) ATRAC3

ATRAC(Adaptive TRansform Acoustic Coding)은 MD의 사운드 압축방식으로 음반사를 소유하고 있는 소니가 개발한 것이다. ATRAC3는 이 ATRAC를 개량한 것으로 IC 메모리 미디어인 메모리스틱을 위한 압축기술이다. 종래의 ATRAC의 약 2배(1/10)의 압축을 할 수 있고 독자적인 저작권 보호 기능인 MagicGate, OpenMG를 사용한다. ATRAC3는 소니가 발매를 하고 있는 '메모리스틱 워크맨(Memory Stick Walkman)'의 음악 저장 포맷이고, NTT, 도코모, 마츠시타, 도시바가 공동으로 개시한 휴대전화(PHS)로의 음악 배포계획인 'MMD(Mobile Media Distribution)서비스'의 음원 규격이기도 하다. 소니는 휴대용 플레이어와 함께 향후에는 세계 규격으로까지 될 것으로 기대하고 있다.

(7) MP3 Pro

MP3의 압축 복원기술을 보유하고 있는 프랑스의 톰슨 멀티미디어와 코덱 테크놀로지가 2001년 6월 공개한 차세대 디지털오디오파일 형식이다. MP3 Pro는 기존의

MP3 파일의 크기를 절반으로 줄여 전송의 효율성을 높인 진보된 음악파일 포맷이다. 기존 MP3 형식은 128kbit에서 64kbit로 압축하면 용량은 절반으로 줄어들지만, 고저대역의 정보의 손실로 인한 심각한 음질손상이 있었다. 반면 MP3 Pro는 음질손상을 막기 위해 SBR(Spectral Band Replication, 특수 재생 복원)기술을 채택했다. 하지만 이 제품은 파일 압축률이 높은 대신 음질이 떨어져 당초 기대와 달리 기존의 MP3를 대체하기 어려울 것이라는 지적이 우세하다.

파일 크기는 작지만, 음질이 만족할 만한 수준이 되지 못하기 때문에 휴대용 오디오 플레이어보다는 마이크로소프트사의 WMA 포맷처럼 스트리밍시장에서 채택될 가능성이 높다.

9.2 음악콘텐츠서비스 유형

온라인음악서비스의 주요 서비스 유형에는 싱글 다운로드, 앨범 다운로드, 한정적 다운로드, 트랙 스트리밍, 맞춤 스트리밍, Napster to GO 서비스 등이 있다. 싱글 다운로드(A-la-carte download)서비스는 'pay-per-download'라고도 하며, 원하는 곡을 선택하여 한 곡당 한 번의 요금을 지불하며, PC 하드 드라이브에 다운로드받거나, 휴대형 음악 플레이어로 저장하는 것이 허용된다. 앨범 다운로드는 소비자가 앨범당 한 번의 요금을 지불하여 다운로드하는 서비스다. 한정적 다운로드(tethered download)는 소비자가 트랙을 일정기간 동안 '렌트'한다는 개념의 서비스로 유효기간이 끝나거나 구독기간이 끝날 때까지 PC 하드 드라이브 또는 휴대형 기기에 전송하여 이용가능하다. 트랙 스트리밍은 인터넷에 접속하여 실시간으로 음악을 전송하는 방식으로서 요금이 저렴하며, 노래를 구입하지 않고 원하는 음악을 듣고자 하는 소비자에게 이상적이다. 또한 광범위한 장르와 아티스트들의 노래를 듣고자 하는 소비자들이 선호하는 옵션이다. 맞춤 스트리밍은 소비자 자신이 좋아하는 장르, 아티스트에게 맞게 자신만의 프로그램을 만들거나 또는 이미 만들어진 프로그램을 이용해 음악을 들을 수 있다. Napster to Go 서비스는 Napster사가 제공하는 서비스로 월정액으로 서비스에 등록하면 무한정 다운로드를 제공하는 서비스이다.

9.3 음악콘텐츠의 유통구조

인터넷음악은 위에서 설명한 포맷의 디지털음악을 인터넷을 통해 유통시키는 것을 의미한다. 인터넷음악과 기존 음반 유통의 구조를 비교하면 [그림 2-38]과 같다. 그림에서 보듯이 기존의 음반 유통과 디지털음악 유통 모두 음악 제작의 원료가 되는 가수, 작곡자, 작곡가로부터 출발한다(유선실 2001).

기존 음반시장의 경우 작곡자와 작사자는 음악을 창작한 뒤 제작사와 계약을 한다. 음반기획자는 한 음반의 전체적인 기획을 한 뒤 가수와 연주자를 결정하고 '마스터 테이프(master tape)'를 녹음하고, 그 후 음반 제작사는 레코딩된 음반을 대량으로 제작하게 된다. 이 과정에서 음반 제작사는 음악가의 취입 음반에 대한 권리와 수익을 취하는 조건으로, 해당 음악가에 대한 마케팅과 광고를 대행해 주고, CD 제작과 유통에 소요되는 경비를 제공한다. 음반배급은 음반 제작사나 대형 배급사에 의해서 이루어진다. 소비자는 소매점이나 대형소매점에서 음반을 구입하며, 최근에는 인터넷을 이용하여 자신이 원하는 음반을 구입하게 된다.

그림 2-38 | 음반 유통과 인터넷음악의 유통구조 비교

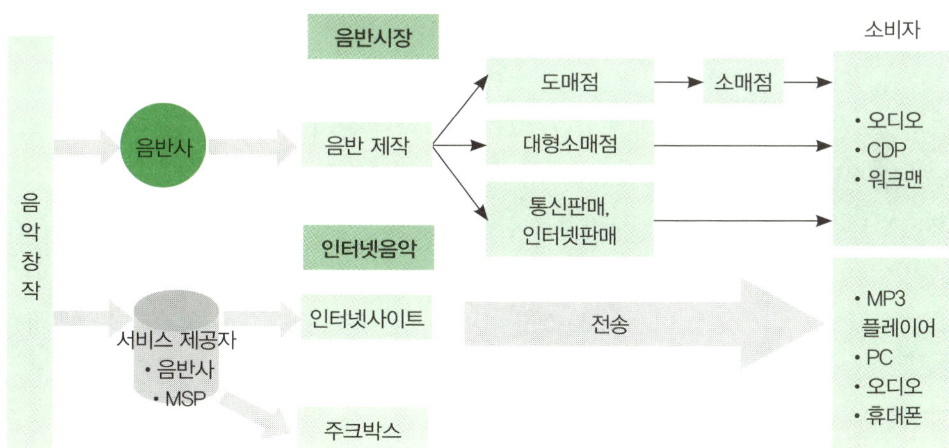

한편, 인터넷음악의 경우에는 인터넷상에서 '음악서비스 제공자(Music Service Provider)'가 디지털음악을 직접 소비자에게 전달해 주는 형태가 되기 때문에 음반제작과 음반 유통이라는 단계가 생략된다. '음악서비스 제공자'는 기존의 음악제작사가

직접 참여하거나, 인터넷 유통만을 담당하는 새로운 업체가 담당할 수도 있다. 이때 서비스되는 음악은 해당 음반사로부터 저작권에 대한 라이선스를 얻어야 하며, 음반사에 소속되지 않은 독립 아티스트나 새로이 인터넷 유통만을 위해 창작된 음악의 경우에는 해당 아티스트와의 저작권 계약만 있으면 된다.

9.4 음악콘텐츠산업

(1) 음악콘텐츠산업의 현황

국내 음악 유통시장은 정보기술의 영향을 받아 급속도로 발전하였고 오프라인 음반 유통 중심에서 MP3로 대비되는 디지털음원시장으로 변화하였으며 음반에 대한 수요보다 음원단위의 산업으로 빠르게 시장이 형성되었다(한국콘텐츠진흥원 2012). 이러한 변화는 앨범 속의 여러 곡을 모두 구매하는 형태에서 듣고 싶은 곡만 들을 수 있는 소비자의 욕구가 반영되었다고 볼 수 있다. 음원을 제작, 생산하는 제작자들의 입장에서는 음악판매에 매출을 기대하던 것이 디지털음원판매에 의존할 수밖에 없는 상황으로 전개된 것이다. 음원시장으로 변화하는 데에는 불법 음원서비스와 MP3의 등장을 들 수 있는데 당시 불법이었던 MP3 공유가 P2P 등의 등장에 따라 소비자들에게 빠르게 확산되었고 그 중심에는 소리바다가 자리하고 있었다. 이후 소리바다와 벅스가 유료화되고 이동통신사(SKT, KT, LGT)가 음원시장에 뛰어들면서 디지털음원시장의 성장기를 맞이하게 되었다. 그러한 과정 속에서 유 · 무선 정액제 등의 등장으로 음원의 가격은 지속적으로 낮아지게 되었고 음원 유통사들의 수익은 날로 증가하는 반면 음반 제작을 위해 노력하는 집단의 수익은 음반에 재투자할 만큼의 수익이 나지 않는 문제가 발생하게 되었다. 최근에는 다운로드시장보다 스트리밍시장의 성장세가 두드러지면서 한 곡의 스트리밍 가격은 1원도 채 되지 않아 음반 제작에 참여하는 집단의 언성이 점점 높아지고 있다.

이렇게 인터넷 이용자들 사이에 음악은 무료 콘텐츠라는 인식이 팽배한 가운데 온라인음악시장은 지난 몇 년간 불법복제, P2P 사이트의 활성화 등으로 인해 급격하게 축소되었고, 온라인음악 다운로드시장 또한 수익모델의 부재로 그 미래가 불투명했다. 그러나 2003년 애플이 iTunes 서비스를 오픈하여 결실을 맺고, 또한 업계의 P2P 및 불법복제에 대한 인식과 대처방법이 보다 적극적으로 바뀌었다.

(2) 음악콘텐츠산업의 규모

2011년 국내 음악산업 중 온라인음악 유통업 매출액은 8,795억 원으로 전년 대비 41.4% 증가했으며, 2009년에서 2011년까지 연평균 24.3% 증가했다. 소분류별로 보면 인터넷음악서비스업 매출액이 5,924억 원으로 67.4%의 가장 큰 비중을 보였는데, 이는 전년 대비 30.5% 증가, 연평균 28.3% 증가한 수치이다. 모바일음악서비스업 매출액은 1,223억 원으로 전년 대비 121.0% 증가했으며, 연평균 또한 26.5% 증가했다. 음원 대리 중개업 매출액은 877억 원으로 전년 대비 36.4% 증가했으며, 연평균 19.9% 증가하였다. 인터넷/모바일음악콘텐츠 제작 및 제공업(CP) 매출액은 780억 원으로 전년 대비 58.2% 증가, 연평균 3.5% 증가했다(문화체육관광부 2012).

| 표 2-31 | 음악산업 온라인음악 유통업 업종별 · 연도별 매출액 현황

(단위 : 백만 원)

중분류	소분류	매출액			비중(%)	전년대비증감률(%)	연평균 증감률(%)
		2009	2010	2011			
온라인 음악 유통업	모바일음악 서비스업	76,502	55,388	122,396	13.9	121.0	26.5
	인터넷음악 서비스업	359,969	453,919	592,449	67.4	30.5	28.3
	음원 대리 중개업	60,331	63,528	86,662	9.8	36.4	19.9
	인터넷/모바일 음악콘텐츠 제작 및 제공업(CP)	72,799	49,327	78,027	8.9	58.2	3.5
	합계	569,601	622,162	879,534	100.0	41.4	24.3

| 표 2-32 | 2007~2016년 세계 음악시장 규모

(단위 : 백만 달러)

구분	2007	2008	2009	2010	2011P	2012	2013	2014	2015	2016	2012~2016 CAGR
디지털 음악	5,173	6,204	6,799	7,114	7,731	8,864	10,063	11,326	12,631	13,966	12.6

세계 음악시장은 전통적인 음악 소비방식인 오프라인 음반시장, 디지털음악시장,

공연 수익(Concerts and Music festival)시장, 실연권 라이선스 수익, 배경음원 라이선스 수익의 5가지 분야로 구성되어 있다. 그 중 디지털음악의 세계 음악시장 규모는 PWC(Price Waterhouse Coopers)와 국제음반산업협회(IFPI)의 통계에 따라 현황을 파악할 수 있다.

9.5 음악 저작도구

(1) SunVox(http://play.google.com.sunvox)

안드로이드(Andriod)를 위한 음악 제작도구로 윈도우, Mac OS X에서는 리눅스에서 Maemo의 MeeGo에 PalmOS의 Windows Mobile 및 iOS용으로 사용할 수 있다. 모듈 인터페이스로써 실시간으로 변용의 소리이벤트 유형 중 하나를 기록한다.

그림 2-39 | SunVox

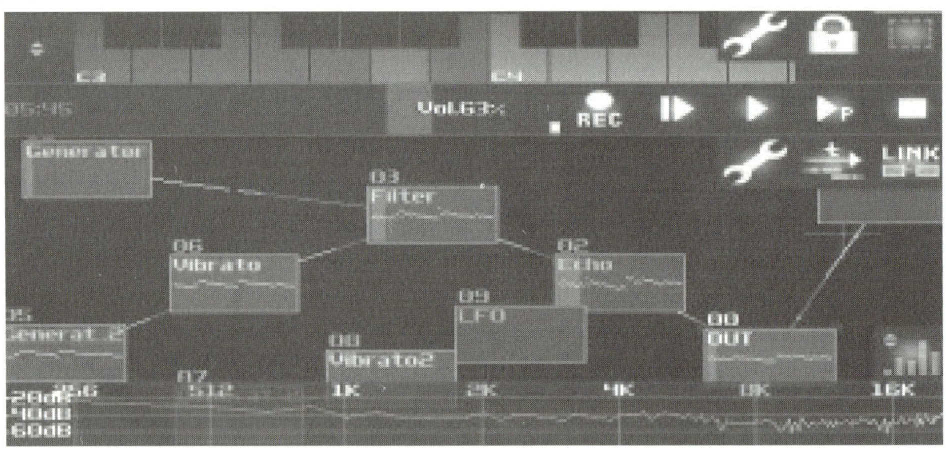

(2) MUSIC PRO(http://www.youleesoft.com/index_kr.html)

컴퓨터를 이용하여 오선지에 연필로 음표를 그리듯 자유롭게 그리려는 의도로 만들어진 소프트웨어로 작곡, 편곡, 연주, 악보인쇄가 가능하다.

그림 2-40 | MUSIC PRO

9.6 음악콘텐츠 정보원

(1) 관련 협회

1) 한국음악콘텐츠산업협회(http://www.kmcia.or.kr)

음반 · 음악영상물 등의 제작업자와 배급업자의 지적재산권 및 권익보호, 음악콘텐츠 유통구조 합리화를 통하여 한국음악콘텐츠산업 진흥에 기여할 목적으로 2008년 12월에 설립된 문화체육관광부 소관의 사단법인이다. 불법 음악서비스 단속을 통해 음악콘텐츠 제작자의 지적재산권을 보호하고 음악콘텐츠 보호를 위한 국민 의식 개선사업을 진행한다. 또한 음악콘텐츠 유통구조 합리화사업과 대한민국 공인음악 차트사업을 진행한다.

2) 한국음반산업협회(http://www.riak.or.kr)

음반 제작자의 권익보호, 음반 제작자의 음반에 관한 저작인접권의 신탁관리를 목적으로 2001년 11월에 설립된 문화체육관광부 소관의 사단법인이다. 음반 제작자의 저작인접권의 신탁관리 및 음반 제작자의 판매용 음반 방송보상금의 징수 분배와 관련된 사업을 진행하고 있다. 또한 음반 제작자의 판매용 음반 디지털음성송신 보상금 업무와 음반 제작자의 권익보호 및 저작인접권에 대한 조사 연구를 진행하고 있다.

(2) 관련 웹사이트

1) IMSLP(http://www.imslp.org)

온라인 악보 도서관으로 작곡가와 시대, 장르, 악기별로 악보자료를 제공한다. 또한 비활성화된 아카이브들에서 악보를 수집하여 분류하고 보존하고자 노력하고 있다. 2006년 2월 출시 이후 222,000점 이상의 악보를 수집하여 제공하고 있다.

2) 네이버뮤직(http://music.naver.com)

종합포털 네이버에서 제공하는 음원 및 뮤직비디오 제공서비스이다. 국내외 여러 음악에 대한 미리 듣기 및 뮤직비디오 감상과 다운로드서비스를 제공하며, 음원의 경우 1분간 무료 듣기만 제공하지만 뮤직비디오의 경우 아무런 제약 없이 감상이 가능하다.

10. 디지털출판

1976년 전자출판(electronic publishing)이란 용어가 처음 생겼고, 1980년 국제출판협회(IPA : International Publishers Association)에 전자출판위원회(Electronic Publishing Committee)가 설치되면서 전자출판이라는 용어가 사용되기 시작했다. 1985년 미국에서 DTP(desktop publishing)라는 새로운 편집시스템이 개발되고 본격적으로 전자출판물관련 CD-ROM이 출시되면서 전자출판이라는 용어가 전 세계적으로 파급되었다. 이후 PC통신망을 통해 온라인 전자출판이 정착되기 시작했으며, 1990년대에 접어들면서 텍스트 위주로 제공되던 온라인 출판물이 웹을 통해 다양한 멀티미디어형 서비스로 변모하여 제공되기 시작하면서 디지털출판이 비약적인 발전을 하였다.

디지털출판을 '디지털형태로 제작되어 유통되는 모든 출판물 및 서비스'로 광범위하게 정의할 수 있으나 이와 같이 광의로 정의할 경우 게임, 디지털영상, 애니메이션 등 대부분의 디지털콘텐츠를 모두 포함하게 된다. 따라서 그 범위를 좀 더 명확히 규정하여 '종이책과 유사한 인터페이스를 제공하는 디지털콘텐츠', 즉 전자책(e-book)으로 그 의미를 한정할 필요가 있다.

전자책에 대한 정의는 관점에 따라 다르나, NTIS(the National Technical

Information Service)에서는 '책을 보는 것과 유사한 형태로 표현되도록 화면에 표시되는 전자적 콘텐츠 또는 전자적 콘텐츠를 표시하는 단말시스템 그 자체'라고 정의하고 있다. 이에 따르면 기존의 CD-ROM 타이틀로 개발된 전자출판물, 데이터베이스 및 온라인 저널형태까지 포함하게 된다. OEBF(Open E-Book Forum)에서는 '문자 저작물이 포함되어 디지털형태로 출판되고 열람되는 콘텐츠로서 하나 이상의 고유한 식별자, 메타데이터, 콘텐츠부문으로 구성되는 것 또는 그 전자책을 읽기 위해 개발된 하드웨어 디바이스 그 자체'라고 규정하고 있다. 이는 콘텐츠의 유형과 이용자 인터페이스상에서 도서와 유사성이 있느냐가 더 중요한 기준이라고 볼 수 있다. 또한 한국전자출판협회에서는 전자책을 '도서로 간행되었거나 또는 도서로 간행될 수 있는 저작물의 내용이 디지털데이터로 전자책 기록매체, 저장장치에 수록되고, 유 · 무선 정보통신망으로 경유하여 컴퓨터 또는 휴대단말기 등을 이용해 그 내용을 읽고 보고 들을 수 있는 것(contents)'으로 정의하고 있다.

전자책의 유형은 최근 그 활용 분야가 늘어나고 있는 웹브라우저상에서 전자책을 볼 수 있는 있는 전문 뷰어가 필요하지 않은 전자책, 특정 회사의 포맷에 맞는 전자책 뷰어를 설치해야만 열람이 가능한 전자책 전용뷰어를 이용한 전자책, 오디오, 동영상, 하이퍼링크 등 다양한 멀티미디어적 요소들을 표현할 수 있는 멀티미디어 전자책으로 크게 나누지만, 이외에도 오디오북, 전자저널, 전자사전 등으로 더 세분하기도 한다. 최근에는 이러한 유형이 통합되는 형태로 전자책이 유통되고 있는 상황이다.

전자책의 활용은 일반적으로 PC를 이용하며, 전용 단말기, PDA, 모바일기기 등이 이용되고 있다. 전자책의 문서 형식은 XML, PDF, Flash Animation, 웹 형식이 일반적이다.

10.1 전자책의 특징

종이책을 전자형태로 바꾼 뉴미디어의 일종인 전자책은 컴퓨터나 전용 단말기 등을 통해 그 범위를 넓혀가고 있다. 전자책은 유 · 무선을 통해 하나의 단말기에 책의 형태인 디지털파일을 수백 또는 그 이상 저장할 수 있어 휴대성이 높고 보관이 용이하다. 때문에 전자책은 파손위험이 적고 장소에 구애받지 않는다.

최근에는 예스24, 알라딘, 반디앤루니스, 리브로 등 여러 업체들까지도 전자책을 출범시키고 있어 웹상에서 저렴한 가격으로 손쉽게 구입할 수 있으며 책을 대신 읽어

주는 음성기능까지 있어 편리하게 이용할 수 있다.

하지만 전자책은 종이책과 달리 전자책 단말기가 필요하므로 단말기의 가격부담이 있고, 새로운 형태의 포맷에 따라 디지털파일을 계속 관리해야 하는 번거로움이 있다. 또한 종이책에 비해 친숙함과 편안함이 부족하며 쉽게 눈이 피로해진다는 단점이 있다.

10.2 전자책 관련 기술

(1) 전자책 표현기술

대표적인 전자책 표현기술로는 OEB 표준(Open e-Book Standard)을 들 수 있다. 이는 미국이 주도하여 제정한 XML기반의 개방형 전자책 표준안으로, 버전 1.0이 1999년 9월 OEB 추진위원회(Open e-Book Authoring Group)에 의하여 발표되었다. OEB는 전자책의 파일 포맷과 구조를 구체적으로 명시하는 약속으로서, OEB 형식으로 작성된 전자책 콘텐츠는 표준안을 따르는 어떠한 단말기 및 뷰어에서도 읽을 수 있게 된다.

전자책 표준안의 목적은 내용을 표현하는 전자책의 스펙을 제공하는 것이다. 이 표준안은 출판사나 여러 CP(Contents Provider)들, 관련 소프트웨어 및 하드웨어 개발업체들에게 콘텐츠가 여러 가지의 전자책 플랫폼으로 표현되는 기본적으로 지켜져야 할 정확성, 호환성의 기준 가이드라인을 제공한다. 이 표준안의 스펙은 전자책 관련 기술의 시장에서 광범위한 성공과 단말장치가 다수의 여러 콘텐츠에 접근이 용이해야 한다는 전제하에 정의된 것이다.

OEB는 책을 구성하는 파일들에 대한 정보와 책과 관련된 저자나 출판사 등의 정보를 표현하기 위한 Package DTD, 그리고 책 내용 자체를 표현하기 위한 Document DTD로 구성되어 있다. OEB를 따르는 전자책은 하나의 'Package' 파일과 책 내용을 구성하는 하나 이상의 'Document' 파일들로 구성된다. 'Document' 파일들은 HTML과 유사한 형태를 가지며, 제목, 장, 문단, 리스트, 표 등 책 내용의 구조를 표현한다. 외형적인 포맷팅은 CSS나 XSL로 표현할 수 있도록 되어 있다.

국내에서는 2002년 한국전자출판협회 산하의 한국전자책컨소시엄(EBK)에서 준비하여 기술표준원을 통해 전자책에 관한 문서 표준이 KS로 제정되었다(KS X 6100). 이 표준은 전자책 콘텐츠 제작사와 전자책 서비스업체 또는 서비스업체 간 콘텐츠 교환이 용이하도록 하였다. 전자책 문서 표준은 XML기반의 전자책 상호 운용성, 공개성, 응용성 등을 제공할 수 있으며 정해진 논리적인 구조를 가지고 있기 때문에 전자책을 명확하게 교환할 수 있다. 그러나 국내의 업체들이 전자책 문서 표준을 채택하는 비율이 낮으며 채택했다 하더라도 전자책의 상호 교환의 가능성이 없어 표준의 활용이 활발하게 이루어지고 있지는 않은 실정이다.

(2) 전자책 뷰어기술

뷰어(Viewer/Reader)는 전자책을 사용자가 읽을 수 있도록 지원하는 소프트웨어로 일반 PC(Windows, MacOS), PDA(WinCE, PalmOS), 그리고 각 전자책 전용 단말기에서 동작하는 다양한 뷰어가 있다. 현재 뷰어 개발에서 최대의 관건은 책과 동일한 선명도를 제공하는 환경과 편리함의 기술적 해결방안이다. 이 경우, 소프트웨어가 책을 보여주는 화면 구성과 글자를 렌더링하는 기술, 그리고 단말기의 LCD 개발기술이 언급되고 있으며, 가장 걸림돌이 되는 부분은 관련 표준 전자책 형식이 뚜렷이 정해지지 않았기 때문에 현재도 이 부분은 완전히 해결되고 있지 않다.

전자책 뷰어로는 여러 가지가 출시되어 있지만 그 중에서 가장 대표적인 것은 Microsoft Reader와 Adobe Acrobat Reader이다. Microsoft Reader는 Microsoft와 배뎀사가 제휴해 해상도가 낮은 LCD 스크린에서도 종이책과 비슷하게 보이게 하며 눈의 피로를 덜어준다는 ClearType기술을 적용한 전자책 전용뷰어이다. Adobe Acrobat Reader는 PDF 문서 형식을 사용하는 뷰어로서 전자책 이전부터 각광받고 있는 문서 형식이다. 국내에서는 한국지식정보콘텐츠산업협회의 뷰어를 비롯하여 한국전자북 뷰어, 북토피아 뷰어 등 다양한 뷰어가 개발되어 활용되고 있으나 뷰어 간 통합이 이루어지지 않고 있어 이용자는 여러 업체의 콘텐츠를 이용하기 위해서는 각 업체에서 제공하는 다양한 뷰어를 설치해야 하는 불편함이 있다. 각 기관에서도 여러 업체의 전자책 콘텐츠를 구매하고 있으나 업체마다 뷰어가 상이하여 이용자가 콘텐츠를 구매한 업체의 뷰어를 모두 설치해야 하는 불편함이 있어 전자책 구매가 소극적인 원인이 되고 있다.

(3) 전자책 저작기술

기존의 출판은 저자가 작성한 내용을 출판사에서 책의 구성과 배치, 표지 등의 작업을 한 후에 인쇄소를 통하여 한 권의 책이 나오는 제작과정을 의미하며, 광의의 출판은 인쇄된 책을 유통하는 것까지를 의미한다. 그러나 전자출판은 저자가 쓴 내용을 수정 작업을 거쳐 정해진 형식의 파일로 만든 다음 인쇄과정 없이 인터넷과 같은 유통망에 서비스하는 것을 말한다. 전자출판의 장점은 인쇄나 유통에 드는 비용이 획기적으로 줄기 때문에 독자는 저렴한 가격으로 다양하고 풍부한 종류의 책을 읽을 수 있다는 것이다.

전자출판의 과정은 대체로 비슷하게 진행되는데, 그 핵심 과정은 문서 간의 형식을 변환해 주는 변환기에 있다고 할 수 있다. 변환기는 마이크로소프트 워드 형식과 같은 특정 형식의 문서를 입력으로 주었을 때, Text, HTML, OEB, PDF, XML 등 원하는 출판 문서 형식에 따라 전자책을 생성하여 주는 소프트웨어이다. 자체 뷰어나 전용 단말기를 위한 자체 문서 형식을 개발하여 사용하고 있는 업체들은 이러한 변환기 소프트웨어를 지원해 주고 있으며, 표준안인 OEB와 표준안 이전의 문서 형식으로서 가장 많이 사용되었던 PDF 형식 간의 변환은 EBX 워킹그룹에서 제공해 주고 있다.

(4) 전자책 단말기술

전자책 단말기는 전자책을 보기 위한 뷰어 소프트웨어를 실행시킬 수 있는 하드웨어 장치를 의미한다. 이 때문에 기존의 PC, 노트북, 그리고 PDA 등도 단말기에 속한다고 볼 수 있다. 그러나 일반적으로 전자책 단말기라 하면 전자책을 읽을 수 있는 전용 단말기를 의미한다.

미국에서는 일반 PDA를 제외한 전자책 전용 단말기가 시판되고 있는데 단말기 소프트웨어의 경우 전자책 뷰어, 사전, 멀티미디어 플레이어, 여러 종의 폰트 등이 제공되며, 북마크나 노트의 기능이 일반적으로 제공된다. 하드웨어의 일반적인 특징은 무게, 크기, 스크린사이즈, 저장용량, 외부 인터페이스, 배터리 등으로 나누어 생각할 수 있다. 스크린은 보는 기능 외에 사용자 입력 부분으로서의 기능을 추가하여 모든 기종이 터치스크린을 사용하며, 대부분 어두운 곳에서도 사용할 수 있도록 백 라이트(back light) 기능을 제공한다. 외부 인터페이스의 경우 대부분 이더넷 카드, 모뎀, 무선 랜카드 등을 사용한 인터넷 접속 기능을 제공하고 있으며, 외부 기기 및 PC와의 연결을 위해 적외선 포트와 PCMCIA를 채택하고 있다.

(5) 전자책 유통기술

2000년 미국출판문화협회(AAP : Association of American Publishers)가 전자책용 식별체계로 DOI를 표준안으로 내놓았으며, 유통 메타데이터로 ONIX가 제시되었기 때문에 전자책 유통을 위한 기술적 동향은 DOI, ONIX, DRM이 바탕이 된다. 전자책 콘텐츠 유통을 하기 위해서는 디지털 저작권에 대한 보호기술조치가 필수적이다. 디지털기술의 발달로 원본과 동일한 복사본 콘텐츠의 제작이 가능하고, P2P기술이 등장하여 무단복제된 콘텐츠가 인터넷을 통해 대량 확산되고 있다. 또한 각종 디지털콘텐츠의 불법복제로 인해 디지털 저작권자 및 제작자의 노력을 무력화시키고 있으며 디지털콘텐츠산업의 발전을 저해하고 있다.

디지털 저작권관리(DRM : Digital Rights Management)는 콘텐츠 제공자의 권리와 이익을 안전하게 보호하며 디지털콘텐츠의 불법복제를 막고 사용료 부과와 결제대행 등 콘텐츠의 생성에서 유통 · 관리까지를 일괄 지원하는 전자책 유통을 위한 필수기술이다. 여기에는 적법한 사용자만 콘텐츠를 사용하고 적절한 요금을 지불하도록 만드는 디지털 저작권관리기술, 저작권 승인과 집행을 위한 소프트웨어 및 보안기술, 지불 · 결제기술이 모두 포함된다.

DRM은 허락받은 사용자만이 해당 콘텐츠를 이용할 수 있도록 하는 보호기술이라는 협의의 개념으로 파악되기도 하지만, 디지털콘텐츠가 생성될 때부터 배포, 이용될 때까지의 전 과정에 거쳐서 디지털콘텐츠를 관리 · 보호하고, 거래당사자들이 의도하는 규칙에 따라 콘텐츠의 이용을 제어 · 통제하기 위한 소프트웨어 또는 서비스로서 정의되는 것이 일반적이다.

DRM을 실현하기 위해서는 기본적으로 콘텐츠에 대한 고유 식별자, 전자상거래에 필요한 데이터를 기록하기 위한 메타데이터, 불법복제와 변조방지를 위한 워터마킹 기술, 콘텐츠보호를 위한 암호화기술 등이 필요하다. 전자책 콘텐츠에 대한 고유 식별자의 대표적인 예로는 DOI를 들 수 있으며, 메타데이터의 대표적인 예로는 ONIX를 들 수 있다. 국제표준조직인 MPEG21에서 전자책을 포함한 콘텐츠 유통 전반에서 활용할 수 있는 DII&D(Digital Item Identification & Declaration), RDD(Rights Data Dictionary) 등의 표준화가 이루어지고 있는 상태이다.

DOI(Digital Object Identifier)는 모든 제품에 표시되는 바코드체계처럼 전자책을 비롯한 인터넷상의 각종 멀티미디어 콘텐츠에 부여되는 고유 식별코드로서 전자책 콘텐츠 유통 활성화에 필수적인 체계로 인식되고 있다. 초기에는 미국출판협회(AAP)가 중심이 되어 개발 및 운영하였으나 국제 DOI 재단(IDF : International

DOI Foundation)이 설립되면서 정책 수립 및 운영을 담당하고 있다. 현재 미국 국가표준(ANSI/NISO Z39.84-2000)이며, 마이크로소프트의 DAS시스템 및 Adobe Content Server의 표준 식별자로 사용되는 등 사실상의 국제표준(de facto standard)으로 활용되고 있다.

ONIX는 도서산업의 상품정보를 전자적인 형태로 표현하고 전달하기 위한 메타데이터로 전자상거래 환경에서 도서 유통을 지원할 수 있는 카탈로그 데이터에 대한 요구와 중요성이 증대함에 따라 온라인/오프라인 통합 유통 표준으로 제안되었다.

1999년 7월 미국출판협회가 주관하고 60여 개의 출판사 및 도서판매상들이 참석한 회의에서 ONIX에 대한 개발 논의가 최초로 이루어졌으며, 미국출판협회가 주최한 회의에서 제안되어 AAP는 물론, 출판사, 아마존 등의 전자서점이 개발에 참여하였다. 즉, ONIX는 출판업계의 도서정보를 전자적인 형식으로 교환하고 표현하기 위한 표준이다.

2000년 1월에 ONIX Version 1.0이 발표되었고, ONIX 3.0으로 업그레이드되면서 전자책과 Digital Product에 대한 속성정보가 추가되었다. 지난 2011년 상반기부터는 ePub3에서 ONIX를 지원하고 있으며 ONIX 프로젝트에는 AAP, EDItEUR, BISG, BIC가 주도적으로 참여하고 있다.

ONIX는 INDECS를 기반으로 하고 있으며, XML로 개발되었고, 출판사가 모든 고객에게 단일화되고 안정된 데이터 집합을 제공할 수 있도록 지원한다. 그리고 ONIX는 도서에만 국한되지 않고 온라인 거래가 가능한 모든 콘텐츠에 대해 응용 · 적용할 수 있는 기회를 제공한다. 또한 목록정보, 저자정보(저자사진, 음성 등), 도서정보(책표지, 목차, 크기 등), 출판사정보, 유통정보(재고, 구매요청, 가격 등) 등을 처리할 수 있는 현대화된 개념의 정보를 모두 포함한다.

10.3 디지털출판산업

(1) 디지털출판산업의 가치사슬

디지털혁명은 출판산업 분야에 변화를 주었고, 전통적인 출판 분야의 가치사슬도 변하게 되었다. 디지털출판의 가치사슬은 주문인쇄방식(POD : print-on-demand)과 온라인 소매방식(Online-Book-Retailing)으로 나누어 살펴볼 수 있다. 온라인 소매방식의 서적 출판은 재정부담과 시장 실패위험이 낮게 나타난다. 수용자의 수요에 근거한 상품의 생산과 수용자 중심의 가격체계를 구축할 수 있기 때문이다. 또한 텍스트기반의 상품으로서 디지털화될 수 있는 서적의 특성은 리뷰와 추천 또는 샘플 내용물을 통해서 웹 환경에서 쉽게 교환될 수 있다. 이러한 온라인 소매는 전통 가치시스템에서 두 단계를 역전시킨다. 전통적 가치시스템에서는 서적이 유통되어야 판매가 가능하다. 그러나 온라인 소매 서적은 유통되기 전에 판매되는 것이다. 또한 고객은 일방적 상품 소비자가 아니라 추가정보와 검색 설비 등의 부가적 서비스를 받는다. 반면에 소매업자는 고객에 대한 리치 마켓 데이터를 갖게 된다(K · ng, Kr · ll, Ripken, & Walker 1999).

그림 2-41 | 온라인 소매방식의 가치사슬

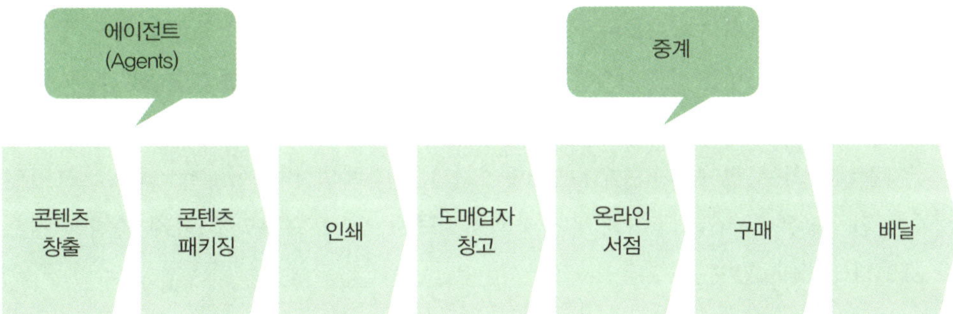

주문인쇄 역시 인쇄 이전에 구매를 가능하게 함으로써 출판산업 가치시스템에서의 단계들을 재배치하게 된다. 주문인쇄방식은 적은 양을 인쇄할 수 있고, 반드시 인쇄 단계를 거치지 않아도 된다. 또한 배포인쇄를 가능하게 하였는데, 이는 콘텐츠의 최종 소비자에게 가까운 인쇄소로 디지털로 보내어 인쇄케 함으로써 배포비용을 줄여준다. 이와 같이 주문인쇄는 새 책의 기본적인 인쇄비용을 제거함으로써 시장 진입장벽을 낮춘다. 즉, 해당 산업 진입에 필요한 자본금을 줄임으로써 소규모 출판업자와 자영업자에게 시장의 문을 열어주게 된다.

그림 2-42 | 주문인쇄방식의 가치사슬

(2) 디지털출판산업의 현황

종이책시장은 아직까지 전자책시장보다 크지만, 종이책시장의 성장률은 정체되거나 하락 추세를 보이고 있다. 반면, 스마트폰이나 아이패드, 태블릿 PC와 같은 다양한 전자책 단말기가 보급되면서 전자책시장은 성장 추세를 보이고 있다.

전자책시장의 성장에 따라 2011년 종이책과 전자책의 비율이 95.1% : 4.9%였던 세계 출판시장은 2016년 종이책과 전자책의 비율이 82.1% : 17.9%까지 좁혀질 것으로 보인다(BISG&APP 2012).

그림 2-43 | 세계 도서출판시장의 비중 전망 : 종이책 vs 전자책

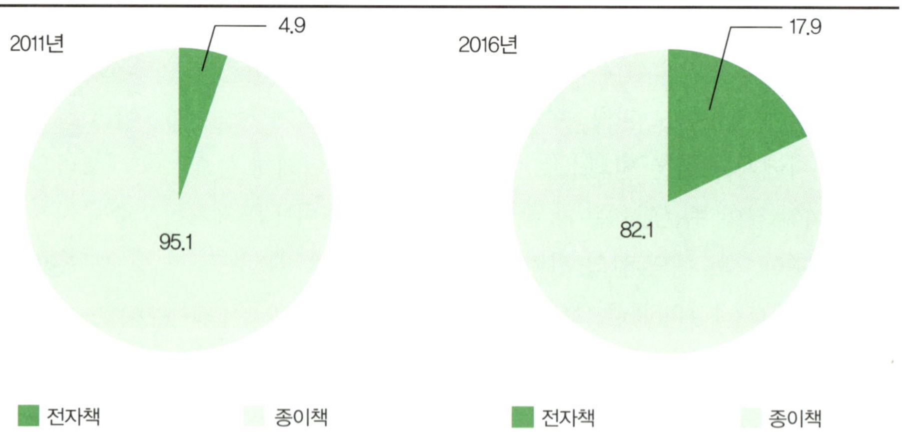

자료 : http://www.pwc.com/gx/en/global-entertainment-media-outlook/segment-insights/consumer-and-educational-book-publishing.jhtml

국내 출판산업 중 온라인 출판 유통업의 업종별 매출 규모는 [표 2-33]에서 보는 바와 같이 2011년도에 1조 4천억 원을 기록하여 2010년 1조 3천억 원에 비해 13.1%의 매출증가를 보였다.

또한 국내 출판업의 인터넷/모바일 전자출판 제작업은 전년 대비 증감률과 연평균 증감률 8.8%로 가장 크게 증가하였으며, 인터넷/모바일 전자출판서비스업의 1인당 평균 매출액은 2억 9천만 원, 업체당 평균매출액은 24억 3천만 원으로 나타났다(콘텐츠산업통계 2012).

| 표 2-33 | 출판산업 온라인 출판 유통업 업종별 매출 규모

(단위 : 백만 원)

중분류	소분류	2009년	2010년	2011년	비중(%)	전년 대비 증감률(%)
온라인 출판 유통업	인터넷/모바일 전자출판 제작업	97,289	113,267	159,348	10.7	40.7
	인터넷/모바일 전자출판서비스업	68,212	79,251	104,782	7.1	32.2
	인터넷서점 (만화 제외)	983,440	1,116,816	1,217,241	82.2	9.0
합계		1,149,481	1,309,334	1,481,371	100.0	13.1

※ 인터넷/모바일 전자출판서비스업은 전자출판산업 규모 중 전자책 서비스 매출액 규모만 산출

10.4 전자책 저작도구

(1) SIGIL(http://sigil.en.softonic.com)

ePub 콘텐츠 저작프로그램으로 무료로 배포되고 있다. ePub 표준에 대한 호환성이 뛰어나며 국제적으로 사용자가 많다. Text Editor 형식의 직관적 인터페이스로 구성되어 있다.

그림 2-44 | SIGIL

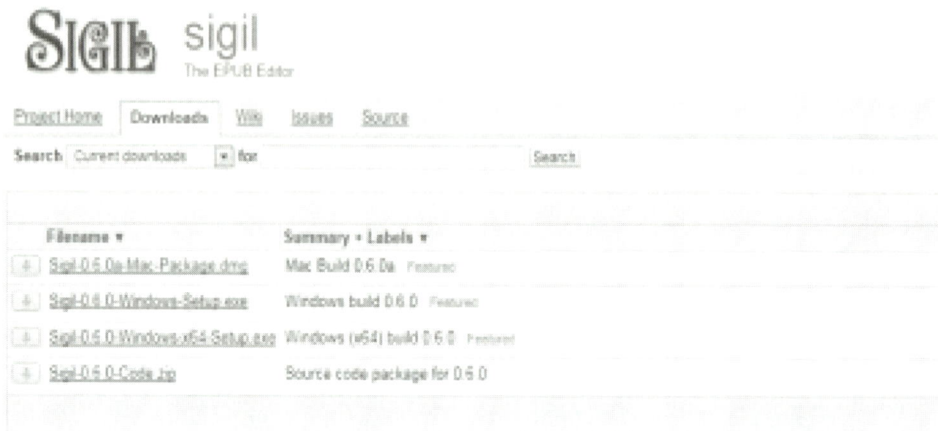

(2) Indesign(http://www.adobe.com/kr/products/indesign.html)

Adobe사에서 나온 편집 디자인 저작도구로 전자책 제작 외에도 명함, 포스터, 일러스트 제작 등에 두루 쓰인다. ePub 포맷으로 작업물의 출력이 가능하다.

그림 2-45 | Indesign

(3) Namo eBook editor(http://www.namo.co.kr/modules/product/?code=ee01)

ePub 콘텐츠 저작프로그램으로 기존의 MSoffice, HWP, HTML 문서를 쉽게 ePub로 변환 · 재편집이 가능하다.

그림 2-46 | Namo eBook editor

10.5 디지털출판 정보원

(1) 관련 협회

1) 한국전자출판협회(http://www.kepa.or.kr)

전자출판에 관한 정보교환과 개발 추진, 표준화, 인증제도 등의 사업을 통해 전자출판 분야의 실제적인 업무를 효율적으로 추진함으로써 전자출판산업의 진흥을 도모하고자 1999년에 설립되었다. 전자출판물에 대한 납본업무를 대행하고 전자출판관련 저작권 보호 및 연구 등의 업무를 수행한다.

2) EDItEUR(http://www.editeur.org)

1991년에 설립된 전자책 연재물 분야의 전자상거래에 대한 표준 인프라의 개발을 조정하는 국제그룹이다. 호주, 캐나다, 일본, 남아공, 미국, 유럽 등 21개의 회원국으로 이루어져 있다.

11. 디지털스토리텔링

디지털콘텐츠산업은 매우 빠르게 한국의 문화 생산구조를 변모시키고 있다. 한국에서는 IT산업의 활황을 배경으로 온라인게임, 모바일콘텐츠 등 세계적인 수준의 문화콘텐츠들이 등장하고 있다. 특히 디지털스토리텔링은 갈수록 부각되고 있는 디지털콘텐츠산업의 핵심기술로 등장했다.

게임, 디지털영화, 애니메이션, 이러닝, 웹애드, 웹박물관, 인터넷신문 등에 담겨지는 정보는 무작위적인 정보가 아니다. 디지털미디어에 담겨지는 정보들은 현실 위에 노출되어 있는 수많은 정보들 가운데 선택되어진 일부분을 추려내어 가공 · 압축하였으며, 정교하게 편집된 정보인 것이다. 즉, 특정한 미디어에서 하나의 주제 아래 입수된 정보들을 어떻게 하면 더 재미있고 더 의미 있게 편집할 수 있는가가 디지털콘텐츠산업의 핵심기술이며, 이러한 편집기술의 대표적인 형태가 디지털스토리텔링이다.

인류는 자신의 사회가 직면한 가장 심각한 문제를 스토리로 표현하고 전달해 왔다. 이와 같이 스토리텔링이란 '특정한 사건을 겪은 사람의 경험을 중심으로 정보를 재구성하는 편집기술'이다.

일반적으로 기존의 '스토리텔링'에 '디지털'을 덧붙인 개념으로 폭넓게 정의하고 있는 디지털스토리텔링(digital storytelling)은 디지털기술을 매체 환경 또는 표현수단으로 수용해 이루어지는 스토리텔링을 말한다(이인화 2003). 사건 진술의 내용을 스토리라고 하고 사건 진술의 형식을 담화(discourse)라고 가정하면 디지털스토리텔링은 더욱 분명한 정의에 도달할 수 있다.

영화를 비롯한 미디어 영상물은 대개 다음과 같이 6단계의 표준 제작공정으로 만들어진다.

① 기획개발 단계(development)
② 제작준비 단계(pre-production)
③ 제작 단계(production)
④ 후반작업 단계(post-production)
⑤ 배급 단계(distribution)
⑥ 상영 단계(exhibition)

①에서 ⑥에 이르는 매체 환경 전체에 디지털기술이 수용되거나 최소한 ①에서 ④에 이르는 스토리에서 담화까지의 창작에 표현수단으로 디지털기술이 수용된 경우를 말한다.

디지털기술을 매체 환경으로 수용한 예로는 게임과 모바일 영화, 인터액티브 드라마, 웹애드(Advertisement), 웹에듀테인먼트(Edutainment), 웹BI(Brand Identification), 인터랙티브 논픽션 등을 들 수 있다. 이와 같은 서사 콘텐츠들은 상용성(interactivity), 네트워크성(networkability), 복합성(multimodality)이라는 디지털미디어적 특성에 의해 소설과 같은 전통적 스토리텔링과 확연히 구분된다. 이들은 장치면에서도 컴퓨터, 모바일, 인터랙티브 텔레비전이라는 별도의 매체를 이용한다.

디지털스토리텔링은 인류가 현존 질서를 유일한 리얼리티로 받아들이기를 거부하고 이야기 예술을 통해 새로운 자유의 영토를 탐구해 온 오랜 노력의 결과물이다. 인류는 항상 자신에게 주어진 세계에 만족하지 않고 보다 잘 이해할 수 있고, 보다 정의로우며, 보다 멋있고 사리에 맞는 또 다른 세계를 찾아 왔다. 이러한 끝없는 추구로 무수한 이야기꾼들이 자신의 이야기로 또 다른 세계의 허구적인 구성틀(fictional framework)들을 만들어 냈다. 서사와 이미지, 동영상과 상호작용성이 통합되어 완벽한 몰입의 허구적 공간틀을 창출하는 스토리텔링이야말로 인류가 소망하던 꿈의 이야기기술이라고 말할 수 있다.

11.1 디지털스토리텔링의 특성

텍스트와 이미지만으로 스토리를 전달하는 스토리텔링과는 달리 디지털스토리텔링은 텍스트뿐만 아니라 이미지나 음악, 애니메이션을 포함하고 있다. 여러 형태의 스토리를 다양한 기기를 이용해 역동적이고 입체적으로 전달하므로 그 효율성이 높다.

또한 스토리텔링은 공급자가 제공하는 콘텐츠에 따라가야 한다면 디지털스토리텔링은 공급자가 제공하는 콘텐츠에 대한 사용자의 선택 및 조작이 가능하다. 즉 디지털스토리텔링은 사용자의 선택과 조작에 따라 상호작용성을 지니게 된다.

디지털스토리텔링의 특성은 상호작용성, 허구적 공간의 구축, 스토리 밸류, 공간의 스토리텔링으로 크게 구분할 수 있다(KIPA 2004b).

(1) 상호작용성

디지털스토리텔링은 서사와 그림과 동작을 통합한 기존의 전통적인 스토리텔링에 다시 컴퓨터 통신기술을 이용한 상호작용성(interactivity)을 통합시킨다. 여기에서 발생하는 독자와 이야기의 양방향성, 구성되는 이야기의 비선형성, 이용되는 정보형태의 복합성은 완전히 혁명적인 허구적 공간을 창출한다.

디지털스토리텔링의 허구적 공간 속에서는 독자의 분신인 에이전트(agent)가 활동하면서 독자에 의한 해석과 항해, 배치, 쓰기가 일어나며 이것은 이전의 이야기기술로는 힘들었던 강렬한 몰입(immersion)을 만들어 낸다. 그 결과 디지털스토리텔링은 이야기를 잘 짜여진 유기적 총체로 구성하고 싶은 작가의 욕망과 이야기를 자기식대로 상상하고 변형하고 싶은 독자의 욕망을 이론적으로 완벽하게 조화시킬 수 있다.

(2) 허구적 공간의 구축

창작자의 입장에서 디지털스토리텔링과 전통적인 스토리텔링은 거의 유사한 상상과정을 갖는다. 그러나 그 상상의 객관화과정에서 디지털스토리텔링은 시간이 공간에 선행한다. 스토리의 구성요소를 크게 사건과 존재물(캐릭터, 아이템, 장소)로 나눌 때, 전통적인 스토리텔링은 시간적 연쇄를 갖는 사건의 구성이나 디지털스토리텔링은 허구적 공간을 구성할 수 있는 존재물의 구성보다 우선한다.

전통적인 스토리텔링이 이야기요소들을 종(縱)적으로 결합시켜 시간의 축으로 이어놓는 것이라면 디지털스토리텔링은 선택가능한 이야기요소들을 횡(橫)적으로 병렬시켜 공간의 축으로 구성한다. 소설이나 영화에서는 종적인 시간의 축이 실재하며 공간의 축은 창작자의 상상세계에서는 있었지만 사용자 앞에 구현된 작품에서는 가상적으로 존재한다. 반대로 게임 같은 디지털스토리텔링에서는 선택가능한 존재물들이 만드는 횡적인 공간의 축이 실재하며 종적인 시간의 축은 사용자에 따라 제각기 달라질 가능성을 안고 가상적으로만 존재한다.

(3) 스토리 밸류

이야기 가치(story value)란 시대와 문화를 초월한 인간 경험의 보편적 자질을 말한다(Makee 1997). 이론적으로는 모든 사람들이 스토리의 주인공이 될 수 있지만 실제는 그렇지 않다. 특히 게임과 애니메이션, 영화, 뮤지컬, 소설처럼 문화산업과 결합한 이야기 예술에서는 스토리를 이끌어가는 캐릭터에는 엄격한 한계가 있다. 게이머 혹은 관객이 자발적으로 돈을 내고 경험하고 싶은 스토리의 주인공에게는 그가 실제로는 아무리 하찮고 비천하다 할지라도 사람들의 실제적 관심을 자극하는 보편적 자질, 즉 스토리 밸류가 있다.

불교에서 말하는 5욕(五慾)처럼 인간이 바라는 실제적이 욕구들은 5가지로 축약되며 돈, 사랑, 권력, 생명유지, 죽음(내세)을 말한다. 스토리는 이 같은 스토리 밸류에 의미 있는 변화(meaningful change)를 일으키는 의미심장한 사건과 캐릭터만을 다룬다.

스토리의 캐릭터는 바로 이 같은 스토리 밸류와 그것의 의미 있는 변화를 자기 안에 구현해야 한다. 나아가 캐릭터는 이러한 변화과정에서 예측불허의 사건이 발생할 수 있는 신비로운 가능성, 즉 은유적 복합성(metaphorical complications)을 가져야 한다. 매혹적인 캐릭터는 서로 다른 두 가지 특성과 신념과 이미지를 극히 자연스럽게 한 몸에 가지고 있는 은유적 존재이다.

(4) 공간의 스토리텔링

소설과 영화 같은 전통적인 스토리텔링은 서사 구성의 필연성을 강조한다. 포스터(Forster 1955)는 단순한 이야기와 플롯(plot)을 구별하면서 '플롯은 그것의 강조점을 인과관계에 두고 있는 사건들의 이야기'라고 정의한 바 있다. 이처럼 사건의 시간적 배열을 통해 원인과 결과의 필연성을 강조하는 이야기방식을 우리는 시간의 스토리텔링이라고 말할 수 있다. 시간의 스토리텔링은 현실의 복잡한 경험들을 '시작과 중간과 끝'의 시간적 원리에 따라 알기 쉽고 전달가능한 줄거리로 통합한다(Ricoeur 1999).

낯설고 이질적인 경험들은 시작과 중간과 끝의 시간적인 3장 구조로 통합되어 하나의 사건으로 다시 재현됨으로써 창작자와 수용자의 마음속에 질서화된다. 이와 같은 질서화의 욕망이 인간의 모방(미메시스) 본능이라고도 할 수 있다. 즉, 시간의 스토리텔링은 의미를 발견하기 힘든 현실에서 원인과 결과의 질서감각을 발견하는 의미화 작용을 수행하는 것이다(Mckee 1997).

그러나 인과관계의 필연성에 따른 사건의 시간적 전개가 스토리텔링의 모든 것은 아니다. 인간 내면의 시간의식을 통해 인식되는 경험의 유일성에서 자아의 자기 동일성을 발견한다. 다른 한편으로는 인간은 공간의식에 의해 자신의 신체를 확보하고 신체를 외적 지각에 개방함으로써 세계를 수용한다. 시간의식이 경험을 자아로 되돌리는 통합작용을 한다면 공간의식은 자아를 세계 속에 위치시키는 표상작용을 한다.

즉, 상상력의 공간적 전개는 자기 안에 미처 통합되지 않는 난해한 표상들을 증대시키며 우연성을 증대시키는 전혀 다른 유형의 스토리텔링을 만들어 낸다. 이 공간의 스토리텔링은 상황으로부터 출발해서 시작과 중간과 끝으로 전개되는 것이 아니라 상황으로부터 출발해서 완벽한 허구적 공간에 이른다. 공간의 스토리텔링은 시간의 스토리텔링보다 더 많은 우연성이 개입하기 때문에 오히려 더 핍진한 재미와 절박한 실감, 강한 감동을 창출할 수도 있다.

11.2 디지털스토리텔링의 활용

(1) 온라인게임

한국 게임시장에서 MMORPG(Massively Multiplay Online Role-Playing Game)의 비중이 커지면서, 기존 RPG(Role-Playing Game)에서 사용되었던 퀘스트의 방식이 아닌 비선형적 인터랙티브한 퀘스트를 개발하려는 시도들이 이루어졌다. 이러한 게임의 선두주자는 엔씨소프트의 '리니지2'와 넥슨의 '어둠의 전설', 이매직의 '세피로스' 등이다. 온라인게임에 적합한 무한 루틴형, 방사형, 글로벌 퀘스트(global quest)들을 통해 플레이어들은 더욱 흥미 있게 온라인게임을 접할 수 있게 되었다.

(2) 모바일게임

모바일게임시장이 급속도로 팽창하고, 단말기의 성능이 좋아지면서 모바일게임에도 발전적인 기획들이 선보이고 있다. 단말기의 제한 탓으로 단선적인 형태의 모바일게임들만 출시되어 왔으나, '붕어빵 타이쿤 2', '조폭 축구' 등이 인기 게임으로 떠오르면서 모바일게임시장은 점차 커져갔다. 작은 액정과 단말기의 기기적 제한에 불편을 느끼지 않도록 하면서도 짧은 시간 내에 재미를 맛볼 수 있는 가볍고도 유쾌한 게임 시나리오들이 많이 개발되고 있다.

(3) 콘솔게임의 온라인화와 스토리텔링의 변화

플레이스테이션 이용 게임 'SOCOM', 'Final Fantasy XI' 등이 온라인게임으로 발매되면서부터 콘솔게임에서는 무리라고 여겨졌던 온라인게임화가 확산되었다. 이로 인하여 콘솔게임 특유의 선형적인 스토리와 사용자 간 교류 등의 문제점들도 점차 개선될 것으로 보인다.

(4) 웹박물관 스토리텔링

웹박물관 스토리텔링은 웹박물관의 관람객들이 생동감 있는 체험을 할 수 있도록 콘텐츠와 그것들의 배치에 사건과 스토리를 부여하는 일련의 과정이라 정의할 수 있다. 똑같이 사건이 지배하는 담화의 형식이지만, 웹박물관 스토리텔링은 사실에 입각해야 한다는 점에서 게임과 애니메이션 스토리텔링과 구분된다. 웹다큐멘터리, 웹박물관 등 사실을 바탕으로 한 스토리텔링은 게임과 애니메이션과 같은 픽션에 입각한 스토리텔링과 구분해 논픽션스토리텔링이라 부른다(전봉관 2004).

논픽션스토리텔링은 사실에 입각한 스토리텔링이지 사실 그 자체를 기술하는 스토리텔링이 아니다. 가령 성덕대왕신종으로 콘텐츠를 구성할 때 에밀레종 전설을 이용한다면 전설 그 자체는 허구(fiction)의 영역에 속한 것이지만, 성덕대왕신종과 결합된 에밀레종 전설은 '결합'의 사실성을 인정해 논픽션으로 분류한다. 또한 몇 가지 오브제[03]들을 조합해 새로운 스토리를 창작할 경우, 창작된 스토리 자체는 허구이지만 그것을 창작하는 상상력이 실재하는 오브제들로 제한된다는 점에서 논픽션 영역에 포함시킨다.

박물관의 관람객들은 전시되어 있는 오브제를 보면서 무엇보다도 서사를 체험하고자 한다. 관람객이 체험하는 스토리는 오브제를 둘러싼 에피소드일 수도 있고, 역사적 맥락에서 개별 오브제들의 위치일 수도 있고, 오브제들의 상호작용에 의해 형성되는 또 다른 스토리일 수도 있다. 박물관이 제공하는 다양한 정보들은 이러한 스토리의 형식을 지닐 때, 관람객에게 가장 잘 전달되기 때문에 성공적인 웹박물관의 구축을 위해서는 스토리텔링이 필요하다.

아무리 뛰어난 렌더링(rendering)기술을 적용한다고 해도 웹박물관에서 제공되는 오브제의 이미지가 오프라인 박물관에 전시된 실물 오브제가 주는 감동을 넘어설 수는 없다. 이는 각각의 오브제들은 복제할 수 없는 아우라(aura)[04]를 지니고 있기 때문이다. 즉 웹박물관에서 오브제를 아무리 잘 재현한다 하더라도, 오브제 자체를 보고 만질 때의 체험과 감동까지 복제할 수는 없다. 따라서 웹박물관의 콘텐츠는 오브제를 복제하고 재현한다는 관점이 아니라, 독자적인 아우라를 지닌 새로운 디지털 오브제를 창조한다는 관점에서 접근해야 한다.

웹박물관을 기획할 때는 일반적으로 다음 네 가지 조건이 고려되어야 한다.

첫째, 관람객들이 전시공간에서 무엇을 읽거나 둘러보는가?

둘째, 어떻게 전시공간에서 이동하는가?

03 영어의 오브젝트(object)와 같은 뜻의 물체 또는 객체를 뜻한다.

04 어떤 예술작품이나 물건에서 느껴지는 분위기, 혼, 모방할 수 없는 특유의 기운, 창조성이 느껴지는 유일무이성, 즉 다른 것과는 다른 한 예술작품의 고유한 특성 혹은 미적 아름다움을 뜻한다.

셋째, 하나의 전시물을 보는 데 얼마나 많은 시간을 쏟는가?
넷째, 전시물 중 무엇을 보고 싶어 하고 보기 싫어하는가?

이러한 조건을 고려할 때, 관람객이 처한 환경은 온라인과 오프라인이 전혀 다르다. 오프라인에서는 오브제들이 고정되고 관람객이 움직이지만, 온라인에서는 컴퓨터 앞에 고정된 관람객들이 화면을 바꿔가며, 즉 콘텐츠를 바꿔가며 박물관을 둘러본다. 일부러 시간을 내고 차를 타고 먼 길을 가서 전시공간을 둘러보는 오프라인 박물관의 관람객과 웹브라우저의 관람객이 전시물들에 대해 동일한 애정을 가질 리 없다. 웹박물관은 오프라인 박물관의 모든 오브제들을 모두 보여줄 수 없다. 또한 관람객들은 오브제나 박물관에 대한 정보를 검색하거나 얻기 위해 웹박물관을 찾지 않는다. 웹상에는 이러한 정보를 얻을 수 있는 사이트들이 얼마든지 있기 때문이다. 그들은 박물관에서 얻을 수 있는 것과 비슷한 경험을 얻기 위해 웹박물관에 접속한다. 웹박물관은 궁극적으로 관람객에게 오프라인 박물관이 제공하는 것 이상의 체험과 감동을 줄 수 있도록 관람객의 성향을 고려해 신중하게 취사선택되어야 하고, 일관성 있게 구성되어야 한다.

오프라인에서의 박물관에 학예연구관(curator)이 있는 것과 마찬가지로 웹박물관에서는 그 역할을 디지털스토리텔링이 맡고 있는 것이다. 웹에 구축된 박물관 가운데 디지털기술이 적용된 사례로 스미소니언협회(Smithsonian Institute), 미국홀로코스트기념관(United States Holocaust Memorial Museum), 경기도 역사문화 가상현실 체험시스템(www.vrkg21.net)을 들 수 있다.

(5) 디지털에듀테인먼트 스토리텔링

에듀테인먼트란 에듀케이션(교육)과 엔터테인먼트(흥미)를 결합시킨 신조어로서 학습활동에 흥미라는 요소를 첨가시킴으로써 학습자들의 참여와 흥미를 유발하는 새로운 형태의 교육을 뜻한다. 스토리를 통하면 복잡한 아이디어도 쉽게 전달할 수 있기 때문에 학습 영역에 엔터테인먼트의 요소를 고려할 경우 가장 우선적으로 도입할 수 있는 스토리텔링기법이다.

스토리가 주는 매력은 무엇보다 재미있다는 것이다(강심호 2004). 즉 에듀테인먼트 스토리텔링은 교육의 딱딱한 내용도 지루함을 느끼지 않으면서 배울 수 있고, 재미있는 학습을 할 수 있도록 유도한다(배상하 2010). 또한 스토리텔링이 학습영역으로 들어오게 될 때 가장 중요한 변화는 '강요'가 아니라 '유혹'이 된다는 점이다. 종래의 교육이 학생들에게 일방적으로 지식을 주입하고 반복 훈련시켜 지식을 습득하게 만들었다면 이는 다분히 강압적인 방식이라고 할 수 있다. 그러나 시대가 변하고 교육 환경이나 피교육자의 생활 환경이 변화함에 따라 이러한 강압적인 방식은 점차 한계에 부딪치고 있다. 현재 상황에서 필요한 것은 바로 스토리텔링을 통해 피교육자를 '유혹'하는 것이다. 자연스런 스토리를 따라가면서 피교육자들이 흥미롭게 정보와 지식을 습득할 수 있도록 만드는 것이 필요하며, 그 대표적인 방식이 에듀테인먼트 스토리텔링이라고 할 수 있다.

(6) 커뮤니티 스토리텔링

개인 대 개인, 개인 대 단체, 단체 대 단체 간에 이루어지는 전자우편, 메일링리스트, 메신저, 게시판 등 온라인상에서 발생하는 모든 형태의 의사소통을 가리켜 컴퓨터 매개 커뮤니케이션(CMC : Computer-Mediated Communication)이라고 한다. 컴퓨터 매개 커뮤니케이션을 통해 온라인상에 집결된 사람들은 자연스럽게 커뮤니티를 형성하게 되며, 컴퓨터를 매개로 하기 때문에 '컴퓨니티(compunity)' 또는 '사이버 커뮤니티'라고 한다. 모든 인간 공동체와 마찬가지로 사이버 커뮤니티는 나름의 질서를 가지고 있으나 과거의 어느 공동체보다 통합 · 분류되는 것과 생성 · 소멸되는 것이 빠르고 자유롭다. 우후죽순으로 생겨난 많은 커뮤니티들이 단시간 안에 구성원을 잃고 소멸해 버리기도 하는 반면에 그 위치가 견고한 커뮤니티들도 있는데, 그 이면을 살펴보면 그 커뮤니티만의 독특한 테마와 스토리가 커뮤니티 전체를 지배하고 있는 것을 알 수 있다(한혜원 2004).

이제 단순히 공간을 제공하는 형태로는 더 이상 커뮤니티를 존속시킬 수 없으며, 커뮤니티를 통해서 어떤 이윤도 창출할 수 없다. 사이버 커뮤니티도 그 생성에서부터 활동에 이르기까지 독특한 커뮤니티 스토리텔링(community storytelling)이 부여되어야만 온전한 하나의 세계를 이룰 수 있다.

(7) 브랜드 커뮤니티 스토리텔링

최근 기업들이 새로운 마케팅 및 브랜딩의 방법으로 주목하고 있는 것이 커뮤니티 브랜딩이다. 기업에서 브랜드 마니아 육성을 위해 전략적으로 커뮤니티를 개설하는 경우 이를 '기업 개설형 브랜드 커뮤니티'라고 한다. 인터넷을 통한 소비자의 힘이 강해지고 있는 가운데 '브랜드 마니아', 즉 자사 브랜드에 대한 강한 호감이 있는 소비자를 육성할 수 있는 방안으로 브랜드 커뮤니티가 운영되고 있다. 이들 브랜드 커뮤니티는 인터넷 커뮤니케이션이 가능한 거점에 소비자 또는 잠재 소비자를 모으고 이를 중심으로 의도적으로 점진적인 브랜드 노출을 실시하는 방법을 통해 브랜드 마니아를 육성하게 된다. 이들 브랜드 커뮤니티의 목적은 단기적으로는 물론 매출증대이지만, 장기적으로는 브랜드 마니아를 확보하는 것이 된다.

이를 위해 기업들은 디지털스토리텔링방법을 선택하고 있다. 스토리텔링을 통해 보다 쉽게 사람들의 마음속에 브랜드를 위치시킬 수 있기 때문이다. 사람들은 정보의 홍수 속에서 논리적 · 연역적 사유의 한계를 절감하게 된다. 따라서 단순한 정보보다 사건을 겪은 사람의 경험을 통해 한 번 걸러진 담화, 즉 스토리를 원하게 된다. 이는 서사적 · 상징적 세계를 통해 삶을 전체적으로 파악할 수 있는 스토리텔링의 감성적 · 직관적 사유를 요청하고 있다는 것이다. 이것이 바로 가슴에 호소하는 마케팅, 즉 감성마케팅이다. 그리고 이 감성마케팅의 핵심에는 스토리텔링이 자리하고 있다. 부드럽지만 매우 설득력 있는 스토리를 이용하여 청중을 설득하는 방식은 사람들의 정서에 쉽게 어필하는 마케팅방식이다.

11.3 디지털스토리텔링 저작도구

디지털스토리텔링 저작관련 소프트웨어는 크게 스토리보드(storyboard)와 라이팅(writing) 제작 소프트웨어로 나눌 수 있으며, 1993년을 기점으로 국외에서 상용화되기 시작한 것으로 알려져 있다. 국외에는 여러 소프트웨어가 개발되어 있고, 국내에는 엔씨소프트재단이 한국콘텐츠진흥원의 지원을 받아 이화여대 디지털스토리텔링 연구소와 공동으로 개발한 '스토리헬퍼'라는 국내 최초의 디지털 스토리텔링 저작 지원도구가 있다.

(1) 라이팅 제작 소프트웨어

라이팅 제작 소프트웨어는 시나리오의 '캐릭터', '지문', '대화'라는 요소의 위치가 정해져 있기 때문에 원하는 대로 쓰기만 하면 한 편의 대본을 완성시켜 주는 기능을 제공한다. 장르별로 그 형식이 정해져 있어서 사용자가 쉽게 저술할 수 있고, 이야기 맵 등도 제공되므로 전체 흐름도 쉽게 파악할 수 있다. 주로 작가들이 사용하며, 대표적으로는 Final Draft, Power Structure, Dramatica Pro가 있다.

| 표 2-34 | 디지털 서사 창작도구 · 시나리오 라이팅 소프트웨어

소프트웨어	제작사	특징
Final Draft	Final Draft Inc	• Text to Speech 기능 • 캐릭터 9만 개 이름 제공 • 연극, TV 에피소드, 영화 스크립트 제작용
Power structure	Powerstructure	• 간결한 메뉴 구조 • 6개의 맵으로 구성 • 다양한 뷰에서 정보 접근가능 • 픽션작가, 영화작가, 소설가, 극작가용
Storyview	Write Brother Inc	• 스토리 개요 작성 • 장르에 따라 포맷 규정 : 입력 용이 • 사용자 이야기 맵 제공 : 전체 스토리 파악에 효과적
Dramatica Pro	Write Brother Inc	• 연극/방송작가, 영화시나리오 작가, 제작 프로듀서용 • 12가지 창작도구 제공

자료 : 2010, 한국콘텐츠진흥원 '이 달의 CT'

1) Final Draft(http://www.finaldraft.com/products/final-draft/index.php)

Final Draft는 색인카드 및 장면보기 동기화 스크립트를 유지하는 패널시스템과 스크립트의 섹션에 대한 아이디어와 피드백을 수집하는 ScriptNotes로 구성되어 있다. 스토리 전개를 위해 9만 개의 캐릭터 이름을 제공하고, 작성된 대본을 읽어주는 기능(Text to Speech)도 제공한다.

그림 2-47 | Final Draft

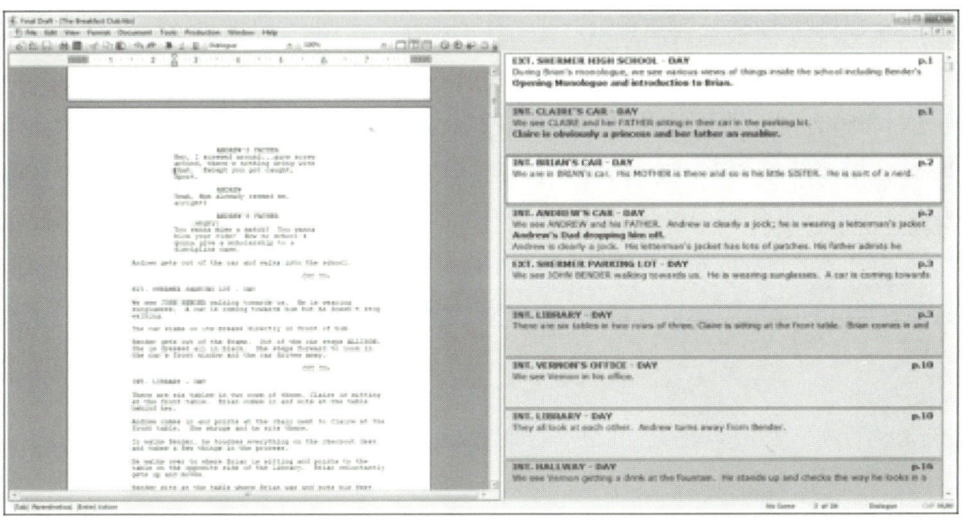

2) Dramatica Pro(http://storymind.com/dramatica_pro.htm)

드라마티카 프로는 할리우드에서 많이 사용되는 소프트웨어로서 연극작가, 방송작가, 영화 시나리오작가 및 제작 프로듀서 작업을 위한 제품이다. 12가지의 창작도구를 제공하며, 각각의 창작도구를 사용하여 산출된 작업내용을 스토리 엔진을 통해 하나의 완결된 스토리로 생성할 수 있다.

그림 2-48 | Dramatica Pro

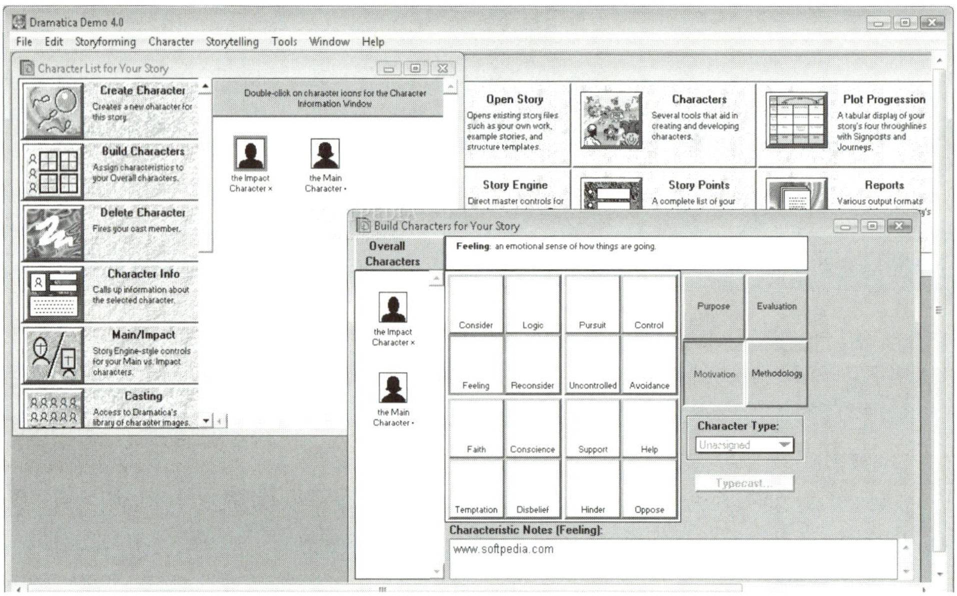

(2) 스토리보드 제작 소프트웨어

스토리보드 소프트웨어는 각각의 부분에 대한 감독의 아이디어를 미리 시각화(pre-visualization)하는 역할을 한다. 오디오와 비디오, 이미지, 그래픽 등의 다양한 확장자 형식을 지원하며 2D에서 3D로 진행되면서 객체들의 표현방법이 점차 더 정교해진다는 것이 특징이다. 주로 영화감독과 광고 제작, 애니메이션 제작 시에 사용되며, 대표적으로는 Story Book Weaver, Storyboard, Quick, Storyboard Artist, Storyboard Lite, FrameForge 3D Studio가 있다.

| 표 2-35 | 디지털 서사 시각화 도구 · 스토리보드 제작 소프트웨어

소프트웨어	제작사	특징
Story Book Weaver	Riverdeep the Learning Company	• 텍스트로 된 문장을 입력하면 즉시 관련 영상을 조합하여 보여줌
Storyboard Quick	Power Production Software Inc.	• 모든 각본과 텍스트 응용프로그램에서 스크립트를 가져올 수 있음 • 영화, 영상 구성과 스토리텔링 학습에 필수적 • 문화, 화면위치 등 주요 요소 사이의 관계 설정가능
Storyboard Artist	Power Production Software Inc.	• 할리우드에서 가장 널리 쓰이는 시각화 S/W • pre-visualizaiton 역할 • 캐릭터 액션 수정, 줌인, 카메라 무빙 기능 • 타임라인 기능 지원(사운드 플레이백)
Storyboard Lite	Zebra Development Inc.	• 2D/3D로 시각화된 대상(object)을 사용, 스토리보드 제작 지원 • 기본 작업 환경이 여러 화면으로 나뉘어 스토리보드 화면 외 작업제어 용이 • 2D/3D, Prop/3D, 캐릭터 라이브러리 기능
FrameForge 3D Studio	Innoventive Software	• 3D로 시각화된 object를 이용 스토리보드 제작을 가능케 함 • 타 S/W보다 3D 색감과 정교함이 뛰어남 • 스토리보드 화면이 가운데 배치되어 작업 환경이 편리함 • 전체적 흐름화면, 도구 등을 상하좌우로 배치

1) Storyboard Quick(http://www.writersstore.com/storyboard-quick)

Storyboard Quick은 사용하기 쉬운 프로그램으로 페이지 레이아웃 기능, 그래픽 조작도구, 캡션 저장 및 이미지 레이어 기능 등을 제공하며 스토리보드를 인쇄하거나 그래픽파일 혹은 플래시 동영상을 HTML로 내보낼 수 있다. 또한 보드 동작을 나타내는 데 도움이 되고, 오른쪽 프레임에 포함된 캡션 또는 장소 텍스트에 직접 입력함으로써 스토리보드에 텍스트를 포함할 수 있다.

그림 2-49 I Storyboard Quick

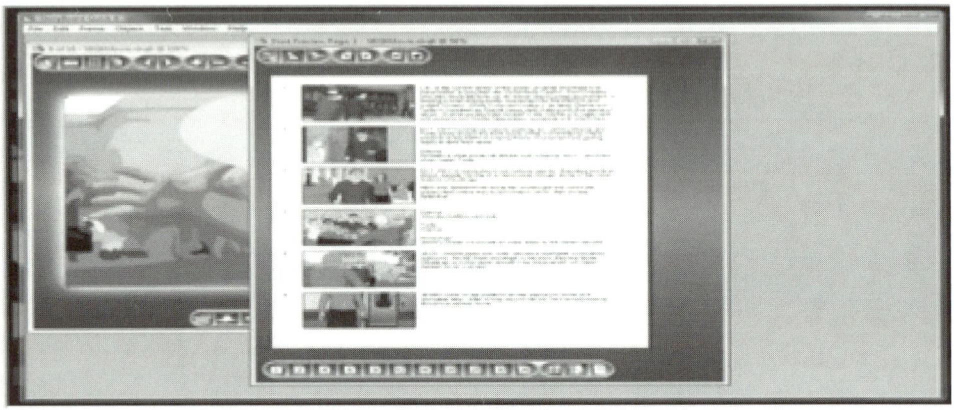

2) FrameForge 3D Studio(http://www.frameforge3d.com/contact.php)

FrameForge Previz 스튜디오는 원하는 위치, 각도, 높이에 카메라의 번호를 배치할 수 있는 자유와 함께 컴퓨터에 가상 3D 세트를 만들 수 있다. 또한 감독 친화적인 컨트롤을 통해 각 이야기의 순간을 캡처할 수 있고, 가장 좋은 샷을 실험 및 발견하는 데 힘을 실어준다.

그림 2-50 I FrameForge 3D Studio

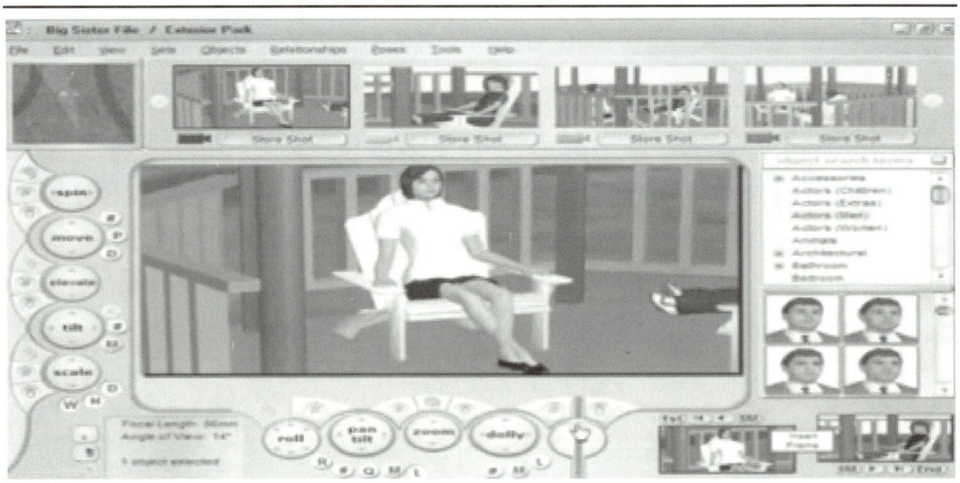

11.4 디지털스토리텔링 정보원

(1) 관련 학회

1) 디지털스토리텔링학회(http://digital-story.net)

디지털스토리텔링학회는 2003년 5월 정보통신부 소속 사단법인으로 처음 창설되었다. 디지털콘텐츠관련 단체 및 연구기관과의 합동연구 및 공동사업, 디지털스토리 창작과 디지털콘텐츠 개발 및 유관기업의 경쟁력 강화를 위한 정책개발에 힘쓰고 있으며, 극영화 '말아톤', 입체 3D 애니메이션 '천마의 꿈', 온라인게임 '길드워'의 창작에 참여하였고, 『디지털스토리텔링』을 비롯한 9종의 연구서를 발간하며 활발히 활동하였다.

(2) 관련 기관

1) 이화여자대학교 디지털스토리텔링연구소(http://digis.ewha.ac.kr)

이화여자대학교 디지털스토리텔링 R&D 연구소는 관련 학부, 대학원과 연계하여 개방적 인터넷 인터페이스 연구 분야의 우위를 선점하고 관련 분야에서 주도적인 역할을 하기 위해 2007년에 설립되었다. 한국 IT산업의 가상세계 구현 및 SNS(Social Network Service)의 발전방향뿐만 아니라 한국 디지털스토리텔링의 발전방향성을 제시하고 차세대 인터넷기술을 기반으로 가상세계의 연구기반 마련을 목적으로 하며 유관기관인 디지털스토리텔링학회와의 유기적인 정보공유와 저작활동을 유지하고 있다.

2) Center for Digital Storytelling(http://storycenter.org)

Center for Digital Storytelling은 조 램버트(Joe Lambert)와 니나 뮬란(Nina Mullan)이 공동 창립한 비영리 예술지원 교육센터이다. 캘리포니아 버클리에 위치하고 있으며 디지털미디어를 이용해 더 많은 사람들이 자신의 이야기를 웹에 올릴 수 있도록 지원하는 프로젝트단체로서 일반인과 UC 버클리 학생, 교수진 등을 위한 공중 워크숍으로 더 잘 알려져 있다. 또한 Center for Digital Storytelling은 디지털스토리텔링 전문가로서의 세계적인 인정을 받고 있다.

Chapter 03

디지털콘텐츠의 기술

1. 저작관련 기술
2. 디지털콘텐츠 보호 및 유통기술

1. 저작관련 기술

1.1 컴퓨터 그래픽스

컴퓨터 그래픽스(CG : Computer Graphics) 기술의 등장으로 실제 카메라가 촬영하기 어려운 장면이나 인물의 연출이 가능해지면서 콘텐츠 제작자의 상상력을 가시화할 수 있게 되었다. 따라서 영화, 게임, 광고, 의료 등 실생활 전반에 영향을 미치는 모든 분야에 적용되면서 새로운 문화창출의 도구로 활용되고 있다. 또한 새로운 컴퓨터 제작기술들의 도입으로 현실과 구분할 수 없을 정도의 컴퓨터 콘텐츠의 생성이 가능하게 되었다.

최근 블록버스터급 영화의 경우 첨단 컴퓨터 그래픽스기술을 활용하여 제작과정의 50% 이상을 활용함으로써 위험한 장면이나 현재 실존하지 않는 캐릭터 제작에 활용하여 제작 경비도 획기적으로 줄여가고 있으며 순수 컴퓨터 그래픽스기술을 활용한 Full-3D 애니메이션도 매우 높은 흥행 수입을 기록하고 있다. 게임 분야에서는 몰입형 게임 제작이 이루어지고 있으며, 교육 분야에서는 조종사들의 비행훈련 시뮬레이션에서 컴퓨터 그래픽스를 이용하는 등 관련 산업 전반에 상당한 영향을 미치고 있다.

(1) 컴퓨터 그래픽스의 개념

컴퓨터 그래픽스란 컴퓨터 하드웨어와 소프트웨어가 주요소가 되어 입력장치를 통해 이미지 및 도형, 화상을 작성하며 출력을 하여 인간의 오감에 의해 인식될 수 있게 하는 컴퓨터를 이용한 화상 작업 및 변환기술을 말한다. 즉, 컴퓨터의 하드웨어와 소프트웨어를 활용하여 물체의 형상, 성분, 색채 등 각종 성분을 컴퓨터에 입력, 이미지 변환 작업을 통하여 제3의 영상을 만들어 내는 컴퓨터기술로서 종래의 도안이나 설계건축에 제한적으로 사용되던 것을 영화, 광고산업, 컴퓨터아트, 시뮬레이션, 산업디자인 등 예술과 산업 분야 전반에 꿈의 이미지를 만들어 내는 21세기의 표현매체로 그 효율성과 기술이 날로 발전하고 있다.

넓은 의미로는 인간의 창의력, 구상력을 바탕으로 우리가 가지고 있는 제반 문제점에 대해 보다 나은 해답을 얻기 위한 폭넓은 행위 그 자체를 포함하지만, 좁은 의미로는 키보드, 마우스, 스캐너, 디지타이저와 같은 입력장치를 통하여 입력된 화상정보를 컴퓨터가 처리하여 실제의 화상을 모니터를 통하여 만들어 내는 것을 의미한다고 할 수 있다.

고도의 정밀성이 요구되는 그림을 작성하거나 이론으로 구해진 각종 자연현상이나 물리적 · 화학적 특성 등의 가시화된 시뮬레이션은 컴퓨터 그래픽스에 의존하지 않으면 실현 불가능하기 때문에 컴퓨터 그래픽스를 이용할 필요성이 있다. 컴퓨터 그래픽스를 이용하면 매우 많은 복잡하고 규칙적인 모양이나, 수학적으로 정확한 도형을 만들 수도 있다. 또한 작성된 같은 종류의 모형을 동시에 대량으로 복사하는 것이 가능하며, 적당한 기억매체에 보존해 두는 것도 가능하다. 그리고 기억된 도형은 필요에 따라 디스플레이장치로 출력되며 또 프린터에 의한 인쇄도 할 수 있다. 또한 인간이 표출해 내고자 하는 아이디어의 세계를 시각화하여 실존하지 않는 공간과 화상을 전개할 수 있으며 3차원 물체를 수작업이나 모델을 이용하였을 때보다 더욱더 자유롭게 재질과 색을 마음대로 변형시킬 수 있다. 컴퓨터 그래픽스기술로 주변의 배경을 마음대로 조절할 수 있으며, 물감을 사용할 때 나타내는 한계적인 색상이나 질감, 휘도 등을 의도대로 표현할 수 있다. 실제로 나타낼 수 없는 부분까지 나타낼 수 있으며 2D의 경우 단시간 내에 아주 많은 양의 그림을 처리할 수 있다.

이처럼 컴퓨터 그래픽스기술을 이용하여 디자이너의 감각과 창조성이 확대되고, 무한한 이미지의 창출이 가능하게 되었다. 그리고 시행착오를 줄이고 정확한 의사결정, 제작시간의 단축으로 인하여 기업의 원가절감에도 일익을 담당하게 되었다.

컴퓨터 그래픽스의 특징을 간단하게 정리해 보면 다음과 같다.

첫째, 아이디어의 세계를 시각화하여 실존하지 않는 공간과 화상을 전개할 수 있다. 즉, 3차원의 물체를 애니메이션으로 활용했을 때, 더욱 자유롭게 재질과 색을 마음대로 변형시킬 수 있다.

둘째, 실제로 찍을 수 없는 초마이크로 세계까지도 정확하게 묘사할 수 있다.

셋째, 정지된 그림의 경우 컴퓨터 그래픽스를 사용하여 애니메이션으로 만들면 그곳에 시간축이 생겨 전체의 의미가 나타나므로 정리된 내용을 쉽게 전달할 수 있다.

넷째, 실물 그 자체를 재현할 수 있고, 인간의 가시 영역을 벗어난 무한에 가까운 색을 만들 수 있으며, 디자인 의도대로 명도나 질감을 표현할 수 있다.

다섯째, 어떤 구상적인 대상물을 주위 경관에 알맞게 조화하여 실제감을 연출할 수 있고, 색감, 질감, 휘도도 의도대로 표현할 수 있다.

여섯째, 금속, 플라스틱 같은 무기물질의 질감은 물론이고 인간의 피부나 나무 등 유기물의 질감까지도 매핑기법으로 표현할 수 있다.

일곱째, 대상물의 형태를 의도대로 변화시킬 수 있고, 디자이너의 감각과 창조성의 확대로 무한한 이미지의 창출이 가능하다.

이들 특징은 표현방법의 영역이 아닌 창조적 방법의 영역확대로서, 컴퓨터 그래픽스는 이미지나 의사를 명확하게 전달하는 도구로서 우수한 특징을 지니고 있다. 디자인과정에서는 소재의 제약이 새로운 디자인 창출에 제한된 영향을 끼쳐왔으나, 컴퓨터 그래픽스는 이러한 제약을 걷어낸 이상적 소재도구로서 3차원 이미지를 묘사해 낼 수 있다.

(2) 컴퓨터 그래픽스의 역사

컴퓨터 그래픽스의 역사는 분류기준에 따라 다양하게 논의될 수 있으나, 컴퓨터 그래픽스의 역사를 단순히 시대적인 구분에 의해서 분류하면 다음과 같이 제4기로 나누어 볼 수 있다.

1) 제1기(1946~1950년대 말)

1946년에 미국 펜실베이니아의 대학생 존 모클리(John W. Mauchly)와 프레스퍼 에커트(John Presper Eckert)가 에니악(ENIAC)[01]을 발명하여 컴퓨터시대가 개막되었다. 중앙처리장치로서 진공관을 사용(약 2만 개의 진공관, 무게 30톤 정도)하던 시대로 라인프린터에 의한 표현이 이루어지고, 2진법을 사용했다. 세계 최초의 컴퓨터로서 미국육군의 폭탄, 미사일의 탄도계산을 수행하였으며, 1초에 333번 곱셈을 하던 시기였다.

1955년에는 MIT(매사추세츠공대)에서 CRT실험을 계속한 결과 노먼 테일러(Norman Taylor)가 미국국방성 방공시스템(Sage System)[02]을 완성함으로써 CRT에 의한 영상시대의 개막과 함께 컴퓨터 그래픽스가 시작되었다.

1958년에는 미국의 캘컴사가 565드럼플로터를 개발(1950년대를 플로터의 시대라고도 함)하였다. 플로터는 CAD전용 프린터로서, 설계도나 패턴을 재빠르게 그릴 뿐만 아니라 이전에 그릴 수 없었던 2차 곡면이나 곡선, 복잡한 도형, 좌표교환에 의한 메티필로포제 등의 도형을 정확히 종이 위에 그리는 것이 편리하게 되었다. A0에서 A4사이즈까지 출력가능하며, 주로 CAD프로그램(컴퓨터를 이용한 제도프로그램)으로 작성한 도면을 출력할 때 사용한다.

01 ENIAC(Electronic Numerical Integrator And Calculator)은 세계 최초의 전자식 디지털컴퓨터로, 1949년 미국에서 탄도 미사일이 목표물에 접근하는 정확한 거리를 계산하기 위하여 만들었다.
02 미국국방성에서 최초로 사용한 것으로 영공에서 적기를 포착하여 요격하는 시스템이다.

2) 제2기(1960~1970년대 초)

컴퓨터의 소자는 파라메트론, 트랜지스터나 다이오드 등 반도체 소자를 사용함으로써 연산 속도가 빨라지게 되었고, 출력장치 CRT를 부가함으로써 컴퓨터 그래픽스의 기반을 구축하였다.

1960년에는 미국보잉사가 CRT를 이용 737여객기를 설계함으로써 CAD(Computer Aided Design)시스템을 확립하게 되었다. 1963년(최초의 컴퓨터 그래픽시스템 개발)에는 서덜랜드(Ivan Sutherland)가 CRT에 의한 스케치 패드(sketch pad)방식을 개발하였는데, 이것이 최초의 컴퓨터 그래픽스시스템 연구용으로 개발된 것이다.

1966년에는 미국의 IBM사가 최초의 상업용 디스플레이인 IBM2250을 출시하면서 본격적인 CRT시대로 접어들었다. 1970년, CRT에 의한 대화형 처리는 1970년대로 연결되는 컴퓨터 애니메이션 발전의 기본개념을 창출한 것이며, 1960년대 중반기에는 컴퓨터 아티스트가 출현하여 플로터나 CRT를 사용하여 화상에 의한 작품을 제작하였다.

3) 제3기(1970년대 후반~1980년대 초반)

컴퓨터 그래픽스가 실용화, 활성화된 시기로 1970년대 후반부터 1980년대 초반까지 집적회로(IC)와 MSI(중규모 집적회로)를 컴퓨터의 소자로 사용한 시기를 말한다. CRT는 벡터 스캔형(vector scan)의 등장으로 컴퓨터 그래픽의 적용범위가 확대되었다. 마이크로프로세서의 개발로 CPU가 하나의 칩에 놓이게 되었으며, 반도체 메모리, 캐시 메모리를 사용하였으며, 운영체제와 가상메모리 등의 개념이 확립되었다.

제조업 전 분야에 CAD/CAM시스템이 도입되었으며, 와이어 프레임에 의한 방법이 사용되었다. 서덜랜드와 에반스에 의하여 최초의 애니메이션 작품인 하프톤 애니메이션이 만들어졌으며, 이로부터 컴퓨터에 의한 애니메이션이 발전하게 되었다. 컴퓨터 애니메이션과 비디오 합성기술인 DVE(Digital Video Effect)를 통하여 TV영상이 제작되었다. 이때부터 컴퓨터 그래픽스의 모든 기술이 비디오 및 레이저, 빛, 음향과 혼합되어 뉴미디어를 형성하였다.

4) 제4기(대형직접회로시대, 1980년대~)

1970년대 말부터 1980년대에 걸쳐 컴퓨터 소자로 LSI(고밀도 대규모 집적회로)와

VLSI(초고밀도 집적회로)를 사용한 시기를 말한다. 1978년 애플사의 스티브 잡스에 의하여 최초의 개인용 컴퓨터인 애플을 개발하였으며, IBM사에서는 1981년 개인용 컴퓨터인 PC를 개발하여 OA시대가 개막되었다. 래스터 스캔(raster scan) CRT를 이용하여 빛에 의한 가산 혼합방식의 컬러를 표현할 수 있어 현실과 가까운 색상, 선, 면 표시까지 가능해졌다. 프랙털(fractal)기법[03]으로 간단한 형태에서 점점 복잡한 형태로 표현이 가능하여 자연 경관이나 혹성의 표면, 해안 등을 실제와 같이 표현할 수 있게 되었다.

컴퓨터 그래픽스의 소프트웨어와 CAD프로그램과 애니메이션프로그램이 개발되었으며, 2D, 3D를 이용한 광고, 디자인, 정보, 통신 분야 등에 급격한 발전을 가져왔다. 출판 분야에서는 전자출판을 의미하는 DTP의 시대를 열었다. 컴퓨터 그래픽스를 이용한 애니메이션기법의 발달로 영화 제작에 큰 변화를 가져왔다.

5) 제5기(GUI, 인공지능시대)

1980년대 말부터 1990년대를 거쳐 현재까지의 기간으로 바이오 소자와 SVLSI(Super Very Large-Scale Integration, 슈퍼 초고밀도 직접회로) 등이 사용되었으며, 인공지능이 발전된 시기를 말한다. 바이오 소자와 광소자가 개발되었으며, 인공지능 컴퓨터가 등장하였다. GUI가 발전되어 컴퓨터 환경이 사용자 중심의 환경으로 발전하게 되었다. 컴퓨터를 통해 영상, 음성, 매체 등의 정보를 각 개인이 자유로이 이용할 수 있는 종합적인 컴퓨터기술인 멀티미디어가 발전하였다. 1990년대에 들어서면서 인터넷이 대중화 · 개인화되면서 정보의 활용도와 홈페이지의 중요성이 높아졌다. 1990년대 초반 우리나라에 컴퓨터 그래픽이 도입되면서 영화, 광고, 디자인, 출판, 설계 등에 많은 발전을 가져왔다.

(3) 컴퓨터 그래픽스기술

컴퓨터 그래픽스 콘텐츠를 제작하기 위해서는 가상객체 및 장면의 형상을 만드는 모델링기술, 가상객체 및 장면을 현실세계에서 보이는 모습처럼 보이게 하는 렌더링기술, 정지 이미지들을 연속적으로 빠르게 재생함으로써 장면이 실제로 움직이는 것처럼 보이게 하는 애니메이션기술이 유기적으로 결합되어야 한다. 이와 함께 컴퓨터 그래픽스만으로 제작된 영상의 현실감을 보다 향상시키고 제작시간을 줄이기 위해

03 미국국방성에서 최초로 사용한 것으로 영공에서 적기를 포착하여 요격하는 시스템을 말한다.

카메라로 촬영된 실사 영상과 컴퓨터 그래픽스 영상을 합성하여 결과 영상을 만들어 내는 컴퓨터 그래픽스/실사합성기술과 실제 촬영이 어려운 불, 물, 연기, 바람 등의 자연현상을 표현하기 위한 특수효과기술이 널리 사용되고 있다.

1) 모델링

이미 존재하거나 새롭게 만들어야 될 다양한 유 · 무형의 물체들을 컴퓨터를 사용하여 구체화하는 과정을 말한다. 전통적인 모델링 과정은 숙련된 인력의 단순 반복적인 수작업으로 기하학적 모델링 데이터를 만드는 방식으로 이루어져 왔다. 그러나 이 방식은 모델링 시간이 많이 걸리고 인력들의 수준에 따라 사실감이 떨어지는 문제가 있어 카메라나 스캐너와 같은 입력장치로부터 영상을 획득하여 이를 분석하고 처리하여 실제의 3차원 구조를 복원하여 모델링 데이터의 품질을 떨어뜨리지 않으면서 작업 효율을 높일 수 있는 실사기반 모델링 방식이 대두되고 있다.

실측기반 모델링은 레이저 광을 이용한 3차원 스캐너를 이용하여 3차원 모델을 생성하는 기술로 스탠포드대학과 사이버웨어사를 중심으로 미니어처부터 10m 이상의 대형 조각상에 이르는 다양한 물체에 대한 3차원 모델 데이터 획득 작업을 수행하고 있다. 이 기술은 빠른 시간 내에 복잡한 물체에 대한 모델 구축이 가능하다는 장점을 가지고 있으나, 높은 장비가격, 대용량의 데이터 발생에 따른 최적화 문제, 대상 물체의 표면 특성에 따른 오차, 실제 거리 파악이 부족한 것 등의 문제점이 있다. 따라서 이에 대한 개선 노력이 진행 중이며, 레이저를 이용하는 기존 방법 대신 간섭무늬(interference fringe), 패턴 투영 등의 다양한 방법이 개발되고 있다.

실사기반 모델링은 측정하고자 하는 대상 물체를 여러 각도에서 촬영한 2장 이상의 영상을 입력받아 동일한 포인트 간의 대응관계를 이용하여 3차원 구조를 복원하는 기술로 동일 포인트를 찾기 위하여 다양한 방법을 사용하고 있다. 가장 대표적인 방법은 찾고자 하는 영상점 주위의 밝기 값의 분포와 가장 유사한 정도를 측정값으로 하여 그 차이를 최소화하는 대응점을 찾는 방식이다. 이는 비교적 간단한 알고리즘을 사용하는 반면, 배경이나 밝기 값이 확연히 구분되는 경계선 등에서 대응되는 값들이 불확실해지는 대응점 문제의 발생으로 정밀한 3차원 복원에는 한계를 가지는 문제점이 있다.

한편, 영화 등에서 배경 부분의 건물 등을 모델링하거나 문화재 및 건축물 등을 모델링하는 경우에는 미리 정의된 프리미티브(primitive)를 사진 위에서 이동하여 그 경계선을 맞추는 것만으로 3차원 기하구조를 구성하는 방식을 많이 사용한다. 이 방식은 프리미티브를 이용한 3차원 모델링의 단순함으로 건축물이 가지는 대칭성을 최대한 이용하여 기존의 방법들이 가진 난해한 정합문제를 해결하는 역할을 하였다. 실사기반 모델링의 도구로는 리얼비즈사의 ImgaeModeler, Eos시스템사의 Photo-Modeler, Adobe사의 Canom, Apollo 소프트웨어사의 Photo3D 등이 대표적인 제품들이다.

최근 컴퓨터 그래픽스의 다양한 기술 중 3차원 모델링(3D modeling)은 컴퓨터 그래픽스의 분야에서 가상의 3차원 공간 속에 재현될 수 있는 수학적 모델을 만들어 가는 과정을 말한다. 이러한 모델링은 컴퓨터가 이해할 수 있는 형태의 데이터로 저장된다.

2) 렌더링

렌더링(rendering)은 그림자나 색상 및 농도의 변화 등과 같은 3차원 질감을 넣음으로써 컴퓨터 그래픽에 사실감을 추가하는 과정을 가리킨다. 그래픽 렌더링기술 중의 하나로 레이트레이싱이 있다. 렌더링의 또 다른 형태에는 이미지를 레이트레이싱처럼 객체별로 하는 것이 아니라, 한 번에 한 개의 수직선으로 렌더링하는 주사선 렌더링이 있다. 일반적으로 주사선 렌더링이 레이트레이싱에 비해 좋은 결과를 내지는 못하지만, 개별 프레임의 이미지 품질이 그리 중요하지 않은 애니메이션 패키지에서 자주 사용된다.

초기에는 영상의 은선(hidden line) 및 은면(hidden surface) 제거 알고리즘과 물체와 빛과의 관계를 고려한 쉐이딩기법과 그림자 생성기법을 이용하여 영상에 사실감을 더해 주었다. 이후 전역조명 개념이 제안되면서 광선추적법(ray tracing)이나 라디오시티(radiosity)와 같은 기법들에 의해 실세계와 동일한 수준의 조명정보를 영상에 적용함으로써 극도로 사실적인 영상의 생성이 가능하게 되었다. 그러나 정교한 조명효과를 가지는 영상을 렌더링하는 것은 아직도 많은 시간을 요구하며 실시간과 고품질의 두 가지 목적을 만족시키기 위한 다양한 기법들이 연구되고 있다.

실사기반 렌더링은 2차원 입력 영상에서 필요한 정보를 추출하고 픽셀의 재투영과 복원된 영상정보를 이용한 렌더링을 수행하여, 기하모델기반의 렌더링기술과 비교하여 최종 영상을 얻기가 쉽고 간단하며 좀 더 사실적인 결과를 얻을 수 있다.

이 기술은 영상의 복잡도와 관계없이 새로운 시점에서의 영상을 생성할 수 있다는 특징을 가지고 있다. 특히 영상이 제공하는 정보를 그대로 사용함으로써 실세계에서 표현되는 복잡한 그림자와 조명효과를 그대로 사용할 수 있는 장점이 있다. 실사에 기반한 모델링과 렌더링은 실제 영화 및 애니메이션을 제작하는 과정에서도 사용되고 있으며, 점차 보편화되어 다양한 분야로 확대되고 있다.

HDRI(High-Dynamic Range Image) 렌더링은 영상기반 기술과 함께 실세계의 모든 조명정보를 저장할 수 있는 래디언스(Radiance) 맵을 조명정보로 사용하고 래디언스 렌더링시스템의 전역 조영 알고리즘을 이용하여 가상물체를 사실감 있게 렌더링하면서 실사 배경 영상과 렌더링된 가상물체를 합성하는 기술로 미국 USC의 ICT(Institute for Creative Technologies)에 의해 주도적으로 연구되고 있다. 최근에는 실사로부터 추출한 조명정보를 실제 사람에게 적용하는 시스템을 구축하여 대상을 임의의 환경에 부드럽게 위치시키는 연구를 수행하고 있다.

여러 분야가 융합된 비사실적 렌더링기술에는 양식화기술, 추상화기술, 라인 드로잉 등이 대표적이다. 추상화기술은 주어진 대상으로부터 저주파 영역의 데이터만 선별하여 보여줌으로써 대상을 단순화하는 기술이다. 기하 추상화는 과거에 컴퓨터 버전 분야의 오브젝트 판별 및 컴퓨터 그래픽스의 실시간 렌더링을 목적으로 하며 이미지 추상화는 이미지의 중요한 부분를 유지하면서 중요하지 않은 영역과 대상 이미지를 단순화하여 예술적으로 표현한다. 라인 드로잉은 대상을 단순한 라인만으로 표현하기 때문에 대상을 가장 잘 표현할 수 있는 라인 선택방법을 의미한다.

렌더팜의 초기 모델은 수십 대의 워크스테이션을 연결하여 114,000프레임으로 구성된 77분짜리 영화인 '토이스토리' 제작에 사용되었으며 각각의 프레임을 렌더링하는 데 3시간 이상이 걸렸다고 한다.

최근에는 국내 3D 영화 '미스터고'의 고품질 영상 렌더링을 위해 LG엔시스의 렌더팜서비스가 활용되었다. LG엔시스의 '스마트렌더'는 서버, 네트워크, 스토리지, 렌더링 솔루션의 네 가지 요소를 통합하여 렌더링 수행을 돕는 HPC 클러스터로서 영화제작사가 자체 데이터센터를 구축하지 않아도 첨단기술과 인프라를 지원받을 수 있는 렌더팜서비스이다. 이를 통해 '미스터고'는 5개월 만에 완성되었다. 고난이도의 국내 3D 영화가 개봉되었고 국내 컴퓨터 그래픽스기술이 세계적인 수준으로 발전했음에도 렌더링 작업에 필수적인 슈퍼컴퓨터 인프라는 아직 부족한 상황에서 '스마트렌더'서비스는 상당한 영향을 미칠 것으로 보인다.

3) 애니메이션

컴퓨터 그래픽스 영상에 등장하는 캐릭터와 사물에 동작을 부여하는 것을 말하는데, 대부분의 상용 컴퓨터 그래픽스 제작도구에서 제공하고 있는 키 프레임 애니메이션이 현재까지는 가장 많이 사용되고 있다. 키 프레임 애니메이션은 애니메이터의 숙련도에 따라 걷기나 뛰기와 같은 주기를 가진 움직임에는 자연스러운 동작을 얻을 수 있다. 그러나 복잡한 동작이나 신체의 움직임이 격렬하고 섬세한 움직임은 만들 수 없다는 단점이 있어, 점차 다른 기술에 의해 대체되어 가고 있으며, 사실적 동작 생성을 위한 새로운 기법들의 연구가 활발한 상태이다. 미국의 펜실베이니아대학은 인간공학 모의시스템에 대한 연구를, 캐나다의 토론토대학에서는 물리적 시뮬레이션기법에 의한 인체 모델링 및 애니메이션기법을, 스위스의 제네바대학에서는 동작제어 애니메이션, 모발 및 의복 애니메이션기법을, 그리고 미국의 위스콘신 매디슨대학에서는 동작 데이터 처리기법에 대한 연구를 지속해 오고 있다.

고품질의 컴퓨터 그래픽스 콘텐츠가 증가함에 따라 디지털액터의 활용이 폭발적으로 증가하여 디지털액터가 실제 배우를 완전히 대체할 것이라는 전망까지 나오고 있다. 실제 배우수준의 디지털액터 표현을 위해서는 사실적인 외형 표현과 함께 매우 자연스럽고 마치 실제 배우가 움직이는 것과 흡사한 움직임을 가져야 하는데, 동작이 얼마나 자연스러운가에 따라 디지털액터의 수준이 결정된다고 할 수 있다. 디지털액터의 구현기술에는 모션 캡처기술, 퍼포먼스 캡처기술, 특수부위 애니메이션기술이 있다. 특수부위 애니메이션기술은 다시 얼굴 애니메이션, 헤어 애니메이션, 군중 애니메이션, 인체 애니메이션으로 나눌 수 있다. 인체 애니메이션은 사람이나 동물과 같은 가상생명체를 컴퓨터에서 구현하고 애니메이션화하는 것을 가지고 컴퓨터 그래픽스를 응용하는 하나의 분야이다.

최근에는 실제 배우의 동작 연기와 얼굴에 나타나는 감정 연기 구현, 눈동자의 움직임 포착까지 가능한 EOG 캡처, 연기와 CG가 동시에 이뤄지는 퍼포먼스 캡처기술인 이모션 캡처, 실사 촬영 장면에 실시간으로 CG 캐릭터를 합성해 보여주는 시뮬캠 등을 활용하고 있다.

현재까지의 기술로 주연 및 조연급 배우를 디지털액터로 대체하는 것은 동작의 어색함으로 인해 3D 컴퓨터 그래픽스 영화 이외에는 아직까지 많이 활용되지 않으나 대규모의 군중 엑스트라를 디지털액터로 대체하는 사례는 쉽게 발견할 수 있다. 2011년에 개봉된 영화 '혹성탈출 : 진화의 시작'에서는 이동형 모션 캡처장치를 이용해 실제 연기자들의 연기 반복을 없앰으로써 디지털액터와 실제 배우의 일체감을 높였다. 국내 영화의 '태극기 휘날리며'에서도 중공군의 인해전술 장면을 위해 수백 명의 실제 엑스트라들과 스스로 지형지물을 판단하면서 전투를 수행하는 20만 개의 디지털 캐릭터가 활용되었다.

| 표 3-1 | 디지털액터의 대표적 사례

영화 제목	개봉일	감독	사용된 특수효과
파이널판타지	2001.7.27	사카구치 히로노부 (Sakaguchi Hironobu)	모션 캡처, 전역 렌더링기술, 페이셜시스템, 사실적인 옷감 시뮬레이션기술
반지의 제왕	2002.1.1	피터 잭슨 (Peter Jackson)	퍼포먼스 캡처
킹콩	2005.12.14	피터 잭슨 (Peter Jackson)	모션캡처, 얼굴에 모션 캡처 센서 부착
폴라 익스프레스	2006.1.20	로버트 저메키스 (Robert Zemeckis)	퍼포먼스 캡처와 3D 입체영상
베오울프	2007.11.16	로버트 저메키스 (Robert Zemeckis)	퍼포먼스 EOG 캡처와 3D 입체영상
크리스마스 캐럴	2009.11.6	로버트 저메키스 (Robert Zemeckis)	퍼포먼스 EOG 캡처와 3D 입체영상
아바타	2009.12.17	제임스 카메론 (James Cameron)	이모션 퍼포먼스 캡처
혹성탈출 : 진화의 시작	2011.8.17	루퍼트 와이어트 (Rupert Wyatt)	퍼포먼스 캡처, 이동형 모션 캡처장치 사용

자료 : 스트라베이스

4) 디지털 클로딩(digital clothing)

대부분의 사람들은 신체의 90% 이상을 의복으로 덮고 있다. 그러므로 영화나 게임에서 사실성을 부각시키기 위해서는 캐릭터나 등장인물의 의복 재현이 중요하다. 의복은 인간이 사회생활을 하는 데 있어서 없어서는 안 될 요소이며, 가장 기본적으로 갖추어야 한다.

2010년 전까지 의복의 재현은 영화/게임의 제작에 한정되어 사용되었다. 2010년에 들어서면서 의상관련 기술이 추가적으로 개발되었고 이는 의류산업에 혁명적인 변화를 가져왔다. 의상 자체의 생산 내지는 의상 애니메이션을 목적으로 컴퓨터 그래픽스 모델링, 애니메이션, 렌더링기술을 유기적으로 결합한 것이 디지털 클로딩이다.

디지털 클로딩의 발전 정도는 드레이핑의 사실성, 표면 재질 표현의 사실성, 의상 구성 CAD의 포괄성 등 세 가지로 파악할 수 있다.

드레이핑의 사실성은 의복의 움직임을 모의실험하는 기술의 정확도에 비례한다.

옷의 시뮬레이션은 유한요소법을 사용한 방법과 파티클시스템을 사용한 방법의 두 가지로 나눌 수 있다. 유한요소법은 연속체인 구조물을 유한개의 요소로 분할하는 근사해법을 통해 계산해 나가는 수치계산방법이다. 파티클시스템은 이와 대조적으로 옷의 질량이 질점들에 집중되어 있다는 가정하에 뉴턴 방정식을 세우고 계산을 한다. 표면 재질 표현의 사실성은 사용된 렌더링기술의 의복 재질이 얼마나 실제와 유사하게 표현해 주느냐에 따라 결정된다.

의상구성 CAD의 포괄성은 CAD기술에서 나타난다. 의상구성 CAD기술은 시뮬레이션기술이 사실적인 옷의 움직임을 계산하고 사용하기 편한 직관적인 인터페이스를 갖추고, 다양한 종류의 옷을 표현할 수 있다. 그러기 위해서는 CAD 소프트웨어 개발을 통해 다트, 플리츠, 개더 등 각종 구성요소를 쉽게 만들 수 있으며, 기존 CAD에서 널리 사용되던 컴퓨터 파일 포맷과 종이에 그려진 아날로그 패턴데이터를 모두 수용할 수 있는 CAD 소프트웨어로 개발되어야 한다. 현재 서울대학교 디지털 클로딩센터에서는 그동안 컴퓨터 그래픽스 분야에서 축적해 온 시뮬레이션기술과 렌더링기술, 여기에 CAD를 추가하여 개발한 의상디자인 및 제작용 소프트웨어를 개발하였다(윤성의 외 2012).

5) 컴퓨터 그래픽스/실사 합성

카메라로 촬영한 실사 영상과 컴퓨터로 제작한 컴퓨터 그래픽스 영상을 합성하여 최종 영상을 만들어내는 기술로 폭발 장면, 가상캐릭터와의 연기, 기상효과, 상상 속의 장면 연출 등을 재현하거나 촬영하기 어려운 위험한 상황을 표현하기 위해 컴퓨터 그래픽스기술로 재현한 장면을 실사 영상과 합성한다. 컴퓨터 그래픽스/실사 합성과정은 수작업을 많이 요구하는 아날로그방식의 크로마킹기법을 통한 영상 합성방식이 많이 사용되고 있다 그러나 영화, 방송 등의 모든 매체가 디지털화됨에 따라 차츰 자동화된 디지털 영상 합성기술로 대체될 전망이다. 자연스러운 컴퓨터 그래픽스/실사 합성을 위해서는 컴퓨터 그래픽스 영상 객체와 실사 영상 객체 간의 시점 일치, 조명 일치, 객체 동작 속도조절 등의 조건이 만족되어야 한다.

실사와 컴퓨터 그래픽스 영상이 같이 공존하는 듯한 효과를 만들기 위해서는 서로 같은 카메라 특성과 움직인 경로에 의해 촬영과 렌더링이 이루어져야 한다. 이를 위해 비디오카메라로 촬영한 이미지 시퀀스를 이용해서 카메라의 내부 특성과 카메라가 움직인 경로를 자동으로 추출하는 기술이 필요하다. 기존의 기술은 별도의 마커나 센서를 이용하여 카메라정보를 반자동 트래킹하였으나 최근에는 비디오 이미지만을 이용하여 카메라정보를 자동으로 트래킹하며, 대표적인 상용제품으로 2d3사의 Boujou와 REALVIZ사의 MatchMover가 있다.

로토스코핑(rotoscoping)은 동영상과 애니메이션 이미지를 합성하는 기법으로 전반적으로 화면의 배경 및 인물이나 동물은 물론, 그 동작까지 실경(實景) · 실물(實物)과 똑같은 사실성에 입각하여 그림으로 그리고 촬영하는 것이 특징이다. 화면의 거의 전부를 실경 속에 적당한 인간이나 동물을 등장시켜서 촬영하고, 편집한 라이브 액션 필름에서 한 장면 한 장면을 소정의 크기로 확대하여 그 화면을 복사 · 채색하고 셀화로 바꿔 그것을 다시 정확하게 1회 1장면의 비율로 촬영하여 애니메이션 영화를 만든다.

인간이나 동물의 실사필름을 떠서 애니메이션 영화를 제작하는 방법은 오래전부터 행해졌고, 디즈니 만화 등에서 충실하게 실행되었다. 그렇지만 그것은 어디까지나 기본 데생으로 참조하고 만화적인 과장이나 데포르메(déformer)를 주로 한 독특한 성격의 그림을 만들기 위해서이다. 또 같은 배경의 셀화 위에 움직이는 셀화만을 바꿔 놓고 그 한 조(組)를 1회 2장면 정도로 생략하면서 촬영하는 것이 통례이기 때문에 자연히 사실성과는 거리가 멀어진다.

키잉(keying)은 하나의 영상(혹은 클립)의 일정 영역을 다른 영상에 선택적으로 오버레이하는 과정이다. 만일 배경과 오버레이한 영상 사이의 스위치가 단순한 하드 스위치(hard switch)의 경우, 두 영상 사이의 경계선은 매끄럽지 못하고 울퉁불퉁하게 될 것이다. 따라서 이러한 경우, 보다 깔끔한 결과를 얻기 위해서는 페인팅 같은 또 다른 처리과정이 필요하다. 키잉과정은 TV에서는 알파(alpha)채널, 영화에서는 매트(matte), 그래픽에서는 스텐실(stencil)이라고도 부른다. 키 작업의 종류로는 루미넌스 키(luminance key), 외부 키(external key, mattpainting), 크로마 키(chroma key), 리니어 키(linear key) 등이 있다.

리니어 키잉(linear keying) 작업은 하나의 비디오신호를 다른 비디오신호에 선택적으로 오버레이하는 것을 말한다. 이때 특정 부분에서의 백그라운드와 포그라운드의 비율은 키신호의 레벨에 의해 리니어 스케일(linear scale)에 따라 결정된다. 이러한 형식의 키 작업은 가장 훌륭한 경계선과 앤티 앨리어싱(anti-aliasing)을 제공해준다. 윈도우의 부분 반사로 투명한 그림자와 같은 실감나는 반투명효과를 얻기 위해서는 필수적인 키 작업이다.

크로마 키잉(chroma keying) 작업은 하나의 비디오신호를 다른 신호에 오버레이하는 것을 말한다. 오버레이된 부분은 하나의 신호에 특정 범위의 컬러나 크로미넌스 범위로 제한된다. 크로마 키 작업을 훌륭하게 하려면 작업하는 영상신호의 크로미넌스정보가 충분한 해상도 혹은 대역폭을 갖고 있어야 한다. 그러나 콤포지트 비디오시스템은 제한된 크로마 대역폭을 갖고 있어 고화질의 크로마 키 작업에는 적합하지 않다.

루미넌스 키잉(Luminance keying) 작업은 특정 수준 이상이나 이하의 휘도를 가진 신호를 중첩(super-impose)의 대상으로 하는 키를 말한다. 루미넌스 키는 크로마 키처럼 쉽게 구별되지는 않지만 오히려 크로마 키보다도 더 많이 쓰이고 있다. 대부분의 방송용 자막은 제작될 때 검은색의 바탕에 제작된다. 여기서 검은색 바탕[04]은 스위처나 이펙터에서 루미넌스 키를 적용하면 아무것도 보이지 않는 바탕이 된다. 결과적으로는 바탕을 제외한 나머지 모든 요소가 원본의 그림에 중첩되어 보이게 된다. 대부분의 방송용 자막은 기술적으로 루미넌스 키로 작성된다.

포토샵의 알파채널의 경우를 방송용어로는 외부 키(external key)라고 한다. 위의 두 가지 키, 즉 크로마 키와 루미넌스 키는 따로 키를 생성하지 않고 원본의 특정한 부분을 키로 하는 'self-key'나 'internal key'라고 말할 수 있는 데 비하여, 이 외부 키는 'key'가 되는 소스를 포토샵의 알파채널처럼 별도로 제작하여 원본의 이미지와 같이 합성한다. 많이 보는 CF에서 날아다니는 물체나, 하늘의 합성(CF의 하늘은 거의 100% 합성한 하늘이다), 소품 TV나 컴퓨터 모니터 속의 영상, 3D 그래픽 이미지와 실제 그림과의 합성은 대부분 외부 키를 가지고 정밀하게 합성한 것이라고 보면 된다. 요즈음은 컴퓨터를 기반으로 한 편집과 합성이 대중화되면서 위의 세 가지의 경우에 여러 가지 변수가 첨가되거나 완전히 새로운 키의 개념이 다양하게 존재한다. 프리미어만 보더라도 10가지 정도의 키가 존재한다.

6) 자연현상 특수효과

영화에서 많이 볼 수 있는 위험하거나 비용이나 시간적 문제로 실사 촬영이 곤란한 표현(폭발, 화염, 태풍, 눈보라, 해일 등 비정상적인 자연현상) 등에 필수적으로 이용되고 있다. 또한 이 분야에 대한 연구는 상당히 활발히 이루어져, 상용화 수준도 가장 앞서 있다. 즉, 물, 불, 바람 등의 표현에는 기본적으로 다수의 입자에 대한 시뮬레이션인 입자시스템(particle system)이 사용된다. 이 중 물 표현 분야는 유체역학 및 파동이론을 적용한 시뮬레이션을 통해 물의 사실성을 극대화시키고 이를 콘텐츠

04 사실 영상의 영역에서 검은색은 색이라고 하지는 않고, 크로마가 없고 루미넌스 레벨이 0인 신호일 뿐이다.

에 적용하고 있다. 픽사에서 제작한 '니모를 찾아서'에서 물을 배경으로 한 많은 기술들이 선보여졌고 Nextlimit사의 RealFlow와 Realwave나 Arete Entertainment사의 다양한 플러그인이 출시되어 왔다. 폭파나 인위적인 불에 대한 표현은 실사 영화에서는 안전을 요하는 작업의 특성상 미니어처를 폭파한 후 컴퓨터 그래픽스로 수정하는 작업이 보편화되어 있다. 그러나 순수 컴퓨터 그래픽스 영화의 경우 물 표현에 비해 사실적인 표현수준이 다소 떨어지는 상태이다.

1.2 가상현실

가상현실(virtual reality)은 이미 1970년대 중반에 그 개념이 대두되어, 1989년에 미국의 재론 래니어(Jaron Lanier)가 처음으로 사용한 용어이다. 이후 가상현실 개념의 범위가 확대되어 가면서 학자마다 여러 가지로 정의를 내리고 있다. 그러나 일반적으로 가상현실이란 인공적으로 만들어 낸 가상의 현실 또는 가공의 세계에 현실감을 가지게 하는 기술이다. 사이버공간(cyberspace), 인공현실(artificial reality), 가상세계(virtual worlds), 합성환경(synthetic environment), 인공환경(artificial environment)이라고도 한다.

가상현실은 인간의 오감을 컴퓨터로 계산하여 인공적으로 환경을 만들어 낸다. 사람은 보고, 듣고, 만지고, 맛보고, 냄새 맡는 5가지 감각, 곧 시(視) · 청(聽) · 촉(觸) · 미(味) · 후(嗅)의 오감으로 사물을 감지하고 있다. 가상현실은 현실에는 없는 것을 컴퓨터에 의해 인공환경을 만들어 현실처럼 보이게 한다. 물리적으로는 존재하지 않지만 기능적으로는 존재할 수 있는 환경설정이라고 정의할 수 있다.

처음에는 NASA(미항공우주국)에서 피셔 등이 텔레프레젠스(원격 로봇 조작)를 목적으로 개발하였다. 헤드마운티드 디스플레이(HMD : Head Mounted Display)나 데이터 글로브의 기술을 기본으로 해서, 조작하는 자의 신체(머리나 손)의 움직임에 반응하여, 컴퓨터 그래픽스상의 동화(動畵)에 피드백을 거는 것으로 실현된다. 스테레오 음성을 가미하면 더욱더 현실감이 더해진다. 의사세계(擬似世界)의 표현법, 그 세계에 있는 대상물에 대한 자율성의 유지법, 외부의 인간과의 대화법이 열쇠가 된다.

21세기에 개발된 신기술의 하나로서, 시뮬레이션이나 교육훈련의 도구, 오락에의 응용 외에도 새로운 대화형(對話型)의 예술 미디어로서의 성장도 기대할 수 있다. 반면에 이 기술은 인간의 마음속까지 파고들 가능성이 높아, 위험성을 지적하는 소리도 있으므로, 실용화에 있어서는 일반의 합의나 윤리적인 기준이 필요하다.

가상현실기술은 가상환경의 구축을 손쉽게 도와주는 저작기술, 사용자의 몰입감을 높여주는 가상현실 인터페이스기술, 물리적으로 멀리 떨어져 있는 사용자 간의 정보 공유를 위한 대규모 가상공간 구축기술, 실세계의 정보와 가상의 정보를 공유하게 하는 혼합현실기술, 그리고 조종사의 모의 훈련이나 모의 조립 등을 위한 시뮬레이션기술 등으로 분류할 수 있다. 가상현실기술은 사용자에게 사실감과 몰입감을 증대시키기 위한 인간과 컴퓨터 간의 모든 상호작용이 관계되며, 다양한 시각적 효과뿐 아니라 체감효과 구현기술 및 생체신호 등의 처리기술도 포함한다.

가상현실기술은 다양한 분야에서 폭넓게 시도되고 있다. 이는 가상현실이 제공할 수 있는 다양한 장점 때문인데, 우선 HMD나 CAVE와 같은 장비를 통한 시각적 몰입과 햅틱 인터페이스 장비를 통한 촉각적 현실감을 줄 수 있으며, 3차원 음향을 통한 실제와 유사한 청각을 제공할 수 있다. 이 밖에 실제와 유사한 환경을 생성할 수 있기 때문에 안전성이 요구되는 환경에서의 시뮬레이션, 네트워크를 통한 다자간 참여 등의 장점도 가지고 있다.

(1) 가상현실의 분류

가상현실은 기준에 따라 다양하게 분류될 수 있다. 즉, 가상현실 자체에 따른 분류, 사용자에 따른 분류, 그리고 용도에 따른 분류 등이며, 이에 대해서 구체적으로 살펴보면 다음과 같다.

1) 가상현실 자체에 따른 분류

가상현실(virtual reality) 자체의 종류는 다음과 같이 데스크톱 가상현실, 투사형 가상현실, 몰입형 가상현실, CAVE, 그리고 증강현실 등 5가지로 분류해 볼 수 있다.

데스크톱 가상현실은 사용자가 컴퓨터 화면상에서 3D로 구성된 가상현실과 인터페이스하는 형태이며 주위에서 가장 쉽게 접할 수 있다. 특수 안경을 통해 입체감을 느낄 수 있고, 마우스나 조이스틱, 또는 데이터 글로브와 같은 도구를 통해 화면의 물체를 조정하게 된다.

투사형 가상현실은 가상공간에 사용자의 이미지를 결합(cverlapping)시키는 것으로 사용자는 가상공간에 위치한 자신의 이미지를 볼 수 있다. 특수한 장비를 통해 사용자의 행동 하나하나를 가상현실에 그대로 반영할 수 있으며, 가상공간에서 사용자는 자신의 행동과 그에 따른 반응을 관찰할 수 있다. 현재 주로 오락용으로 많이 적용되고 있다.

몰입형 가상현실은 사용자가 가상현실에 완전히 몰입하게 되는 것으로, 머리의 움직임을 추적하여 그 좌표를 정확히 가상현실에 나타내는 HMD를 사용하여 사용자의 움직임에 따라 주위의 가상현실도 변화하게 되어 실제로 가상현실 속에 사용자 자신이 있는 것 같은 느낌을 갖도록 한다. 처음에는 주로 산업용으로 많이 연구되었으며, 점차 오락산업 분야로 그 범위가 확대되고 있다.

CAVE(Computer Assisted Virtual Environment)란 극장이나 영상공간의 앞, 좌우 또는 무대 위 등의 4면에 3D 입체영상을 투영하는 시스템이다. 사방으로 둘러싸인 것과 같은 시각 이미지가 관객의 움직임에 따라 실시간으로 변화하여, 작품이 창출하는 가상의 세계를 떠돌아다니는 것과 같은 체험이 가능한 3차원 가상현실시스템이다. 각기 다른 방향을 항상 살펴보아야 하는 비행기 조종사의 훈련 등에 사용되는 가상현실이다. CAVE는 특히 같은 시간에 서로 다른 개인이 같은 경험을 하는 집단적 가상현실 체험(collective VR experience)을 가능하게 하는 데 가장 적합하다.

증강현실(augmented reality)은 사용자의 시야에 실제 환경과 함께 가상의 물체나 아이템이 나타나는 것으로, 실제 환경에 대한 보다 풍부한 정보의 제공을 그 목적으로 하고 있다. 증강현실은 2009년 말 즈음부터 대중적으로 알려졌으며, 배경에 3차원 가상이미지를 겹쳐서 하나의 영상으로 보여주는 기술이다. 요즈음에는 스마트폰이나 태블릿 PC 등의 기기를 대상으로 증강현실을 적용한 애플리케이션과 전자책 등이 주목받고 있으며, 교육, 군사훈련, 게임뿐만 아니라 패션, 유통, 부동산, 자동차, 관광 등 다양한 분야에 증강현실이 적용되고 있다.

2) 사용자에 따른 분류

사용자에 따라 가상현실의 응용 분야를 분류해 볼 수 있다. 즉 가상현실 시뮬레이터의 경우 보통은 훈련자 한 명이 한 대의 시뮬레이터를 사용한다. 그러나 경우에 따라 극장형 시스템처럼 여러 훈련자가 동시에 한 대의 시뮬레이터를 사용하는 경우나 네트워크를 이용해 여러 명의 훈련자가 각자의 시뮬레이터를 이용해 동일한 훈련을 하는 경우도 있다. 따라서 다음과 같이 일대일, 다대일, 다대다 시뮬레이터로 분류해 볼 수 있다.

일대일(One-to-One) 시뮬레이터는 사용자 한 명이 한 대의 시뮬레이터를 이용해 독립적으로 훈련을 행하는 시스템으로 공간적으로도 독립되어 있으며, 다른 시뮬레이터와의 명령에 대한 정보교환은 가능하지만 영상표현은 이루어지지 않는다.

다대일(Multi-to-One) 시뮬레이터는 테마파크 등에서 보이는 사례로 여러 명의 사용자가 한 대의 시뮬레이터에 탑승하는 경우이다. 일반적으로 운전자를 제외한 사용자는 수동적인 상태에 놓여 있는 경우가 대부분이다. 그러나 보조 운전사 개념으로 여러 명의 사용자가 각자의 임무를 부여받아 자신의 계기판을 조종하고 그 결과가 전체 시뮬레이터의 운동과 영상에 영향을 주는 방식도 있다. 선박 시뮬레이터가 다대일 시뮬레이터의 대표적인 사례이다. 즉 각 승무원들은 통신, 항해, 지휘, 레이더 관측 등의 고유한 임무를 수행하고 각각의 결과가 전체 시뮬레이터에 반영된다. 비행기의 경우나 자동차의 경우에도 보조운전자가 필요한 경우가 있으며 이때에는 다대일 시뮬레이터 개념이 적용된다. 하지만 시뮬레이터 전체로 보면 한 대의 시뮬레이터가 가진 기능의 일부를 각 훈련자가 분배받는 방식이기 때문에 일대일 시뮬레이터와 내부적인 구성은 동일하며 형태나 공간적으로만 차이를 보인다.

다대다(Multi-to-Multi) 시뮬레이터는 네트워크를 활용한 최근의 시뮬레이터의 경향이다. 즉, 모든 시뮬레이터 개발 시 공통되는 데이터를 표준으로 정하고 이를 준수함으로써 개발 후에 서로 다른 시뮬레이터를 연동하여 동시 훈련을 가능하게 한다는 개념이다. 여러 명의 훈련자가 각자의 시뮬레이터를 조작하면 그 변화가 네트워크에 연결되어 있는 상태 시뮬레이터에도 반영된다. 군사적인 시뮬레이터들은 모두 이러한 다대다 시뮬레이터의 개념으로 변화하고 있다. 특히 대부분의 전술훈련용 시뮬레이터들은 분산 상호작용 시뮬레이션(DIS : Distributed Interactive Simulation) 또는 HLA(High Level Architecture)기술을 이용해 이러한 개념을 실현하고 있는 상태이다. 예를 들면, 전투기 훈련자가 실지형 모델에서 비행 시뮬레이터를 이용해 훈련을 할 경우 방공호 시뮬레이터에서는 그러한 비행기의 위치가 레이더에 디스플레이되어 훈련 시나리오에 따라 적기 또는 아군기의 실 좌표로 나타난다. 그에 따라 방공호를 운영하면, 이번에는 비행 훈련자의 시뮬레이터 레이더에 움직이는 포탄이 표시된다. 이러한 다대다 시뮬레이션의 개념은 단지 군뿐만 아니라 일반 운전 시뮬레이터에도 적용되어 복잡한 도로 표현을 자연스럽게 해줄 수도 있다. 이러한 분산 상호작용 시뮬레이션의 개념에는 시뮬레이터 간의 데이터 교환 이외에도 실장비, 즉 실제 비행기나 실제 자동차와의 데이터 교환 개념도 포함되어 있다.

3) 용도에 따른 분류

용도에 따른 분류는 가상현실 응용 분야에 따른 분류로, 가상현실 시뮬레이터가 사용되는 장소와 기능에 의한 분류이다. 용도에 따라 비행용 시뮬레이터, 선박용 시뮬레이터, 육상용 시뮬레이터, 그 이외의 특수목적 시뮬레이터로 구분된다.

비행용 시뮬레이터는 시뮬레이터가 발달하게 된 계기가 된 분야로 그 난이도에 있어서 가장 높다고 할 수 있다. 비행용 시뮬레이터에서 가장 중요한 것은 정확성이다. 각각의 계기판이 실제 비행기와 동일한 반응을 보여야 하며 이것이 시각적으로도 반영되어야 한다. 또한 실제 조종 중에 처하게 될 다양한 비상상황에 대비한 훈련도 어느 정도까지는 이루어져야 비행용 시뮬레이터의 기능을 할 수 있다. 소형 · 중형 · 대형 항공기, 전투기, 폭격기, 화물기 등의 세부적인 적용이 가능하고 비행 훈련의 종류에 따라 이착륙 훈련, 초등 비행, 고급 비행 훈련, 전술 비행 등으로 다시 분류되기도 한다.

선박용 시뮬레이터는 비행용 시뮬레이터보다는 난이도가 적지만, 그 갑판 전체를 모형으로 제작하는 경우가 많기 때문에 규모에 있어서는 가장 크다고 할 수 있다. 선박의 항해에 필요한 각종 신호, 조종술, 통신술, 레이더 해독, 방향 탐지, 계기판 숙달 등이 주요한 훈련목표가 되며 파도의 표현이 영상표현상의 관건이 된다.

육상용 시뮬레이터는 자동차나 탱크, 장갑차, 포크레인 등의 중장비 등에 대한 훈련을 시행하기 위한 시뮬레이터로 정밀성이 아주 높은 정도로 요구되지는 않지만 무시될 수는 없다. 영상표현에 있어서는 일반인들이 자세히 관찰할 수 있기 때문에 오히려 다른 분야보다 중요시된다. 주행 중 경험하게 되는 도로의 상황, 교습장 코스, 대향차, 유도신호, 야간의 운전, 안개, 우천 등의 시계제한 시의 운전, 눈길, 빗길의 운전 등이 주요한 훈련목표가 된다.

특수목적 시뮬레이터는 선박의 도장, 미사일 훈련, 보병 훈련, 공장 작업 훈련, 특별한 기기의 숙달 등에 필요한 시뮬레이터들이 사례별로 개발되고 있는 상황이다. 아직 미개척의 분야가 많으며, 다양한 요구사항도 나타나고 있다.

(2) 가상현실 제작용 컴퓨터

1) ONYX2 Infinite Reality

처음 오닉스가 나오게 된 것은 군사 시뮬레이션이나 기상예보와 관련된 리얼타임 시뮬레이션을 위해서였다. 오닉스는 기존의 시스템들에서 하기 힘들었던 기능들을 대부분 포함하였다. 'Multi Channel Option' 기능으로 기존의 시스템들이 그래픽카드를 여러 장 끼워야만 해결하는 문제를 단 하나로 자유롭게 세팅하여 사용할 수 있게 하였고 여러 개의 CPU를 증설할 수 있게 하였으며, 'Reality Engine'이라는 그래픽카드와 RE2라는 최고의 그래픽카드를 쓸 수 있다.

오닉스는 군사 시뮬레이션에서 독보적인 존재로 자리 잡고 있다. 비행 시뮬레이션을 비롯한 방위산업 전반에 걸쳐 사용되고 있다. 또한 방송을 비롯한 엔터테인먼트 시장의 상당부분에 자리 잡고 있으며 기상분석 및 가상현실 등 대부분의 환경에서 확고한 자리매김을 하고 있다.

이 시스템의 단점은 엄청난 가격이었는데 이후 ONYX2 Infinite Reality 출시로 어느 정도 극복되었다. ONYX2 Infinite Reality는 ONYX RE2보다 무려 5~10배 정도 속도를 빠르게 구성하였으면서도 가격은 절반 이하이다.

오닉스시스템에 옵션으로 있는 오디오시스템은 모든 방송용 시스템과 호환이 되는 표준으로 제작, 24비트 오디오를 입출력한다. Reality Monster라는 제품은 기존 MCO라는 제품이 하던 것을 시스템 3개가 처리할 수 있도록 묶는 기술이다. 이를 이용할 경우 초당 약 8천만 개의 폴리곤을 그릴 수 있는 'Monster'로 변하게 된다.

2) OCTANE

실리콘그래픽스사의 OCTANE 워크스테이션은 제조업, 엔터테인먼트, 비주얼 시뮬레이션, 방위산업, 그리고 전문과학 분야를 망라하는 비주얼 컴퓨팅 솔루션이다. 우선 MIPS R10000프로세서의 전면 등장으로 IRIX 6.4와 함께 64비트 환경을 확고히 만들었다. 한 개 혹은 두 개의 R10000 프로세서를 통해 OCTANE은 디자인과 분석 혹은 모션 모델링과 행위 추적(behavior scripting) 같은 복잡한 작업을 동시에 처리할 수 있다. 시스템의 모듈성으로 시스템에 대한 필요가 바뀔 때마다 손쉽게 시스템 업그레이드를 가능하게 한다.

따라서 사용자는 자신의 형편에 맞는 싱글 프로세서의 OCTANE/SI시스템으로 시작하였다가 나중에 메모리, 텍스처, 지오메트리, 프로세서, 그리고 그래픽을 업그레이드하여 변화하는 시스템 환경에 맞출 수 있다. 이것은 VR시스템을 구축할 때에 시간이 지남에 따라 다른 시스템으로 교체할 필요 없이 점차 부가적인 하드웨어를 연결함으로써 더 나은 VR환경을 만들어 줄 수 있도록 할 수 있다는 것을 말한다.

OCTANE은 그래픽, CPU, I/O 서브시스템 등을 최대한 활용할 수 있도록 짧은 대기시간과 높은 대역폭(각 XIO 포트당 1.6GB/sec)을 갖춘 시스템 아키텍처로 설계되어 있다. OCTANE은 전통적인 공유 버스 대신에 크로스바 스위치(crossbar switch)를 사용하고 있다. 크로스바는 두 개의 어떠한 컴퓨터 서브시스템도 역동적으로 직접 연결할 수 있으며, 다른 시스템의 활동을 방해하거나 서로 경쟁하지 않고 고속의 길을 열어준다. 일단 링크가 형성되면 각 링크당 초당 1.6GB의 처리능력을 제공하며 다른 시스템의 트래픽이 아무리 많아도 이미 확보된 대역폭은 건드릴 수 없게 된다. 이러한 설계로 인해 대역폭은 매우 높고 대기시간은 매우 낮게 된다.

3) O2

64비트 MIPS R5000 또는 R10000 프로세서를 사용하며 높은 대역폭을 제공하여 그래픽과 연산 애플리케이션의 실행 속도를 향상시킨다. O2는 CAD 모델링, 포스트 프로덕션, 웹사이트 구축, 그리고 과학 데이터의 시각화 등에 사용되는 하드웨어이다.

통합 메모리 구조(UMA : Unified Memory Architecture)를 채택하였는데, 통합 메모리 구조에서는 시스템 메모리, 프레임 버퍼, Z-버퍼, 텍스처 메모리, 렌더링 메모리, 이미지 메모리, 그리고 비디오 메모리 등이 모두 동일하다. O2에서는 전용 메모리들이 컴퓨터 전체에 분산되어 특정 시간에만 사용되는 것이 아니라, 필요에 따라 시스템 메모리로부터 자동적으로 재할당된다. 즉, O2는 표준 메모리를 업그레이드하면 텍스처 메모리를 확장할 수 있도록 되어 있는 것이다. O2의 표준 32비트 더블 버퍼 그래픽과 하드웨어로 가속되는 기능으로는 텍스처 매핑, Z-버퍼, 안티-알리아싱, 스텐실, 안개효과, 컬러 영역 변환(color space conversions) 기능 등이 있다. 텍스처 메모리를 제한하는 다른 그래픽 보드와는 달리, 유연성을 지닌 통합 메모리 아키텍처(UMA)는 텍스처에 메모리를 무제한으로 할당할 수 있게 한다.

(3) 가상현실 저작기술

가상현실 저작기술은 어느 정도 완성된 가상환경 구축을 위하여 그래픽 툴을 이용함으로써 가상세계 환경 구축을 좀 더 쉽고 빠르게 하도록 하는 기술이다. 가상현실 기술 개발에 있어 저작 툴에는 OpenGL이나 VRML과 같은 개발 라이브러리 함수방식과 진보된 저작도구를 활용한 방식이 있다. 라이브러리 함수방식은 가상세계를 구성하기 위해 미리 포함된 수백 개의 루틴으로 만들어 놓은 함수를 호출하여 사용한다. 이것은 C언어를 기반으로 가상환경을 조성하고 있으며, 원하는 가상환경을 쉽고 다양하게 개발할 수 있다. C언어나 C++과 같은 프로그래밍언어를 사용하기 때문에 프로그래밍 능력이 뛰어나야 하므로 일반인이 쉽게 접근하기에 무리가 있는 방식이다. 대표적인 저작도구방식으로 센스 8의 WorldToolKit을 들 수 있는데 프로그래밍에 대한 전문지식이 없더라도 에디터의 아이콘이나 명령을 사용하여 쉽게 3차원 공간을 구성할 수 있다.

가상현실 콘텐츠 제작을 위하여 객체 배치 및 실사환경 조명정보를 지정, 사용자 이벤트 또는 환경 이벤트의 정의, 이벤트에 따른 view/scene/scenario 변경 처리, 가상객체 행위처리, 사실적 표현 및 실시간 처리를 위한 실사기반 객체 모델링, 이동형 3D 스캐너 활용, 실사영상기반 모델링, 메쉬 최적화/Geometry 압축, 객체 표면 반사/굴절 속성 및 표면텍스트, 질감 편집, 사실적 객체 동작 생성 및 편집 등이 요구된다. 또한 실사기반 동작 획득기술을 위하여 비정형 물체 동작 획득 및 표현, 물리기반 동작 생성 등이 요구된다.

현재 일반적으로 사용되고 있는 가상현실 제작을 위한 소프트웨어를 소개하면 다음과 같다.

1) OpenGL

OpenGL, PERFORMER, 그리고 INVENTOR 등은 전문 가상현실 개발 툴은 아니나 가상현실 개발 툴들의 모체가 되는 기술이다. OpenGL은 1980년대 초반 그래픽스기술의 필요에 의해 그래픽 API의 개발로 시작되었다. 3D 그래픽스, 시뮬레이션 및 가상현실에 관심이 있는 프로그래머에게 적합하다.

2) WorldToolKit

업계 최고의 시장성을 얻고 있는 3D VR software development toolkit으로 순수과학 또는 상업적 용도를 위한 고성능의 실시간 통합 3D 애플리케이션 개발시스템이다. WTK는 'function library'를 가지고 있고 사용자 개발 툴을 가지고 있어 자신의 애플리케이션을 만들고 관리하고 상용화하려는 사용자들에게도 유용하다. API를 이용해 빠른 프로토타입 설정과 개발, 그리고 애플리케이션 프로그램의 수정이 가능하고, 네트워크기반의 시뮬레이션과 업계의 주류를 이루는 HMD, 트랙커, 'navigation controller' 등의 매우 다양한 입출력 인터페이스를 지원한다. 고성능 디자인, 최대의 개발 툴들을 제공하며 SGI, Sun, HP, DEC, Intel, PowerPC 등의 거의 모든 플랫폼에서 구동되고, 제작이 가능하다. 'WorldUp'에 비해 C나 C++ 개발환경에 익숙한 프로그래머에게 적당하다.

3) WorldUP

강력한 실시간 기능을 객체기반 환경에서 제공한다. WTK의 컴파일된 언어로 개발하는 것보다 'BASIC'이나 신속한 프로토타이핑 툴을 필요로 하는 C 프로그래머들에게 더 적당하다. 인터프리터기반의 베이직 구문 스크립팅언어로 GUI 개발환경에서 사용가능하고 실시간으로 오브젝트의 동작과 배경화면을 수정할 수 있다. 또한 컴파일이나 컴파일수, 다시 시작을 위해 시뮬레이션을 정지시킬 필요가 없다. 통합모듈(integrated modeler)을 지원하고 VRML, binary NFF, WorldToolKit NFF, 3DS, DXF, FLT, OBJ, ProEngineer Render와 GEO 파일형태를 지원한다. pentium 90MHz 24MB RAM, OpenGL 기반의 그래픽 가속보드, Windows95, NT 4.5 또는 3.5의 사양이나 Indigo 2, 64MB RAM, Irix5.2 또는 그 이상의 플랫폼에서 실행가능하다.

4) Superscape VRT

영국 3D 전문회사 Superscape사의 제품으로 가상현실을 디자인하고, 만들고 프로그래밍할 때 사용하는 소프트웨어 패키지이다. 가상현실 설계에서 사용될 모든 종류의 형태를 제작할 수 있는 'shape modeler'와 'world editor'를 제공하여 3D 개발환경에서 모델링과 에디팅을 실시간으로 한다. 'world editor'는 마우스 인터페이스로 채색, 조명, 동적 움직임, 위치선정, 애니메이션, 곡선, 소리와 그림의 덧붙임 등을 수행한다.

VRT는 자체 'sound editing studio'를 가지고 있어 모노, 스테레오 모두를 지원하며 다양하고 정교한 객체와 이미지 표현을 위해 사진이나 컴퓨터로 제작된 이미지들을 VRT 자체에서 지원하는 'Image Editor'를 통해 편집할 수 있다. 그리고 더 복잡한 가상현실의 동작과 프로그래밍을 위해 VRT는 자체 'control language'인 SCL을 가지고 있다. SCL은 가상현실 내의 어떤 객체에도 프로그래밍이 가능하고 코드 모니터와 디버거도 포함하고 있다.

5) MR(Minimal Reality) ToolKit

가상현실과 다른 3차원 사용자 인터페이스 형태를 제작할 수 있는 소프트웨어 툴로서 라이브러리, 디바이스 구동기(device driver), 지원프로그램, 기하학과 동작에 대한 서술언어로 이루어져 있다. MR은 디바이스 독립적이고 플랫폼 이동 시 최소의 소스코드 수정만으로 실행가능한 'VR application' 개발을 제공한다. Object Modeling Language(OML), 3D modeler(JDCAD+), Environment Manager(EM)를 멀티유저용 AP 실행을 위해 제공한다.

6) Virtus Walkthrough

효과적인 그래픽 렌더링을 위해 최소한 486 이상 플랫폼에서 3차원 프레젠테이션과 동작 등의 실질적인 애니메이션을 제공한다. 평면 처리에서 벗어나 'far', 'near'의 요소를 갖추고 있어 선과 선, 또 다른 공간이라는 개념에서 접근을 시도하기 때문에 CAD나 일반적인 드로잉프로그램이 계산하고 시도하지 못하는 것을 해낼 수 있다.

가상공간 설계 시, 소스코드와 더불어 2차원 세계를 3차원 공간으로 제시한다. 즉, 소스코드와 더불어 새로운 인터페이스 툴로서의 역할을 한다. 또한 오브젝트 형태를 가지고 있어 이미 작성된 공간이라도 차후에 수정 시 같은 오브젝트를 가지고 재작업을 하여 다른 이미지를 만들어 낼 수 있다. 다른 그래픽 툴과의 호환성도 좋다. 그러나 공간 연속적인 장면의 묘사가 불가능하다.

7) HomeSpace Builder

가상공간 설계의 제작도구로 기능이나 사용법이 Virtus Walkthrough와 비슷하다. 그러나 텍스처 매핑기법을 충분히 지원하기 때문에 이러한 기능을 제공하지 않는 Walkthrough보다 현실감 있게 그릴 수 있다. 흔히 텍스처 매핑기법을 사용하면 렌더링 시 시간이 오래 걸려 공간 이동 시 속도의 저하를 느끼나 HomeSpace Builder에서는 빠른 렌더링을 보여주고 있다.

8) VRML

컴퓨터 그래픽 전용으로 특별히 고안된 장면 기술언어로 3차원 공간과 그 안의 객체를 손쉽게 만들어 낼 수 있다. 이는 실리콘그래픽스사에서 개발한 그래픽언어, 오픈 인벤터에 바탕을 두고 더욱 융통성 있게 만들 필요가 있는 부분을 개선하고 WWW에 호환하여 사용할 수 있도록 몇 가지 특성을 추가하여 만든 것이다. VRML은 언어이나 프로그래밍언어가 아니기 때문에 컴파일이나 링크 등의 과정 없이 해석기를 통해 해석하고 해석된 장면을 화면에 나타내는 과정을 거친다.

일종의 스크립트언어이며, VRML 문서를 보기 위해서는 'webfx'나 'world view'와 같은 VRML 브라우저를 사용해야 한다.

9) 파이오니아 프로

칼리가리의 TRUE SPACE 2.0 이후 발표된 제품인 파이오니아의 경우 TRUE SPACE 2.0에서 일부 기능이 제거되고 VRML을 위해 필요한 기능들이 추가된 프로그램이다. 반면 TRUE SPACE의 경우 기존의 2.0 기능이 대폭 확대 · 강화됨과 동시에 VRML 2.0 제작 기능에 3D SOUND 기능을 제공하며 가상공간에서 간단한 애니메이션까지 만들 수 있다.

10) COSMO WORLDS

VRML을 선도하고 있는 실리콘그래픽스(SGI)사에서 개발한 COSMO WORLDS는 매우 다양한 기능을 제공하고 있다. 단 COSMO WORLDS는 완벽한 VRML 호환이 아니다. 개발 당시 자체적인 코즈모 함수들을 이용하였기 때문에 VRML 2.0을 지원하기 위해서는 별도의 변환과정이 필요하다. 또한 SGI시스템이 필요하며 다른 저작도구들처럼 데모 버전을 사용할 수 없다.

11) 인터넷 3D 스페이스 빌더 2.1

다운로드받을 수 있는 데모 버전은 폴리곤 사용에 제한이 있으며 2개 이상의 맵 소스와 2개 이상의 Movie를 사용할 경우 저장을 할 수 없게 되어 있다. Internet 3D Space Builder 2.1은 타 소프트웨어에 비해 매우 저렴하고 쉽게 사용할 수 있는 장점을 지니고 있다. 또한 VRML 2.0의 상호작용 기능 또한 기본적으로 제공하며 무엇보다도 사용하기 쉬운 VRML 저작 툴로 평가받고 있다. 자체적으로 VRML 파일을 보여주는 렌더링 엔진 구현기술로 'D96'이라 불리는 기술을 지원하는데 매우 빠르게 구동된다. 이 'D96'이라 불리는 기술은 인텔의 MMX 기술과 Direct X, 3D Blaster를 지원한다.

12) 기타

Vream 사이트에서는 VR 크리에이터 저작 툴을 소개하고 있으며 Woirld 2.0 버전의 VRML 브라우저를 다운로드받을 수 있다. Vrealm 사이트에서는 VRealm Builder Beta 2.0 버전의 프로그램을 다운로드받을 수 있다. 또한 Realimation은 VR 구축 애플리케이션으로 STE 버전을 다운로드받을 수 있으며 자체적 플러그인 소프트웨어를 제공한다.

(4) 가상현실 인터페이스기술

가상현실 인터페이스기술은 컴퓨터로 실현되는 가상현실상에서 사용자에게 사실감 및 몰입감을 증대시키기 위한 인간과 컴퓨터 간의 모든 상호작용기술을 일컬으며 다양한 시각적 효과뿐 아니라, 체감(오감, 촉감 및 역감)효과 구현기술 및 생체신호(뇌파, 안전도, 근전도 등)의 처리기술도 포함한다.

사용자가 가상세계에서 명령전달을 하기 위해 어떤 대상체에 대하여 반응하도록 컴퓨터에 명령을 내려 영향력을 행사하는 것을 상호작용이라 할 수 있다. 상호작용은 상황의 변화를 일으키는 가상환경과의 대화시스템이다. 일반적으로 상호작용은 아직까지 손동작에 의해 이루어지고 있으나 가까운 미래에는 눈동자의 응시점 추적 또는 뇌파의 변화를 감지하여 실시간 대화가 가능해질 것이다. 그러기 위해서는 참여자 신체의 전부나 일부분의 동작을 인식하는 센싱기술이 필요하다. 현재의 기술로는 크게 세 가지 방식이 있는데, 첫째 사람의 신체동작을 인식하는 방법, 둘째 상징(symbol) 정보를 이용하는 방법, 셋째 생체정보를 이용하는 방법이 있다.

뇌파를 이용한 생체인터페이스는 MIT가 내놓은 Technology Review에서 앞으로 세상을 바꿔놓을 10대 기술에 선정될 정도로 현재 그 중요성이 부각되고 있는 실정이다(류창수 외 2003). 이는 뇌파를 이용하는 인터페이스가 VR 환경하에서 기존의 마우스나 키보드 등의 인터페이스가 가지는 단점을 대체 혹은 보완할 수 있는 신개념의 인터페이스로 간주되기 때문이다. 그러나 이러한 생체신호기반의 인터페이스에 관한 기술의 필요성과 높은 발전 잠재력을 인식한 선진국이 광범위한 투자 규모로 기술개발에 박차를 가하고 있는 반면 국내 상황은 여러 면에서 상당히 미흡하다.

(5) 대규모 가상공간 구축기술

가상공간 구축의 역사는 컴퓨터와 소프트웨어기술의 진화와 밀접하다. 컴퓨터기술을 이용한 가상공간 구축은 1970년대 후반부터 주로 군사훈련 및 예측 분야에서 가상현실기술을 접목하면서부터 시작되었다. 1980년대부터는 슈퍼컴퓨터 등을 이용한 가상공간 구축 시도가 미국을 중심으로 꾸준히 이루어졌다. 1990년대 중반까지는 Unix 운영체제를 이용하는 슈퍼컴퓨터를 비롯하여 워크스테이션까지 비교적 다양한 하드웨어 플랫폼에서 가상공간의 구축이 이루어졌다. 그러나 실질적으로 가상현실기술이 보편화되고 다양한 산업 분야에서 업무의 획기적인 효율성을 가져온 시기는 1995년 이후라고 볼 수 있다. 미국 마이크로소프트(Microsoft)사의 Windows NT 운영체제가 탑재된 워크스테이션이 기존의 억대 이상을 호가하던 실리콘그래픽스(SGI)사의 장비를 대체하면서부터라고 할 수 있다.

기존의 가상환경 상호작용은 사용자와 컴퓨터 간의 상호작용만을 다룬 반면에 네트워크 환경의 발전으로 물리적으로 다른 장소에 위치해 있는 사용자와 실시간으로 의사소통을 하고 공동작업(collaboration)을 할 수 있는 대규모 가상공간 구축기술이 개발되었다. 공유된 공간 내에서 참여자들은 물체뿐만 아니라 상대방과도 서로 상호작용이 가능하게 된 것이다. 예를 들어, SIMNET에서 다른 군기지에 있는 탱크나 비행기 시뮬레이션 장치에 탑승한 군인들은 전장 체험을 시뮬레이션하기 위한 공유된 가상공간 내에서 서로 교전할 수 있다(김형석, 이기창, 전성규 2000).

이러한 것을 가능하게 하기 위해서는 3D 그래픽기술을 이용한 3차원 가상공간 및 멀티미디어회의시스템, 원거리 사용자들 간에 가상공간을 공유하기 위한 네트워킹기술, 상호작용 시 실시간성을 보장하고 자원을 효율적으로 사용하기 위한 QoS(Quality of Service)제어기술 등이 필요하다.

대표적으로 공동작업이 가능한 네트워크 가상환경시스템은 군사훈련 목적으로 개발된 NPSNET이다. 광대역상에서 다중 사용자를 지원하는 응용시스템을 위한 구조로서 분산 시뮬레이션을 위해 미국방성에서 개발한 DIS 프로토콜을 사용하였다. 그 외에도 AVIARY, DIVE 등의 완전분산구조형 시스템이 존재한다.

(6) 혼합현실기술

혼합현실기술이란 실제화면과 가상화면을 실시간으로 합성해서 보여줌으로써 실세계와 가상세계의 차이를 느낄 수 없을 정도로 정교하게 만드는 기술을 말한다. 혼합현실기술은 가상현실감을 극대화시키는 최첨단가상현실기술로 알려져 있다. 현재 대부분의 가정용 비디오게임 또는 아케이드게임기에서는 사용자가 단지 모니터 스크린의 제한된 공간 안에서만 활동할 수 있다. 그러나 혼합현실 환경에서는 시야(view)가 무제한적이다. 현재 혼합현실 환경을 느낄 수 있는 대표적 도구는 'See-through HMD(헤드 마운트 디스플레이)'이다.

여기에서 'See-through HMD'는 혼합현실감을 구현하기 위해 실제 장면에 컴퓨터 그래픽으로 합성된 가상화면을 실시간으로 보여주는 장치를 말한다. 'See-through HMD'는 실제 장면을 보는 방법에 따라 크게 광학적 방식(optical see-

그림 3-1 | 헤드 트랙커

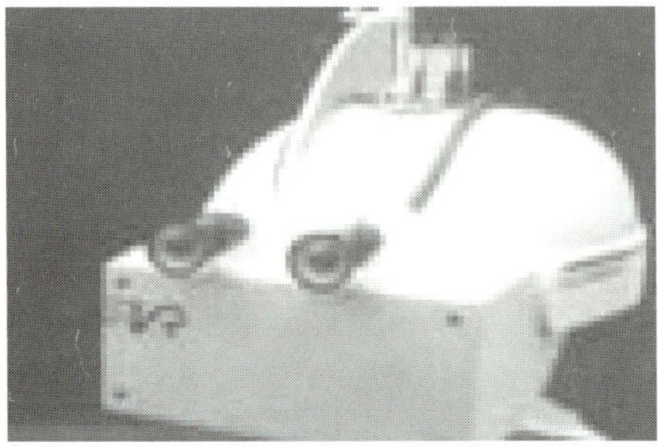

through)과 비디오 방식(video see-through)이 있다. 광학적 방식 HMD는 우선 실제 장면을 광학결합기(optical combiner)를 통해서 사용자에게 전달해 준다. 그리고 HMD에 부착되어 있는 헤드 트랙커(Head Tracker)에 의해 추적된 머리의 위치정보를 이용해서 만든 합성영상을 다시 광학결합기를 통해 추가적으로 보여줌으로써 최종적으로 혼합된 영상을 만드는 방식이다. 이 방식은 실제 장면은 그대로 눈에 보이고 합성영상만을 비디오형태로 입력해서 혼합영상을 만들기 때문에, 두 영상정보의 융합에 필요한 시간이 매우 짧다. 또 실제 장면을 일차적으로 직접 보여주므로 사용자가 HMD를 쓰고 공간에서 이동하는 경우 직접 주위의 환경을 보면서 움직일 수 있다.

이에 비해 비디오 방식은 HMD에 부착되어 있는 비디오카메라를 통해 우선 실제 장면을 캡처한다. 그러고 나서 헤드 트랙커와 화면발생장치를 통해서 만든 합성영상을 실제 장면과 결합한다. 이렇게 만든 혼합영상은 HMD 모니터를 통해 최종적으로 사용자에게 전달된다.

그림 3-2 | 비디오 방식

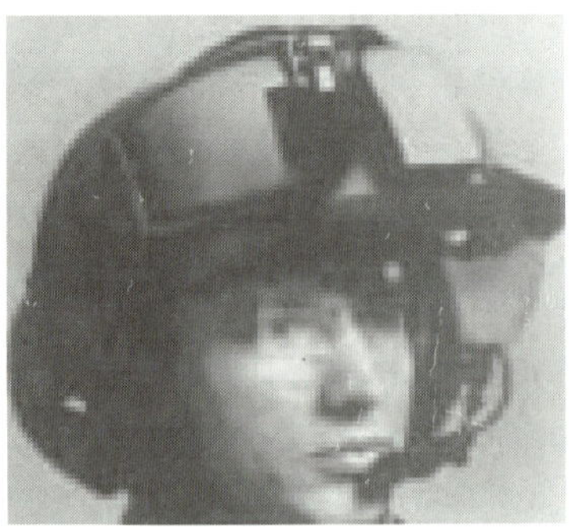

이 방식의 장점은 실제 장면에 대한 영상과 합성영상을 미리 결합한 후 보여주기 때문에 실제와 가상화면이 같은 해상도를 갖게 된다는 것이다. 이렇게 만든 혼합영상은 광학방식에 비해 더 자연스럽게 느낄 수 있다는 장점을 갖고 있다. 또한 시야각이 넓은 카메라를 사용함으로써 눈으로 보는 것보다 더 넓은 주위환경을 감지할 수 있다.

'See-through HMD'를 쓰고 게임을 할 경우, 게임사용자는 실세계의 장면과 함께 컴퓨터 그래픽으로 만든 가상영상들을 동시에 봄으로써 혼합현실감을 느끼게 된다. 이 경우 게임사용자들은 실세계에 존재하는 물체들에 대한 실재감과 함께 가상세계를 경험하게 되는데, 이 같은 혼합현실감은 기존의 가상현실기술보다 훨씬 강한 몰입감과 실재감을 느끼게 한다. 기존 게임패드 · 스티어링휠 · 페달 등을 이용하는 3차원 가상현실 게임기의 경우, 움직임의 제한을 받는 데 비해, 'See-through HMD' 사용자는 단지 모니터 속의 스크린에 제한되지 않고, 눈에 보이는 모든 공간을 다 사용할 수 있다.

예를 들어 일본의 MR시스템연구소에서 개발한 'AquaGauntlet(수중에서의 일제사격이라는 의미)'이라는 혼합현실 게임은 가상의 외계생명체들과 싸우는 게임이다. 플레이어는 자기센서(magnetic sensor)와 카메라가 부착된 'See-Through HMD'를 머리에 쓰고, 폭발음과 사격음 등의 소리를 들을 수 있는 이어폰을 귀에 착용한다. 또한 손에는 적을 공격하기 위한 총을 쥐고 있는데, 이 총은 방아쇠를 당기면 충격이 손에 전해질 수 있도록 진동모터가 들어 있으며 손의 움직임을 파악하기 위해 자기센서도 들어 있다. 이 게임은 모니터나 TV와 같이 시야가 한정되어 있지 않고 넓은 공간을 이용할 수 있으며, 눈앞의 현실세계가 모두 가상공간의 배경이 된다. 결국 혼합현실기술은 실제환경과 가상환경을 매끄럽게 연결해 주며, 혼합현실을 성공적으로 구현하기 위해서는 컴퓨터 그래픽스, 인공지능, 컴퓨터비전, 센서공학, HCI 등 많은 첨단기술이 필요하다. 이 경우 실제환경에 가상의 물체가 합쳐지거나, 가상환경 속에 실제 물체가 융합될 때 발생할 수 있는 부자연스러움을 최소화하는 것이 가장 어려운 문제이다. 이러한 과정을 정합(registration)이라 한다. 정합에는 기하학적 좌표들이 일치하도록 하는 기하학적 정합(geometric registration), 광학적 성질들이 일치되도록 하는 광학적 정합(photometric registration), 사용자 시점의 변화 등으로 발생하는 시간차를 해결하는 시간적 정합(temporary registration) 등이 있다. 이 같은 정합 문제는 센서들의 측정 속도나 정밀도를 향상시킴으로써 해결할 수 있다. 또한 촉감 혹은 운동감을 느낄 수 있는 햅틱 인터페이스(haptic interface)에 대한 기술의 개발도 오감을 통한 체험이라는 점에서 매우 중요하다.

그러나 혼합현실에서 실세계와 가상세계를 결합하는 것을 영화 '매트릭스', '반지의 제왕', '해리포터와 비밀의 방' 등에서 사용하는 특수영상효과기술(VFX)과 혼동해서는 안 된다. 이러한 특수효과기술과 혼합현실기술은 실제환경의 영상과 그래픽으로 생성된 가상환경의 영상을 섞는다는 면에서는 유사하지만, 실제로는 많은 차이가 있다.

가장 큰 차이점은 이 작업이 혼합현실에서는 실시간에 이루어져야 한다는 점이다. 영화 속의 특수영상효과는 모두 수작업으로 이루어지지만 실시간으로 합성하는 것은 아니다. 이에 비해 혼합현실에서는 두 개의 서로 다른 환경이 실시간으로 수작업 없이 합쳐져서 차이를 느낄 수 없을 정도로 정교하게 한 화면에 보여야 한다. 또한 혼합현실에서는 사용자가 3차원 공간에서 관객과 상호작용을 할 수 있어야 한다.

(7) 가상 시뮬레이션기술

시뮬레이터형 가상현실은 주로 군사교육훈련 분야와 같은 반복적으로 훈련의 성과를 높이고자 하는 응용에 주로 활용된다. 이 방식은 가상현실시스템 중 가장 많은 비용을 소모하며, 특히 다른 주변장치들과 함께 연결되어 일정공간의 확보가 필요하다.

시뮬레이터는 초기 항공기와 헬리콥터의 조종훈련용으로 사용하기 위해 개발되었다. 그 후 3차원 위치와 방향값을 가지는 6자유도(DoF : Degree of Freedom)의 모션 베이스 플랫폼을 갖는 첨단 체감형 모션기반 시뮬레이터로 발전하여 군사훈련이나 민간 체감형 게임기에 활발히 응용되고 있다.

차량 시뮬레이터(driving simulator)는 운전자가 자동차를 운전하는 동안 수행하는 핸들의 조작, 가감속 페달의 조작 등을 통해 야기되는 차량 운동을 실시간 시뮬레

그림 3-3 | 전투기 시뮬레이터

이션을 수행하여 예측한다. 그리고 그 결과를 운동, 시각 및 음향 큐를 통해 운전자에게 피드백하여 차량 시뮬레이터에 탑승한 운전자가 실제로 자동차를 운전하고 있다는 느낌을 갖게 하는 종합적인 가상현실도구이다. 차량 시뮬레이터는 실제 주행에서는 운전자의 생명을 위협하기 때문에 불가능한 위급상황 및 교통사고를 안전하게 재현한다. 그럼으로써 이에 대처하는 운전자의 반응을 파악하여 교통사고의 예방, 관련 법규의 제정 및 지능형 교통시스템 연구 등에 효과적으로 응용되고 있다.

제조업 분야에서는 설계, 가공, 조립에 이르는 제조과정에서 인간의 의사결정 및 통제의 수준을 향상시키기 위하여 컴퓨터상에서 디지털 모델을 기반으로 제공하는 통합화된 시뮬레이션기술의 개발이 진행되고 있다. 가상환경을 기반으로 초기 제품 설계 단계에서는 제품 생산활동의 제반 문제를 시뮬레이션한다. 그리고 생산의 기술적 가능성 및 비용 측면에서 제품의 설계, 공정, 계획 및 운영계획을 검토하고 최적화함으로써 전체 생산시간 및 비용의 최소화를 지원하는 기술개발이 진행되고 있다.

이렇게 컴퓨터에 의해 가상으로 만들어진 프로토타입을 가상 프로토타입(virtual prototype)이라고 하며, 가상 프로토타입을 만드는 과정을 'Virtual Prototyping'이라고 한다. 실제 생산과정에서 동적으로 급변하는 생산환경에 대한 최적의 시스템 운영과 개선작업에 적용될 수 있다. 인터넷의 발달에 따라 전 세계에서 동시에 제품개발과 생산 분야에서의 공동 협력이 실시간으로 가능하게 된다.

1.3 게임 제작기술

게임이란 정해진 규칙에 따라 승패를 가르는 놀이이다. 이 책에서 사용하는 게임이란 용어는 디지털콘텐츠로서의 게임, 즉 컴퓨터를 이용한 게임을 의미하며 '게임 제작기술'이라는 용어 역시 컴퓨터를 이용한 게임을 제작하는 데에 필요하고 사용되는 기술들을 의미한다.

일반적으로 한 편의 게임을 제작하기 위해서는 게임 아이디어와 개념을 정립하는 기획 단계, 아키텍처 디자인과 각 주요 모듈의 개발 및 내부적인 알파 테스트 단계, 게임의 최적화 과정을 통한 클로즈 · 오픈베타 테스트 단계, 그리고 이를 유통 · 서비스하는 최종 상용화 단계를 거치게 된다.

이와 같은 개발과정에는 렌더링, 애니메이션, 사운드, 서버, 맵 에디터 기능을 망라하는 게임엔진기술이 필요하며, 최근에는 대규모 사용자를 수용할 수 있는 네트워크 · 분산서버기술이 중요해지고 있다. 또한 게임 장르가 다양해지면서 스포츠, 시뮬레이션, 슈팅게임 개발에 필수적인 인공지능과 물리 엔진기술이 매우 중요하다.

뿐만 아니라 게임 플레이 환경이 휴대전화, PDA, PMP, 콘솔 등으로 다양화되면서 모바일 환경에서의 3D기술과 이들 플랫폼 간의 게임을 연동 · 서비스하는 기술에 대한 수요가 점차 증가하고 있다.

(1) 게임 제작기술의 분류

게임은 다양한 분야의 첨단 디지털기술이 복합적으로 결합한 산업 분야이다. 하나의 게임은 그래픽스기술을 바탕으로 인공지능, 음향기술, 네트워크기술 등과 같은 다양한 종류의 기술이 통합되어 구현된다. 그래픽스기술은 다양한 종류의 영상산업에 폭넓게 적용되고 있다. 게임 역시 이러한 그래픽스기술에 바탕을 두고 있으나 실시간 동작이 보장되어야 한다는 특성 때문에 속도의 측면에서 가장 최적화된 기술이 사용되고 있다. 게임 자체를 분류하는 방법이 다양한 것과 마찬가지로 게임에 사용되는 기술 역시 다양한 방식으로 분류할 수 있다.

일반적인 방법은 기술을 학문적 기반에 따라 분류하거나 적용된 게임의 동작 플랫폼을 따라 분류하는 방법을 사용한다. 플랫폼을 기준으로 게임을 분류할 경우 공통기술, PC게임기술, 콘솔게임기술, 아케이드게임기술, 모바일게임기술 등으로 나눌 수 있다. 공통기술은 게임을 가시화하고 몰입감을 높이기 위한 다양한 종류의 렌더링, 애니메이션기술, 그리고 인공지능이나 사운드기술들을 포함한다. PC게임기술은 급속히 발전하는 PC 성능을 최대로 활용할 수 있는 극사실적 실시간 렌더링기술 등을 포함하며, 콘솔게임기술은 콘솔의 그래픽/사운드 장치를 제어하는 기술과 이를 활용한 콘텐츠 제작기술 등을 포함한다. 아케이드게임기술과 모바일게임기술은 각각의 플랫폼 특성에 특화된 기술개발을 요구한다. 이와 함께 특정 플랫폼 환경이 아니라 다수의 이기종 플랫폼으로 구성된 환경에서 콘텐츠의 연동을 가능하게 하는 기술을 플랫폼 연동기술로 분류할 수 있다.

또한 게임에 사용되는 기술적 특성에 따라 분류할 수도 있다. 먼저 게임 구현에 있어 기반이 되는 그래픽스기술을 들 수 있다. 게임에서 요구되는 그래픽스기술은 렌더링기술과 모델링기술, 그리고 애니메이션기술로 구분된다. 첨단 디지털기술이 복합적으로 이용되는 게임은 그래픽스기술 이외에도 여러 분야의 다양한 기술들이 사용된다. 우선 게임의 오락적 요소를 극대화하고 충분한 몰입감을 제공하기 위해 사운드를 제어하는 기술이 필요하다. 또한 급격한 성장을 보이고 있는 온라인게임에서는 서버와 네트워크가 핵심기술로 요구된다.

| 표 3-2 | 게임 제작기술의 분류

<table>
<tr><th>게임기술 분류방식</th><th colspan="2">분류</th><th>내용</th></tr>
<tr><td rowspan="6">플랫폼 기반 분류</td><td colspan="2">공통기술</td><td>플랫폼에 무관하게 적용되는 기술</td></tr>
<tr><td colspan="2">PC기술</td><td>고성능 PC에 특화된 기술</td></tr>
<tr><td colspan="2">모바일기술</td><td>통신, 최적화 등 모바일기기 특화 기술</td></tr>
<tr><td colspan="2">콘솔기술</td><td>게임 콘솔 하드웨어제어 기술 등</td></tr>
<tr><td colspan="2">아케이드기술</td><td>아케이드 기기에 특화된 기술</td></tr>
<tr><td colspan="2">연동기술</td><td>이기종 환경에서 콘텐츠 연동을 위한 기술</td></tr>
<tr><td rowspan="8">기술 특성 기반 분류</td><td rowspan="3">그래픽스 기술</td><td>렌더링기술</td><td rowspan="3">일반적 그래픽스 문제인 렌더링, 애니메이션, 모델링 문제를 해결하는 기술</td></tr>
<tr><td>애니메이션기술</td></tr>
<tr><td>모델링기술</td></tr>
<tr><td colspan="2">서버/네트워크기술</td><td>온라인 게임 등에 사용되는 네트워크 기술</td></tr>
<tr><td colspan="2">사운드제어기술</td><td>다채널 음향의 음성, 음장제어 등의 기술</td></tr>
<tr><td colspan="2">게임 제작도구기술</td><td>게임 에디터 및 데이터 관리 기술</td></tr>
<tr><td rowspan="2">고급 기술</td><td>인공지능</td><td>NPC, 군집제어, 길찾기 등의 기술</td></tr>
<tr><td>고급 애니메이션</td><td>동역학 시뮬레이션, 비정형 물체 동작 등</td></tr>
</table>

현재의 게임콘텐츠는 온라인 환경에서 동작하는 멀티 플레이어 방식이 주류로 자리 잡아가고 있다. 이러한 게임콘텐츠에서는 사용자가 조작하지 않는 NPC(Non-Player Character)의 행동양식에 따라 사용자의 몰입도가 크게 달라진다. 이러한 NPC의 적절한 동작을 생성하기 위해 다양한 인공지능기술이 요구된다. 인공지능과 함께 고급 기술로 분류될 수 있는 기술은 실시간 물리 시뮬레이션기술이다. 이 기술에서 다루는 문제는 전통적인 강체 애니메이션 문제부터 관절체 애니메이션, 그리고 옷감과 같은 비정형 물체의 애니메이션을 실시간 환경에서 생성해내는 문제 등을 포함한다. 이 밖에 게임의 전반적 진행 등을 관리하기 위한 게임시스템기술 분야가 있으며, 게임 제작의 편의성을 높이기 위한 도구를 개발하고 데이터를 관리하는 게임 에디터 및 데이터 관리기술 분야가 있다.

(2) 게임 엔진

효율적인 상용 게임 개발을 위해서는 다양한 게임콘텐츠에 적용할 수 있는 고성능 게임 엔진이 요구된다. 게임 엔진이란 게임 제작의 효율성과 생산성을 제고하기 위해 게임콘텐츠의 핵심적인 기능을 제공하는 라이브러리이다. 따라서 게임 제작에 사용되는 게임 엔진의 수준에 따라 전체적인 게임 개발과정의 효율성과 생산성이 크게 좌우된다고 할 수 있다. 게임 엔진은 특정 게임콘텐츠 하나 혹은 특정한 콘텐츠 장르에만 적용할 수 있는 작은 규모의 특화된 엔진에서부터 일반적인 게임콘텐츠 전체에 적용할 수 있는 대규모 범용 게임 엔진까지 다양한 종류가 존재한다.

게임 엔진은 사용관점에 따라 크게 두 가지로 분류할 수 있다. 첫째는 화면을 구성하는 '렌더링 엔진', 게임 속에 나오는 캐릭터의 동작이나 행동을 지원하는 '애니메이션 엔진', 보다 현실적인 세계를 표현하기 위한 '물리 엔진', 온라인게임을 지원하기 위한 '네트워크 엔진' 등의 API를 지원해 주는 코어 부분이다. 둘째는 게임에 사용될 게임 환경이나 객체 등을 제작하기 위한 '맵 에디터'나 캐릭터를 만들기 위해 필요한 '캐릭터 에디터' 등과 같은 저작도구 부분이며, 게임 프로그래머를 지원하기 위한 문서나 교육, 기술지원 등을 포함하기도 한다. 게임 엔진에 포함될 핵심적인 기술을 좀 더 구체적으로 살펴보면 다음과 같다.

1) 그래픽 엔진

그래픽 엔진은 렌더링 엔진과 애니메이션 엔진으로 구성된다. 렌더링 엔진은 그래픽 디자이너에 의해 작성된 각종 게임 그래픽 데이터를 게임 진행 상황에 따라 게임 환경 내에서 적절히 변형, 이동시킨 후 빠르게 화면에 출력해 주는 엔진이다(김현빈 외 2003a). PC기반의 3차원 게임을 제작하기 위해서는 보통 DirectX나 OpenGL과 같은 3D 그래픽 라이브러리(graphic library)를 이용해 그래픽 가속 하드웨어의 기능을 활용하는 것이 일반적이다. 이러한 그래픽 라이브러리를 이용할 경우 다각형으로 구성된 게임 환경을 주어진 광원 조건과 카메라 조건, 물체 표면 속성에 따라 화면에 출력할 수 있으므로 3차원 게임 제작에 요구되는 기본적인 3차원 객체 출력 기능을 수행할 수 있어 이를 통한 게임 구현이 가능하다. 하지만 게임 제작과정에는 그래픽 라이브러리가 제공하는 단순한 기능 이외에 기하 객체 관리, 장면 그래픽 관리, 텍스처 및 쉐이더 관리 등의 다양한 기능이 필요하다.

애니메이션 엔진은 게임에서 캐릭터가 움직일 때, 캐릭터의 행동에 대한 움직임을 시간에 따라 렌더링해 주거나 일정 패턴을 지정해 캐릭터가 움직일 수 있도록 해주는 엔진이다. 핵심적 기술요소는 캐릭터 동작제어기술로 주요 동작을 중심으로 움직임을 표현하는 키 프레임 애니메이션(keyframe animation)기법과 실제 사람의 동작을 캡처하여 모델 데이터에 적용한 모션 캡처(motion capture)기술이다. 모션 캡처 애니메이션은 인간이 동물의 각 관절에 마커(혹은 센서)를 부착하고 동작을 적외선 카메라로 획득하여 각 관절의 위치, 회전값을 통해 3차원 위치정보를 산출하는 방식이며 가장 자연스러운 동작을 표현할 수 있는 기술이다. 그 외 보간 애니메이션(interpolation animation), 역운동 애니메이션(inverse kinematics animation), 스키닝 애니메이션(skinning animation) 등이 있다.

그래픽 엔진은 실시간으로 실사수준의 그래픽정보를 효과적으로 표현하는 것이 기술적 문제이며, 이를 해결하기 위해 클리핑(clipping), 컬링(culling) 등의 기법뿐만 아니라 LOD(Level of Detail) 또는 하드웨어 버퍼지원(support buffer) 기능, 게임의 특성을 반영한 포털 기능 등이 사용되고 있다. 또한 3차원 실사 표현을 위해 텍스처 매핑, 쉐이딩 및 광원효과뿐만 아니라 다양한 효과기능이 사용되고 있다.

2) 게임서버 엔진

서버엔진이란 네트워크를 통한 대규모 사용자들 간의 상호작용이 요구되는 게임(대표적으로 클라이언트-서버 구조를 갖는 온라인게임)을 구현하기 위해 필요한 효율적이고 안정적인 네트워킹 기능 외에 다양한 성능 최적화 기능들과 관련 API들을 제공하는 엔진이다(김현빈 외 2003c).

일반적으로 온라인게임에서 게임서버는 서로 다른 특성을 갖는 수만 명의 클라이언트들이 메시지를 주고받으며, 받은 메시지들을 실시간으로 처리해서 그 결과를 관련 클라이언트들에게 되돌려 주어 모든 클라이언트들이 일관된 데이터들을 가지도록 해주어야 한다. 그리고 게임서버들은 24시간 365일 중단 없이 서비스를 계속해야 하므로 무엇보다도 안정적으로 실행되어야 할 뿐만 아니라 서버의 과부하, 허용치 이상의 네트워크 지연 등으로 인한 게임 성능 저하를 막아 서버의 성능을 최적으로 유지시킴으로써 사용자들의 불편을 최소화해야 한다.

이를 위해 분산서버 구축 및 관리기술이 필요하며, 서버관리방식은 크게 다중서버방식과 분산서버방식으로 나누어 볼 수 있다. 첫째, 다중서버방식은 다수의 서버를 활용하는 방법으로 독립된 게임공간을 각 서버에게 할당하는 방식이다. 둘째, 분산서버방식은 하나의 공간을 여러 개로 분리해서 서버에게 할당하는 방식이다. 분산서버방식은 다시 게임공간 내의 사용자를 기준으로 여러 개의 그룹을 만들어서 각각의 사용자그룹에 서버를 두는 사용자기반의 분산서버방식과 게임공간 자체를 여러 개의 영역으로 분할하여 각각의 영역별로 게임서버를 두는 영역기반의 분산서버방식이 있다.

3) 인공지능 엔진

인공지능 엔진은 플레이어가 마치 사람과 상대하는 듯한 착각을 불러일으킬 수 있도록 컴퓨터의 행동을 지정하는 엔진이다. 게임에 있어서, 인공지능의 가장 중요한 역할로는 게임의 상대 역할을 수행하면서 게임의 보조자 역할을 수행하는 것이다. 즉, 주인공의 보조역할을 하는 캐릭터와 NPC(Non-Player Characters)의 지능적 행동양식을 인공지능이 담당한다. 예를 들어, RPG게임에서 특정한 술집에 들어갔을 때 그 술집에 있는 다른 손님이나 술집의 주인 역할을 인공지능이 담당하는 것이다.

게임에서의 인공지능을 구현하기 위해서는 한두 가지 방법만을 사용하기보다는 게임의 수준이나 장르에 따라 몇 가지 방법을 조합해 구현하는 경우가 많다. 일반적으로 유한상태기재(FSM : Finite State Machine), 길 찾기 알고리즘(path finding), 플로킹(flocking), 팀 인공지능, LOD AI, 인공생명 등의 기술이 이용되고 있다.

유한상태기재는 현재 가장 널리 사용되는 인공지능 처리방식 가운데 하나이다. FSM이란 유한한 개수의 상태를 이용해 NPC의 행동양식을 표현하거나 게임세계를 관리하는 방법이다. 상태란 행동 처리를 위한 기본단위가 되며, 각 상태는 주어지는 조건에 따라서 다른 상태로 전이될 수 있다. 다음 [그림 3-4]는 한 몬스터의 행동양식을 FSM으로 표현한 예이다.

그림 3-4 | 몬스터 FSM

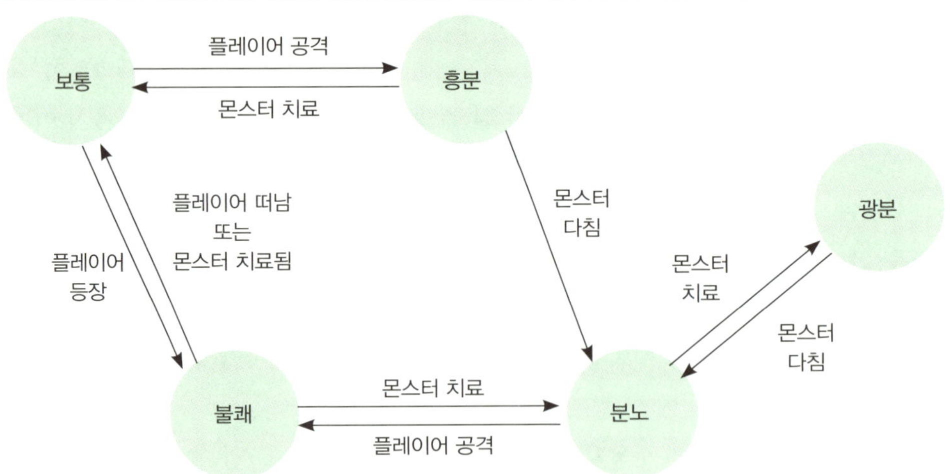

그림의 예에서 볼 수 있듯이 몬스터의 행동양식은 여러 개의 상태로 나누어지며 현재의 상태와 조건에 따라서 외부에 대처하는 방법이 결정된다. FSM은 이해하기 쉽고 구현도 어렵지 않아 특별히 뛰어난 인공지능을 필요로 하지 않는 대부분의 게임에서 사용된다. 그러나 복잡한 게임에서는 상태의 수가 많아지게 되고 그에 따라 상태 다이어그램을 정리하기 어려워지며, 상태 변화를 가능하게 하는 외부 입력(조건) 루틴이 급속도로 복잡해진다. 이렇게 상태의 수가 많아질 경우 상태들을 몇 개의 그룹으로 묶어 계층적으로 구성하는 계층적 FSM을 사용하기도 한다.

길 찾기는 게임에서 가장 자주 등장하는 현실적인 문제 가운데 하나이며, 현재 위치에서 목적지 또는 목표물까지 가는 경로를 찾는 것이다. 이를 위해 가장 널리 사용되는 방법은 에이스타(A*) 알고리즘이다. 이 방법은 예상비용(estimated cost)을 이용해 경로에 대한 탐색범위를 효율적으로 제한하는 방식이다. 맵(map)의 특성에 따라 다양하게 휴리스틱(heuristic) 가중치를 적용시킬 수 있는 장점이 있어 길 찾기에서 다양하게 응용되고 있으나, 목표물까지 가는 도중에 길이 차단되었다거나 폭파되어 끊겼을 경우처럼 지형이 일시적으로 바뀌었을 때는 에이스타 알고리즘만으로 모든 길 찾기 문제를 해결할 수 없으며 추가적인 방법이 요구된다.

플로킹(flocking)이란 새나 벌, 어류 등과 같은 수많은 개체들이 무리를 지어 집단적으로 움직이는 모습을 흉내내어 묘사하는 방법을 일컫는다. 플로킹의 대상이 되는 새나 벌, 물고기 등과 같은 개체를 보이드(boid)라고 부른다. 일반적으로 보이드들의 집단행동을 자연스럽게 묘사하기 위해서는 다섯 가지의 원칙을 적절하게 적용해야 한다. 이러한 원칙들에는 [표 3-3]과 같이 분리, 정렬, 응집, 회피, 이동 등 5가지가 있다.

팀 인공지능은 1명의 지휘자와 다수의 팀원으로 이루어진 집단의 인공지능을 처리하는 방법으로 팀 배치, 지형정보를 이용한 전략적 이동, 개개인의 역할분배 등이 중요한 요소이다. 팀 인공지능은 최근 게임에서 온라인 기능이 강조되고 그 결과로 참여하는 인원 간의 팀워크를 중요시하게 됨에 따라 등장한 개념이다.

LOD AI(Level Of Detail AI)란 현재 스크린에 보이는 캐릭터의 인공지능은 구체적인 알고리즘을 적용하고, 보이지 않는 캐릭터의 인공지능은 보다 단순한 알고리즘을 사용하는 것을 말한다.

인공생명은 살아 있는 생명체의 행동이나 행위를 흉내내어 캐릭터 등에 적용하는 기술을 말한다.

| 표 3-3 | 보이드의 행동규칙

규칙	주요 내용
분리 (separation)	• 보이드가 주변의 다른 보이드들과 적당한 거리를 유지하도록 하는 규칙 • 응집규칙만 있으면 보이드들은 서로 부딪히게 되는데, 이것을 방지하는 것이 분리규칙
정렬 (alignment)	• 보이드가 주변의 다른 개체들과 동일한 방향과 속도를 유지하도록 하는 규칙 • 이 규칙에 의해 무리가 마치 하나의 보이드처럼 행동
응집 (cohesion)	• 하나의 무리로서 모이게 하는 역할 • 주변 보이드들과의 평균 위치로 갈 수 있도록 보이드의 방향과 속도를 조정
회피 (avoidance)	• 보이드가 장애물과 부딪히지 않도록 하기 위한 규칙 • 보이드가 어느 정도의 거리를 내다보고 장애물이 존재하면 그것을 피할 수 있는 쪽으로 방향을 조정
이동 (migration)	• 미리 설정된 목적지를 향하여 움직이도록 하는 규칙 • 보이드는 어디로 가야 하는지에 대해 전혀 알지 못하고, 장애물이나 적들을 회피하며 다른 보이드들과 보조를 맞추어 임기응변적으로 이동 가능

4) 물리 엔진

물리 엔진은 게임에 등장하는 캐릭터, 오브젝트의 움직임과 표현을 현실세계와 같은 수준으로 가시화하기 위한 기술이다. 그러나 애니메이션을 제작할 때 제작자가 일일이 물리법칙을 적용해야 한다면 매우 많은 양의 작업이 필요할 것이다. 물리 엔진은 이런 물리법칙을 3D 객체에 손쉽게 적용할 수 있도록 도와준다. 대표적인 물리 엔진은 EA사의 MVP 시리즈, KONAMI 사의 위닝 시리즈와 같이 스포츠게임일 경우 중요시되고 있으며 주로 게임세계에도 물리적 현상을 재현하기 위해 활발히 적용되고 있다.

5) 사운드 엔진

사람은 두 귀를 사용해 어떤 소리를 들었을 때, 그것이 3차원 공간상의 어느 지점과 방향에서 들려오는지 감지할 수 있다. 또한 그 음이 속한 음향적 환경(예 : 실내, 야외, 강당, 동굴 등)을 구분할 수 있다. '3D 사운드'란 음원이 발생한 공간에 위치하지 않은 청취자가 음향을 들었을 때에 방향감, 거리감 및 공간감을 지각할 수 있도록 음향에 공간정보를 부가한 음향을 말한다(김현빈 외 2003b). 음향 재생장치를 통해 3D 사운드를 들으면 현장에 있지 않아도 현장에서 듣는 것과 같은 효과를 얻을 수 있다. 과거의 3D 사운드는 다수의 스피커를 이용해 각 스피커마다 고유의 소리를 출력하는 방법으로 입체음을 구현했지만 최근에는 하드웨어적인 디지털 가속기술로 2개의 스피커에서도 입체음을 낼 수 있게 되었다. 즉 3차원의 현장감 있는 음향을 재생하기 위해서 객체의 위치에 해당하는 다른 음을 사전에 녹음해서 재생하는 방법에서 한 단계 더 나아가 실시간으로 위치를 파악해서 입체음을 재생하는 입체 음향효과와 각종 음향효과를 실시간으로 적용하는 API가 개발되고 있다.

일반적으로 널리 사용되는 방법으로는 DirectX Audio를 이용하여 사운드를 공간상에서 정위시키고 움직이는 사운드에 도플러효과를 적용하는 방식을 들 수 있다. 3차원 효과는 각각의 DirectSound 버퍼에 적용될 수 있고 각각의 버퍼에 서로 다른 오디오 패스를 따라 다른 사운드를 지정하여 서로 다른 파라미터를 적용할 수 있다. DirectX는 Interactive Audio Special Interest Group이 발표한 음장제어기술을 지원한다.

[그림 3-5]와 같이 반사음과 잔향을 인공적으로 제어해 특정 실내 음원이 있는 것과 같은 음향효과를 생성하는 기술을 음장제어기술이라 한다. 음장제어가 가장 많이 사용되는 것 중의 하나로 'Schroeder' 잔향기가 있는데, 이 잔향기는 병렬로 연결된 4개의 빗형 필터와 직렬로 연결된 2개의 전대역 통과 필터로 구성된다. 빗형 필터는 특정 주파수가 진동하는 모드를 시뮬레이션하며, 전대역 통과 필터는 잔향 밀도를 증가시키는 역할을 한다. 또한 잔향 밀도를 더욱 풍부하게 하기 위해 중첩된 전대역 통과 필터와 저역 통과 필터를 갖는 일반화된 잔향기도 제안되었다.

그림 3-5 | 3D 사운드 생성방법

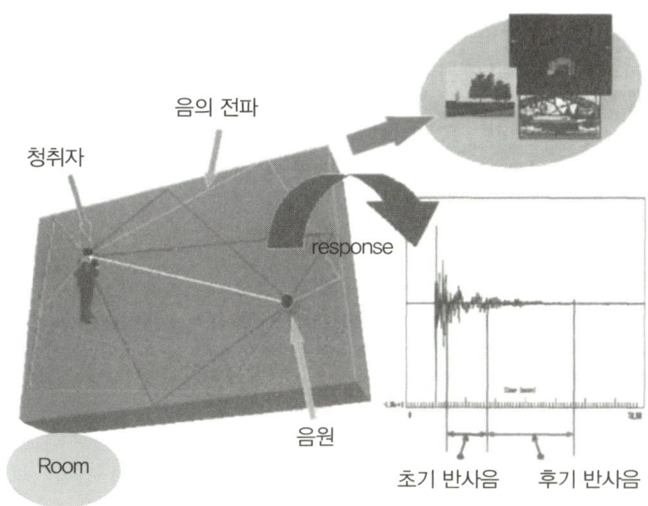

(3) 국내외 주요 게임 엔진

국외의 경우에는 국내시장보다 일찍이 독립적인 게임 엔진시장이 발달해 왔다. 국외 게임 엔진은 국외의 시장 상황에 맞게 차세대 콘솔게임을 개발하는 데 맞추어져 있어 그 성격이 PC온라인게임 중심이며 국내 게임의 성격과는 잘 맞지 않지만, 국내 게임개발사들은 국외 게임 엔진들을 많이 구매한 바 있다. 또한 국외 게임 엔진도 엔진의 기능을 수정하여 국내 게임개발사들을 지원하였다.

가장 주목을 많이 받았던 대표적인 국외 게임 엔진들에는 전 세계적으로 널리 알려져 있고 다른 엔진과 비교했을 때 그래픽 품질이 뛰어난 언리얼 엔진(Unreal Engine), 순수하게 리얼타임 그래픽을 통해 높은 품질을 보여주고 최상의 3D 그래픽 기술을 구현하는 크라이엔진(CryEngine), 그리고 가장 짧은 기간 내에 많은 인기와 관심을 받았고 에디터를 통해 윈도우와 맥 OS X상에서 실행하여 윈도우나 맥, Wii, 아이패드, 아이폰 플랫폼으로 게임을 만들 수 있는 유니티3D(Unity3D) 등이 있다.

아직까지는 국외 게임 엔진들에 비해 아쉬운 면이 있지만, 국내 게임 엔진시장도 점차 성장해 가고 있다. 국내 주요 게임 엔진으로는 소규모 및 대규모 다중 사용자 온라인게임을 위한 서버 및 네트워크 엔진인 프라우드넷(ProudNet), 3D 환경 구축에 필요한 시스템을 포함하는 통합형 엔진 E++, 고수준의 랜더링 기능을 자랑하는 블루사이드 엔진(Blueside Engine) 등이 있다. 블루사이드 엔진의 기존 명칭은 페임테크(Fame Tech)였으나, 개발사와의 연계성을 위해 2012년에 명칭을 변경하였다.

(4) 멀티 플랫폼 게임기술

멀티 플랫폼 게임기술은 PC, 콘솔, 모바일 단말기와 아케이드게임기 등 다양한 플랫폼에서 구동되는 게임 클라이언트가 같은 게임서버에 접속할 수 있도록 하기 위한 것이다. 게임 플랫폼의 종류에 무관하게 게이머들이 유 · 무선 네트워크를 통해 같은 게임상에서 서로 상호작용하며 진행할 수 있는 게임을 제작하는 데 필요한 기술로 정의할 수 있다. 이를 통해 집에서는 PC나 콘솔기기로, 이동 중에는 모바일기기와 무선 네트워크를 통해, 게임업소에서는 아케이드게임기를 통해 게임서비스에 접속할 수 있기 때문에 3A(Anytime, Anywhere, Anydevice) 게임서비스가 가능해진다.

멀티 플랫폼 게임(기술)의 등장 배경에는 PC온라인게임산업의 고도성장과 함께 다양한 게임 플랫폼(콘솔, 모바일 단말기, 휴대전화 등)에 온라인 접속 기능이 추가되면서 이들 플랫폼 간의 연동이 가능한 온라인게임 플레이에 대한 수요증대가 있다. 이는 한 게임 타이틀이 성공하면 같은 게임 타이틀을 다른 게임 플랫폼으로 이식하여 수익을 확대하고자 하는 게임개발사의 전략과도 부합된다. 또한 최근의 유·무선통신 인프라의 발달은 게임 플랫폼의 온라인화와 각기 다른 게임 플랫폼 간 연동을 촉진하는 계기가 되고 있다.

멀티 플랫폼 게임의 핵심요소기술은 게임서버기술, 게임 클라이언트기술, 멀티 플랫폼 게임 제작기술 및 서비스기술로 나누어 볼 수 있다.

1) 게임서버기술

게임 네트워크 접속관리 및 게이머 간 게임 데이터통신, 미리 정해진 게임 로직에 의한 게임 진행, 전체 게이머 간 게임 일관성 유지기술이 주요 기술이며 대규모 동시 이용자를 처리할 수 있다.

2) 게임 클라이언트기술

이 기술은 게이머에게 게임 진행 상황을 영상과 음향 등의 매체를 통해 전달한다. 3D게임의 경우는 게임의 진행 상황을 3D 영상을 통해 사용자에게 전달하므로 3D 컴퓨터 그래픽스기술에 기반을 둔 3D 렌더링기술과 애니메이션기술이 많이 활용되고 있다.

3) 멀티 플랫폼 게임 제작기술 및 서비스기술

PC, 콘솔, 모바일 단말기 등 다양한 플랫폼에서 서로 연동되는 게임콘텐츠를 제작하기 위해서는 한 번 개발된 게임은 큰 수정 없이 여러 게임기에서 구동될 수 있어야 한다. 또한 유선 혹은 무선 네트워크를 통해 서버에 접속하는 유·무선 네트워크 연동기술과 게임 네트워크 API 표준화기술 개발도 함께 병행되어야 한다. 이와 같은 연동형 게임기술의 분류와 주요 문제를 정리해 보면 [표 3-4]와 같다.

(5) 모바일 3D게임기술

모바일게임은 무선 인터넷 환경에서 사용할 수 있는 게임으로 크게 임베디드방식과 무선 온라인방식, 그리고 다운로드방식이 있다. 모바일 3D게임기술은 이동기기상에서 구동되는 3D게임을 제작하는 데 필요한 기술로 정의할 수 있다. 이러한 모바일 기기로는 다시 게임만을 플레이하는 게임전용기, 게임 겸용 전화기, PDA, 스마트폰, PMP 등으로 구분된다.

| 표 3-4 | 연동형 게임기술의 종류와 주요 문제

연동 기술 분야		기술 설명
멀티 플랫폼 연동 게임기술	기술 개요	서로 다른 플랫폼에서 동일한 서비스를 제공하는 콘텐츠 제작
	주요 문제	• 서로 다른 플랫폼에서 연동가능한 클라이언트 엔진 개발 • PC/콘솔/모바일게임 엔진의 연동 테스트 및 검증 • PC/콘솔/모바일 플랫폼 간 연동형 시범콘텐츠 제작 • 유 · 무선 네트워크 간 동기화기술 개발 • 클라이언트 간 호환 및 연동을 지원하는 네트워크 프로토콜 • 무선 네트워크 환경을 위한 네트워크 최적화기술 개발
유 · 무선 네트워크 연동기술	기술 개요	네트워크 환경이 다른 게임 클라이언트 사이의 연동
	주요 문제	• 유 · 무선 네트워크 간 시간 동기화 제공 • 유 · 무선 네트워크 간 게임 이벤트 동기화 제공 • 유 · 무선 네트워크의 전송상태 측정 기능 제공 • 콘솔게임의 네트워크 지원을 위한 통신 프로토콜 표준화
플랫폼 독립적 게임 데이터 기술	기술 개요	기종에 관계없이 사용/공유될 수 있는 게임 데이터 형식 개발
	주요 문제	• 단일 게임콘텐츠 데이터 형식의 표준화 • 게임콘텐츠 데이터 이식성 극대화기술
플랫폼 독립적 통합개발기술	기술 개요	플랫폼에 독립적인 통합개발환경에서 게임을 개발하는 기술
	주요 문제	• 원소스 멀티유즈(one-source multi-use)를 지원하는 개발도구 및 API 개발 • 온라인게임기술의 표준화

모바일 3D게임 엔진의 기본적인 구조는 기존 PC 등에서 구현되어 있는 다른 3D 엔진과 같다. 기본적으로 정점(vertex)과 삼각형(face)의 집합을 나타내는 데이터들이 그래픽 파이프를 통과하면서 각종 계산과 처리를 거친 후 화면 위의 여러 픽셀(pixel)로 나타나게 되는 과정을 구현하여 주는 것이 바로 3D 엔진이다. 일반적인 PC나 Workstation인 경우 OpenGL이나 혹은 DirectX가 이러한 역할을 해준다. 물론 이러한 그래픽 라이브러리에는 위의 기본적인 기능 이외에도 많은 추가 기능이 들어 있으며, 각종 하드웨어 가속장치를 구동하기 위한 드라이버와 이를 동작시키기 위한 인터페이스가 이미 구현되어 있다.

그러나 모바일 환경의 경우 대부분 3D 가속을 하기 위한 전용 하드웨어는 제공되지 않는다. 그래픽 처리는 CPU의 메모리 일부분을 LCD 드라이버에 연결하여 화면에 출력시켜 주는 것이 대부분이다. 출력되는 화소의 수도 PDA의 경우 320×240 크기가 일반적이고, 해상도가 더 낮은 경우도 많다. 또 LCD 화면의 크기 역시 3.8인치 내외의 것들이 사용된다. 출력되는 색의 수 역시 8bit, 16bit, 24bit 등이 하드웨어에 따라 고정되어 지원된다.

2. 디지털콘텐츠 보호 및 유통기술

디지털콘텐츠에 대한 불법적인 사용이나 복제방지를 위한 기술적인 접근방식으로는 크게 소극적인 보호기술과 적극적인 보호기술로 구분할 수 있다. 소극적인 보호기술(passive protection technology)은 일종의 과속방지턱(speed bump)과 같은 역할을 제공하는 기술로 허가되지 않은 사용자에게 비록 디지털콘텐츠의 사용은 허가하되 법적인 자각심을 유도하여 스스로 불법적인 행동을 자제하게 만드는 효과를 기대하는 방식이다. 적극적인 보호기술(active protection technology)은 암호화기술을 이용하여 사용이 허가되지 않은 사용자에게는 디지털콘텐츠의 접근을 차단시키는 강력한 저작권 보호기술을 사용하는 방식이다.

소극적인 보호기술에 속하는 방식으로 저작권정보 표시(copyrights information) 방식인 CCL, 디지털 워터마킹, 디지털 핑거프린팅 등이 있다. 또한 적극적인 보호기술은 기술적인 특성에 따라 접근제어(access control)와 사용제어(use control), 그리고 복제방지(copy protection)로 크게 구분할 수 있다. 접근제어방식은 사용자 혹은 기기가 특정 디지털콘텐츠에 대해 접근권한이 있는 경우에만 해당 디지털콘텐츠의 사용을 허가하는 기술이다. 이 기술은 암호화기술을 기반으로 정당한 사용권한을 가지고 있는 사용자라면 암호화된 콘텐츠를 풀어서 콘텐츠를 이용할 수 있도록 하는 것으로 대표적인 예로 방송콘텐츠의 유료채널 보호를 위해 사용되는 CAS(Conditional Access System)와 이메일 보호를 위해 사용되는 PGP(Pretty Good Privacy) 등이 있다.

접근제어방식은 허가된 사용자에겐 암호화된 콘텐츠를 복호화해서 원본 콘텐츠를 이용할 수 있도록 함에 따라 콘텐츠의 지속적인 보호가 불가능하다. 그러나 사용제어방식은 권한이 있는 사용자라 하더라도 부여된 권한에 따라서 디지털콘텐츠의 사용권한을 지속적으로 통제하는 방식이다. 이 방식은 원본 콘텐츠에 대한 추출이 불가함을 보장하기 때문에 현재 많은 디지털콘텐츠들이 이 기술을 이용하여 보호를 받고 있다. 사용제어방식의 가장 대표적인 기술은 DRM(Digital Rights Management)기술이다.

복제방지기술은 디지털콘텐츠를 저장매체나 또는 디바이스에 유일하게 부여된 정보를 키로 사용하여 암호화함으로써 다른 매체나 디바이스로 복제가 되어도 의미 없는 데이터가 되게 하는 기술이다. 복제방지기술은 단독으로 사용될 때도 있지만, CAS 또는 DRM기술과 연동하여 최종 사용자가 디지털콘텐츠의 장점인 복제의 용이성 기능을 사용할 수 없도록 하는 역할을 한다. 복제방지기술의 대표적인 예로는 5C의 DTCP와 4C의 CPPM/CPRM, 그리고 Intel의 HDCP 등이 있다.

2.1 CCL

'저작권법' 제46조에 의하면 저작재산권자는 다른 사람에게 그 저작물의 이용을 허락할 수 있고, 이용허락을 받은 자는 '허락받은 이용방법 및 조건의 범위 안에서' 저작물을 이용할 수 있다. 보통 그러한 이용허락은 당사자 간의 개별적인 계약을 통하여 이루어진다. 이와 달리 CCL(Creative Commons License)은 실제 많이 쓰일 것으로 예상되는 '이용방법 및 조건'들을 골라내어 이를 적절히 조합한 다음 몇 가지 유형의 표준 라이선스를 마련한다. 또한 저작자는 그 중 원하는 라이선스를 선택하여 저작물에 첨부하고 이용자는 첨부된 라이선스를 확인 후 저작물을 이용함으로써 당사자 사이에 개별적인 접촉 없이도 그 라이선스 내용대로 이용허락의 법률관계가 발생하도록 하는 시스템이다.

(1) CCL의 필요성

'저작권법'은 누구든지 저작물을 작성하기만 하면 그에게 저작물의 이용에 관한 배타적인 모든 권리를 일률적으로 부여한다. 몇몇 예외를 제외하고는 저작권자의 허락 없이 저작물을 이용하는 행위를 위법으로 규정하고 있어 이용자는 저작권자로부터 개별적인 저작권의 양도나 이용허락을 받아야 한다. 그러나 실제의 경우 저작자의 의사는 배타적인 권리를 취득하기보다는 자신이 저작자임을 밝혀주기만 한다면 많은 사람들이 자신의 저작물을 이용하기를 바라는 것일 수도 있다. 또한 남들이 자신의 저작물로 돈벌이만 하지 않는다면 되도록 많은 사람들이 이를 사용함으로써 대중으로부터 명성이나 인지도를 얻기 원할 수도 있으며, 심지어는 아무런 조건 없이 모든 사람들과 자신의 저작물을 공유하기를 바랄 수도 있다.

반대로 이용자는 저작자의 의사를 제대로 확인할 수만 있다면 기꺼이 정해진 조건에 따라 적법하게 저작물을 이용할 수 있기를 바랄 것이다. 하지만 현행 저작권법하에서는 저작자가 쉽사리 자신의 그러한 의사를 대외적으로 밝히기가 쉽지 않다. 게다가 저작권이 성립하는 데 어떤 등록절차나 공시절차가 필요하지 않기 때문에 이용자의 입장에서도 저작자가 어떤 의사를 갖고 있는지 확인하기도 어렵고 그렇다고 일일이 저작자와 접촉을 할 수도 없는 형편이다. 이러한 불편을 해결해 줄 수 있는 방법이 바로 'Creative Commons License'의 사용이다.

(2) CCL의 특징

첫째, 저작권법에 의한 저작권의 보호가 기본적으로 저작자에게 배타적인 모든 권리를 부여하되, 특정 범위 내에서 제3자에게 이용을 허락하는 구조를 취한다. 그러나 CCL은 원칙적으로 저작물에 대한 이용자의 자유로운 이용을 허용하되 저작권자의 의사에 따라 일정 범위의 제한을 가하는 방식을 채택하고 있다. 기존의 저작권인 'all right reserved'와 완전한 정보공유인 'no right reserved' 사이에 위치하는 'some rights reserved'로서 저작물의 자유로운 이용을 장려함과 동시에 저작권자의 권리를 보호하는 것을 목표로 한다.

둘째, CCL은 The Free Software Foundation의 창시자인 스톨맨(Richard Stallman)에 의한 GNU GPL(General Public License) 등과 같이 비배타적이고 공동체적인 가치를 추구하고 있다. 그러나 이는 어디까지나 자발적인 의사에 의하며, 소프트웨어만을 대상으로 하는 라이선스인 GPL, LGPL 등과 달리 저작물만을 대상으로 하고 있다.

셋째, CCL은 전혀 새로운 저작권 체계를 만드는 것이 아니라 어디까지나 현행 저작권법의 틀 안에서 움직이면서 저작물의 이용관계를 더욱 원활하게 만드는 역할을 한다. CCL이 적용된 저작물의 이용자가 그 라이선스에서 정한 이용방법 및 조건에 위반된 행위를 하였을 경우에는 당연히 저작권의 침해에 해당하고 따라서 저작권자는 저작권법에서 규정하고 있는 권리구제방법을 행사할 수 있다.

넷째, CCL은 무료로 제공된다. CCL을 사용하는 저작권자나 CCL이 첨부된 저작물을 이용하는 이용자 어느 누구도 'Creative Commons'나 'Creative Commons Korea'에게 대가를 지불할 필요가 없다. 반면, 'Creative Commons'나 'Creative Commons Korea'는 CCL를 제시하기만 할 뿐이지 CCL 이용관계에 따른 어떠한 법률적 조언이나 보증을 하지 않는다. 또한 CCL의 이행이나 위반행위에 대한 저작권자의 권리구제에도 아무런 관여를 하지 않는다.

다섯째, CCL은 전 세계적인 라이선스시스템이다. 2010년 9월 Creative Commons International의 일환으로 한국, 일본, 중국 등의 아시아국가, 독일, 프랑스, 이탈리아 등의 유럽국가, 미국, 캐나다, 브라질 등의 미주국가 등 50여 개국이 CCL시스템을 완성하여 운영하고 있고, 이집트, 코스타리카, 아일랜드, 나이지리아 등에서 준비중에 있다. CCL은 각 국가마다 그들 고유의 법체계에 따른 몇 가지 수정이나 추가가 이루어지는 외에는 기본적으로 공통된 라이선스 내용과 방식을 갖고 있다. 뿐만 아니라 각 국가의 언어와 함께 영문으로 작성되어 게시되므로 자국민이 아닌 자도 그 나라의 저작물에 대한 라이선스를 쉽게 이해하고 그에 맞추어 저작물을 이용할 수 있는 장점이 있다.

(3) CCL의 구성요소

CCL의 구성요소, 즉 이용자에게 부과하고 있는 '이용허락조건'의 구체적 내용은 기본적으로 [표 3-5]와 같이 4가지이다. 그 밖에 저작물의 종류에 따라 sampling, share music, founder copyright, developing nations 등의 새로운 조건들이 고안되고 있지만 저작자표시, 비영리, 변경금지, 동일조건변경허락 등 [표 3-5]의 4가지가 핵심요소이고 한국판 CCL도 현재는 이들만을 채택하고 있다.

| 표 3-5 | CCL의 구성요소

CCL 구성요소	내용
Attribution (저작자표시)	저작권법상 저작인격권의 하나로, 저작물의 원작품이나 그 복제물에 또는 저작물의 공표에 있어서 그의 실명 또는 이명을 표시할 권리인 성명표시권(right of paternity, 저작권법 제12조 제1항)을 행사한다는 의미이다. 따라서 이용자는 저작물을 이용하려면 반드시 저작자의 이름, 출처 등을 표시하여야 한다.
Noncommercial (비영리)	저작물의 이용을 영리를 목적으로 하지 않는 이용에 한한다는 의미이다. 물론 저작권자가 자신의 저작물에 이러한 비영리조건을 붙였어도 저작권자는 이와는 별개로 이 저작물을 이용하여 영리행위를 할 수 있다. 따라서 영리목적의 이용을 원하는 이용자에게는 별개의 계약으로 대가를 받고 이용을 허락할 수 있다.

Non derivative (변경금지)	저작물을 이용하여 새로운 2차적 저작물을 작성하는 것뿐만 아니라 새로운 저작물의 작성에 이르지 못하는 저작물의 내용, 형식 등의 단순한 변경도 금지한다는 의미이다.
Share Alike (동일조건변경허락)	저작물을 이용한 2차적 저작물의 작성을 허용하되 그 2차적 저작물에 대하여는 원 저작물과 동일한 내용의 라이선스를 적용하여야 한다는 의미이다. 즉 비영리조건이 붙은 원 저작물을 이용하여 새로운 2차적 저작물을 작성한 경우 그 2차적 저작물도 역시 비영리조건을 붙여 이용을 허락하여야 한다.

(4) CCL의 종류

CCL은 위의 4가지 요소 중에 어느 것을 채택하였느냐에 따라 서로 다른 내용의 라이선스가 되는데 특성상 변경금지(nonderivation)와 동일조건변경허락(share alike)은 동시에 적용할 수 없으므로 논리적으로 가능한 이용허락의 유형은 총 11가지이다. 그러나 우리나라의 경우 미국이나 일본 등과 같이 저작자표시(attribution)는 모든 라이선스에 기본으로 들어가 있어 실제 운용되는 라이선스는 '저작자표시', '저작자표시–비영리', '저작자표시–변경금지', '저작자표시–동일조건변경허락', '저작자표시–비영리–변경금지', '저작자표시–비영리–동일조건변경허락'의 6종류이다.

(5) CCL의 표현형태

CCL은 다음 [표 3–6]과 같이 일반증서(commons deed), 이용허락규약(legal code), 그리고 메타데이터(metadata) 등 3가지의 형태로 표현된다.

| 표 3-6 | CCL의 표현형태

CCL 표현형태	내용
일반증서(Commons Deed)	CC 라이선스를 쉽게 읽고 이해할 수 있도록 이용허락규약을 요약한 페이지이다. 이는 기본적으로 이용자가 해당 저작물을 가지고 할 수 있는 것과 없는 것, 그리고 이를 위해 지켜야 할 조건들을 알려준다.
이용허락규약(Legal Code)	실제 라이선스의 내용이다. 법률적 근거가 되는 약정서 문서로서 라이선스의 완전한 법적 계약서이다.

</> 메타데이터(Metadata)	기계인식이 가능한 '데이터의 데이터'를 담고 있다. 검색엔진이 각 콘텐츠가 CCL이 적용된 콘텐츠라는 것을 인지한 후 검색이 가능하도록 라이선스의 핵심요소를 서술하고 있다.

(6) CCL의 적용사례

2010년 6월에 개최된 컨퍼런스에 따르면 2010년 1분기 기준으로 포털사이트 '다음'에서는 전체 카페의 8.7%, 전체 블로그의 17.6%가 CCL을 표시하고 있었으며, '네이버'에서는 전체 블로그의 80%, 전체 카페의 20%가 CCL을 표시하고 있는 것으로 조사되었다. 야후 검색엔진을 통해 추정한 세계 CCL 적용 현황은 다음 [표 3-7]과 같으며, 야후에서 검색되지 않는 국내 콘텐츠의 개수는 아래 추정 개수에 포함되어 있지 않다.

| 표 3-7 | 세계 CCL 적용 현황

라이선스	개수	백분율
저작자표시	17,879,358	9.63
저작자표시-동일조건변경허락	73,011,652	39.31
저작자표시-변경금지	4,879,020	2.63
저작자표시-비영리	24,481,769	13.18
저작자표시-비영리-동일조건변경허락	33,567,471	18.07
저작자표시-비영리-변경금지	31,893,101	17.17
합계	185,712,371	100

CCL 저작권정보를 표시한 예를 보면, 네이버는 지난 2008년 블로그 및 카페 섹션에 CCL 적용 메뉴를 도입하였고, 싸이월드 또한 2008년 블로그 섹션에 CCL 선택 메뉴를 도입하였다. 국외의 경우에는 야후와 구글이 대표적으로 CCL 적용 콘텐츠의 검색을 지원하고 있다.

2.2 디지털 워터마킹

워터마크(watermark)란 고대 이집트 파피루스를 만드는 과정에서 섬유질을 물에 풀었다가 압착하기 위해 틀을 사용하여 물을 뺐는데 이 과정에서 자연 발생한 고유의 무늬를 지칭한다. 이후 직접 보이지는 않지만 원재료의 변화, 파손 없이 빛을 통해 확인할 수 있는 특수 문양을 지칭한다.

즉, 워터마킹(watermarking)이란 빛을 통해서만 확인할 수 있는 고유의 특징 있는 무늬를 삽입하는 모든 기술적 방법을 지칭한다. 중세 제지업자들 사이에서 자신의 고유 제품임을 나타내는 방법으로 종이에 마크를 삽입하는 것에서 유래되었으며, 현재 워터마킹이 가장 흔하게 쓰이고 있는 분야는 화폐제조 분야이다. 지폐의 제작과정에서 위조지폐 여부를 가리기 위해 젖어 있는 상태에서 특정 정보를 삽입하고, 말린 후 인쇄를 하여 불빛에 비춰 보았을 때 그림이 보이도록 하는 기술을 말한다. 또 중세기에는 군사적인 목적의 통신문이나 비밀편지에 특수 잉크 또는 약품 등을 사용하여, 받는 쪽에서 특별한 처리를 해야만 볼 수 있도록 하였다. 또한 미술작품이나 책의 저자 또는 저작권을 갖고 있는 사람이 자신의 것을 표시하기 위해 특별한 방식으로만 볼 수 있도록 실제 작품에 표시해 두는 기술로도 사용하였다. 이때 삽입되는 저작권, 소유정보나, 원본 여부를 확인할 수 있도록 숨겨 놓은 데이터, 사용권한을 부여받은 사용자의 ID 등의 식별정보를 워터마크라 한다.

이후 아날로그에서 디지털로 시대가 변화함에 따라 많은 인쇄물들이 디지털화되어 인터넷을 통해 널리 이용되었다. 이런 과정에서 저작물에 대한 무단 변경이나 무단 사용의 폐해가 속출하였다. 이를 막기 위한 방법의 하나로 '디지털 워터마킹'이 주목을 받게 되었다.

디지털 워터마킹(digital watermarking)이란 디지털콘텐츠의 저작권 보호를 목적으로 저작권정보를 사람의 눈이나 귀를 통해 쉽게 감지하기 어려울 정도로 디지털 이미지나 오디오, 그리고 비디오신호[05]에 삽입(embedding)하는 기술을 말한다(Cox, Miller & Bloom 2001). 삽입된 저작권정보는 디코딩(decoding)하는 소프트웨어로 다시 추출이 가능하여야 하며, 때로는 특별한 키가 추가로 필요하기도 하다. 디지털 워터마킹은 신호삽입에 있어, 데이터의 형태를 완전히 바꾸는 암호화기법(cryptography)[06]과는 달리 원래 신호의 형태를 유지한다. 암호화의 기본 특성은 권

05 워터마크(watermark)되기 전의 이러한 신호를 'Cover Signal'이라 부른다.

06 송신된 자료가 읽혀지거나 복사, 그리고 누군가에 의하여 조작되지 않도록 해주는 자료 암호화기법을

한이 없는 사람들의 데이터에 대한 접근권한을 제한함으로써 복제방지나 기타 보안을 유지하는 것이다. 이는 저작물에 대해서 지불/결제과정을 거치지 않은 일반 사용자들의 접근 자체를 봉쇄하는 것이며, 개념적으로는 암호화가 풀린 이후의 상황에서는 콘텐츠 보호가 어려운 상황이 초래될 수 있다.

이와는 달리 디지털 워터마킹기술은 데이터에 대해 접근 제한을 두지 않으며, 워터마크는 항상 저작물 자체에 존재하므로 언제든지 검출(detecting)할 수 있다. 또한 워터마킹은 사전적 의미의 보호시스템인 DRM과는 달리 사후적 의미의 저작권관리 툴이라고 할 수 있다. 즉, 특정 이미지의 저작권자가 이미지를 생성해 온라인으로 배포함에 앞서 워터마크를 삽입한 후에 불법적인 사용 사실이 인지되면, 그 이미지를 회수해 추출하게 된다. 이때 검출된 워터마크를 증빙자료로 불법사용자에게 법적인 압력을 행사할 수 있게 된다. 이런 과정을 가능케 하는 것은 바로 워터마킹기술의 비가시성이다.

일련의 'embedding'과 'decoding'의 과정이 간혹 통신시스템에 비유되어 설명되기도 하는데, 저작권정보는 'Input Message'에, 'Cover Signal'은 통신채널에, 그리고 예측하지 못한 공격(attack)이나 신호처리과정은 'Additive Noise'에 각각 비유된다. 채널 용량은 얼마나 많은 양의 'Watermark bit'를 'Cover Signal'을 손상시키지 않고 삽입할 수 있는지에 비유될 수 있다. 'Cover Signal'의 특성에 따라 달라지지만 일반적으로 오디오신호가 이미지보다는 용량이 크다고 볼 수 있다.

(1) 디지털 워터마킹의 특성 및 조건

디지털 워터마킹의 중요한 특성은 데이터 왜곡에 대한 견고성이다. 이것은 워터마크가 일반적인 이미지 조작을 받은 이미지로부터 읽을 수 있어야 한다는 것이다. 워터마크는 저작권 보호, 핑거프린팅 또는 접근 조작에 대해 안전한 형태로 삽입되어야 한다. 이것은 비밀키를 제외한 삽입 알고리즘의 세부사항을 모두 알고 있는 공격자라도 워터마크에 대한 공격을 하지 못하도록 해야 한다는 것이다. 이러한 응용의 경우, 워터마킹 구조는 동기적인 암호화 방법으로 비밀키 방법을 예로 들 수 있다. 이러한 디지털 워터마킹의 특성 및 요구조건을 요약하면 다음과 같다.

말한다.

1) 지각적 비가시성

워터마크신호는 디지털 데이터의 변경에 의해 삽입된다. 이러한 변경은 인지될 정도로 품질을 저하시켜서는 안 되며, 소유자는 변경의 강도를 결정할 수 있다. 많은 변경은 견고하고 높은 정확성으로 검출가능하지만 상품의 저하를 일으키게 된다. 따라서 변경의 강도를 충분히 적게 하거나, 다양하고 복잡한 방법을 사용하여 원래의 데이터에 대한 품질 저하를 인지할 수 없도록 해야 한다.

2) 복잡성

워터마크신호는 많은 복잡성에 의해 특성화된다. 이는 유사한 워터마크의 구성을 피하기 위한 필수적인 것이며, 결국 제3자에 의한 워터마크 결정을 더욱 어렵게 한다.

3) 워터마크 키

어떤 워터마크신호는 워터마크 키인 정수(혹은 정수들의 집합)와 관련된다. 이러한 키는 워터마크를 생성하고 삽입하고 검출하는 데 이용된다. 이러한 키는 기밀이고 전적으로 디지털 상품의 법적 소유자를 특정화한다.

4) 통계적 효율성

특정 워터마크의 검출은 적절한 키가 사용되었을 때 성공되어야 한다. 즉, 각 워터마크는 유일한 키에 대응되어야 한다.

5) 통계적 비가시성

동일한 키로 워터마크된 다른 수많은 상품들은 서로 다른 워터마크신호를 전송하므로 제3자에 의한 소유자 키의 추출은 불가능하다. 가짜 워터마크 키, 즉 이전에 디지털 이미지에 삽입된 적이 없는 워터마크를 검출하는 것은 불가능하다.

6) 다중 워터마킹

연속적인 서로 다른 워터마크 계열을 동일한 이미지에 삽입할 수 있다. 이러한 워터마크 각각은 정확한 추출이 가능한 범위 내에서 삽입하여야 하며, 각 워터마크는 유일한 키로 정확히 검출할 수 있어야 한다. 또한 키들 간의 상관성(correlation)을 배제하고, 직교(orthogonal)를 유지하여야 한다. 저작자는 많은 상품을 워터마킹하기 위해 동일한 키를 이용할 수도 있다. 다중 워터마킹은 이미 워터마크된 이미지 또는 영상을 다른 사람이 다시 워터마킹하는 것을 막을 수 없기 때문에 필요하다. 또한 저작권 소유자가 한 소유자로부터 다른 소유자로 이동된 경우에 편리하다.

7) 견고성

디지털형태의 음악, 영상, 비디오 등은 손실 부호화, 필터링, 크기변환(resizing), 대비강화(contrast enhancement), 클로핑(cropping), 회전(rotation) 등의 신호처리에 의해 쉽게 변형될 수 있다. 워터마킹기술이 그 기능을 발휘하기 위해서는 그 워터마크가 위와 같은 신호처리 후에도 검출이 가능해야 한다. 신호처리에 강인한 워터마킹을 위해서는 워터마크가 신호의 중요한 부분에 삽입되어야 한다는 것이 일반적인 경향이다. 워터마크가 삽입된 데이터에 대한 공격은 원 신호에 큰 변형을 주지 않고 워터마크만을 제거하려는 데 그 목적이 있기 때문에 신호의 중요 부분에 워터마크를 삽입함으로써 공격으로부터 제거되지 않도록 해야 한다.

(2) 디지털 워터마킹의 분류

워터마킹기술은 여러 형태로 분류가 가능하다. 구체적으로 그 특성을 기준으로 분류해 보면 다음과 같이 저작물에 따른 분류, 인지 여부에 따른 분류, 워터마킹 삽입 방법에 따른 분류, 워터마크 활용용도에 따른 분류, 그리고 워터마크의 삽입 및 검출 방식에 따른 분류로 나누어 볼 수 있다.

1) 저작물에 따른 분류

가장 손쉬운 방식은 워터마크를 삽입하는 저작물의 종류에 따라 구분하는 방식으로 이미지(정지 영상)를 대상으로 하는 이미지 워터마킹, 오디오를 대상으로 하는 오디오 워터마킹, 동영상을 대상으로 하는 비디오 워터마킹, 문서를 대상으로 하는 텍스트 워터마킹 등 대상 저작물에 따라 분류된다([표 3-8] 참조).

| 표 3-8 | 저작물에 따른 워터마킹 분류

종류	설명
이미지 워터마킹 (Image Watermarking)	• GIF, JPEG, PDF 등 다양한 이미지 파일에 워터마크를 삽입 • 공간영역방법, 주파수 변환방법, 확산 스펙트럼방법 등을 사용 • 디지털 이미지에 저작자, 배포자, 생성날짜 등의 정보를 삽입
오디오 워터마킹 (Audio Watermarking)	• 마스킹현상을 이용하여 청각적으로 들을 수 없는 부분에 워터마크를 삽입 • 인간의 청각은 시각보다 훨씬 민감하기에 영상 워터마킹에 비해 넣을 수 있는 정보량이 제한됨
비디오 워터마킹 (Video Watermarking)	• MPEG, AVI, RM 등 주로 동영상 파일에 워터마크를 삽입 • 공간영역방법, 주파수 변환방법 등이 많이 사용되며, 주파수 변환방법에서 사용되는 특정 함수로 DCT(Discrete Cosine Transform), Wavelet Transform, DFT(Discrete Fouirer Transform) 등을 많이 사용
벡터 워터마킹 (Vector Watermarking)	• 게임개발을 위한 오브젝트 파일, CAD 파일 등과 같이 벡터기반 2, 3차원 이미지 파일에 보이지 않게 저작권정보를 삽입 • 특정 중요 정보를 바이너리 형태로 변환하여 삽입
텍스트 워터마킹 (Text Watermarking)	• HWP, DOC 파일에 저작권정보를 삽입 • 줄간격의 미세한 변화를 이용하는 'Line-Shift Coding Method'와 폰트의 미세한 변화를 이용하는 'Font Coding Method' 등이 있음

2) 인지 여부에 따른 분류

다음으로 인지 정도에 따라 보이는(또는 들리는) 워터마킹과 보이지 않는(들리지 않는) 워터마킹이 있다. 보이는 워터마킹은 그림에 자신의 인장을 찍는 것과 같으며, 실제로 이 그림을 누가 그렸는지, 누가 작성을 했는지를 모두 볼 수 있는 방법이다. 반대로 보이지 않는 워터마킹은 특별한 처리를 하지 않으면 누구의 소유물인지 전혀 알 수 없다([표 3-9] 참조).

즉, 보이는 워터마킹인 가시적 워터마킹은 이미지에 로고나 심벌 등을 투명하게 삽입하여 저작자를 알리거나 출처를 밝히는 데 사용된다. 일반적으로 이미지에 회사 로고 등을 삽입하여 출처를 밝히거나 간단한 광고 문안으로 사용되기도 한다. 또한 이미지 저작도구나 워드 프로세스 등에서도 사용된다.

보이지 않는 워터마킹인 비가시적 워터마킹은 데이터를 사람의 눈에는 보이지 않게 삽입하는 것이다. 삽입되는 데이터는 로고, 이메일 주소, 다른 이미지 등 다양하게 선택할 수 있는데, 이러한 데이터가 삽입되어도 파일의 크기나 이미지 자체의 품질에는 거의 영향을 미치지 않도록 해야 한다. 이 기술은 기본적으로 저작권침해 방지 및 보호에 사용될 수 있다.

| 표 3-9 | 인지 여부에 따른 워터마크의 분류

종류	설명
가시적 (Visible)	콘텐츠 저작권 소유자의 로고, 심벌 등을 워터마킹하여 이미지 혹은 영상에 중첩시켜 놓음으로써 한눈에 식별이 가능토록 하는 방법(=perceptible)
비가시적 (Invisible)	사람의 육안으로 식별할 수 없는 워터마크를 디지털콘텐츠 내에 삽입하는 것으로 특별한 과정을 거치지 않으면 저작권 소유자를 판별하기 어려운 방법(=imperceptible)

3) 워터마킹 삽입방법에 따른 분류

워터마킹 삽입방법에 따라서는 공간영역방법과 주파수 변환방법으로 [표 3-10]과 같이 분류할 수 있다.

| 표 3-10 | 삽입방법에 따른 워터마킹의 분류

종류	설명
공간영역방법 (Spatial Doamin)	이미지의 화소와 같은 원 데이터값을 직접 변경하여 워터마킹하는 방법으로 밝기값의 변화가 급격한 경계부분에 있어 LSB(Least Significant Bit)값을 조작하는 것
주파수 변환방법 (Frequency Domain)	주파수 계수를 변화시켜 워터마크를 삽입하는 방법으로, 콘텐츠에 워터마크를 삽입할 때 FFT(Fast Fourier Transform)나 DCT(Discrete Cosine Transform), Wavelet 변형을 하는 것

공간영역방법은 이미지와 같은 데이터를 공간적 측면에서 분석하여 삽입하려는 정보를 공간상에서 흩어버려서 쉽게 구별할 수 없도록 하는 방법으로, 일반적으로 화면 화소값에 미세한 변화를 워터마크로 사용한다([그림 3-6] 참조). 이 방법은 워터마크의 삽입은 쉽지만 손실 압축이나 필터링과 같은 이미지 처리에는 약하다는 면이 있다.

물리적 픽셀 영역, 즉 공간영역에 워터마크를 삽입하는 가장 간단한 방법은 픽셀들을 임의적으로 선택하여 밝기값의 LSB(Least Significant Bit)를 변형시키는 것이다. 이 방법은 잡음과 일반적인 신호처리에 강인하지 못하다는 단점을 가지고 있다. 또한 데이터 전송 및 잡음에 매우 민감하고, 데이터 압축과 같은 영상의 변형에 의해 내장된 워터마크가 쉽게 손실되는 문제점이 있다. 이러한 단점을 극복하기 위해 인간의 시각적 특성을 이용하게 된다. 즉 인간 시각의 마스킹효과에 의해 영상 내의 'Texture' 영역이나 윤곽선 둘레의 밝기값의 변화는 육안으로 잘 구별할 수 없다는 점

그림 3-6 | 공간영역에서의 워터마크 삽입 및 추출 알고리즘

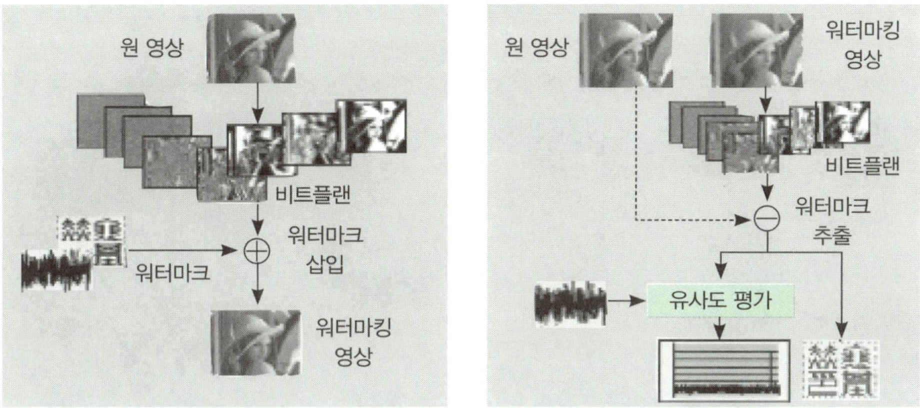

을 이용하여 워터마크를 삽입하는 것이다.

벤더(Bender et al. 1996) 등은 '패치워크(patchwork)'라고 불리는 확률적인 라벨링방법을 제안했다. 이 방법은 이미지에서 n개의 쌍을 임의로 선정(ai, bi)하고 ai는 명암값을 하나씩 더해 주고, bi는 명암값을 하나씩 빼줌으로써 공간상에 디지털 워터마크가 삽입되도록 구현하였다. 이 방법의 단점은 가시적인 이미지의 질을 저하시킨다는 것이다.

피터스(Pitas 1995)는 디지털 이미지를 크기가 같은 두 집합으로 나누고 한 집합의 값들을 일정하게 더한 다음, 삽입된 워터마크를 검출하기 위해서 두 집합에 속한 화소들의 평균값의 차이를 이용하는 방법을 제안하였다.

커터(Kutter 1997) 등은 특정 위치의 화소정보를 변화시켜 인접 화소와의 비교로 신호를 검출해내는 방법 등을 제시하였다. 그러나 이러한 공간영역의 방법은 영상처리나 잡음, 압축 등의 공격에 약하다는 단점이 있다.

주파수 변화방법은 데이터를 주파수 성분의 아날로그신호로 변환하고 삽입하려는 워터마크를 동일하게 아날로그신호로 변환하여 삽입하는 방법이다([그림 3-7] 참조). 데이터를 변환하는 방법으로 고속 푸리에 변환(FFT : Fast Fourier Transform), 이산 코사인 변환(DCT : Discrete Cosine Transform), 웨이블릿 변환(DWT : Discrete Wavelet Transform) 등을 이용한다. 이러한 방법들은 삽입하려는 워터마크 계수들이 원래 데이터의 전 영역에 분포하게 되며, 한 번 삽입된 워터마크는 삭제가 어렵고 잡음과 압축 영상에 강하다는 장점이 있어 많이 사용되나 알고리즘이 다소 복잡하다는 단점이 있다.

그림 3-7 | 주파수 영역에서의 워터마크 삽입 및 추출 알고리즘

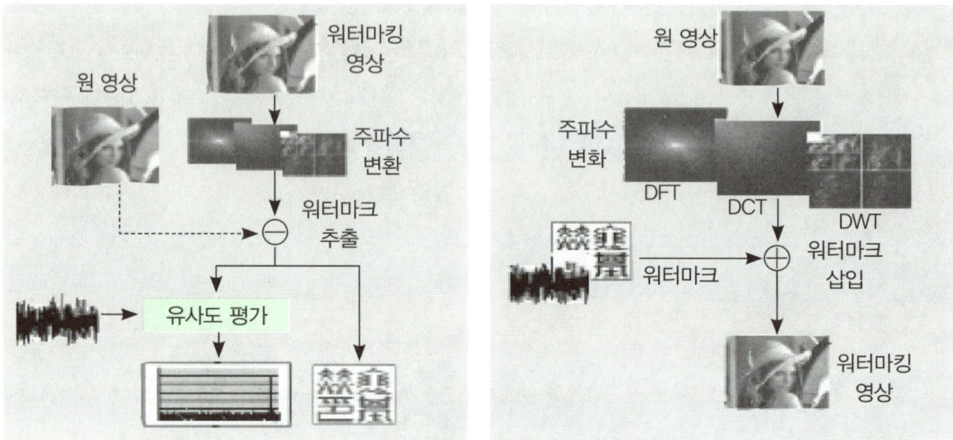

루나이드(Ruanaidh 1996) 등은 이산 푸리에 변환(DFT : Discrete Fourier Transform)을 이용하여 영상에 워터마크를 삽입하는 방법 등을 제안하였다.

코치와 자오(Koch & Zhao) 등은 이미지를 분할하고 DCT 후, 워터마킹하는 방법을 제안하였다. 콕스(Cox 1997) 등은 이미지 전체를 분할하지 않고 이미지 전체를 DCT 변환시킨 후 이미지에서 DC 성분을 제외한 중요한 주파수 계수를 선택하여 워터마킹하는 방법을 제안하였다. 또 스완슨(Swanson), 포딜축(Podilchuk)과 젱(Zeng)은 시각시스템 모델을 사용하여 JND(Just Noticeable Difference) DCT값을 구한 후, 워터마킹하는 알고리즘을 제안하였다. 그리고 샤(Xia), 쿤더(Kundur) 등은 DWT를 이용한 방법을 제안하였다. 주파수 영역의 방법은 공간영역의 방법보다 공격에 강한 특징을 가지고 있다.

4) 워터마크 활용용도에 따른 분류

워터마크의 활용용도에 따른 분류로 강성 워터마킹(robust watermarking), 연성 워터마킹(fragile watermarking), 제거되지 않는 워터마킹(sticky watermarking) 등이 있다. 일반적으로 일컬어지는 워터마킹은 강성 워터마킹을 의미하며, 저작물에 저작권정보를 삽입하고 저작물의 여러 변형에 의해서도 사라지지 않기 때문에 소유권을 주장할 수 있는 증거물로 사용된다. 반면에 연성 워터마킹은 약간의 변형에 의해서도 쉽게 사라지는 워터마크로 저작물의 위조 또는 변조를 방지하기 위해서 사용한다. 이러한 방법은 저작물의 일부를 변형시켰을 때 변형된 부분의 워터마크가 쉽게

깨어져 어느 부분이 조작되었는지를 알 수 있게 하는 워터마크기술이다. 제거되지 않는 워터마킹은 아무리 제거하려고 해도 절대로 제거되지 않는 매우 강력한 강성 워터마킹으로 불법적인 유통 자체를 제지하려고 하는 데에 사용된다.

강성 워터마킹은 인증(authentication)을 제외한 복제제어(copy control), 저작권 보호(copyright protection), 사용제어(play control)와 같은 대부분의 응용 분야에서 요구되는 기술이다(김남득 2001). 이 기술은 다음과 같은 요구사항이 충족되어야 한다. 첫째, 삽입되는 정보로 인하여 원래의 신호(오디오, 이미지, 비디오 등)가 사람의 눈이나 귀에 들어올 만큼 손상이 있어서는 안 된다. 둘째, 일반적인 신호처리에도 저작권 보호가 그대로 복구될 수 있어야 한다. 전문가가 아닌 일반 이용자들이 툴을 이용하여 충분히 할 수 있는 JPEG/MPEG 압축, 'Resize', 'Rotation', 'Translation'과 같은 방법들이 여기에 포함된다. 또한 'Printing'과 'Scanning'과정을 이용한 A/D(Analog-to-Digital), D/A(Digital-to-Analog) 변환에도 견딜 수 있어야 한다. 셋째, 'Embedding'의 경우에는 크게 문제되지 않지만, 디코딩의 경우에는 소요되는 시간이 매우 중요한 요소가 된다. 즉, 복잡한 방법을 이용해서 강인한 임베딩을 하더라도 디코딩하는 데 시간이 많이 소요되어서는 안 된다. 따라서 'Robustness'와 'Complexity'의 조정점(tradeoff)이 필요하게 된다. 삽입된 정보를 디코딩하는 방법에는 원본을 필요로 하는 기술(private method)과 그렇지 않은 기술(oblivious method)이 있는데, 대부분의 실용적 애플리케이션에서는 'Oblivious method'가 요구되며, 'Embedding'과 'Decoding' 모두 'Private method'보다 어렵고 복잡한 편이다. '워터마크 검출(watermark detection)'에서 눈여겨봐야 할 것 중 하나는 메시지(message) 추출방법인데, 단지 특정 워터마크의 존재 여부를 가리는 '이진법적 검출(binary detection)'이 있고(Cox et al. 1997), 삽입된 메시지 비트를 모두 읽는 '메시

표 3-11 | 워터마크 활용용도에 따른 분류

종류	설명
연성 워터마킹 (Fragile Watermarking)	원 저작물에 대한 약간의 변형에도 워터마크가 쉽게 사라지도록 함으로써 무결성 확보 및 위조, 변조를 방지하기 위해 사용된다. 즉, 변형된 부분의 워터마크가 사라짐으로써 어떤 형태의 위조, 변조가 가해졌는지 파악하기 쉽고, 법정에서 무결성을 주장하는 근거가 될 수 있다.
강성 워터마킹 (Robust Watermarking)	원 저작물의 데이터를 파괴하지 않고서는 도저히 삽입된 워터마크를 없앨 수 없도록 하는 것으로 저작물의 원 소유자 확인 및 불법제공자의 신원 확인 등에 사용될 수 있다.

지 추출(message extraction)'방법이 있다(Alatter 2000).

전자의 경우 이미 알고 있는 워터마크의 정보와 디코딩된 신호와의 상관계수(correlation)를 계산하여 워터마크 존재 여부를 결정하며, 후자의 경우는 디코딩하는 사용자가 아무런 키를 지니지 않고도 삽입된 메시지를 추출한다. 즉, 전자의 경우는 몇 비트(bit)를 잘못 디코딩해도 상관계수값이 이미 설정된 기준치(threshold)보다 크기만 하면 원하는 워터마크로 판단되지만, 후자의 경우는 완전히 다른 정보로 인식된다. 따라서 확인하고자 하는 워터마크를 사용자가 모두 지닌 경우에는 '이진법적 검출'이 사용가능하지만(소유권 확인이나 진품 확인의 경우), 복제제어, 사용제어, 저작권 확인 등 대부분의 응용 분야에서는 '메시지 추출'방법이 요구된다. '메시지 추출'방법에는 'False Positive Rate'를 줄이기 위해 주로 '오류교정 코드(error correction code)'를 사용하여 메시지를 반복하여 삽입한다(Alatter 2000). 하지만, 워터마크 용량(watermark capacity)이 제한된 관계로 페이로드(payload, encoding 되는 watermark bit 숫자)를 무한대로 늘릴 수는 없어, 투명성과 내성 간의 균형점이 필요하다.

연성 워터마킹은 디지털 도메인에서는 이미지나 비디오의 수정 및 합성이 매우 용이하다. 때에 따라 주어진 이미지나 비디오가 진품인지를 확인해야 하는데, 전문가들의 경우 눈으로도 확인할 수 있는 길이 있지만 그리 쉬운 일만은 아니다. 게다가 손상된 부분을 정확히 찾아 복구해야 하는 일은 전문가들에게도 불가능한 일이다. 이러한 응용 분야에 적용될 수 있는 것은 연성 워터마킹기술로서, 원본이 어떠한 형태로든 변형된 경우 워터마크를 검출할 수 없게 하는 방법이다. 즉, 워터마크가 검출되었다는 것은 워터마크가 삽입된 후 아무 손상이 가지 않은 진품(authentic)이라 할 수 있다는 것이다(Kundur & Hatzinakos 1999; Tsekeridou & Pitas 2000). 이러한 인증 기능 외에도 워터마크를 삽입하는 기술에 따라 변형된 부분을 찾아 원래의 신호를 복구할 수 있으며(Jun 2001), 압축과 같은 악의가 없는 변형의 경우를 예외로 인정하는 방법도 있다.

5) 워터마크의 삽입 및 검출방식에 따른 분류

워터마크 삽입/검출 시 수행되는 알고리즘의 입력 파라미터에 따라 다음과 같이 분류된다([표 3-12] 참조).

비밀 워터마킹(private watermarking)은 워터마크 검출 시 원본 데이터가 필요하며, 검출 결과로 삽입되었던 마크를 출력, 입력한 마크와 삽입되어 있는 마크를 비교하여 마크의 진위 여부를 출력한다.

반비밀 워터마킹(semi-private watermarking)은 워터마크 검출 시 원본 이미지를 필요로 하지 않는다는 점에서 비밀 워터마킹과 구별되지만, 검증을 원하는 입력마크와 삽입되어 있는 마크를 비교하여 마크의 진위 여부만을 출력한다. 이것은 비밀 워터마킹의 발전된 형태로 볼 수 있다.

공개 워터마킹(public watermarking)은 원본 이미지 필요 없이 워터마크 삽입에 사용된 키(key)만으로 검출 알고리즘을 수행하여 삽입된 워터마크를 얻을 수 있는 방법이다. 원본 없이 키에 의존하여 마크를 추출하기 때문에, 비밀 워터마킹에 비해 상대적으로 설계가 더 어렵다.

공개키 워터마킹(public-key watermarking)은 가장 발전된 형태의 워터마킹으로, 사용자의 비밀키로 워터마킹을 수행하고 삽입에 사용된 비밀키에 대응되는 공개키로 삽입된 워터마크를 검증할 수 있으며, 저작권 보호를 위해서는 마크 검증 시 원본 이미지를 얻을 수 없어야 한다. 공개키 방식의 특성상 누구나 마크를 검증하여 소유권자를 인지할 수 있으며, 동시에 검증은 가능하지만 마크가 제거된 원본 데이터를 얻을 수 없어야 한다. 인증이나 무결성을 제공하는 응용에 적용되어 원본을 얻을 수 있도록 하는 경우도 있다.

| 표 3-12 | 워터마크의 삽입 및 검출방식에 따른 분류

종류	설명
비밀 워터마킹	• 검출 시 원본 필요함 • 상대적으로 설계가 쉬움
반비밀 워터마킹	• 검출 시 원본 필요 없으나 입력마크의 진위 여부만 출력 • Public과 Private의 중간 형태
공개 워터마킹	• 검출 시 원본 필요 없음 • 키에 의존
공개키 워터마킹	• 공개키 방식으로 삽입 및 검출하는 비대칭 워터마킹 • 누구나 마크 검증가능

(3) 워터마킹 공격기술

공격(attack)기술에는 RST(Rotation, Scale, Translation), JPEG(MPEG) 압축 등과 같은 기본적인 신호처리부터 복잡한 것에 이르기까지 여러 가지가 있으나, 대표적이고 실제적으로 위협이 되는 기술들을 간추려 보면 다음과 같다.

1) 단순공격

단순공격(simple attack)은 파형공격(waveform attack) 또는 잡음공격(noise attack)이라고 일컬어지기도 하며, 워터마크를 추출하거나 제거하려는 어떤 시도도 없이 단순히 워터마크가 삽입된 영상 전체를 조작함으로써 워터마크에 손상을 가하는 공격을 말한다. 단순공격의 예로 선형(linear) 또는 일반적인 비선형(non-linear) 필터링, MPEG와 JPEG 같이 파형에 기초한 압축방법, 잡음 삽입, 크로핑(cropping), 픽셀(pixel) 영역에서의 양자화(quantization), 아날로그로 변환, 그리고 감마 교정(gamma correction) 등을 들 수 있다.

2) 검출불능공격

검출불능공격(detection-disable attack)은 동기성 공격(synchronization attack)이라고 일컬어지기도 하며, 삽입된 워터마크와 워터마크 패턴의 상관관계(correlation)를 제거하여 워터마크 검출기가 워터마크를 검출할 수 없게 만드는 공격을 말한다. 검출불능공격의 대표적인 예는 영상확대(zooming), 영상회전(rotation), 영상부분축출(subsampling), 픽셀들의 삽입 및 제거, 영상이동(shifting), 그리고 다른 기하학적인 변환 등을 들 수 있다.

3) 모호성공격

모호성공격(ambiguity attack)은 위조 워터마크 공격(fake-watermark attack), 반전공격(inversion attack) 또는 데드락 공격(deadlock attack)이라고 일컬어지기도 하며, 위조 원형영상을 만들거나 위조 워터마크를 만들어서 워터마크를 검출할 때 혼동을 일으키게 하는 공격을 말한다. 모호성공격의 대표적인 예로 하나 또는 그 이상의 워터마크를 삽입하여 최초의 워터마크가 무엇인지 알 수 없게 만들어 영상의 소유권에 대한 혼란을 일으키는 반전공격(inversion attack)을 들 수 있다.

4) 제거공격

제거공격(removal attack)은 워터마크가 삽입된 영상을 분석한 후 워터마크를 추정하거나 워터마크가 삽입되기 전의 영상을 추정하여 워터마크를 제거하거나 워터마크를 무용지물로 만드는 공격을 말한다. 제거공격의 대표적인 예는 결탁공격(collusion attack), 비선형 필터 연산을 이용한 공격 등을 들 수 있다.

(4) 워터마킹 시험평가도구

1) StirMark

이미지 워터마킹기술의 강인성(robustness)을 테스트하기 위해 처음 개발되었으며, 간단한 이미지 처리(image processing)들과 '크로핑(cropping)', '절단(shear)', '회전(rotation)', '눈금자 변화(scale change)', '선 제거(line removal)', '열 변화(row changes)' 등의 과정을 통해 워터마킹기술의 내성을 측정하는 툴이다. StirMark Version 3.1에는 커터와 페티코라스(Kutter & Petitcolas 1999)가 수행한 평가방법의 대부분이 구현되어 있다. 많은 기술들이 이 테스트에서 낮은 점수를 얻고 있는 것이 현실이다.

2) CheckMark

StirMark보다는 좀 더 향상된 이미지 워터마킹 벤치마킹 툴이다. 웨이블릿기반 압축(wavelet-based compression), 복제공격(copy attack), 템플릿공격(template attack) 등이 포함되어 있다. 이미지의 질을 측정하는 미터법(metric)도 포함되어 있어 좀 더 객관적인 평가를 할 수 있게 하였다. 유럽의 DCT사와 University of Geneva그룹의 멤버들이 개발하였으며, CertiMark와 많은 공통점이 있다.

3) CertiMark

워터마킹기술의 표준화와 같은 선도기술을 유럽이 주도하기 위해 University of Geneva, DCT, EPFL 등 유럽 연구단체가 개발하고 있는 새로운 벤치마킹 툴이다. 유럽의 거의 모든 연구단체가 연관된 프로젝트인 관계로 그들의 기술을 보호하고 경쟁단체의 기술을 겨냥한 듯하다.

(5) 표준화 동향

일반적으로 워터마킹기술의 표준화에 대한 논의와 작업은 주로 오디오를 중심으로 진행되어 왔다고 볼 수 있다. 이는 MP3 등으로 세계 주요 음반사들이 막대한 피해를 보게 되자 자신들의 저작권을 보호하기 위해 오디오 워터마킹기술 개발에 자금을 지원하고 표준화에 대한 논의를 활발히 진전시키고 있기 때문이다.

이처럼 전 세계적으로 워터마킹 표준화에 대한 논의가 이루어지고 있는 그룹으로는 크게 다음 네 가지를 들 수 있으며, 여기서는 간단히 살펴보고, DRM에서 좀 더 상세하게 살펴보기로 하겠다. 먼저, SDMI(Secure Digital Music Initiative)는 디지털형태의 음악 판매를 원활히 하기 위해 필요한 '공개기술규정(Open Technology Specification)'을 만들기 위해 전 세계 주요 음반 및 가전, 정보통신 분야의 170여 개 업체들이 참여한 컨소시엄이다. 디지털음악을 재생하는 휴대형 장치가 갖추어야 할 규격을 애플리케이션 레이어, 드라이버 또는 LCM(Licensed Compliant Module) 레이어, 휴대형 장치 레이어 등 3가지 분야로 나누어 제시하고 있다.

MPEG(Motion Picture Expert Group)는 멀티미디어 소스에 대한 부호화 방법을 체계적으로 연구하고 표준화하기 위한 ISO/IEC 기술자문위원회(JTC : Joint Technical Committee) 산하 전문가그룹이다. MPEG은 멀티미디어에 대한 사용자들의 다양한 요구를 충족시킬 수 있도록 인터넷과 디지털 스토리지(digital storage), 커뮤니케이션(communication) 등의 효율적 응용이 목적이라 할 수 있고, MPEP 표준화 작업은 MPEG1, MPEG2, MPEG4, MPEG7 및 MPEG21로 진행되고 있다.

STEP2000은 디지털 워터마킹기술을 기반으로 본격적인 디지털음악 유통의 성공적인 실현을 위한 중요한 열쇠가 되는 국제 평가 프로젝트로서 디지털 워터마킹기술의 능력을 인정하고 향후 이들 기술의 이용증진에 목적을 두고 있다. 현재까지의 평가 결과 IBM, Markany(한국), Victor Company of Japan, Signum, BlueSpike 등 5개사가 선정되었다.

SDM(Secure Digital Multimedia)은 산업자원부(현재 산업통상자원부) 콘텐츠 저작권 보호 시범사업으로 콘텐츠 유료서비스 활성보호에 대한 인식확산을 위하여 설립되었으며, 92개 회원사가 등록되어 국내 음반저작권 관리 표준화를 추진 중에 있다.

2.3 포렌식마킹

(1) 포렌식마킹의 개념과 특징

포렌식마킹기술은 불법배포자 및 불법전송경로를 추적하기 위해 비가시적으로 구매자 식별정보, 구매시간정보, 권리 속성 등의 개별정보를 삽입하는 방식으로 동일한 콘텐츠이더라도 구매한 사용자들마다 다른 정보가 삽입되는 기술을 의미한다(오성훈

2012). 포렌식마킹기술은 워터마킹의기술을 응용한 기술로 콘텐츠의 소유정보뿐만 아니라 구매자의 정보부터 콘텐츠를 어디에서 받았는지에 대한 원래 출처까지 알 수 있다. 또한 사업자정보와 업로드한 시간, 다운로드한 시간까지도 알 수 있다.

그림 3-8 | 디지털 포렌식마킹의 도식도

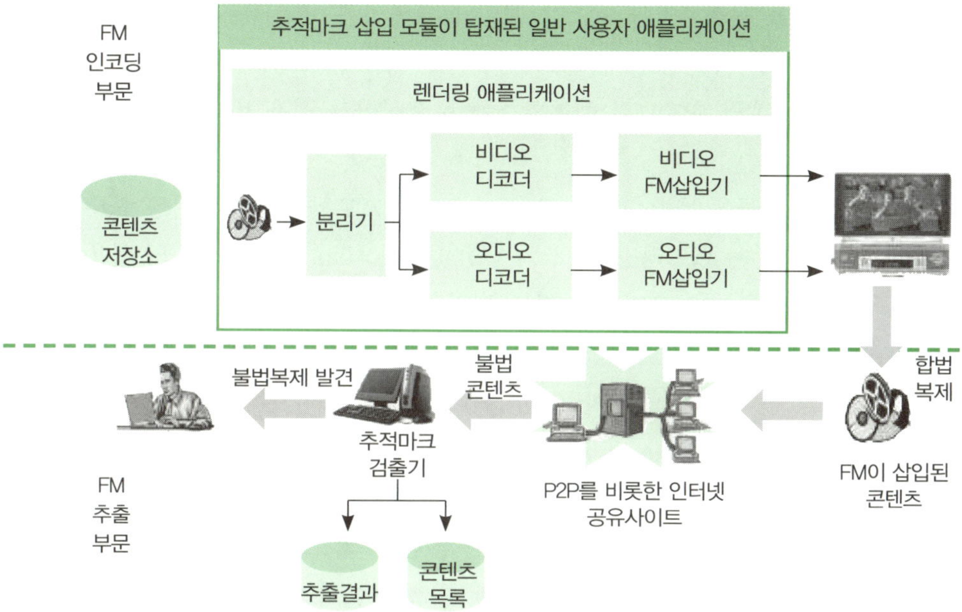

자료 : 김선미(2010)

디지털포렌식마킹은 크게 FM 인코딩과 추출(detecting)로 나뉜다. FM 인코딩은 사용자 장치(PC, 셋톱박스 등)에 설치되는 FM 삽입기로서 콘텐츠 재생프로그램(미디어 플레이어)과 연동해 사용자 기기에서 재생되는 비디오와 오디오 스트림에 사용자정보 등을 나타내는 워터마킹신호를 추가한다. FM 추출 부문은 FM 인코딩과정에서 사용자정보가 삽입된 콘텐츠가 불법으로 P2P 공유사이트에 유통될 경우, 이를 추적마크 검출기로 처리해 FM정보를 추출하는 방식이다(김선미 2010).

포렌식마킹의 큰 특징은 저작권과 관련된 정보 데이터베이스를 따로 구축할 필요가 없다는 것이다. 저작자 자신이 적용하여 무단 유포자를 추적하는 방식으로 워터마킹과 함께 DRM과 서로 도와줄 수 있는 동반자의 역할을 가지면서 활용이 가능하다.

(2) 국내외 기술개발 현황

국내외 모두 포렌식마크기술이 활발하게 활성화되지 않고 있다. 먼저 국내의 경우 현재 마크애니, 인포마크, CK&B 등이 포렌식마크기술과 관련된 솔루션을 선보였지만 평가인증을 위한 시장 수요 역시 많지 않은 상황이다. 대표적인 워터마킹기업인 마크애니는 오디오 워터마킹 솔루션을 미국 음반사인 유니버셜 뮤직그룹에 70만 달러의 수출 계약을 체결하였다. 콘텐츠 보안 솔루션업체 CK&B는 영화 배급사 인디스로어에 워터마킹을 통한 저작권 보호 솔루션을 제공하였으며 관련 제품을 업그레이드하여 케이블 TV와 IPTV 및 셋톱박스에 포렌식마크 적용 비즈니스 모델도 구축했다.

국외의 경우 미국은 톰슨, 디지마크, 마이크로소프트, IBM 등이 관련 솔루션을 개발하고 있다. 톰슨은 스트리밍서비스와 VOD(Video On Damand)에의 적용이 가능하며 포렌식마킹과 P2P 모니터링 기능을 갖춘 넥스가드(NexGuard)와 넥스트랙커(NexTracker)를 개발했다. 마이크로소프트는 윈도우 미디어 플레이어 플랫폼을 기반으로 기존의 워터마킹시스템과 포렌식워터마킹기술까지 결합한 듀얼 워터마킹/포렌식마킹기법을 구현하였다. 또한 'stealthy audio'라는 이름의 새로운 워터마킹기술을 개발했는데, 음성신호에 특정한 정보를 담는 이 기술은 해킹에 의해 제거될 수 없는 것으로 알려졌다. Attributor사가 개발한 불법 추적 소프트웨어는 특정 기사나 사진, 동영상 등의 포렌식마크를 식별해 해당 자료가 불법카피 및 복제된 사이트를 찾아내는 것이 가능하다. 따라서 자신의 저작물이 불법복제된 근원을 파악할 수 있다(김선미 2010).

(3) 포렌식마킹기술의 시험평가도구

1) Stirmark

이미지 워터마킹기술의 강인성을 테스트하기 위해 1997년 11월에 버전 1.0이 개발되었다. 간단한 기하학적 변화(simple geometric transformations)로 이미지 크기 변환(scaling), 자르기(cropping), 회전(rotations), X/Y－절단(X/Y－Shearing), 칼럼, 라인 제거(column & line removal)와 함께 압축(compression) 등의 과정을 통해 워터마킹기술의 내성을 측정하는 도구이다. 현재 Stimark 4.0 version이 공개되어 있다.

2) Checkmark

Sitrmark보다 향상된 이미지 워터마킹의 벤치마킹 툴로, 복사공격(copy attack), 템플릿 제거공격(template removal attack) 등이 포함되어 있으며, 이미지 품질을 측정하는 matric도 포함되어 있다. 유럽의 DCT사와 University of Geneva그룹의 멤버들이 개발하였으며, 2001년 12월에 Checkmark 1.2 version이 공개되었다.

3) Certimark

European project에서 15개의 대학 및 산업체가 참가하여 2000년 5월에 디지털 워터마킹의 벤치마킹을 위한 CertiMa(CERTIfication for water MARKing techonlogy) 프로젝트를 출범하였다. 주된 목적은 디지털 워터마킹기술에 적절한 벤치마크를 설계하고 개발하여 디지털 워터마킹 전문가 및 기관에 제공하는 것이다.

2.4 디지털 핑거프린팅

핑거프린팅(fingerprinting)은 오디오신호의 에너지나 파형, 영상의 색상 등 콘텐츠가 가지고 있는 고유 특징을 활용하여 콘텐츠를 식별하는 기술을 말한다. 디지털 핑거프린팅(digital fingerprinting)은 디지털데이터가 불법적으로 무단복제된 경우, 데이터의 판매자로 하여금 복제된 복사본의 원 구매자를 식별할 수 있는 사후 검출기능을 제공함으로써, 구매자가 디지털데이터를 불법적으로 배포하지 못하도록 보호하는 기술이다. 동일 데이터에 대해 저작권자만이 인지할 수 있는 일련번호를 비밀리에 부여하고, 문제 발생 시에 삽입된 일련번호를 제3자에게 검증할 수 있는 기능을 제공한다.

디지털 데이터의 불법복제를 방지하기 위하여 데이터에 2진 마크를 삽입한다는 점에서 핑거프린팅(삽입된 모든 마크들의 집합)은 기본적으로 워터마킹과 유사하지만, 데이터에 대해 삽입되는 마크(특정 데이터에 삽입되는 내용)의 내용이 모두 다르기 때문에 동일한 데이터 각각을 식별할 수 있는 추가적인 기능이 제공된다는 점에서 디지털 워터마킹과 구별된다. 즉, 워터마킹기술은 불법복제 콘텐츠로부터 소유자의 워터마크를 추출함으로써 소유권을 명확히 해주는 기능을 하지만 불법행위자를 가려낼 수는 없다. 반면에 핑거프린팅기술은 콘텐츠 내의 소유자정보와 구매자정보를 함께 포함하는 핑거프린팅정보를 삽입하여 후에 불법으로 배포된 핑거프린팅 콘텐츠로부터 배포자가 누구인지를 역추적할 수 있도록 해주는 기술이다. 불법배포자를 추적할 수 있다는 관점에서 핑거프린팅기술은 부정자 추적(traitor tracing)기술로도 논의될 수 있다.

(1) 기술적 요구사항

핑거프린팅기술에서는 핑거프린팅 콘텐츠가 서로 다르기 때문에 공모(collusion)의 위협이 존재한다. 즉, 여러 명의 악의적인 구매자들이 콘텐츠 간의 상이성을 이용하여 핑거프린팅정보를 지우거나 공모자 이외의 다른 구매자의 핑거프린팅정보를 포함한 새로운 콘텐츠를 생성할 수 있다. 불법복제 추적을 위해서는 공모한 구매자를 찾아내는 것이 목적이고 공모자 입장에서는 자신의 신분을 보호하는 것이 목적이다. 핑거프린팅기술은 불법복제에 대한 방지기술이라기보다는 불법복제에 대한 검출과 증명과정을 통한 수동적인 불법복제 억제기술이라 할 수 있다. 최근에는 핑거프린팅 기술과 웹검색기술을 함께 활용하여 능동적으로 웹상에서 불법복제 콘텐츠를 검색해주는 불법복제 콘텐츠 추적기술도 개발되었다. 다음은 핑거프린팅기술에서 불법배포자를 추적하기 위한 요구사항이다.

1) 공모허용(collusion tolerance)

핑거프린팅된 콘텐츠는 삽입되는 내용이 구매자마다 다르므로 다수의 구매자들이 자신의 콘텐츠를 비교하여 삽입정보를 삭제하거나 다른 사용자의 정보를 삽입한 콘텐츠로 위조하여 배포할 수 있다. 따라서 이와 같은 공격에 견고하게 하기 위하여 아무리 많은 콘텐츠가 주어지더라도 구매자들이 핑거프린트(삽입정보)를 찾거나 삭제할 수 없어야 하고 새로운 핑거프린트를 생성할 수 없어야 한다.

2) 콘텐츠 품질 보장성(object quality tolerance)

콘텐츠 내에 핑거프린팅정보를 삽입하게 되면 콘텐츠에 노이즈(noise)가 삽입되어 있는 것과 같은 효과가 있다. 따라서 어떻게 얼마나 많은 양을 삽입하느냐에 따라 콘텐츠의 품질에 차이가 나게 된다. 콘텐츠의 품질을 보장하기 위해서는 콘텐츠의 품질에는 영향을 미치지 않으면서 가능한 한 많은 양의 부가정보를 삽입할 수 있어야 한다.

3) 데이터 조작 허용 오차(object manipulation tolerance)

공격자가 데이터를 변경한다 할지라도, 너무 많은 잡음이 데이터를 사용할 수 없도록 만들지 말아야 한다는 사항이다. 이것은 공격자가 변형공격을 가한다고 하더라도 핑거프린트를 데이터에 남아 있게 함으로써, 변형 후에도 데이터로부터 핑거프린트를 통하여 불법복사자를 추적하기 위함이다.

4) 견고성(robustness)

콘텐츠를 불법으로 재분배하려는 공격자는 삽입된 핑거프린팅정보에 손상을 가하기 위하여 여러 가지 조작을 하게 된다. 견고성은 정보가 삽입된 콘텐츠의 변환, 재샘플링, 재양자화, 압축 등과 같은 일반적인 신호처리뿐만 아니라 회전, 이동 등 기하학적 영상 변환에도 삽입정보가 유지되도록 해야 한다.

5) 비대칭성(asymmetry)

핑거프린팅된 콘텐츠는 판매자는 알지 못하고 구매자만이 알아야 한다는 것이다. 핑거프린팅된 콘텐츠를 판매자도 알 수 있다면 불법재분배자 식별에 있어서 모호함이 발생할 수 있다. 단지 구매자만이 핑거프린팅된 콘텐츠를 소유할 수 있어야만 재분배했을 경우에 확실한 불법의 증거가 된다.

6) 익명성(anonymity)

인터넷을 통한 전자상거래와 연관하여 본 조건은 구매자에 대한 익명성을 보장해야 한다는 조건이다. 실제로 상거래의 특징은 익명으로 상품을 구매할 수 있다는 점이다. 구매자의 프라이버시를 존중하면서 핑거프린팅된 콘텐츠를 판매할 수 있어야 한다.

7) 비감지성(imperceptibility)

콘텐츠의 가치를 그대로 유지함과 동시에 삽입정보가 인간의 시각이나 감각에 의해 감지될 수 없어야 한다.

8) 유일성(uniqueness)

검출된 삽입정보는 저작자/구매자를 명확하게 구분할 수 있어야 한다.

9) 조건부 추적성(conditional traceability)

정직한 구매는 익명으로 유지되는 반면, 불법배포한 부정자는 반드시 추적할 수 있어야 한다.

(2) 공모공격

워터마킹과는 달리 핑거프린팅이 삽입된 콘텐츠는 삽입되는 내용이 구매자마다 모두 다르다. 따라서 다수의 구매자들이 서로 공모하여 핑거프린팅이 삽입된 콘텐츠를 서로 비교하여 핑거프린팅 위치가 파악되면 핑거프린팅 비트를 지우거나, 전혀 상관없는 핑거프린팅 비트를 만들어 삽입하고 콘텐츠를 재구성하여 이를 재분배할 수 있게 된다. 이렇게 공격자가 여러 개의 콘텐츠를 서로 비교하여 핑거프린팅정보를 제거하거나 혹은 유추하여 다른 핑거프린팅정보를 삽입할 수 있는 공격을 공모공격(collusion attack)이라 한다. 대부분의 핑거프린팅 추출방법이 상관계수를 이용한 방법이기 때문에 공모공격은 상관계수값이 작게 나오도록 하는 방법이 주를 이루고 있다. 현재까지 연구된 공모공격의 유형을 보면 다음과 같다.

1) 평균화공격(averaging attack)

핑거프린팅된 다수의 콘텐츠를 서로 평균하여 새로운 콘텐츠를 생성하는 공격법이다.

2) 최대최소공격(max-min attack)

공모에 참가한 핑거프린팅된 콘텐츠에서 최소값과 최대값을 구한 후 그 평균값으로 새로운 콘텐츠를 생성하는 공격법이다.

3) 상관계수 음수화공격(negative-correlation attack)

이 공격은 상관계수를 이용하여 핑거프린팅정보를 추출한 후 상관계수의 값을 음수로 만들어 공모자의 추출을 어렵게 만드는 공격이다. 공모에 참여한 콘텐츠에서 최대, 최소, 중간값을 구하고 최대값과 최소값의 평균이 중간값보다 작으면 최소값을 취하고 반대이면 최대값을 취한다. 이는 핑거프린팅정보의 극성(polarity)을 반대로 하여 상관계수값을 음수로 만드는 효과가 있다.

4) 상관계수 제로화공격(zero-correlation attack)

상관계수 음수화공격은 상관계수를 음수로 유도하지만 핑거프린팅정보가 지워졌다는 의미는 아니다. 반면에 제로화공격은 상관계수를 제로에 가깝게 유도하여 핑거프린팅정보의 검출이 불가능하도록 만드는 공격이다. 상관계수 음수화공격과는 달리 비교대상을 중간값으로 하는 것이 아니라 공모에 참가한 특정 콘텐츠의 핑거프린팅정보와 비교하여 극성이 반대되는 공모 콘텐츠를 생성한다. 생성된 공모 콘텐츠는 다른 핑거프린팅 콘텐츠와도 상관도가 적다. 즉, 상관계수가 제로에 가깝게 유지된다.

5) 모자이크공격(mosaic attack)

공모에 참여한 콘텐츠의 최대값, 최소값을 이용하여 상관계수의 값을 작게 만드는 위의 공격과는 달리 핑거프린팅된 콘텐츠를 기하학적 모양으로 작게 나누어 새로운 콘텐츠를 생성하는 공격법으로 워터마킹의 잘림(cropping)공격과 유사하다. 핑거프린팅정보의 추출은 파일단위로 이루어지기 때문에 웹상에서 여러 조각으로 나누어진 이미지콘텐츠의 경우 추출이 어려워진다. 모자이크공격에 강인하게 핑거프린팅정보를 삽입하기 위해서는 핑거프린팅정보를 최소화하고 삽입 영역도 최소로 단위화하여 어떤 형태의 잘림공격 후에도 핑거프린팅정보가 제거되지 않도록 해야 한다.

(3) 핑거프린팅기술

현재까지의 핑거프린팅기술은 워터마킹기술을 바탕으로 위에서 언급한 공모공격에 강인하도록 연구가 진행되어 왔지만 아직까지는 초보적인 단계이다. 핑거프린팅기술은 크게 대칭성과 익명성을 지원하는 암호학적 기법과 듀얼(dual) 워터마킹/핑거프린팅기법, 삽입코드 자체를 공모공격이 불가능하도록 설계하는 공모보안코드(collusion secure code) 개발기법 등으로 나누어진다.

1) 대칭형 핑거프린팅(symmetric fingerprinting)

대칭형 핑거프린팅은 초기의 연구기법으로 핑거프린팅 프로토콜, 구매자 판별 프로토콜의 두 가지 알고리즘과 구매기록을 위한 데이터베이스로 구성된다(Pfitzmann 1996). 두 알고리즘은 모두 판매자에 의해 수행되므로 판매자가 핑거프린팅된 콘텐츠를 생성할 수 있다. 먼저 핑거프린팅할 콘텐츠와 구매한 사용자의 식별자, 현재까지 판매된 리스트를 입력으로 하여 핑거프린팅을 한다. 그에 대한 결과물로 핑거프린팅된 콘텐츠와 구매레코드가 생성된다. 만약 핑거프린팅된 콘텐츠가 어떤 구매자에 의해서 불법복제되고 배포되었다면 판매자는 발견된 복사본과 핑거프린팅되기 전의 콘텐츠, 그리고 구매기록 입력으로 발견된 복사본의 원 구매자를 찾아내게 된다(한국전산원 2000).

그림 3-9 | 대칭형 핑거프린팅

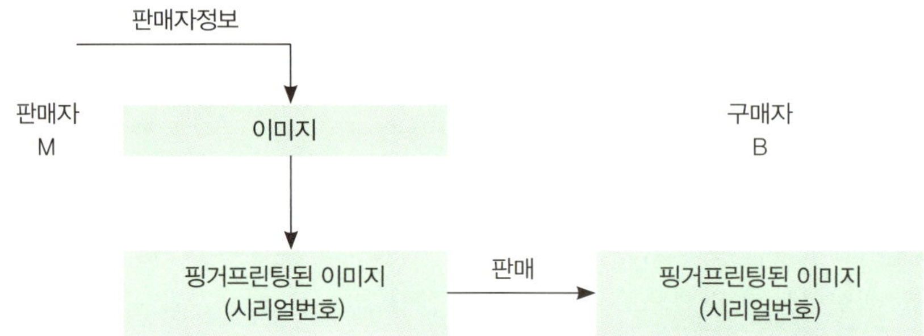

2) 비대칭형 핑거프린팅(asymmetric fingerprinting)

대칭형 핑거프린팅방식의 문제점을 보완하기 위해 비대칭형 핑거프린팅방식이 제안되었다(Pfitzmann & Schunter 1996). 이 방식은 판매자와 구매자가 2-party 프로토콜에 참여함으로써 구매자만이 핑거프린팅된 콘텐츠에 접근할 수 있도록 한다(한국전산원 2000). 이는 판매자가 불법복사된 콘텐츠를 찾은 후에 불법배포자의 잘못을 신뢰된 제3자를 통하여 증명함으로써 책임 규명을 분명히 한다. 초기의 비대칭형 핑거프린팅은 구매자의 익명성을 제공하지 못했으나, 피츠만과 와이드너

그림 3-10 | 비대칭형 핑거프린팅

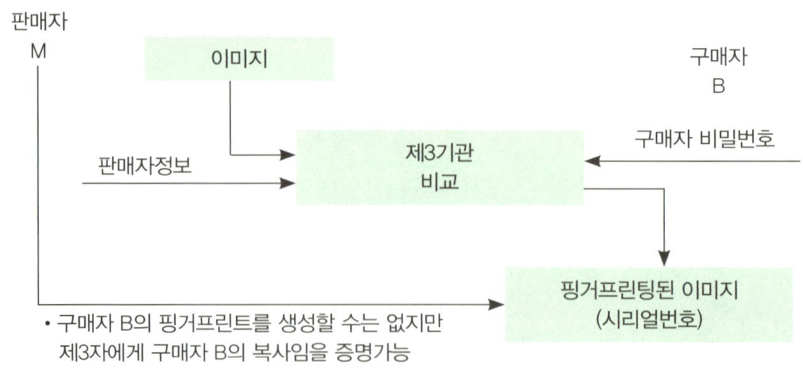

(Pfitzmann & Waidner 1997)에 의해 처음으로 익명 핑거프린팅의 개념이 소개되면서 비대칭형 핑거프린팅 개념을 포함한 비대칭 익명 핑거프린팅이 이 분야의 주를 이루게 되었다. 아래는 몇 가지 익명 비대칭 프로토콜에 대한 설명이다(Domingo-Ferrer 1999; Sadeghi 2001; Pfitzmann & Sadeghi 2000; Ju et al. 2003).

① 피츠만 프로토콜

피츠만(Pfitzmann)은 처음으로 익명 핑거프린팅의 개념을 소개하면서 공모가 없는 상황을 가정한 프로토콜을 먼저 제시하였다(Pfitzmann & Waider 1997). 그리고 이 프로토콜을 공모 허용성을 가지는 프로토콜로 발전시키기 위한 프로시저에 대한 연구를 하였다. 피츠만 프로토콜의 단점은 다음과 같다. 첫째, 핑거프린팅 단계에서 MDPK(Minimum Disclosure Proof of Knowledge) 프로토콜을 블랙박스형태로 삽입하여 구현하였는데, 이 프로토콜은 내부적으로 이산 대수 문제 또는 그래프 동형 문제와 같은 어려운 문제를 기반으로 구현되어 있다. 일반적으로 워터마킹은 미리 오프라인에서 계산한 후, 판매 시에는 워터마킹된 콘텐츠를 제공하면 된다. 이에 반해 핑거프린팅의 경우에는 구매자마다 삽입정보가 달라지기 때문에 임의의 구매자가 인터넷상으로 판매자의 서버에 접속하여 실시간으로 핑거프린팅 프로토콜을 거치며 판매가 이루어져야 하므로, 복잡도가 높은 계산을 한다는 것은 실제 구현에 불합리하다는 결론을 내릴 수 있다. 핑거프린팅과정에서의 계산적 복잡도는 프로토콜의 비교에서 중요한 기준이 된다. 둘째, 식별 단계에서 판매자는 추출해낸 증거를 등록센터에 보내고 결과를 기다려야 한다. 이것은 등록센터가 소수이고 판매자가 다수일 때 등록센터가 처리할 일이 많아진다는 문제가 있으며, 등록센터의 신뢰성이 높아져야 한다는 가정이 전제되어야만 한다.

② 재분배자의 자동식별 기능을 가지는 디지털 핑거프린팅

위에서도 언급했듯이 등록센터와 상호작용을 통하여 재분배자를 식별하는 방식은 등록센터의 작업량이 증가되는 문제를 가지게 된다. 도밍고는 이를 개선하여 판매자 스스로 재분배자를 식별하는 방식을 제안하였다(Domingo-Ferrer 1998). 이 방식은 재분배자의 자동식별을 제공한다는 장점이 있다. 그러나 재분배자를 식별하는 과정에서 만족하는 공개키가 발견될 때까지 지수 연산을 반복해야 하므로 평균 N/2번의 지수 연산(N : 공개키 디렉터리에 있는 공개키들의 수)을 요구한다는 단점이 있다.

이 단점은 후에 전자상거래에서 효율적으로 사용될 수 있도록 등록 프로토콜을 2-pass로 간소화하고, 식별 프로토콜에서 지수 연산을 한 번 하여 재분배자를 식별하는 보다 효율적인 핑거프린팅방식이 제안되어 해결되었다(Chung et al. 2000). 두 번째의 단점은 앞의 피츠만 프로토콜과 마찬가지로 핑거프린팅 단계에서 SMPC(Secure Multi-Party Computation)라는 블랙박스형태의 프로토콜을 도입하여 익명성을 구현하였다는 것이다. 이 SMPC의 계산적 복잡도는 MDPK 프로토콜의 계산적 복잡도와 비슷하므로, 이 방식 역시 핑거프린팅 단계에서 높은 계산적 복잡도가 필요하다는 단점은 극복하지 못했다.

③ COT기반의 디지털 핑거프린팅

도밍고(Domingo-Ferrer 1999)는 COT(Committed Oblivious Transfer)기법을 응용하여 명확하게 분석되지 않은 계산량을 지니는 기존의 방식을 개선하였다. 이 방식은 등록 단계에서는 기존의 재분배자 자동식별 기능을 가지는 디지털 핑거프린팅 방식을 그대로 유지하나, 핑거프린팅 단계에서 COT를 이용함으로써 계산적 복잡도를 분석하여 핑거프린팅의 실현가능성을 보여주었다.

이 방식은 판매자가 콘텐츠의 각 비트마다 서로 다른 2개의 비트를 준비하고, 이를 COT의 입력값으로 설정함으로써, 판매자는 후에 구매자가 어떤 비트를 선택하는지 알 수 없도록 하고, 구매자는 자신이 선택한 이외의 정보는 알 수 없도록 하여 핑거프린팅의 비대칭성을 제공한 방식이다. 이 방식은 계산적 복잡도가 가장 높은 핑거프린팅 단계에서 COT를 사용하였기 때문에 익명 핑거프린팅 프로토콜의 실제 적용가능성을 높였다고 평가된다. 실제로 COT는 명백하게 계산적 복잡도가 분석되어 있는 기법으로서 기존의 MDPK나 SMPC를 이용하던 익명 핑거프린팅 프로토콜보다 훨씬 구현가능한 복잡도를 가진다고 볼 수 있다.

그러나 이 방식의 문제점은 첫째, COT 프로토콜을 수행할 때 판매자가 두 개의 입력값을 같은 값으로 한다면, 판매자는 구매자가 어떤 콘텐츠를 선택하는지 쉽게 알 수 있으므로 대칭형 방식이 가지는 문제점을 여전히 가지고 있다. 둘째, 식별 단계가 비효율적이라는 문제점이 여전히 남아 있다. 실제로 식별 단계에서는 해당 콘텐츠를 구매한 다수의 구매자들 각각에 대해서 모두 식별 프로토콜을 수행해야 하는 비효율성을 지니고 있다.

④ 전자화폐기반의 디지털 핑거프린팅

실제적으로 이 방식의 프로토콜을 크게 두 부분으로 나누어 보면, 첫 번째 부분은 등록센터에 구매자가 자신의 임시 공개키를 등록하고 인증서를 발급받아서, 이것이 나중에 식별 단계에서의 구매자의 신분을 밝혀내는 중요한 요소로 작동하게 하는 부분이며, 두 번째 부분은 실제적으로 삽입정보를 콘텐츠에 삽입하여 핑거프린팅된 콘텐츠를 만들어 내는 부분이다(Pfitzmann & Sadeghi 2000). 이 방식에서는 첫 번째 부분의 효율성을 높이기 위한 시도를 하였다. 기존의 방식들이 등록센터에 구매자가 임시 공개키를 등록하는 것으로 했지만, 이 방식에서는 이것을 전자화폐의 개념을 응용하는 것으로 대체하였다. 여기서 사용되는 전자화폐는 단순히 등록 및 식별 단계에서 사용될 뿐이지 화폐적인 가치는 지니지 않는다. 이러한 접근방식은 전자화폐가 기본적으로 내포하고 있는 특성을 이용하여 사용자의 익명성을 유지하면서도 조건부 추적성을 이용한 재분배자 식별을 가능하게 만들었다. 핑거프린팅 단계에서의 계산적 복잡도는 역시 해결되지 못한 상태로 남아 있는 단점이 존재하나, 첫 번째 부분에서 명확하게 분석이 가능한 암호학적 요소들을 사용했다는 측면은 장점이라 할 수 있다.

현재까지 제안된 핑거프린팅기법 중에서 사용자의 등록 및 식별 단계의 계산적 복잡도를 낮춘 프로토콜로는 전자화폐를 기반으로 한 방식을, 콘텐츠에 정보를 삽입하는 단계에서의 시간적 복잡도를 명백하고 실제적으로 낮춘 프로토콜로는 안전성에 문제를 지니고 있으나 COT를 기반으로 한 방식을 각각 최선의 해결책이라 평가하고 있다.

3) 듀얼 워터마킹/핑거프린팅기법

말버(Malvar)에 의해 제안된 듀얼 워터마킹/핑거프린팅(dual WM/FP)기법은 기존의 워터마킹시스템의 보안성을 보완하고 여기에 핑거프린팅 기능까지 포함시켜 MS사의 미디어 플레이어 플랫폼에 구현되었다(Kirovski, Malvar, & Yacobi 2002). 이 기법에서 워터마크는 콘텐츠의 저작권을 보호하고 콘텐츠를 사용하려고 하는 클라이언트(client) 모듈, 즉 미디어 플레이어에 허가권을 부여하는 역할을 하고 핑거프린팅 정보는 원 구매자를 판별하는 역할을 한다.

기존의 워터마킹기법은 하나의 비밀키만을 사용하여 워터마크를 삽입한 후 여러 구매자한테 배포한다. 이러한 방법은 단지 한 명의 불법배포자가 여러 가지 공격으로 비밀키를 예측했을 경우 같은 워터마크를 삽입한 모든 다른 콘텐츠의 저작권도 보호될 수 없다는 단점이 있다. 듀얼 WM/FP기법에서는 삽입하는 워터마크는 같으나 각각의 구매자에게 다른 워터마크 검출키(WDK : Watermark Detection Key)를 배포하여 한 명의 구매자가 자기의 키를 예측하더라도 다른 콘텐츠에는 영향이 없도록 하여 이러한 단점을 보완하였다.

4) 공모보안코드 개발기법

핑거프린팅된 콘텐츠 간의 차이점을 이용한 공모공격은 상당히 위협적인 공격이다. 적은 수의 콘텐츠만으로도 핑거프린트를 완전히 제거할 수 있기 때문이다. 따라서 이러한 공모공격에 강인하도록 삽입하는 핑거프린팅 코드 자체를 공모가 어렵도록 설계하는 연구가 진행되고 있다. 일반적인 핑거프린팅 코드는 구매자마다 완전히 다른 코드, 즉 무작위순열을 사용한다(Pfitzmann & Sadeghi 1999). 무작위순열은 그 길이에 따라 어느 정도 공모공격에 강인성을 갖는다(Kilian et al. 1998).

하지만 공모자가 많아질수록 필요한 코드의 길이가 기하급수적으로 증가한다. 그래서 구매자끼리 다른 위치에서 공통된 부분을 갖도록 하여 무작위순열보다 효율적인 코드를 설계할 필요가 있다. 또한 코드의 공통된 부분을 갖도록 하여 무작위순열보다 효율적인 코드를 설계할 필요가 있다. 코드의 공통된 부분은 공모공격을 해도 제거되지 않으므로 이 부분의 위치정보가 공모에 참여한 구매자의 정보를 나타내게 된다. 이러한 코드를 공모보안코드(collusion secure code)라고 하며, 이에 대한 많은 연구가 진행 중이다(Boneh & Shaw 1998; Dittmann 2000; Domingo-Ferrer & Herrera-Joancomart 2000; Wang, Doherty, & Van Dyck 2001; Trappe, Wu, & Liu 2002; Sebe & Domingo-Ferrer 2002).

(4) 기술 분류

디지털 핑거프린팅기술은 [표 3-13]과 같이 다양한 기준에 따라 분류할 수 있으며(한국전산원 2000), 이 책에서는 객체에 따른 분류, 검출 감도에 따른 분류, 핑거프린팅방법에 따른 분류, 핑거프린트의 성질에 따른 분류 등으로 나누어 살펴보고자 한다.

| 표 3-13 | 디지털 핑거프린팅의 분류

분류방법	종류
삽입대상 객체(Object)	• Digital fingerprint • Physical fingerprint
검출 감도(Detection Sensitivity)	• Perfect fingerprint • Statistical fingerprint • Threshold fingerprint
핑거프린트방법(Fingerprint−Method)	• Recognition fingerprint • Deletion fingerprint • Addition fingerprint • Modification fingerprint
핑거프린트(Fingerprint)의 성질	• Discrete fingerprint • Continuous fingerprint
식별정보(Identification Information)	• Symmetric fingerprint • Asymmetric fingerprint

1) 객체에 따른 분류

삽입대상이 되는 객체는 데이터에 핑거프린트하는 방법을 제공하기 때문에 기본적인 분류기준이다. 객체에 따른 분류는 디지털 핑거프린팅과 물리적 핑거프린팅으로 나뉜다. 디지털 핑거프린팅(digital fingerprinting)은 핑거프린트되는 객체가 디지털 형식으로서 컴퓨터에서 핑거프린트를 처리할 수 있는 경우이고, 물리적 핑거프린팅(physical fingerprinting)은 객체가 다른 데이터를 구별하기 위하여 사용될 수 있는 물리적인 특징을 갖고 있는 경우로, 인간 지문, 홍채형태, 목소리형태, 그리고 어떤 폭발물의 부호화된 입자 등이 그 예이다.

2) 검출 감도에 따른 분류

법적인 사용에 대한 핑거프린트방식의 감도수준은 또 다른 기준이다. 불법에 대한 검출 감도에 따라서, 핑거프린팅은 완전 핑거프린팅, 통계적 핑거프린팅, 그리고 한계치 핑거프린팅으로 나누어진다. 완전 핑거프린팅(perfect fingerprinting)은 핑거프린트를 인식할 수 없게 만드는 데이터들에 대한 변경이 발생한 경우, 데이터를 사용할 수 없게 만드는 방식이다. 핑거프린트 생성기들은 항상 잘못 사용된 데이터에 의하여 공격자를 식별할 수 있다. 통계적 핑거프린팅(statistical fingerprint)은 불법적으로 사용된 데이터가 많이 주어진 상태에서, 핑거프린팅 생성기가 공모에 가담한 사용자에 대한 식별을 가능한 요구수준까지 비밀정보를 얻을 수 있다. 한계치 핑거프린팅(threshold fingerprinting)은 완전 핑거프린팅과 통계적 핑거프린팅을 혼합한 방식이다. 한계치 핑거프린트는 한계치를 두어 한계치 이전까지의 불법적인 복사는 허용하지만, 한계치 이후의 불법적인 복사는 식별한다.

3) 핑거프린팅방법에 따른 분류

인식, 삭제, 첨가, 그리고 수정과 같은 핑거프린팅을 위한 기본적인 방법들을 분류기준으로서 사용할 수 있다. 이 분류에 따라 인식형태, 삭제형태, 첨가형태, 그리고 수정형태로 나뉜다. 인식형태는 데이터의 부분으로 존재하는 핑거프린트를 인식하고 기록하는 것으로 구성된 핑거프린팅방식이다. 인식형태의 예는 사람의 지문과 홍채형태 등이 있다. 삭제형태는 원본 데이터의 어떤 부분이 삭제되어 핑거프린트되는 방식이고, 첨가형태는 데이터에 새로운 부분의 핑거프린트가 첨가되는 방식이다. 이렇게 첨가된 부분은 의미 있는 또는 의미 없는 부분 중의 하나이다. 마지막으로 어떤 특정한 부분을 변화시키는 방식이 수정형태이다.

4) 핑거프린트의 성질에 따른 분류

핑거프린팅방식에 의하여 데이터에 삽입된 핑거프린트에 따른 분류로서, 이산 핑거프린팅(discrete fingerprinting)과 연속 핑거프린팅(continuous fingerprinting)이 있다. 생성된 핑거프린트가 불연속한 숫자들의 값을 갖는 경우가 이산 핑거프린팅이고, 연속한 숫자들의 값을 갖는 경우가 연속 핑거프린팅이다. 대부분의 물리적인 핑거프린트들은 연속 핑거프린팅에 해당된다.

(5) 관련기술 표준화 현황

디지털 핑거프린팅기술은 저작권 보호기술의 한 분류이다. DRM시스템은 주로 인터넷을 통하여 콘텐츠가 안전하게 등록 · 유통 · 분배 · 사용될 수 있도록 하는 기술적 안전장치로서 콘텐츠 저작권자, 콘텐츠 저작권관리단체, 콘텐츠 공급자, 콘텐츠 신디케이터(유통자), 콘텐츠 분배자, 콘텐츠 소비자에 이르기까지 다양한 거래주체들 간에 가치사슬(value chain)을 형성할 수 있도록 지원해야 하는 기반구조의 성격을 갖는다. 따라서 콘텐츠 식별자(예 : DOI), 콘텐츠 메타데이터(예 : INDECS), 권리명세언어(예 : XrML, ODRL, XACML, RMI) 등의 저작권관리 표준들, 저작권 보호기술에 적용되는 PKI(X.509, PKCS 등) 표준들, 그리고 전자책관련 표준 OEBF의 EBX, 동영상관련 표준 MPEG, 인터넷관련 표준 W3C, 디지털방송 표준 DVB 등 관련 응용 분야의 국제표준들과 밀접한 관련이 있다.

디지털 핑거프린팅의 평가방법에 대한 논의는 현재 MPEG21의 Part11 PAT (Persistent Association Technologies)에서 진행되고 있다. MPEG21의 목적은 디지털콘텐츠의 거래를 지원하는 멀티미디어 프레임워크를 정의하고, 프레임워크에서 필요한 엔티티를 도출하여 상호운용성을 지원할 수 있는 규격을 제시하는 것이다. 이것은 DRM을 포함하는 훨씬 더 큰 범위에서의 작업으로 볼 수 있다.

2.5 수신제한시스템

수신제한시스템(CAS : Conditional Access System)이란 송신기에서 스크램블된 신호를 수신 측의 수신허가를 받은 가입자만이 디스크램블하여 프로그램을 시청할 수 있도록 하는 시스템으로서 정당한 사용자만 방송콘텐츠에 접근하도록 하는 기술을 하드웨어기반으로 구현한 것이다. 방송사업자가 미리 선정한 수신제한시스템 암호화기술에 따라 암호화한(scrambled) 신호를 송출하면 시청자는 유료방송을 시청하기 위해 방송사업자로부터 요금을 지불하고 스마트카드를 구입해 이용할 수 있다.

CAS를 이용한 수신제한은 크게 가입자별 수신제한과 지역별 수신제한으로 나눌 수 있다. 가입자별 수신제한은 특정 가입자에 대해 특정 채널과 프로그램의 수신을 제한하는 것이고, 지역별 수신제한은 특정 지역에 대해 특정 채널 또는 프로그램에 대한 방송 수신을 제한하는 것이다. CAS는 단순히 유료시청에만 필요한 것이 아니라 개별 프로그램 유료시청(PPV), 주문형 비디오(VOD), T-커머스 등 양방향 서비스가 안전하게 이뤄지게 하는 데 필수적인 기술로 여겨지고 있다.

이 시스템이 갖추어야 하는 기본적인 요건은 첫째, 시청료를 지불한 정당한 가입자만이 프로그램을 시청할 수 있어야 하고, 둘째, 미가입자의 불법 도·시청을 막을 수 있는 스크램블링의 강도가 높아야 될 뿐만 아니라, 디스크램블링에 필요한 키를 알아내는 것을 막을 수 있어야 한다.

(1) CAS서비스의 종류

1) 가입제(subscription)

시청자들이 일정기간 동안, 즉 월단위 또는 분기별로 프로그램을 구매하여 시청하는 서비스로서, 가입방법은 주제별(스포츠, 음악 등), 개별 프로그램별로 가능하다.

2) 예약 유료시청제(pre-booked pay-per-view)

시청자들은 이미 각 가입자들에게 알려진 프로그램정보를 통해서 본인이 시청을 원하는 특정 프로그램을 관리센터에 알려주어 해당 시간에 프로그램을 시청할 수 있는 방법이다.

3) 일시적 유료시청제(impulse pay-per-view)

시청자들이 프로그램 방송 중 혹은 방송 바로 시작 전에 프로그램을 선정하여 중앙관리센터의 직접적인 개입 없이 본인의 수신기 조작으로 해당 프로그램을 시청할 수 있는 방법이다.

4) 등급별 시청제(maturity rating)

주로 성인용 프로그램에 해당하는 서비스로서 프로그램에 등급을 주어 시청자가 해당 프로그램을 시청하고자 할 때 미리 등록해 놓은 등급과 비교를 하여 서비스 신청 시 개인식별번호(PIN : Personal Identification Number)의 확인과정을 거쳐서 서비스를 실시하므로 성인용 프로그램에 무방비로 노출될 수 있는 청소년들을 보호할 수 있는 방법이다.

5) 시청 두절(blackout)

지역 코드를 부여하여 서비스 제공가능 지역 이외에서는 시청이 불가능하게 하는 방법으로 다민족 · 다언어 국가에서 이용하거나, 특정 유료 프로그램의 시청가능 지역을 설정(예 : 유료 스포츠 중계 시 경기가 진행되는 현지에서의 해당 프로그램 시청을 불가능하게 하여 경기장 관람을 유도하는 방식)하여 서비스를 다양하게 할 수 있는 방법이다. 그 밖에도 CAS가 제공할 수 있는 서비스의 종류는 [표 3-14]와 같이 다양하다.

| 표 3-14 | CAS서비스 종류

서비스 종류	설명
VOD(Video On Demand)	선택한 비디오나 오디오를 시청자가 시청할 수 있도록 하는 서비스
Over-The-Air Addressing	시청권한(entitlement)을 Over-The-Air로 전송하여 시청권한이 없는 가입자의 시청을 방지하거나 새로운 권한(entitlement)을 부여할 수 있는 서비스
Geographic Limitation	서비스를 특정 지역에 대해서만 제공하도록 하여 다른 언어/문화권에 제공할 수 있는 서비스
Free Time	PPV(Pre-Per-View)프로그램에 대해서 스크램블 없이 처음 부분을 전송하여 비용을 지불하지 않아도 시청가능하도록 하는 서비스

(2) CAS의 기능

디지털 TV방송에서의 수신제한시스템의 기본 요구조건을 만족시키기 위해 다음의 두 가지 기능을 고려해야 한다(은성경, 김신효, 조현숙 1997). 첫째, 프로그램 및 데이터는 스크램블링되고 통신 링크상에서 보호되어야 하며, 둘째, 인증을 위한 가입자 신분 확인(authentication) 기능과 접근제어(access control) 기능이 있어야 한다. 위의 두 가지 기능은 결국 자원(프로그램 및 데이터)과 가입자 보호를 위한 것이다. 자원의 보호 메커니즘으로는 스크램블링/디스크램블링이 있고, 가입자 보호 메커니즘으로는 인가된 가입자들에게 해당 시청권한(자격)을 주는 기술이다. 자격(entitlement)은 프로그램 및 데이터의 스크램블링에 필요한 관련 키와 수신자의 시청권리를 말하며 자격제어와 자격관리로 대별할 수 있다.

1) 스크램블링/디스크램블링

스크램블링(scrambling)은 원래의 신호에 변형을 가하여 스크램블된 형태의 신호만으로는 수신권한이 없는 수신자는 시청할 수 없도록 하는 것으로 신호의 종류(영상, 음성, 데이터) 및 신호의 형태(아날로그, 디지털)에 따라 스크램블링의 방식이 달라진다. 디스크램블링(descrambling)은 스크램블된 프로그램을 원래의 신호대로 복원하는 과정을 말한다. 결국, 제어 단어(CW : Control Word)라는 암호화키를 가진 수신기들에서만 디스크램블된 프로그램의 시청이 가능하며, 디지털방식이 아날로그 방식보다 신호의 질을 손상시키지 않으면서도 더 간단하다. 이러한 스크램블링의 안전도는 결국 스크램블링과 디스크램블링과정에서 암호화키로 사용되는 제어 단어의 안전도에 의존한다. 불법 도 · 시청을 위한 공격대상에서 피하기 위해 제어 단어는 충분히 길어야 하고, 자주 변경되어야 한다. 디지털신호를 스크램블링하기 위해서 블록 암호화 같은 방법이 사용될 수 있으나, 하드웨어로의 구현이 용이하고 다수의 비트 스트림의 암호화에 적당한 방법은 스트림 암호기법이다. 대부분의 상용 스크램블러는 유럽의 DVB(Digital Video Broadcasting)에서 정의한 공통 스크램블링 알고리즘(common scrambling algorithm)을 사용하고 있으며, 이 알고리즘은 DVB에 일정 사용료를 지불한 모든 사람들에게 공개되어 있다.

2) 자격제어

프로그램을 디스크램블하기 위해 필요한 권한관련 키들을 자격(entitlements)이라 한다. 자격제어 기능(entitlement control function)은 암호화된 제어 단어(CW)와 프로그램에 접근(access)하기 위해 필요로 한 요구조건들의 분배를 의미하며, 자격제어 메시지(ECM : Entitlement Control Message)를 통해 전송한다. 수신기(Set-top Box 또는 Set-top Unit)는 이 ECM을 받게 되면, 암호화된 제어 단어와 제어 조건들을 스마트카드라고 하는 보안장치(security device)로 보낸다. 이를 수신한 스마트카드는 먼저 합당한 데이터인지를 체크한 후 제어 단어를 복호화하여 디스크램블러로 보내게 되며, 가입자는 디스크램블된 프로그램을 시청할 수 있다. ECM은 보통 한 개의 패킷으로 구성되어 주기적으로 전송되며, 그때마다 새로운 제어 단어가 암호화되어 전송된다. 제어 단어를 주기적으로 바꾸는 이유는 스크램블링의 의사 난수 규칙성을 찾을 수 없도록 하여 비화도를 높이려는 것이다. ECM 내에는 암호화된 제어 단어 외에 프로그램정보와 접근 파라미터(access parameter)도 함께 전송된다. 모든 수신기는 전송된 자격제어 메시지를 수신할 수 있으며, 그 중 제어 단어와 접근 파라미터를 수신기와 접속된 스마트카드로 전달한다. 스마트카드에서는 프로그램 취득조건 및 자격을 심사한 후 정당한 수신자로 판명되면, 스마트카드 내의 인증키(AK : Authorization Key)를 이용하여 제어 단어를 해독하고 디스크램블에 사용한다.

3) 자격관리

자격관리 기능(entitlement management function)은 가입자들에게 자격을 전달하는 기능으로 이 데이터는 자격관리 메시지(EMM : Entitlement Management

Messages)에 실어서 보낸다. EMM의 구조는 개개의 가입자에게 유일하게 할당되어 있는 개별 주소와 시청권한에 해당하는 자격과 암호화키, 그리고 이들을 검증하기 위한 해쉬값으로 구성되어 있다. 이 중에서 자격과 암호화키는 개별주소에 해당하는 가입자들만이 해독할 수 있도록 암호화되어 있다. EMM은 수신기의 보안장치인 스마트카드 내에 자격을 부여하거나 갱신하는 기능을 지원하며, 각 수신자의 주소에 의한 인식 기능을 이용하여 수신자의 인증키를 각 수신자의 분배키(DK : Distribution Key)로 암호화한 후 전달한다. 자격관리 기능은 앞으로 시청할 프로그램의 수신 자격에 대한 정보관리 기능이므로 일괄(batch) 동작으로 실행된다. 따라서 전송할 프로그램과 동기화되어 전달될 필요는 없으며, EMM을 형성하여 특수채널을 통해 방송되거나 우편 등의 매체로도 전달가능하다.

위의 자격제어 기능과 자격관리 기능의 지원을 수행하기 위해 비밀키와 암호화 알고리즘이 요구되며, 대부분의 수신제한시스템은 수신자의 암호정보를 안전하게 저장하고 관리하기 위해 보통 스마트카드를 사용하고 있다. 수신제한시스템은 중앙에 프로그램의 암호를 담당하는 스크래블링 모듈 이외에 제어 단어와 인증키의 관리 및 ECM의 생성을 담당하는 제어 모듈(control module)과 분배키를 관리하고 EMM을 생성하는 관리 모듈(management module)이 존재하며, 각 사용자에게는 프로그램의 복호화를 담당하는 디스크램블링 기능 이외에 자신들과 관련 있는 암호화키를 관리하는 사용자 모듈(user module)이 존재하여야 한다.

(3) CAS의 구조

수신제한시스템에서는 송신 측에 스크램블러와 제어 단어 생성기 및 EMM/ECM 생성기와 더불어 암호와 서명 생성을 위한 암호 모듈을 포함하고 있으며, 분배키와 인증키를 저장하고 관리하기 위한 데이터베이스가 존재하여야 한다. 그리고 수신 측에는 디스크램블러와 복호 모듈 및 송신 측으로부터 전송된 EMM/ECM을 검증하기 위한 검증 모듈과 암호키 저장을 위한 기억장치를 필요로 한다. 이러한 논리적인 구조는 [그림 3-11]에 나타나 있으며, 수신제한 기능의 세부 모듈에 대해 자세히 기술하고 있다(CCIR 1992).

그림 3-11 | 수신제한시스템의 논리적 구조도

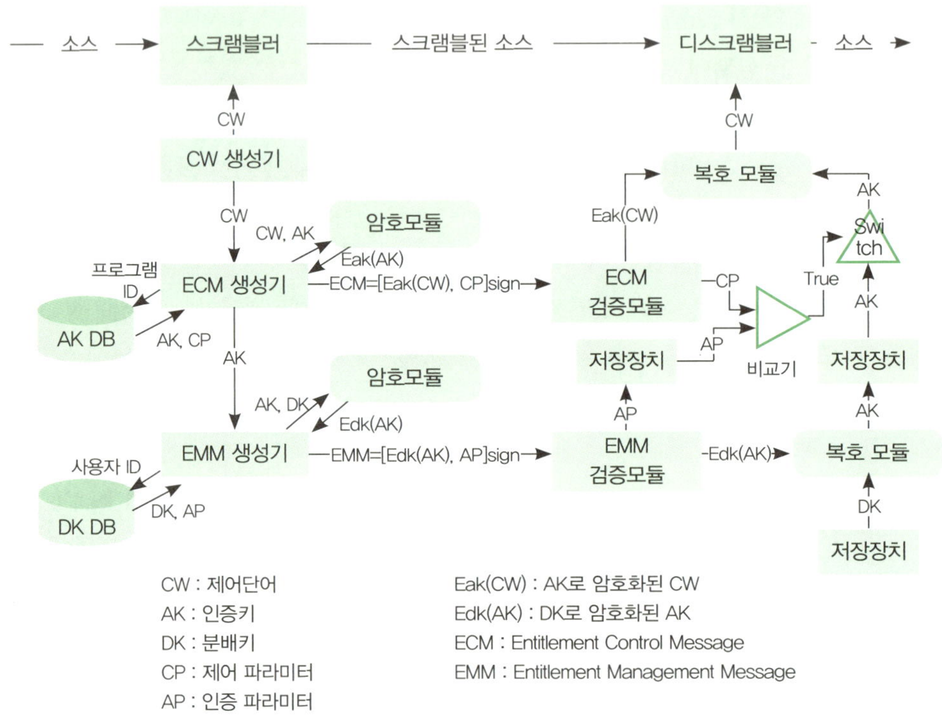

1) 송신부

인코더에 의하여 디지털로 변환된 소스신호는 비트열을 뒤섞는 과정으로 단순한 방법으로는 알아볼 수 없는 형태로 변환된다. 이런 일련의 과정을 스크램블링이라 하고 스크램블러(scrambler)에 의해서 수행되며, 이때 신호 변환을 위해 암호화방식을 사용한다.

제어 단어 생성기(CW generator)는 스크램블러와 디스크램블러에서 암호화와 복호화에 사용되는 정보를 발생시킨다. 제어 단어의 생성주기를 작게 하면 허가 없이 디스크램블링할 수 있는 가능성은 그만큼 줄어드나 제어 단어를 만들고 수신 측에 전달해야 하는 부담도 커진다. 따라서 제어 단어의 생성주기는 스크램블러의 종류와 빈도에 의하여 결정해야 할 사항이다.

디스크램블링은 제어 단어에 의하여 조정되므로 제어 단어를 수신 측에 그대로 전송할 수는 없다. 따라서 허가된 수신 측에서만 디스크램블할 수 있도록 암호화해서 전송해야 한다. 전송해야 할 프로그램이 여러 개일 경우 각 프로그램별로 다르게 암호화해야 하므로 ECM 생성기(ECM generator)는 프로그램별로 인증키를 가지고 있는 인증키 데이터베이스(authorization key database)에서 해당 프로그램에 대한 인증키를 넘겨받아 암호 모듈(encryptor)을 이용하여 암호화한다. ECM은 또한 수신측의 수신조건(authorization parameter)과 비교하여 맞는 조건을 가진 수신기만이 해독할 수 있도록 해당 프로그램에 대한 제어 파라미터(control parameter)를 임의로 수정할 수 없도록 전자서명이 첨가되어 만들어진다.

인증키는 프로그램별로 다르게 설정되어 있는 것으로 ECM만을 이용해서는 각 수신기별로 수신권리를 할당해 줄 수는 없다. 따라서 수신기별로 수신권리를 할당할 수 있는 방법이 필요한데 EMM이 그 역할을 수행한다. 수신권리는 수신가능 기간, 수신가능 횟수 등을 포함한다. EMM 생성기(EMM generator)는 각 수신기별로 부여된 분배키를 이용하여 인증 파라미터(authorization parameter)를 첨가하여 EMM을 생성한다. 생성된 EMM은 임의로 수정할 수 없도록 전자서명을 첨가한다.

암호 모듈(encryptor)은 특정한 데이터를 어떤 키에 의하여 암호화하는 장치로 ECM의 경우 데이터는 제어 단어, 암호화키는 인증키가 이용되며, EMM의 경우 데이터는 인증키, 암호화키는 분배키가 된다.

인증키 데이터베이스(authorization key database)는 각 프로그램에 할당된 인증키와 제어 파라미터를 저장하는 곳으로 ECM 생성기에 의하여 검색된다.

분배키 데이터베이스(distribution key database)는 각 수신기에 할당된 분배키와 인증 파라미터를 저장하는 곳으로 EMM 생성기에 의하여 검색된다.

2) 수신부

ECM 검증 모듈(ECM authentication)은 전자서명을 확인하여 송신기에서 보낸 메시지가 원본임을 확인하고 ECM 중 암호화된 제어 단어와 제어 파라미터를 분리하여 제어 단어는 복호 모듈(decryptor)로, 제어 파라미터는 비교기(comparator)로 보낸다.

EMM 검증 모듈(EMM authentication)은 전자서명을 확인하여 송신기에서 보낸 메시지가 원본임을 확인하고 EMM 중 암호화된 인증키와 인증 파라미터를 분리하여 분배키는 복호 모듈로, 인증 파라미터는 기억장치(storage)로부터 분배키를 넘겨받아 해독한 다음 인증키를 저장하는 기억장치로 넘긴다.

복호 모듈(decryptor)은 특정한 데이터를 어떤 키에 의하여 해독하는 장치로 ECM의 경우 데이터는 암호화된 제어 단어, 키는 인증키가 되고 EMM의 경우 데이터는 암호화된 인증키, 키는 분배키가 된다.

기억장치는 키 또는 인증 파라미터를 기억하는 장치로 하나 또는 몇 개의 분리된 장치로 생각할 수 있다.

비교기에서는 EMM으로부터 전송되어 온 인증 파라미터와 ECM으로부터 전송되어 온 제어 파라미터를 비교하여 조건이 맞으면 인증키 전송 스위치를 동작시킨다.

스위치는 기억장치에 기록된 인증키를 ECM 복호 모듈(ECM decryptor)에 전달하는 중간 과정에 존재하는 것으로 비교기에서 나온 결과값이 '참'일 때만 복호 모듈로 키를 전달한다.

디스크램블러(descrambler)는 스크램블된 신호를 원래의 상태로 환원시키는 장치로 그 과정은 스크램블러의 역과정이다.

(4) CAS의 동작원리

여기에서는 가입자가 유료 방송을 가입신청한 경우, 시청권한(entitlement)이 수신 측에 전달되어 시스템에 반영되는 과정과 가입된 수신채널의 시청과정을 살펴보도록 한다.

1) 가입신청을 한 경우의 시청권한 전달

송신부 측에서는 가입신청을 한 수신자에게 해당 프로그램의 인증키와 시청권한을 전송해 주어야 한다. 인증키는 수신자 고유의 분배키를 이용하여 암호화한 다음에 인증 파라미터와 함께 EMM을 생성해 낸다(EMM 생성기). EMM에는 메시지 변조를 막기 위하여 전자서명이 추가된다.

수신부 측에서는 EMM이 자신에게 발송된 것인지 확인하고(자신의 번호, 자신이 속해 있는 그룹, broadcasting 중 한 가지), 전자서명을 검사하여 변조되었는지 확인한다(EMM authentication). 모두 정상으로 확인되면 자신이 가지고 있는 분배키를 이용하여 인증키를 해독하여 인증 파라미터와 함께 기억장치(storage)에 저장한다.

2) 가입된 프로그램 수신

가입된 프로그램을 수신하는 과정은 수신자가 이미 인증 파라미터와 인증키를 EMM을 통하여 전달받았다는 가정하에 이루어진다. 즉, 송신부 측에서는 제어 단어를 인증키로 암호화한 다음, 제어 파라미터와 함께 ECM을 생성해 낸다(ECM 생성기). ECM에는 메시지의 변조를 막기 위하여 전자서명이 추가된다. 유료 프로그램은 이 제어 단어를 이용하여 스크램블링하여 전송한다.

수신부 측에서는 전자서명을 검사하여 ECM의 내용이 변조되었는지 확인한다(ECM authentication). 검사 결과 이상이 없으면 암호화된 제어 단어는 복호화하고, 제어 파라미터 부분은 비교기로 보낸다. 비교기에서는 이미 저장되어 있는 인증 파라미터와 제어 파라미터를 비교하여 조건이 맞는지 확인하고 조건이 맞으면 해당 인증키로 제어 단어를 해독하게 한다. 해독된 제어 단어는 암호화된 유료 프로그램을 디스크램블하는 데 사용된다.

(5) CAS 기술보유업체

수신제한시스템 사업자 중 잘 알려진 업체로는 이스라엘의 NDS, 네덜란드의 이데토액세스, 프랑스의 카날플러스 테크놀로지, 스위스의 나그라비전 등이 있다. 방송사업자들은 CAS를 도입하면서 보안에 민감할 수밖에 없기 때문에 CAS업체들은 저마다 자사 시스템의 보안에 대한 우수성을 강조하고 있다. CAS가 해킹을 당하면 불법 무료 시청자가 엄청나게 늘어날 수 있기 때문이다.

표 3-15 CAS 기술보유업체

CAS	개발주체	주요 방송사
NDS	New Corp.	DirecTV(미) 등
Mediaguard	SECA	Canal+(프) 등
Viaccess	France Tel.	TPS(프) 등
Nagravision	Canal+	Echostar(미) 등
Iredeto	MIH	DIF(독) 등
Betacrypt	B. GMBH	Premire(독) 등
Cryptoworks	Philips	Christian TV(독) 등
Digicipher	G.I.	Primestar(미) 등
Core Tehc	Sony	JskyperfectTV(일)
Conax	Conax	Canal Digital(덴)

2.6 디지털 저작권관리

인터넷이 보편화되면서 전자책, 음악, 비디오, 게임, 이미지 등 온라인으로 유통되는 디지털콘텐츠에 대한 가치를 인정해야 할 필요성이 증대되었다. 2003년에 이미 미국에서는 'Consumer Broadband and Digital Television Promotion Act(CBDTPA)'라는 이름의 법안이 통과된 바 있다. 이 법안의 내용은 컴퓨터와 가전기기를 포함한 하드웨어와 소프트웨어에 정부가 공인해 준 저작권 보호시스템을 갖출 것을 의무화하자는 것이다. 이 법안의 통과로 미국 내 모든 콘텐츠들은 자동적으로 유료로 전환되고 보호시스템을 갖추지 않은 타 국가의 디바이스들은 미국 내 반입이 제한되므로 파급력은 전 세계적으로 엄청나다.

이러한 디지털콘텐츠의 유료화와 저작권자에 대한 권리보호의 필요성이 대두되면서 중요한 인프라기술로 각광을 받고 있는 것이 디지털 저작권관리라고 하는 DRM이다.

디지털 저작권관리(DRM : Digital Rights Management)는 다양한 채널을 통해 유통되는 디지털콘텐츠를 암호화기술을 이용하여 불법사용으로부터 보호하며, 이렇게 보호된 디지털콘텐츠의 사용에 따라 발생하는 저작권관련 당사자들의 이익을 지속적으로 보호 및 관리하는 기술과 서비스이다. DRM은 콘텐츠를 암호화하여 정해진 조건을 충족시키지 않으면 콘텐츠를 사용할 수 없도록 한다. 복제는 허용하지만 파일을 사용하는 각각의 사용자 모두가 사전에 정해진 조건을 만족시켜야만 이용할 수 있기 때문에 디지털콘텐츠의 저작권에 대한 관리가 가능하게 된다. 최근 DRM의 한 종류로 디지털 워터마킹기술이 거론되고 있으나 디지털 워터마킹은 복제가 될 경우 원래의 콘텐츠정보를 그대로 유지하기 때문에, 허가되지 않은 사용자로부터 콘텐츠를 보호할 수 없으며, 주로 저작권과 관련된 분쟁이 발생하였을 경우 원래의 저작권자가 누구였는지를 추적하기 위해 사용되고 있다. 따라서 디지털 워터마킹은 저작권 보호를 위하여 사용되는 기술 중의 하나임에는 틀림이 없으나 암호화기술을 이용하여 디지털콘텐츠의 저작권을 적극적으로 보호하는 DRM기술과는 엄격히 구분된다.

(1) DRM의 구조

DRM은 디지털콘텐츠를 사용하기 위해서는 반드시 저작권자가 배포하는 '라이선스'를 발급받아야 한다는 개념을 기술적으로 보장해 주는 시스템이다. 저작권 보호대상인 디지털콘텐츠는 배포 시에 이미 기술적인 보호조치가 되어 있는 상태이고, 사용자가 이 보호된 콘텐츠를 사용하고자 할 경우, 사용을 허가하는 라이선스를 획득한 이후에만 사용이 가능하도록 기술적 통제가 되어 있는 시스템을 말한다. 따라서 DRM의 구성요소를 살펴보면, 저작권 보호대상인 콘텐츠와 이것을 사용하려고 하는 사용자, 그리고 사용허가를 위한 라이선스로 구성되어 있다.

그림 3-12 | DRM의 개념도

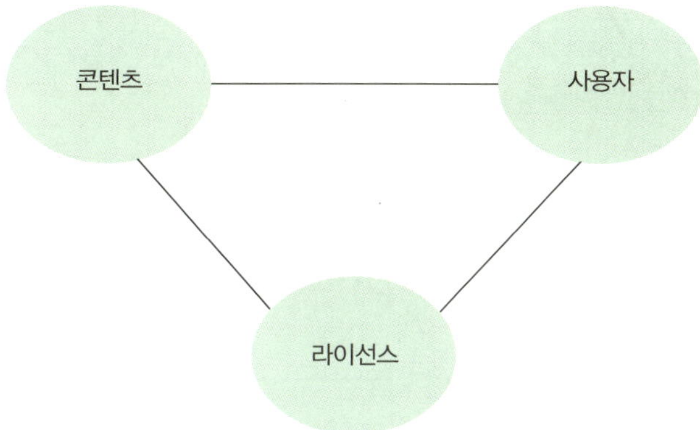

콘텐츠, 사용자, 라이선스의 관계를 통해 저작권관리에 대한 기술적 보장을 위해서는 각 구성요소에 대해 다음과 같은 기본적인 기술적 요구사항이 필요하다. 콘텐츠는 라이선스가 없는 사용자가 쉽게 원본 콘텐츠를 접근할 수 없도록 하는 강력한 보호조치가 필요하고, 사용자에 대하여는 라이선스를 적용한 후, 콘텐츠의 보호장치를 풀고 이를 사용할 수 있도록 해주는 기능, 그리고 라이선스의 내용에 따라 콘텐츠 사용의 범위를 통제하는 기능이 필요하다. 또한 라이선스 기능은 콘텐츠 보호장치를 해제할 수 있는 방법과 사용범위에 대한 정보들을 사용자에게 안전하게 전달할 수 있는 기능을 필요로 한다.

1) DRM시스템 구조

DRM의 시스템은 [그림 3-13]과 같이 크게 디지털콘텐츠에 DRM 보호조치를 하고 공급을 담당하는 콘텐츠 서버와 라이선스 발급 및 관리를 처리하는 DRM 서버, 그리고 라이선스에 따라 사용을 통제하는 DRM 클라이언트로 구성된다.

전체적인 흐름을 간단히 설명해 보면, 콘텐츠의 관리와 배포를 담당하고 있는 콘텐츠 서버(content server)는 콘텐츠 배포 시에, 저작권 보호조치가 되어 있는 '패키지 콘텐츠(packaged content)'를 생성하여 배포하고, 이를 사용하는 DRM 클라이언트(DRM client)에서는 '패키지 콘텐츠'의 저작권 집행을 위해 DRM 서버에서 라이선스를 발급받은 이후에 콘텐츠 사용을 허용한다.

그림 3-13 | DRM시스템의 일반적인 구조

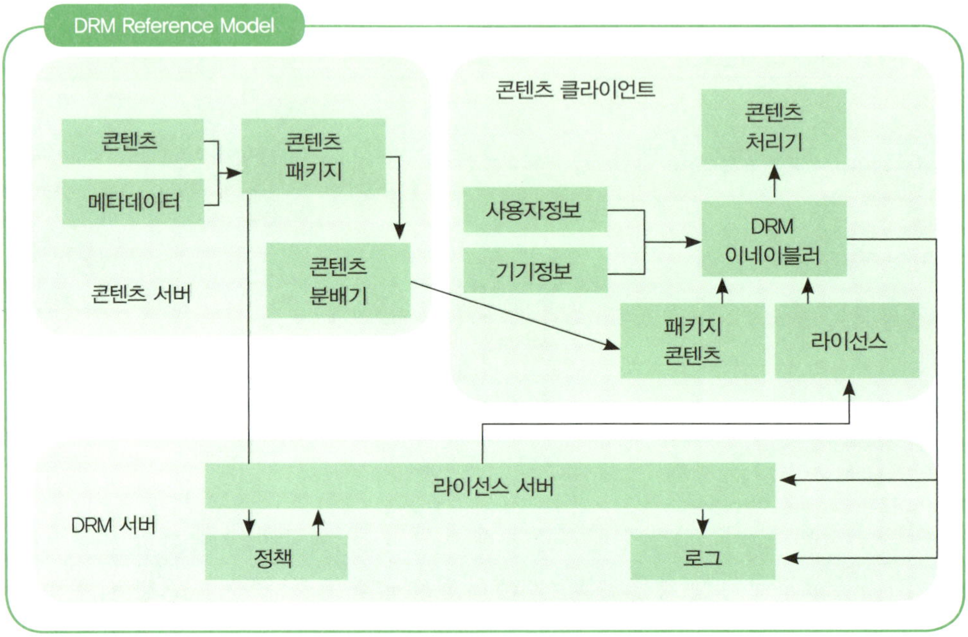

(2) DRM의 기능

DRM은 아주 광범위한 부분에 적용할 수 있으며, 이러한 부분을 보호하기 위해 다양한 기능을 내포하고 있다. 이러한 기능들 중에 적용하는 기업과 적용하는 시스템에 따라, 선택적인 기능들을 포함하여 구현함으로써 다양한 규모의 DRM 제품이 사용되고 있다. DRM이 일반적으로 포함하고 있는 주요 기능들을 정리하면 다음과 같다(최종욱 2001).

1) 콘텐츠 보호/인증

콘텐츠는 암호화된 형태로 안전하게 보호되어야 하며, 사용자는 콘텐츠의 저작권자, 공급자 등의 관련 정보를 확인함으로써 콘텐츠 진위 여부를 인증할 수 있어야 한다.

2) 사용자 인증

출판사와 분배자, 분배자와 소비자 등 모든 콘텐츠의 거래당사자들 간에 서로를 인증할 수 있는 신뢰서비스가 필요하다. 공급자는 수요자를 인증한 후 상대방의 비밀

정보와 관련된 정보(예 : 공개키)로 보호된 라이선스를 내려주게 되므로, 안전한 인증 메커니즘을 사용하는 것은 DRM시스템에서 중요한 요소이다.

3) 거래권한/사용권한 적용

콘텐츠 출판사는 콘텐츠 분배자에게 상호 간의 계약에 따른 비즈니스규칙을 적용하여 제공하며, 분배자는 소비자 기호에 맞는 사용규칙을 반영하여 콘텐츠를 제공한다. 이러한 규칙들은 XrML 등의 권리명세언어를 이용해 작성될 수 있으며, 안전하게 보호된 '라이선스'형태로 제공된다. 규칙은 다양한 비즈니스 모델 및 사용 환경을 제공하기 위하여 융통성 있게 제공되어야 한다.

4) 라이선스 보호

콘텐츠 사용규칙 또는 콘텐츠 복호화정보를 포함하는 라이선스는 위 · 변조로부터 안전하게 보호되어야 하며, 다른 사용자에게 복사되어도 사용할 수 없어야 한다. 특히 콘텐츠 복호화정보는 절대로 노출되지 않도록 기밀성을 유지해야 한다.

5) 라이선스 백업

콘텐츠를 사용하던 특정 PC를 바꾸거나 운영체계를 다시 설치하는 등의 이유로 포맷할 경우, 콘텐츠에 저장된 라이선스를 백업하고 다시 로드할 수 있어야 한다. DRM 제품에 따라(MS WMRM) 새로 설치하는 경우 사용자의 DRM 클라이언트의 유일한 식별자가 변경되는 경우도 있다. 어떠한 경우라도 백업된 라이선스를 다시 설치하여 사용권한을 그대로 유지할 수 있는 메커니즘이 제공되어야 한다.

6) 하드웨어 바인딩

여러 명 또는 여러 사업자들이 하나의 콘텐츠를 공유하는 것을 막기 위하여 주어진 콘텐츠를 특정 하드웨어에서만 동작하도록 하드웨어정보에 바인딩하는 것이 필요하다. 특히, 아이디와 패스워드로 사용자를 인증하는 시스템의 경우 패스워드를 공유함으로써 콘텐츠를 대량으로 분배하는 것을 방지해야 한다. 동시에 사용의 편의성을 위해 한 곳 이외의 장소에서 콘텐츠를 사용할 수 있도록 시스템은 적절한 하드웨어 바인딩정책을 지원해야 한다. 이러한 메커니즘은 주로 라이선스를 특정 하드웨어에서만 유효하도록 하는 방법을 사용한다.

7) 클리어링하우스

DRM의 클리어링하우스(clearing house)는 콘텐츠 판매 및 사용내역을 확인하여, 소유권에 관한 금전적인 관계를 정산하고, 콘텐츠 비즈니스에 필요한 통계자료를 확보하는 기능을 제공한다. 콘텐츠 제공과정에 연관된 역할 개체들 간의 '가치사슬'을 지원하여 저작권에 관한 투명한 정산을 집행할 수 있어야 하며, 지불시스템과도 연동된다. 문서관리 DRM의 경우, 사용자들의 콘텐츠 사용내역을 관리자가 모니터링할 수 있는 인터페이스가 제공될 수 있다.

8) 휴대용 단말기 지원

많은 멀티미디어 콘텐츠들이 MP3 재생, 동영상 재생 기능을 갖춘 휴대용 단말기에서 사용된다. DRM 기능은 단말기에 전송되어도 그대로 적용될 수 있어야 하며, 단말기 모듈은 낮은 연산능력으로도 효율적으로 작동할 수 있어야 한다.

9) 재분배

사용자들 간에도 콘텐츠 분배가 일어날 수 있어야 한다. 예를 들어, 사용자 A가 구매한 콘텐츠를 사용자 B에게 전달했을 경우, 사용자 B도 콘텐츠 사용비용을 지불한 후 콘텐츠를 사용할 수 있고 다시 사용자 C에게 전달할 수 있다. 또한 사용자들 간의 콘텐츠 빌려주기, 주기 등의 기능을 제공하는 것도 고려되어야 할 사항이다. 재분배가 발생할 경우 콘텐츠 내용은 그대로 사용하고 복호화정보를 포함하는 라이선스의 내용만 변경된다.

(3) DRM의 기술적 특징

DRM은 디지털콘텐츠에 대한 안전한 전달 및 사용이라는 측면에서 PGP(Pretty Good Privacy)와 같은 공개키(PKI : Public Key Infrastructure) 제품들과 비교되는 경우가 있다. 그러나 DRM이 적용된 콘텐츠에 대한 사용은 다음과 같은 기술적 특성들을 가지고 있고, 이 특성들은 다른 보안기술과 차별성을 갖는다(한국소프트웨어진흥원 2005).

1) 라이선스기반의 콘텐츠 사용(license-based content use)

PGP는 송신자가 수신자의 공개키를 이용하여 콘텐츠를 암호화하고, 수신자는 자신의 개인키를 사용하여 암호화된 콘텐츠를 복호화하는 기술이다. 그리고 일단 복호화된 콘텐츠에 대해서는 수신자의 사용용도를 통제할 방법이 없다. 반면 DRM에서는 콘텐츠가 임의(random)의 비밀키로 암호화되어 있고, 이 비밀키는 수신자의 고유정보(공개키 또는 디바이스정보)로 암호화된 상태로 라이선스를 통해 전달된다. 수신자는 라이선스 내부에 있는 암호화된 비밀키를 얻어와 자신의 고유정보로 복호화한 후, 이 키를 이용하여 콘텐츠를 복호화하는 방식을 사용한다. 물론 라이선스에는 콘텐츠가 사용될 범위에 대해서 허용되는 조건과 용도가 지정되어 있고, DRM 클라이언트가 이 통제정보를 바탕으로 콘텐츠의 사용을 제한하기 때문에 라이선스에 명시되지 않은 콘텐츠의 사용은 불가능하다. 이처럼 DRM에서는 콘텐츠의 사용용도와 조건, 그리고 콘텐츠를 복호화할 수 있는 키를 담고 있는 라이선스를 통해서만 콘텐츠의 사용이 가능하도록 되어 있다.

2) 지속적인 콘텐츠 보안(Persistent Content Protection)

PGP나 PKI로 암호화된 콘텐츠는 일단 수신자가 자신의 개인키로 암호화된 콘텐츠를 복호화한 이후에는 원본 콘텐츠인 상태로 존재하기 때문에 이 이후의 복제 혹은 사용용도를 통제할 방법이 없다. 반면 DRM에서는 한 번 암호화된 콘텐츠는 사용되는 시점에도 계속 암호화되어 있는 상태로 존재하고 라이선스의 통제를 받기 때문에 원본이 유출될 여지가 없다. 따라서 라이선스를 받은 사용자라 하더라도 원본을 추출하여 다른 용도로 사용할 수 없으므로 지속적인 보호가 가능하다.

3) 불법사용방지(protection against illegal use)

PGP나 PKI로 암호화된 콘텐츠는 수신자 이외의 다른 사용자가 복제를 하여 사용을 시도할 경우, 수신자에 대한 키정보를 얻지 못하는 한 복제된 콘텐츠는 의미 없는 콘텐츠가 된다. 즉 복제를 통해서는 콘텐츠를 사용할 수 없고, 송신자로부터 정확한 수신자 지정이 있어야 열람이 가능한 기술이다. 그러나 DRM에서는 암호화된 콘텐츠는 누구든지 복사를 통해 자신의 PC 혹은 이동기기(mobile device)에서 사용을 시도할 수 있다. 단, DRM 서버로부터 합법적인 라이선스를 발급받아야 한다. 즉 라이선스를 통해 사용에 대한 통제를 할 뿐, 암호화된 콘텐츠에 대한 복제 자체를 의미 없게 만들지는 않는다는 의미에서, 불법복제를 방지하는 기술이기보다는 불법사용을 통제하는 기술로 알려져 있다.

4) 재분배(super distribution)

DRM은 라이선스기반의 콘텐츠 사용방식이기 때문에 암호화된 콘텐츠를 획득하는 방법은 문제가 되지 않는다. 즉, 서버로부터 전달받은 암호화된 콘텐츠를 다른 사용자에게 전달하여도 전달받은 사용자가 라이선스만 획득하면 콘텐츠를 사용하는 것이 가능하다. DRM은 DRM 클라이언트를 통해서 암호화된 콘텐츠만으로도 라이선스를 획득하기 위한 절차를 제공할 수 있다. 따라서 DRM기술은 PKI나 PGP에서 수신자를 제한하는 전송방식(secure distribution)과는 다르게 콘텐츠에 대한 수신자가 또 다른 임의의 수신자에게, 다시 그 수신자는 또 다른 제3의 수신자에게 암호화된 콘텐츠를 전달하고 사용할 수 있도록 하는 비즈니스 모델을 가능하게 한다.

5) 라이선스 발급 및 집행내역 유지(usage tracking)

DRM의 또 다른 특징은 콘텐츠에 대한 라이선스 발급 및 집행 결과에 대한 로그를 유지할 수 있다는 것이다. 라이선스 발급과 연동하여 결제시스템을 필요로 하는 모델인 경우 판매내역에 대한 로그가 유지될 수 있고, 사용자가 라이선스를 이용하여 콘텐츠를 사용했을 경우에도 사용내역에 대한 로그를 전송받을 수 있다. 이 기능은 콘텐츠를 판매하는 전자상거래 모델에서는 거래인증의 기본정보로 사용될 수 있으며, 기밀을 요하는 콘텐츠관리 모델에서는 열람 기록으로 활용되기도 한다.

(4) DRM의 기술요소

DRM은 여러 종류의 기술들에 대한 집합체로 언급될 만큼 다양하고 복잡한 기술들로 구성되어 있으며, 다음과 같은 기술요소들의 조합을 통해 구동된다.

1) 암호화기술(encryption)

콘텐츠를 암호 알고리즘을 통해 암호화함으로써 정당하지 않은 사용자로부터 보호하는 기술이다. 암호(cryptography)방식은 암호화(encryption)와 복호화(decryption)에 동일한 키가 사용되느냐 각기 다른 키가 사용되느냐에 따라 대칭키(symmetric key) 암호방식과 공개키(public key) 암호방식으로 나누어진다. 고전적인 암호기법은 모두 대칭키 암호방식에 속하며 공개키 암호방식이 나오기 전까지 모든 암호시스템은 여기에 속한다. 대칭키 암호방식은 공개키 암호방식에 비해 알고리즘이 간단하므로 시스템 구현이 용이하고 계산속도가 빠르다는 장점은 있으나 키 분배를 위해 안전한 채널이 필요하고 사용자 증가 시 보유해야 할 키의 숫자가 급속히 증가한다는 단점이 있다. 반면 공개키 암호방식은 동일한 안전도를 가지는 대칭키 암호방식에 비해 키의 길이가 짧고 키 분배가 용이하다는 장점은 있으나 알고리즘의 계산 복잡도가 높음으로 인해 시스템 구현 시 계산속도가 느리다는 단점이 있다.

DRM은 암호기술을 기본으로 콘텐츠를 보호하기 때문에 무엇보다도 키의 배포 및 관리, 그리고 이러한 키를 어떻게 활용하느냐 하는 것이 매우 중요하다. 키의 배포 및 관리에 있어서 PKI와 DRM은 서로 다른 기술적 특성을 가지고 있기 때문에 이것을 제대로 이해하지 않고는 DRM의 효율성을 제대로 보장하기 힘들다.

2) 키관리(key management)

DRM은 암호화기술을 기본으로 디지털콘텐츠의 지적 자산을 보호하는 시스템이기 때문에 키의 배포 및 관리를 어떻게 하느냐가 무엇보다도 중요한 문제이다. 특히 PKI와는 다른 방식으로 키관리가 이루어진다는 점에 주의해야 한다.

PKI기반의 암호화 응용시스템은 사용자를 어떻게 인증할 것인가의 문제점을 해결하기 위해 출발한 기술이다. 예를 들어 발신자는 자신의 개인키(private key)로 정보를 암호화하고 전자서명함으로써 해당 정보가 자신에 의해 작성된 것임을 증명한다. 또한 작성된 정보가 원본임을 증명할 수 있게 된다. 수신자는 발신자의 공개키를 가지고 정보를 복호화하고 전자서명의 진위 여부를 판가름할 수 있게 된다. 이때 발신자의 공개키를 어떻게 신뢰할 수 있는지가 매우 어려운 문제점으로 대두된다. PKI에서는 공개키의 신뢰성을 보장하기 위해 공인인증기관을 통해 신뢰성을 보장하고 있다.

그러나 DRM은 특정 콘텐츠를 허가된 사용자에 한해서 허가된 용도로만 이용될 수 있도록 통제하는 것을 목적으로 하기 때문에 PKI기반의 암호화키 관리방식과는 매우 다르게 접근하여야 한다. DRM에서의 키관리는 콘텐츠에 대한 사용권한을 통제할 수 있는 수단으로 사용된다. 즉, DRM에서의 키관리는 콘텐츠의 접근제어 및 권한제어를 위해 사용되는 유일한 통제수단이 되며, 이것은 전적으로 DRM 공급업체의 기술적 특성에 따라 고유하게 관리된다. 이런 관점에서 DRM의 키관리는 PKI기반의 암호화시스템과는 다른 차이점을 보이고 있다.

DRM은 허가되지 않은 사용자로부터 콘텐츠의 접근을 통제하기 위하여 암호화된 콘텐츠를 복호화할 수 있는 비밀키의 배포 통제를 통해 구현된다. 이때 비밀키는 콘텐츠의 비밀성을 유지하기 위해서 매우 안전하게 관리 · 배포되지 않으면 안 된다.

DRM업체들은 저마다 고유한 키관리방식을 개발하여 사용하고 있는데, 보안상 가장 중요한 부분으로 간주되기 때문에 자세한 키관리방식을 밝히는 것은 금기시되고 있다. 그러나 키관리방식은 키를 저장하는 위치에 따라 크게 중앙관리방식과 전자봉투(enveloping)방식으로 구분된다. 중앙관리방식은 콘텐츠를 암호화할 때 사용하였던 비밀키를 중앙의 KMS에 보관하고 라이선스를 발급할 때 이를 이용하는 방식으로 초기의 DRM기술들이 사용했던 방식이다.

전자봉투 키관리방식은 콘텐츠를 암호화할 때 사용했던 암호화키를 암호화된 콘텐츠와 함께 동봉해서 관리하는 방식이다. 암호화키가 콘텐츠와 함께 저장되어 있기 때문에 보안성이 취약할 것이라고 생각할 수 있겠지만 동봉되는 암호화는 특정한 사용자 또는 시스템의 비대칭 공개키를 이용하여 암호화하기 때문에 충분한 안전성이 보장된다. 이렇게 전자봉투 키관리방식을 이용하는 주된 이유는 암호화키의 저장 및 배포에 대한 안전성과 관리의 용이성을 최대화하기 위한 것이다.

3) 패키징(packaging)

패키징은 디지털콘텐츠의 불법복제를 막고 적법한 라이선스 절차에 의하여 디지털콘텐츠를 이용할 수 있도록 암호화하는 절차이다. 각 디지털콘텐츠 유통서비스업체는 유통사에게 콘텐츠를 패키징할 수 있는 패키저를 발급하고 유통업체는 그 패키저로 디지털콘텐츠를 패키징하게 된다.

패키저(packager)는 암호화된 콘텐츠와 메타데이터를 '암호화 파일(secure container)' 포맷으로 패키징한다. 여기에서 'Secure Container'란 DRM 보호범위 내에서 유통되는 배포단위인데 암호화된 콘텐츠와 메타데이터 이외에 식별자, 전자서명 등이 포함된다. 패키징기술은 콘텐츠를 패키징하는 시점에 따라 [표 3-16]과 같이 사전 패키징(pre-packaging)방식과 주문형 패키징(on-the-flypackaging)방식으로 구분할 수 있다.

패키징은 암호화뿐만 아니라 기타 다른 정보를 포함하는데, 패키저마다 패키징할 때 생성하는 정보에는 차이가 있다. 콘텐츠 유형, 제목, ID, 저작자 등과 같은 콘텐츠 및 권리자에 대한 정보를 포함하기도 하고, 콘텐츠 사용에 대한 비즈니스규칙, 사용규칙, 지불정보 등을 포함하기도 한다. 또한 각종 키값, 라이선스를 발급받을 수 있는 위치정보(URL)를 포함하기도 한다.

또한 하나 또는 복수의 콘텐츠를 콘텐츠 유형에 관계없이 패키징할 수 있도록 다양성과 편의성을 감안한 패키징기술도 등장하고 있다. 저작자, 콘텐츠 배포자, 유통사 등 복수의 거래당사자들이 각각 별도로 자신의 비즈니스규칙을 패키징할 수 있도록 분리 패키징방식을 지원하기도 한다.

| 표 3-16 | 패키징방식의 구분

구분	특징
사전 패키징 방식	• 사용자의 요청이 있기 전에 미리 콘텐츠를 'Secure Container'로 패키징하는 방식 • 특정 사용자와 무관하게 패키징 • 동시에 많은 사용자가 콘텐츠를 요청하더라도 콘텐츠 암호화나 패키징으로 인한 시스템 부담이 없음 • 사용자의 이용 정도에 무관하게 독립적으로 수행할 수 있는 메커니즘 필요
주문형 패키징 방식	• 사용자의 요청에 의해 콘텐츠 암호화 및 패키징하는 방식 • 동시 사용자가 많을 경우 암호화로 인해 시스템 부하 급증 • 동시 사용자의 증가에 따른 시스템의 병렬적 확장이 용이하고 경제적인 비용으로 제공가능한 구조적 특징이 필요

4) 암호화 파일 포맷(secure container format)

암호화된 콘텐츠에 대한 구조를 표현할 수 있는 기술이다. 이 구조의 대표적인 예로는 국제표준화기구인 MPEG-21에서 개발되고 있는 MPEG-21 DID(Digital Item Declaration)와 FF(File Format), 그리고 OMA DRM의 DCF(Digital Content Format) 등이 있다. 그러나 마이크로소프트사의 WMRM(Windows Media Rights Management)과 애플사의 FairPlay 등 현재 상용화된 대부분의 DRM 제품은 개발업체별 독자적인 포맷을 사용하고 있는 실정이다.

WMRM은 멀티미디어콘텐츠의 무단 재생 및 복제를 보호하기 위한 수단이다. 콘텐츠 제공자는 DRM을 통해 독점적 소유의 음악이나 데이터에 대한 무단복제 또는 불법사용을 방지할 수 있다. DRM은 디지털콘텐츠를 암호화하고, 사용자가 콘텐츠 재생을 위한 조건을 결정하는 사용규칙을 추가함으로써 디지털콘텐츠를 보호한다. 사용규칙은 일반적으로 복사를 방지하거나 콘텐츠의 재생횟수를 제한한다. 또한 운영체제는 멀티미디어 미들웨어와 연동되어 이러한 규칙을 적용한다.

WMRM의 개념도는 [그림 3-14]와 같다.

그림 3-14 | WMRM의 개념도

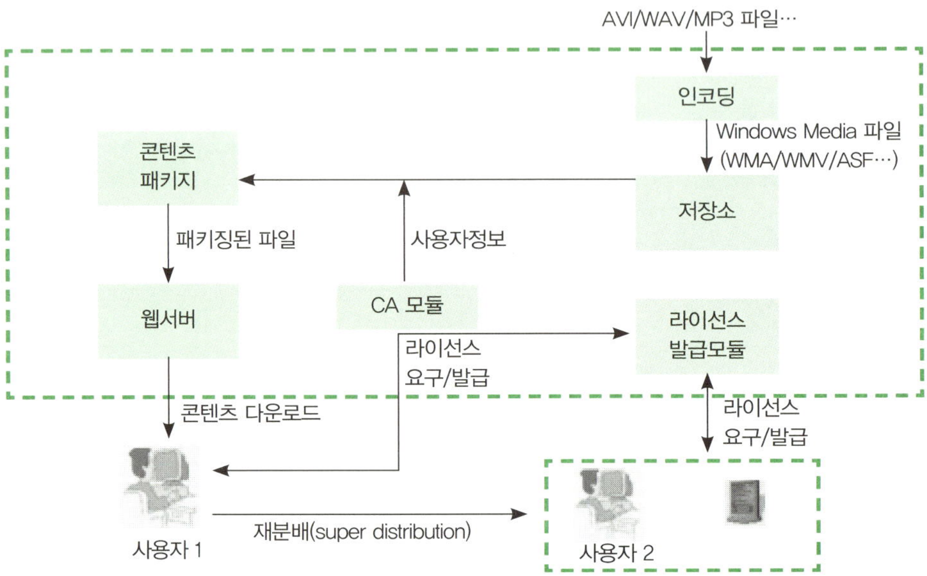

MPEG-21은 국제표준화기구인 MPEG에서 멀티미디어콘텐츠의 투명하고 신뢰성 있는 유통기술의 개발을 위해서 현재 활동 중인 표준화 작업반이다. MPEG-21의 DID는 콘텐츠의 창조자들로 하여금 자신의 콘텐츠들이 어떻게 구성되는지, 그리고 이러한 구성단위(component)들이 서로에게 어떤 연관성을 갖는지를 선언할 수 있게 해준다. 콘텐츠의 선언은 리소스, 메타데이터, 그리고 이들 간의 상호연관성을 명시하는 것을 포함하고 있으며 XML 스키마를 이용한 DIDL(Digital Item Declaration

그림 3-15 | MPEG-21 DID 모델

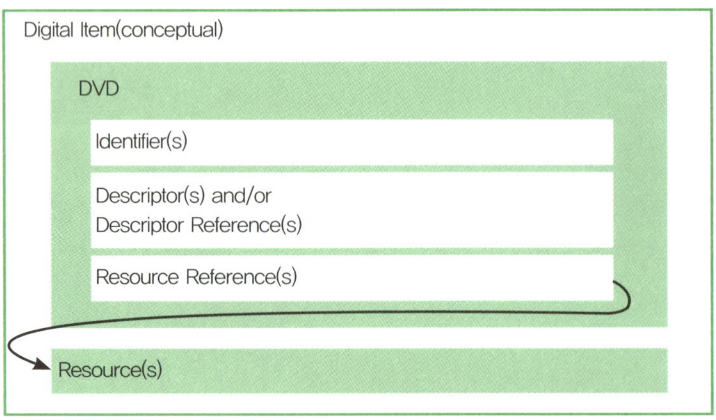

Language)을 이용하여 기술된다.

5) 식별체계(identification)

기존의 물리적인 저작물이 디지털콘텐츠로 전환되면서 물리적인 도서에 부여되는 ISBN이나 음악을 식별하는 ISMN 등 기존의 식별체계로는 디지털콘텐츠의 특성을 충족시키기에 한계가 있다. 디지털콘텐츠의 특성상 각각의 오브젝트, 즉 전자책에서의 각 장별이나 페이지별, 그림이나 표 등을 따로 식별할 필요성이 있다. 그러나 기존의 ISBN은 물리적인 도서 한 권에 대한 식별밖에 못하고 있는데, 이는 콘텐츠 유통에서 매우 중요한 의미를 갖는다. 또한 디지털화되었더라도 기존에 사용했던 다양한 식별체계를 활용 · 통합하여 표현할 수 있어야 하며 디지털화된 각각을 표현할 수 있어야 한다. 즉 전자책은 물론, 디지털음악, 비디오, 이미지 등과 같은 디지털화된 콘텐츠를 한 체계 안에서 표현이 가능해야 한다. 이와 같은 디지털 환경을 충족시키기 위해 개발된 대표적인 식별체계로는 미국출판협회(AAP : Association of American Publisher)의 DOI(Digital Object Identifier)가 있으며, RFC2396에서 정의하고 있는 URI(Uniform Resource Identifier), 그리고 한국전산원에서 개발한 UCI(Universal Content Identifier) 등이 있다.

6) 메타데이터(metadata)

메타데이터는 정보자원에 대한 데이터로서 정보자원에 대한 식별정보, 내용정보, 그리고 특성정보 등을 기술하며, 정보자원의 체계적인 관리 및 원활한 검색을 지원하고 정보자원에 대한 요약정보를 제공함으로써 정보자원의 이용을 효율화하는 데 그 목적이 있다. 또한 디지털콘텐츠의 유통채널이 다변화되고 디지털콘텐츠정보의 교환에 대한 요구가 증가함에 따라 상이한 메타데이터 운용으로 인한 정보교환의 단절 및 상호운용성 확보를 위해 많은 시간과 비용이 초래될 것이기 때문에 메타데이터의 체계화 및 표준화는 매우 중요한 문제가 된다. 디지털콘텐츠의 효율적 유통 및 관리를 위해 사용되는 메타데이터의 대표적인 정보는 다음과 같다(김용호 2004).

| 표 3-17 | 메타데이터에 포함되는 정보

구분	메타데이터에 포함되는 정보
지적자산정보	소유권, 저작권, 인접권, 이용권리 등
미디어정보	식별번호, 제목, 장르, 타입, 제작업체 등
유통정보	유통업체명, 유통기한, 유통권리

현재까지 DRM에서 사용되는 확정된 메타데이터 국제표준은 없는 상태이나 디지털콘텐츠의 전자상거래를 위한 기반 마련과 지적재산권 관리를 위해서 상호호환성이 가능하고 확장성이 뛰어난 메타데이터의 개발이 필요하다는 인식하에 MPEG-21, TV-Anytime, SMPTE, W3C, AAP, OeBF, INDECS 등 국제적인 표준화 단체 및 국가단위에서 이에 대한 개발을 진행 중이다. 가장 활발하게 메타데이터의 표준화 활동이 추진되는 분야는 권리를 어떻게 정의하고 표현할 것인가를 다루는 REL(Rights Expression Language) 분야로, XrML 2.0과 ODRL, XMCL 등 여러 개의 기술이 발표된 바 있다.

INDECS(Interoperability of Data in eCommerce Systems)는 유럽연합이 지원하는 Infor2000 프로젝트의 지원을 받아서 1998년부터 2000년 3월까지 진행된 프로젝트이다. 지적재산권을 위한 하나의 데이터 모델을 개발하고 지적재산권 자체와 상거래에 참여하는 사람, 업무를 서술하고 유일하게 식별할 수 있는 정형적 구조를 개발하였으며, 이 데이터 모델로부터 메타데이터 표준을 제안한 바 있다. INDECS는 이 프로젝트를 통해 개발된 메타데이터 모델을 기반으로 INDECS2에서 권리와 허가의 표현규칙을 정의하고 이를 MPEG-21 RDD의 표준안으로 제안하여 2003년 국제표준으로 채택되었다.

7) 권리표현(rights expression)

디지털콘텐츠에 대한 권리를 위해서는 어떤 사용자가 어떠한 콘텐츠에 대해 어떤 권한과 어떤 조건으로 이용할 수 있는지 정의할 수 있어야 함은 물론 이렇게 정의된 권리가 컴퓨터에 의해서 처리될 수 있도록 기계 가독형 언어로 표현될 수 있어야 한다. 또한 다양한 비즈니스 환경에 따라 권리의 정의 및 표현이 달라질 수 있는데, 이를 무리 없이 지원하기 위해서는 권리표현의 다양성과 확장성, 그리고 유연성이 충분히 보장되어야 한다.

권리를 설정함에 있어 가장 중요한 부분은 사용권한(permission)과 사용조건(condition)을 들 수 있으며 사용권한의 종류는 [표 3-18]과 같다.

| 표 3-18 | 사용권한의 종류

구분	설명
이용권한 (Render Permission)	• 콘텐츠 이용형태에 관한 허가(Play, View, Print 등) • 콘텐츠의 종류 및 애플리케이션에 따라 다양한 형태로 구분(문서인 경우 View, Print, 동영상의 경우 Play, 소프트웨어의 경우 Execute)
전송권한 (Transport Permission)	• 사용자들 간에 권리의 교환이 이루어지는 권리형태 정의(Copy, Move, Loan) • Copy 권한을 갖고 있는 경우 동일한 콘텐츠의 복제품을 생성할 수 있을 뿐만 아니라 복제품에 대해서도 원본과 동일한 권한을 가짐 • Move 권한을 가진 경우에는 콘텐츠에 대한 권리를 다른 PC나 PDA로 이용해서 동일한 사용권한으로 콘텐츠를 사용할 수 있으나 원래 콘텐츠가 있던 플랫폼에서는 권리가 제거되어 더 이상 그 콘텐츠를 사용할 수 없게 됨 • Loan권한은 Move권한과 비슷하지만 일정 시간이 지나면 다시 콘텐츠의 사용권한을 되찾아온다는 점에서 차이가 있음
추출 및 변형권한 (Derivative Permission)	• Extract, Edit, Embed 등과 같은 콘텐츠의 추출 및 변형이 가능한 권한(이용권한과 전송권한은 콘텐츠에 대한 원본 추출 및 변형을 허락하지 않음) • Extract는 콘텐츠의 일부 또는 전체를 추출하여 새로운 콘텐츠를 구성할 수 있는 권한 • Edit는 콘텐츠의 내용을 수정할 수 있는 권한 • Embed는 외부의 콘텐츠 내용을 삽입하여 새로운 콘텐츠를 생성할 수 있는 권한

사용자에게 부여된 사용권한은 다음 [표 3-19]와 같은 사용조건(condition)에 의해 사용이 제한될 수 있다.

| 표 3-19 | 사용조건의 종류

구분	설명
기간	콘텐츠의 사용기간을 설정
횟수	콘텐츠의 사용횟수를 설정
추적	• 콘텐츠의 배포과정에서 사용자의 문서 이용내역을 모니터링할 필요가 있을 경우 설정 • 콘텐츠 사용자는 사용내역의 전송에 동의해야만 콘텐츠를 이용할 수 있음
영역	콘텐츠를 특정 사용자나 그룹 또는 특정 지역에서만 이용가능하도록 제한

앞에서 설명한 사용권한과 사용조건을 기계가 인식할 수 있는 형태로 기술하여야 하는데, 이것이 권리표현언어(REL : Rights Expression Language)이다. 권리표현방식은 XML기반과 파라미터(parameter)방식으로 나누어 볼 수 있는데 그 특징은 [표 3-20]과 같다.

| 표 3-20 | 권리표현방식의 구분

구분	특징
파라미터방식	• 구현은 간단하나 확장성이 없음 • DRM 제품마다 다른 방식을 사용하기 때문에 호환성이 없음
XML기반	• 구현은 상대적으로 복잡하나 확장성을 가짐 • 현재 표준화 작업이 활발히 진행되고 있는 분야임 • XrML, ODRL, XMCL 등으로 대표됨

가장 많이 사용되는 권리표현기술은 ContentGuard사에서 공개한 XrML로 마이크로소프트사를 비롯한 많은 DRM업체들과 국제표준기구인 MPEG-21의 RDD/REL 파트에서 XrML을 기본적인 사양으로 채택하고 있다.

8) 권한정책관리(policy management)

콘텐츠에 대한 사용권한은 콘텐츠를 배포하고 사용권한을 관리하는 도메인의 정책에 의해 결정된다. 즉, 유료 콘텐츠를 판매하는 콘텐츠 제공업자는 콘텐츠의 사용자들이 적절한 금액을 지불해야만 콘텐츠의 사용을 허락하게 되며, 기업은 기업 내에서 정한 문서권한정책에 따라 문서의 접근을 통제하게 된다. 그러나 적용 도메인에 따라 관리해야 할 정책 내용이 다를 뿐만 아니라 설사 동일한 도메인이라고 하더라도 기업 또는 애플리케이션에 따라 서로 다른 정책을 수립하고 시행하게 된다. 따라서 다양한 비즈니스 도메인과 모델을 지원하기 위해서 정책은 자유롭게 설정할 수 있어야 하며, 이를 지원할 정책관리시스템은 유연하고 확장성 있는 구조를 제공할 수 있어야 한다. 이 부분에 대한 국제표준은 현재까지 없는 상태이다.

9) 권한통제(rights enforcement)

권한통제기술이란 콘텐츠의 지속적인 보호 및 관리를 위해 콘텐츠 라이선스에 명시된 사용권한 및 사용조건에 따라 콘텐츠 응용프로그램을 통제하는 기술이다. DRM은 사용자 단말기에 설치되는 DRM 컨트롤러(DRM controller)를 통해 응용프로그램을 통제하게 되는데 그 구현방식 및 특징은 다음과 같다.

첫째, 빌트인(built-in)방식은 DRM 컨트롤러를 전용뷰어에 내장하는 방식이다. DRM 컨트롤러를 내장하기 위해서는 응용프로그램 소스 변경이 불가피하게 요구되는데, DRM업체로선 콘텐츠 포맷별로 응용 애플리케이션의 개발이 용이하지 않을 뿐만 아니라 상용 애플리케이션 개발업체와의 협력을 이끌어내기가 어렵기 때문에 다양한 콘텐츠 포맷의 지원에 한계가 있을 수밖에 없다. 또한 어렵게 전용뷰어를 개발한다고 하더라도 이미 상용화된 애플리케이션의 품질을 만족하지 못하기 때문에 최근에는 전용뷰어방식을 거의 사용하지 않고 있다. 그러나 애플리케이션 내에 DRM 컨트롤러가 내장되는 빌트인방식이 여타의 다른 방식들보다는 각종 해킹의 위협으로부터 좀 더 강인성을 가질 수 있으므로 보안성을 높은 수준으로 유지하고자 할 경우에는 빌트인방식이 사용된다.

둘째, 플러그인(plug-in)방식은 DRM 컨트롤러를 '플러그인'형태로 설치하는 방식이다. 보통 응용프로그램의 plug-in ADK를 이용하여 DRM 컨트롤러를 개발하며, Acrobat Reader, WinAmp 등 일부 응용프로그램은 plug-in ADK를 제공하고 있다.

셋째, OLE제어방식은 OLE를 통해 애플리케이션을 통제하는 방식이다. MS Office, 흔글, 훈민정음 등 활성문서서버(active document server)를 지원하는 애플리케이션은 OLE 인터페이스를 이용하여 애플리케이션을 제어할 수 있다. DRM 컨트롤러는 OLE를 통해 활성문서서버의 각종 기능들을 통제할 수 있다.

넷째, API 후킹(hooking)[07]제어방식은 응용프로그램에서 사용하는 커널 레벨의 시

07 후킹(hooking)이란 프로그램 내에서 주고받는 또는 프로그램과 운영체제가 주고받는 메시지를 가로채서 조작하거나 정보를 빼내는 일련의 과정을 말한다. 주로 고차원적인 프로그램 제작이나 윈도우즈

스템 API를 후킹하여 DRM 컨트롤러에서 애플리케이션의 기능을 통제하는 방식이다. 이 방식은 사용권한의 통제가 시스템 API 레벨에서 이루어지기 때문에 애플리케이션을 수정할 필요가 없을 뿐만 아니라 모든 애플리케이션에 범용적으로 적용이 가능하다. 또한 DRM 컨트롤러의 처리를 애플리케이션 내에서 처리하기 때문에 빌트인 방식과 동일한 수준의 보안성을 제공할 수 있다. 그러나 OS와 애플리케이션별로 사용하는 System API가 다를 수 있기 때문에 이를 어떻게 효과적으로 처리하느냐가 매우 중요한 기술적 요소가 된다.

다섯째, 파일시스템 필터(file system filter)제어방식은 '파일시스템 필터'를 이용하여 파일시스템의 I/O를 후킹하여 암·복호화 처리를 수행하는 방식이다. 이 방식은 암·복호화 처리가 커널 레벨의 파일시스템 필터를 통해 이루어지기 때문에 모든 애플리케이션에 범용적으로 적용이 가능하다. 그러나 OS 커널은 공개된 인터페이스를 가지고 있기 때문에 위장된 애플리케이션을 이용하여 원본 데이터를 손쉽게 가로채기할 수 있다는 위험성이 존재한다. 이를 위해서 인증된 애플리케이션만이 File I/O를 처리할 수 있도록 하는 기술이 필요하다.

여섯째, VBA제어방식은 VBA(Visual Basic for Applications)로 DRM 컨트롤러를 개발하는 방식이다. VBA를 지원하는 애플리케이션은 VBA IDE를 통해 그 애플리케이션을 제어할 수 있기 때문에 DRM 컨트롤러와 연동이 가능하게 된다. VBA를 이용한 애플리케이션은 구현이 간단하기 때문에 쉽게 적용할 수 있지만 불법사용자가 개발한 VBA 코드 삽입을 통해서 콘텐츠의 임의 조작이 가능하기 때문에 보안성이 다른 제어방식에 비해 현저하게 떨어지는 단점이 있다.

10) 탬퍼링방지기술(tamper resistance)

탬퍼링 공격이란 악의적인 목적을 가진 사용자가 소프트웨어 내 모듈 간 통신 프로토콜의 허점이나 암호키의 분배 및 관리상의 허점 등을 이용하여 소프트웨어 구조를 변경하거나 기술적 보호조치를 무력화시키는 공격이다. 콘텐츠 보호를 어렵게 하는 요인은 콘텐츠가 사용되는 순간에 반드시 복호화되어야 한다는 점인데 콘텐츠를 가공하거나 사용하는 과정에서 콘텐츠가 사용자에게 노출될 수 있다면 암호기술을 깨지 않고도 보호되지 않는 콘텐츠를 얻을 수 있게 될 것이다.

탬퍼링 공격기술의 예로는 소프트웨어 역분석(reverse engineering)[08] 및 디버깅

또는 다른 프로그램의 행동에 상대적으로 영향을 받을 경우 이러한 기법을 사용한다.

08 일반적으로 소프트웨어산업의 비즈니스 모델은 미리 컴파일된 이진코드를 디스켓이나 CD-ROM과

등을 통해 DRM의 기술적 보호조치를 무력화시키는 방법, 유효기간 및 사용횟수가 제한된 콘텐츠를 부당하게 사용하기 위하여 단말기의 시간을 임의로 변경하거나 사용횟수 및 사용내역을 조작하는 방법, 프린트 스크린키(print screen key)를 통한 화면 캡처나 각종 캡처도구(capture utility)를 사용하여 콘텐츠를 복제하는 방법, 위장 모듈을 삽입하여 프로그램을 임의로 조작하는 방법 등을 들 수 있다.

이와 같은 탬퍼링 공격을 막기 위해서는 알고리즘 구현이나 설계 시에 불법사용자의 공격에 대비하여야 된다. 그 예로는 소스 레벨에 스크램블 코드를 삽입하는 방법, 크래킹용으로 사용될 수 있는 프로그램의 실행을 시스템 레벨에서 탐지하는 방법, 전자서명과 인증서를 내장한 모듈을 사용하는 방법 등을 들 수 있다. 그러나 최근 소프트웨어 크래킹 툴이 너무나 다양하고 탬퍼링 탐지 기능을 우회하는 등 탬퍼링 공격이 전문화되고 있어 근본적인 방지책의 개발이 요구된다.

11) 인증기술(authentication)

디지털콘텐츠에 대한 사용권리를 다양하게 지정하고 통제하기 위해서 사용자 인증 또는 디바이스 인증을 하는 기술이다. 일반적인 인증처리를 위해 사용되는 기술 유형은 다음과 같다.

- 사용자 인증 : ID/Password, 공인인증서, e-mail 인증, SSO(Single-Sign-On), ID-Federation, 생체인식
- 디바이스 인증 : CPU 고유번호, MAC Address, HDD 일련번호, X.509기반의 디바이스 인증서

12) DRM 상호연동기술

서로 다른 전송매체 및 디바이스상의 상이한 DRM 기술들 간 디지털콘텐츠의 상호호환성을 보장하는 기술이다. 상이한 음악 간의 상호호환성을 위한 EMIM 표준과 CAS-DRM 간의 상호호환성을 위한 CADII 표준이 제정되었다. 현재 IPTV의 SPC 간의 상호호환성 지원을 위한 표준화가 TTA 및 ITU-T에서 진행 중이다.

같은 저장매체에 저장시켜 배포하는 형태를 지닌다. 그러나 컴퓨터가 수행하는 계산과정이 사용자에게 매우 투명하기 때문에 역컴파일과정을 거치거나 디버거를 이용하여 그러한 이지코드로부터 지적재산권을 추출할 수 있게 되는데, 이러한 과정을 소프트웨어 역분석 또는 역공학이라 한다.

13) 필터링기술

콘텐츠가 가지고 있는 고유한 특징을 활용하여 콘텐츠를 확인하는 기술로 검색어 필터링, 해쉬(hash)기반 필터링, 내용기반 필터링 등으로 구분된다. 오디오에 대한 필터링기술 개발은 ETRI, KAIST, 엔써즈, 뮤레카, 코난테크놀러지 등을 중심으로 개발하고 있다.

(5) DRM을 위한 표준

DRM을 위한 표준은 크게 DRM 플랫폼(platform), 지적재산권 식별자(identifier for intellectual property), 지적재산권 관리를 위한 메타데이터(metadata for intellectual property management), 그리고 권리표현언어(Rights Expression Language)로 나누어서 살펴볼 수 있다.

1) DRM 플랫폼

가장 일반적으로 사용되고 있는 DRM 플랫폼에는 MPEG-21, OMA DRM, TV-Anytime, RMP(Rights Management and Protection), CableLabs: OpenCableTM POD Copy Protection System, SMPTE, ISMA 등이 있다.

① MPEG-21

MPEG-21의 표준화가 추진되기 이전 국제표준화기구인 MPEG(Moving Pictures Expert Group)은 ISO/IEC JTC1 SC29 WG11의 별칭으로서, 지금까지 MPEG-1과 MPEG-2, MPEG-4, 그리고 MPEG-7 표준을 제정하여 왔다. MPEG-1은 영상압축기술로서 1991년 ISO(11172)로 규격화되었으며, CD-ROM과 같은 디지털 저장매체에 VHS 테이프수준의 동영상과 음향을 최대 1.5Mbps로 압축 · 저장할 수 있다. MPEG-2 표준은 디지털 TV, HDTV, 대화형 TV, DVD 등의 높은 화질과 음질, 높은 전송 속도를 요구하는 오디오 및 영상을 압축하기 위해 MPEG-1을 개선한 표준이다. MPEG-4는 객체 지향 멀티미디어 통신을 위한 압축방식으로 매초 64kb, 19.2kb의 낮은 전송률로 동화상을 보내고자 개발된 데이터 압축과 복원기술에 대한 표준이다. MPEG-7은 오디오, 영상데이터의 압축이 아니라 데이터의 메타데이터에 대한 표준으로 오디오, 영상 미디어콘텐츠를 위한 탐색, 필터링, 브라우징에 활용된다. 이상과 같은 MPEG 표준기술의 발달에 힘입어 디지털콘텐츠의 양은 급속히 증가되고 있으나, 화질이나 음질의 손실 없이 손쉽게 복제되고 유포되는 문제가 발생하게 되었다. 따라서 저작권의 보호 및 관리는 디지털콘텐츠의 디지털화를 위한 매우 중요한 선결 과제가 되었다. MPEG에서는 1999년 10월 호주 회의에서 멀티미디어의 생성, 유통 및 소비의 전 과정에서 저작권 보호와 전자상거래를 주요 응용 목표로 하여, 멀티미디어 프레임워크에 대해 논의하기 시작하여, 2000년 3월에는 공식적인 표준화 과제로서 MPEG-21(ISO/IEC 21000)을 시작하였다(Requirements Group, December 2001). 이후 MPEG-21은 2000년 7월 북경 회의에서 멀티미디어 프레임워크의 7가지 요소기술과 각 요구사항을 담은 안정된 기술보고서의 초안을 만들었고, 2000년 10월 프랑스 회의에서 MPEG-21 표준의 기초가 되는 디지털 아이템 선언과 디지털 아이템 식별 및 기술 분야 표준화를 시작하였으며, 2008년 '제17부 : MPEG 리소스의 프레그먼트 식별'의 개정이 확정되며 총 17부의 표준화를 가지게 되었다.

MPEG-21 표준은 멀티미디어의 생성, 제작, 전달, 소비, 보호, 관리 및 유통 등 콘텐츠 운용의 가치사슬 전 과정을 위한 인프라가 총체적으로 통합관리, 체계화될 수 있는 프레임워크를 정의한다. 따라서 MPEG-21은 멀티미디어콘텐츠가 다양한 네트워크 및 단말기를 통하여 유통되는 과정에서 필요한 각 요소기술을 통합하여 상호호

그림 3-16 | MPEG-21의 7개 핵심요소

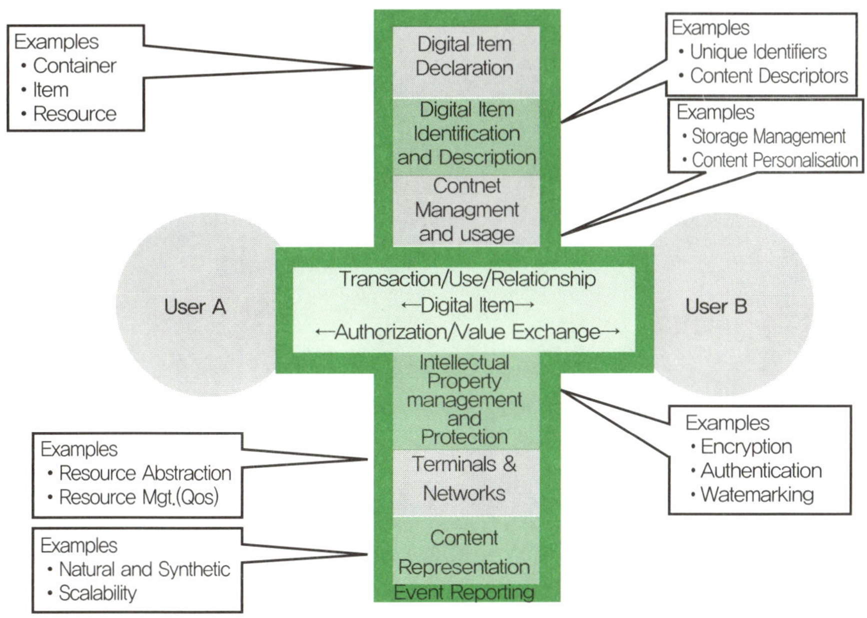

환적인 표준기술을 정의하는 것을 목표로 한다. 이를 위해 MPEG-21은 디지털 아이템 선언, 디지털 아이템 식별 및 기술, 콘텐츠 취급 및 사용, 콘텐츠 표현, 지적재산권 관리 및 보호, 터미널 및 네트워크, 이벤트 리포팅 등의 7가지 기본 기술요소를 설정하고 각 요소기술에 대한 세부 표준화가 진행되고 있다. [그림 3-16]은 이러한 MPEG-21 멀티미디어 프레임워크의 주요 요소 간의 상호관계를 나타낸다(MPEG-21 Multimedia Framework 2003).

이 그림은 MPEG-21의 7개 핵심 요소 간의 관계를 나타낸 것이며, 최근까지 개발된 표준의 17부를 구체적으로 살펴보면 다음과 같다.

먼저, MPEG-21 제1부(비전, 기술 및 전략)는 MPEG-21 표준이 지향하는 전체적인 맥락과 향후 표준화 작업의 방향을 예측할 수 있는 가장 기본이 되는 표준으로서, MPEG-21 멀티미디어 프레임워크의 비전과 목적, 요구사항 등을 정의하고 있다. 즉 MPEG-21 표준 제1부는 기술문서(Technical Report)로서 2001년 최초로 제정되었으며, 2004년 5월 회의에서 제2판의 기술문서 초안이 채택되었다(MPEG Requirement Group, March 2004a).

MPEG-21 제2부(디지털 아이템 선언)는 MPEG-21 표준에서 기본 처리단위가 되는 디지털 아이템을 표현하는 언어를 정의한다(MPEG MDS Group, March 2004a). 디지털 아이템은 멀티미디어 자원(소리, 동영상 등), 메타데이터(MPEG-7, DublinCore 등), 식별자(URI, ISBN 등)로 구성된 구조화된 멀티미디어 객체이다. 이 표준은 효과적인 멀티미디어서비스를 위해 이용자로 하여금 콘텐츠에 대한 탐색을 가능케 하고, 저작권자의 권리를 이용자에게 알리며, 콘텐츠의 이용에 관련된 정보전달을 위한 메타데이터를 제공한다. DID 표준은 디지털 아이템을 구성하는 요소를 개념적으로 모델링하여 XML을 이용하여 DIDL(Digital Item Declaration Language)이라는 디지털 아이템 선언언어를 정의하였다. DID 표준은 MPEG-21의 가장 핵심적인 표준 중 하나로서, 복합콘텐츠를 규정하는 가장 효율적인 개념으로 인정받고 있어, 디지털 도서관에서 DIDL을 이용하여 디지털 자원을 축적하고 보존하기 위한 실험적 시도도 행해지고 있다(Bekaert, November 2003). DID 표준은 2002년 중반에 국제표준으로 확정되었으며, 현재 제2판의 초안 작업이 진행 중에 있다.

MPEG-21 표준의 제3부 디지털 아이템 식별(DII : Digital Item Identification) 표준은 디지털 아이템의 검색, 저작권 보호 등을 위해 하나의 디지털 아이템에 고유한 식별자를 부여하는 표준이다(MPEG MDS Group, August 2002). 디지털 아이템 식별자는 DIDL에 포함되어 특정한 자원을 참조하는 데 사용된다. 여기서 참조되는 자원은 디지털 자원(동영상, 음악), 또는 디지털 자원에 대해 기술하고 있는 메타데이터, 디지털 자원의 저작권정보 등이 될 수 있다. MPEG-21 표준은 URI(Uniform Resource Identifier)체계를 채택함으로써 기존의 식별자를 모두 포함할 수 있는 범용적인 식별체계를 제공한다. 다만, MPEG-21에서는 식별체계의 등록승인, 등록된 식별체계 목록 유지 및 식별체계의 변환서비스 제공을 위해 DII Registration Authority(CISAC)를 지정하고 있다. DII에 포함된 각 식별자는 변환시스템 스위처를 통해 각 식별자에 해당하는 변환서비스를 받게 된다. DII는 DID와 함께 가장 먼저 표준화가 이루어져 2002년 중반 국제표준으로 확정되었다. 현재 MPEG-21 표준문서에 수록되어 있는 식별자는 다음과 같다.

- Content ID Forum – cIDf
- Digital Object Identifier – DOI
- Dublin Core Metadata Initiative – DCMI
- The EAN/UCC System
- Identifier for Versions of Audiovisual Works – V-ISAN
- International Standard Audiovisual Number – ISAN
- International Standard Book Number – ISBN
- International Standard Recording Code – ISRC
- International Standard Serial Number – ISSN
- International Standard Textual Work Code – ISTC
- International Standard Work Code – ISWC
- INteroperability of Data in E-Commerce Systems – INDECS
- ONline Information eXchange – ONIX International
- URL-based Identification Schemes

MPEG-21 표준 제4부 지적소유권 관리 및 보호(IPMP : Intellectual Property Management & Protection) 표준은 다양한 통신망과 단말기에 걸쳐, 지속적으로 저작권을 관리 · 보호할 수 있는 프레임워크의 표준을 목표로 한다(MPEG Requirement Group, March 2004c). 따라서 구체적인 툴(tool)을 표준으로 정하는 것이 아니라, 암호화 컨테이너, 워터마킹, 지불시스템, 키관리 등 IPMP 툴의 검색방법, IPMP 툴 간의 메시지 교환 및 IPMP 툴과 터미널 간의 메시지 교환방법을 표준화 대상으로 한다. MPEG-21 IPMP 표준은 기존의 MPEG-4 IPMP의 확장선에서 추진되었던 방향을 전면 수정하고, MPEG-21 프레임워크의 전체적인 구조에 대한 논의와 병행하여 표준화를 진행하고 있다. IPMP 표준은 2004년 7월 요구사항에 대한 제안을 받아 본격적인 표준화 작업이 진행될 예정이다.

MPEG-21 표준 제5부 권리표현언어(REL : Rights Expression Language) 표준은 디지털 아이템과 그 구성요소에 대한 이용자의 이용권한을 XML로 정의한 권리표현 언어이다(MPEG MDS Group, July 2003a). REL의 목적은 디지털콘텐츠의 창작자가 디지털콘텐츠의 이용과 관련하여 이용자에게 제공하고자 하는 허락내용을 융통성 있고 명확하게 표현할 수 있는 상호운용가능한 멀티미디어 프레임워크를 구축하는 데 있다.

MPEG-21 제6부 권리데이터사전(RDD : Rights Data Dictionary)은 디지털콘텐츠의 상거래를 지원하는 모든 형태의 권리나 허락을 표현하기 위한 기반 용어집이다(MPEG MDS Group, July 2003b). RDD는 명확성, 일관성, 통합성, 고유성을 갖는 용어로 구성되며, MPEG-21 REL을 지원함으로써 권리 및 허락정보의 처리를 위한 의미계층이 된다. 즉, RDD는 REL이 사용하는 용어에 대해 명확하고, 일관성 있고, 구조적이며, 완전한 정의를 제공하며, MPEG-21의 디지털 아이템의 권리관리 및 그 이용과 관련된 이해당사자 간(권리보유자, 콘텐츠 제작자, 유통업자, 최종 소비자 및 그 시스템 등)의 정확한 정보교환 및 처리를 가능케 한다. RDD에 수록된 용어는 표제어(head word), 기술내용(description), 동의어(synonym), 계통관계(genealogy), 용어상태(term status), 연계어(family), 상황기술(context description), 관계(relationship) 등의 표준 속성이 기술되며, 각 속성은 언어(language), 전거(authority), 유형(type) 등의 하위 속성을 가진다. MPEG-21 RDD의 표준화는 INDECS2 프레임워크를 기반으로 하여(Rust & Bide, June 2000), 2001년 12월부터 본격화되었으며, 2004년 7월 FDIS를 거쳐 2004년 12월에 표준으로 확정되었다(MPEG MDS Group, July 2003b).

MPEG-21 제7부 디지털 아이템 적응(DIA : Digital Item Adaptation) 표준은 단말기, 네트워크, 사용자의 개인적 특성, 사용자가 위치한 물리적 환경 등 사용자가 처한 다양한 사용 환경에서 최적화된 디지털 아이템을 소비할 수 있도록 하는 것을 목표로 한다(MPEG MDS Group, December 2003). 이를 위해 DIA 표준은 사용자 특성, 사용자 환경, 사용자 단말기 특성, 네트워크 자원 특성 등에 대한 세부정보를 제공하는 DIA 서술자(description)를 정의한다. DIA표준은 2004년 3월에 FDIS로 채택되어 2004년 12월에 국제표준으로 확정되었다.

MPEG-21 제10부 디지털 아이템 처리(DIP : Digital Item Processing) 표준은 MPEG-21 터미널이 디지털 아이템을 수신하여 의도된 방식으로 처리할 수 있도록 디지털 아이템을 구성, 조작, 또는 유효화를 위해 의도된 방법을 정의하는 표준이다(MPEG MDS Group, March 2004b). 제2부의 DID는 디지털 아이템을 규정하는 정적인 선언일 뿐 디지털 아이템을 어떻게 처리해야 하는지를 규정하고 있지 않다. 따라서 단말기에서 디지털 아이템의 처리방법을 제공할 필요성이 있다. DIP는 이러한 요구에 따라 디지털 아이템을 처리하는 데 이용될 수 있는 표준 도구집합의 구문구조와 의미를 규정한다. DIP에서는 디지털 아이템 메소드(DIM : Digital Item Method)를 정의하는데 DIM은 디지털 아이템의 구성, 조작, 유효화 검증을 위한 기능을 제공하고 사용자에게 메뉴역할을 한다. DIM은 디지털 아이템의 기본 연산 함수인 DIBO와 DIxO의 조합으로 이루어진다. DIBO(Digital Item Base Operation)는 프로그래밍언어의 표준 함수 라이브러리와 같은 역할을 하고 DIxO는 DIBO를 이용하여 쉽게 구현될 수 없는 복잡한 동작을 수행한다.

DIM이 처리하는 연산은 몇 가지로 구분할 수 있다. 첫째, DIDL 수준에서 DID를 조작하는 연산이다. 이 DIBO는 DID의 'Child' 노드를 추가, 제거하거나 노드의 속성을 수정하는 기능을 갖고 있어 사용자가 음악앨범트랙 아이템을 추가하거나 삭제할 수 있다. 둘째, DI의 상태를 조작하는 연산은 'Choice element' 안의 'DIDL Selection' 구성요소의 상태를 설정하는 연산으로 이 DIBO를 이용하여 사용자는 음악파일의 디폴트 형식을 mp3 형식으로 설정하거나 스트리밍의 대역폭을 조절할 수 있다. 셋째, RDD 동사와 관련된 연산으로 리소스를 재생, 정지, 일시정지 등의 기능을 할 수 있다. DIP 표준은 2003년 3월에 Working Draft가 작성되기 시작하여, 2005년 후반에는 국제표준으로 확정되었다.

MPEG-21 제11부는 영구 연결기술 평가에 관련된다. MPEG-21 프레임워크 내에서 멀티미디어콘텐츠는 관련 메타데이터 및 IPMP 정보들과 '연관'되어 다양한 전달경로를 통한 전송, 공격, 적응 변환과정을 거치며 '지속적'으로 함께 이동, 존재해야 한다. 제11부는 비디오, 오디오, 이미지, 전자문서 등 다양한 종류의 멀티미디어콘텐츠와 이에 대한 식별자 및 저작권정보를 지속적으로 연결시키는 기술(PAT : Persistent Association Technologies)을 객관적으로 평가할 수 있는 절차를 표준화한다(MPEG Requirement Group, March 2004b). PAT기술의 목적은 콘텐츠와 메타데이터를 연결하여 관리함으로써 콘텐츠의 복사를 제어하고, 불법사용내역을 추적하는 등 저작권을 관리하고 보호하기 위한 것이다.

MPEG-21 표준 제15부 이벤트 리포팅(Event Reporting)은 MPEG-21 내에서 발생하는 보고가능한 모든 이벤트 및 상호작용에 대한 측정방법 및 인터페이스의 표준화를 목표로 하고 있다. 이벤트 리포팅은 대개 다음과 같은 분야에 활용될 수 있다(MPEG Requirement Group, July 2003).

- 기술적 내용 보고 : 대역폭 사용/가용성, 네트워크 정체, 부하분산(load balancing)
- 사용 보고 : 저작권 보고, 실행(performances), 복제횟수 사용 보고
- 재정 보고 : 구매입증, 라이선스 구매 및 배포 등에 대한 이벤트
- MPEG 21 parts 간의 메시지 교환

이벤트 리포트의 작성과 처리과정은 '이벤트 리포트 요청(Event Report Request)'을 생성하는 단계와 이벤트 리포트를 작성하여 전달하는 단계로 나눌 수 있다. 이벤트 리포트 요청은 이벤트 리포팅을 요구할 권한을 가진 창작자, 제작자, 배포자, 또

| 표 3-21 | MPEG-21의 기타 표준

Part	명칭	내용
Part 8	Reference Software	MPEG-21 표준기술의 가시화된 형태를 제공하고 동시에 기술검증을 목적으로 DID, RDD/REL, DIA, DIP 등의 참고 소프트웨어를 제공한다(MPEG Integration Group, March 2004b).
Part 9	File Format	디지털 아이템 및 관련 콘텐츠가 하나의 '콘텐츠 패키지' 파일에 포함되는 방법에 대한 표준화를 추진한다(MPEG System Group, March 2004d).
Part 12	Test Bed for MPEG-21 Resource Delivery	MPEG 미디어 스트리밍 테스트베드 구축을 위한 시스템 아키텍처를 다루며, 다양한 멀티미디어 스트리밍기술을 위한 실험 플랫폼을 제공한다(MPEG Integration Group, March 2004a).
Part 13	Scalable Video Coding(SVC)	스케일러블 비디오 코딩을 표준화한다(MPEG Video Group, March 2004).
Part 14	Conformance Testing	문제점을 해결하기 위한 전형화된 틀에 대한 표준화를 목적으로 한다(MPEG Integration Group, March 2004c).
Part 16	Binary Format	DID, REL, DIA 등 XML 형식의 문서를 대등한 분량 이하의 binary 형식으로 인코딩하는 절차를 표준화한다(MPEG System Group, March 2004e).

는 제3자가 이벤트 리포팅언어(ERL : Event Reporting Language)를 이용하여 디지털 아이템과 관련된 이벤트 리포트 요청을 DID에 포함시켜 전달한다. 이벤트 리포트를 작성하는 쪽에서는 일정한 조건이 충족되면 DI 및 그 일부가 MPEG-21 터미널에 의해 처리될 때, 'Peer'가 이벤트 리포트를 생성하여 이벤트 리포트 요청자가 지정한 수신자에게 DID 형태로 전송한다. 이벤트 리포팅의 종류는 디지털 아이템의 사용과 관련된 이벤트와 'Peer'와 관련된 이벤트로 구분한다.

MPEG-21에서는 위에서 다룬 표준 이외에도 MPEG-21의 목표인 멀티미디어 프레임워크를 구축하기 위해 참조 소프트웨어, 파일 포맷, 스케일러블 비디오 코딩, 적합성 시험, 바이너리 포맷 등의 표준화를 추진하고 있다. 이들 표준에 대한 개략적인 개념과 내용을 살펴보면 [표 3-21]과 같다.

② OMA 표준

OMA(Open Mobile Alliance)는 모바일 환경에서 상호호환성 있는 모바일서비스를 제공하기 위하여 2002년 6월 AOL, IBM, Bell, Fujitstu, HP, KISA, Toshiba, Sony, KT, SK Telcom, LG 등과 같은 전 세계 200여 개 모바일관련 업체들이 연합하여 조직한 구성체이다. OMA는 모바일 플랫폼에서 유통되는 무선 콘텐츠의 유통 및 저작권 보호를 위해 3GPP에서 개발해 온 DRM관련 기술 사양을 인수받아 2002년 6월에 발표하였다.

OMA DRM은 DRM 권한과 콘텐츠를 분배하는 방식으로 [그림 3-17]과 같이 '포워드 금지(forward-lock)', '결합 분배(combined delivery)', '분리 분배(separate delivery)'의 3가지를 정의하고 있다.

포워드 금지방식은 OMA DRM에 필수적으로 적용되어야 하는 것으로 한 클라이언트 기기에서 사용되는 콘텐츠가 다른 클라이언트에게 전송되어 실행되거나 사용될 수 없게 한다. 이 방식에서는 콘텐츠 외에 사용권한이 클라이언트에게 전달되는 방법에 대해서는 규정하지 않고 있다. 즉, 메시지에 권한은 삽입하지 않고 한 클라이언트 기기에서 다른 클라이언트 기기로의 콘텐츠 포워딩을 허용하지 않는다. 클라이언트에서는 play, display, execute, print를 아무런 제약 없이 수행할 수 있으나 메시지를 수정할 수는 없다.

그림 3-17 | OMA DRM의 분배방식

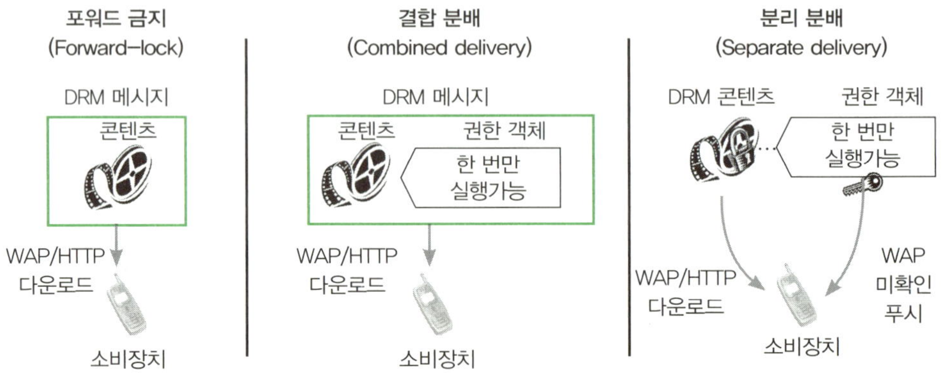

결합 분배방식은 DRM 콘텐츠와 사용권한이 함께 클라이언트 기기로 전송되는 방식을 말한다. 전송된 콘텐츠는 권한 객체에 정해진 규칙에 따라 이용된다. 결합 분배방식은 반드시 포워드 금지방식도 지원하는 상태에서 제공되어야 한다. 포워드 금지방식과 결합 분배방식을 제공하기 위해 콘텐츠 제공자는 콘텐츠를 DRM 메시지 형식으로 패키징해야 할 필요가 있다.

여기에는 필요한 경우 권한이 함께 패키징된다. 권한 객체가 DRM 메시지에 포함되지 않은 경우에는 디폴트로 설정된 권한집합이 적용되며 권한을 정하는 것은 콘텐츠 제공자에게 달려 있다.

분리 분배방식은 DRM 콘텐츠와 사용권한을 별도로 클라이언트 기기에 전송해 주는 방식이며, 콘텐츠를 DRM 콘텐츠 형식(DCF : DRM Content Format)으로 변환하여 전송한다. 콘텐츠 변환에는 대칭 암호방식을 포함하여 콘텐츠가 DRM의 보호를 받도록 해야 한다. 그러므로 콘텐츠 암호키를 소유하지 않은 사용자는 콘텐츠를 사용할 수 없게 되어 보다 안전하게 콘텐츠를 보호할 수 있다. 콘텐츠 키를 소유한 객체는 DRM 형식으로 변환된 콘텐츠를 전송할 때 사용되는 전송채널보다 안전한 채널을 이용하여 전송할 수 있다.

또한, OMA DRM에서는 분리 분배방식을 확장하여 재분배(super distribution)에 대하여 언급하고 있다. 재분배란 하나의 DRM 클라이언트가 다른 DRM 클라이언트에게 DRM 콘텐츠를 전송할 수 있도록 하고, 이를 받은 클라이언트 기기는 콘텐츠 사용을 위해 별도로 'WAP Push' 등을 이용하여 사용권한을 획득하도록 하는 방식이다. 이는 콘텐츠는 재전송이 되어도 권한 객체는 재전송이 불가하기 때문이다.

OMA 다운로드의 기본구조는 '프레젠테이션 서버(presentation server)'와 '다운로드 서버(download server)', '콘텐츠 스토리지(contents storage)'를 논리적으로 분리하고 있다([그림 3-18] 참조).

그림 3-18 | OMA의 다운로드 기본구조

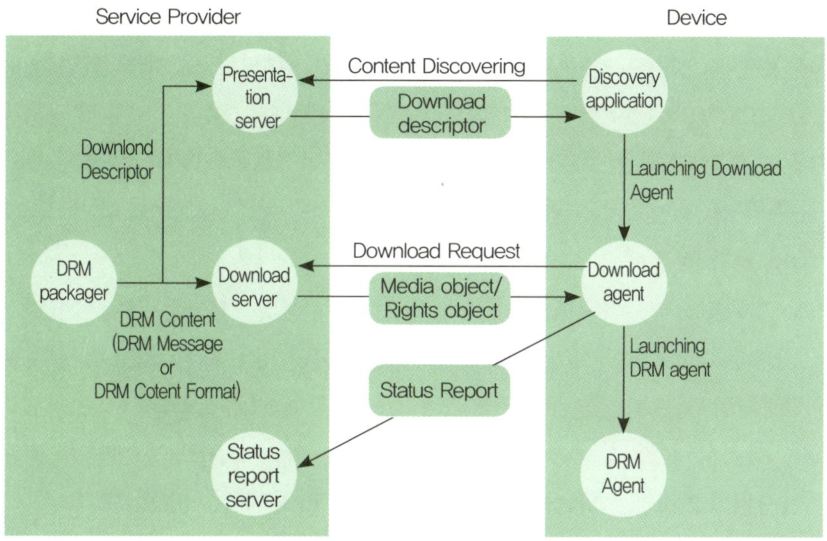

첫째 단계는 객체 발견과정이다. 이 과정에서는 객체를 찾아볼 수 있는 응용프로그램을 사용하는 동안 일반적으로 사용자는 'Download Descriptor'를 참조하는 화면을 보게 된다. 참조는 웹페이지 또는 e-mail 및 MMS 메시지 내부에 있거나 메모리 또는 폰에 장착된 액세서리에 저장될 수도 있다. 이 단계에서 사용기기에 '디스크립터 다운로드(Descriptor Download)'가 전송된다.

둘째, 객체 설치 단계는 기기에 다운로드된 미디어 객체를 실행 및 이용할 수 있도록 만들어 주는 단계이다. 다운로드 에이전트가 실행되고 '디스크립터 다운로드'를 처리한다. '디스크립터 다운로드'는 OMA에서 정의한 프로세싱규칙에 따라 처리되어야 하며, 에러가 발생할 경우 해당 에러 메시지를 사용자에게 보여주어야 한다. 상태 공고가 설정되어 있는 경우에는 다운로드 에이전트가 해당 상태 보고를 전송하도록 한다.

셋째, 콘텐츠 실행능력 및 자원 활용능력 등의 디바이스 기능 확인 단계는 다운로드된 미디어 객체가 제대로 동작하지 않는 경우를 방지하기 위한 단계이다. 다운로드

에이전트는 사용자의 디바이스가 미디어 객체를 사용할 수 있는지를 확인하기 위해 디스크립터에 있는 정보를 사용한다. 만약 미디어 객체를 설치하고 저장하기에 디바이스의 메모리가 충분하지 않거나, 이외의 디바이스 기능이 콘텐츠를 사용하기에 충분치 않은 경우, 다운로드 에이전트는 사용자에게 상태를 알리고 '디바이스 실패(device aborted)' 상태 보고를 전송한다.

넷째, 미디어 객체 설치에 대한 사용자 확인 단계에서는 '디스크립터 다운로드'의 정보를 사용할 때 사용자에게 미디어 객체의 설치를 원하는지에 대해 확인할 수 있는 기회를 줄 수 있도록 한다.

다섯째, 미디어 객체 검색 단계에서 다운로드 에이전트는 HTTP 및 WSP 프로토콜을 지원하여 미디어 객체를 검색하며 이것은 항상 '디스크립터 다운로드'의 'ObjectURI' 속성에 맞추어 수행되어야 한다.

여섯째, 미디어 객체 설치 단계에서 설치 공고의 설정 여부에 따라 미디어 객체를 설치하고 'installParam' 속성을 사용하여 특정 미디어 타입의 속성을 미디어 객체 설치기에 전달한다.

일곱째, 설치상태 공고 전송 단계에서 다운로드 서버에 미디어 객체가 제대로 전달되고 설치되었는지를 알도록 하기 위해 설치상태 공고를 전송할 수 있다. 이것은 '디스크립터 다운로드'의 InstallNotifyURI의 속성이 명시적으로 정의된 경우에만 사용된다.

여덟째, 다운로드 확인 및 이후의 단계들로는 디바이스가 상태 보고(status report)를 전송받거나 'Download Descriptor'에서 상태 보고를 요청하지 않아서 상태 보고 없이 트랜잭션이 완료되면 트랜잭션이 성공이든 실패이든 모든 경우에 있어서 다운로드 에이전트는 사용자에게 로컬 환경에 맞는 작동으로 계속될 것인지, 아니면 다시 브라우징 기능으로 갈 것인지를 선택할 수 있도록 보여준다.

③ TV-Anytime RMP

TV-Anytime Forum은 개인용 대용량 저장매체를 갖는 사용자 환경에서 오디오 및 비주얼관련 서비스 제공을 위한 표준개발을 목적으로 설립된 민간 표준기구이다. TV-Anytime Forum은 DAVIC의 후속 활동으로 1999년 미국에서 첫 모임을 갖고, 콘텐츠 제작자, 통신 및 방송사 서비스 제공자, 가전사, 사용자가 대용량 저장매체를 활용하기 위한 개방형 표준을 제정하기 위한 목표를 갖고 있다. 모든 사용자가 개인용 저장장치를 기반으로 자기가 원하는 방법으로 원하는 시간에 다양한 형태의 프로그램을 시청할 수 있도록 하는 것을 그 구체적인 서비스 목표로 하고 있으며, 궁극적으로는 실시간 방송과 인터넷이 결합된 형태의 통합서비스 환경에서의 관련 표준개발을 지향하고 있다.

TV-Anytime Forum은 표준화 작업을 요구 규격과 기술표준의 단계로 나누어 진행하고 있으며, 2004년 4월에 CfC가 발표된 이후 요구 규격이 마무리되었다. TV-Anytime Forum은 6개 기술 그룹(비즈니스 모델, 시스템 서술, 메타데이터, 콘텐츠 참조, 저작권 보호기술, 상호호환성)으로 나뉘어 기술표준 규격 작업을 진행하고 있다.

RMP(Rights Management and Protection) 규격을 제외한 메타데이터, 콘텐츠 참조, 시스템에 대한 서술표준 작업은 상당히 진행된 상태에 있다. 그러나 RMP의 작업은 14차 제네바 회의(2001년 2월)에서 표준 초안 ver 1.0이 발표되었으나 그 이후로는 작업이 거의 없는 상태이다.

TV-Anytime의 RMP시스템의 프레임워크 구조는 [그림 3-19]와 같다(TV-Anytime RMP Group 2002). 각 구성요소를 보면 'Application API'은 응용프로그램들로 하여금 RMP시스템과 상호호환성 있게 통신할 수 있도록 한다. 'Application'은 RMP 조건에 따라서 사용자가 콘텐츠를 이용할 수 있도록 하는 소프트웨어나 서비스이고, 'Baseline RMP System'은 TV-Anytmie의 RMP 기본 사양을 만족하는 기능이며, 'Proprietary RMP Systems'는 'RMP Service API'를 통해서 'TVA RMP Baseline System'과 연동되는 3rd-party의 독립적 콘텐츠 보호시스템이다. 또한 'RMP Information Manager'는 콘텐츠에 어떤 종류의 이용규칙(예 : play, copy, move 등)이 허락되는지를 결정하고 보안 툴에 암호키를 전송하는 역할을 수행한다. 'RMP Service API'는 'RMP System'으로 하여금 'RMP Baseline Security Function'들과 상호 통신할 수 있도록 한다. 'RMP System Functional Layer'는 'Baseline System'을 구현할 수 있는 기능들의 집합이고, 'RMP System'의 동작을 관리하며, 'Security Tools'는 암호화된 'DRM 메시지'의 복호화, 워터마크정보의 추출 및 삽입, 전자서명 검증 등의 기능을 수행하는 툴이다. 'Standardized Enhancements to TVA Baseline RMP System'은 'TVA RMP Baseline System'의 옵션을 확장하며, 'TVAF RMP Baseline Device Interface'는 TVA 호환장치들 간의 보안 통신 계층이다.

그림 3-19 | RMP시스템의 구조

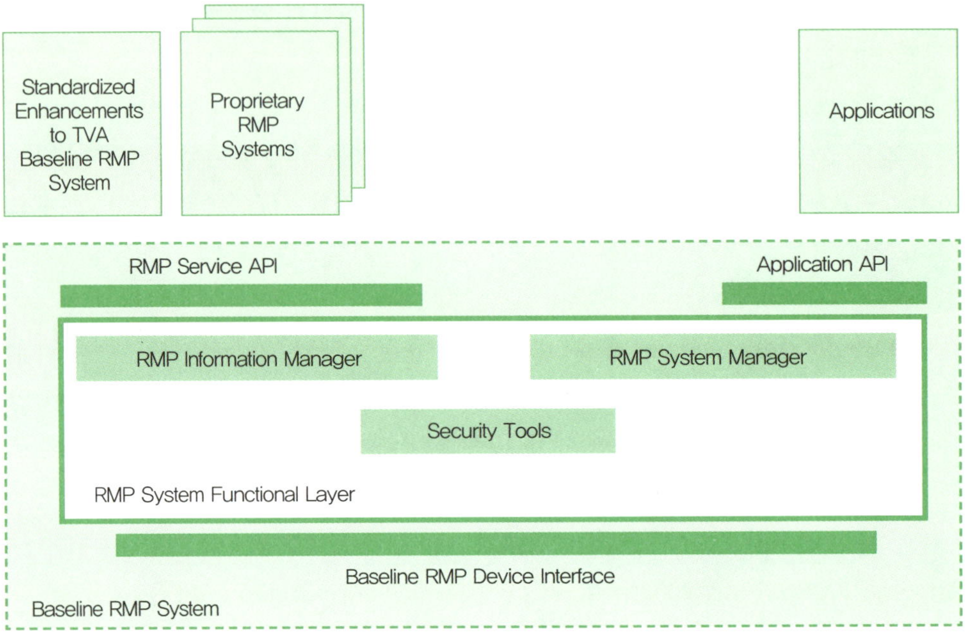

④ ISMA

ISMA 1.0 스트리밍 사양은 '데이터수준(data plane)'을 위한 RTP/MPEG 프로토콜이다. ISMA 1.0은 또한 '제어수준(control plane)'을 위한 SDP(Session Description Protocol)와 RTSP(Real Time Streaming Protocol)의 정의를 포함한다. [그림 3-20]은 'RTSP/SDP'에서의 제어 프로토콜을 설명하는데, 여기에서의 RTSP는 ISMA 세션을 위한 VCR과 같은 제어를 제공하는 하나의 수단이 된다. ISMA 사양은 오디오와 비디오콘텐츠의 전송과 정보제공을 위하여 두 개의 프로파일(profile)을 정의한다(ISMA 2003). Profile 0은 협대역에서 64kbps까지 콘텐츠를 전송한다. 오디오와 비디오 스트림을 위한 특정한 MPEG-4 profile이 ISMA profile의 ISMA 사양에 의하여 동일하게 정의되고 있다.

위와 같은 ISMA의 권고사항을 만족하는 ISMA DRM 사양은 다음과 같이 세 가지의 목표를 가지고 있다. 첫째, DRM이 갖추어졌을 때 ISMA 1.0 사양의 'support & consistency'를 보장한다. 상호호환성은 ISMA의 중요한 목표이다. 둘째, ISMA 프로토콜을 실행하는 플랫폼에서 권한제어가 되어 있는 콘텐츠의 배포를 가로막는 장벽을 제거한다. 만일 ISMA 미디어와 프로토콜이 '콘텐츠 보호(content protection)' 디바이스에 공개적이고 표준 인터페이스로서 제공된다면, ISMA는 그러한 디바이스에서 기술적인 보호수단(TPM)을 제공해야 한다. 또한 플랫폼 라이선싱을 위하여 필요로 하는 변경 제안을 구현하는 것이 필요하다. 셋째, 표준화되어야 할 것이 무엇인지, 어떤 단체가 필요로 하는 표준을 개발하고 있는지, 그리고 개발할 필요가 있는 것은 무엇인지를 파악한다. ISMA DRM의 권고 사양서에서는 암호와 인증을 필요로 한다고 결론짓고 있다.

그림 3-20 | ISMA의 구조

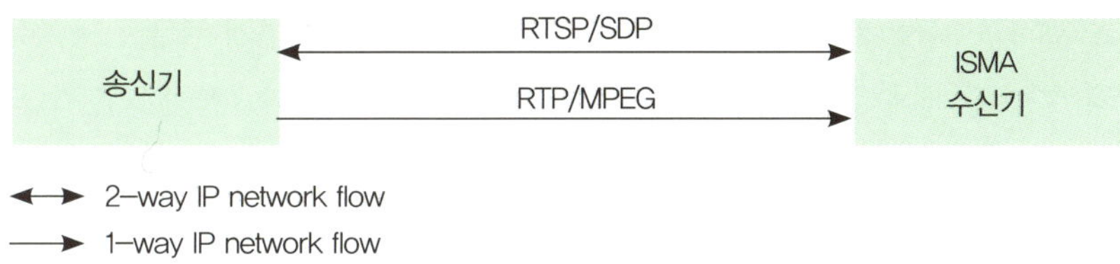

ISMA DRM의 기술적 요구 사항은 [그림 3-21]에서 보여 주는 바와 같이 전형적인 '단대단 DRM구조(end-to-end DRM Architecture)'로 이해될 수 있다(ISMA 2003).

그림 3-21 | ISMA DRM의 구조

[그림 3-21]에서 '마스터링(Mastering)'은 콘텐츠가 배포를 위해 준비되는 곳이다. 이것은 암호화되고 REL과 조합된다. 'Mastering'은 암호전송이 적용될 때 상호호환성을 위해 매우 중요한 역할을 하게 된다. 'Mastering' 단계는 대상이 되는 콘텐츠에 대하여 ISMACryp 암호화를 적용하게 될 것이다. 표준 수신기는 콘텐츠의 복호화, 인증, 그리고 무결성 보장을 위한 표준장치를 필요로 한다.

'키/라이선스 관리(Key/License Management)'는 사용규칙과 암호화키 정보를 ISMA 콘텐츠와 조합하며, 사용규칙을 라이선스로 다시 표현한다. 'Key/License Management'의 기술규칙은 현재까지 정의되지 않았다. 따라서 ISMACryp는 다양한 'Key/License' 관리시스템을 검토하고 있다.

'수신기(Receiver)'는 미디어에 포함된 콘텐츠를 복호화하고 인증하며, 제어정보를 복호화하고 인증한다. 사용 중인 키관리 프로토콜의 특성에 따라 'Receiver'는 수신기가 허가된 플랫폼임을 증명하기 위해 'Key/License Management'와 상호 인증을 수행하게 된다. 이러한 절차는 라이선스에 의해 제어가 되는데, 이것은 사용권한과 조건을 규정하고 이것을 기반으로 키가 'ISMACryp' 디바이스에 제공된다. 라이선스는 교환되어야 할 인증정보가 무엇인지, 예를 들어 수신기의 하드웨어, 소프트웨어 또는 사용자정보 등을 결정해야 한다. 이러한 정보는 기술사양으로 관리된다. 'Key/License Management'와의 교환은 키와 마찬가지로 사용자의 정보, 콘텐츠 처리내역을 보호하기 위해 특히 안전하게 처리될 필요가 있다. 미디어의 복호화키들 또한 안전하게 관리되어야 하며, 수신기는 CPRM과 같이 복제방지기술이 적용되어야 한다. ISMA DRM의 첫 번째 릴리즈는 인터페이스, 메시징, 또는 콘텐츠 보호 플랫폼의 프로세스에 대해 다루고는 있지만 세부적인 기술 사양을 정하지는 않고 있다.

2) 지적재산권 식별자

지적재산권 식별자는 URI와 DOI 및 기타 ISBN/ISAN/ISMN/ISSN/ISTC 등의 기타 식별체계가 있다.

① URI

인터넷 자원의 주소를 표시함에 있어서 URL이 대표적으로 사용되고 있으나 자원의 위치정보에 기반한 URL기술의 특성상 자원의 이동 및 삭제가 발생할 경우 자원 접근의 불가능 등 적지 않은 문제점을 안고 있다. URN(예 : urn:isbn:0-672-30894-0)은 인터넷 자원의 위치정보에 무관한 식별구조를 사용하고, 변환시스템 변환기를 통해서 URN 주소를 URL 주소로 변환할 수 있는 기능을 제공하고 있기 때문에 비록 자원의 이동 및 삭제가 발생하더라도 사용자는 투명하게 자원의 접근이 가능하게 된다. MPEG-21에서는 디지털콘텐츠의 식별체계를 위해 URI(Uniform Resource Identifier)(RFC2396)를 표준기술로 채택하였다(강호갑 외 2004).

② DOI

DOI(Digital Object Identifier)는 미국출판협회(AAP : Association of American Publishers)가 인쇄도서에 적용해 왔던 종래의 저작물 식별체계를 디지털 환경에서도 적용가능하도록 하기 위한 디지털콘텐츠에 대한 고유 식별체계이다. DOI의 개념은 1997년 10월 프랑크푸르트 도서박람회에서 AAP가 CNRI(Corporation for National Research Initiatives)와 함께 핸들시스템(handle system)이라는 프로토타입을 제시함으로써 처음 소개되었다. DOI는 현재 가장 넓은 융통성을 가지고 있으며, 디지털콘텐츠 유통 환경을 가진 다른 시스템과도 공존이 가능할 뿐만 아니라, 내용기술과 저작권 분야에서 장래의 표준시스템에도 활용이 가능한 식별자로서 이용될 수 있도록 개발되었다. DOI는 미국 국가표준인 ANSI/NISO Z39.84-2000으로 제정되었다.

그림 3-22 | MPEG-21 DII의 Identification Schema

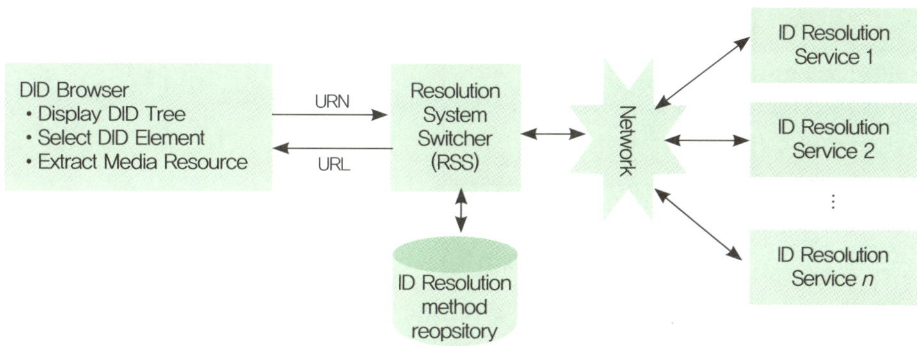

DOI의 개념 및 특징으로는 첫째, 디지털콘텐츠의 저작권정보를 포함하는 고유 식별체계로서 디지털콘텐츠를 인터넷으로 접근하기 위한 체계이며, 둘째, DOI는 전 세계적 범위를 가지며 영구성, 유일무이성을 가진다는 점이며, 셋째, DOI는 이미 많은 기업에서 활용하고 있는 디지털콘텐츠 유통에 필요한 사실상의 국제표준으로 1999년 미국정보표준화기구(NISO)에서 미국 국가표준으로 확정하였다.

| 표 3-22 | DOI 구문 예

Naming Authority(Prefix)	Local Name(Suffix)
10.1077/	123456.isbn.1/p.enpia.
등록관리기관번호.등록자번호	국제표준도서번호

DOI의 구문은 DNS와 구조 및 서비스 면에서 비슷하다. 전 세계적으로 분산된 시스템을 가지고 있으며 모든 서버의 정보에 대해서는 중앙집중적으로 관리되며, 각각의 서버에서는 각각의 네임스페이스를 갖고 있다. DOI 네임스페이스는 접두부(prefix)와 접미부(suffix)의 두 부분으로 구성되는 단순한 구문법을 사용하고 있다. 접두부는 '출판사 고유번호(Publisher ID)'이며, 접미부는 '아이템 고유번호(Item ID)'로서 출판사가 부여한 번호로 구성된다.

그림 3-23 | DOI 등록 프로세스

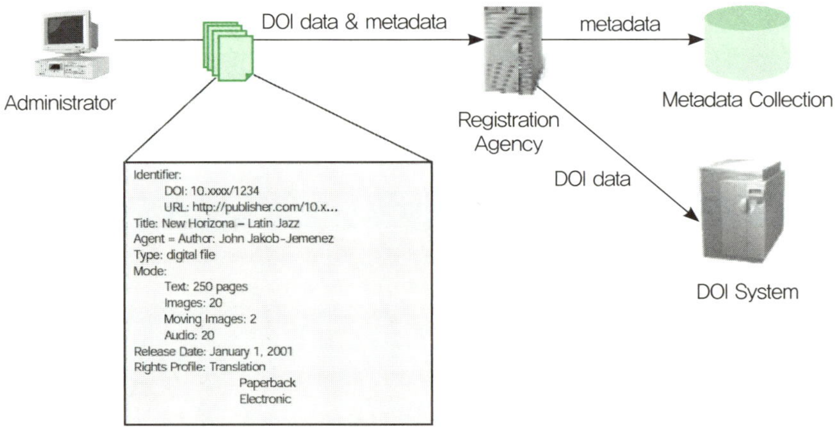

접두부는 해당 DOI 레코드를 관리하고 있는 '디렉터리' 번호와 디렉터리 관리자가 출판물의 저작권을 가진 각 출판사에 부여하는 '등록번호(registrant prefix)'로 구성된다. 반면 접미부는 대상물에 대한 식별기호 부분으로서, 일반적으로 BICI(Book Item and Contribution Identifier), ISSN, ISAN(International Standard Audiovisual Number), ISWC(International Standard Work Code), ISBN, SICI(Serial Item and Contribution Identifier) 등과 같은 국제표준 중에서 하나를 선택하여 사용하기 때문에 ISDI(International Standard Digital Identifier)라고도 불린다.

DOI(Digital Object Identifier)는 URN(Uniform Resource Names)의 특성을 가지고 있으며, 기존 식별자 체계를 포함할 수 있기 때문에 그 어떤 식별자 체계보다 우월하다. DOI가 기지고 있는 최소 기능은 디지털 저작물의 식별자를 부여하는 URN의 규격을 만족시키는 것이지만, 다른 큰 장점은 개방적이라는 것이다(박남제,

송유진 2001). 여기서 URN은 IETF가 URL기술의 특성상 자원의 이동 및 삭제가 발생할 경우 자원 접근이 불가능하다는 문제점을 보완한 것으로서 인터넷 자원의 위치 정보와 무관한 식별구조를 사용하고 RSS(Resolution System Switcher)를 통해서 URN 주소를 URL 주소로 변환한다. DOI는 URN의 조건에 추가적인 저작권 처리를 위한 기능을 갖추고 있으며, 변환(resolution)을 통해 최종적으로 URL로 사상하는 기능을 하게 된다. 사용자는 이와 같은 기능을 가지는 DOI시스템에 원하는 콘텐츠의 DOI 코드를 전송함으로써 URL정보를 얻게 되고 다시 콘텐츠 공급자에게 콘텐츠를 요청하게 되는데 그 과정을 도식화하면 [그림 3-24]와 같다(베타리서치앤컨설팅 2003).

그림 3-24 | DOI 변환 프로세스

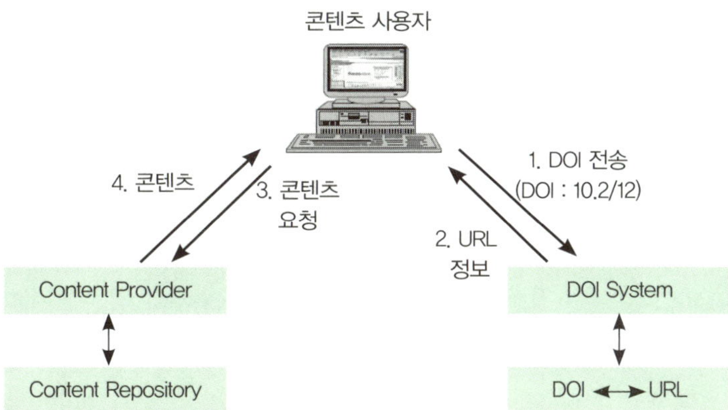

DOI 시스템은 'DOI', '변환서비스(디렉터리)', '대상물과 관련된 메타데이터가 저장된 데이터베이스' 등 세 가지 요소로 구성되어 있으며, 디렉터리는 CNRI 핸들시스템에 기초를 둔 분산시스템으로서 DOI로부터 URL로의 매핑 기능을 제공한다. 이와 같은 DOI는 자원탐색(resource discovery), 전자거래(primary trading), 저작권관리(rights management) 등 세 가지 측면에서 응용이 가능하다.

③ 기타 식별체계

출판도서 및 음반 등과 같은 기존 오프라인 상품의 식별관리를 위해 [표 3-23]과 같은 식별체계를 제공하고 있다.

| 표 3-23 | 국제표준 식별체계

약어	용어	적용 분야
ISAN	International Standard Audio-visual Number	films
ISBN	International Standard Book Number	physical
ISRC	International Standard Recording Code	sound recording
ISTC	International Standard Text Code	music composition
ISWC	International Standard Work Code	music composition
LOC		library

3) 지적재산권 관리를 위한 메타데이터

지적재산권 관리를 위한 메타데이터는 INDECS, Dublin Core, ONIX, W3C RDF 등이 있다.

① INDECS

디지털콘텐츠의 전자적인 거래를 위한 기반 구축과 지적재산권 관리를 위한 메타데이터로서 DOI가 미국의 주도하에 이루어지는 것에 반하여, INDECS(Interoperability of Data in E-Commerce System)는 유럽 중심의 프로젝트로서 1998년 11월에 시작되었다. INDECS는 전통적인 메타데이터인 Dublin Core와 같은 자원기술 원소를 가지고 있을 뿐만 아니라 인간과 지적재산권 계약, 그리고 이들 사이에 연결요소를 추가적으로 포함하고 있다. INDECS는 지적자산이 식별되고 기술되는 표준을 구축함으로써 지적자산의 전자거래가 활성화되고 여러 메타데이터 표준들 사이의 장벽을 제거하는 것을 목적으로 한다.

또한 INDECS는 여러 영역에서 개발되고 있는 기술들을 대체하는 것이 아니라 여러 영역에서의 기술 사이에 협력할 수 있는 방법을 제공하고 있다. INDECS 메타데이터의 집합은 상위요소로서 Label, Class, Extent, Relation의 4가지로 구성되며, 'Label'은 다른 것들로부터 구분되는 엔티티(entity)로 표현되거나 식별하기 위해 설계된 텍스트 스트링으로 정의된다. 'Class'는 엔티티의 내용 혹은 형태의 분류이고, 'Extent'는 엔티티의 측정가능한 어떤 요소이며, 'Relation'은 하나의 엔티티와 또 다른 것 사이의 관계로 정의된다. 이러한 INDECS의 표준화 작업과 관련해서는, INDECS 프로젝트가 2000년 3월에 1차 종결됨과 동시에 'Indecs Framework Limited'라는 비영리기구를 창설하였고 저작권 계약, 권리 이전, 권리 명시와 관련된 저작권 부분의 권리관련 엔티티를 보강한 INDECS2를 2001년 12월에 MPEG-21의 표준으로 제안하였다.

즉, INDECS2는 MPEG-21 Call For Proposals for a RDD에서 채택되었는데, 여기에서 저작권 사전정보(RDD : Rights Data Dictionary)란 저작권정보에 대한 기술적인 표현 또는 분류로서, 저작권 보호 솔루션 개발에 사용되며 저작권자로부터 최종 사용자에 이르기까지 모든 저작권정보를 관리함에 있어서 시스템적인 자동화 구현을 목표로 하고 있다. INDECS2 RDD는 [표 3-24]와 같은 구성요소들로 정의된다.

| 표 3-24 | INDECS2 RDD의 구성요소

구성요소	설명
Meaning Type	용어의 의미 유형을 나타내는 요소로 'OriginalMeaning, 'PartlyDeriveMeaning', 'DeriveMeaning'으로 구분
RddIdentifier	Dictionary에서 각각의 용어의 유일한 식별자
Headword	하나 또는 여러 개의 단어로 구성, 머리글자는 대문자로 표기
Synonyms(s)	유사한 의미를 가진다고 여겨지는 단어(동의어, 유의어)
TermDescription	용어의 의미를 자연어로 서술한 것
TermStatus	용어의 범주
Relationship(s)	RDD 용어들 사이의 모든 식별되는 관계를 표현
Family	문맥 모델에 따라 하나의 용어에서 다른 용어로 속성 상속을 결정하는 관계
Genealogy	용어의 의미 파생을 결정하는 관계
ContextDescription	문맥의 속성을 결정하는 단계

② Dublic Core

Dublic Core(DC)는 네트워크 환경에서 상거래에 수반하는 모든 전자정보 자원을 기술하기 위하여 1995년 미국 OCLC(Online Computer Library Center)에서 개발한 메타데이터로서 디지털 자원의 활용을 편리하게 하기 위하여 개발되었다. DC는 디지털 자원의 표현을 위하여 단순하면서도 디지털 자원의 필수적인 특징을 표현하고 있으며, 다양한 메타데이터 형식 사이에서 호환성을 제공하며, 인터넷 자원의 발견과 위치확인을 검색할 수 있는 구조로 구성되어 있다.

DC는 현재 15개의 핵심 데이터 요소로 구성되어 있으며, 각각의 요소는 '속성

(attribute)−값(value)'의 쌍으로 단순히 표현되어 있다. 또한 확장성을 제공하기 위하여 언어(lang), 출처(scheme), 유형(type), 역할(role)의 한정어 사용을 규정하고 있다([표 3−25] 참조).

| 표 3-25 | DC의 구성요소

범주	구성요소 이름	정의
내용	제목(Title)	표제
	주제(Subject)	내용상의 주제
	표현(Description)	내용에 관한 기술
	출처(Scheme)	자원의 출처
	언어(Language)	자원의 내용을 기술한 언어(RFC 1766, ISO 639)
	관계(Relation)	관련 자원과의 관계
	범위(Coverage)	자원의 범위
지적 소유권	창작자(Creator)	내용에 주된 책임을 진 인물 또는 단체
	출판자(Publisher)	발행처
	기여자(Contributor)	자원의 내용에 기여한 인물 또는 기관
	권리(Rights)	자원에 관한 권리정보
형식	날짜(Date)	제작일자(ISO 8601)
	유형(Type)	내용의 성질이나 장르
	형식(Format)	물리적인 디지털 형식
	식별자(Identifier)	자원의 식별기호(URL, URI, DOI, ISBN)

모든 데이터 요소는 선택적으로 반복하여 사용할 수 있도록 하고 있으며, 전자문서의 작성자가 자신의 메타데이터 레코드를 생성하기 편리하게 구성되어 있다.

DC의 표준화를 위한 DCMI(The Dublin Core Metadata Initiative)는 상호호환가능한 온라인상의 메타데이터 표준을 개발하기 위한 포럼으로서, 산하에 다양한 구체적인 분야의 작업반(working group)이 활동하고 있다.

③ ONIX

ONIX(ONline Information eXchange)는 1999년 7월에 미국출판협회의 주도로 시작되었으며 영국 등 국제적인 도서 유통 프로젝트와의 통합 유통을 위하여 미국출판협회가 ONIX International을 제안하였다. ONIX는 출판업자들이 책에 대한 디지털화된 정보를 온라인상에서 배포하기 위한 표준 포맷으로서, 도서의 전자적인 거래를 지원하기 위한 메타데이터이다. ONIX는 출판사나 온라인 거래사업자를 포함한 모든 산업 분야에서 필요로 하는 정보를 제공한다. 또한 국가, 국제적 권리, 가격, 유통, 유용성을 반영하는 구조를 제공하며, 다국어 시장에서도 사용이 가능하도록 고안되었다. 뿐만 아니라 디지털 환경을 대비한 메타데이터 모델로 확정된 EPICS와 INDECS에 대한 지원이 가능할 것을 상정하고 있다.

ONIX는 Level 1과 Level 2로 구성되어 있으며, Level 1은 상품정보에 대한 자체 데이터베이스를 구축하지 못한 출판업자에게 적합한 구조를 가지고 있다. Level 2는 Level 1의 데이터 요소가 부적절한 출판업자에게 적합한 구조를 가진다. 구체적인 구성요소로는 필수요소로서 ISBN, 저자명, 제목이 포함되며, '서평', '표지 이미지' 등이 선택요소로서 포함된다.

ONIX International은 도서산업의 상품정보를 전자적인 형태로 표현하고 전달하기 위한 메타데이터로서 ONIX의 표준화를 진행하고 있으며, 미국의 BISG(Book Industry Study Group), 유럽의 BIC(Book Industry Communication)가 이를 담당하고 있다.

4) 권리표현언어(REL)

디지털콘텐츠에 대한 권리를 제어하기 위해서는 [그림 3-25]와 같이 어떤 사용자가 어떠한 콘텐츠에 대해 어떤 권한과 어떤 조건으로 이용할 수 있는지 정의할 수 있어야 함은 물론 이렇게 정의된 권리가 컴퓨터에 의해서 처리될 수 있도록 기계 가독형 언어로 표현될 수 있어야 한다. 또한 다양한 비즈니스 환경에 따라 권리의 정의 및 표현이 달라질 수 있는데, 이를 무리 없이 지원하기 위해서는 권리표현의 다양성과 확장성, 그리고 유연성이 충분히 보장되어야 한다.

권리표현언어(Rights Expression Language)에 대한 내용은 DRM 기술요소에서 살펴본 바 있으며 여기서는 DRM의 권리표현언어 중 표준으로 자리 잡아 가고 있는 XrML에 대해서 구체적으로 살펴보기로 한다.

그림 3-25 | DRM의 개념적인 콘텐츠 권리 모델

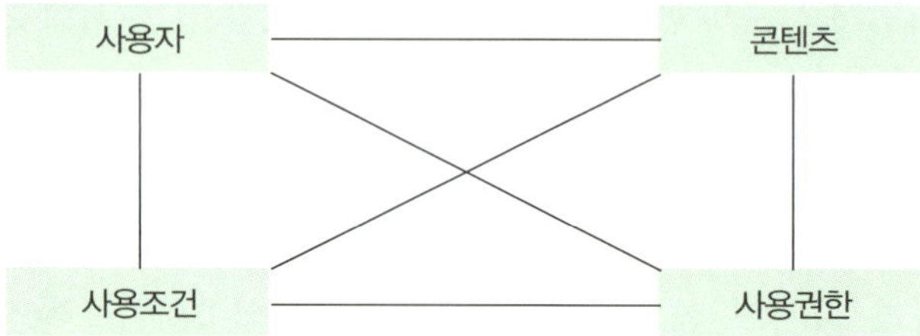

① XrML

XrML 1.0은 제록스(Xerox)의 디지털 재산권과 재산권의 사용, 요금, 조건을 기술하기 위한 언어인 DPRL(Digital Property Rights Language) 2.0의 확장버전이다. DPRL에서 기술된 문서에 기반을 둔 신뢰시스템을 만들기 위해 DPRL 문서와 문서 안에 정의된 엔티티 인증은 매우 중요하다. 그러나 DRM에서 중요한 사용 조건인 사용 위치와 추적 같은 내용이 DPRL에서는 정의되지 않았다.

XrML은 발행정보를 나타내고 DPRL에 XrML 문서를 기술하는 데 적합한 메타데이터 태그를 위한 구조적이고 의미적인 태그를 추가함으로써 XrML 문서의 무결성을 유효화하여 DPRL을 확장했다. 부가적으로 XrML은 사용 주소와 추적을 위한 조건기술을 지원하고 요소(elements)와 속성(attributes) 일부를 단순화하였다.

XrML 2.0 버전과의 차이점은 문법을 정의하는 문서 형식이 1.0에서는 DTD(Document Type Definition)이었던 것이 2.0에서는 W3C(World Wide Web Consortium)에서 정의한 XML 스키마를 사용한다는 것이다. 스키마를 사용함으로써 값에 대한 타입이 제한이 없어서 문자열로만 받아야 하는 DTD에 비해 값에 대한 타입을 제한함으로써 유효성을 검증할 수 있다. 그리고 값의 범위를 지정할 수 있게 된다는 장점을 가지고 확장성과 유연성이 개선되었으며, 이름공간(Namespace), XPath의 사용을 지원하고 있다.

XrML의 사용목적은 콘텐츠 소유자 및 유통자가 상거래 모델에 적합한 권리, 요금, 조건 등을 할당하게 한다. 사용권리에 대한 표준 용어와 신뢰적 시스템의 조작적 정의를 제시하며, 다른 권리기술언어와의 상호운용을 위한 유연성 및 확장성을 제공하는 데에 목적을 두고 있다. 즉, XrML은 기본적으로 다음과 같은 내용을 바탕으로 한다. 첫째, 상호운용성을 촉진하기 위해 모든 미디어 타입, 플랫폼, 형식, 리소스, 제품 및 서비스 등에 걸친 단일 단어를 제공한다. 둘째, 애플리케이션/도메인에 독립적인 구조이고, 넓은 범위의 비즈니스 모델표현에 적합하며, 셋째, 모든 현상의 라이프 사이클에 대한 애플리케이션을 지원한다. 넷째, 향후 변화에 따른 적용가능성 및 비용 최소화를 위한 확장성을 제공하고, 다섯째, 실행 및 개발의 용이성이 있어야 한다.

또한 이를 바탕으로 다음과 같이 구현됨을 원칙으로 한다. 첫째, 권리는 디지털 제품의 어느 한 부분과 결합된다. 둘째, 사용권리의 각 단계는 트랜잭션에 따라 이루어진다. 셋째, 트랜잭션은 권리가 실현될 때 저장소 역할을 정의한다. 넷째, 권리는 장치지향언어에 의해 기술된다. 다섯째, 디지털 제품의 트랜잭션은 사용권리로 정의한 제약을 따른다. 여섯째, 권리소유자에 의해 변경이 가능하며, 디지털 제품의 권리 역시 변경될 수 있다.

XrML 태그는 크게 7가지를 표현하며 사용권한(Usage Rights), 분배권한(Distribution Rights), 파일관리권한(File Management Rights), 구성권한(Configuration Rights), 인증(Authentication), 암호화방법(Encryption Approach), 공개/개인키(Public/Private Key) 등으로 분류된다.

XrML은 지금까지 2.1 버전을 발표하였다. XrML 2.1은 주요 개념과 많은 요소를 위한 간단하고 확장가능한 데이터 모델을 채택하였으며, 데이터 모델은 4개의 엔티티(Principle, Resource, Right, Condition)와 이들 개체 간의 관계로 구성되어 있다.

그림 3-26 | XrML 2.1 데이터 모델

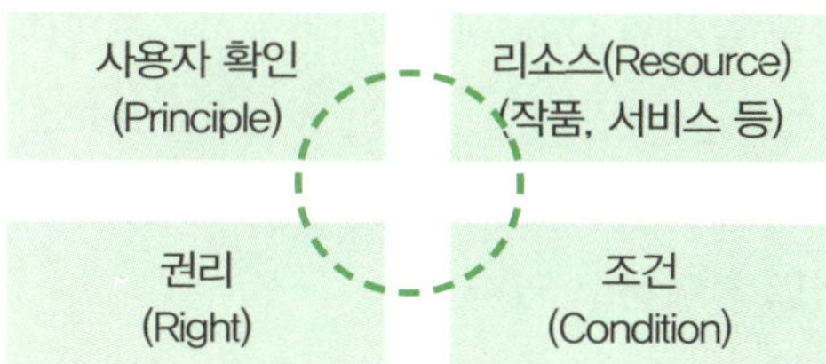

기본적인 관계는 권한부여(Grant)에 의해 정의되는데, 권한부여(Grant)는 인가된 주체에게 부여된 엘리먼트에 포함되며 정의된 디지털 리소스를 사용할 수 있도록 권리를 부여하는 것이다. 구조적으로 권한 부여는 권한을 부여한 주체권리가 정해진 주체에게 부여되는 것, 정해진 주체가 디지털 리소스를 실행할 수 있는 내용, 그리고 사용권한 이전에 있어야 하는 조건들을 포함한다.

사용자 확인(Principal)은 누가 권한을 부여받았는지의 정보를 내포하고 있다. 각 주체들은 유일한 정보를 갖고 있다. 이 정보를 통해 인증을 하여 그 주체를 식별할 수 있다.

권리(Right)는 주체가 어떤 리소스를 특정 조건하에서 실행할 수 있도록 권한을 부여받은 것이다. 전형적으로 권리는 동작 또는 동작의 종류에 따라 주체가 연결된 디지털 리소스를 실행가능하도록 한다.

리소스(Resource)는 권리를 부여받은 콘텐츠들, 즉 '객체'이다. 리소스는 전자책, 오디오 · 비디오 파일, 이미지 등과 같은 디지털 파일들과 서비스(전자우편서비스, 트랜잭션서비스 등) 또는 주체에 의해 소유된 정보를 말한다.

조건(Condition)은 매우 기본적인 정보를 요약하는 추상적인 요소에 대해 정의한다. 즉, 실행시킬 수 있는 권리에 대한 기간, 조건들, 그리고 협정이다. 간단한 조건으로는 리소스를 실행할 수 있는 기간 제한, 횟수 제한 등이 있다.

(6) 국내외 DRM업체 현황

국내의 DRM 솔루션업계는 InterTrust, Microsoft, IBM과 같은 해외 DRM업체의 기술을 도입하거나 또는 독자적인 DRM을 개발하면서 시장을 개척하고 있는데, 먼저 국내 주요 업체 현황을 살펴보면 다음 [표 3-26]과 같다.

그 외의 업체로서 삼성전자는 1998년 자체 개발 DRM 솔루션인 Secumax를 개발하여 음악콘텐츠에 적용하였으며 이후 새로운 버전을 출시하여 다양한 디지털콘텐츠에의 적용을 시도하고 있다. 한화 S&C는 최근 HDES(Hanwha Digital contents E-commerce Solution)를 앞세워 DRM사업 확대에 힘쓰고 있다.

또한 독자적인 솔루션은 아니지만, LG, 삼성, KT, SK Telecom 등은 모바일 환경 DRM 표준 포럼인 OMA에 참여하고 있으며, 특히 삼성은 최근 결성된 DRM 호환성 컨소시엄 '코랄(Coral)'에도 참여하고 있다.

국내 DRM 시장은 빈번한 내부정보 유출사고와 함께 산업기술의 유출방지 및 보호에 관한 법률 시행과 같은 법제 및 정책적 규제 강화 등으로 인하여 시장수요가 급증하고 있다.

한편, 해외의 초기 DRM 시장은 InterTrust, ContentGuard, LiguidAudio 등 DRM관련 전문 벤처업체들이 주도하였으며, IBM, Microsoft 등 일부 대기업들이 참여하는 수준이었다. 그러나 최근 DRM 시장은 IBM, Microsoft, Intel, Macrovision, Adobe, Philips, Sony, Nokia 등의 대기업들이 주도해 가고 있고, 관련 디바이스업체들도 직접 참여하고 있다.

이와 같은 변화는 DRM이 초기의 인터넷기반 시장에서 휴대전화기반 모바일 환경

| 표 3-26 | 국내 DRM관련 업체 현황

업체명	기술	내용
파수닷컴	FSD	기업용 문서유출방지 솔루션
	Wrapsody	외부전달용 문서 보안 솔루션
	f-Commerce	전자상거래 콘텐츠 보안 솔루션
마크애니	DocumentSafer	문서유출방지 솔루션
	ContentSafer	콘텐츠 보호 솔루션
디지캡	Mobile DRM	OMA DRM 표준규격을 준수하는 DRM
	Media DRM-MS DRM	Microsoft에서 지원하는 미디어 포맷에 대한 DRM 솔루션
실트로닉 테크놀로지	RIGHT@fer	콘텐츠의 안전한 유통과 효율적인 관리를 위해 불법복제와 유통을 방지하는 콘텐츠 보안 솔루션
	e-Docu@fer	온라인 발행문서의 불법복제 및 위/변조 방지를 위한 통합 보안 솔루션
	CastS@fer	디지털방송용 영상물의 저작권 보호를 위한 워터마킹 솔루션
코어 트러스트	Media Keeper	콘텐츠 보호 솔루션
	Software Keeper	온라인으로 유통된 소프트웨어 불법사용 및 불법복제를 차단하고 안정적인 전달을 지원하는 ESD 구축 솔루션
한마로	MediaRose	콘텐츠 보호 솔루션
BCQRE	BCQRE Document Protector	문서유출방지시스템
	BCQRE MailProtector	메일의 메시지 및 메일 첨부파일의 사용권한을 제어하는 메일유출방지시스템

을 거쳐 이제는 디지털방송서비스 시장까지 확대되고 있고, 이들 환경들이 융합하는 디지털 컨버전스(Digital Convergence)가 이루어지고 있기 때문이다. 즉, 이제는 DRM기술과 복제방지기술, 그리고 CAS 등 관련 기술들이 별도로 존재할 수 없음을 의미하며, DRM기술이라 하면 이들 기술을 모두 포함하여 이야기하고 있다. [표 3-27]은 이들 관련 기술들을 포함한 업체들과 기술(제품명)을 도표화한 것이다(강호갑 외 2004).

| 표 3-27 | 해외 DRM관련 업체 현황

업체명	기술	내용
InterTrust	Right|System	DRM Framework
Microsoft	WMRM	멀티미디어 DRM
	RMS	문서보안 DRM
IBM	EMMS	멀티미디어 DRM
	xCP	디지털 홈 DRM
Intel	DTCP	디지털버스(IEEE 1394)의 복제방지기술
	CPPM/CPRM	DVD 저장장치의 복제방지기술
	HDCP	DVI, HDMI 등의 디지털버스를 통해 디지털모니터로 전송되는 신호의 복제방지기술
Apple	FairPlay	온라인음악서비스인 iTunes에서 사용되는 DRM(VeriDisc 인수)
RealNetworks	Herix	온라인음악의 저작권 보호를 위한 DRM
Sony	Key2Audio	CD, DVD의 복제방지기술
Sony	OpenMG	PC에서 디바이스로 전송되는 미디어의 보호
Macrovision	SafeCast	소프트웨어 저작권 보호를 위한 DRM
	SafeDisc	CD 불법복제방지기술
	SafeWrap	소프트웨어의 tamper resistance 기술
	CDS	음반 CD 복제방지기술
	ACP	아날로그 출력신호의 복제방지기술
SunComm	MediaMax M4	CD, DVD의 복제방지기술 MS의 WMT와 밀접하게 연관되어 있음
Adobe	Adobe Document Server	PDF 문서보안기술
Adhaero	Adhaero Doc	MS Office 문서보안기술
Finjan Software	Finjan Mirage	2003년 1월, Alchemedia Technologies 인수함 문서보안기술
Authentica	MailRecall	e-mail 보안기술
	PageRecall	문서보안기술
	NetRecall	Web Content의 보안기술
SealeMedia	SealedMedia	DRM 제품(Ms Office, PDF, HTML, GIF, JPEG, PNG, MP3, Apple QuickTime, MPEG-2, MPEG-4 등 14개 포맷 지원)

SecureMedia	Encryptonite System	MPEG-2, MPEG-4, On2, RealMedia 등의 DRM기술 (Envivio와 공동으로 MPEG-4 VOD 개발)
NDS	SynamediaTM Broadband IP	IP기반의 디지털방송 콘텐츠용 CAS 제품
	NDS Mobile DRM	모바일 DRM기술
Nagravision	Negra CA	CAS 제품
Wide Vine	WIDEVINE CIPHER	CAS 제품
Verimatrix	ROCA/DCA	CAS 제품
Thomson	SmartRight	디지털 홈의 콘텐츠 불법복제방지기술

이들 업체 중 세계 최초의 DRM Framework을 개발하였고 가장 많은 DRM관련 특허를 가지고 있는 업체는 InterTrust이다. InterTrust는 2001년 DRM 비즈니스 모델에 대한 특허를 취득하였으며 그 외 30여 개의 DRM 핵심 특허를 보유하고 있다. 그러나 InterTrust는 이와 같은 최고의 기술력을 가지고 있으면서도 사업적으로 큰 성과를 거두지 못하였고 이로 인해 2003년 1월 소니와 필립스의 공동 합작회사에 인수되었다.

Microsoft는 Windows Media Player의 개발과 동시에 WMRM이라는 DRM기술을 개발하였다. 또한 Windows 2003 Server에 RMS(Rights Management Service)라는 문서보안 솔루션을 개발하기도 하였다.

IBM은 1999년 Madison 프로젝트를 통해 크립토로프(cryptolope)기술을 이용한 EMMS(Electronic Media Management System)를 개발하였는데 실제적으로 시장의 큰 호응을 받지 못하였다. 그러나 2003년에는 디지털 홈 환경의 DRM기술로 xCP(eXtensible Content Protection)를 발표하는 등 지속적인 투자를 지속하고 있다.

이 외에도 인텔, 어도비, 매크로비전, 소니, 필립스 등 세계 유명 IT 대기업들이 DRM기술개발에 대한 투자를 확대하고 있고 앞으로 이들 대기업 위주로 DRM 시장이 재편될 것이다. 이는 초기의 DRM 시장이 인터넷기반에 한정되었으나 이제는 디지털방송서비스, 디지털 홈 네트워킹 환경으로 확대되어 가고 있고 가전기기, 통신기기, 컴퓨터의 융합 등으로 인해 DRM기술도 복합적인 기술산업으로 발전하고 있으며, DRM 시장의 성장가능성을 높게 판단하고 있기 때문이다.

지난 2008년 9월 DRM/CMS(Content Rights Management) 부분에서 최고 권위를 자랑하는 'Glibane'그룹은 'ERM-비즈니스 차원의 구축 필요성과 구축 준비에 관한 연구보고서'를 발표하였다. 이 연구보고서에 따르면 연구에 참여한 75%가 이미 ERM에 대해 알고 있다고 응답하였고, 이에 따라 문서보안에 대한 인식도가 크게 높아진 것으로 나타났다. ERM 구축 기업은 25%로 아직 확산되지는 않았지만 ERM의 도입 계획이 있는 기업들이 34%인 것으로 보아 앞으로 DRM 시장의 전망은 밝을 것으로 보인다.

2.7 복제방지기술

(1) CPSA

4C의 CPSA(Content Protection System Architecture)는 디지털콘텐츠의 복제방지를 위한 개념적 모델로 '디지털콘텐츠 보호사슬(Digital Content Protection Chain)'을 제시하고 있으며, 암호기술과 워터마킹기술을 복제방지기술의 근간으로 삼고 있다([그림 3-27] 참조).

그림 3-27 | 디지털콘텐츠 보호사슬

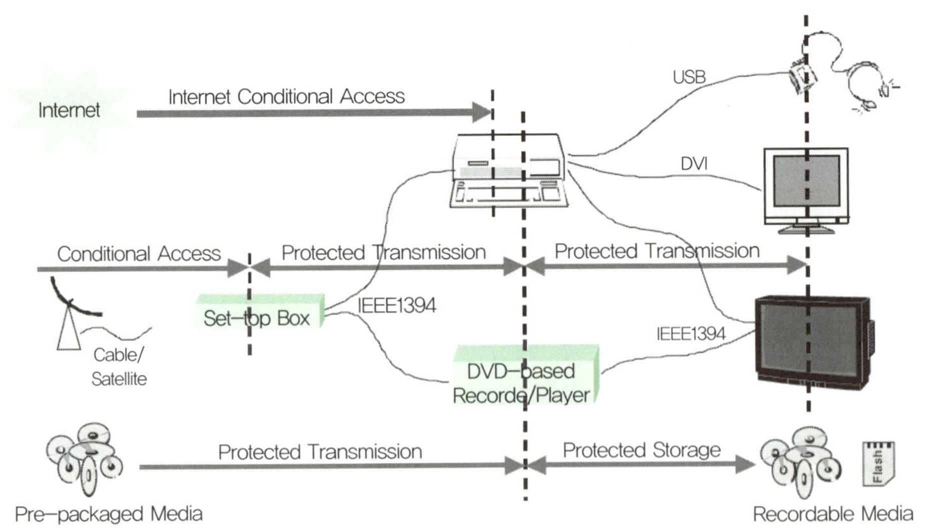

CPSA의 목표는 콘텐츠의 보호를 위한 전반적인 시스템 아키텍처를 설계하는 것이

다. CPSA는 현존하거나 새로 나타나는 기술들 중에서 중요한 기술을 효과적으로 통합함으로써 복합적이고 효율적인 프레임워크를 정의하고자 하는 것이다. CPSA 아키텍처는 아날로그와 디지털, 오디오와 비디오, 가전기기와 PC, 그리고 콘텐츠 배포기술 등 광범위한 분야를 다룬다(4C Entity 2000).

또한 CPSA는 중복 노력을 피하도록 설계하는 것을 목표로 하고 있다. CPTWG (Copy Protection Technical Working Group)와 같은 기관과의 밀접한 협력 관계를 통해 CPSA는 복합적인 콘텐츠 보호의 프레임워크를 보장하기 위한 인터페이스 항목들을 설정하고 있다. CPSA의 프레임워크를 구성하는 대표적인 기술들 목록은 [표 3-28]과 같다.

| 표 3-28 | CPSA의 프레임워크를 구성하는 기술목록

기술	내용
CPPM	DVD, Flash 등과 같은 기록장치에 저장되는 콘텐츠의 보호기술
CPRM	Pre-recorded DVD-Audio 콘텐츠의 보호기술
CSS	Pre-recorded DVD-Video 콘텐츠의 보호기술
DTCP	IEEE 1394와 USB를 통해 디지털 전송이 되는 콘텐츠의 보호기술
HDCP	DVI 등과 같은 고속의 인터페이스를 통해 디지털 디스플레이로 전달되는 콘텐츠의 보호기술
CA(Conditional Access)	케이블 또는 위성을 통해 배포되는 콘텐츠의 보호기술
4C/Verance Watermark	오디오콘텐츠로 watermark CMI의 삽입과 조회기술

(2) CPPM

CPPM(Content Protection for Prerecorded Media)은 4C Entity(IBM, Intel, Matsushita, Toshiba)에 의해 1999년 CPTWG에 제안된 기술이다. CPPM은 재생전용의 미디어를 이용해서 배포되는 콘텐츠의 복제방지기술을 정의하고 있다. CPPM 기술은 다음과 같은 요구사항을 만족할 수 있도록 설계되었다. 첫째, 견고하고 '시스템 인증취소(system renewability)'를 만족해야 한다는 콘텐츠 소유자들의 요구사항을 충족시킨다. 둘째, 오디오와 비디오콘텐츠 모두에 적용할 수 있어야 한다. 셋째, PC와 CE 디바이스에 구현하기가 용이해야 한다. 넷째, 상이한 미디어 타입에도 적용할 수 있어야 한다.

[그림 3-28]은 시스템이 어떻게 동작하는지를 간략하게 보여주는 예제이다. 컴포넌트 저장기와 암호키관리의 실제 내역은 적용되는 애플리케이션과 지원되는 미디어의 타입에 따라서 다양하게 존재할 수 있다(4C Entity, LLC 2003).

그림 3-28 | CPPM시스템 구성도

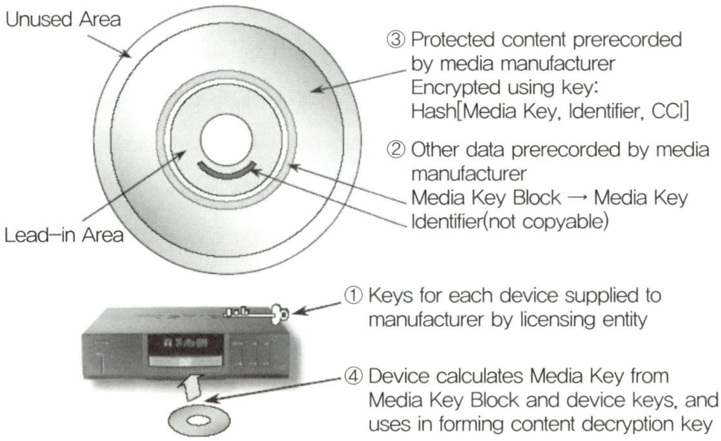

1단계에서 4C Entity, LCC는 생산되는 각각의 디바이스에 포함되는 디바이스 키를 디바이스 제조업자에게 제공한다.

2단계에서 미디어 제조업자는 4C Entity, LCC에서 생성된 '미디어 키 블록(Media Key Block)'과 '미디어 식별자(Media Identifier)'를 암호화된 콘텐츠와 함께 미디어에 제공한다.

3단계에서 미디어에 저장되는 콘텐츠는 콘텐츠 키에 의해 암호화 및 복호화가 이루어지게 되는데, 이것은 콘텐츠에 연결된 미디어 키(Media Key)와 복사되지 않는 식별자, 그리고 CCI의 일방향 함수에 의해 추출된다. 키관리의 실제적인 내역은 애플리케이션에 따라 다양하게 존재할 수 있다.

4단계에서 암호화된 콘텐츠를 포함한 미디어가 호환되는 디바이스 또는 플레이어에서 이용될 때, 디바이스는 미디어 키를 계산하기 위해 자신의 키들과 미디어상에 저장된 '미디어 키 블록'을 이용한다. 미디어 키를 사용할 때, 디바이스는 콘텐츠의 복호화와 플레이어에서 사용하기 위해 '3단계'에서 기술한 콘텐츠 키를 계산한다.

CPPM에는 두 개의 중요한 기술적 컴포넌트가 있는데, C2 Cipher와 MKB(Media Key Block)이다. C2는 4C Entity에서 자체적으로 설계 · 개발한 암호화방식으로,

64비트 블록 사이즈와 56비트 키를 가진 블록 암호화 알고리즘이다. C2 암호화 알고리즘을 사용하기 위해서는 4C로부터 반드시 라이선스를 얻어야 한다. C2 Cipher는 암호화와 복호화 모두를 위해 사용되며, 또한 일방향 함수의 기초가 된다. MKB는 '광범위한 키 분배(broadcast key distribution)'방식을 구현하는 암호화값들의 테이블이며, 이들은 4C 콘텐츠 보호 솔루션의 인증취소(renewability) 기능을 제공한다. MKB는 4C Entity, LCC에 의해 생성되며, 호환되는 제품들이 공통으로 사용하는 '미디어 키(Media Key)'를 계산할 수 있도록 한다. 각각의 호환되는 제품이 제조될 때 '디바이스 키(Device Key)'의 집합을 받게 되는데, 이것은 '미디어 키'를 계산할 때 MKB를 처리하는 용도로 사용된다. 디바이스 키 집합은 디바이스당 유일하거나 또는 복수의 디바이스에 공통으로 사용하거나 둘 중의 하나가 될 것이다.

만일 디바이스 키의 집합이 시스템의 무결성을 위협할 수 있도록 훼손되었다면, 훼손된 키들의 집합이 다른 미디어 키를 계산하도록 유도하기 위해 갱신된 MKB를 배포한다. 그러나 여전히 호환 디바이스를 그대로 사용할 수 있다. 이러한 방식으로 훼손된 디바이스 키는 새로운 MKB에 의해 폐기된다. 현재의 4C 솔루션에는 MKB가 호환되는 이동형 저장 미디어에 전송되며, 디바이스는 그 미디어에 저장된 암호화된 콘텐츠의 암호화와 복호화를 위한 기본으로서 대응되는 미디어 키를 사용한다.

(3) CPRM

CPRM(Content Protection for Recordable Media)은 4C에 의해 1998년 개발되어 CPTWG에 제안된 기술이다. 이 기술은 이동가능한 미디어로의 저장을 통해 콘텐츠를 교환하는 것을 방지하기 위해 견고하고 갱신가능한 방식을 제공한다. 현재까지 CPRM은 수많은 물리적 미디어 타입에 저장되는 다양한 포맷의 콘텐츠를 보호하기 위해 적용되었다. 이 기본 사양은 DVD, Portable ATA Storage, SD Memory Card와 같은 다양한 애플리케이션과 미디어의 종류에 따라 추가적인 사양들을 포함해서 적용된다.

[그림 3-29]는 CPRM시스템이 어떻게 동작하는지를 간략하게 보여주는 하나의 예제이다(4C Entity, LLC 2003b). 컴포넌트 저장과 암호화키 관리의 실제 내역은 적용되는 애플리케이션과 지원되는 미디어의 타입에 따라서 다양하게 존재할 수 있다.

1a 단계에서 4C Entity, LCC는 생산되는 각각의 디바이스에 포함될 디바이스 키(Device Key)의 집합을 디바이스 제조업자에게 제공한다.

1b 단계에서 미디어 제조업자는 배포될 CPRM 호환 미디어의 각각에 대해서 4C

Entity, LCC에서 생성된 미디어 식별자(media identifier)와 MKB(Media Key Block)를 저장한다.

2단계에서 CPRM과 호환되는 미디어가 디바이스 또는 플레이어/레코더 내에 저장될 때, 미디어 키는 자신의 비밀키와 미디어 그 자체에 저장된 MKB를 사용하여 디바이스에 의해서 생성된다.

그림 3-29 I CPRM시스템 구성도

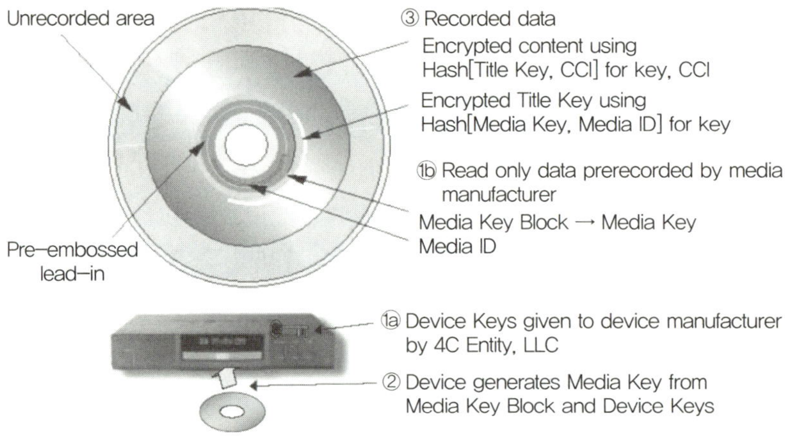

3단계에서 미디어에 저장되는 콘텐츠는 타이틀 키(title key)와 콘텐츠의 CCI정보를 이용하여 C2 일방향 함수로 추출된 콘텐츠 키에 의해서 암호화 및 복호화가 이루어진다. 타이틀 키는 미디어 키와 미디어 ID(Media ID)를 C2 일방향 함수를 통해 추출된 키를 이용하여 암호화하고 미디어에 저장한다. 키관리의 실제적인 내역은 애플리케이션에 따라 다양하게 존재할 수 있다.

(4) DTCP

DTCP(Digital Transmission Copy Protection)는 5C(Hitachi, Intel, Matsushita, Sony, Toshiba)가 1999년 2월에 개발하여 발표한 기술로, 오디오/비디오의 콘텐츠를 IEEE 1394, USB 표준과 같은 고성능의 디지털버스로 전송할 때 불법복제, 가로채기, 그리고 각종 템퍼링으로부터 보호하기 위한 암호화기반의 프로토콜이다. 이 기술은 PC, DVD 플레이어, DTV, 그리고 디지털 셋톱박스 수신기를 포함한 많은 새로운 기술들이 데이터 전송을 위해 IEEE 1394 인터페이스를 이용하게 됨에 따라 향후 많은 적용이 예상되는 기술이다. DTCP는 다음과 같이 네 개의 복제방지에 대한 기본 계층을 가지고 있다.

1) 디바이스 인증 및 키 교환

디바이스 인증 및 키 교환(AKE : Authentication & Key Exchange)은 가치 있는 정보를 공유하기 전에 연결된 디바이스가 상대편 디바이스가 인증한 것인지를 확인해야 한다. DTCP는 다음과 같은 두 가지 인증 레벨을 포함하고 있다. '완전 인증(full authentication)'은 시스템에 의해 보호되는 모든 콘텐츠에 사용될 수 있으며, '복제 불가(copy never)' 콘텐츠를 위해서 꼭 사용되어야 한다. '제한 인증(restricted authentication)'은 오직 '한 번만 복제(copy once)'와 '복제 불가(copy no more)' 콘텐츠의 보호를 위해 사용한다. '복제 허용(copy free)' 콘텐츠는 아무런 인증도 요구되지 않는다.

2) 콘텐츠 암호화

디지털콘텐츠를 암호화하기 위해 사용되는 암호화방식은 PC와 CE 디바이스에서 충분히 효과적으로 구현될 수 있으면서 콘텐츠를 충분히 보호할 수 있어야 한다. 상호호환성을 보장하기 위해 모든 디바이스는 기본적인 암호화 알고리즘으로 규정된 특별한 암호화방식을 지원해야 한다. 채널 암호화시스템은 또한 추가적인 암호화기술들을 지원할 수 있어야 하며, 이것의 사용은 인증과정 동안에 협상되어야 한다.

3) 복제제어정보

콘텐츠 저작자는 콘텐츠의 복제 여부를 설정할 수 있는 방법을 필요로 한다. 따라서 복제방지시스템은 CCI(Copy Control Information)의 이용 및 디바이스 간에 암호화된 데이터의 전송을 지원해야 한다. 만약 소스와 싱크 디바이스에 충돌이 있을 경우 가장 제약이 많은 CCI 방식을 적용해야 하며, 이것은 소스 디바이스에 의해 결정된다.

4) 시스템 인증취소(system renewability)

'완전인증(full authentication)'을 지원하는 디바이스는 보안성의 유지를 위해 훼손된 디바이스의 인증 폐기 목록정보를 담고 있는 SRM(System Renewability

Message)을 접수하고 처리할 수 있어야 한다. 이러한 SRM은 DTLA(Digital Transmission Licensing Administrator)에 의해 생성되고, 콘텐츠 또는 새로운 디바이스를 통해 전달된다. 시스템의 인증취소 메커니즘은 시스템의 무결성을 보장하며, 훼손된 디바이스의 인증취소 기능을 제공한다.

(5) HDCP

HDCP(High-bandwidth Digital Content Protection)는 HDCP 송신기와 HDCP 수신기 사이에서 DVI 또는 HDMI 등 디지털버스를 통해 전송되는 오디오/비디오콘텐츠의 전송을 보호하기 위해 사용되는 기술이다. HDCP는 1999년 9월 Intel Developer Forum에서 처음으로 소개되었다. 2000년 2월에 DVI의 전송 보호를 위한 HDCP v1.0 사양이 발표되었고, 2003년 6월에는 DVI 외에 HDMI를 지원하는 HDCP v1.1 Revision이 발표되었다. [그림 3-30]은 HDCP 디바이스를 위한 연결토폴로지(connection topology)의 한 예를 보여주고 있다. HDCP시스템은 일곱 단계의 HDCP 리피터의 구성이 가능하며, HDCP 리피터를 포함해서 전체 128개의 HDCP 디바이스가 HDCP 보호인터페이스 포트(HDCP-protected interface port)에 연결될 수 있다(Digital Content Protection, LCC 2005).

HDCP 콘텐츠 보호시스템에는 인증 프로토콜, 암호화된 콘텐츠, 그리고 인증취소(renewability) 등 세 개의 구성요소가 있다. 각각의 구성요소는 시스템에서 특별한 역할을 담당한다. 첫째, 인증 프로토콜을 이용하여 HDCP 송신기는 주어진 HDCP 수신기가 HDCP 콘텐츠를 받을 수 있도록 라이선스를 받았는지의 여부를 검토하게 된다. 둘째, HDCP 수신기의 적합성이 검증되었다면, 암호화된 HDCP 콘텐츠가 인증 프로토콜 과정에서 설정된 공유키를 이용하여 두 디바이스 사이에서 전송된다. 이것은 콘텐츠 가로채기의 용도를 가진 디바이스의 사용을 방지할 수 있게 한다. 셋째, 정당한 디바이스가 HDCP 콘텐츠의 불법적인 이용을 허락하도록 변형이 될 수 있는데, 인증취소 기능은 HDCP 송신기로 하여금 그러한 변형된 디바이스를 식별하고 HDCP 콘텐츠의 전송을 방지하도록 한다.

그림 3-30 | HDCP 시스템 구성

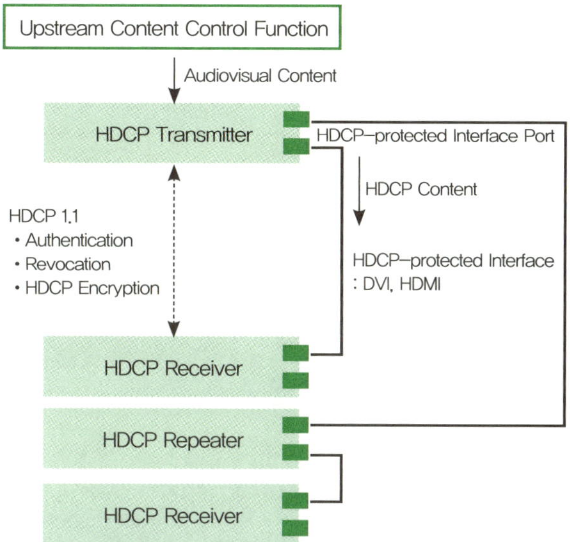

(6) OpenCable POD Copy Protection

1996년 12월 미국의 통신위원회인 FCC(Federal Communication Commission)는 방송통신융합법인 'Telecom Act'를 통과시키면서 디지털 유선방송시대를 대비하여 보안 모듈이 분리된 셋톱박스를 소비자가 소매로 구매할 수 있도록 하였다. 이러한 기준을 바탕으로 1997년 9월 CableLabs에서는 OpenCable을 조직하여 표준화 작업을 시작하였다(CableLaps 2002). OpenCable은 일부 셋톱박스업체의 독점 공급을 막고, 서비스업체 및 서비스 지역에 상관없이 케이블 TV 서비스를 제공하고자 하는 목적으로 추진되었다. 따라서 EPG(Electronic Program Guides), IPPV(Impulse Pay Per View)와 같은 각종 인터랙티브서비스를 공통 S/W 플랫폼에서 개발할 수 있고, 사용자가 소매점에서 셋톱박스 구입이 가능하므로 공급자의 경쟁을 유발하여 가격을 낮출 수 있다. 이는 보다 많은 가입자 확보가 가능하다는 것을 의미한다.

OpenCable 표준의 3대 요소는 DVS(Digital Video Subcommittee), POD(Point of Development) 및 OCAP(OpenCable Application Platform)이다. DVS는 네트워크 정합기준이며, ATSC(Advanced Television System Committee) 표준을 근간으로 한다. POD는 분리형 보안 모듈이라 불리며, 접근제어(conditional access), 복제방지(copy protection), OOB(Out of Band) 처리 기능을 수행한다. POD를 분리함으로써 소매용으로 구입이 가능한 셋톱박스 제품의 구현이 가능하게 된다. OCAP

은 각종 서비스 구현을 위한 응용프로그램을 개발하기 위한 공통 플랫폼이다([그림 3-31] 참조).

그림 3-31 | OpenCable 표준의 범위

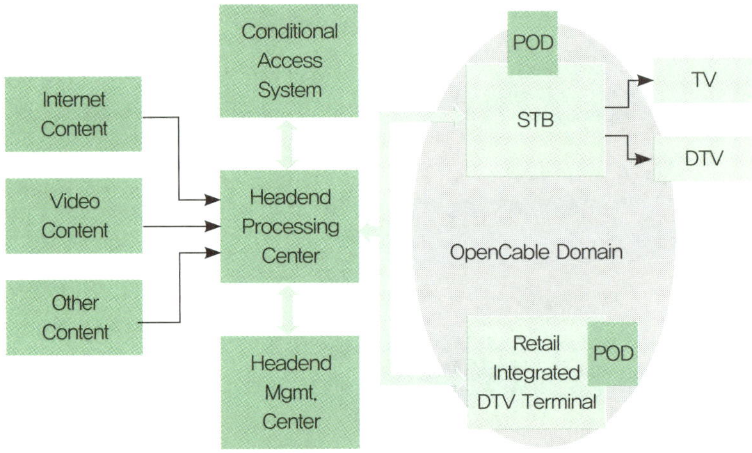

OpenCable시스템에는 CAS의 스크램블링이 제거된 후에 외부로 전송되는 디지털 콘텐츠를 보호하기 위해 'POD Copy Protection(SCTE 41 2003)'과 'Home Digital Network Interface(SCTE 26)'와 같은 디지털인터페이스에 대한 보호규정을 두고 있다. 특히 POD 모듈은 케이블 수신단의 외부 인터페이스를 이용한다. 디지털 비디오 신호는 이 인터페이스를 통해서 CA(Conditional Access)시스템의 디지털 스크램블링을 제거하는 POD 모듈로 전송된다. CA 스크램블링이 제거되면 원본의 MPEG 스트림이 생성되는데, 이 신호에 대한 불법적인 복제를 방지하기 위해 POD 복제방지 시스템이 사용된다. 이 인터페이스를 보호하지 못하면 취약한 신호는 다음과 같이 두 가지 위협에 노출되게 된다. 첫째, POD와 연결되는 호스트는 신뢰성이 없다. 둘째, POD가 호스트를 신뢰성이 있다고 판단하더라도, 통신과정에서 스누핑(snooping)과 같은 크래킹 행위가 발생할 수 있다. 따라서 DFAST(Dynamic Feedback Arrangement Scrambling Technique)를 이용해 이러한 위협으로부터 보호될 수 있다.

(7) SmartRight

SmartRight는 2001년 5월에 발표된 Thomson Multimedia의 복제방지기술이다.

SmartRight는 외부의 CAS 또는 DRM시스템과의 결합을 통해 디지털콘텐츠의 보호를 위한 단대단(端對端) 솔루션(end-to-end solution)을 제공한다. SmartRight의 단대단 암호화(end-to-end encryption)시스템은 현존하는 콘텐츠 보호시스템과 병존 및 상호작용이 가능하다. SmartRight시스템은 다른 콘텐츠 보호시스템과 연동하기 위한 사용규칙에 대해서 정의하고 있다. 콘텐츠 제공자 또는 배포자는 이러한 규칙을 결정할 수 있다. SmartRight시스템은 디스플레이 디바이스에 렌더링이 될 때까지 콘텐츠를 스크램블링 상태로 유지한다. 스마트카드와 같은 이동형 보안 모듈이 디스플레이기기에 부착되어 디스크램블링을 제어하게 된다. SmartRight의 보안은 스마트카드를 이용한다. 이것은 시스템이 해킹되었을 때 저렴한 비용으로 갱신을 가능케 한다.

또한 SmartRight시스템은 PPN(Personal Private Network)이라는 개념을 소개하고 있다. PPN은 개인 또는 가족에 의해서 소유되는 디바이스의 집합을 말한다. 이 기술은 장소에 구애를 받지 않으며, 또한 계속적인 연결을 필요로 하지 않는다. 단지 PPN 간의 상호작용이 제한된다. SmartRight시스템은 콘텐츠 또는 서비스 제공업자에 대한 귀환데이터채널(return data channel)을 필요로 하지 않는다.

(8) xCP

xCP(eXtended Copy Protection)는 IBM이 홈 네트워크 안에서의 콘텐츠 보호를 위해 2003년 발표한 복제방지기술로서, 이스라엘의 아모스 피아트(Amos Fiat)와 모니 나오르(Moni Naor) 교수가 1993년에 고안한 '방송 암호화(broadcast encryption)' 기술을 기반으로 디지털 홈 네트워크 환경에 맞게 확장한 것이다. 'xCP Cluster Protocol'이라고도 불리는 이 기술은 특정 저장장치나 전송 인터페이스 및 프로토콜에 무관하게 네트워크 기능을 가진 저장 또는 재생장치로 콘텐츠를 전달함에 있어 효과적인 복제방지를 할 수 있는 방법을 제시하고 있다.

(9) DVB CPCM

DVB(Digital Video Broadcasting)는 디지털방송을 위한 표준 사양의 개발을 위해 필요한 프레임워크의 제공을 목표로 1992년 설립되었으며, 방송사업자, 네트워크 운영사업자, 장비제조업체, 소프트웨어개발업체 등 전 세계 300여 개 이상 업체가 참여하고 있다. DVB 산하에는 모두 4개의 모듈이 있다. 이들 중에서 기술관련 모듈

(technical module)과 상업관련 모듈(commercial module)이 DVB CPCM의 기술 표준을 만드는 데 관여하고 있다. CPCM(Copy Protection & Content Management)은 불법복제와 재배포를 방지하기 위한 기술이다.

1999년 9월, DVB는 DVB 호환의 CAS 범위를 넘어서 유통되는 디지털콘텐츠의 보호와 관리를 위한 일반적인 프레임워크를 제공하기 위해 CPCM시스템을 위한 상업적 요구사양서를 만들기로 하고, 이를 위해 'Commercial Module' 산하에 DVP-CP(Copy Protection)라는 새로운 하위 그룹을 설립하였다. 특히, 요구되는 시스템의 범위에는 디지털 홈 네트워킹과 개인영상녹화기(PVR : Personal Video Recorder)를 포함되도록 하였다. 다른 모든 DVB 표준화 활동과 마찬가지로, DVB-CPCM의 목표는 개방형, 상호호환성, 유연성이 있고, 시장에서 사용할 수 있는 사양을 만드는 것이다. DVB-CP의 요구사양서는 'DVB-Technical Module'의 하위 그룹인 DVB-CPT에서 기술사양서의 준비를 위한 기초로서 활용되고 있다. 2001년 7월에는 CPCM기술을 위한 CfP(Call for Proposal)가 마련되어 발표되었으며, 2001년 10월에는 DVB-CP 제안요청서를 만족하는 24개의 기술에 대하여 제안을 받고 검토한 바 있다. DVB CPCM은 2003년 7월 DVB-CP에서 상업적 요구사항 수집활동 재개와 2003년 9월 DVB-CPT의 CPCM Functional Model(DVB-CPT 187r14)를 발표하면서 활동을 재개하였다.

DVB-CP와 DVB-CPT는 ISO/IEC의 MPEG-21, TV-Anytime의 RMP group, CPTWG(Copy Protection Technical Working Group) 등과 같은 국제적인 DRM 표준화 작업을 수행하는 단체들과 밀접한 협력관계를 유지하고 있다.

(10) SVP

SVP(Secure Video Processor)는 CAS 또는 DRM기술을 통해 배포되는 디지털콘텐츠가 디지털 홈 환경에서 사용될 때, S/W적인 처리보다는 STB(Set-top-Box)나 가전제품 내에 존재하는 비디오 칩 내부에서 보다 안전하게 처리할 수 있도록 해주는 단대단 시스템으로, NDS와 STMicroeletronics, 그리고 Thomson이 공동으로 2004년 9월 AVP Alliance를 발표하면서 소개된 기술이다(김건중 2004).

Chapter 04

디지털콘텐츠의 법적 권리

1. 디지털콘텐츠 보호관련 법제도
2. 디지털콘텐츠 거래관련 법제도
3. 디지털콘텐츠산업의 육성관련 국내 법제도
4. 디지털콘텐츠산업의 경쟁관련 국내 법제도
5. 미디어관련 법 개정으로 인한 디지털콘텐츠산업의 새로운 방향
6. 대체적 분쟁해결제도
7. 저작권정보관리
8. 콘텐츠 유형별 저작권 문제와 주요 사건

최근 컴퓨터와 인터넷의 발달에 따라 종이책이나 음반이 디지털화되고 있으며, 디지털 환경의 지배를 받고 있는 각종 저작물이 인터넷 전송망을 통해 수요와 공급의 원리에 따라 자유롭게 이동하고 있다. 따라서 현재 이동이 간편한 CD나 플로피 디스켓, 대용량 저장이 가능한 하드디스크의 등장으로 과거의 서적, 음반, 영화 등이 멀티미디어의 옷을 입고 텍스트와 음악, 동영상이 복합적으로 매칭되는 디지털 저작물이 봇물처럼 쏟아져 나오고 있다. 이 디지털콘텐츠들은 똑같은 내용으로 복제가 가능하여, 빠르게 발전하고 있는 통신 네트워크를 타고 시간과 비용, 양과 질에 구애받지 않고 널리 복제가 가능해지고 있다. 이에 따라 이들 디지털콘텐츠에 대한 권리를 보호할 필요성이 급증하면서 저작권에 대한 관심이 높아지고 있다.

저작권은 저작자가 자기의 저작물에 대해서 갖는 권리이자 저작자에게 부여하는 배타적인 권리이다. 저작물에 대하여 저작권자가 가지는 저작권에는 저작재산권과 저작인격권이 있다. 저작재산권이란 저작자가 자신의 저작물로부터 경제적 이득을 얻을 수 있는 권리이며, 저작인격권은 저작자 자신의 명예나 평판 등 인격적 이익을 보호함을 목적으로 하는 권리이다.

저작재산권에는 저작물을 인쇄, 사진, 녹음 등의 방법으로 복제할 수 있는 복제권과 공연권, 방송권, 전시권, 배포권 및 제2차 저작물의 작성권, 대여권, 전송권 등이 있으며, 각 권리의 개별적인 이용허락이 가능하다.

저작인격권에는 저작물의 공표권, 성명표시권, 동일성유지권 등이 있다. 저작인격권은 곧 저작자가 자기의 저작물을 타인에게 알릴 것인지 말 것인지(공표 여부)를 결정할 수 있어야 하고, 공표된 저작물에 자기의 창작품임을 표시(성명표시)할 수 있어야 하며, 또 자기의 창작품에 대해 타인이 마음대로 변경하는 것을 금지(동일성유지)시킬 수 있어야 한다.

저작인접권은 저작권에 인접하는 저작권과 유사한 권리를 말하며 실연, 음반, 방송에 그 권리가 있다. 즉 일반 대중이 저작물을 향유하게 할 수 있도록 하는 자들에게 주어진 권리를 말한다. 예를 들어, 최초로 음악이 만들어질 때에는 작사, 작곡, 편곡자들이 곡을 만들고, 이는 저작행위로 저작권에 속한다. 하지만 이렇게 만들어진 음악은 가수에 의해 실연이 되고, 음반 제작자에 의해 음반이 만들어지게 되어 판매가 되고, 방송사업자에 의해 방송이 된다. 저작인접권은 이러한 실연, 음반 제작자 및 방송사업자들의 권리를 보호하기 위한 것이다. 즉 가수의 실연권, 음반 제작자의 복제권, 방송사업자의 전송권 등을 저작권법상에서 보호해 준다.

국내외적으로 디지털콘텐츠관련 법률은 매우 다양하다. 디지털콘텐츠에 관련된 법제도는 디지털콘텐츠 보호와 관련된 법제도, 디지털콘텐츠 거래와 관련된 법제도, 디지털콘텐츠산업의 육성과 관련된 법제도, 디지털콘텐츠산업의 경쟁과 관련된 법제도 등으로 나눌 수 있으며, 각 법제도를 다시 국내법과 국제법 등으로 구분할 수 있다.

1. 디지털콘텐츠 보호관련 법제도

1.1 국내법

우리나라는 예로부터 창작성이 가미된 저작물을 저작자의 재산으로 인식하기보다 많은 사람들이 이를 널리 이용함으로써 그 자체가 명예로 인정되는 사회적인 분위기 속에서 근대사를 지나왔다. 일제시대의 저작권법을 그대로 옮겨 놓은 1957년의 저작권법이 30년이 지난 1987년에 개정된 것을 봐도 저작권에 대한 사회적인 풍토를 쉽게 알 수 있다.

하지만 컴퓨터와 인터넷의 등장으로 디지털시대를 맞이하면서 복제기술의 발달과 새로운 미디어의 발전으로 저작권 보호에 대한 요구가 높아지게 되었다. 이에 1986년에 저작권법이 전면적으로 개정되었으며, 저작권법의 특별법 성격인 컴퓨터프로그램보호법이 1987년에 시행되기에 이르렀다. 또한 한 · 미협약에 따라 1987년 세계저작권협약(U.C.C)과 음반의 무단복제에 대한 음반 제작물의 보호에 관한 제네바협약에 가입함으로써 국내 저작권 보호의 획기적인 전기를 마련하게 되었다.

2000년 1월에 개정된 저작권법은 인터넷과 PC통신을 통한 저작물의 무단 이용을 차단하기 위해 전송권을 도입하고, 출판물 등을 공중의 이용을 위해 복사점 등에 위탁하여 복제할 수 없도록 하여 저작권자의 권리를 한층 강화하였다. 또한 개정 저작권법은 데이터베이스를 편집물로 명시하여 데이터베이스 저작자를 저작인접권자로 보호하고, 저작권 보호기술 조치를 무력화하거나 저작권 관리정보를 무단 삭제 · 변경하는 행위를 처벌하는 조항을 신설하였다. 또한 저작권 침해 사실을 알거나 저작권자로부터 침해 사실을 통지받고도 불법복제물을 삭제하지 않은 온라인서비스 제공자에 대하여 민형사상 책임을 지울 수 있도록 하는 등 저작권자의 권리 보호를 한층 강화하였다. 우리나라의 디지털콘텐츠관련 저작권 변천과정을 간단하게 요약하면 다음과 같다.

- 1987년 7월 컴퓨터프로그램보호법 시행
- 1987년 10월 세계저작권협약 및 제네바협약 발효
- 2000년 1월 개정 저작권법, 전송권 도입
- 2001년 1월 음반사, 소리바다 운영자 고소
- 2001년 6월 한국콘텐츠사업연합회 저작권특별위원회 결성
- 2002년 7월 법원, 소리바다서비스 중지 명령
- 2002년 7월 온라인디지털콘텐츠산업발전법 시행
- 2002년 9월 MP3 파일 다운로드서비스 유료 등장(곡당 최저 200원)
- 2002년 개정 저작권법, DB 저작자 인접권 보장, 온라인서비스 제공자 처벌규정 마련
- 2003년 DB 제작자 보호, 온라인서비스제공자의 책임범위 명확화
- 2004년 실연자 및 음반 제작자 전송권 부여
- 2006년 도서관법 개정 및 공중송신 및 디지털음성송신 개념 도입 등
- 2008년 정부조직법의 개편에 따른 저작권 개정
- 2009년 저작권법 및 컴퓨터프로그램보호법 통합
- 2011년 온라인서비스제공자의 면책범위를 유형별로 세분화
- 2013년 청각장애인들 위한 수화 또는 자막을 복제 · 배포 · 공연 또는 공중송신할 수 있도록 개정

국내의 디지털콘텐츠 보호와 관련된 법제도 중 저작권법, 정보통신망 이용촉진 및 정보보호 등에 관한 법률 등을 구체적으로 살펴보도록 하겠다.

(1) 저작권법

저작권제도는 학문적 · 과학적 또는 예술적 저작물의 저작자를 보호하여 문화발전에 이바지하기 위한 제도이다. 저작권법의 목적은 '저작자의 권리와 이에 인접하는 권리를 보호하고 저작물의 공정한 이용을 도모함으로써 문화 및 관련 산업의 향상 · 발전에 이바지함을 목적으로 한다(법 제1조)'고 규정하여 저작자에게 저작물의 이용에 대한 배타적인 권리를 부여함과 동시에 저작물의 원활하고 공정한 이용을 도모하고 있다(신각철 2001). 여기에서 저작물이라 함은 '인간의 사상 또는 감정을 표현한 창작물'이라고 정의하고 있다. 즉 인간의 지적 · 문화적 활동의 모든 영역에 속하는 것을 저작자가 형식에 구애받지 않고 어떤 형태로든 표현한 것을 저작물로 정의하고,

그것을 소유한 저작권자에게 저작인격권과 저작재산권을 동시에 부여하여 정신적 · 물질적 보상을 모두 받을 수 있도록 하는 법적 근거를 부여하고 있다.

'저작권법' 제9장 제124조에서는 '수입 시에 대한민국 내에서 만들어졌더라면 저작권 그 밖에 이 법에 따라 보호되는 권리의 침해로 될 물건을 대한민국 내에서 배포할 목적으로 수입하는 행위, 저작권 그 밖에 이 법에 따라 보호되는 권리를 침해하는 행위에 의하여 만들어진 물건을 그 사실을 알고 배포할 목적으로 소지하는 행위, 프로그램의 저작권을 침해하여 만들어진 프로그램의 복제물을 그 사실을 알면서 취득한 자가 이를 업무상 이용하는 행위, 저작자의 명예를 훼손하는 방법으로 저작물을 이용하는 행위는 저작인격권의 침해로 본다'고 구체적으로 정의하고 있다.

우리나라 저작권법은 1957년 제정되고 1987년 전면 개정된 이래 디지털 환경에 적응하기 위하여 수차례 개정되고 있는 실정이다. 즉, 1999년 12월 개정되어 2000년 1월 12일에 공표된 개정법에서는 전송권을 신설하였는데, 여기에서 전송이란 "일반 공중이 개별적으로 선택한 시간과 장소에서 수신하거나 이용할 수 있도록 저작물을 무선 또는 유선통신의 방법에 의하여 송신하거나 이용에 제공하는 것"을 말한다. 또한 2003년의 개정법에서는 지식정보사회와 디지털 네트워크 환경에 맞도록 법제도를 정비함과 동시에 운영과정에서 나타난 미비점을 보완하기 위해 다음과 같이 5가지 규정을 추가로 제정하였다. 첫째, 창작성의 유무를 구분하지 아니하고 데이터베이스를 제작한 자를 5년간 보호하며, 둘째, 도서관 등이 도서 등을 도서관 간에 열람목적으로 전송하거나 디지털도서 등을 복제하는 경우에 관한 규정을 두었고, 셋째, 온라인서비스 제공자의 책임을 규정하였다. 넷째, 저작권 등의 침해를 방지하기 위한 기술적 보호 조치, 다섯째, 권리관리정보를 제고 · 변경하는 행위 등을 제재하는 규정 등이다. 2004년에는 저작인접권자에게도 전송권을 부여하였다.

개정 저작권법은 디지털콘텐츠의 저작권 기간을 정하고 그 보호범위를 확대한 것으로, 크게 다음의 4가지 특징을 가지고 있다.

첫째, 디지털콘텐츠의 제작 활성화를 위해 데이터베이스와 편집물에 대한 투자를 인정하고 있다. 둘째, 온라인상에서 디지털콘텐츠 등의 저작물을 보호하는 기술적 조치는 물론 저작권관련 정보까지도 보호하고 있다. 셋째, 콘텐츠의 인터넷 유통을 둘러싼 온라인서비스 제공자의 책임 한계를 규정하고 있다. 넷째, 영상 제작자의 전송권 인정 등 영상 저작물 특례규정을 대폭 보완하여 영상 제작자의 인터넷사업 진출이 훨씬 쉬워졌다.

이에 따라 창작 저작물의 가공자도 법적 보호대상에 포함시켜 데이터베이스와 편집물의 제작 · 관리에 상당한 투자를 한 사람에게 복제 · 배포 및 전송에 관한 배타적 권리를 부여하고 있다. 디지털콘텐츠의 보호기간은 일반 저작권의 사후 50년 보호와 달리 5년간으로 제한했으며 디지털콘텐츠의 무단복제방지를 위한 보호장치를 해킹할 경우 기존의 친고죄 적용을 배제, 피해자의 고소 없이도 형사처벌할 수 있도록 하고 있다. 창작성이 없더라도 저작권 보호범위를 편집물 제작이나 유지관리에 인적 · 물적으로 상당한 투자를 행한 자로 확대하고, 위반한 자에게 3년 이하의 징역이나 3,000만 원 이하의 벌금에 처하도록 했다.

또한 저작권 침해 사실을 알거나 저작권자로부터 침해 사실을 통지받고 불법복제물을 삭제하지 않은 온라인서비스 제공업자에 대하여도 민형사 책임을 물을 수 있도록 저작권자의 권리보호 조치를 강화하였다.

이 외에도 영상 제작자가 영상물을 전송목적으로 저작권자로부터 허락을 받은 경우 특약이 없는 한 감독이나 배우 등 제작 참여자들로부터 양도받은 것으로 추정하여 제작자의 영상 저작물 이용권리를 확대해 주고 있다. 외국인의 편집물은 우리나라가 가입한 국제조약과 국내 편집물을 보호하는 국가에 대해서만 보호하는 상호주의를 택하고 있다.

2009년의 개정법은 크게 3가지 패러다임으로 바뀌었다. 첫째, 「정부조직법」 개정(2008.2.29)으로 컴퓨터프로그램에 대한 보호업무가 문화체육관광부로 이관됨에 따라 저작권 보호정책의 일관성과 효율성을 향상시키기 위해 「저작권법」과 「컴퓨터프로그램보호법」이 통합되었다. 둘째, 「저작권법」과 「컴퓨터프로그램보호법」에 개별적으로 규정되어 있던 '저작권위원회'와 '컴퓨터프로그램보호위원회'를 통합하여 저작권 보호 및 공정한 이용문화 조성을 위한 사업을 원활하게 추진하기 위해 '한국저작권위원회'를 설립하였다. 셋째, 온라인상의 불법복제방지대책을 강화하기 위해서 온라인서비스제공자 및 불법전송자에 대한 적절한 규제와 저작권의 권리를 효과적으로 보호할 수 있는 근거규정을 마련하였다(한국저작권위원회 2009).

2010년에는 헌법재판소의 위헌 및 헌법불합치 결정을 받은 규정을 정비하고, 언론의 기능을 하고 있는 인터넷 포털을 언론관계 법률의 규율대상으로 포함하였다. 또한 신문의 자유와 산업발전을 위한 법적 기반을 획기적으로 확충하기 위한 근거규정을 마련하였다.

2011년에는 '대한민국과 유럽연합 및 그 회원국 간의 자유무역협정'을 이행하기 위하여 저작권의 보호기간을 연장하고, 일정한 범위에 한하여 방송사업자의 공연권을 인정하였다. 또한 온라인서비스제공자의 면책범위를 유형별로 세분화하고, 기술적 보호조치를 무력화하는 행위를 금지하도록 개정되었다. 개정된 세부적인 내용은 크게 4가지로 나타난다. 첫째, 저작권 보호기간이 저작자 사후 50년에서 70년으로 연장되었다. 둘째, 공중의 접근이 가능한 장소에서 방송의 시청과 관련하여 입장료를 받는 경우에 한하여 방송사업자의 공연권을 인정하였다. 셋째, 온라인서비스제공자를 단순도관, 캐싱, 호스팅, 정보검색의 네 가지 유형으로 나누고, 각 유형별 면책요건을 명확히 구분하였다. 넷째, 기술적 보호조치의 무력화를 금지하되, 금지에 대한 예외를 설정하였다. 그리고 저작권의 공정한 이용제도 도입, 배타적 발행권 도입, 복제 · 전송자에 관한 정보제공 청구제도 등을 도입하였다.

우리나라 청각장애인의 수는 26만 명에 달하고 있으나, 현행 「저작권법」에서는 공표된 저작물에 대한 시각장애인의 정보접근권만 명시되어 있고 청각장애인에 관한 규정은 명시되어 있지 않다. 청각장애인도 일반인과 동등하게 공표된 저작물을 적극적으로 향유할 수 있도록 공표된 저작물 등을 수화 또는 자막으로 변환할 수 있고, 이러한 수화 또는 자막을 복제 · 배포 · 공연 또는 공중송신할 수 있도록 2013년 7월 16일에 저작권법이 개정되었다.

| 표 4-1 | 저작권법 연혁

구분	주요 내용	공포일
제정	• 신규 제정	1957.1.28
제1차 (전부개정)	• 세계저작권협약 등 국제조약 가입을 위해 국제적으로 인정되고 있는 제도를 도입	1986.12.31
제2차	• 정부조직법이 개정됨에 따라 관련 조문 정비	1989.12.30
제3차	• 정부조직법이 개정됨에 따라 관련 조문 정비	1990.12.27
제4차	• 도서관진흥법 제정에 따른 관련 법명 정비	1991.3.8
제5차	• 정부조직법이 개정됨에 따라 관련 조문 정비	1993.3.6
제6차	• 저작인접권 보호기간 연장, 벌칙 상향 조정 등	1994.1.7
제7차	• 도서관 및 독서진흥법 개정에 따른 관련 법명 변경	1994.3.24
제8차	• WTO TRIPs 내용반영 및 베른협약 가입 등을 위해 저작권보호를 국제적 수준에 맞게 정비	1995.12.6
제9차	• 저작권위탁관리업 허가취소 등의 경우 청문제도 도입	1997.12.13
제10차	• 전송권 도입, 도서관 면책범위 확대, 벌칙 상향 조정 등	2000.1.12
제11차	• 데이터베이스 제작자의 투자보호, 저작권 보호를 강화, 온라인서비스제공자의 책임범위를 명확화	2003.5.27

제12차	• 실연자 및 음반 제작자에게 전송권 부여	2004.10.16
제13차	• 도서관법 개정에 따른 관련 법명 정비	2006.10.4
제14차 (전부개정)	• 공중송신 및 디지털음성송신 개념 도입 • 저작권위원회로 명칭 변경 및 위원회 역할 강화 • 불법복제물의 수거 · 폐기 및 삭제 · 중단 명령 도입 등	2006.12.28
제15차	• 정부조직법이 개정됨에 따라 조문 정비	2008.2.29
제16차	• 국립중앙도서관이 보존을 위해 온라인 자료 수집 시 면책 • 시각장애인 등 전용기록방식 범위 명확화 • 실연자 및 음반 제작자에게 공연보상청구권 부여 등	2009.3.25
제17차	• 저작권법과 컴퓨터프로그램보호법 통합 • 한국저작권위원회 설립 및 위원회 역할 강화 • 온라인상 불법복제방지대책 강화 등	2009.4.22
제18차	• '신문 등의 자유와 기능보장에 관한 법률'이 '신문 등의 진흥에 관한 법률'로 개정됨에 따른 명칭변화	2009.7.30
제19차	• 대한민국과 유럽연합 회원국 간의 자유무역협정 이행 • 저작권의 보호기간을 연장 • 일정한 범위 내 방송사업자의 공연권을 인정 • 온라인서비스제공자의 면책범위를 유형별 세분화 • 기술적 보호조치를 무력화하는 행위 금지	2011.6.30
제20차	• 대한민국과 미국 간 자유무역협정에 관한 서한 교환의 합의사항에 따라 일시적 저장의 복제 인정 • 저작물의 공정한 이용제도 도입 • 위조라벨 배포행위 등 저작권자 권리침해 행위 금지 및 법정손해배상제도 도입	2011.12.2
제21차	• 청각장애인도 공표된 저작물을 수화 또는 자막으로 변환할 수 있고, 이러한 수화 또는 자막을 복제 · 배포 · 공연 또는 공중송신할 수 있도록 개정	2013.7.16

(2) 정보통신망 이용촉진 및 정보보호 등에 관한 법률

「정보통신망 이용촉진 및 정보보호 등에 관한 법률」은 '정보통신망의 이용을 촉진하고 정보통신서비스를 이용하는 자의 개인정보를 보호함과 아울러 정보통신망을 건전하고 안전하게 이용할 수 있는 환경을 조성하여 국민생활의 향상과 공공복리의 증진에 이바지함을 목적으로' 하는 법이며, 무단으로 타인의 정보통신망에 해킹 등을 통하여 접근하는 것을 금하고 있다.

(3) 저작권법 간의 관련성

2010년에 온라인디지털콘텐츠산업발전법이 콘텐츠산업진흥법으로 전부 개정되었고, 이 법은 개정 전의 저작권법과 컴퓨터프로그램보호법의 권리 발생방식에서 큰 차이를 보이고 있다. 저작권법과 프로그램보호법은 권리자에게 소유권과 같은 배타적 권리를 부여하는 방식을 취하고 있으나, 콘텐츠산업진흥법은 배타적 권리부여방식이 아닌 부정경쟁방지법에 입각한 디지털콘텐츠의 부정복제, 전송으로 인해 디지털콘텐츠 제작자의 영업상 이익이 침해되는 경우 손해배상을 청구할 수 있는 권리를 부여하고 있다.

이들 3개의 디지털콘텐츠관련 법들은 프로그램을 포함한 모든 저작물을 보호객체로 보고 있기 때문에 서로 중첩되는 경우가 발생한다. 따라서 동일 보호대상일 경우에는 저작권법, 콘텐츠산업진흥법의 순으로 우선 적용된다.

(4) 저작권자와 디지털콘텐츠 제작자와의 관계

디지털화한 자를 보호하게 되면 저작권자의 지위가 약화되지나 않을까 하는 의구심이 있다. 그러나 전혀 그렇지 않다. 디지털콘텐츠 제작자가 저작권자의 허락 없이 저작물을 디지털화하면 저작권(복제권 또는 이차적 저작물작성권) 침해이며, 어떠한 보호도 받을 수 없다. 저작권자는 디지털화하려는 자에게 독점적으로 또는 비독점적으로 이용을 허락할 수 있다. 그러므로 정상적인 상태를 전제로 하는 한, 종전과 달라진 점은 하나도 없다. 오히려 디지털화가 활성화되면 저작물의 이용이 활성화되는 셈이므로 저작권자에게 경제적으로 도움을 준다.

(5) 디지털콘텐츠 제작자와 제3자와의 관계

누구든지 정당한 권한 없이 콘텐츠 제작자가 상당한 노력으로 제작하여 대통령령으로 정하는 방법에 따라 콘텐츠 또는 그 포장에 제작연월일, 제작자명 및 이 법에 따라 보호받는 사실을 표시한 콘텐츠의 전부 또는 상당한 부분을 복제 · 배포 · 방송 또는 전송함으로써 콘텐츠제작자의 영업에 관한 이익을 침해하여서는 아니된다. 다만, 콘텐츠를 최초로 제작한 날로부터 5년이 지났을 때에는 그러하지 아니한다(콘텐츠 산업진흥법 제37조). 따라서 최초로 제작하여 표시한 5년 동안은 경쟁사업자의 무단복제 · 전송으로부터 보호된다. 5년으로 한 것은 투자자본의 회수를 최소한도로 보장하기 위한 것이다. 장차 법 운용과정에서 5년 정도로 부족하다고 하면 이를 연장하여야 할 것이다. 한편 제3자는 당해 디지털콘텐츠 제작자가 디지털화한 바로 그 제작물을 복제하지만 않으면 전혀 이 법에 저촉하는 것이 아니다. 갑이 『이조실록』을 디지털화하였다고 을이나 병이 이를 디지털화하지 못하는 것은 아니다. 법은 오직 갑이 디지털화한 것을 을과 병이 무단복제하지 못하도록 하고 있을 뿐이다. 더 나아가서 이 법은 부정 경쟁자로부터의 무단복제 · 전송을 제한하여 디지털콘텐츠 제작자의 영업상의 이익을 보호하기 위한 것이므로 개인이 자신의 개인적 목적을 위하여 복제하는 것은 이 법에 저촉되지 않는다.

1.2 국제조약

(1) 베른협약

베른협약(Berne Convention)의 정식명칭은 문학 및 예술저작물보호에 관한 베른협약(Berne Convention for the Protection of Literary and Artistic Works)으로서 1886년 9월 9일 체결되었다. 이후 수차례의 개정과 가입국 확대를 통해 2010년에는 총 약 160여 개 국가가 가입하였다. 우리나라는 1996년 5월 21일에 가입하여 3개월 후인 1996년 8월 21일에 발효되었다.

이 협약의 개요는 다음과 같이 정리해 볼 수 있다. 저작권의 성립에 무방식주의를 채택하여 저작물을 등록하지 않더라도 저작물의 완성과 동시에 저작권이 발생하고(Principle of Automatic Protection, 자동보호의 원칙), 호혜주의 원칙에 따라 각 가맹국은 다른 가맹국 국민에 대하여도 자국민에 대한 것과 동등하게 보호하여야 하며(Principle of National Treatment, 내국민대우의 원칙), 저작권의 보호범위 및 국제방법에 대하여는 조약의 규정에 의하는 것 외에 법정지법에 의하고(Principle of the Independence of Protection, 저작권 독립의 원칙), 저작권의 존속기간을 저작자의 생존기간 및 그 사망 후 50년(단, 사진 저작물, 응용미술 저작물은 25년 이상)으로 하고 있다. 소급효를 인정하여 가입 시 아직 저작권이 소멸하지 않은 저작물을 보호한다는 점에서 세계저작권협약과는 다르다.

(2) 세계저작권협약

세계저작권협약(UCC : Universal Copyright Convention)은 1952년에 성립하였고, 1971년에 개발도상국 특혜규정을 추가하기 위하여 일부 개정되었다. 우리나라는

1987년 10월 1일에 가입하였다. 우리가 가입한 최초의 저작권관련 국제조약이기는 하나 베른협약에 가입함으로써 거의 유명무실하게 되었다. 협약의 개요를 보면, 방식주의와 무방식주의를 가교하여 가급적 많은 저작물을 보호하기 위해 저작물의 모든 복제물에 ⓒ와 저작권자의 성명이나 명칭, 저작물의 최초 제작연도(발행연도)가 표시되어 있으면 방식주의 국가에서도 보호한다. 저작권의 존속기간은 모든 저작자의 생존기간과 그 사후 25년보다 길어야 하며, 불소급의 원칙에 따라 당해 체약국에서 조약의 효력발생에 영구히 공유(permanently in the public domain)로 된 저작물 또는 저작권은 보호하지 않아도 된다.

(3) 무역관련 지적재산권 협정

1993년 12월 15일 최종 채택되어 1995년 1월 1일부로 발효한 무역관련 지적재산권 협정(TRIPs : Agreement on Trade-Related Aspects of Intellectual Property Rights)은 지적재산권 전반을 다루고 있다. 무역관련 지적재산권 협정은 특허권, 의장권, 상표권, 저작권 등 소위 지적재산권에 대한 최초의 다자간 규범을 말한다. 종전의 지적재산권에 대한 국가 간 보호는 세계지적재산권기구(WIPO : World Intellectual Property Organization)를 중심으로 파리협약, 베른협약, 로마협약 등 개별적인 국제협약에 의해 시행되어 왔으나 보호수준이 미약하고 GATT(General Agreement on Tariffs and Trade) 등 다자간 규범 내에 있지 않아 무역 마찰의 주요 이슈로 되어 왔다.

무역관련 지적재산권 협정은 이 같은 단점을 보완하여 지적재산권의 국제적인 보호를 강화하고 침해에 대한 규제수단을 명기하였다. 또 이 규정은 세계무역기구(WTO) 회원국 모두에게 적용된다는 점에서도 종전의 개별적인 협약과는 다르다. 이 규범은 기존의 지적재산권관련 협약이 속지주의에 따른 내국민대우만을 보호대상으로 삼은 것과는 달리 최혜국대우를 원칙으로 한다. 또 특허권, 의장권, 상표권, 저작권 외에도 컴퓨터프로그램, 데이터베이스, 반도체 집적회로, 영업비밀 등도 보호대상으로 추가하고 있다.

무역관련 지적재산권 협정은 모든 체약국이 베른조약을 준수하여야 한다는 원칙을 선언하고 있으며, 저작권보호가 아이디어 등에는 미치지 않는다고 규정한다. 또 컴퓨터프로그램 또는 영상 저작물의 경우 저작자 또는 권리 승계인에게 대여권을 인정한다.

무역관련 지적재산권 협정 제14조에서는 저작인접권자의 보호를 위한 규정을 두고 있다. 실연자는 복제권과 공연권, 음반 제작자는 복제권과 대여권, 그리고 방송사업자는 고정과 복제, 재방송, 그리고 공중전달에 대한 권리를 가진다.

(4) 로마협약

저작물을 실연하고 그 배포에 기여하는 저작인접권자에 대한 국제적 보호방안이 1950년대부터 강구되기 시작했다. 그 결과 1961년 '실연자, 음반 제작자, 방송사업자의 보호를 위한 국제협약(International Convention for the Protection of Performers, Producers of Phonogram and Broadcasting Organization)'이 체결되었다. 로마에서 체결되었기 때문에 로마협약이라 불리며, 우리나라는 2008년에 가입하여 2009년 3월 18일자로 공표되었다.

내국민대우를 원칙으로 하며 실연자의 녹음 · 녹화권, 방송권, 2차 사용료 청구권, 공연권, 음반 제작자의 복제권, 배포권 및 2차 사용료 청구권, 방송사업자의 녹음 · 녹화권, 동시방송중계권, 공중전달권 등에 대한 최소한의 보호기준 설정에 관한 것이다.

음반 및 음반에 수록된 실연, 방송 등에 대한 보호기간은 다음과 같다. 먼저, 음반 및 음반에 수록된 실연은 고정이 이루어진 해의 연도 말로부터 20년이며 음반에 수록되지 않은 실연에 대해서는 실연이 행하여진 해의 연도 말로부터 20년이다. 방송에 대해서는 방송이 이루어진 해의 연도 말로부터 20년이다. 그리고 방식주의와 무방식주의의 가교를 위하여 ⓟ표시와 최초의 발행일을 기재하면 방식주의의 국가에서 보호를 받도록 하고 있다. ⓒ표시와 동일한 취지이다.

(5) 음반협약

1971년 음반의 무단복제로부터 음반 제작자를 보호하기 위한 협약(Convention for the Protection of Producers of Phonograms against Unauthorized Duplication of their Phonograms)이 체결되었다. 이는 음반협약 또는 레코드조약이라고 약칭하여 불리기도 한다. 이 조약은 음반 제작자에게 저작권이나 저작인접권의 부여 또는 부정경쟁방지법에 의한 보호나 형사제재 중 하나 또는 둘 이상의 보호수단을 선택하여 음반 제작자를 보호하면 되는 것으로 규정한다. 우리나라는 1987년 10월 10일에 가입하였다.

(6) WCT

세계지적소유권기구 저작권조약(WIPO Copyright Treaty)은 디지털 환경에서의 지적소유권을 보호하기 위한 새로운 국제조약이며, 1996년 세계지적재산권기구(WIPO : World Intellectual Property Organization) 회원국 160여 개국이 참여한 가운데 체결되었다. WCT는 1886년 채택된 국제저작권보호조약인 '베른협약'을 디지털시대에 맞게 보강한 것으로, 온라인상에서의 저작자 권리(공중전달권)를 명확히 하고, 디지털형태의 저작물 보호를 위한 기술적 수단(기술적 보호조치 및 권리관리정보)을 보호하는 것 등을 주요 골자로 하고 있다.

WCT는 디지털 환경에서 저작권법 적용과 관련한 다음 두 가지의 규범을 설정하고 있다. 첫째, '디지털 복제'에 대한 배타적 권리가 저작권자에 부여되어야 한다. 둘째, '디지털 전송'에 대한 권리의 신설이다.

베른협약은 제11조의 제2항에서 공중전달에 관한 권리를 인정하고 있으나, 오늘날과 같은 인터넷 환경에 적용하는 데에는 문제가 있다. 즉, 디지털 환경에서는 서로 다른 시간과 장소에서 저작물 등을 전달받을 수 있는 'on-demand' 방식이 이용되므로, 이러한 방식의 이용자를 '공중'이라고 할 수 있는지의 여부와 직접 전송을 하지 않으면서 단지 일반 공중이 '접근'할 수 있게 하는 경우, 즉 업로드만 하는 경우도 공중전달에 속하는지의 여부 등이 그것이다.

따라서 WCT 제8조에서는 베른협약상의 공중전달권과는 별도로 '공중전송권'을 신설하였다. 즉 "저작자는 공중의 구성원이 개별적으로 선택한 장소와 시간에 저작물에 접근할 수 있는 방법으로 공중의 이용에 제공하는 것을 포함하여 유선 또는 무선의 수단에 의하여 저작물을 공중에 전송하는 것을 허락할 배타적인 권리를 향유한다"고 규정하고 있다.

2012년 당시 미국과 일본, 필리핀 등을 포함하여 전 세계 총 898개국이 가입되어 있었으며, 2013년 현재 거의 대부분의 국제연합 회원국이 가입되어 있다. 우리나라는 2004년 3월 24일에 가입하여 6월 24일에 효력이 발생하였다.

(7) WPPT

세계지적소유권기구 실연 · 음반조약(WPPT : WIPO Performances and Phonograms Treaty)은 지난 1961년에 체결된 저작인접권관련 협약인 로마협약을 보완해 인터넷상에서 가수, 연주자, 음반회사 등의 음악 저작인접권자를 보호하기 위해 마련한 것이다.

WPPT는 예술가들에게 자신의 작품을 CD나 레코드 등을 통해 복제하는 행위, 배급 및 대여 등에 대해 배타적인 권리를 행사하도록 규정하고 있으며, 저작권자는 이를 보호하기 위해 암호를 사용할 수 있도록 하고 있다.

WPPT의 제2조는 "음반은 더 이상 연주소리나 그 밖의 다른 소리만의 고정을 반드시 의미하지 않으며, 존재하지 않지만 전자적 방법에 의해 직접 만들어진 디지털 소리도 포함한다"고 규정하고 있다.

디지털 네트워크를 통한 저작물의 송신(일명 포괄적 해결책)과 관련, WPPT는 제10조와 제14조에 "실연자와 음반 제작자는 공중의 구성원들이 개별적으로 선택한 장소와 시간에 음반 및 음반에 고정된 실연에 접근할 수 있는 방법으로, 유선 또는 무선의 수단에 의해 공중의 이용에 제공하는 것을 허락할 배타적 권리를 향유한다"고 규정한다.

특히 WPPT는 제19조 제1항에 전자적 권리관리정보를 권한 없이 제거하거나 변경하는 행위, 전자적인 권리관리정보가 권한 없이 제거되거나 변경된 것을 알면서도 실연 또는 음반을 권한 없이 배포하는 것을 금지할 수 있는 효과적인 법적 구제를 규정하도록 의무화하는 등 권리관리정보 및 기술보호조치를 강구하고 있다.

(8) TRIPs협정

TRIPs(agreement on Trade-Related Aspects of Intellectual Property Rights)협정은 전 세계적인 무역관련 지적재산권에 관한 협정으로 특허권, 의장권, 상표권, 저작권 등 지적재산권에 대한 다자간 규범을 말한다. 즉, 지적재산권에 대한 보호규범을 강화하는 협정이다. 기존 지적재산권에 대한 국가 간 보호는 세계지적재산권기구(WIPO)를 중심으로 파리협약, 베른협약, 로마협약 등 개별적인 국제협약에 의해 보호받았지만, 관세무역일반협정(GATT)체제인 다자간 규범 내에 있지 않았다. 이러한 문제를 보완하기 위해서 1986년부터 시작된 우루과이라운드(UR) 다자간 협상의 한 가지 의제로 채택되었으며, 1994년에 출범한 WTO의 부속 협정으로 채택되었다.

TRIPs협정은 총 7부, 73개 조로 구성되어 있다. 참고로 지적재산권의 국제적인 보호를 강화하고 침해에 대한 구제수단을 명시하고 있는데, 세계무역기구(WTO)의 회원국 모두에 적용된다는 점에서 다른 개별적인 협약과는 차이가 있다. 또한 기존의 지적재산권 협약은 내국민대우만 보호대상으로 삼는 경우가 대부분이지만 TRIPs협정은 최혜국대우를 원칙으로 한다. 30여 개 선진국들은 1996년 1월부터, 개도국은 2000년 1월부터, 최빈개도국(LDC)은 2006년 이후부터 TRIPs협정의 적용을 받는다.

국내의 경우에는 TRIPs협정에 의해 1995년에 저작권, 컴퓨터프로그램보호법, 특허, 상표실용신안, 의장, 종자 산업법, 농약관리 등 지적재산권 관련 8개 법률안이 통과하였다(한국저작권중앙회 2009).

(9) WIPO

디지털기술과 정보통신의 발달로 정보의 생산과 유통에 있어서 큰 변화를 가져왔다. 또한 디지털 혁명은 인류의 지식과 문화의 생산, 공유, 그리고 소통이라는 새로운 가능성도 생겨나기 시작했다. 그러나 이러한 가능성이 오히려 지적재산권의 권리자에게는 자신의 소유권에 대해서 중대한 위협으로 다가왔다. 이로 인해서 국제적인 대응으로 WIPO는 1966년 12월 스위스 제네바에서 WIPO 저작권 및 저작인접권의 특정문제에 관한 외교회의를 개최하였다(김재우 2007). 이 외교회의는 6년간의 긴 협상 끝에 WCT와 WPPT를 채택하여 이 두 조약을 WIPO 신조약이라고 부르게 되었다.

WIPO 신조약의 핵심은 '디지털시대에도 기존의 저작권은 여전히 유효하다'는 것에 대한 확인이며, 기술보호조치나 권리관리정보 등의 디지털 이슈를 확실히 보장하기 위한 장치이다. WIPO의 신조약이라는 개념이 강조되는 이유는 다음과 같다.

첫째, 저작권의 보호를 받는 정보, 문화산업이 전체 사회에서 차지하는 비중이 막대하게 커졌으며, 이에 따라 사회적인 영향력도 그만큼 커졌기 때문이다.

둘째, 기존에 지적재산권으로 보호받지 못하던 것들이 새로운 보호대상으로 포함되고 있다. 컴퓨터프로그램, 생명특허, 영업비밀, 반도체 집적회로 배치설계 등이 지적재산권의 보호대상으로 포함되었으며, 창작성이 없는 데이터베이스, 링크의 저작권 문제 등에 대한 지적재산권 보호대상 여부는 아직 논의 중에 있다.

1.3 주요국의 법 · 제도

(1) 미국

1) 오디오홈레코딩법

오디오홈레코딩법(AHRA : Audio Home Recording Act, 1992)은 가정에서 이루어지는 디지털 녹음에 상응하여 보상금을 주는 것을 골자로 하고 있다. 이 법으로 가정용 디지털오디오 녹음을 합법화하는 대신 사용료 납부제도를 마련하여 가정에서의 녹음이 더 이상 저작권 침해로 되지 않게 되었다. 결국 이 법의 주된 목적은 일정한 조건하에 개인의 사용을 활성화하기 위한 것이다.

2) 녹음물상의 디지털실연권법

녹음물상의 디지털실연권법(DPRSRA : The Digital Performance Right in Sound Recordings Act, 1995)은 미국 저작권법 제106조 제6항과 제114조를 개정하는 법이다. 미국 저작권법에 따르면, 인터넷에서 제공되는 음악파일에 담긴 법적 권리에는 음악 저작물로서 가지는 권리와 녹음물로서 가지는 권리가 있다. 음악저작물은 작품이 담고 있는 악곡과 거기에 수반되는 가사로 구성되는 반면, 녹음물은 일련의 음악, 구술, 기타 음을 고정한 결과로 생긴 저작물을 의미한다.

이와 같은 구분의 결과, 작사가, 작곡가, 음악출판사, 기타 저작권 있는 음악저작물의 권리자와는 달리, 실연자나 음반 제작자는 녹음물의 방송이나 기타 공연에 대하여 이용허락을 하거나 보상을 받는다는 인식에 바탕을 두고 있었으나 복제술이 점차 발달하여 녹음물 권리자의 수입원이 위협을 받게 되자 녹음물의 공연권에 대한 논의가 재개된 것이다. 그리고 결과적으로 이 법에 의하여 녹음물에 대하여도 디지털공연권이 인정되었다.

3) 전자절도금지법

전자절도금지법(NET Act : No Electronic Thief Act)은 소위 '라마키아의 허점(LaMacchia loophole)[01]'을 보완하고자 하는 찬성론자들의 강력한 요구로 1997년 7월

01 MIT 공과대학 대학원생이었던 21세의 데이비드 라마키아(David LaMacchia)는 학교서버 내의 전자게시판을 통하여 저작권이 설정된 컴퓨터 소프트웨어의 적법한 소유자에게 업로드하도록 독려하고, 다른 회원들에게는 소프트웨어 제작자와 매각자들(vendors)에게 로열티나 라이선스료를 지불하지 아니하고 다운로드받을 수 있도록 하였다. 라마키아는 전자 게시판 서비스를 운영하면서 개인적인 재정적 이득을 주거나 받으려고 하지 않았다. 그는 단순히 시스템 운영자로서 소프트웨어의 교환을 촉진시키고자 하였다. 그럼에도 불구하고, 라마키아가 게시판 내에 소장하고 있는 복제소프트웨어의 가치는 백만 달러 상당에 달하였기 때문에, 그는 1994년 미국검찰에 의해 저작권법 18 U.S.C. §2319의 위반으로 체포, 기소되었다. 그러나 1994년 매사추세츠 연방법원은 피고가 동 조항이 요구하는 '상업적 이익이나 개인적인 재정적 이득'을 얻었다고 볼 만한 증거가 없다는 이유로 그를 무죄 석방하였다. 법원은 라마키아의 행위가 무책임하고 방종행위이며 기본적 가치의식이 결여되어 있다고 비난하였지만, 그를 처벌하지 못하는 것은 법의 흠결이고, 법의 흠결을 메우는 일은 의회의 권한이라고 지적하였다. 이러한 이유로 동 판결은 미국 내에서 비영리적인 저작권침해행위의 처벌에 대한 논쟁을 야기했다.

25일에 굿랫(Goodlatte) 의원이 제안하고, 12월 16일에 클린턴 대통령이 서명함으로써 발효되었다. 동법은 ISP, BBS 운영자 및 사용자에 의한 온라인 저작권 침해에 대해서도 형사책임을 잠재적으로 확장하고 있다. 우선 동법은 17 U.S.C. §101에서 '재정적 이득'을 '여타 저작권 작품의 수익을 포함한, 가치 있는 모든 수익 혹은 예상 수익을 포함한다'고 규정하면서 그 처벌의 범위를 넓혔다. 또한 기존의 '고의적으로 그리고 상업적 이득 혹은 재정적 이득을 목적으로 저작권을 침해한 자는 18 U.S.C. §2319에서 규정하는 처벌을 받는다'고 규정한 17 U.S.C. §506 (a)을 '다음과 같이 고의적으로 저작권을 침해하는 자는 ① 상업적 이득 혹은 개인의 재정적 이득을 목적으로, 혹은 ② 총 소매가치가 1,000달러 이상인 하나 이상의 저작권 작품을 180일 이내에 전자적 수단을 포함한 방법으로 하나 이상 복사 혹은 복제 녹음하여 재생 혹은 배포하는 경우는 18 U.S.C. §2319 (c)의 규정에 따라 처벌을 받는다'라고 개정하였다.

덧붙여 18 U.S.C. §2319 (c)는 '17 U.S.C. §506(a)(2)의 사항을 위반하는 자는 ① 총 소매가치가 2,500달러 이상인 하나 이상의 저작권 작품을 10부 이상 복사 혹은 복제 녹음하여 재생 혹은 배포한 경우 3년 이하의 징역 또는 본 항에 명시된 액수의 벌금 혹은 둘 다에 처한다. ② ① 단락 이하의 사항을 2번 혹은 그 이상 위반한 경우 6년 이하의 징역 또는 본 항에 명시된 액수의 벌금, 혹은 둘 다에 처한다. 그리고 ③ 총 소매가치가 1,000달러 이상인 하나 이상의 저작권 작품을 1부 이상 복사 혹은 복제 녹음하여 재생 혹은 배포한 경우 1년 이하의 징역 또는 본 항에 명시된 액수의 벌금, 혹은 둘 다에 처한다'고 규정하고 있다.

이 법에 의해 일정한 영리목적 이외의 복제행위에 대해서도 저작권침해죄를 부과하는 것이 가능하게 되었다.

4) 디지털밀레니엄 저작권법

디지털밀레니엄 저작권법(DMCA : Digital Millennium Copyright Acts)은 저작권법을 디지털 환경에 맞추기 위하여 1998년에 제정되었으며, 미국 저작권법의 일부를 구성한다. 미국 의회가 자국 내 온라인 디지털콘텐츠의 저작권 보호를 위해 제정한 포괄적인 법안이다. 접근을 통제하는 기술적 보호장치를 우회하는 행위, 즉 복제방지기술을 무효화시키는 것을 불법으로 간주하고, 복제방지기술을 무용화시키는 장치의 제작 · 수입 · 유통을 금지한다. 또한 복제방지를 위한 제어 및 구현에 대한 임의 조작을 금지하며, 저작물관리정보의 완전성을 보호하는 내용을 포함하고 있다. 저작권 관리 소프트웨어를 크랙(crack)하는 것을 범죄로 규정한 포괄적인 우회 금지조항으로 디지털 방송 환경에 대비하여 불법복제에 관한 보다 적극적인 관심과 구체적인 기술 개발의 계기가 되었다. 한편으로는 이에 반대하는 논란도 끊이지 않고 있다.

DMCA는 총 5편으로 구성되어 있다. 제1편은 WIPO 저작권조약과 실연 · 음악조약 이행법으로 저작권보호시스템의 무력화 규제, 저작권관리정보의 동일성 보장 등을 규정한다. 제2편은 온라인저작권침해책임제한법(Online Copyright Infringement Liability Limitation Act)으로 서비스 제공자의 책임을 일정한 범위로 제한한다. 제3편은 컴퓨터유지경쟁확보법(Computer Maintenance or Repair Copyright Exemption)으로 일시적 저장도 복제가 된다는 MAI 판결에 대한 비판을 의식해서 일정한 목적을 위한 복제를 침해로부터 제외시키고 있다. 제4편은 잡칙으로서 저작권청의 기능, 원격교육, 도서관에 대한 면책 등을 규정하며, 제5편은 선박디자인보호법이다.

5) 소니보노저작권기간연장법

소니보노저작권기간연장법(CTEA : Sonny-Bono Copyright Term Extension Act)은 1998년 이 법의 제정을 주도한 연예인 출신의 소니 보노(Sony Bono) 하원의원의 이름을 따 '소니보노저작권연장법'이라 불리기도 하며, '미키 마우스'나 '도널드 덕' 등 다수 만화영화의 저작권을 조만간 상실하게 되는 디즈니사를 보호하는 효과가 매우 크다는 점에서 소위 '디즈니 만기 연장법', '미키 마우스법' 등으로 불리기도 한다.

이 법은 자연인 저작물은 사후 70년까지, 직무 저작물은 95년간 보호한다고 규정함으로써 사후 50년까지 보호한다고 규정했던 미국 저작권법을 개정하였다. 미국은 지난 40년 동안 저작권 기간과 관련된 개정을 11차례나 하였다. 이 법률에 대해서 위헌소송이 제기되었고 소송을 제기한 원고들은 첫째, 이 법이 '제한된 기간' 동안 지적재산권을 보호한다는 헌법상 규정에 위배되며, 둘째, 언론의 자유를 규정한 제1차 수정헌법에 위반한다고 주장하였다. 미국 연방대법원은 어느 주장도 받아들이지 않고 2003년 1월 15일, '엘드레드 대 애쉬크로프트(Eldred v. Ashcroft)[02]' 사건에서 1998년

02 이 사건은 저작권의 보호기간을 저작자의 생존기간과 사망 후 50년으로 규정한 기존의 저작권법을 평균 수명의 연장을 감안해서 저작자의 생존기간과 사망 후 70년으로 20년간 연장시킨 일명 CTEA로 불리는 "저작권기간연장법(Sonny Bono Copyright Term Extension Act, 1998년 제정)"이 위헌인지 아닌지를 밝히기 위한 재판이다. 현재 이 재판은 '사이버공간의 법이론(Code and Other Laws of Cyberspace)'으로 널리 알려진 로렌스 레식(Lawrence Lessig) 교수 등이 상소인의 법률 대리인으로 참여하고 있는 저작권 문제와 관련된 가장 핵심적인 사건 중의 하나이다. CTEA의 정식 명칭은 주창자의 이름을 딴 '소니보노저작권기간연장법'이며, 냉소적 의미의 '미키 마우스 저작권법(Mickey

에 제정된 저작권기간연장법이 합헌이라고 판시하였다. 대법원은 CTEA를 제정한 의회가 '한정된 기간' 동안 저작자를 보호하라는 헌법상의 수권범위를 벗어나지 않았다고 판정한 것이다.

6) 온라인음악경쟁법

공정한 사용을 도모하는 법안으로 온라인음악경쟁법(MOCA : Music Online Competition Act)은 릭 바우처(Rick Boucher) 하원의원과 크리스 캐논(Chris Cannon) 하원의원이 저작권법의 개정을 위하여 2001년 제출한 법안이다. 이 법안은 음반시장의 활성화를 위해 기존의 USC §110(7), 즉 '실연의 유일한 목적이 저작물의 복제물이나 음반의 소매를 촉진하는 것이고 실연이 판매시설이 소재한 장소 밖으로 송신되지 않고 판매가 행하여지는 인근 지역 내에서만 제공되는 경우' 등에 비연극적 음악 저작물을 실연하는 것을 허용하던 규정을 다음과 같은 온라인음악 전송에도 폭넓게 인정하는 것으로 하고(실연의 정의에 송신기관에 의한 판매시설 또는 디지털 온라인서비스에의 전송을 포함), 송신자의 전송 라이선싱으로 발생한 수익금의 일정 부분을 저작권자, 기획자, 실연권자에게 배분토록 하여 공평한 이익분배를 꾀하고 있다.

첫째, 디지털오디오 전송에 의한 음반 또는 물리적 시설이다.

둘째, 비연극적 음악 저작물의 샘플, 디지털오디오 전송 또는 직접 또는 간접적인 이용료 없이 일반 대중에게 공개된 디지털 온라인서비스를 통한 음반의 샘플을 실연하는 것이다. 즉, ① §115(d)(1)에서 규정된 바와 같이 디지털음반의 배송을 포함한 서비스, 음반의 복제에 의하여 음반의 실연이 소매업, 배포 또는 라이선스를 촉진할 목적으로, ② 전송의 주체가 전송을 요구한 특정인에게만 샘플을 전송하는 것, ③ 샘플의 길이가 30초 이하이거나 5분 이상 지속되는 음반의 경우 60초를 넘지 않는 10%이어야 한다.

또한 가정 내 단기간복제에 있어서 서로 다른 비트 전송률(예 : dial-up, broadband), 형식(예 : Real Player, Windows Media Player)을 고려하여 다수의 단기복제를 허용하고, 방송사업자나 웹캐스팅업체의 음악전송을 위한 네트워크를 통한 캐싱을 허용하고 있다.

Mouse Copyright Act)'으로도 불리고 있다.

7) 보안시스템표준과 인증법

2001년 8월 미국 사우스캐롤라이나 상원의원인 플리츠 홀링스 의원이 미국 의회에 보안시스템표준과 인증법(SSSCA : Secure Systems Standards and Certification Act) 법안을 제기한 이후 이에 대한 찬반양론이 뜨겁게 벌어졌다. 이 법안은 지난 1998년에 제정된 디지털밀레니엄 저작권법(DMCA : Digital Millennium Copyright Act)을 훨씬 구체화하고 강화한 법안이라고 할 수 있다.

이 법안의 주요 골자는 향후 멀티미디어콘텐츠 제공자는 콘텐츠를 보호할 수 있는 수단을 반드시 사용해야 하고 그러한 보호장치를 사용하지 않은 기술과 장치 사용은 불법으로 간주된다는 것이다. 또 저작권 보호 표준기술은 신뢰성, 갱신가능성, 공격에 대한 내구성, 알고리즘의 수행 편의성, 모듈화 가능성, 다양한 플랫폼에 대한 적용가능성을 채택의 판단 근거로 한다고 명시하고 있다.

표준기술 채택에 대해서는 상세하고도 자세한 일정을 제시하고 있다. SSSCA 법안에서 제안된 저작권 보호기술은 이미 상당한 수준에 도달해 있으며 몇 차례 표준화과정을 거친 바 있다. 현재 활발하게 소개되고 있는 DRM이나 워터마크기술이 표준기술의 대상이 된다. SDMI(Secure Digital Music Initiative) 표준기술이 그 중에 하나이다. SDMI에서 추구하는 목표는 온라인을 통해 제공되는 모든 음악 속에 복제나 연주에 관한 정보를 숨겨서 제공하고 이를 연주하는 MP3 플레이어, PDA, 무선전화기, 컴퓨터 등의 모든 기기 속에 저작권정보를 해독하는 칩을 내장하겠다는 것, 즉 '한 번만 복제(copy once)', '복제 불가(no more copy)', '한 번만 연주(play once)', '연주 불가(no more play)' 등의 정보를 온라인으로 제공되는 모든 음악 속에 삽입하는 것이다.

기기에서는 이러한 정보를 해독하는 칩을 내장해 휴대형 기기를 제어하며 이를 통해 불법복제와 유통을 방지하는 것이다. SSSCA법안에 따르면 현재 P2P사이트를 통해 거래되고 있는 모든 음악 복제가 사실상 불법으로 처벌을 받을 수밖에 없게 된다. 또한 콘텐츠사업자들이 사용하는 DRM이나 워터마크기술을 무력화하기 위한 모든 시도들이 사실상 범죄행위로 규정된다. 즉 디지털콘텐츠에 삽입된 보호기술이나 보호수단을 무력화하는 것은 범죄행위로 간주하고 이러한 범법행위에 대해서는 5년 이하의 징역형 또는 500달러의 벌금에 처하도록 되어 있다. 물론 저작권 보호기술을 무력화시키는 행위에 대한 처벌규정은 이미 1998년 빌 클린턴 대통령에 의해 서명된 디지털밀레니엄 저작권법(DMCA)에서도 포함되어 있다. 그러나 SSSCA법안은 이를 더욱 구체적이고 명확하게 규정하고 있다. SSSCA법안은 문화산업을 전략산업화하겠다는 미국 정부와 콘텐츠산업계 의지의 표현이라고 볼 수 있다.

8) 소비자광대역 및 디지털텔레비전 촉진법

소비자광대역 및 디지털텔레비전 촉진법안(CBDTPA : Consumer Broadband and Digital Television Promotion Act)이 미국 의회에 상정되었는데, 이는 SSSCA를 보다 구체화시킨 법안이다.

법안의 주요 골자는 향후 멀티미디어콘텐츠 제공자는 콘텐츠를 불법사용으로부터 보호할 수 있는 수단을 반드시 사용해야 하고, 그러한 보호장치를 사용하지 않은 기술과 장치는 이 법안이 제정된 후 늦어도 2년 이내에 개발되어야 한다고 규정하고 있다. PC, 휴대전화, CD플레이어 등 각종 디지털 하드웨어와 소프트웨어개발회사들은 앞으로 정부가 지정하는 복제방지기술을 제품에 반드시 포함시켜야 한다.

이와 함께 연방통신위원회(FCC : Federal Communications Commission)에 의해 저작물을 재생산할 수 있는 능력을 가진 것으로 평가된 소프트웨어는 미국 내 일절 판매가 금지된다. 또, 무료로 프로그램 코드를 시중에 제공하는 프로그래머들도 정부가 인정하는 기술범위 내에서만 새로운 버전을 발표할 수 있다. 만일 이를 위반하고 불법복제프로그램을 판매할 경우에는 최고 5년의 징역과 50만 달러의 벌금이 부과된다. 이는 그동안 영화, 음반 등 엔터테인먼트업체들이 요청해 온 불법복제 콘텐츠 근절방안 마련을 정치권이 전폭 수용한 결과라고 할 수 있다.

9) 데이터베이스보호법안들

Feist 사건[03]의 미국 연방대법원 판결 이래 창작성 없는 데이터베이스보호 문제가

03 Rural이라는 전화서비스제공회사는 Rural서비스 이용자의 이름을 알파벳 순서에 따라 정리한 'White Page'와 다양한 크기의 광고의 범주와 특성에 따라 정리한 'Yellow Page'를 발간하는데, 무료로 이용자들에게 배포하고 대신 Yellow Page 광고를 판매함으로써 이익을 내고 있었다. Feist는 특정한 지역의 전화번호부를 발간하는 출판사인데, Feist 또한 무료로 전화번호부를 배포하였으나 Yellow Page 광고에서 Rural과 심하게 경쟁을 하였다. Feist는 전화서비스제공회사가 아니기 때문에 전화이용자들의 이름과 주소를 입수하기가 어려웠고, 따라서 11개 전화회사로부터 White Page의 목록을 이용할 수 있는 허락을 받고 대가를 지불하였으나, 오직 Rural만이 이를 거절하여 어쩔 수 없이 Rural의 허락 없이 Rural의 White Page 전화번호목록을 이용한 것이다.
전화번호부에 있는 이용자들의 이름과 전화번호, 주소 등은 '사실' 그 자체이기 때문에, 저작물로서 보호받을 수 없다. 다만, 사실의 결합은 저작물로 보호받을 수 있지만, 결합에 있어서 어느 정도의 창작성이 있어야 저작물로 보호받을 수 있다. 저작물로 보호받을 수 있는 창작성(originality)은 다른 작품과 구별될 정도의 최소한의 창작성을 의미한다고 보기 때문에, 전화번호부에도 최소한도의 창작성을 인정할 수 있을지가 관건이다. 물론, Rural이라는 회사가 전화번호부를 만듦에 있어 노동력과

크게 주목을 끌게 되었다. 그 후 데이터베이스의 보호에 대한 많은 법안들이 의회에 제출되고 있지만 아직 입법화에는 이르지 않고 있다. 그렇다고 하여 미국에서 창작성 없는 데이터베이스가 법으로 전혀 보호받지 못하는 것은 아니며, 일정한 경우 도용의 법리 등 소위 불법행위 법리를 통해 보호되고 있다.

10) TEACH법

2002년 11월 2일 성립된 The TEACH Act(Technology, Education and Copyright Harmonization Act)는 이러닝을 활성화하기 위해서 제정된 법이다. TEACH법은 그동안 원격교육과 관련하여 미국 저작권법 제107조의 공정이용의 대상이 되는지 여부가 불분명한 교육활동을 법문으로 끌어들여 명확성을 부여하고, 이를 통하여 교육기관이 안심하고 이러닝을 할 수 있도록 하는 것을 목적으로 한다.

11) 가족 오락 및 저작권법

시민들이 비디오나 DVD로 영화를 볼 때 욕설, 폭력, 외설 등이 담긴 장면이 나오면 건너뛰기나 소리 나지 않게 해주는 기술을 인정하는 내용을 담은 「가족 오락 및 저작권법(Family Entertainment and Copyright Act)」이 2005년 4월 19일 의회를 통과하였다. 이 법은 극장에서 캠코더를 이용하여 영화나 음악을 복제하는 행위도 처벌하고 있으며, 최고 3년형까지 선고할 수 있고 25만 달러까지 벌금형을 부과할 수 있다고 규정한다. 현재 해적판의 90% 이상이 이렇게 극장에서 캠코더 등을 이용하여 촬영한 것이라고 한다. 아울러 저작권청장에게 상업적 배포를 준비 중인 저작물의 사전등록(pre-registration)을 허용하는 규칙을 만들도록 의무화시키고 있다.

12) 미디어마케팅책임법안

미디어마케팅책임법안(Media Marketing Accountability Act)은 기업이 연소자에게 성인등급의 상품을 마케팅하는 것을 금지하고 부모가 잠재적으로 해로운 자료로부터 아이들을 보호하는 것을 목적으로 제안되었다. 미디어의 발달로 정보에 대한 손쉬운 접근이 이루어지고 있는 반면, 불건전정보에 대한 필터링 없는 송 · 수신으로부

자본이 투입된 것은 인정하지만, 노동력과 자본이 투입되었다고 해서 반드시 창작성이 인정되는 것은 아니다. 미 연방대법원도 위 사건에서 저작권은 노동에 대한 대가가 아님을 명시하면서, Feist가 'copy'한 전화번호부의 이름과 주소, 전화번호는 Rural에 'original'한 것이 아니기 때문에, 저작권으로 보호받을 수 없다고 하였다.

터 연소자에 대한 보호가 필요하게 되었다. 이러한 미디어에 의한 불건전정보의 유해는 단순히 불건전한 콘텐츠뿐만 아니라 광고나 홍보수단에 의한 불법적 유인 또한 문제가 되고 있다. 따라서 FTC(Federal Trade Commission)는 2000년부터 영화 · 음악 · 비디오게임산업이 성인등급의 상품을 연소자에게까지 무분별하게 마케팅하고 있다고 판단하고 이러한 문제를 해결하기 위한 정책을 시행하여 왔다.

이 법안에서는 연소자에 대한 성인등급 상품의 마케팅을 금지하는 기존 법규의 적용대상을 전체 엔터테인먼트업계로 확대하고 「연방거래법(FTCA : Federal Trade Commission Act)」하에서 성인등급의 영화, 음반, 비디오게임을 기만하는 행위 또는 관행을 통하여 연소자를 대상으로 광고하거나 마케팅하는 것을 위법화하였다. 또한 위법성의 판단기준이 되는 마케팅의 범위를 고의로 연소자에게 행하여진 광고 또는 마케팅뿐만이 아니라 청중의 '실질적 비율'이 어린이로 구성되어 있는 곳에서 광고 또는 마케팅한 경우나 기타 FTC에 의하여 연소자가 대상이라고 판단되는 광고 또는 마케팅으로 확대하고 있다. 이러한 연소자 보호의무를 위반하는 경우 정지 · 중지명령을 내리거나 위반의 성격에 따라 11,000달러 이하의 벌금을 부과할 수 있도록 하고 있다.

(2) 유럽연합

1) 컴퓨터프로그램보호에 관한 EU 지침

유럽연합(European Union)에서는 1991년 5월 14일 컴퓨터프로그램의 보호에 관한 공동체 법의 조화를 위하여 '컴퓨터프로그램보호에 관한 EU 지침'을 제정하였다. 이 지침에서는 컴퓨터프로그램보호에 관한 전반적인 규정을 두고 있다. 최초 판매의 원칙, 권리 소진에 관한 원칙과 역분석(reengineering)의 허용과 요건에 관한 조항, 보호기간의 설정 등이 그것이다.

2) 데이터베이스의 법적 보호에 관한 EU 지침

1996년 3월 11일 유럽연합의회에서 통과된 동 지침으로 1998년까지 각 회원국들은 기존 법체계이든 입법을 통해서든 데이터베이스에 대한 보호의무를 두고 있다. 현재 거의 모든 회원국들이 입법화시켜 놓은 상태이며, 영국, 프랑스, 독일 등에서는 저작권법 체계나 특별법 체계 등으로 다양하게 이루어져 있다.

주요 내용은 첫째, 저작권 보호의 대상이 되는지와 무관하게 '실질적인 투자'가 이루어진 데이터베이스는 15년간 보호된다. 둘째, 데이터베이스의 실질적인 부분의 추출이나 재이용은 금지된다. 셋째, 실질적인 변경이 이루어진 데이터베이스는 새로운 데이터베이스로서 자체의 보호기간(15년)을 부여받을 수 있다. 넷째, 권리자가 EU의 국민이거나 일상적인 거주자인 경우의 데이터베이스만 이상과 같은 독자적인 권리를 부여받는다.

3) 정보사회에서의 저작권 및 관련 권리의 조정에 관한 EU 지침

정보사회지침이라고도 하며, 2001년 5월 22일에 공표되었다. 동 지침은 2001년 4월에 EU 의회를 통과하였고, 2002년 12월 22일까지 EU 회원국에서 이행되며, 이후 해당 국가와 EU는 WIPO 저작권조약과 실연 · 음반조약의 비준과 가입을 목적으로 한다.

주요 내용은 직접 또는 간접 복제 및 일시적 또는 영구적 복제를 허락하거나 금지할 배타적 권리를 규정하도록 하고 있는 '복제권', 저작자에게 공중구성원이 개별적으로 선택한 시간과 장소에서 저작물에 접근할 수 있는 방법으로 저작물을 공중의 이용에 제공할 권리를 포함한다. 유선 또는 무선의 방법에 의하여 저작물의 원본 및 사본의 공중전달을 허락하거나 금지할 배타적 권리인 '공중전달권', 판매 또는 그 밖의 방법으로 공중에 배포하는 형태에 대한 배타적 권리인 '배포권', 저작권 등을 보호하는 효과적인 기술조치의 우회를 권한 없이 허용하거나 조장한 사실을 알거나 그러한 사실을 알 만한 상당한 이유가 있는 경우에 법적 보호를 규정하고 있다. 또한 관련자가 행한 행위에 대하여 법적인 보호를 규정하도록 한 '기술적 보호조치' 및 전자적 권리관리정보를 권한 없이 제거함으로써 저작권이나 법에서 규정한 저작권관련 권리나 데이터베이스관련 권리의 침해를 유인, 허용, 또는 조장할 것이라는 사실을 알거나 이를 알 만한 상당한 이유가 있는 경우에도 법적 보호를 규정하고 있는 '권리관리정보의 의무'에 대한 것이다.

(3) 일본

1) 저작권법

1996년 WIPO 저작권조약과 실연 · 음반조약이 채택됨에 따라 이를 비준하기에 앞서 국내법의 정비 및 정보기술의 발달에 대응하여 저작권 등의 적절한 보호를 도모하기 위해서 개정되었다. 종래 일본의 방송계와 관련하여 저작물 이용에 관한 저작권자의 권리로는 무선에 대해서는 방송권, 유선에 대해서는 유선방송권이 있었다. 그러나 방송과 통신의 융합화 등 정보통신기술의 발달에 따라 이러한 구분보다는 오히려 통합하는 권리를 설정하는 것이 실태에 부합한다고 판단되어 저작권법 제23조 및 제2조 제1항의 2에서 공중송신권을 신설하고, 'on-demand'형의 송신에서 저작물을 송신하는 행위뿐만 아니라 그 준비 단계의 행위도 규제해야 할 필요 때문에 공중송신권이 적용되었다. 또한 WIPO 실연 · 음반조약 제10조와 동 조약 제14조의 실연자와 음반 제작자의 이용가능화권이 규정됨에 따라, 실연가와 음반 제작자에게 제92조의 2와 제96조의 2에서 각각 송신가능화할 수 있는 권리인 송신가능화권을 부여하였다.

이 법은 WIPO 저작권조약 및 실연 · 음반조약의 비준을 주된 목적으로 1999년에 개정되었다. 기술적 보호수단의 회피에 대한 규제조치로 제120조의 2를 신설하여 기술적 보호수단의 회피장치의 제조 · 판매 등에 형사죄를 부과하였다. 또한 사적 이용을 위한 복제의 경우라도 기술적 보호수단을 회피하여 이루어진 복제라는 것을 알면서 하는 경우에는 제30조가 적용되어 허용되지 아니한다. 그리고 디지털화된 저작물에 저작권자가 이용조건 등의 권리관리정보를 부가하여 저작물 거래를 원활하게 하는 데 노력하고 있다. 그러나 현재에는 이러한 정보를 법적으로 제거 · 개변 · 추가하는 등의 현상이 두드러지고 있어 제113조의 제3항에서 이러한 권리관리정보 개변을 저작권 침해로 규정하였다.

2002년 6월 19일에는 WIPO 저작권조약 및 실연 · 음반조약의 이행을 목적으로 일부 개정되었다. 주요 내용으로는 방송사업자와 유선방송사업자에게 송신가능화권을 부여하였다. 실연자에게 성명표시권과 동일성유지권을 부여함으로써 소위 실연자 인격권을 창설하였고, 음반 보호기간의 기산점을 최초 고정된 때에서 최초 발행된 때로 변경하였다. 2003년 제156회 국회에서 저작권법 개정안이 성립되어 2004년 1월 1일부터 시행되었다.

그 주요 내용은 다음과 같다. 먼저 영화 저작물의 보호기간이 현행 공표 후 50년에서 공표 후 70년(창작 후 70년 이내에 공표되지 않은 경우에는 창작 후 70년)으로 연장되었다. 개정 배경으로는 영화 저작물의 경우 영화관에서 상영된 후에도 비디오 판매나 방송 등 2차적 이용이 많아지고, 위성방송, 케이블 TV의 보급, DVD 등의 발달에 따라 과거에 창작된 영화도 다양하게 이용되는 경향이 있어 저작자의 이익을 적절하게 보호하기 위해서는 보호기간을 연장하는 것이 타당하다고 정책적으로 판단한 것이다. 또한 미국이나 EU도 원칙적으로 저작자 사후 70년까지를 보호기간으로 하고 있다.

보호기간 연장의 문제는 저작권의 보호와 공중의 이익의 조화라는 관점에서 논란의 여지가 있다. 그러나 영화 저작물에 대한 이번 개정은 다른 저작물(사후 50년)과의 형평성, 그리고 미디어의 발달에 따라 과거 영화 저작물의 재이용 개연성이 높아졌다는 점에 착안한 것으로 해석된다. 경과규정으로 개정 전에 보호기간이 만료된 저작물에 대해서는 보호기간이 연장되지 않지만, 현행법 시행 전에 창작된 영화 저작물 중 사후 38년간 보호되는 구법의 적용을 받아 개정법(공표 후 70년)보다 장기간 보호되는 경우에도 적용되지 않는다(부칙 제2조, 제3조).

교육과 관련하여 저작재산권의 제한규정도 일부 개정되었는데, 약시자를 위한 교육용 확대도서의 작성을 위한 복제의 경우 저작권 제한규정을 신설하였다(제33조의 2). '수업을 받는 자'가 학교 등 교육기관에서 수업과정에 사용할 목적으로 복제하는 경우에도 저작권이 제한되도록 복제의 주체를 추가하였으며, 원격수업의 경우 송신, 시험문제로서의 공중송신에 대하여도 저작재산권 제한규정을 개정하였다.

이 밖에 민사구제규정도 정비하고 있는데, 1998년 특허법 개정 시 신설된 양도수량에 의한 손해액 청구규정을 저작권법에도 도입하여 침해물품의 양도수량 또는 수신 복제물의 수량에 저작권자의 단위 수량당 이익액을 곱하여 손해액으로 청구할 수 있다(제114조 제1항 신설). 이 규정은 일종의 손해액 추정기능과 함께 입증책임 전환의 기능을 한다. 또한 침해자의 영역 내에서 저작물이 이용되는 경우 구체적으로 침해를 특정하기 곤란하여 1999년 특허법에 도입된 '적극부인의 특칙'을 저작권법에도 신설하여 피고 측이 원고(저작권자)의 주장을 부인하는 경우 자기의 행위를 구체적으로 밝히도록 함으로써(제114조의 2 신설), 특히 컴퓨터프로그램 저작권 침해의 경우 유용하게 활용될 수 있다.

2) 부정경쟁방지법

1999년 3월에 '복제관리기술 · 엑세스관리기술'을 무효화하는 기기를 규제하기 위한 부정경쟁방지법 개정법이 성립되었으며 2000년 10월 1일부터 시행되고 있다. 구체적으로는 부정경쟁방지법의 부정경쟁에 해당하는 행위에 디지털콘텐츠 복제관리기술 · 엑세스관리기술의 무효화 기기 판매를 첨가한 것이다(현대호 2004).

3) 부정엑세스금지법

일본은 2000년 2월 13일 '부정엑세스 행위 금지 등에 관한 법률'을 제정하여 시행하고 있다. 이 법률은 엑세스가 제한되어 있는 컴퓨터 네트워크에 대해서 타인의 ID, 패스워드를 사용한다든지 시스템 보안상의 약점을 파고들어 침입하는 행위를 금지하는 법이다. 종전에는 부정엑세스를 행하더라도 침입한 서버 컴퓨터의 내용을 변경하지 않는 한, 내용 등을 복제하여도 처벌할 수 없었다. 그러나 이 법은 시스템을 부정침입한 단계가 범죄로 인정되어 1년 이하의 징역 또는 50만 엔 이하의 벌금이 부과된다. 또한 제3자에 대하여 타인의 패스워드를 알려주는 것도 조장행위로서 30만 엔 이하의 벌금을 과하고 있다.

4) 공급자 책임제한법

일본에서는 NIFTY-Serve 판결을 계기로 하여 온라인서비스 제공자의 책임범위에 관한 논의가 활발하게 이루어져 왔다. 그리고 인터넷 이용자의 권리침해로부터 일정부분 온라인서비스 제공자를 보호하고 정보의 유통을 촉진하기 위하여 특정 '전기통신서비스 제공자의 손해배상책임 제한 및 발신자정보의 개시에 관한 법률'이 제정되었다. NIFTY-Serve 사건(東京地裁)[04]의 판결내용은 다음과 같다(김동근 2001).

일본 컴퓨터통신사업회사인 NIFTY에 개설된 포럼인 'PSHISO' 내에서 D1이라는 개인이 이 사건 원고인 P의 명예를 훼손하는 발언을 약 4개월 동안 무려 28회에 걸쳐 게재하였다. 위 포럼의 시삽[05] 인 D2는 이 문제를 인식하고 있으면서도 이를 약 1개월 동안 방치하다가 그 이후 통신망운영위원회에 이 문제가 안건으로 부의되어 결국 문제가 된 명예훼손 발언을 삭제하기에 이르렀다.

P는 먼저 시삽인 D2의 경우 제때에 명예훼손 발언을 삭제하지 아니하여 원고의 손해가 확대되도록 방치한 불법행위책임이 있음을 전제로 손해배상청구를 하였다. 또한 온라인서비스 제공자인 NIFTY의 경우 한편으로는 시삽인 D2의 사용자로서 사용자책임을 부담하며, 다른 한편으로는 원고와의 계약상 회원인 원고에게 명예훼손 등으로 인한 손해방지의무와 손해확대방지의무를 내용으로 하는 안전배려의무를 불이행하였다는 이유로 D2와 NIFTY를 공동피고로 하여 손해배상청구를 하였다.

이에 대하여 법원은 다음과 같이 판결하였다. D1은 약 1개월 동안 원고의 명예를 훼손하는 발언을 게재하였으며, 이에 대하여 원고로부터 명예훼손이라는 지적이 있음에도 불구하고 피고 D2는 D1에

04 平成 9년 5월 26일 판결, 판례시보 제1610호 제22항 이하.

05 시삽(SYSOP)은 시스템 운영자(system operator)의 줄임말로서 새로운 사용자의 가입이나 등급조정, 영역조정 등의 전자게시판이나 온라인 포럼서비스를 책임지고 관리하는 사람을 뜻한다. 시삽은 통상 온라인서비스사업자의 직원일 수도 있고 이용자 중에서 이를 담당할 수도 있다.

대하여 그 문제점을 지적하였을 뿐 더 나아가 당해 발언을 삭제하거나 삭제하기 위한 사전적 조치를 취하지 않았다. 이는 명예훼손에 해당하는 회원 발언을 방지해야 할 조리상의 작위의무[06]를 위반한 불법행위에 해당한다.[07] 한편 피고 NIFTY와 시삽인 D2 사이에는 실질적인 지휘감독관계가 인정되므로 피고 NIFTY는 불법행위에 대한 사용자로서 책임을 진다.[08]

이 판결은 시삽에게 통신망상의 위법행위에 대하여 일정한 범위의 주의의무가 인정되고 직접 침해자와 공동으로 법적인 책임을 질 수 있는 지위에 있음을 밝히고 있다. 또한 시삽에 대한 구체적 작위의무는 당해 위법행위를 알았던 경우에 한하여 발생한다고 함으로써 작위의무의 범위를 제한하고 있다.

5) 개인정보의 보호에 관한 법률

2003년 3월 고도정보화사회에서 대량 유통되는 개인정보의 유출 및 부정이용을 제도적으로 방지하는 목적을 가진 기본법으로서 개인정보의 보호에 관한 법률이 제정되었다.

주요 내용으로는 대량의 고객 리스트 등을 보유한 민간 개인정보 취급업자에 대하여, 이용목적의 명기, 정보 취득 시 본인 통보, 본인 동의 없는 목적 외 이용 및 제3자 정보제공금지 등을 의무화했다. 사업자가 이를 위반할 경우 주무부처 장관이 이용중지명령을 내릴 수 있도록 명기하였으며, 개인이 개인정보 취급업자에 대해 정보내용의 정정 및 이용정지를 요청할 수 있도록 하였다. 다만, 언론자유침해 논란 등이 제기되어 온 보도기관과 저술업, 학술연구기관, 종교단체 등은 의무규정 적용대상에서 제외했다. 그리고 행정기관과 독립 행정법인 등에 대해서는 개인정보의 보유 및 이용, 제3자의 제공 등에 대한 제한조항을 마련했다. 또한 공무원이 비밀에 속하는 개인정보를 부당하게 외부에 제공할 경우에는 2년 이하의 징역 또는 100만 엔 이하의 벌금에 처할 수 있게 하였다.

---

06 법원은 시삽이 전자게시판에 투고되는 발언들을 상시 감시할 작위의무를 부담하는 것은 타당하지 않고, 다만 명예훼손 발언이 투고된 것을 구체적으로 알았다고 인정되는 경우에 한하여 필요한 조치를 취할 조리상의 작위의무가 인정된다고 판시하였다.

07 피고 NIFTY의 안전배려의무 위반을 내용으로 하는 채무불이행책임은 인정되지 않았다.

08 피고 NIFTY와 시삽 간에 맺어진 포럼운영계약을 보면, 첫째 시삽은 NIFTY가 정하는 규약, 매뉴얼을 지켜야 할 뿐 아니라 NIFTY의 지시에 따라야 하며, 둘째 시삽이 포럼운영계약을 위반한 때 NIFTY는 포럼운영계약을 최고 없이 해지할 수 있고, 셋째 시삽이 선임한 운영협력자에 대하여 NIFTY가 부적절하다고 판단되면 해임할 수 있다고 되어 있는 점을 볼 때 NIFTY와 시삽인 D2 사이에는 실질적인 지휘감독관계가 인정된다고 판시하였다.

2. 디지털콘텐츠 거래관련 법제도

2.1 국내법

(1) 전자문서 및 전자거래기본법

정보통신기술의 발전과 인터넷 활용이 증가하고 이로 인하여 전자거래가 확대됨에 따라서 기존의 법제로는 해결할 수 없는 새로운 문제점들이 발생하였다. 이 때문에 전자거래의 활성화를 위한 장애를 제거하고 전자거래에 대한 전통적인 상행위와 동일한 수준의 법률적인 효력을 부여할 필요가 생기게 되었다. 그리하여 전자거래 이용자가 신뢰하고 안전하게 전자거래를 활용할 수 있도록 「전자거래기본법」(법률 제5834호)과 동법 시행령이 제정되어 각각 1999년 7월 1일부터 시행되었다. 그러나 전자거래기본법이 제정된 이후 전자거래의 확산과 전자거래기술과 환경이 급속하게 변화하였기 때문에 이를 반영하기 위하여 2001년 12월에 개정되었다.

개정된 전자거래기본법은 기업과 소비자 간의 전자상거래는 물론 기업 간 전자상거래, 기업과 정부 간 전자상거래 및 개인 간 전자상거래 등을 포함하여 적용하도록 되었고, 전자거래의 법률거래를 명확하게 하기 위하여 전자거래기본법상의 규정을 정비하였다. 또한 전자상거래 활성화를 위한 핵심기반이 되는 전문인력 양성, 공공부분의 전자조달 및 전자거래관련 시행규정에 있어서 국제적 논의 결과와 외국의 입법례를 반영하였다.

전자거래기본법은 전자거래를 함에 있어서 전자서명에 관한 사항은 전자서명법이 정하는 바에 따른다고 정하고 있다(법 제11조). 전자거래는 정보통신기술을 이용하는 기술적인 특성상 서로 모르는 당사자 간에 비대면적으로 이루어질 뿐만 아니라 일방 당사자에 의한 개인정보의 유출, 프라이버시의 침해, 제3자에 의한 해킹 및 사기적인 사이버몰의 운영에 의한 피해 등이 발생할 수 있다. 특히 인터넷 전자거래에 있어서는 인터넷의 개방적인 구조로 인하여 위와 같은 피해가 속출할 우려가 있다. 따라서 전자거래기본법은 전자거래의 안전성을 확보하고 소비자 보호를 위한 중요한 개인정보보호(제12조), 영업비밀보호(제13조), 암호제품의 사용(제14조) 등을 규정하고 있다. 또 전자거래 분쟁위원회에 관한 내용을 상세하게 정하고 있다(법 제32조 내지 제38조).

2005년 전자거래기본법은 전자문서의 이용이 증가함에 따라 전자문서를 안전하고 정확하게 관리할 수 있는 제도의 마련이 필요해지면서 전자문서의 보관 · 증명 등을 수행할 공인전자문서보관소를 도입하기 시작했다. 공인전자문서보관소의 도입은 전자문서의 관리체계를 정비하고, 법률의 규정에 의한 각종 문서의 기록 · 보관 및 비치 등이 전자문서의 형태가 가능하도록 법률을 개정하였다.

2007년 전자거래기본법은 종이문서의 전자적 보관을 보다 많이 활용할 수 있도록 각 법률에서 규정하는 종이문서의 보관의무를 전자문서의 보관으로 대체하고자 하였다. 즉 전자문서의 보관요건을 보완하고, 공인전자문서보관소의 안전성 확보를 위하여 시설 및 장비에 대한 점검제도를 도입하였다.

2008년에는 전자거래에 관한 기본법으로서 사업자의 계약해제 등과 관련된 소비자의 권리를 보호하기 위해 합리적인 절차가 이루어질 수 있도록 명시하였다. 또한 명확하게 제시하지 않은 행정처분요건 등을 명확히 제시하여 객관적이고 투명한 법 적용이 가능하도록 개정하였다. 전자거래법에서 시행되고 있는 양벌규정은 문언상으로 영업주가 종업원 등에 대한 관리 · 감독상 주의의무를 다하였는지에 대한 여부에 관계없이 영업주를 처벌하도록 하고 있다. 그로 인해 책임의 원칙에 위배가 될 수 있어서 영업주가 종업원에게 관리 · 감독상 주의의무를 다하였을 경우에는 처벌을 면하게 하도록 명시하였다.

2009년에 「질서위반행위규제법」이 제정됨에 따라 관련 규정인 전자상거래기본법을 정비하고, 책임행정체제를 확립하였다. 그리고 의사결정의 신속성을 높이기 위하여 이 법에 따른 전자거래정책위원회 및 전자문서의 표준에 관한 분과위원회를 정부위원회 정비계획에 따라 폐지하였다.

2012년 6월 1일 「전자거래기본법」이라는 명칭에서 전자문서 및 전자거래기본법으로 명칭이 개정되었다. 전자문서 유통의 안전성을 확보하고 전자문서의 이용을 활성화하기 위해서 공인전자주소를 이용하여 전자문서를 송 · 수신하려는 경우 정보통신산업진흥원에 등록하도록 하고, 정보통신산업진흥원은 전자문서 송 · 수신정보를 보관하도록 명시하고 있다. 또한 유통증명서의 발급이 가능하도록 공인전자주소제도를 도입하고, 전자문서의 송 · 수신 또는 중계를 담당하는 자를 지정하여 전자문서중계자제도를 도입하도록 개정하였다(국가법령정보센터 2013).

(2) 전자서명법

개방형의 인터넷 환경에서 처리되는 전자문서의 안전, 신뢰성을 확보함으로써 전자거래의 활성화, 전자정부의 구현, 전자화폐의 이용 등 정보화를 촉진하기 위해서 전자서명법제가 필요하게 되었다. 이에 따라 전자문서의 안전성과 신뢰성을 확보하고 그 이용을 활성화하기 위하여 전자서명에 관한 기본적인 사항을 정함으로써 국가사회의 정보화를 촉진하고 국민생활의 편익을 증진하기 위하여 전자서명법이 제정되었다. 이 전자서명법은 유엔국제상거래법위원회(UNCITRAL : United Nations Commission on International Trade Law) 전자서명모델법이 제정되고 새로운 전자서명기술이 등장함에 따라 이를 이용하기 위하여 2001년 12월에 개정되었다.

개정된 전자서명법은 공인전자서명의 효력에 대하여 법률상 서명 또는 기명날인으로서의 효력 및 서명자의 신원의 동일성과 무결성 추정의 효력을 인정하고 있다(제3조 제1, 2항). 비공인 전자서명의 효력은 당사자 간의 약정에 따른 서명, 또는 기명날인으로서의 효력을 갖는다(제3조 제3항). 또 전자서명법은 이러한 인증기관으로서 정보통신부 장관(현재 미래창조과학부 장관)의 지정에 의하여 인증업무를 안전하게 수행할 수 있다고 인정된 자를 공인인증기관이라고 규정하고 있다(법 제4조). 그러므로 이러한 지정을 받지 못한 인증기관은 비공인인증기관이라고 한다. 외국의 경우 미국의 FPKI(Federal Public Key Infrastructure), 호주의 PKAF(Public Key Authentication Framework), 일본의 ECOM(Electronic Commerce Promotion Council of Japan) 등이 있다. 무역업무와 관련하여 운송 분야의 Bolero, 금융 분야의 Indentrus 등이 있다. 또한 미국의 인증서비스회사인 Verisign사는 전 세계를 대상으로 자체적인 공개키 기반구조 구축을 추진하고 있다.

2005년에는 공인인증시장의 균형적 발전과 공정한 경쟁 환경을 조성하기 위하여 비영리법인 등에 대한 공인인증 제공역무 영역을 설립목적에 맞게 구분하여 지정할 수 있도록 하고, 전자서명에 대한 공인인증서 이용자의 급속한 증가와 공인인증서 활용 분야의 확대에 대비하여 공인인증기관의 보험가입을 의무화하는 등 공인인증서 이용자에 대한 보호를 강화하도록 하였다. 공인인증업무의 표준화가 이루어지도록 근거를 마련함으로써 공인인증업무의 효율적 관리가 가능할 수 있게 되었다. 또한 행정기관의 재량행위의 투명화를 위하여 관련 규정을 정비함으로써 행정권이 객관적 기준에 따라 공정하게 행사될 수 있도록 하는 등 현행 제도의 운영과정에서 나타난 일부 미비점을 개선 · 보완하여 개정하였다.

2008년에는 전자거래법에서 시행되고 있는 양벌규정을 전자서명법에도 동일하게 적용할 수 있도록 개정하였다.

2010년에는 정부 내에 각종 위원회가 난립하여 의사결정의 속도가 늦어져, 책임행정의 저해와 예산의 낭비가 초래되었다. 이러한 문제를 해결하기 위해서 공인인증정책심의위원회를 폐지하였다.

(3) 전자상거래 등에서의 소비자보호에 관한 법률

2002년 3월 30일 제정된 「전자상거래 등에서의 소비자보호에 관한 법률」은 2002년 7월 1일부터 시행되고 있으며, 2004년 12월과 2005년 1월에 일부가 개정되었다. 이 법률은 기존의 방문판매법상의 통신판매규정을 별도로 독립시켜서 여기에다가 전자상거래에 있어서의 소비자보호를 위한 규정을 추가하여 제정된 법이다. 이 법은 기존의 방문판매법이 전자상거래에서의 소비자보호에 적합하지 않기 때문에 방문판매법상 통신판매 부분을 분리하여 전자상거래 환경에 맞게 규율하고 이와 관련된 소비자 보호를 강화하기 위하여 제정된 것이다. 이 법은 '전자상거래 또는 통신판매에서의 소비자보호에 관하여 이 법과 다른 법률의 규정이 경합하는 경우에는 이 법을 우선 적용하되 다른 법률을 적용하는 것이 소비자에게 유리한 경우에는 그 법을 적용한다'고 규정하고 있다.

한편 2005년 3월에는 비대면 선불거래방식인 통신판매에 있어서 소비자 피해를 방지하기 위하여 소비자의 결제대금을 제3자에게 예치하는 제도를 도입하였다. 아울러 통신판매업자의 무차별적인 구매권유광고로 인하여 발생하는 소비자의 불편을 해소하기 위하여 소비자가 구매권유광고의 수신을 거부하는 의사를 인터넷을 통하여 등록할 수 있는 시스템을 운영함으로써 전자상거래상의 소비자보호를 강화하는 등 종전의 제도에서 나타난 운영상의 미비점을 개선 · 보완하였다.

2007년에는 소비자에게 지급하는 자연배상금의 산정기준이 되는 자연이자율의 구체적인 기준을 제시하지 않고 공정거래위원회가 정하여 고시하도록 하고 있다. 따라서 자연이자율을 연 100분의 40 이내의 범위에서 「은행법」에 따른 금융기관이 적용하는 연체금리 등 경사사정을 고려하여 대통령령으로 명시하도록 개정하였다.

2010년에는 전자거래법에서 시행되고 있는 양벌규정을 전자상거래 등에서의 소비자보호에 관한 법률에서도 동일하게 적용할 수 있도록 개정하였다.

2012년에는 소비자피해보상보험계약을 의무적으로 체결하여야 하는 선지급식 결제수단 발행자의 범위를 확대하고, 통신판매업자로 하여금 재화 등의 정보와 환불지연배상금에 관한 사항을 표시 · 광고 또는 고지(제13조 제2항)하도록 하였다.

통신판매중개자가 통신판매중개의뢰자에 관한 정보를 소비자에게 제공하지 않거나 제공한 정보가 사실과 달라 재산상 손해가 발생한 경우 통신판매중개의뢰자와 연대하여 배상책임을 지도록 명시하고(제20조의2 제2항), 사업자가 전자상거래를 할 수 있도록 사이버몰 구축 및 서버관리 등을 해주는 호스팅서비스사업자에게 사업자의 신원확인의무를 부과하며(제9조 제2항 및 제3항), 그 밖에 현행 제도의 운영상 나타난 일부 미비점을 개선 · 보완하였다.

통신판매업자가 선지급식 통신판매를 하는 경우 소비자가 결제대금예치의 이용 또는 통신판매업자의 소비자피해보상보험계약의 체결을 선택하는 경우 결제대금예치를 이용하도록 하거나 소비자피해보상보험계약을 체결하도록 의무화하는 '구매안전 보호조치'에서의 적용대상이 되는 거래를 1회 결제기준 5만 원을 초과하는 거래로 개정되기 전 전자서명법에서 한정하고 있다. 최근 2013년 5월 28일에 개정된 전자서명법은 5만 원 이하의 소액 거래에 대해서도 이러한 '구매안전 보호조치'가 가능하도록 바뀌었다. 즉, 소비자의 권익을 보호하려는 의도를 담고 있다.

(4) 인터넷주소자원에 관한 법률

2004년 1월 29일 제정된 이 법은 그동안 제기된 인터넷주소의 사이버 스쿼팅(cyber squatting)을 방지하고자 하는 데 주요 목적이 있다. 동법은 인터넷주소자원의 안정적인 관리체계를 정립하기 위하여 인터넷주소의 관리기관을 지정하는 등 인터넷주소의 등록 및 관리에 관한 체제를 정하였다. 그리고 부정한 목적의 도메인 이름 선점등록을 금지하여 정당한 권한이 있는 자의 인터넷주소 사용을 보장하며, 인터넷주소의 등록 · 사용에 따른 분쟁을 효율적으로 해결하기 위하여 인터넷주소 분쟁조정제도를 마련하고 있다.

이 제도의 추진 배경으로 첫째, 전자상거래의 발달로 인한 인터넷주소 등 경제적 가치 상승, 둘째, 상표권 등의 지적재산권과 인터넷주소 사용권과의 충돌, 셋째, 법원소송의 경제적 · 시간적 부담과 전문성 확보 등의 문제제기, 넷째, 소송 외적 해결방식의 등장이 전 세계적인 추세임(예 : Nominet-영국, WIPO)을 들 수 있다(인터넷주소 분쟁조정위원회 2005).

2006년에는 정보통신윤리위원회가 청소년유해정보를 게재한 인터넷업체에게 도메인 사용을 제재하기 위한 조치로 인터넷주소의 사용폐지와 등록말소 외에도 인터넷주소의 사용정지에 관한 사항을 추가하여 청소년을 보호하고자 개정하였다.

국가법령정보센터에 따른 2008년 인터넷주소자원에 관한 법률의 개정이유는 다음과 같다. 첫째, 디지털기술의 발달에 따른 방송과 통신의 융합현상에 능동적으로 대응하고, 둘째, 방송의 자유와 공공성 및 공익성을 보장하며, 셋째, 방송과 통신의 균형발전과 국제경쟁력을 높이기 위함이다. 그리하여 그동안 방송위원회와 정보통신부로 이원화되어 있던 방송통신관련 기능을 통합하여 대통령 소속의 방송통신위원회를 설치하고 그 운영에 관하여 필요한 사항을 정하기 위해 개정하였다.

2009년에는 정보통신망 이용 및 보호와 방송통신관련 국제협력 등에 관한 업무를 체계적 · 종합적으로 수행할 수 있도록 하기 위해 한국정보보호진흥원, 한국인터넷진흥원, 정보통신국제협력진흥원을 통합하여 한국인터넷진흥원을 설립하였다. 그리고 유사 공공기관을 통합하여 공통 업무부문을 축소하고 사업 분야의 지원을 증가시켜 기관 운영의 효율성을 높이기 위해 개정하였다.

또한 인터넷주소자원이 부적합하게 사용되는 사례가 발생함에 따라 한정된 인터넷주소자원을 공정하고 합리적으로 할당하고 인터넷주소자원의 건전한 이용환경을 조성하기 위하여 부정한 목적으로 보유 · 사용되는 도메인 이름의 이전을 청구할 수 있는 근거를 마련하였다. 그 밖에 운영상 나타난 일부 미비점을 개선 · 보완하였다.

(5) 부정경쟁방지 및 영업비밀보호에 관한 법률

「부정경쟁방지 및 영업비밀보호에 관한 법률」은 국내에 널리 알려진 상표 · 상호 등을 부정하게 사용하는 등의 부정경쟁행위와 타인의 영업비밀을 침해하는 행위를 방지하여 건전한 거래질서를 유지함을 목적으로 한다. 2004년 1월 20일 개정법에서는 상표와 도메인 이름과의 관계에 대하여 규정한다. 즉 상표 등 표지에 대하여 정당한 권한이 있는 자 등에게 판매 · 대여할 목적으로 널리 인식된 타인의 성명 · 상호 · 상표 그 밖의 표지와 동일하거나 유사한 도메인 이름을 등록 · 보유 · 이전 또는 사용하는 행위를 부정경쟁행위로 추가하였다.

2.2 미국

(1) 연방전자서명법

미국의 클린턴 대통령은 2000년 6월 30일 전자서명법(E-Sign Act : Electronic Signatures in Global and National Commerce Act)에 서명함으로써 연방전자서명법은 2000년 10월 1일에 발효하게 되었다. 전자서명법은 전자상거래에 있어서 획기적인 입법으로서, 이 법이 추구하는 근본적인 목적은 거래에 관련되는 서명, 계약, 기록이 전자적인 형태로 되어 있다고 해서 그 법적 효력 및 집행이 부인되는 것이 아니라는 원칙을 확립하는 것이다. 전자서명법이 제정되기 전 각 주들은 주 내에서 이러한 효과를 가지는 입법을 해왔으나, 이러한 입법을 한 주는 과반수를 넘지 못하였고 제정된 입법도 상당히 달랐다.

미국에서 전자서명의 집행력과 진정성(authenticity)에 관한 쟁점은 연방법이 아니라 대부분 주에 의하여 규율되었다. 주 중에서도 유타 주는 공개키 기반구조(public-key infrastructure)에 기초한 전자서명법을 처음으로 입법하였으며, 유타 주의 전자서명법은 미국변호사협회(ABA)의 전자서명에 관한 가이드라인(Digital Signature Guidelines)을 모법으로 하였다. 2001년 현재 미국에서는 약 41개 주에서 전자서명에 관한 법을 가지고 있거나 주의회에 의한 입법 작업 중에 있다. 주들에 의한 전자서명의 규율이 통일되지 않음으로써 전자상거래에 대한 대처가 지연되고 전자서명에 관한 법이 통일되지 않았다. 따라서 각 주마다 상이한 입법 때문에 생기는 주 간의 효율적인 온라인 거래에 대한 장애를 제거하고 여러 주가 입법하지 않음으로써 생기는 불확실성을 제거하기 위한 수단으로서 전자서명법은 전국적으로 통일된 표준을 규정하게 되었다. 그러나 전자서명법은 각 주의 입법이 연방법의 표준에 합치한다면 각 주가 주 자체의 입법을 하는 것을 허용하였다.

(2) 통일전자거래법

미국의 통일전자거래법(UETA : Uniform Electronic Transactions Act)은 전자거래에 관한 주법의 모델법이다. 이는 전자기록(electronic records) 및 전자서명(electronic signature)을 일반적인 서면 및 수기에 의한 서명과 법적으로 동등한 것으로 취급하기 위한 것으로서, 이들이 법적 효력을 가지도록 통일적인 표준을 제공하는 것을 목적으로 하는 입법이다. 따라서 전자거래에 있어서 전자기록과 전자서명에 관한 규정을 두고 있는 연방전자서명법과의 관계가 문제된다. 이 점에 대해 연방전자서명법은 각 주에서 UETA를 채택한 경우에는 전자기록 및 전자서명의 유효성에 관한 일반규칙인 연방서명법 제101조를 개정, 제한 또는 대체할 수 있다고 규정함으로써 UETA가 연방전자서명법보다 우선한다는 것을 명시하고 있다(손태우 2000).

(3) 디지털정보거래에 관한 통일법

UCITA(Uniform Computer Information Transactions Act)는 소프트웨어, 디지털콘텐츠 등 디지털정보거래에 관한 통일법이다. 기존 UETA(Uniform Electronic Transaction Act)가 전자거래에 관한 법인 데 반하여 UCITA는 온라인과 오프라인을

구분하지 않고 컴퓨터정보에 관한 계약의 성립 및 이행에 관한 전 과정을 다루고 있다는 점에서 차이가 있다. UCITA는 9장 108개의 조문으로 구성되어 있으며 제1장에 일반규정으로 용어정의 및 적용범위를, 제2장에 계약의 성립과 계약조건을, 제3장에 계약의 해석에 관한 사항을, 제4장에 계약의 보증에 관한 사항을, 제5장에 권리의 이전에 관한 사항을, 제6장에 계약이행에 관한 사항을, 제7장에 계약불이행에 관한 사항을, 제8장에 계약불이행 등에 따른 구제수단에 관한 규정을 두고 있다.

UCITA의 적용범위는 아래와 관련한 상업계약의 작성, 수정, 양도 및 판매를 포함한다. 즉, 컴퓨터 소프트웨어, 멀티미디어 상호작용 제품, 컴퓨터 데이터 및 데이터베이스, 인터넷 및 온라인정보 등이 그 대상이다.

UCITA의 목적은 대체로 다음과 같다. 첫째, 컴퓨터정보거래에 적용되는 법률을 국가수준에서 명확히 하며, 둘째, 컴퓨터정보거래를 지지하고 촉진하며, 셋째, 상업적 이용 및 당사자의 합의에 의해 컴퓨터정보거래에 있어 상업실무를 촉진하고 확대한다. 종래의 상품에 관한 계약과 컴퓨터정보거래에 관한 계약은 많은 점에서 상이하다. 컴퓨터정보거래에 관한 계약은 일반적으로 무형재산권에 집중되고 있는 반면 종래의 계약은 유형상품에 집중되고 있다. 다른 체계적 상위점은 거래에 있어 권리의 양도 및 위험부담의 분배 등이 있다. 현재, 컴퓨터 거래에서는 판례법 및 각종 제정법 쌍방이 조합되어 적용되고 있다. 제안된 UCITA의 목적은 컴퓨터정보거래의 기본틀을 형성하는, 모순이 없는 통일된 법률을 작성하는 데 있다(이상정 2001).

(4) 인터넷조세감면법

인터넷조사감면법(Internet Tax Freedom Act)은 인터넷 접속에 대한 연방세, 주(州)세를 면제해 주고, 전자상거래에 대한 신규 조세 및 다중적 · 차별적 조세를 3년간 유예해 주는 것을 내용으로 하는 법으로 1998년 미국에서 제정되었다. 이 법은 인터넷상의 거래에 대하여 과세되는 것을 방지함으로써 미국인들에게 주 · 지방 또는 외국정부로부터 예상치 않은 조세부과를 예방하겠다는 배경을 가지고 있다. 그 구체적인 내용을 살펴보면 다음과 같다.

첫째, 인터넷 정보교환은 여러 주나 국경을 넘나든다는 이유로 전자상거래에 대한 이중과세를 금지한다. 그러나 인터넷 액세스에 관한 조세가 그들의 재정수입의 주요 재원이 되는 경우는 예외로 한다.

둘째, 전자상거래에 대한 차별적인 과세를 금지하며, 새로운 조세수집의무 부과도 금지한다.

셋째, 전화회사를 정보서비스 제공자로 분류하는 것에 대하여도 금지한다.

넷째, 조세권한의 확대를 금지한다.

다섯째, 인터넷 접근과 전자상거래에 대한 연방정부 차원의 조세부과를 금지한다.

여섯째, 인터넷을 무관세화하여 인터넷과 전자상거래에 관한 상호적 · 지역적 · 다국적 합의(조약)를 체결함에 있어서 관세와 차별적인 외국 조세의 부과를 금지하도록 규정한다.

(5) 반불법점거소비자보호법

미국은 인터넷 도메인 이름을 선점하여 남용하는 행위, 즉 불법점거행위(cybersquatting)에 대하여 이를 효과적으로 규제하기 위하여 1999년 11월 29일 이른바 반불법점거소비자보호법(ACPA : The Anticybersquatting Consumer Protection Act)을 제정하여 시행에 들어갔다. 동법의 주요 내용을 보면, 소비자 사기, 전자상거래 침해, 상표권자의 수입 감소 또는 소비자 신용 감소 등(제2조)으로 이어지는 불법 도메인선점행위에 대하여, 권리침해에 대한 회복조치로서 1,000달러 이상 10만 달러 이하의 범위 내에서 법원이 적절하다고 생각하는 금액을 법정 손해액으로서 청구할 수 있으며, 아울러 유명상표에 대한 고의의 희석행위에 대하여도 같은 구제를 인정하고 있다(제3조). 더 나아가 타인의 상표를 악의, 사기 또는 고의로 등록하거나 이용하는 행위에 대하여는 이를 B급 경죄의 죄를 구성하는 것으로(누범은 E급 중죄의 죄를 구성) 간주하여 형사적으로 처벌하고 있다. ACPA하에서 상표권자는 다음 사항을 증명하는 것이 필요하다.

첫째, 침해되고 있다고 주장하는 상표가 특별현저성이 있거나 유명한 것이어야 한다.

둘째, 침해하고 있다고 주장하는 도메인 이름이 상표권자의 상표와 동일 또는 혼동의 우려가 있을 정도로 유사해야 한다.

셋째, 도메인 이름 등록자가 이익을 얻고자 하는 악의를 가지고 있어야 한다. 또한 상표권자만이 아니라 자신의 이름이 도용당한 연예인 등은 ACPA에 기소를 제기할 수 있다.

2.3 유럽연합

유럽연합 집행위원회(Commission of European Union)는 1998년 5월 4일 구주

의회가 EU 내 정보사회서비스(Information Society Services)의 자유스러운 공급 및 이용에 관한 EU 이사회의 공동입장에 동의한 것을 환영하는 언론성명을 발표하였다. 구주의회가 제2회독(second reading)에서 수정 없이 동 이사회 입장에 동의함에 따라 집행위가 1998년 11월 최초로 제안한 동 지침안은 구주이사회에서 2005년 5월에 최종 확정되었다.

전자상거래에 관한 금번 EU 지침은 리스본 EU 특별정상회의에서 유럽을 경쟁력 있는 지식기반사회로 변모시키기 위해 최우선적으로 조치해야 할 의제로 선정된 바 있으며, 동 지침은 전자상거래기업의 소재지, 사업자의 투명성 의무, 상업통신요건, 전자계약, 인터넷중개업자의 책임, 온라인 분쟁해결, 회원국관련 당국의 역할 등에 관한 사항을 명확히 규정함으로써, 전자상거래의 법적 불확실성 제거, 직업창출, 시장접근 등의 효과가 있을 것으로 예상된다.

2.4 일본

(1) 전자서명법

일본은 '전자서명 및 인증업무에 관한 법률'을 2000년에 제정하여 2001년 4월부터 시행하고 있다. 일본은 인증업무 수행과 관련한 허가제 등과 같은 규제는 없으며 다만, 특정인증업무를 수행하고자 하는 주무대신(총무성, 경제산업성, 법무성 장관)의 인정을 받을 수 있도록 하는 특정인증업무 인정제도를 도입하고 있다. 이는 한 기관을 공인인증기관으로 지정하는 방식이 아니라 특정인증업무에 대하여 인정하는 방식을 의미한다.

1999년 11월 발표된 '전자서명/인증에 관한 법제도의 재편방향에 대하여–전자상거래의 촉진과 네트워크를 통한 사회경제활동의 기반 조성'이라는 보고서에는 동 법률 제정의 기본적인 시점을 다음 5개 항으로 정리하고 있다.

- 전자상거래를 비롯한 네트워크를 통한 사회경제활동의 안정성 확보
- 전자서명에 관한 기술적 중립성의 확보와 인증기관의 자유로운 활동 확보
- 사용자에 의한 자유로운 인증서비스의 확보
- 개인/기업 등에 관한 정보보호의 확보
- 국제 정합성의 확보

일본 전자서명법은 전자서명법을 공동 입법한 총무성, 경제산업성, 법무성에 인증기관 인정권한을 부여하고 있다. 또한 정부가 직접 심사를 하는 것이 아니라 '지정조사기관'을 두도록 하여 공인인증업무의 인정에 필요한 실질심사를 하고, 그 결과를 받아 위 3성에서 특정 인증업무를 하도록 하고 있다. 현재 정부산하기관인 '재단법인 일본품질보증기구(JQA)'를 '지정조사기관'으로 지정하고 있다. 이는 특정 인증업무에 대하여 전문적인 조사를 수행할 수 있는 기관을 지정하여 줌으로써 조사의 신속성과 신뢰성을 확보하려는 제도이다.

(2) 특정상거래에 관한 법률

인터넷을 이용한 상품 등의 판매는 '방문판매 등에 관한 법률' 중에서 통신판매로서 규제되어 왔다. 그러나 2001년 6월 1일에 방문판매 등에 관한 법률이 개정되어 특정상거래에 관한 법률(특정상거래법)이 시행되었다. 특정상거래란 방문판매, 통신판매, 전화권유판매, 연쇄판매거래, 특정계속적 서비스제공(가정교사, 학원, 어학교실 등), 업무제공유인판매거래 등을 가리킨다. 종래의 방문판매법도 소비자보호의 관점에서 통신판매업자에 대해 광고 시 일정사항의 표시의무, 과대광고의 금지 등을 규정하고 있었으나, 2001년 개정에서 확인화면 설치, 광고표시사항의 전자화, 승낙통지의 전자화에 관한 규정이 신설되었다.

(3) 전자소비자계약법

전자소비자계약 및 전자승낙통지에 관한 민법의 특례에 관한 법률(전자소비자계약법)은 전자상거래 등에 있어서 소비자의 조작 실수의 구제, 계약 성립시기의 전환 등에 대하여 민법상의 특칙을 정한 것으로 2001년 12월 25일에 시행되었다. 주요 내용으로는 사업자와 소비자 간의 전자계약에서 소비자가 청약을 하기 전에 신청내용을 확인할 수 있는 조치를 사업자 측이 강구하고 있지 않을 시 조작 실수에 따른 소비자의 청약의사표시는 무효로 된다. 그리고 전자계약에서는 승낙의 통지가 청약자에 도달한 때에 성립한 것으로 보고 있다.

(4) 특정 전자메일 송신의 적정화 등에 관한 법률

최근 일본의 사회 환경은 고도 정보통신 네트워크사회로 신속히 이행되고 있으며, 특히 휴대전화 단말기를 이용한 인터넷 접속이 활발하여, 유 · 무선 인터넷을 통한 커뮤니케이션 문화가 전 일본사회에 정착 중이다. 이러한 신(新) 커뮤니케이션 문화가 널리 확산됨에 따라, 일본에서도 수신자의 동의 없이 일방적으로 송신되는 이른바 스팸메일이 점증하고 있어 사회문제화되었다.

일본 국회에서는 스팸메일 문제에 적절히 대처하여 사용자의 장애를 해소하고 IT 환경의 정비를 도모하기 위하여 '특정 전자메일 송신의 적정화 등에 관한 법률'을 발의하여 입법 제반과정을 거친 후 2002년 4월 17일 공포하였다. 이 법에서 특정 전자메일이란 "개인에게 전자메일을 송신하는 자가 영업에 대한 광고 또는 선전을 하기 위하여 송신하는 전자메일"로 정의하고 있다.

이 법은 특정 메일을 송신하는 경우 다음과 같은 내용을 표시하도록 하고 있다. 즉 송신자가 특정 전자메일을 송신하는 경우 첫째, 메일의 송신목적, 둘째, 송신자의 이름(명칭), 주소, 셋째, 송신에 이용한 전자메일 주소, 넷째, 수신거부를 위한 전자메일 주소 등을 표시하도록 하였다. 또한 메일 수신자가 해당 송신자에게 송신금지를 요구하는 의사를 통지하였을 경우, 이후 그 의사에 반하는 특정 전자메일의 송신을 금지하고 있다.

또한 가공 전자메일 주소에 의한 송신을 금지하고 있다. 특정 메일프로그램을 이용하여 가공한 허위의 메일 주소로 광고성 메일을 보내는 일이 빈번함에 따라, 가공의 전자메일 주소로 특정 전자메일을 송신하는 행위를 금지하고, 이의 위반 시 일본 총무성 장관은 해당 사업자에게 필요한 조치명령을 취할 수 있도록 하고 있다.

총무성 장관은 특정 전자메일 송신 적정화 업무를 처리하기 위하여 이를 특정 법인이 담당하도록 지정할 수 있다. 지정법인은 특정 전자메일 송신에 대한 적정조치, 사실관계 조사, 정보 또는 자료의 수집 · 제공 등을 담당한다.

3. 디지털콘텐츠산업의 육성관련 국내 법제도

3.1 콘텐츠산업진흥법

온라인 디지털콘텐츠산업발전법이 2010년 「콘텐츠산업진흥법」으로 전부 개정되었다. 이는 콘텐츠 이용자의 이용편익과 유통의 활성화 및 투명성을 보장하기 위한 콘텐츠서비스 품질인증제도 등을 정비하고, 콘텐츠를 둘러싼 분쟁을 조정하기 위하여 콘텐츠분쟁조정위원회를 설치하는 등 급변하는 콘텐츠산업 환경에 유연하게 대응할 수 있도록 하여 국민의 삶의 질 향상과 국민경제의 발전에 이바지하기 위함이다.

전부 개정된 콘텐츠산업진흥법은 다음과 같은 주요 내용을 담고 있다.

첫째, 법률의 제명 변경 및 '콘텐츠'의 개념 재정립

둘째, 콘텐츠산업진흥위원회의 확대와 개편

셋째, 콘텐츠 제작의 활성화

넷째, 콘텐츠 거래사실 인증사업의 추진

다섯째, 콘텐츠제공서비스의 품질인증

여섯째, 콘텐츠 식별체계에 관한 시책 수립 등

일곱째, 공정한 유통 환경 조성 등

여덟째, 이용자의 권익 보호

아홉째, 분쟁조정위원회의 설치 및 운영 등

3.2 소프트웨어산업진흥법

소프트웨어의 개발과 이용을 촉진하기 위해 제정한 법률이다. 소프트웨어산업의 진흥에 필요한 사항을 정하여 소프트웨어산업 발전의 기반을 조성하고 소프트웨어산업의 경쟁력을 강화함으로써 국민생활의 향상과 국민경제의 건전한 발전에 이바지함을 목적으로 한다.

3.3 이러닝(전자학습)산업 발전 및 이러닝 활용 촉진에 관한 법률

「이러닝(전자학습)산업 발전 및 이러닝 활용 촉진에 관한 법률」은 전자적 수단 · 정보통신 및 전파 · 방송기술을 활용하여 이루어지는 학습과 관련한 '이러닝산업'을 제도적 · 정책적으로 육성하여 전통적인 교육방식을 인터넷 등을 기반으로 한 수요자 중심의 학습으로 전환하도록 하기 위하여 2004년 1월 29일 이러닝(전자학습)산업 발전법이 제정되었으며 2011년 7월 25일 이러닝을 본격적으로 확산하기 위하여 교육기관에 대한 이러닝 지원시책을 마련하도록 하고, 이러닝기술과 시장변화에 대응하기 위해 일부 개정되었다. 이 법은 이러닝산업의 발전 및 이러닝의 활용 촉진에 필요한 사항을 정함으로써 이러닝을 활성화하여 국민의 삶의 질을 향상시키고 국민경제의 건전한 발전에 이바지함을 목적으로 한다.

여기에서 '이러닝산업'이라 함은 다음 각 항목에 해당하는 업을 말한다.

첫째, 이러닝콘텐츠 및 이러닝콘텐츠 운용소프트웨어의 연구 · 개발 · 제작 · 수정 · 보관 · 전시 또는 유통하는 업

둘째, 이러닝의 수행 · 평가 · 컨설팅과 관련된 서비스업

셋째, 그 밖에 이러닝을 수행하는 데 필요하다고 대통령령이 정하는 업

3.4 문화산업진흥기본법

이 법은 문화산업의 지원 및 육성에 필요한 사항을 정하여 문화산업 발전의 기반을 조성하고 경쟁력을 강화함으로써 국민의 문화적 삶의 질 향상과 국민경제의 발전에 이바지함을 목적으로 한다. 이 법에서 사용하는 '문화산업'이라 함은 문화상품의 기획 · 개발 · 제작 · 생산 · 유통 · 소비 등과 이에 관련된 서비스를 행하는 산업으로서 다음에 해당하는 것을 포함한다.

- 영화 · 비디오물과 관련된 산업
- 음반 · 게임과 관련된 산업
- 출판 · 인쇄 · 정기간행물과 관련된 산업
- 방송영상물과 관련된 산업
- 문화재와 관련된 산업
- 만화 · 캐릭터 · 애니메이션 · 에듀테인먼트 · 모바일문화콘텐츠 · 디자인(산업디자인은 제외) · 광고 · 공연 · 미술품 · 공예품과 관련된 산업
- 디지털문화콘텐츠, 사용자제작문화콘텐츠 및 멀티미디어문화콘텐츠의 수집 · 가공 · 개발 · 제작 · 생산 · 저장 · 검색 · 유통 등과 이에 관련된 서비스를 하는 산업
- 전통적인 소재와 기법을 활용하여 상품의 생산과 유통이 이루어지는 산업으로서 의상, 조형물, 장식용품, 소품 및 생활용품 등과 관련된 산업
- 문화상품을 대상으로 하는 전시회 · 박람회 · 견본시장 및 축제 등과 관련된 산업. 다만, 「전시산업발전법」 제2조 제2호의 전시회, 박람회, 견본시장과 관련된 산업은 제외한다.
- 위의 규정에 해당하는 각 문화산업 중 둘 이상이 혼합된 산업

3.5 영화 및 비디오물의 진흥에 관한 법률

이 법은 영화 및 비디오물의 질적 향상을 도모하고 영상산업의 진흥을 촉진함으로써 국민의 문화생활 향상과 민족문화의 창달에 이바지함을 목적으로 한다. 본래 「영화진흥법」과 「음반 · 비디오물 및 게임물에 관한 법률」 등 각기 다른 법률로 규율하고 있었으나 영화 및 비디오물은 연속적인 영상물로서 규율대상이 동일하기 때문에 통합규정하여 법의 운영에 효율성을 도모하고, 인터넷과 디지털기술의 발전에 따라 영상물의 이용이 디지털과 온라인형태로 변화하고 있어 이를 포함할 수 있도록 비디오물의 개념을 확대하고자 2006년 4월 28일에 제정되었다.

여기에서 '영화'라 함은 연속적인 영상이 필름 또는 디스크 등의 디지털매체에 담긴 저작물로서 영화상영관 등의 장소 또는 시설에서 공중이 관람하게 할 목적으로 제작한 것을 말하며, '영화산업'이라 함은 영화의 제작 · 활용 · 유통 · 보급 · 수출 · 수입 등에 관련된 산업을 말한다. 또한 '비디오물'이라 함은 연속적인 영상이 테이프 또는 디스크 등의 디지털매체나 장치에 담긴 저작물로서 기계 · 전기 · 전자 또는 통신장치에 의하여 재생되어 볼 수 있거나 보고 들을 수 있도록 제작된 것을 말한다. 다만, 「게임산업진흥에 관한 법률」 제2조 제1호의 규정에 의한 게임물이나 컴퓨터프로그램에 의한 것(영화가 수록되어 있지 아니한 것에 한한다)은 제외한다.

3.6 음악산업진흥에 관한 법률

이 법은 음악산업의 진흥에 필요한 사항을 정하여 관련 산업의 발전을 촉진함으로써 국민의 문화적 삶의 질을 높이고 국민경제의 발전에 이바지함을 목적으로 한다. 기존의 「음반 · 비디오물 및 게임물에 관한 법률」의 장르별 분법화 추진에 따라 독립적인 법을 제정하여 음악산업 지원을 위한 법적 근거를 마련하기 위해 2006년 4월 28일에 제정하였다.

이 법에서 '음악'이라 함은 소리를 소재로 박자 · 선율 · 화성 · 음색 등을 일정한 법칙과 형식으로 종합하여 사상과 감정을 나타낸 것을 말하며 '음악산업'이라 함은 음악의 창작 · 공연 · 교육, 음반 · 음악파일 · 음악영상물 · 음악영상파일의 제작 · 유통 · 수출 · 수입, 악기 · 음향기기 제조 및 노래연습장업 등과 이와 관련된 산업을 말한다.

제2장 제14조에서는 지적재산권의 보호에 관해 규정하고 있다. 문화체육관광부 장관은 음반 등의 창작활동을 보호하고 육성함에 있어서 음반 등의 지적재산권 보호시책을 강구하여야 하며 불법복제 · 유통 등을 방지하기 위하여 기술적 보호조치 및 권리관리정보를 부착하고 음반 등의 분야의 저작권 등 지적재산권관련 교육 및 홍보, 그 밖의 지적재산권 보호와 관련된 사항을 지원할 수 있다. 또한 문화체육관광부 장관은 이러한 규정에 따른 사항을 추진하기 위해 대통령령이 정하는 바에 따라 관련 전문기관 또는 단체를 지정하여 위탁할 수 있다.

3.7 게임산업진흥에 관한 법률

이 법은 게임산업의 기반을 조성하고 게임물의 이용에 관한 사항을 정하여 게임산업의 진흥 및 국민의 건전한 게임문화를 확립함으로써 국민경제의 발전과 국민의 삶의 질 향상에 이바지함을 목적으로 한다. 게임산업은 부가가치가 높은 산업이므로 계속적으로 변화하고 있는 게임산업 환경에 적극적으로 대처하고 게임산업의 진흥을 위한 다양하고 체계적인 정책을 추진할 수 있도록 기반을 조성하는 한편, 게임물이 음반, 비디오물과 함께 「음반 · 비디오물 및 게임물에 관한 법률」에 규정되어 있어 게임물만의 고유한 특성이 반영되지 못하고 게임 이용문화가 제대로 정착되지 못하므로 게임이용자의 권익과 건전한 게임문화를 위해 2006년 4월 28일 제정되었다.

여기서 '게임물'이라 함은 컴퓨터프로그램 등 정보처리기술이나 기계장치를 이용하여 오락을 할 수 있게 하거나 이에 부수하여 여가선용, 학습 및 운동효과 등을 높일 수 있도록 제작된 영상물 또는 그 영상물의 이용을 주된 목적으로 제작된 기기 및 장치를 말한다. 다만, 사행성게임물, 「관광진흥법」 제3조의 규정에 의해 관광사업의 규율대상이 되는 것, 게임물과 게임물이 아닌 것이 혼재되어 있는 것으로서 문화체육관광부 장관이 정하여 고시하는 것은 제외한다. '게임산업'이라 함은 게임물 또는 게임상품(게임물을 이용하여 경제적 부가가치를 창출하는 유 · 무형의 재화 · 서비스 및 그의 복합체를 말한다)의 제작 · 유통 · 이용제공 및 이에 관한 서비스와 관련된 산업을 말한다.

제3장 제13조에서는 지식재산권의 보호에 대해 규정하고 있다. 정부는 게임의 창작활동을 보호하고 육성하기 위하여 게임물의 지식재산권 보호시책을 강구하여야 하며 게임물의 지식재산권 보호를 위하여 게임물의 기술적인 보호와 게임물 및 게임물

제작자를 식별하기 위한 정보 등 권리 관리정보의 표시를 활성화시킬 수 있다. 또한 게임 분야의 저작권 등 지식재산권에 관한 교육과 홍보사업을 추진할 수 있으며 대통령령이 정하는 바에 따라 지식재산권 분야의 전문기관 또는 단체를 지정하여 사업을 추진할 수 있도록 하였다.

3.8 방송법

최근 방송과 통신이 융합되고 있는 현상을 효율적으로 규율하기 위하여 2004년 「방송법」이 개정되었다. 개정법에서는 방송의 정의를 방송과 통신의 융합 환경 및 디지털 환경에서 적합하게 '전기통신설비를 이용하여 공중에게 방송프로그램, 데이터, 방송프로그램 또는 데이터에 부수하는 영상 · 음성 · 음향 및 이들의 조합으로 이루어진 내용물을 제공하는 것'으로 조정하고 신규 방송서비스로 데이터방송, 멀티미디어 방송의 도입 근거규정을 마련하였다.

또한 별정방송사업의 개념을 신설하여 방송망과 통신망의 결합을 통해서 공중에게 방송프로그램을 송신하는 사업자 등을 방송법의 규율범위 이내에 포함시켜 방송사업자 간 공정경쟁을 도모하도록 하였다. 또한 대기업의 소유제한과 투자제한, 외국인의 투자제한을 규정하고 있으며 국산 애니메이션 방송 총량제를 도입하였다.

2011년 7월 14일 일부개정을 통하여 시청자의 불만처리와 함께 의견수렴과 청원사항을 심의하는 시청자불만처리위원회의 명칭을 시청자권익보호위원회로 변경하고, 심의대상에 인터넷 멀티미디어방송을 추가하여 방송시장 경쟁상황평가를 위한 법적 근거를 신설하였다. 한편, 방송사업자는 장애인의 시청을 도울 수 있도록 장애인 방송을 하도록 하며, 방송사업자의 시청자에 대한 권익침해행위 등을 금지하는 규정을 신설하였다(문화체육관광부 2011).

2012년 1월 17일에는 국내 애니메이션산업을 활성화시키기 위해 방송법이 개정되었다. 주요 내용으로 첫째, 종합편성을 행하는 방송채널사용사업자 및 애니메이션을 일정 비율 이상 편성하는 방송채널사용사업자에 대해서도 국내 제작 신규 애니메이션의 편성의무를 부과하였다(제71조 제3항 신설). 둘째, 방송사업자가 국내에서 제작된 애니메이션을 주 시청시간대에 편성한 경우 편성비율을 산정할 때 대통령령으로 정하는 바에 따라 가중치를 둘 수 있도록 하였다(제71조 제5항 신설). 셋째, 종합유선방송사업자와 위성방송사업자에 대하여 의무적으로 장애인의 복지를 위한 채널을 두도록 하였다(제70조 제3항). 넷째, 방송통신위원회는 시청자의 방송참여와 권익증진 등을 위하여 미디어에 대한 교육 · 체험 및 홍보, 시청자 제작 방송프로그램의 지원, 각종 방송제작 설비의 비용 지원 등의 사업을 수행하는 시청자미디어센터를 두도록 하였다(제90조의 2 신설).

3.9 지식재산기본법

발명, 상표, 도서 · 음반, 게임물, 식물의 품종 등 여러 개별 법률에 근거를 두고 있는 지식재산에 관한 정책이 통과되고 일관된 원칙에 따라 추진될 수 있도록 하기 위하여 법률 제10629호로 「지식재산기본법」이 2011년 5월 19일에 제정되어 2011년 7월 20일부터 시행되었다(문화체육관광부 2011). 이 법은 정부의 지식재산관련 정책의 기본 원칙과 주요 정책 방향을 법률에서 직접 제시하였다. 한편, 정부 차원의 국가지식재산 기본계획을 수립하고 관련 정책을 심의 · 조정하기 위하여 국가지식재산위원회를 설치하는 등 추진체계를 마련함으로써, 우리 사회에서 지식재산의 가치가 최대한 발휘될 수 있는 사회적 여건과 제도적 기반을 조성하는 것을 목적으로 두고 있다. 주요 내용은 다음과 같다(문화체육관광부 2011).

첫째, 지식재산을 인간의 창조적 활동이나 경험 등에 의하여 창출되거나 발견된 지식 · 정보, 기술, 사상이나 감정 · 표현, 영업이나 물건의 표시, 생물의 품종이나 유전자원, 그 밖에 무형적인 것으로서 재산적 가치가 실현될 수 있는 것으로 정의한다(제3조).

둘째, 지식재산에 관한 주요 정책과 계획을 심의 · 조정하고 그 추진상황을 점검 · 평가하기 위하여 대통령 소속으로 국가지식재산위원회를 설치하고, 위원회의 위원장은 국무총리와 민간 위원이 공동으로 맡도록 하며, 위원회의 업무를 지원하기 위하여 사무기구를 둘 수 있도록 한다(제6조, 제7조 및 제11조).

셋째, 정부는 5년마다 지식재산에 관한 중 · 장기 정책목표 및 기본방향을 정하는 국가지식재산 기본계획과, 그에 따른 각 기관별 · 연도별 추진계획을 정하는 국가지식재산 시행계획을 수립 · 시행하도록 한다(제8조 및 제9조).

넷째, 정부는 지식재산 및 신지식재산의 창출을 지원하고, 연구개발의 결과가 우수한 지식재산의 창출로 이어질 수 있도록 지원하여야 하며 지식재산 창출자가 정당한 보상을 받을 수 있도록 하여야 한다(제17조~제19조).

다섯째, 정부는 지식재산이 신속 · 정확하게 권리로 확정되고 효과적으로 보호될 수 있도록 하여야 하고, 지식재산관련 분쟁이 신속 · 공정하게 해결될 수 있도록 관련 제도를 정비하며, 외국에서 우리 국민의 지식재산이 보호될 수 있도록 노력하여야 한다(제20조~제24조).

여섯째, 정부는 이전, 거래, 사업화 등 지식재산의 활용이 촉진될 수 있도록 하여야 하고, 지식재산서비스산업을 육성하여야 하며, 공동연구에 따른 지식재산의 공정한 배분 및 대기업과 중소기업의 동반성장 추진 등 지식재산이 합리적이고 공정하게 활용될 수 있도록 하기 위하여 노력하여야 한다(제25조~제28조).

일곱째, 지식재산이 존중되는 사회 환경 조성, 지식재산의 국제표준화 지원, 지식재산에 관한 정보의 원활한 유통, 지식재산 전문 인력과 연구기관 육성 등 지식재산의 창출 · 보호 촉진을 위한 기반 조성시책을 추진하도록 한다(제29조~제35조).

여덟째, 지식재산관련 규범의 국제화와 개발도상국에 대한 지원을 강화하도록 하며, 북한과 지식재산 분야의 상호교류를 증진한다(제36조~제38조).

아홉째, 위원회 및 전문위원회의 위원, 사무기구의 직원 및 위원회의 위촉에 의하여 위원회의 업무를 수행하는 사람 중에서 공무원이 아닌 사람은 「형법」 제129조부터 제132조까지의 규정을 적용할 때에는 공무원으로 의제한다(제40조).

열째, 시험시기를 공포 후 2개월이 경과한 날로 규정하고, 타법 개정을 통해 '지적재산권'을 '지식재산권'으로 변경함으로써, 법률 용어를 통일하도록 한다(부칙 제1조 및 제2조).

3.10 인터넷 멀티미디어 방송사업법

「인터넷 멀티미디어 방송사업법」은 세계적으로 디지털기술이 발전하면서 방송과 통신이 융합되는 추세이고 우리나라에서도 방송과 통신의 융합으로 새로운 서비스를 구현할 수 있는 기술을 이미 확보하고 있음에 따라 방송통신융합서비스의 도입기반을 마련하고, 이용자의 권익을 보호하며, 관련 기술 및 서비스 개발을 활성화하기 위하여 2008년 제정되었다.

2011년 7월 14일 일부개정을 통해서 「방송법」에서 방송시장의 효율적인 경쟁체제 구축과 공정한 경쟁 환경을 조성하기 위하여 방송시장경쟁상황평가위원회를 두고, 인터넷 멀티미디어방송 제공사업에 관한 경쟁상황 평가도 함께 실시하도록 함에 따라 이 법에 따른 기존의 평가위원회관련 조항을 정비하였다(문화체육관광부 2011).

4. 디지털콘텐츠산업의 경쟁관련 국내 법제도

IT산업의 경우에도 자유경쟁과 공정경쟁이 요구되며, 이에 어긋나는 행위에 대해서는 「독점규제 및 공정거래에 관한 법률」의 규제를 받는다. 이 법은 사업자의 시장지배적 지위의 남용과 과도한 경제력의 집중을 방지하고, 부당한 공동행위 및 불공정거래행위를 규제하여 공정하고 자유로운 경쟁을 촉진함으로써 창의적인 기업활동을 조장하고 소비자를 보호함과 아울러 국민경제의 균형 있는 발전을 도모함을 목적으로 한다.

독점규제법에 의해 규제대상이 되는 것은 첫째, 사업자의 시장지배적 지위 남용(제2장), 둘째, 과도한 경제력 집중(제3장), 셋째, 부당한 공동행위(제4장), 넷째, 불공정거래행위(제5장), 다섯째, 재판매가격유지행위(제7장)이다. 그 밖에도 부당한 국제계약의 체결이 제한된다.

우리나라 독점규제법은 1980년 12월 31일(법률 제3320조) 제정되어 그 사이 30차례 가까운 개정을 거쳤다. 현재 시행되고 있는 법률은 2013년 4월 5일(법률 제11758호)에 개정된 것이며, 2013년 8월 13일(법률 제12095호)에 개정된 법은 2014년 2월 14일부터 시행될 예정이다.

5. 미디어관련 법 개정으로 인한 디지털콘텐츠산업의 새로운 방향

국내 미디어시장의 규제완화정책은 2009년 미디어관련 법안이 국회를 통과한 이후 다양하게 나타났다. 정부는 관련 법제도 및 시행령 등의 개정을 통해 지속적인 규제완화정책을 추진해 오고 있다. 향후 종합편성채널 사업자 선정과 신문방송 겸영 및 대기업의 지상파방송 진출 등의 소유규제 완화는 미디어시장에서 작지 않은 변화를 야기할 것으로 예상된다.

장기적인 관점으로 봤을 때는 수평적 규제체계의 도입 및 공영방송의 구조 개편이미디어시장의 변화를 불어올 핵심요인으로 지목되고 있다. 기존의 수직적 규제체계가 디지털 환경에 걸맞은 수평적 규제체계로 재정비되면 사업자의 시장 진 · 출입이 용이하게 되고 이중규제, 중복규제 등의 현행 규제모순을 해결할 수 있다. 이는 미디어산업의 전반에 추가적인 경쟁을 촉발시키고 결국 전체적인 산업 발전으로 이어지는 긍정적인 효과를 기대해 볼 수 있다. 또한 신규 투자 증가, 콘텐츠 수요 증가 등에도 변화가 있을 것으로 전망된다.

미디어관련 법 개정으로 인해 나타나게 될 현상은 다음과 같다(문화체육관광부 2010).

첫째, 무한경쟁체제의 돌입으로 콘텐츠 확보 경쟁이 치열해질 것이다. 종합편성채널 도입이 빠른 시일 내에 유의미할 정도의 광고시장 확대를 가져오기는 힘들 것으로 전망된다. 결국 기존의 광고시장 안에서 광고를 얻기 위한 경쟁심화가 불가피할 것으로 보인다. 또한 종합편성채널이 시장에서 제대로 정착하기 위해서는 무엇보다 양질의 콘텐츠를 확보하는 것이 중요한데, 이에 따라 지상파방송 수준의 고품질 콘텐츠를 확보하기 위한 우수한 콘텐츠 확보 경쟁이 치열해질 것으로 전망된다.

둘째, 콘텐츠에 대한 신규 투자가 이루어질 수 있는 기반을 마련할 수 있다. 미디어관련 법안의 개정으로 방송시장에 대한 진입규제가 완화되면서 대기업, 신문사, 통신사업자 등의 방송시장 투자를 촉진할 수 있는 계기가 마련되었다. 이와 관련해 종합편성채널에 진출하는 대기업 광고가 해당 종합편성채널에 집행될 가능성도 높기 때문에 광고시장 규모증대라는 효과도 예상해 볼 수 있다.

이로 인해 콘텐츠 분야의 우수 인력이 유입될 수 있는 통로도 넓어진 것으로 평가받는다. 새로 등장하는 사업자들이 기존의 우수 인력을 영입하려는 시도를 하게 되고, 이에 따라 인력이동 및 새로운 인력수요가 발생할 것으로 예측된다. 이렇게 방송창구의 다양화는 능력 있는 제작자들이 콘텐츠 제작에 참여할 수 있는 기회를 증대시켜 고용창출의 효과를 발생시키고 이를 통해 우수한 콘텐츠들의 생산에 기여할 것으로 예측된다.

6. 대체적 분쟁해결제도

6.1 분쟁과 해결방법

헌법 제27조 제1항에서는 '모든 국민은 헌법과 법률이 정한 법관에 의하여 법률에 의한 재판을 받을 권리를 가진다'라고 규정하고 있다. 즉, 국민 모두는 그 사안이 민사이든 형사이든 중립적인 법원의 재판에 의해 그 권리구제를 받을 수 있으며, 독립성이 인정되는 법관에 의한 재판을 청구할 수 있다.

지적재산권 역시 일종의 무체재산권[09]으로 이러한 권리의 침해 시 그 피해구제를 받을 수 있는 것은 당연하다. 이러한 재판은 국가작용의 하나로서 자력으로 분쟁을 해결할 수 없는 당사자들의 다툼을 법에 의하여 공정하게 판단하고 최종적으로 법을 해석하고 적용하는 것을 의미한다(윤선희 2002). 일반적으로 재판절차는 실체적 진실의 발견과 그 독립성 및 공정성을 확보하기 위하여 여러 제반절차 및 소송기법을 두고 있다. 그러나 현대에 이르러 복잡 다양한 분쟁양태에 적시에 대응하기 어렵고 많은 경제적 비용 등으로 인하여 재판에 승소하여도 그 실효성이 부인되는 문제가 있다. 즉, 재판절차는 자격을 갖춘 법관에 의하여 증거절차나 변론절차 등 엄격한 소송절차에 의하여 진행되어 많은 시간이 소요될 뿐만 아니라, 소송절차에 대한 전문지식을 요구하고 변호사비용 등 고액의 비용이 요구된다. 또한 일도양단적(一刀兩斷的) 사건해결을 특징으로 하므로 소송 이후 회복할 수 없는 또 다른 분쟁을 야기할 수 있으며, 온라인디지털콘텐츠 또는 지적재산권과 같은 특수한 법력(法力)에 관해서는 전문지식의 부족으로 오히려 실체진실의 발견이 소원해질 수 있다는 문제가 있다.

이러한 문제의식에서 기존의 영주, 성직자나 교사, 기타 지방의 유지들이 공동체 유지의 관점에서 공동체 내의 분쟁사안에 대해 분쟁당사자뿐만 아니라 공동체구성원 모두가 동의할 수 있는 통합적 합의(consensus)를 이끌어내던 분쟁해결제도가 지난 30여 년간 미국을 중심으로 조정, 중재 등의 이름으로 대체적 분쟁해결수단(ADR : Alternative Dispute Resolution)으로서 많은 관심과 연구가 있었다. 이러한 대체적 분쟁해결수단은 일반적으로 간소한 절차에 따라 당사자 간 일보 양보하는 상호혜양(相互惠讓)의 이념 아래 기존 법규보다는 조리에 의존하여 합리적인 분쟁해결방안을 모색하는 방법으로 기존 재판절차의 문제점을 개선하고 재판절차에 흠결된 사안을

09 지적 창조물을 독점적으로 이용하는 권리이다.

보충하는 제도이다.

이러한 대체적 분쟁해결제도는 신속 · 저렴 · 간이한 절차적인 장점 외에 민형사 구분 없이 모든 분쟁을 일거에 해소할 수 있으며, 분쟁종결 이후 서로 간의 감정의 앙금 없이 상호호혜에 따른 업무지속성의 장점도 있다. 이 때문에 현재는 노사분쟁, 의료분쟁, 교통사고, 지적재산권 등 특수한 영역과 상거래 및 이혼분쟁 등과 같은 당사자의 의사가 중요시되는 법 영역에서 흔히 이용되고 있다(Black 1990).

6.2 대체적 분쟁해결제도의 유형

대체적 분쟁해결제도의 유형으로서 상담(advise), 교섭(negotiation), 화해(settlement), 알선(mediation), 조정(conciliation), 중재(arbitration) 등을 그 예로 들 수 있다. 분쟁해결제도의 운용주체에 따라 민간형 ADR, 행정형 ADR, 그리고 법원부속형 ADR 등으로 구분할 수 있다.

상담은 행정기관, 소비자보호단체, 기타 사업자단체 등 권한 있는 기관 또는 단체에서 당사자의 고충을 듣고 법률문제를 포함한 분쟁처리방법에 관한 정보를 제공하거나 그가 가진 행정력 또는 사실상 힘을 이용하여 분쟁을 해결하도록 유도하는 것이다. 현재 정부의 각 부처 및 관련 산하기관에서 소관업무에 대해 실시하는 각종 민원상담이나 소비자단체 및 각종 시민단체에 의한 피해해결상담 등 다양한 형태와 방법으로 상담이 활용되고 있으며, 상대방의 동의를 전제로 하는 방식으로 자주적 분쟁해결수단으로 분류할 수 있을 것이다. 교섭이란 조정이나 알선 등과 같이 중립적인 제3자의 전문지식이나 사실상의 힘에 의존하지 않고 당사자들 간에 적극적으로 분쟁사항에 대해 협의와 협상을 통하여 당사자 스스로 분쟁을 해결하는 것을 말하는 것으로 사법상 화해계약을 포함하는 포괄적인 개념으로 사용될 수 있다.

화해는 자주적 분쟁해결의 방법 중 가장 전형적인 것으로 사법상의 화해와 재판상의 화해가 있다. 사법상 화해는 당사자가 상호 양보하여 분쟁을 종지하기로 약정하는 것을 말한다. 사법상 화해로 현행 민법 제731조 소정의 화해계약이 있다. 화해계약은 당사자 사이에 분쟁을 전제로 하여 상호 양보할 것을 그 요건으로 하는 낙성 · 불요식 계약이자 쌍무계약으로 일방의 양보만으로 분쟁해결이 이루어질 수 있는 교섭과 구분될 수 있으며, 기존의 법률관계의 내용과 상관없이 새로운 법률관계를 창설하는 창설적 효력이 있다.

한편 재판상 화해에는 두 가지의 종류가 있다. 즉, 당사자 간에 소송이 진행되는 중에 당사자가 서로 양보에 의한 합의로 화해에 이르게 하는 소송상 화해(민사소송법 제135조)와 분쟁당사자 일방이 소송제기 전에 상대방의 재판적 소재지의 지방법원에 화해의 신청을 하고 법원에 임의로 출석하여 합의내용을 조서에 기재함으로써 성립하는 제소 전 화해(민사소송법 제355조)가 있다. 이러한 재판상 화해는 확정판결과 동일한 효력이 있다.

대체적 분쟁해결수단(ADR) 중 알선(斡旋)이란 당사자 사이에서 대립되는 문제에 관하여 조정 · 합의에 이를 수 있도록 제3자가 단순히 조력하는 것을 말한다. 즉, 조정에서와 같이 조정안을 제시할 정도로 사실상 강제력이 없으며 조정과 같은 형식적 절차도 필요로 하지 않는다. 현재 피해산정 및 당사자의 고의 · 과실 등을 입증하기 어렵거나 당사자 간의 합리적인 의사에 따라 자주적으로 분쟁을 해결해야 할 필요가 있는 노동쟁의 분야와 환경분쟁, 건설분쟁 등에서 알선제도가 채택되어 있다. 최근 컴퓨터프로그램보호법의 개정에 따라 소프트웨어 저작권분쟁에서도 알선제도를 시행 중에 있다.

일반적으로 조정이란 당사자가 아닌 제3자가 분쟁당사자를 중개하여 쌍방의 주장을 절충하여 화해의 성립을 원조 · 협력함으로써 당사자의 호양(互讓)에 의한 합의로 분쟁을 해결하는 제도를 말한다. 대체적으로 국가기관이 법규범에 의해 제도적으로 행하는 분쟁조정제도를 일컫는 것이 상례이다. 국가기관에 의해 제도적으로 설정된 분쟁조정제도는 일단 조정이 성립되어 조정조서가 작성되는 경우 재판상 화해와 같은 효력을 부여하는 입법례가 다수이나, 구 컴퓨터프로그램보호법이나 국가배상법 등과 같이 당사자 간 화해와 같은 효력만을 부여하는 경우도 있다.

재판상 화해와 같은 효력이 부여되는 분쟁조정은 일단 조정조서의 내용에 양 당사자가 합의한 경우 그 효력은 준재심의절차에 의해서만 다툴 수 있다. 중재는 양 당사자가 분쟁을 사인인 제3자의 판정에 따라 해결하기로 합의하고, 이에 기하여 중재인이 행하는 심판절차를 말한다. 조정과 달리 양 당사자 간의 분쟁을 중립적인 제3자로 하여금 강행적으로 해결하도록 하는 것으로 당사자 간의 합의를 전제로 하는 분쟁조정이나 알선 등과 구별된다. 중재는 특별한 전문지식과 경험을 필요로 하는 (국제)상거래 분야에서 이루어지고 있다.

6.3 국제기구

(1) WTO의 분쟁해결절차

WTO의 무역분쟁해결절차는 1995년 WTO 출범과 더불어 과거 GATT의 분쟁해결절차의 문제점을 보완한 형태로 시작되었다. WTO협정의 부속2(Annex 2)로서 EU 회원국의 분쟁해결절차와 같이 항소가 인정되는 2심제도라는 특징이 있다. 이러한 WTO의 분쟁해결절차는 국가를 대상으로 한다는 점에서 개인을 그 분쟁대상으로 하는 기존 국제상사중재와는 다른 면이 있다. 그러나 실제로 국가가 자국의 특정기업이나 특정산업을 보호하기 위하여 WTO의 분쟁해결절차를 이용한다는 점을 감안한다면 큰 차이는 없다.

WTO의 분쟁해결제도는 과거 GATT 시절과 달리 분쟁해결을 전담하는 분쟁해결기구(DSB : Dispute Settlement Body)를 설치하여 상당히 사법화된 모습을 지니고 있다. 분쟁해결기구 내에 패널 및 항소기구, 기존 GATT의 분쟁해결절차는 통합적 합의(consensus)방식을 유지하고 있어, 각 분쟁해결을 위해 구성된 패널의 보고서를 채택함에 있어서도 통합적 합의를 필요로 한다. 이 때문에 패소한 국가가 보고서의 채택을 반대하면 보고서가 채택되지 못할 뿐 아니라, 채택되지 못한 보고서는 정치적 상징 외에 아무런 법적 효과도 갖지 못하는 단점이 있다. WTO에 분쟁해결을 구할 수 있는 자는 WTO의 회원국으로서 회원국가는 그 국가의 개인이나 기업의 이익을 사실상 대변할 수 있다.

(2) WIPO의 중재 및 조정센터

세계지적소유권기구(WIPO : World Intellectual Property Organization)는 지적재산에 관한 문제를 소관으로 하는 국제연합기구로, 지적재산권 분쟁, 특히 국제적 · 지적재산권분쟁을 처리하는 기관으로 중립성 및 전문성을 그 특징으로 한다. WIPO에는 지적재산권에 관한 개인 등의 분쟁을 처리하기 위해 'WIPO 중재 및 조정센터(Arbitration and Mediation Center)'를 설치하여 운영하고 있다. WIPO 중재센터는 1992년 전문가회의를 거쳐 WIPO 총회에서 그 설립이 승인됨에 따라 1994년 10월 1일부터 관련 서비스를 실시하고 있다. WIPO 중재센터는 스위스 제네바에 위치하고 있으며, 중재 및 조정서비스의 효율성을 위하여 지적재산권분쟁의 특성에 적합한 자체규칙을 제정하여 시행하고 있는데, 이 규칙은 보통법(Common Law)적인 요소와 대륙법적인 요소를 절충한 것으로 상당히 유효성이 높은 국제중재절차로 평가받고 있다. WIPO의 분쟁해결절차는 일반적인 중재와 통상적인 중재절차에 비하여 짧은 기간 내에 저렴한 비용으로 판정을 내리는 신속중재(Expedited Arbitration), WIPO 조정규칙에 의한 조정절차로 나뉠 수 있다. 이와 같은 센터는 전 세계 전문가들로 구성된 조정인들을 두며 주로 특허 등 지적재산권 전반에 관한 분쟁뿐만 아니라 최근에는 인터넷 등의 전자상거래에 관한 분쟁과 도메인 이름의 사용과 등록에 관련한 분쟁에 대해서도 활발하게 활동하고 있다.

7. 저작권정보관리

멀티미디어콘텐츠를 제작하기 위해서 기존 저작물을 이용하고자 할 경우 '저작권정보'가 기본적으로 요구된다. 이 저작권정보에는 해당 저작물의 정보와 저작자의 신원, 권리자의 소재 등의 정보가 포함되어 있다. 이는 저작물정보와 저작자정보, 권리정보 등 3가지로 나누어 볼 수 있다.

저작물정보는 저작물의 제목, 창작이나 공표연도, 발행장소, 분량 등에 관한 정보이며, 저작자정보는 저작자의 성명과 이력, 생존 여부, 사망연도와 국적 등의 정보이다. 그리고 권리정보는 저작권의 상속, 양도, 신탁, 질권 및 출판권 설정기간, 권리제한 등의 저작권 변동에 관한 정보를 말한다.

이들 정보를 얻기 위해서는 많은 시간과 비용을 지불해야 한다. 이러한 불편을 해결해 주기 위해서 등장한 것이 저작권 위탁관리제도이다. 저작권 위탁관리에는 두 가지 방법이 있다. 하나는 저작권 집중관리(신탁관리)제도이고, 다른 하나는 저작권 대리 · 중개제도이다.

7.1 저작권 집중관리제도

저작권 집중관리(신탁관리)제도는 다수의 저작자로부터 일정한 권리를 신탁받은 단체가 위탁자의 이익을 위해 그 권리를 통합적으로 관리하는 제도를 말한다. 집중관리단체의 가장 기본적인 업무는 저작물 사용료를 거두어 일정 수수료를 공제하고 나머지를 저작자들에게 분배하는 일이다. 또한 저작권 침해가 발생하면 소송당사자로서 소송을 맡게 되며 그 밖에 저작자들의 복지증진 및 신인저작자들의 등용 등에도 많은 노력을 기울인다. 이 외에도 저작물의 이용을 홍보하고 장려하는 일을 한다.

| 표 4-2 | 국내 신탁관리단체의 저작권관리

영역	단체명	주요 관리대상
음악	한국음악실연자협회	음악실연자의 저작인접권
	한국음악저작권협회	음악 저작물의 공연권, 방송권, 복제권, 전송권
	한국음원제작자협회	음반 제작자의 저작인접권
어문	한국문예학술저작권협회	어문 저작물의 복제권, 배포권, 전송권, 2차적 저작물방송권
	한국방송작가협회	방송 대본의 방송권, 복제권, 배포권, 전송권, 2차적 저작물작성권관리
	한국복사전송권협회	복사전송권
	한국시나리오작가협회	영화 등 시나리오의 저작권
방송	한국방송실연자협회	탤런트, 성우 등 실연자의 저작인접권
영상	한국영상산업협회	영화콘텐츠 비디오, DVD 등의 공연권
	한국영화제작가협회	영화콘텐츠 복제, 전송권
뉴스	한국언론재단	뉴스 저작권
공공	한국데이터베이스진흥원	공공 저작물의 저작권

국내 저작권 신탁관리단체(집중관리단체)는 1988년 한국음악저작권협회, 한국음악실연자연합회 및 한국방송작가협회를 시작으로 2013년 현재 국내에는 각 분야별

그림 4-1 | 저작권 집중관리단체의 업무흐름

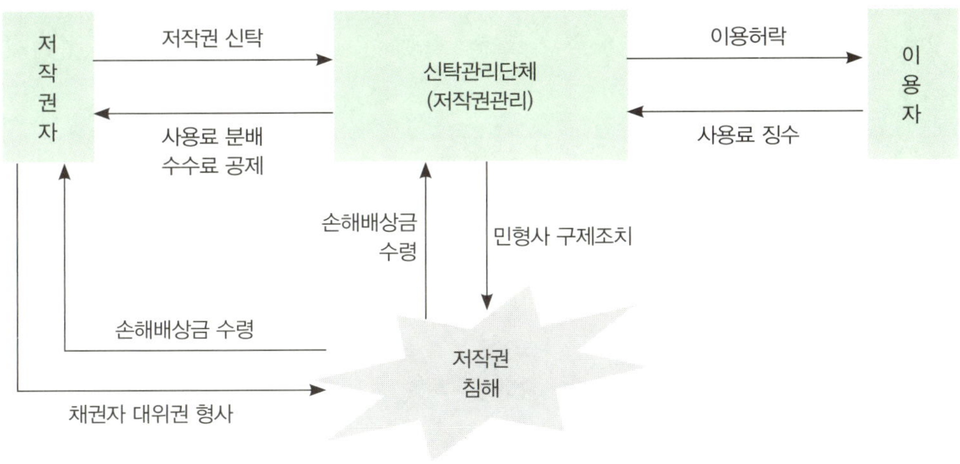

총 12개 단체들이 문화체육관광부의 신탁허가를 받아 관리해 오고 있다.

이들은 저작권자의 권리를 일정기간 신탁받아 저작권자의 대리인으로서 저작물의 이용허락, 권리 침해 시 송무(訟務)대행 등의 역할을 수행하고 있다. 이에 따라 해당 저작물을 이용하고자 하는 저작물 이용자들이 개별적으로 권리자를 접촉해야 하는 불편을 해소시켜 주고, 저작물 이용허락으로부터 얻게 되는 수익을 저작권자에게 분배하는 기능이 주된 업무이다.

7.2 저작권 대리 · 중개제도

저작물관리는 신탁관리가 최선책이지만, 이 방법을 실현할 수 없다면 차선책으로서 저작물의 대리 · 중개를 생각할 수 있다. 국내 대리 · 중개업체는 2013년 8월에 704개 업체에 달하고 있는 것으로 나타났다.

저작권법상 대리 · 중개업은 신고만으로써 가능하다. 신탁관리를 받을 경우에는 수탁자가 권리자로서의 지위를 확보하여 침해가 발생하는 때에 소송당사자의 자격을 갖는 데 비해, 대리 · 중개업은 대리인의 지위를 취득하는 것이기 때문에 저작권 침해가 발생하는 때에 소송당사자의 자격을 갖지 못한다는 점에서 차이가 있다.

대리 · 중개업은 같은 종류의 여러 업체가 난립하기보다는 특정 협회나 단체에서 집중적으로 관리하는 것이 효율적이다. 이 경우 가격독점이라는 문제가 있지만, 저작

그림 4-2 | 저작권 대리 · 중개업체의 업무흐름

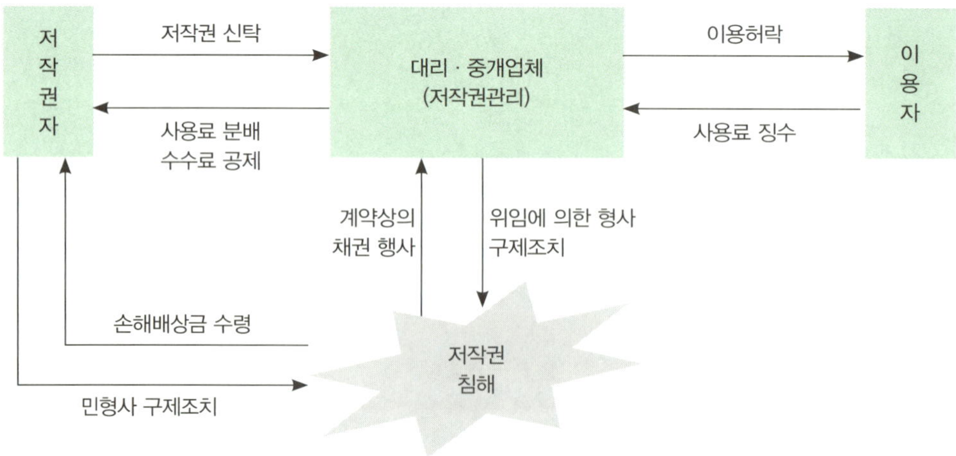

물 이용자들이 한군데에서 많은 저작물의 이용을 허락받을 수 있다는 장점이 있다.

7.3 저작권정보관리의 실태

저작자가 저작물을 만들어 내면서 저작물의 이용까지 관리하기는 매우 어렵다. 저작자가 저작물의 이용까지를 관리한다면 새로운 저작물을 창작할 시간을 그만큼 뺏길 수밖에 없다. 따라서 저작물의 작성과 저작물 이용관리는 분업하는 것이 효과적이다. 이러한 시스템이 되었을 때 저작자는 새로운 저작물의 창작에 전념할 수 있게 되며, 더 훌륭한 저작물을 만들어 낼 수 있고, 그로 인하여 저작물의 이용은 늘어날 수밖에 없을 것이다.

하지만 이들 단체들은 활동 영역이 제한적이고 해당 저작물 모두에 대한 권리처리도 하지 못하는 것이 현실이다. 다시 말해 대상 저작물의 수는 많지만 실제 직접 관리하는 저작물은 그리 많지 않다는 것이다. 또한 단체관리 저작물임에도 불구하고 해당 단체에서 파악하지 못하고 있는 경우도 있다. 이용자의 요구가 빈번한 분야임에도 불구하고 관리단체가 없거나 미개척 분야인 경우에는 집중관리단체가 존재하지 않아 일일이 저작자를 찾아 저작권정보를 만드는 일도 빈번하다.

이를 해결하기 위해서는 각 분야별 집중관리단체의 관리대상 저작물을 확대하여 '저작권정보 중앙관리기구'를 통한 저작권정보 데이터베이스를 강화할 필요가 있다. 또한 저작권 등록을 활성화하여 저작자와 저작권 이용자의 권리와 편의를 높여주고, 저작권정보를 정확하게 관리하는 것이 필요하다.

8. 콘텐츠 유형별 저작권 문제와 주요 사건

인터넷 이용인구가 폭발적으로 늘어나면서 콘텐츠관련 저작권분쟁이 급증하고 있다. 이는 개인과 기업 등에서 홈페이지 제작이 보편화되면서 저작권자의 허락 없이 무단으로 복제되는 사례가 점차 많아지고 있기 때문이다. 아직도 인터넷상의 콘텐츠는 무료라는 인식이 팽배하여 홈페이지나 광고에 이들 콘텐츠를 무단으로 사용하거나 저작권료 지불 없이 자사 사이트에 서비스하는 사례가 늘고 있다. 특히 VOD 영화서비스가 붐을 이루면서 영상물관련 저작권분쟁이 크게 늘어났다.

8.1 음악콘텐츠

음악 저작물에 대한 다양한 저작권 침해사례가 나타나고 있다. 온라인게임 마비노기에서 논란이 일고 있는 것은 게임 자체가 아닌 게임 속 작곡 및 연주시스템이다. 마비노기의 작곡 및 연주시스템은 직접 노래를 작곡하거나 악보를 만들어서 게임 내의 악기들로 연주를 하거나 합주를 할 수 있는 시스템이었다. 이 마비노기는 일본게임시장에서 흥행하였지만, 마비노기를 즐겼던 일본사용자들이 저작권에 대해 심각한 토론을 벌이기 시작했다. 실제로 이 시스템을 가지고 작곡하기보다는 다른 음악을 가져다가 변환해서 연주하는 경우가 많았기 때문이다. 결국 저작권이 있는 곡인 경우에는 사용해서는 안 되므로 무조건 자신이 작곡한 악보만 써야 한다는 주장이 우세했고, 그 경우가 아니라면 저작권이 있는 곡을 변환하여 작곡을 하는 경우, 이를 만든 사람이 직접 저작권료를 지불해야 한다는 주장도 있었다(한국저작권중앙회 2009).

실제적인 법원의 판례를 살펴보면 다음과 같다. 음악 저작물은 디지털 압축파일로 변환하여 서버에 저장한 다음 인터넷 이용자에게 전체 듣기, 미리 듣기, 휴대폰 벨소리 등을 제공하는 과정에서 원곡이 약 3분 내지 5분 정도 된다. 그럼에도 불구하고 원고의 의사에 반하여 인터넷 이용자에게 약 1분 내지 1분 30초 정도로 원고 저작물의 표현형식을 절단하여 이를 전송하는 '미리 듣기 서비스'와 원고의 원곡 일부를 그 의사에 반하여 부분적으로 발췌하여 음악파일로 변환하고 저장시킨 다음 그와 같은 음악파일을 전송하는 '휴대폰 벨소리 서비스'가 음악 저작권을 침해했다고 주장하였다. 이에 피고는 제공한 서비스로 인하여 원고의 명예와 성망 등 인격적 가치를 해하지 않았다며 저작권인격권인 동일성유지권이 침해되지 않는다고 주장하였다.

이 원고와 피고 간의 논란 속에 법원의 판례는 다음과 같았다. 구 저작권법(1986.12.31. 법률 제3916호로 개정되지 전의 것) 제16조가 동일성유지권 침해와 관련하여 '저작자의 명예와 성명을 해할 것'을 요건으로 규정하였던 것과는 달리 개정 이후의 우리나라 저작권법은 이러한 요건을 삭제함으로써 저작자의 명예와 성망 등 구체적인 인격적 가치의 훼손이 동일성유지권 침해의 요건이 아니라는 점을 명백히 하였다. 그러므로 우리 저작권법의 해석상으로는 저작물의 동일성을 해치는 변경은 저작자의 동의 없이 이루어진 이상 그와 같은 변경이 실제로 저작자의 명예와 성망을 해한 것인지에 대한 여부를 묻지 않고 저작물의 완전성에 관한 저작자의 인격적 이익을 침해한 것으로 간주하였다.

유명한 가수 아이비의 '유혹의 소나타'라는 뮤직비디오는 일본의 유명 게임인 파이널판타지 7 표절이라는 법원의 판결이 내려진 사례가 있다. 서울중앙지방법원은 일본의 저작권자인 스퀘어에닉스사가 가수 아이비의 소속사인 팬텀엔터테인먼트와 뮤직비디오 감독인 홍모 씨를 상대로 제기한 손해배상청구사건에서 원고 승소판결을 내렸다. 재판부의 판단은 '파이널판타지 7'이 컴퓨터그래픽으로 제작된 영상물이고 '유혹의 소나타'는 사람의 실제 연기를 카메라로 촬영한 영상물이라는 차이점 외에 사건구성과 전개과정, 배경, 등장인물의 용모와 복장 등 대부분이 거의 동일하며 피고들은 고의로 원고의 저작권을 침해하였다고 판시하였다(한국저작권중앙회 2009).

2013년 7월 24일자 서울경제신문에 따르면, 카페와 백화점 등의 대형매장에서 디지털 음원을 통해 노래를 틀어주더라도 가수나 연주자 등에게 저작권 사용료를 내야 한다고 기사가 실린 적이 있다. 현행 저작권법은 '음반'의 정의에 '음을 디지털화한 것'을 포함시켜 매체 개념이 아닌 콘텐츠 개념으로 저작권료를 지불하도록 한 것이다. 현행 저작권법에서 CD 등 판매용 음반을 공개적으로 틀 경우 공연권이 인정되었지만 개정안이 통과되면서 음악서비스업체로부터 스트리밍형태로 제공받거나 컴퓨터서버에 저장된 디지털음원에 대해서도 공연사용료를 징수할 수 있게 된다.

그 밖에도 '공연권 행사제한'의 원칙을 통해 영리목적으로 음악을 트는 모든 매장에 대해 저작권 사용료와 보상금을 모두 징수할 수 있게 되었다. 다만 자선단체나 종교 · 청소년수련시설 등 국민 문화 향유와 일정 매출액 이하 영세 사업자에 대해서는 예외조항을 두기로 했다. 지난해 5월 스타벅스 매장에서 저작권료를 내지 않고 배경음악을 트는 것은 저작권 침해에 해당된다고 대법원이 판결한 반면, 지난 4월 서울지법은 현대백화점에서 음악을 틀어주는 것은 저작권단체의 공연보상청구권이 인정되지 않는다며 원고 패소판결을 내리는 등 엇갈리는 판결이 내려지고 있다. 그러나 분명한 것은 카페와 백화점 등의 대형매장에서 디지털음원을 통해 노래를 틀어주더라도 가수나 연주자 등에게 저작권 사용료를 지불해야 하는 것은 확실하다.

8.2 영화콘텐츠

영화콘텐츠의 경우에는 다양한 부문에서 논란이 많다. 브라이언 드 팔마 감독의 영화에서는 알프레드 히치콕의 영화 '사이코'의 샤워신과 같은 장면이 나왔고, 쿠엔틴 타란티노 감독은 '킬빌'의 격투신에서 중국의 영화 문법을 차용했다. 한국영화 '왕의 남자'가 표절 시비의 논란에 올라간 적도 있었다. 한국예술종합학교 윤영선 교수는 '왕의 남자'의 일부 대사가 자신이 저작권을 갖고 있는 연극 '키스'의 대사를 도용한 것이라며 '왕의 남자' 제작사인 이글픽쳐스와 이준익 감독을 상대로 서울중앙지방법원에 상영금지 가처분 신청을 냈다. 재판부는 상영금지 가처분 신청을 '가처분을 발령할 만한 보전의 필요성에 대한 소명이 부족해 기각했다'고 판시했다.

영화 '크로싱'의 이광훈 감독은 '인간의 조건'에서 표절했다고 가처분 신청되었다. '인간의 조건'은 이 감독이 실제 탈북자 유상준의 이야기를 영화로 옮기기 위한 시나리오지만, '크로싱'은 2004년부터 수많은 탈북민들과의 인터뷰 내용과 그들의 사연을 통해서 보고 듣게 되는 현실과 상황을 바탕으로 재구성했다고 반박했다. 이 감독의 변호사는 시나리오에 대한 저작권이 인정되기 위해서는 습작하고 있던 단계에 불과한 내용에 저작권을 인정한다는 것은 저작권의 법리로 판단하더라도 명백히 법리를 오인한 것이라고 가처분 신청을 반박했다(한국저작권중앙회 2009).

8.3 게임콘텐츠

최근 국내외에서 게임콘텐츠 표절관련 저작권분쟁이 다수 발생하고 있다. 일본 유명 게임사인 코나미는 네오플이 개발하고 한빛소프트가 유통을 담당하는 야구게임인 '신야구'가 게임이 제작되기 이전에 이미 국내에 널리 유포되어 있었던 자사의 야구게임인 '실황 파워풀 프로야구'의 경기 장면 및 캐릭터와 유사하다며 2005년 8월 25일 서울지방법원에 한빛소프트와 네오플을 상대로 저작권 침해 금지소송을 제기하였다. 2010년 대법원판결에 따르면, 게임 캐릭터가 저작권법이 요구하는 창작성의 요건을 갖추었다면 캐릭터에 관하여 상품화가 이루어졌는지에 대한 여부와 관계없이 원 저작물인 게임물과 별개로 저작권법의 보호대상이 될 수 있는 점을 분명히 하였다.

스크램블 게임사건은 Stern Electronics Inc.가 제작한 'Scramble'이라는 비디오게임을 배급업자인 Ommi Video Games Inc.가 동일한 'Scramble' 마크가 찍힌 아케이드 외관에 Stern사의 게임과 시청각요소가 동일한 게임을 제작하여 Stern사의 게임보다 낮은 가격에 판매함으로써 저작권 침해가 문제가 되어 나타난 사건이다. Stern사는 Ommi사를 상대로 침해 중지 가처분을 신청하면서 저작권 침해를 주장했다. 미국 연방지방법원 뉴욕 동부지방법원에서는 비디오게임의 시청각 디스플레이상의 저작권과 실질적 유사성이 인정된다고 판단하고, Stern사의 저작권을 침해하였다고 결론 지었다. 그리고 가처분 신청을 받아들여 Ommi사는 'Scramble'이라고 이름

붙여진 저작물에 대한 저작권 침해행위를 중지하고, 전자 비디오게임과 관련하여 본 상호를 쓰지 못하게 결정하였다. 이와 같이 게임콘텐츠의 경우에는 게임 캐릭터의 표절성과 관련된 저작권 문제가 아직도 많이 일어나고 있음을 알 수 있다.

8.4 출판물콘텐츠

출판물콘텐츠에서는 원 저작물에서 발생되기보다 2차 저작물에서 많이 발생된다. 전 세계적인 유명한 베스트셀러『해리포터』시리즈 작가 조엔 K. 롤링이 자신의 열성팬을 저작권 침해로 소송을 제기한 사건이 있었다. 그 이유는 열성팬들이 해리포터에 관한 백과사전의 발행을 목적으로 해리포터 사이트를 만들어 해리포터 시리즈들의 가이드 내용들을 작성하였기 때문이다. 이를 보고 롤링은 자신의 창작의욕마저 없어졌다고 말했다. 그러나 백과사전을 집필하는 RDR출판사 변호인은 저작권법에 공표된 저작물을 보는 것은 가능하지만 비평, 교육, 연구 등을 위하여 정당한 범위 내에서 공정한 관행에 합치되게 인용될 수 있다고 말했다. 결국 법정 판정 결과 저작권을 침해한 것이 아니라고 판결이 났으며, 추후에는 2차 저작물인『해리포터 렉시콘』의 출판은 조엔 K. 롤링의 허락을 얻어 작성하거나 원 저작자인 롤링이 직접 편집저작물을 작성할 권리를 가지게 하였다.

또한 2006년에 한국복사전송권협회와 한국학술정보㈜ 간의 저작권분쟁도 있었다. 학회에 개제된 학회지 논문이 DB사업자에 의해 2차 저작물로 작성되어 유상으로 유통되고 있는 것에 대하여 한국복사전송권협회가 한국학술정보㈜를 대상으로 저작권심의조정위원회에 저작권분쟁조정을 신청한 사건이다. 한국복사전송권협회는 민간업체인 한국학술정보가 개별 저작권자 모두로부터 별도의 이용허락동의서를 받지 않은 학회와 전송권 계약을 맺고 서비스하고 있는 DB는 모두 저작권법을 위반한 것이며 원 저작자에게 저작권료를 분배하고 있지 않으므로 이를 시정해 달라는 것이었다.

2006년 12월에 저작권법이 개정됨에 따라 영리를 위해 상습적으로 저작재산권을 침해할 경우 개별 저작권자의 고소가 없이도 형사처벌하는 것이 가능하게 되었다. 또한 문화체육관광부 장관이 복제물의 전송서비스 중단을 명하는 것도 가능하게 되었다. 이러한 변화로 인해 결국 한국학술정보는 2007년 4월까지 한국복사전송권협회와의 수차례 조정과정의 협의를 거쳐 한국복사전송권협회가 제시한 '저작권신탁과 이용허락'이라는 제도를 도입하여 관련 사항을 합의하게 되었다(홍현재 2006).

전자출판업체인 로제타북스와 미국 최대의 오프라인 출판사인 랜덤하우스의 전자책 저작권 논쟁은 로제타북스의 승리로 막을 내렸다. 랜덤하우스는 자사가 출판했던 로제타북스의 전자서적 8종에 대한 판매금지를 요청했지만, 법원은 전자책에 대한 저작권은 출판사가 아닌 저자에게 있다는 판결을 내린 것이다.

국내 어문 저작물의 신탁관리를 담당하고 있는 한국문예학술저작권협회는 전자책 판매가격의 30% 이상을 저작권료로 제시하고 있으며, 책으로 출판할 경우에는 별도의 출판계약을 체결하도록 명시하고 있다.

8.5 사이트 운영자의 저작권 침해 방조책임 논란

국내 초고속 인터넷 환경의 발달로 인해 대용량 콘텐츠의 무차별적인 대량 불법복제와 유통이 확산되면서 인터넷사이트 운영자가 직접 저작물을 도용하지 않았더라도 저작권 침해와 관련하여 이를 알면서 방치했다면 운영자의 저작권 침해 방조책임이 인정된다는 법적 판결이 잇따르고 있어 인터넷산업의 특성을 고려하지 않은 저작권 적용이라는 논란이 일고 있다.

소니컴퓨터엔터테인먼트코리아는 불법복제 플레이스테이션 2 게임을 올려놓은 KT 메가패스 내의 인터넷저장동호회 운영자와 불법복제 회원을 형사고발했다. 또한 KT 메가패스 서비스 담당자에게는 동호회 폐쇄를 요구하고, 불법복제 게임관련 정보가 올려져 있던 다음카페 동호회 폐쇄를 요구하는 등 사이트 운영자에게 추후 재발방지를 요청하는 경고공문을 보내는 강력한 조치를 취했다.

또한 다음, 프리첼 등의 유명 포털사이트 운영업체들도 사이트 내 동호회 회원들이 특정 콘텐츠를 불법으로 사용했다는 이유로 저작권자로부터 제소당하는 일이 빈번하고, 네티즌들의 음악파일 공유를 방조했다는 이유로 사이트 운영자인 인터넷업체에 대해 법원이 유죄 판정을 내리는 등 인터넷업체들의 저작권 침해 방조책임에 대해 엄격한 기준을 적용하고 있다. 이 때문에 저작권 침해 논란이 인터넷산업의 위축을 초래할 수 있을 것이라는 우려를 낳고 있다.

8.6 이러닝콘텐츠

이러닝산업의 급부상에도 불구하고 저작권과 관련된 규정이 제대로 정비되지 않아서 많은 문제가 나타나고 있다. 2010년 7월 11일 디지털타임즈 신문에 보도된 기사에 따르면, 이러닝콘텐츠업계와 글꼴업계 간의 저작권을 둘러싼 갈등이 격화되고 있다. 구입한 글꼴을 가지고 동영상에 활용하는 데 따른 비용 문제가 핵심으로, 일부 글꼴업체는 인쇄용 글꼴 가격 대비 150배 이상을 요구하고 있다. 이러닝업체는 상용 글꼴의 사용을 배제하고 무료글꼴만 활용하거나 이러닝업계가 공동으로 글꼴을 개발하는 등 이러닝업계와 글꼴업계 간의 갈등이 심화되고 있다. 이러한 문제가 심화되고 있는 이유는 저작권법이 제대로 명시되고 있지 않기 때문이다. 그동안 이러닝업체들은 PC 1대 기준 글꼴 1개당 1~2만 원 정도의 비용을 내고 영구 라이선스를 구입하여 이러닝 동영상 강의 제작에 활용해 왔다. 그러나 글꼴업체들은 이는 인쇄출판용 라이선스비용으로 웹사이트 배너 정도까지만 제한적으로 활용할 수 있는 조건이라고 주장한다. 기업이나 로고, 방송, 자막 등에 글꼴을 활용할 경우 개별 협상을 통해 가격을 매기도록 하고 있으며, 기업의 규모와 사용조건에 따라 최소 100만 원에서 최대 수백만 원까지 가격을 책정한다.

2004년에 이러닝산업발전법이 제정된 이후 이러닝산업은 고성장을 이룩하였지만, 이러닝산업 속의 저작권 문제를 해결하는 데에는 많이 부족했다. 부족함을 해결하기 위해서 최근 2010년 7월에 이러닝(전자학습)산업발전법 개정안이 통과되었다. 이는 실질적으로 이러닝산업 발전에 도움을 주었지만, 저작권에 관련된 사항을 명확히 규정하는 데에는 아직 미미하다.

8.7 애니메이션(캐릭터)콘텐츠

애니메이션산업과 캐릭터산업은 성장가능성이 높은 산업이므로 저작권분쟁사례가 빈번하게 발생되고 있다. 홍은영 작가는 SBS와 함께 공동으로 만화영화 '올림포스 가디언'을 만들어 2002년 12월부터 2003년 7월까지 TV를 통해 방송하고 다양한 비디오매체들을 만들어 제작 · 배포했다. 그러나 홍은영 작가는 뒤늦게 출판사와 SBS 등 업체가 자신의 판매부수를 조작하여 인세를 지급한 사실을 알고 소송을 냈다. 결국 홍은영은 2007년 2월 37억여 원의 미지급 인세와 이자를 받을 수 있다는 법원의 판결을 받았다. 이 저작권 문제는 2차적 저작물의 문제로, 원 저작물과는 별도로 독자적 저작물이긴 하지만, 2차적 저작물에는 원 저작물의 내용이 담겨 있으므로 2차적 저작물을 작성하고 이용할 때 원 저작자의 허락이 필요하다는 사실을 보여주고 있다.

KT와 SKT 사이에서는 캐릭터 표절시비가 일어났다. KT가 선보인 안드로이드OS 탑재 스마트폰 '안드로-1(LG-KH5200)'의 광고가 표절논란 화두에 올랐다. SKT가 앞서서 '모토로이' 출시와 함께 선보인 캐릭터 '안드로이보이'와 너무나도 비슷한 캐릭터가 광고로 사용되었기 때문이다. KT 광고에 삽입된 안드로보이 캐릭터가 구글의 오픈 캐릭터인 원조 캐릭터보다는 SKT의 안드로보이와 더 흡사하다는 것이 문제이다. 안드로보이는 SKT가 구글의 '안드로이드OS 마시코트'에 입체감을 살려 보완·변형작업을 거친 재창조한 작품이다. KT 측은 원본 구글 캐릭터를 자체적으로 변형시킨 것에 대해 구글 측과 이미 협의를 했으며, SKT 측이 캐릭터 표절의혹을 제기하며 노이즈 마케팅을 하는 것으로 항변했다. SKT 측도 구글의 오픈 캐릭터이니 특별히 문제가 없다고 답변했다.

캐릭터의 표절에 대해서 법적인 문제를 일으킬 수도 있지만, 이러한 분쟁처럼 오픈 캐릭터를 응용했을 경우에는 법적인 문제가 되지 않을 수도 있다. 그러나 저작물로서 가지고 있는 창작성과 상상력이 부족하다면, 결국 기업의 이미지광고효과를 떨어뜨리는 역효과를 낼 수 있다.

8.8 지식정보콘텐츠

지식정보산업에서는 수많은 정보가 오고 가다 보니 개인적인 사생활이나 저작권이 침해될 수 있는 위험요소가 더 많이 노출되어 있어 저작권분쟁사례가 꾸준히 발생한다. 아버지가 다섯 살짜리 딸이 유명 가수의 노래를 따라 부르며 춤을 추는 모습을 오랫동안 담고 싶어서 UCC로 담아 자신의 블로그에 게시했는데, 그 블로그 관리자인 한 포털회사가 신탁관리단체의 요구에 의해 UCC 동영상의 게시 중단조치를 취하였다. 그러자 아버지는 저작권 신탁관리단체에 대해 소송를 제기하였다. 서울고등법원의 판결은 저작권법 제28조 공표된 저작물 인용에 해당하여 저작권 침해에 해당하지 않는다고 판단하고, 그 저작권 신탁관리단체는 원고에게 동영상 게시 중단조치로 인한 손해를 배상하라고 판시했다. 아버지가 UCC 동영상을 블로그에 등재한 행위는 불특정다수인에게 전송한 것에 해당하므로, 위의 각 행위는 특별한 사정이 없는 한 저작권·복제권·전송권 등에 침해하는 것으로 판결하였다(서울고등법원 2010.10.13. 선고 2010나35260 판결 확정). 그러나 저작권 제한규정 해석상 위 동영상 게재행위는 창조적이고 생산적인 목적을 위하여 타인의 저작물을 정당한 범위 내에서 공정한 관행에 합치하게 이용하는 경우로서, 저작권법 제28조의 공표된 저작물의 인용에 해당하여 결국 저작권을 침해하는 행위로 볼 수 없다고 한 것이다. 포털사이트에 게시된 각 게시물에 대한 개별적 검토 없이 일괄적으로 복제 · 전송을 요구한 권리자는 저작권 제한사유에 해당하는 방법으로 저작물을 이용하여 종국적으로 침해행위를 하지 않는 복제 · 전송자에게 손해배상의 책임을 지게 되어 있다(문화체육관광부 2011).

Chapter 05 디지털콘텐츠의 유통

1. 디지털콘텐츠 유통의 개요
2. 온라인 유통
3. 오프라인 유통
4. 디지털콘텐츠 유통시장과 유료화
5. 중고 디지털콘텐츠 유통
6. 디지털콘텐츠 불법유통

1. 디지털콘텐츠 유통의 개요

1.1 콘텐츠 유통시장의 혁신

콘텐츠의 디지털화는 과거와 달리 복제와 배포에 있어서 유체물인 매개체를 유통에 수반하지 않고 디지털콘텐츠 자체가 직접 통신망을 통해 유통되게 함으로써 정보 유통방식에 일대 혁명을 야기했다. 디지털화된 콘텐츠들의 수많은 복제본들을 시간과 공간을 초월하여 별다른 비용의 추가 없이 인터넷 등 통신망을 통하여 전 세계 어느 곳에라도 배포할 수 있게 되었다. 결국 디지털시대의 도래로 다채널 · 다매체 공간이 형성되면서 양질의 콘텐츠가 어떠한 방식으로 다매체, 다채널에서 이용되느냐가 중요해진 것이다.

인터넷을 통해 재화와 서비스를 사고파는 전자상거래는 시간과 공간의 제약 없이 전 세계를 대상으로 저렴한 비용으로 동시마케팅, 주문처리, 대금결제, 고객지원 등을 가능하게 한다는 점에서 전통적인 상거래와 크게 다르다. 전자상거래에서 판매되는 것은 서비스이며, 이 서비스 안에 제품이 포함되는 것으로 볼 수 있다. 전 세계 뉴스가 인터넷상에서 무료로 제공되며, 수천 개의 신문 · 방송 사이트가 뉴스를 제공하고 수많은 잡지가 인터넷에 링크되어 있다. 24시간 내용이 갱신되고, 컬러 그래픽과 사진, 비디오와 오디오, 기타 갖가지 수단을 동원하고 있어 일간지와 주간지, 월간지

그림 5-1 | 전자상거래로 인한 유통구조의 변화

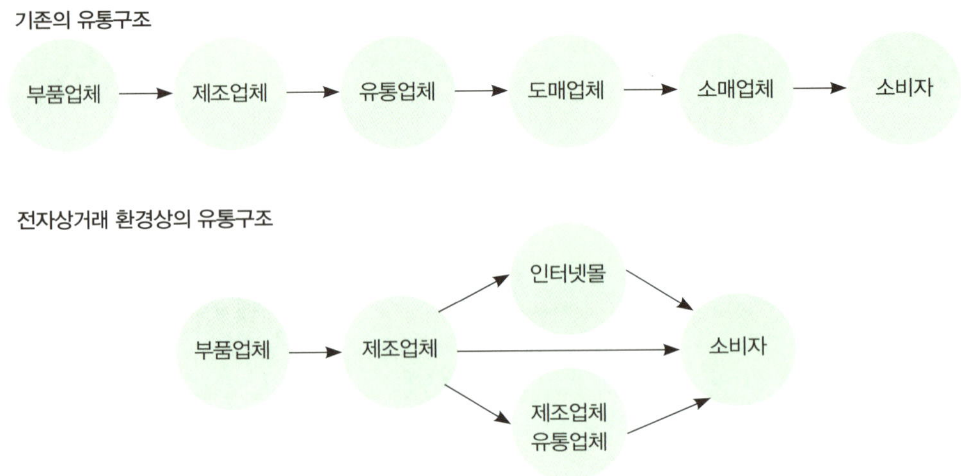

의 구별이 모호하다. 서적 출판 또한 인터넷에 의존하는 비중이 늘고 있다. 미국에서 800개가 넘는 TV방송국이 웹사이트를 갖고 있다. 또 웹캐스팅(webcasting)은 인터넷 이용자가 선호하는 내용을 생방송이나 주문형으로 제공한다(박창헌 1999). 디지털음악을 대표하는 대표적 사례로 MP3를 들 수 있다. 인터넷을 이용한 음반판매시장이 급속도로 성장하고 있는 가운데 MP3음악파일을 판매하는 AOD(Audio on Demand)시장도 거대시장을 형성하고 있다. 최근 콘텐츠 유통시장에서 보이는 특징 중 하나는 콘텐츠 전송서비스가 새로운 사업영역으로 등장하고 있다는 점이다.

콘텐츠 전송서비스(CDS : Content Delivery Service)란 콘텐츠 제공업자(CP : Contents Provider)의 콘텐츠를 물리적으로 사용자에게 가장 인접한 곳에서 전달하기 위해 네트워크의 주요 지점에 전략적으로 서버를 위치시키고 그곳에서 콘텐츠를 전송함으로써 인터넷 네트워크상에서 발생하는 병목현상 및 데이터 손실을 줄여 사용자에게 보다 빠르고 안정적으로 콘텐츠를 배포하는 서비스를 말한다. CDS는 인터넷방송 등 대용량의 멀티미디어콘텐츠 제공업체에게 적합하다. 특히 동영상, 그래픽, 오디오 파일과 같은 파일 크기가 크거나 인기 있는 주문형 비디오(VOD) 등 접속빈도가 높은 콘텐츠 전송에서 큰 효과를 볼 수 있다(이상호 2000). 인터넷 사용자도 인터넷을 통해 대용량의 비디오와 오디오콘텐츠를 안정적이고 빠른 속도로 제공받을

표 5-1 | 전통적인 유통구조와 전자상거래 유통구조의 비교

구분	전통적 상거래 유통구조	전자상거래 유통구조
유통채널	기업→도매상→소매상→소비자	기업→인터넷→소비자
거래대상지역	일부 지역판매에 한정	전 세계가 판매대상
거래시간	제약된 영업시간	24시간 영업
판매거점	Market place(시장, 상점)	Market space(네트워크)
판매방법	전시에 의한 판매	정보에 의한 판매
고객정보 획득	시장조사 및 영업사원이 획득, 정보재입력이 필요	온라인으로 수시 획득, 재입력이 필요 없는 디지털 데이터
마케팅활동	구매자의 의사에 상관없는 일방적 마케팅	쌍방향통신을 통한 일대일 상호작용적 마케팅
고객대응	고객불만에 대응 지연, 고객요구 포착이 느림	고객불만에 즉시 대응, 고객요구를 신속히 포착
소요자본	토지, 건물 등의 구입에 거액의 자금 필요	인터넷 서버 구입, 홈페이지 구축 등에 상대적으로 적은 비용 소요

수 있다는 점에서 CDS의 혜택을 누리게 된다. CDS가 미국에 이어 국내에서도 각광받을 것으로 전망되면서 국내 업체들의 움직임도 빨라지고 있다. 국내 시장전망을 밝게 보는 이유 중 하나는 인터넷방송국을 위시로 한 대용량 콘텐츠 제공업체의 급증가와 초고속 인터넷 가입자수의 폭발적 성장성에 기인한다.

1.2 디지털콘텐츠 유통의 정의

디지털콘텐츠 유통이란 디지털화된 콘텐츠를 제작자로부터 소비자에게 전달하는 모든 과정이라고 볼 수 있다. 디지털콘텐츠 유통의 범위는 오프라인 유통을 포함한 디지털화된 모든 콘텐츠의 국내외 유통을 망라하고, 디지털콘텐츠를 서비스하기 위한 DRM, CRM 등 솔루션 분야를 포함한다. 그리고 양질의 콘텐츠 확보, 콘텐츠서비스기술의 활용 및 보급, 콘텐츠의 판매(구매), 마케팅(프로모션), 유통채널, 소비자보호 영역 등 지원 분야를 포함한다.

디지털콘텐츠 유통의 역할은 첫째, 디지털콘텐츠 생산과 이용의 중요한 매개체로 디지털콘텐츠 기업의 생산성과 수익성을 제고하고 소비자에게 디지털콘텐츠 이용의 효율성과 편리성을 제공하는 역할을 수행한다. 그리고 기능적인 측면에서는 디지털콘텐츠 수요를 촉진하고 새로운 비즈니스 모델의 발굴과 우수한 디지털콘텐츠 제품의 개발을 유도한다.

둘째, 기존 오프라인상의 디지털콘텐츠가 온라인으로 유통 · 이용됨에 따라 물류비용의 절감, 유통 단계의 축소 등으로 디지털콘텐츠 이용요금의 하락을 가져와 더 많은 디지털콘텐츠 이용을 촉진하여 디지털콘텐츠 기업의 수익을 확대한다.

셋째, 디지털콘텐츠 유통은 인터넷 인구의 폭발적인 증가와 정보인프라 구축, 영상압축기술 등 IT기술의 발전이 시너지효과를 발생하여 21세기 최대의 비즈니스산업으로 급성장할 전망이다. 또한 디지털콘텐츠 제작업체를 대행하여 제작된 콘텐츠를 판매자에게 배급하여 고부가가치를 창출하는 신디케이터의 성장도 기대된다.

넷째, 디지털콘텐츠 유통은 다양한 유통채널 환경을 지원할 수 있는 DRM 등 솔루션 개발 촉진, 유통 · 관리기술의 개발과 혁신, 세계적 수준의 초고속 인터넷망을 효율적으로 활용하는 IT기술의 혁신과 PDA, HDTV 등 유통단말기의 생산을 유도하는 등 타 산업의 성장과 신산업을 창출하는 중요한 요소가 된다.

그림 5-2 | 디지털콘텐츠 유통의 역할

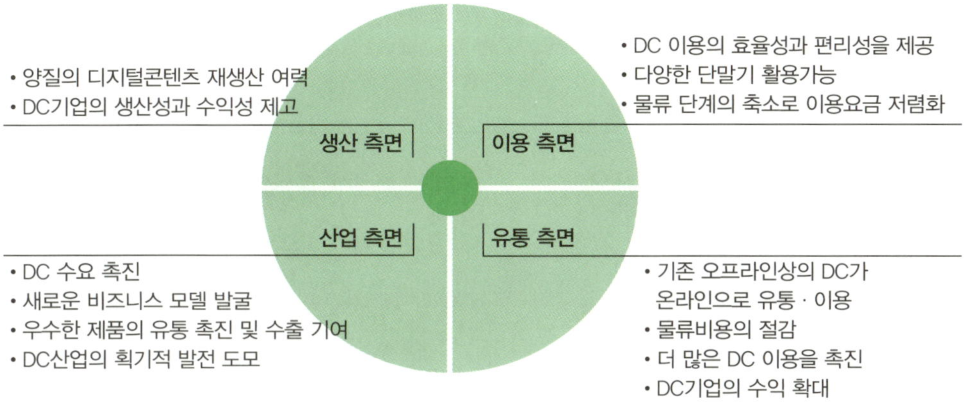

1.3 디지털콘텐츠 유통의 구조 변화

1990년대 말부터 현재까지, 지구촌의 통신환경은 급속도로 발전 · 변화되어 왔다. 초고속 인터넷 환경이 갖추어지고 저렴한 가격에 고성능 PC가 보급됨에 따라, 생활의 많은 부분들이 온라인화되기 시작하였고 오프라인 중심의 콘텐츠 유통구조 또한 점차 온라인화되어 갔다. 이로 인해 포털과 ISP의 규모가 커지면서 대형 포털 및 ISP에 이용자 트래픽이 집중되기 시작하였는데, 그에 따라 성공적인 유통의 주요 요소가 품질에서 트래픽으로 바뀌게 되었다. 이러한 현상으로 인하여 기존의 콘텐츠 생산자의 사이트를 소비자에게 중개해 주는 역할에서 직접 콘텐츠를 소비자에게 유통시키는 역할로 포털의 지위가 바뀌었다. 또한 콘텐츠 생산자는 예전 PC통신 시절의 IP(Information Provider)를 거쳐 CP(Content Provider)의 개념으로 변화되었다.

디지털콘텐츠 유통은 웹기반의 온라인뿐만 아니라 모바일기반의 휴대전화, PDA, 디지털 위성방송 채널 등으로 다양화되고 있는 추세이다. 무선망 개방과 관련 표준플랫폼(WIPI) 표준화 및 무선게이트웨이 개방 등으로 디지털콘텐츠 유통채널의 무선화가 가속화될 전망이다.

통합된 네트워크를 통해 콘텐츠 유통과 이용환경이 COPE(Created Once, Publish Everywhere)형태의 패러다임으로 변화되면서 CP는 하나의 유선 콘텐츠를 무선통신용, 디지털방송용 콘텐츠로 변환하여 다양한 유통채널을 통해 판매한다. 그리고 워터마킹과 암호화, 인증 및 추적기술 등을 통하여 콘텐츠를 효율적으로 유통시키고 콘텐츠 저작권을 보호하는 DRM(Digital Rights Management)기술이 핵심기술로 등장하게 되었다.

그림 5-3 | 디지털콘텐츠의 유통구조

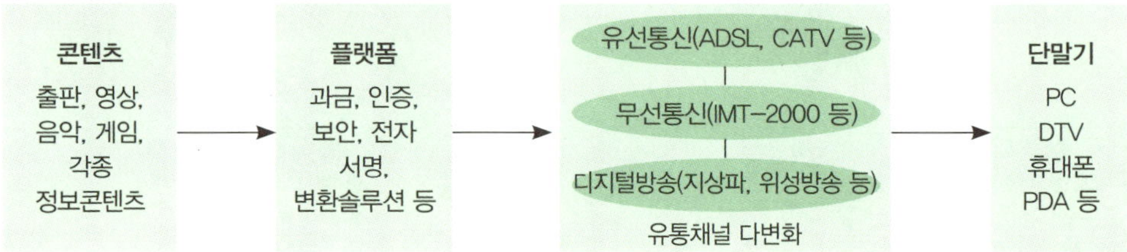

또한 디지털콘텐츠 유통 분야에서 대형의 실감형 온라인게임, 영상(무선단말기를 통한 TV 시청 등) 등의 비중이 계속 높아지고 있으며, 제작된 콘텐츠를 재가공하여 부가가치를 창출하는 신디케이터가 활발한 활동을 하고 있다.

신디케이터의 역할은 단순한 콘텐츠의 중개에 그치는 것이 아니라 벤처투자자, 기업 등과 펀드를 조성하고 자금, 인력, 설비를 지원, 디지털콘텐츠의 중복개발을 방지한다. 또한 디지털콘텐츠 기업 간 컨소시엄 구성을 유도하여 양질의 디지털콘텐츠를 생산하도록 하는 등 디지털콘텐츠 생산 및 공급자로서의 기능을 수행한다. 더 나아가 게임, 영상물, 소프트웨어 등 다양한 디지털콘텐츠 아이템 개발 작업에 직접 참여하여 해외 유명한 신디케이터와 유통협약을 맺는 한편, 국내기업을 해외기업, 투자자와 연결시켜 주는 국제적인 네트워크 결성도 추진한다.

1.4 디지털콘텐츠 유통플랫폼의 변화

전통적 유통플랫폼 외에 유·무선 인터넷을 통한 콘텐츠 유통이 증가하면서 콘텐츠 유통플랫폼시장의 경쟁이 본격화되고 있다. 오프라인 콘텐츠 유통시장은 막대한 인프라 구축비용, 자원의 희소성, 진입규제 등의 요인으로 독과점 형태를 이루고 있었다. 이에 반해 인터넷 유통플랫폼시장은 진입규제가 없고 진입장벽이 낮기 때문에 다양한 사업자들의 진출이 활발히 일어나고 있다(박유리 외 2012).

최근에는 콘텐츠 유통이 이루어지던 오프라인 플랫폼에서 새로운 통신기술 및 디지털기기와 함께 다양한 유통플랫폼이 등장하고 있다. 먼저 인터넷이라는 가상의 공간에서 콘텐츠 유통이 이루어지는 온라인 플랫폼이 등장함으로써 콘텐츠의 중개자가 오프라인에서 온라인으로 변화하였고 오프라인으로의 직접 방문 없이 콘텐츠의 구매 및 판매가 가능해졌다.

계속되는 기술과 기기의 발전으로 이동통신사업자를 중심으로 하는 모바일 플랫폼이 등장하게 되었으며, 스마트기기가 등장하면서 스마트 플랫폼과 소셜네트워킹서비스를 통한 소셜 플랫폼도 등장하게 되었다. 모바일 플랫폼에서 콘텐츠 생산자는 이동통신사업자가 제공하는 API 규격에 맞추어 콘텐츠를 생산하고 이동통신사업자가 보유한 가입자를 대상으로만 콘텐츠를 공급할 수 있었지만(이상호, 심창훈 2013), 스마트 플랫폼에서는 오픈마켓을 통해 스마트 운영체제 개발사가 개발한 개방된 형태의 API로 콘텐츠가 제작되기 때문에 동일한 운영체제를 사용하는 소비자 전체가 콘텐츠를 제공받을 수 있다.

소셜 플랫폼은 SNS사업자가 스마트 플랫폼의 오픈마켓 비즈니스 모델을 결합하여 만든 콘텐츠 플랫폼이다. 대표적인 소셜 플랫폼에는 '페이스북'과 '카카오톡'이 있다. 이러한 소셜 플랫폼은 스마트 플랫폼에서와 마찬가지로 사용자의 콘텐츠 제작 참여가 어렵다는 단점이 있다.

그림 5-4 | 소셜 플랫폼의 콘텐츠 유통흐름도

* 단말기 제조사와 이동통신사업자는 생략하였음

자료 : 이상호, 심창훈(2013)

콘텐츠 제작 참여가 어려운 기존 소셜 플랫폼의 단점을 보완하여 사용자에게 콘텐츠 제작 편리성과 콘텐츠 제작 참여를 제공하는 C2C 소셜 플랫폼까지 등장하였다. 인터넷상에서 제작된 콘텐츠를 다른 사용자에게 유통할 수 있으며 C2C 소셜 플랫폼에서 콘텐츠의 추천을 통해 콘텐츠를 무료로 이용할 수 있도록 하는 기능을 제공하고 있다.

C2C 소셜 플랫폼은 사용자의 만족도와 참여도를 모두 향상시켰고 SNS의 특성을

활용하여 실질적인 매출의 향상을 시도하고 있다. 사용자 중심의 API를 제공하여 특별한 기술과 지식 없이도 콘텐츠의 생산이 가능한 환경을 제공한다. 그리고 SNS 기능을 통해 콘텐츠의 집단 소비가 가능하도록 구현한다. 또한 생산자와 사용자의 네트워킹을 통해 사용자의 네트워킹 요구를 충족한다. 그러므로 여타 콘텐츠 플랫폼에 비해 사용자 편리성과 참여성을 강화한 사용자 중심의 콘텐츠 플랫폼이라 할 수 있다. C2C 소셜 플랫폼의 대표적인 콘텐츠 유통사례로는 '카카오페이지'가 있다.

그림 5-5 | C2C 소셜 플랫폼의 콘텐츠 유통흐름도

* 단말기 제조사와 이동통신사업자는 생략하였음

자료 : 이상호, 심창훈(2013)

1.5 디지털콘텐츠 기업의 가치사슬

디지털콘텐츠 기업의 가치사슬을 하나의 명확한 구조로 정의하기는 어렵다. 이는 영화, 플래시 애니메이션, 뉴스 등이 모두 온라인에서 디지털콘텐츠로 유통되지만 이 모든 콘텐츠들이 똑같은 가치사슬을 형성하고 있는 것은 아니기 때문이다. 온라인에서 대다수의 산업이 수직적으로 통합된 가치사슬이 변형되는 과정을 거치듯이 콘텐츠산업 역시 유통구조가 단순화되는 등의 변형된 가치사슬을 지니게 된다. 콘텐츠를 창조하는 단계에서 소비자에게 전달하는 과정까지 디지털콘텐츠 기업은 가치사슬별로 다양하게 분화되며 상호연관되어 있는 상태이다. 가치사슬별 시장참여자와 비즈니스 모델도 네트워크망 환경과 콘텐츠 플랫폼의 발달로 인해 변화하고 있다. 콘텐츠의 멀티미디어화가 더욱 가속화되고 있으며 이에 따라 기술력과 자본력을 갖춘 일부 CP와 미디어사업자의 시장지배력이 가속화되고 있다. 이에 반해 영세한 CP들은 시장에서 점차 외면받고 있는 실정이다. 디지털콘텐츠 전체 가치사슬을 확보하려는 방송과 통신, 그리고 콘텐츠사업자들의 치열한 경쟁이 벌어지고 있는 것이 현실이다.

디지털콘텐츠의 가치사슬을 이루고 있는 참여자는 크게 콘텐츠 제공자와 신디케이터, 리테일러, 서비스 또는 마켓플레이스로 나눌 수 있으며 이를 간단하게 정리하면 [표 5-2]와 [그림 5-6]과 같다.

| 표 5-2 | 디지털콘텐츠 비즈니스 모델

분류	콘텐츠 제공자	신디케이터 (애그리게이터)	리테일러	서비스, 인프라
성격	뉴스, 영화, 음악, 게임, 정보 등 1 · 2차 정보생산	콘텐츠 수집 · 가공, 부가서비스와 연결, 다양한 채널에 공급	콘텐츠를 가공하여 서비스 제공	콘텐츠서비스를 위한 인프라, 장비, 장치 제공
사례	대규모 미디어기업의 경우 CP와 리테일러 역할 중복	스크리밍미디어, KOCN 등	야후, 다음, nKINO 등 콘텐츠 유료화 출발	SK텔레콤, 디지털 TV, 휴대전화 단말기, CDM 솔루션

그림 5-6 | 디지털콘텐츠 유통의 가치사슬

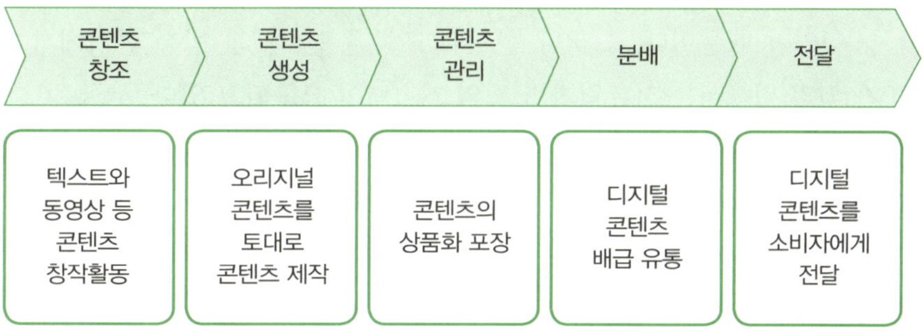

(1) 콘텐츠 제공자

디지털콘텐츠를 제작 또는 상품화시켜 공급하는 콘텐츠 제공자(CP : Contents Provider)는 디지털콘텐츠 비즈니스 모델의 핵심이다. 현재 국내에서 유통되는 상위 그룹의 콘텐츠는 방송프로그램, 뉴스, 영화, 음악, 게임, 교육, 경제정보 등이며 대표적인 콘텐츠 제공자 역시 이런 종류의 콘텐츠를 생산하는 업체들로 이루어져 있다. 이들 콘텐츠 중 시장에서 유료로 판매되는 콘텐츠들은 주로 영화, 만화, 게임, 성인물 등의 엔터테인먼트 계열이 압도적이다. 반면 의료, 법률 등 각종 정보콘텐츠 제공자들은 콘텐츠 유료화보다는 콘텐츠를 마케팅 수단으로 사용하는 등 다른 수익모델을 지니고 있는 것으로 보인다.

국내 디지털콘텐츠산업의 CP는 크게 두 가지 축으로 구성되어 있다. 첫째는 경쟁력 있는 콘텐츠를 생산하는 업체들이 직접 시장에 참여하는 경우이다. 주로 방송, 게임 등의 원작 콘텐츠와 저작권을 소유한 이들 업체들은 막강한 시장지배력을 지니고 있고 사업규모 또한 크다. 다른 한편에는 원작 콘텐츠의 판권을 확보하거나 저작권료를 지불하고 이를 디지털콘텐츠로 변환시켜 온라인에서 유통시키는 CP들이 있다. 영화, 음악, 만화 등 현재 시장이 활성화되어 있는 엔터테인먼트콘텐츠의 경우 대부분 벤처기업 등 소규모 기업에서 디지털콘텐츠를 생산하고 있다.

유 · 무선 인터넷 통합과 방송과 통신의 융합으로 인해 콘텐츠 제공자의 역할과 위상도 점차적으로 변화되고 있는 상황이다. 유 · 무선 인터넷, 초고속망이 발달하면서 인터넷콘텐츠는 텍스트와 이미지 중심에서 동영상으로 진화하고 있다. 콘텐츠 제공자 역시 이러한 흐름에 맞추는 기업들이 활성화되고 있다. 따라서 전문적인 CP들보다는 자금력과 저작권을 보유하고 있는 거대 미디어기업군의 영향력이 더욱 강화되는 추세이다. 과거 PC통신 IP들이 활성화될 수 있었던 이유는 소자본을 기반으로 아이디어와 콘텐츠 확보 능력만 있으면 특별한 기술력 없이 텍스트만으로 바로 사업에 진입할 수 있었기 때문이다. 그러나 현재 고도화된 인터넷과 방송 환경에서 경쟁력 있는 CP가 되기 위해서는 자본력과 고도의 기술력이 요구되고 있다.

(2) 콘텐츠 신디케이터

콘텐츠 신디케이터란 유 · 무선 인터넷에 존재하는 다양한 콘텐츠 공급자의 콘텐츠를 모으고 오프라인 콘텐츠를 디지털화시켜 관련 콘텐츠를 필요로 하는 사이트나 서비스업체에게 공급하는 것을 의미한다.

온라인콘텐츠 신디케이터는 미국에서 아이신디케이터, 옐로브릭스, 비넷, 뉴스엣지, 스크리밍미디어 등이 주요한 사업자로 활동을 전개하면서 주목받기 시작하였다. 미국에서는 CP와 신디케이터, 신디케이터와 리테일러 사이의 계약을 대행하는 콘텐츠 컨설팅업까지 등장할 정도로 신디케이션산업이 활발하였다.

그러나 2000년을 전후해 닷컴 침체기에 들어서면서 이들 사업에 이상 신호가 나타나기 시작했다. 침체기 초반에는 닷컴 기업들이 비용절감을 위하여 신디케이션을 이용하게 되어 오히려 호황을 누렸지만 침체가 장기화되면서 많은 클라이언트들이 도산하거나 콘텐츠 구매를 줄이면서 많은 신디케이터들이 어려움을 겪고 있다. 대략 2001년 중반 이후 업계는 활발한 인수 · 합병 및 퇴출과정을 거치며 대규모 신디케이터 위주의 시장으로 재편된 상황이다.

신디케이터들은 중소 CP보다 유명 CP를 선호하는 경향이 더욱 커지고 있다. 따라서 중소 CP들은 어려움을 겪게 되고 아주 독특한 콘텐츠를 제공하지 못하는 경우 시장에서 도태될 것이다. 최근 신디케이터들의 추세는 기존의 PC기반 유선 인터넷에 국한된 콘텐츠공급이 아니라 유선과 무선, 그리고 PC와 휴대전화, PDA 등 다양한 플랫폼에 맞는 서비스의 제공으로 발전하고 있다. 현재까지 유선 인터넷의 경우 콘텐츠 신디케이터라는 명칭이 주로 쓰이고 무선 인터넷의 경우 비슷한 역할을 하는 업체의 경우로 콘텐츠 애그리게이터라는 명칭이 쓰였다. 유 · 무선 인터넷의 연동과 무선 인터넷망의 고도화로 인해 유선 신디케이션사업자의 무선 진출도 활발해지고 있는 상태이다.

성공적인 신디케이터들의 공통점을 분석해 보면 다음과 같다.

첫째, 기업시장에 집중한다. 초기부터 또는 점차로 기업시장에 집중하여 60~80% 수입을 기업시장에서 얻고 있고 인트라넷, 익스트라넷, 기업 웹페이지에 콘텐츠를 제공한다.

둘째, 기술력을 확보한다. 콘텐츠 제공을 위한 솔루션을 동시에 제공하며 기술력을 갖추기 위해 인수 · 합병을 시도한다.

셋째, 엄선된 콘텐츠를 제공한다. 주로 기업정보, 재무정보, 뉴스 제공에 집중하며, CP는 중소 규모보다 높은 브랜드 가치를 지닌 신뢰성 있는 것을 선호한다. 최근에는 모바일콘텐츠시장에 대한 투자와 접근을 강화하고 있다.

콘텐츠 제공자와 신디케이터 간의 수익배분 유형은 고정가격제(flat-fee basis), 구독자별 가격제(per-user basis), 사용별 가격제(per-usage basis) 등으로 나타나고 있다. 고정가격제는 일정 기간 일정 금액 지급방식이다. CP는 해당 기간 동안 안정적인 현금흐름을 기대할 수 있으며 신디케이터는 콘텐츠별로 따로 계산을 하는 등의 수고를 덜 수 있으므로 편리하다. 구독자별 가격제는 구독자, 사용자수에 따라 CP에게 지불하는 방식이다. 콘텐츠가 고가일 때와 CP가 자신의 사이트에서 동일한 가격으로 콘텐츠를 공급하고 싶을 때 주로 이용한다. CP는 자신의 콘텐츠가 얼마만큼 누구에 의해 수요되는지를 알 수 있다. 그러나 별도로 과금되므로 콘텐츠에 대한 수요 자체가 적어질 위험이 있다. 사용별 가격제는 사용횟수에 따라 지불하는 방식이다. 신디케이터의 사용횟수에 따라 혹은 최종 사용자의 사용횟수에 따라 지불한다. CP의 브랜드 가치를 올리기 위해 최대한 많이 노출되기를 원할 경우 주로 이용된다.

지금까지 무료로 유통되던 디지털콘텐츠들이 유료로 유통되며 상품화되고 있고 대형 미디어기업들이 콘텐츠 신디케이션에 대해서 관심을 보이고 있다. 따라서 국내 시장 규모가 지속적으로 성장한다면 방송, 영화, 경제정보 등 콘텐츠 규모가 큰 분야들의 경우 콘텐츠를 생산하는 미디어기업 등에서는 직간접적으로 콘텐츠 신디케이션사업에 뛰어들 것으로 보인다. 디지털콘텐츠 신디케이터의 핵심적인 역할은 솔루션과 기술력을 갖고 디지털콘텐츠를 고객에게 맞게 커스터마이징하는 능력에 달려 있으므로 전문적인 신디케이션업체가 기술력 확보를 전제로 시장에서 성장할 수 있을 것이다.

(3) 콘텐츠 리테일러

콘텐츠 리테일러는 디지털콘텐츠와 서비스를 소비자에게 제공하는 사업모델이다. 소비자와의 넓은 접점이 필수요건인 리테일러는 방송, 신문, 포털 등의 미디어 기능을 갖고 있다. KBS, MBC, SBS와 같은 방송국이나 중앙일보, 한겨레신문 등의 신문사 미디어업체들은 디지털콘텐츠시장의 대형 CP이면서 리테일러의 역할도 동시에 수행하고 있다.

최근에는 디지털콘텐츠 수요가 점차 증가하면서 관계회사나 자회사를 통해 신디케이터나 마켓플레이스사업에도 진출 중이다. 방송콘텐츠의 수요가 급증하면서 국내 공중파 방송국의 인터넷 자회사들은 기존의 리테일러 역할에서 콘텐츠 신디케이터 역할을 강화해 나가고 있다.

신문사 사이트들의 경우 핵심적인 뉴스콘텐츠 외에 다양한 엔터테인먼트콘텐츠 유통에도 뛰어들고 있다. 과거 쇼핑몰사업에 뛰어들었듯이 영화와 만화 등 인기 있는 콘텐츠몰을 속속 도입하고 있다. 인터넷경향신문 미디어칸도 인터넷 영화관을 오픈하였고 중앙일보 조인스닷컴의 경우 프리미엄 회원에게 영화와 만화 등의 콘텐츠를 서비스하고 있다. 디지털조선일보 역시 인터넷 영화관을 운영하고 있다.

다음, 야후 등 대형 포털들도 리테일러의 역할을 담당하고 있다. 인터넷 포털은 처음에는 주로 검색과 무료 이메일서비스 등 한정된 디렉터리서비스에 국한된 형태로 인터넷 관문 역할을 수행하였다. 최근에는 점차 콘텐츠의 강화를 통해 경유지가 아닌 정보 획득의 목적지로서의 성격이 강해지고 있다.

하나포스닷컴과 코리아닷컴 등 초고속통신망 사업자들의 브로드밴드 포털은 동영상류의 멀티미디어콘텐츠에 집중하고 있다. 또한 야후, 라이코스코리아 등 일반 포털업체들도 브로드밴드콘텐츠를 강화하며 디지털콘텐츠 유통시장에 가세하고 있다.

직접적인 유료화나 수익창출을 위해서가 아니라 온라인사이트를 유력한 마케팅 공간으로 활용하기 위해 대량의 콘텐츠를 확보하는 사이트들도 존재한다. 주로 은행,

카드 등 금융권 사이트와 일부 대기업 사이트들이 이런 경우에 속한다. 삼성카드는 팝콘, 국민카드는 패스존이라는 콘텐츠몰을 열고 부가적인 수익사업에도 뛰어들었다. 이들 사이트들은 영화, 만화, 게임 등의 콘텐츠를 유료로 서비스하며 자사카드와 포인트로만 결제가 가능한 시스템을 구축했다. 카드사들의 목적은 사이트 충성도 제고와 카드 포인트 점수의 소비 진작을 위한 것으로 보인다. 한편 포인트사업의 선도자인 SK OK캐쉬백 역시 OK캐쉬백닷컴에 콘텐츠몰을 추가하여 포인트를 이용한 콘텐츠 소비에 적극적으로 나서고 있다.

콘텐츠 리테일러 영역에는 콘텐츠 저작권을 보유하고 있는 거대 콘텐츠기업과 통신망과 방송망을 지니고 있는 망사업자의 진출이 활발해질 것으로 보인다. 미국과 일본의 대형 음반사와 영화사 등은 오프라인에서와 같은 복잡한 유통 단계를 거치지 않는 온라인 유통에 관심을 기울이고 있다. 또한 한국의 경우 통화 수신료로는 수익기반 한계에 달한 KT, 하나로통신 등의 망사업자들이 콘텐츠 유통시장에 적극적으로 가세하고 있다. 따라서 중소 규모 CP사업자들의 리테일러 영향력은 앞으로 더욱 축소될 것이다.

(4) 콘텐츠 마켓플레이스

콘텐츠 마켓플레이스는 콘텐츠를 필요로 하는 구매자와 공급하고자 하는 판매자가 모이는 도매시장을 의미한다. 디지털콘텐츠의 유통거점으로 자리 잡을 수 있으며 신디케이터와는 다른 역할을 수행할 수 있다. 오프라인 콘텐츠업체들이 임시적으로나 상설적으로 견본시장을 운영하는 것과 같은 유형이다. 세계적으로 유명한 오프라인 견본시장인 칸영화제나 출판만화 견본시장인 앙굴렘축제 같은 시장이 온라인에 상설적으로나 임시적으로 존재할 수 있는 것이다.

크레지오닷컴과 소프트웨어진흥원이 공동으로 설립한 디지털콘텐츠 유통전문 사이트인 콘피아닷컴이 본격적인 콘텐츠 마켓플레이스 역할을 시도하고 있다. 콘피아닷컴은 방송, 만화 등 다양한 엔터테인먼트콘텐츠를 중심으로 국내외 콘텐츠제공 사업자와 일반 소비자, 기업 등을 연결해 주는 콘텐츠 마켓플레이스의 역할을 목적으로 하고 있다.

오프라인 콘텐츠가 다양한 마켓플레이스와 견본시장 등의 활성화로 유통구조를 형성하고 있는 것처럼 디지털콘텐츠의 경우 온라인에 견본시장을 여는 경우가 확대되고 있다.

현재 대표적인 국제 오프라인 마켓플레이스로 꼽을 수 있는 것은 프랑스의 MIPTV

와 MIPCOM, 미국의 NATPE이다. 이 중 가장 오래된 국제적인 견본시장은 MIPTV로 1963년 프랑스의 리드미뎀사가 유럽 및 미국의 텔레비전 프로그램 유통가들을 위해 개최한 것으로 보고되고 있다(하윤금 2008). 국내의 경우는 한국방송영상산업진흥원이 개최하는 BCWW가 있으며 그 밖에도 부산콘텐츠마켓, 대구콘텐츠마켓 등이 있다.

온라인의 특성에 기인한 온라인콘텐츠 마켓플레이스는 오프라인 마켓플레이스와 달리 시간과 공간의 제약이 없으며 합리적이고 효율적이다. 온라인 마켓플레이스가 갖는 장점을 간단히 살펴보면 다음과 같다(하윤금 2008).

첫째, 유통채널이 단순해진다.

둘째, 시간과 공간의 제약을 받지 않으므로 다양한 업종과 품목의 국내외 거래에 적합하다.

셋째, 인터넷을 통하여 소비자와 실시간 쌍방향 마케팅이 가능하다.

넷째, 거래비용(transaction costs)이 감소한다. 거래를 위해서는 구매자/판매자 탐색, 제품정보 수집, 가격협상, 계약서 작성 등에 비용이 소요된다. 인터넷을 이용하는 온라인 마켓플레이스에서는 이 거래비용이 대폭 감소할 수 있다는 것이다.

오프라인 콘텐츠 마켓플레이스가 임시적이고 페스티벌의 형식을 보인다면 온라인 디지털콘텐츠의 경우는 상설적인 운영이 가능한 것도 장점이다. 온라인게임, 플래시 애니, 캐릭터, 모바일콘텐츠 등의 콘텐츠들이 마켓플레이스 형태의 장에서 유통될 수 있다면 디지털콘텐츠 유통 활성화와 개별기업들의 수익성 향상에도 큰 기여를 할 것으로 보인다.

2. 온라인 유통

인터넷콘텐츠의 양적 · 질적 상승에 따라 기존 온라인 광고 중심의 수익모델은 한계에 도달하였다. 이에 콘텐츠와 전자상거래 부분에 대한 수익 확대에 주력하는 동시에, 기존 무료제공서비스에 대하여 유료화 전환 및 프리미엄서비스의 도입을 지속적으로 진행하였다. 이로 인하여 인터넷시장의 개념은 기존 인터넷에 접속하는 최초의 관문(포털)과 서비스를 제공하는 전문사이트의 역할분담에서 벗어나 포털이 모든 서비스를 흡수하고 제공하는 '마켓플레이스'의 주도적인 역할을 수행하는 모양으로 변화하고 있다.

초기 온라인콘텐츠 유통시장은 콘텐츠(서비스)를 보유한 사업자가 직접 사이트를 운영하면서 콘텐츠 제공사와 최종 이용자를 바로 연결시키는 직거래방식이었다. 이렇게 판매자와 소비자를 이어주는 역할을 포털이 수행하였으나, 급격한 시장변화에 따라 상위권의 포털/ISP는 대략의 트래픽과 보유한 회원을 기반으로 리테일러(애그리게이터)의 위치에서 온/오프라인의 콘텐츠를 직접 유통하는 역할을 수행하면서 기존의 전문화 사이트는 점점 경쟁력을 상실하였다. 결국, 독립적인 사업보다는 포털에 직접 콘텐츠를 제공하거나, 신디케이터를 통하여 콘텐츠를 제공하는 CP로서의 역할을 수행하는 모습으로 변모하고 있다.

2.1 유통방식 및 수익구조

디지털콘텐츠 유통은 크게 자체적으로 생성(제작)하고 유통하는 방식과 CP 또는 신디케이터가 제공한 콘텐츠를 유통하는 방식으로 나눌 수 있다. 또한 근래에 들어서 이용자(회원)가 직접 콘텐츠를 생성하고 유통하는 모델이 등장하고 있어, '생산-유통-소비'의 구분이 모호해지는 모습을 보이고 있다.

(1) 콘텐츠 유통방식

1) 직영형

콘텐츠 생산자가 유통을 겸하는 것을 의미한다. 다만 이 경우 생산자는 충분한 규모의 온라인 유통망 및 기반 인프라를 보유하고 있어야 한다. 또한 서비스 활성화를 위하여 다양한 프로모션 등의 지속적인 관리가 필요하다. 최근에는 일부 사업자를 중심으로 직영과 입점을 병행하는 사업자가 증가하는 추세이다.

2) 단순 콘텐츠 제공형

콘텐츠사업자(신디케이터/애그리게이터)가 유통사업자에게 보유한 콘텐츠만을 제공하는 경우를 말한다. 이 경우 통상적으로 유통사업자가 서비스에 필요한 기반(결제, 회원인증 등)을 구축·보유하고 운영하며, 해당 서비스와 관련된 프로모션까지 주도적으로 진행하는 모델이다. 현재 이동통신사에서 유통되는 모바일게임 및 유선 포털사에 제공되는 뉴스 등이 해당 모델에 속한다.

3) 브랜드 입점형

콘텐츠사업자가 유통사업자의 일정 공간(메뉴)을 제공받고 해당 공간에서 활동을 보장받는 모델이다. 입점형에는 소극적 입점형과 적극적 입점형이 있는데, 먼저, 소극적 입점형은 유통사업자가 구축한 공간에서 일정 부분을 할당받아 운영하는 방식이다. 이 경우에는 입점사업자가 중복되고 이로 인한 부작용이 발생할 수 있다. 적극적 입점형은 유통사업자에게 일정 공간을 확보하고 정해진 가이드라인 안에서 자유로운 서비스 구성 및 마케팅 구사가 가능한 모델이며, 유통사업자와 해당 사업군에 대한 독점적인 권한을 부여받기도 한다.

(2) 콘텐츠 과금방식

1) 건당 과금

유 · 무선 콘텐츠 유통상에서 가장 광범위하게 사용되고 있는 방식이다. 콘텐츠 최소 단위별로 이용금액을 정하고, 콘텐츠 이용 시 건단위로 과금을 하는 방식이다.

2) 기간 정액제

일/주/월 등 이용기간에 따라 정해진 금액을 지불하면 해당 기간 동안 약정된 콘텐츠를 추가비용 없이 사용할 수 있는 과금방식이다. 해당 방식은 통상적으로 대량(장기) 구매에 대한 할인의 형식을 보이고 있으며, 자동결제(연장) 등의 옵션이 따르기도 한다. 일정액의 경우에는 유선상의 만화 등의 콘텐츠에서, 월정액의 경우 음악, 게임 등에서, 모바일의 경우 휴대전화 메일 알림 등 이용자가 장기간 지속적인 이용이 필요한 서비스에 사용된다. 최근에는 자동연장(결제) 기능이 신용카드나 휴대전화 소액 결제를 통하여 지원되면서 유통사업자의 불성실 고지로 인한 부당청구 사례가 발생하기도 한다.

3) 종량제

모바일에서 사용되는 대표적인 요금제 중 하나이다. 기존의 요금제가 콘텐츠의 수를 기반으로 제공되었다면, 종량제 방식은 이용자가 서비스를 이용하면서 발생하는 데이터의 양 또는 시간을 기준으로 부과하는 요금제이다. 최근 모바일 네트워크게임을 중심으로 종량제 과금방식이 활성화되고 있다. 특히 건당 과금이 곤란한 서비스의 경우에 우선적으로 도입되고 있다.

4) 패키지 요금제/정액제/정량제

이 방식은 이종의(유사) 서비스를 결합하여 하나의 패키지 상품군을 만들거나(벨소리+통화연결음+휴대전화 배경), 일정액을 지불하면 정해진 기간 동안 제한된 수의 콘텐츠를 이용할 수 있는 과금방식이다. 현재 다양한 서비스가 등장하고 서비스 간 관련성이 높아지면서 이 방식이 다양한 방법으로 활용되고 있다.

(3) 온라인 결제수단

대부분의 소비자들이 인터넷에서 디지털콘텐츠를 구매하는 데 장애요소로 지적하는 것이 바로 지불 · 결제수단의 불편함이다. 과거 PC통신이나 현재의 무선 인터넷에서 콘텐츠를 이용하고 요금을 지불하는 데는 아무런 불편함이 없다. 각각의 콘텐츠 이용자는 통신망사업자가 공지한 가격을 인지하고 콘텐츠를 이용하고 통신요금에 합산해서 결제하면 그만이다. 그러나 유선 인터넷에서는 인터넷의 개방성으로 인해 통신망사업자가 콘텐츠 판매사업자들과 아무런 관계가 없는 상태가 되었고 이용자들은 자신이 원하는 콘텐츠를 이용하기 위해서 불편할 뿐 아니라 위험하고 복잡한 결제과정을 거쳐야 한다. 디지털콘텐츠사업자들은 이러한 이용자들의 불편함을 해소하기 위해서 다양한 해결책을 제시하고 있지만 아직 완전한 결말은 나오지 않은 상태이다.

디지털콘텐츠, 특히 엔터테인먼트계열의 콘텐츠의 경우 전자상거래에 비해 소액결제가 많은 현실을 볼 때, 소비자가 느끼기에 편리하고 안전한 결제수단과 과금방식은 디지털콘텐츠 유료화와 시장의 활성화를 위해서 선결되어야 할 중요한 문제이다.

1) 유 · 무선 전화결제

유 · 무선 전화결제서비스가 본격화되기 전인 2000년 중반까지 온라인 디지털콘텐츠시장에는 오프라인시장과 마찬가지로 신용카드 외에 다른 결제수단이 존재하지 않았다. 그러나 신용카드의 경우 카드번호나 유효기간 등 주된 기본정보가 노출되기 쉽고, 온라인 결제 시에는 이러한 기본정보만으로도 비대면 결제가 가능하기 때문에 잠재적인 도용가능성이 존재한다. 또한 신용카드 결제는 매 결제 시 VAN업체에 50~200원의 정액 수수료를 지불해야 하는 등 원가구조상 온라인 소액 결제에 부적합하다는 단점이 있다(KIPA 2004b).

온라인콘텐츠 거래에서 이러한 신용카드의 단점을 해결하기 위해 유 · 무선 전화결제에 앞서 등장한 것은 각종 전자화폐이다. 전자화폐는 크게 IC카드형 전자화폐와 네트워크형 전자화폐로 나뉜다. IC카드형 전자화폐는 화폐가치를 IC카드에 저장하였다가 지급수단으로 사용하는 형태이고, 네트워크형 전자화폐는 화폐가치를 전자화한 선불카드를 구입하거나 PC에 전자지갑형태로 저장하였다가 지급수단으로 사용하는 형태이다. 이 중 IC카드형 전자화폐는 온라인보다는 오프라인을 일차적인 목표시장으로 설정하였다. 물론 온라인 지불수단으로의 전용도 가능하나, IC카드 결제를 위해서는 결제를 원하는 장소에 IC카드 전용의 단말기가 필요하다는 맹점이 있다.

이와 달리 네트워크형 전자화폐는 사용자가 선불카드를 구입 및 충전하여 인터넷에서 콘텐츠나 물품을 구매하는 방식이다. 네트워크형 전자화폐는 IC카드형 전자화폐와 달리 별도의 전용 단말기가 필요 없이 곧바로 온라인 결제에 사용될 수 있어 유 · 무선 전화결제와 직접적인 대체관계에 놓여 있다고 할 수 있다. 그러나 네트워크형 전자화폐를 사용하려면 사용자가 편의점이나 서점 등 오프라인의 특정 상점에서 카드 등의 형태로 된 전자화폐를 선불로 구입해야 하는 단점이 있다. 즉, 인터넷 사용자가 영화, 음악, 교육, 게임 등의 소액의 콘텐츠를 구매할 때 나타나는 구매형태는 신중하고 계획적이라기보다는 순간적이고 충동적인 경우가 많기 때문에 구매충동을 느끼는 즉시 사용하기 힘든 네트워크형 전자화폐는 거래규모가 매우 미미한 편이다. 또한 전자화폐는 제공업체별로 서로 호환되지 않는다는 점도 전자화폐의 단점 중의 하나이다. 즉, 사용자가 특정 업체의 전자화폐를 구입했을 때 그 전자화폐를 사용할 수 있는 인터넷콘텐츠의 사이트수가 한정되어 있어 선불로 구매한 전자화폐를 소진하지 못하고 잔액이 남는 경우가 발생한다.

유 · 무선 전화결제는 위와 같은 기존 결제수단들의 단점을 개선하며 디지털콘텐츠의 온라인 유통에 가장 적합한 결제수단으로 자리매김하고 있다. 우선, 유 · 무선 전화결제는 전화번호와 주민등록번호, 일회용 승인번호를 이용하여 결제가 이루어지기 때문에 신용카드에 비해 번거로움이 적어 빈번한 소액 결제에 적합하다. 거래 수수료 역시 거래금액에 대한 정률법으로 책정되기 때문에 일정금액 이상만 결제가 가능한 신용카드와 비교할 때, 아무리 작은 금액이라도 자유롭게 결제가 가능하다는 장점이 있다. 또한 유 · 무선 전화결제는 후불제인 동시에 비계획적인 구매에서도 즉각 거래가 가능하며, 각 통신사가 동일한 서비스를 제공하고 있어 범용성 및 호환성과 관련된 전자화폐의 단점을 대부분 극복하고 있다.

이 외에도 최근 SK텔레콤의 모네타와 KTF의 K머스 등이 '휴대전화 속 신용카드'를 표방하며 새롭게 등장하였다. 그러나 온라인 디지털콘텐츠시장은 유 · 무선 전화결제 서비스가 90% 이상을 차지하고 있고, 이미 이용자에게 가장 익숙한 온라인 결제 수단으로 자리 잡았기 때문에 이들 서비스는 온라인시장에서 큰 영향력을 발휘하지 못하고 있다.

2) 유 · 무선 전화결제의 특성

신용카드 및 전자화폐와 구분되는 유 · 무선 전화결제의 특성을 좀 더 상세하게 살펴보면 다음과 같다.

첫째, 서비스 이용절차가 매우 신속하고 편리하다. 휴대전화 결제를 중심으로 살펴보면, 이용자는 늘 소지하고 다니는 본인의 휴대전화만 있으면 언제든지 결제가 가능하다. 우선, 이용자가 인터넷사이트에서 원하는 서비스에 대한 결제요청을 선택한다. 그러면 결제정보를 입력하는 창이 활성화되고, 그곳에 자신의 휴대전화번호와 주민등록번호를 입력한다. 잠시 후 본인인증을 위한 일회용 인증번호가 이용자의 휴대전화로 전달되고, 이를 결제창에 입력하면 결제가 모두 완료된다. 유선전화 결제도 본인인증방법만 다를 뿐 이용절차는 크게 다르지 않다.

둘째, 비교적 낮은 단가의 디지털콘텐츠 구매에 주로 이용된다. 이는 디지털콘텐츠 자체가 소액이라는 점 때문이기도 하지만, 디지털콘텐츠의 주 이용 연령층이 신용카드를 소지하고 있지 않은 10~20대이기 때문이다. 또한 신용카드를 소지한 사용자라 하더라도 일정금액 이상만 결제가 가능한 신용카드와 달리 소액 결제가 가능하기 때문에 소액의 빈번한 결제에 있어서는 유 · 무선 전화결제서비스를 선호하고 있다.

셋째, 유 · 무선 전화결제산업은 인터넷콘텐츠산업과 밀접한 연관관계를 가지고 있다. 인터넷이 태동한 후 3~4년간, 소액 결제수단의 부재 및 사용자들의 유료화에 대한 부정적 인식으로 수익창출에 실패하였던 인터넷콘텐츠업체들은 유 · 무선 전화결제서비스의 등장으로 콘텐츠 유료화를 순조롭게 진행할 수 있었다. 역으로, 인터넷콘텐츠업체들의 유료화정책 추진과 사용자들의 '콘텐츠는 유료이다'라는 인식 변화는 유 · 무선 전화결제산업을 성장시키는 밑거름이 되었다. 즉, 유 · 무선 전화결제서비스와 인터넷콘텐츠산업은 상호 상승작용을 일으키며 성장해 왔다.

넷째, 유 · 무선 전화결제산업은 초고속 인터넷 이용환경과 유 · 무선 통신기반이 동시에 잘 조성된 국내에서 독보적으로 발달하고 있다. 전 세계적으로 전자상거래가 가장 발달한 미국에서도 온라인 결제 시 신용카드 이외에 '이메일 송금 및 결제', '스마트카드 결제' 등 다양한 결제수단들이 선보인 바 있지만 실제 사용 정도는 5% 미만으로 매우 저조한 상황이다. 또한 유럽, 미국, 아시아지역 14개 국가들을 대상으로 한 '모비넷' 조사에 따르면 휴대전화 사용자 10명 중 4명은 자신들의 휴대전화를 소액결제용으로도 사용하길 원하는 반면 실제로 휴대전화 결제서비스를 이용해 본 경험이 있는 사람은 2%에 불과한 것으로 나타났다. 이렇게 볼 때, 국내의 유 · 무선 전화결제와 같이 온라인 결제에서 신용카드를 대체할 만한 결제수단은 전 세계적으로 현재까지 부각되지 않고 있는 것으로 판단되며, 이는 현재 유 · 무선 전화결제 솔루션의 해외진출이 활발한 이유이기도 하다.

하지만 유 · 무선 전화결제의 주 이용층이 10~20대 청소년이라는 점에서 미성년자의 충동적인 과다이용을 조장할 수 있다는 지적을 받아 왔다. 이에 대해, 업계 자체적으로 유 · 무선 전화결제로 인한 부작용을 예방하기 위해 다양한 노력을 기울이고 있다.

3) 유 · 무선 전화결제의 현황

유 · 무선 전화결제는 유 · 무선 전화망을 통해서 소비자의 신원 확인, 거래정보의 전달, 인증 등을 수행하고, 거래대금을 전화요금과 합산하여 사후에 지불하는 결제시스템이다. 전화결제는 유선전화 결제와 휴대폰 결제로 구분할 수 있다. 유선전화 결제는 인터넷상에서 결제를 할 때 주민등록번호와 유선전화번호를 입력하면 인터넷에 4자리 OTP(One Time Password)가 나타나고, 이를 유선전화상에 입력하면 결제가 이루어지는 결제방법이다. 휴대폰 결제는 주민등록번호와 휴대폰번호를 입력하면 4~6자리의 OTP가 SMS으로 수신되고, 이를 인터넷상에 입력하면 결제가 이루어지는 결제시스템이다.

유선전화 결제와 휴대폰 결제를 포함한 국내 전화결제시장은 2007년 기준 1조 2,700억 원으로 추산되고 있다. 특히 2000년에 개발된 휴대폰 결제의 경우, 신용카드 없이도 용이하게 결제를 할 수 있고, 신용카드를 소지하고 있다 하더라도 신용카드번호와 유효기간, 비밀번호 등을 입력해야 하는 번거로움 없이 사용자들이 편리하게 사용할 수 있는 결제방법으로 자리 잡게 되었다.

국내 주요 전화결제사업자로는 KT, 다날, 모빌리언스, 사이버패스 등이 있으며, 2008년 SK마케팅앤컴퍼티가 휴대폰 결제사업자인 파네즈를 인수하면서 전화결제시장에 진입하였다. 현재 국내 휴대폰 결제시장에서는 다날과 모빌리언스가 90% 이상, 사이버패스가 8% 내외의 시장점유율을 확보하고 있다. 국내 업체들은 디지털콘텐츠 시장을 기반으로 하여 실물시장으로 결제 영역을 확장하고 있다.

국외에서도 휴대폰을 이용한 결제 및 송금이 매우 편리한 방식으로 인식되기 시작하면서, 휴대폰 결제업체와 모바일 송금업체에 활발한 투자가 이루어지고 있다. 모바일 송금업체 중에서는 문자메시지를 이용해 송금하는 Obopay가 대표적인 사례로서, 2009년 3월에 노키아로부터 3,500만 달러의 투자를 유치하였다. Obopay는 선불서비스의 성격이 강한 서비스로서, 송금의 경우 Obopay 회원인 송금인이 계정 충전 후, 수취인의 휴대폰번호와 송금액을 휴대폰에 입력하면 송금이 되며, 수취인은 비회원이어도 수취가 가능하다. 휴대폰 결제업체 중에서는 Boku.com이 대표적인 사례로, 벤처 투자회사들로부터 1,300만 달러를 유치하였다.

4) 모바일 전자지갑

2002년 이동통신사들은 모바일 결제카드인 '모네타'를 선보인 바 있지만, 당시 온라인시장에서 큰 영향력을 발휘하지 못하였다. 그러나 최근에는 스마트폰의 대중화에 따라 모바일 결제시장이 뜨거워지면서 여러 이동통신사들과 카드사들이 그들만의 새로운 전자지갑을 선보이고 있다.

전자지갑은 모바일에서 진행하는 전자지불시스템의 하나로 결제카드를 비롯해 멤버십카드, 쿠폰 등을 휴대폰에 모두 넣어 휴대폰을 지갑처럼 사용할 수 있다.

이동통신사들과 은행들이 선보인 전자지갑은 스마트폰이 대중화되고 모바일 결제시장이 더 성장함에 따라 온라인시장은 물론 오프라인시장에서까지 우리에게 가장 익숙한 결제수단으로 자리 잡을 것으로 보인다.

5) 모바일 전자지갑의 현황

KT는 '올레마이월렛'을 선보였다가 2013년 '유비페이'와 통합 · 업그레이드된 '모카'를 선보였다. '모카'는 'Money&Card'의 약자를 뜻한다. KT의 '모카페이'는 체크카드, 신용카드, 쿠폰, 멤버십 등을 관리해 주는 하나의 애플리케이션으로 주변 혜택정보까지 제공해 준다. '모카'에서는 '모카페이'를 이용하여 바코드 또는 QR코드를 찍거나 NFC 단말기에 스마트폰을 갖다 댐으로써 쉽게 결제할 수 있다. 또한 모바일 안전결제인 '모바일 ISP'를 통하여 신용카드, 체크카드 결제가 가능하고, 휴대폰번호 기반 송금서비스인 'ZOOMONEY'를 통하여 휴대폰번호만으로 돈을 편리하게 주고받을 수도 있다.

SK플래닛의 '스마트월렛'은 전자지갑의 원조라고 할 수 있다. 원조답게 가장 많은 멤버십카드를 지원하며 다양한 모바일 결제수단을 지원한다. 특히 스마트월렛에서는 '페이핀'이라 불리는 간편 결제서비스를 제공한다. 페이핀은 휴대폰에 여러 결제정보를 저장하고 이를 이용해서 결제하는 서비스로서 매번 결제할 때마다 신용카드번호 등을 일일이 입력하는 번거로움을 줄였다.

이동통신사들뿐만 아니라 카드사들도 모바일 전자지갑을 출시하였다. 그 중 KB와이즈 월렛에서는 위치기반의 혜택 가맹점정보와 모바일 쇼핑몰을 이용할 수 있고, KB국민카드가 발급하는 100여 종 이상의 신용 및 체크카드를 등록하여 모바일 결제를 할 수 있다. 멤버십카드의 경우 KB와이즈 월렛이 출시된 지 얼마 되지 않았기 때문에 11개의 멤버십카드만을 지원하고 있다.

2012년 삼성카드가 선보인 'M포켓'은 삼성카드 회원이 스마트폰을 통해 모바일카드, 멤버십, 쿠폰을 한 번에 받고 빠르게 사용 및 결제할 수 있는 모바일 전자지갑이다. 18개의 멤버십을 제공하고 있으며 USIM기반의 모바일카드서비스를 제공하여 실물카드(플라스틱카드)를 들고 다니지 않더라도 스마트폰으로 결제가 가능하도록 한다.

6) 온라인 결제수단의 유형

오프라인 이상의 다양한 방식의 결제수단이 온라인상에서 제공되고 있다. 또한 서비스나 이용자의 성향에 맞추어 선택적인 결제가 가능하거나 휴대전화 소액 결제서비스의 활성화로 인하여 1천 원 미만의 소액 디지털콘텐츠의 결제도 용이하게 되었다. 다음 [표 5-3]은 일반화된 유 · 무선 결제수단에 해당한다.

표 5-3 | 유 · 무선 결제수단의 종류

구분		서비스형	내용
유선	신용카드	신용카드	
	현금	실시간 계좌이체	
		무통장입금(가상계좌)	
	휴대전화	휴대전화 소액 결제	인증번호 수신-입력방식
	유선전화	ARS(700, 800)	ARS 송신방식
		KT폰빌	과금번호 수신방식
		전화인증	ARS 송신방식

	기타	전자화폐	올앳카드 등
		포인트 결제, 자사 캐쉬	OK캐쉬백 등
		상품권	문화상품권 등
무선	휴대전화	휴대전화 직과금	이동통신사서비스만 가능
		망개방과금	이동통신사가 수납대행

[표 5-3]에 포함된 온라인 결제수단으로 일반적으로 사용되고 있는 방법을 추가적으로 살펴보도록 하겠다.

첫째, 신용카드(credit card)는 대부분의 유료 콘텐츠를 제공하는 사이트에서 채용하고 있는 지불수단이며 신용카드제도는 구매자를 보호하는 법제도가 잘 갖추어져 있다. 예를 들면 환불이 용이하고 사기에 의한 구매에 대해서는 카드 발행자가 지급을 하지 않는다. 그러나 신용카드는 디지털콘텐츠 같은 소액 결제에 부적합하다.

둘째, 실제 종이로 된 수표를 우편으로 보내는 전통적 방식의 수표(traditional check) 결제방법이 있다. 하지만 전통적 방식의 수표 결제는 비효율적이고 처리비용이 높다. 또한 시간이 오래 걸리므로 소비자에게도 구매의사를 약화시키는 요인이 될 수 있다.

셋째, 선불카드(stored value card)방식은 소비자가 신용카드나 송금 등의 방식으로 미리 카드를 충전한 후 카드 제휴사이트에서 콘텐츠를 구매하는 데 사용된다. 제휴 사이트가 아니면 사용할 수 없는 단점이 있다.

넷째, 가상 선불카드(virtual stored value card)는 저장된 가치와 연관된 플라스틱 카드 없이 충전금액과 그에 연결된 카드번호로만 이루어진 카드이다. 개인정보 보호에 유리하지만 단점은 선불카드와 동일하다.

다섯째, 가상에스크로(virtual escrow)는 어떤 조건이 실행되기 전까지 제3자가 보관해 두는 증서로 자동차 구매 등과 같이 거액 거래에 사용된다.

여섯째, Pay-Per-View Credit-Card Sales는 소비자가 PSP(Payment Service Provider)에 등록하고 해당 PSP와 계약한 웹사이트에서 구매를 하면 해당 사이트 로그아웃 시 그 사이트에서 구매한 모든 항목에 대한 확인 창이 뜬다. 따라서 소비자가 이를 확인하면 PSP가 신용카드회사에 전체 구매를 하나의 구매로 신고하여 처리하는 방식이다. 신용카드로 소액 결제가 어려운 점을 해결하기 위하여 도입되었다.

일곱째, Cardless Charge Accounts는 전화요금이나 인터넷 연결서비스(ISP) 등의 매달 과금되는 요금에 구매대금이 포함되어 청구되도록 하는 방식이다. 대부분의 인터넷 연결을 가진 소비자가 현재 내고 있는 요금에 포함되어 과금되므로 소비자에게 편리하고 신용정보 유출에 대한 염려도 줄일 수 있다. 그러나 미국의 경우 이런 과금방식을 실제 사용하고 있는 상거래 사이트는 그리 많지 않다.

여덟째, 전자수표(electronic check)는 전화로 수표를 발행하는 것과 유사하다. 보내는 쪽과 받는 쪽이 모두 이메일주소와 수표 발행, 입금이 가능한 은행계좌를 가지고 있어야 한다. 오프라인의 수표와 마찬가지로 정산되기 위해서는 며칠이 소요되므로 소비자에게 유리하지만 사업자에게는 불리할 수 있다. 개인 간에도 위 조건이 충족되면 송금이 가능하므로 경매 등의 경우에 유용하다. PSP는 계좌 도용의 경우에 보상하는 보험을 제공하고, 구매자의 개인정보가 사업자에게 전달되지 않으므로 더 안전하다.

아홉째, 디지털 현금(digital cash)은 전자화폐의 1세대로 구매자와 사업자 모두 특정 소프트웨어를 설치하면 해당 프로그램은 송금명령에 관련된 은행계좌에서 돈을 인출하여 시리얼번호를 부여하여 인터넷을 통하여 송금대상 계좌로 이체한다는 개념이다. Flooz, Beenz, CyberCash 등 많은 회사들이 시도했으나 널리 퍼지는 데는 실패했다.

마지막으로 보상화폐(reward currencies)는 전자화폐의 2세대로 화폐의 발행자에게 등록한 소비자는 특정 사이트를 방문하거나 특정 조사에 참여하는 등의 행위를 함으로써 그 보상으로 화폐를 획득하고 소비자가 등록한 발행자의 소비자 계정에 저축된다. 소비자는 그 화폐 사용이 가능한 사이트에서 쇼핑이나 기타 다른 용도로 사용한다. 일부 서비스 제공업체는 저축된 화폐를 전통적인 선불카드에 다운로드받아 오프라인에서 사용가능하게 하는 경우도 있다. 일반적으로 충분한 화폐 획득의 어려움이 따르며, 수용하는 사이트수가 적음으로 인하여 주로 신용카드를 가지지 못한 10대들에 의해 사용되고 있다.

이러한 결제수단의 급속한 보급으로 인하여, 미처 예상하지 못했던 부작용들도 발생하고 있다. 특히 휴대전화나 유선전화 등을 통하여 미성년자들이 디지털콘텐츠를 구입하는 문제나 악의적인 사업자들이 과금시스템의 맹점을 악용하여 부당한 요금을 부과하는 등의 심각한 부작용도 발생하고 있다. 이러한 부작용을 방지하기 위하여 공인인증서 도입 등 안전장치가 도입되고 있다.

(4) 수익배분방식

다양한 디지털콘텐츠의 확대 및 복합적인 유통망으로 인하여 사업자 간의 수익배분방식도 기존의 단순 배분방식에서 벗어나, 복합적이고 새로운 개념의 방식이 도입되고 있다. 현재 가장 보편적으로 이루어지고 있는 수익배분방식의 종류 및 특징은 다음과 같다.

1) 단순 수익배분

유통사업자와 콘텐츠 사업자 간에 콘텐츠 유통을 통하여 얻어진 수익을 양 사업자가 협의한 비율 등으로 상호 배분하는 방식으로 VOD, 만화, 운세 등 단순 콘텐츠형 서비스가 대표적이다.

2) 턴키구매/월정구매방식

유통(서비스)사업자가 약정된 금액을 지불하고 콘텐츠를 구매하여 정해진 범위 내에서 해당 콘텐츠를 자율적으로 유통하는 방식으로 뉴스, 날씨 등이 주로 사용하는 방식이다.

3) 입점방식

콘텐츠 제공사업자가 일정액의 입점료를 지불하고 유통사업자의 유통망에 입점하여 콘텐츠를 유통하는 방식으로 통상적으로 독(과)점 형식으로 제휴가 이루어지며 유통사업자의 입장에서는 고정적인 수익을, 콘텐츠 제공사업자의 경우에는 안정적인 시장을 확보하는 이점을 가지고 있다.

4) 최소보장로열티(MG : Minimum Guarantee)

유통사업자나 콘텐츠 제공사업자 입장에서 최소한의 매출(실적)기준을 정하고 해당 매출을 초과할 경우에 한하여, 비용을 지불하거나 수익배분이 이루어지는 방식이다.

2.2 온라인 유통 활성화방안

온라인 유통시장은 급속한 시장 확대 및 많은 신규 서비스의 등장으로 인하여 혼란기를 겪고 있다. 또한 이러한 시장을 조율하고 감독할 수 있는 주체 또한 명확하지 않은 것이 현실이다. 이러한 상황에서 온라인 유통시장 활성화를 위해 선결되어야 할 과제들을 정책적인 면과, 이용자 측면, 그리고 유통 및 가격 문제로 나누어 볼 수 있다.

(1) 정책적인 면

1) 정부의 통일화된 정책

온라인콘텐츠 유통에 있어 정부 부처 간의 정책 및 심의기준이 통일되어 있지 않고, 동일한 콘텐츠를 여러 사업자(포털, 통신사 등)에 제공할 경우 재심의를 받아야 하는 등의 불합리한 행태가 이루어지고 있는 관계로 중복비용 발생 및 업무지연, 인력낭비 등의 문제가 발생하고 있다. 따라서 하나의 콘텐츠를 통합적으로 평가하고 관리하는 통합적인 기관의 설립이 필요하다.

2) 저작권 문제

멀티미디어콘텐츠의 증가에 따라 해당 콘텐츠의 저작권 및 사용상에서 발생하는 문제들에 대한 문제가 심각하게 대두되고 있다. 특히 시장의 흐름이 이종 서비스 간의 결합 및 디바이스의 확대로 인하여 다양한 기기에서의 노출, 지역별/국가별 구분이 없어지고 있는 상황이다. 이로 인해 저작권에 대한 정의 및 명확한 구분이 없어지고 있어서 포털/ISP 등의 경우 선의의 위법행위를 하거나 악의의 저작권자에 의하여 피소되는 상황이 빈번하게 발생하고 있다. 현재의 저작권에 대한 정의 및 적용방식이 온라인 유통환경을 명확하게 반영하지 못하고 있어, 많은 모순점과 특정 사업자군에 편중된 제도로 자리 잡는 문제점이 있다. 이에 온라인 유통 부분에 대한 새로운 저작권을 정해야 하며, 다양한 의견을 반영하기 위해 CP 및 이용자의 참여를 확대하고 반영하는 노력이 필요하다.

또한 장기적인 관점에서 개별 저작물이 아닌 사업군별 저작권에 대한 처리가 가능하도록 지원하여 사업자의 혼란 및 부담을 경감시켜야 할 뿐 아니라, 저작권자와 CP 및 이용자 간의 권리관계를 명확히 하기 위하여 저작권 처리절차에 관한 사항을 표준계약서에 반영하는 노력이 병행되어야 할 것이다.

3) 결제관련 문제

현재 사업자별로 독특한 결제방식 및 화폐를 보유하고 있으며, 이러한 전자화폐

간 호환성 부족으로 이용자의 불만이 가중되고 있다. 또한 이에 대한 법적 정의가 명확하게 이루어지지 않아 낙전(장기 미이용 예치금)에 대한 처리 등 온라인 화폐에 대한 법적인 정의가 필요하다.

(2) 고객관리

1) 품질기준 및 검증

디지털콘텐츠의 특성상 이용 중(후) 품질에 대한 검증이 곤란하거나 오프라인의 재화와 다르게 고객이 보유한 다양한 H/W(컴퓨터, 휴대전화 등)에 적용되면서 예상치 못한 상이한 기능을 발휘하거나, 여러 변수로 인하여 오류가 발생하는 경우가 생기게 된다.

이로 인하여 발생하는 고객 불만의 책임소재에 대한 증명이 곤란하며, 명확한 판단기준과 상대적인 품질불만에 대한 판정기준이 모호한 상황이다. 현재는 고객의 불만 접수 시 제공사에서 대부분 수용하는 방향이나, 시장 규모의 확대 및 활성화에 따라 이에 대한 명확한 기준 및 인증기준이 확립되고 이를 중재할 수 있는 방식이 절실하게 필요하다.

2) 미성년 고객에 대한 구분

현재 웹사이트에서는 법정 대리인의 동의를 받아야 하는 14세 미만의 이용자와 성인 이용자 등 크게 2군으로 구분하고 있다. 그러나 이러한 구별기준에 대하여 온라인서비스의 특성상 해당 기준으로 이용자를 명확하게 구분하기는 불가능하기 때문에, 신분에 대한 도용이 이루어졌을 경우에는 이를 검증하거나 제지할 수 있는 방법이 전무한 문제점이 있다.

이로 인하여 선의의 사업자가 사후 문제가 발생할 경우 해당 문제에 대한 법적인 또는 도덕적인 책임을 부담하게 되므로, 이에 대한 명확한 지침 및 면책범위의 설정과 보다 높은 정확성을 위해 정부 차원에서의 지원이 필요하다고 할 수 있다.

(3) 유통 및 가격의 문제점

1) 명확한 가격산정이 불가

원가 및 제작가의 산정이 불분명하고, 무한복제가 가능하다는 디지털콘텐츠의 특성상 일정수준의 손익분기를 넘게 되면 이후 매출의 대부분이 순익으로 처리되고 있어 이중가격 또는 제공사와 유통사의 관계에 따라 가격차이가 발생하는 문제점이 있다.

2) 사업자의 덤핑

기간통신사업자, 오프라인사업자의 온라인시장 진출 본격화 및 대형 포털사 간의 무리한 경쟁으로 인하여 시장성장 규모에 비해 대형 사업자의 양적인 확대가 이루어지고 있다.

이러한 문제로 인하여 기존 포털의 경우 시장방어를 위해서, 신규 진입 사업자의 경우 시장점유를 위해서 온라인콘텐츠를 덤핑 또는 무료로 제공하는 현상이 심화되고 있고, 번호이동성 제도로 인하여 이동통신사의 포털에서 무상 콘텐츠를 제공(VOD, 만화 등)하는 등 많은 부분에서 시장의 존립이 위협받고 있는 상황이다.

3) 사업자 간의 담합

실질적으로 콘텐츠 유통에 영향을 미칠 수 있는 사업자는 한정되어 있어, 특정 서비스에 대하여 가격담합 등의 불공정행위가 이루어지고 있다. 특히 모바일콘텐츠와 음원관련 콘텐츠의 경우 제공사 간 가격의 차이가 없는 문제점이 있다.

2.3 모바일콘텐츠 유통

(1) 모바일콘텐츠 유통구조

모바일콘텐츠는 소비자에게 전달되기까지 콘텐츠 제작 단계와 솔루션과 콘텐츠가 합쳐서 제품화되는 단계, 포털이나 판매사이트 등을 통해 판매되는 유통 단계를 거치게 된다. 모바일콘텐츠의 유통구조는 그 주체에 따라 크게 포털 중심의 유통구조와 콘텐츠사업자 중심의 유통구조, 단말기사업자 중심의 유통구조로 나누어 볼 수 있다.

1) 포털 중심의 유통구조

포털이 소비자들의 구매창구가 되는 경우로 현재 국내에서는 대부분의 모바일콘텐츠 유통 매출이 이동통신사에서 운영하는 포털을 통해 발생하고 있다. 따라서 이 구조가 가장 보편적인 모바일콘텐츠 유통구조라 할 수 있다. 포털 중심의 유통구조에서 포털은 판매사이트의 구축 및 운영, 마케팅, 정산 등의 기본적인 판매업무를 담당하고 있다. 또한 이동통신사의 포털의 경우에는 솔루션 채택과 단말기 기술사항 정의, 네트워크관리, 과금 등의 업무도 동시에 맡게 된다(KIPA 2004b).

그림 5-7 | 포털 중심의 유통구조

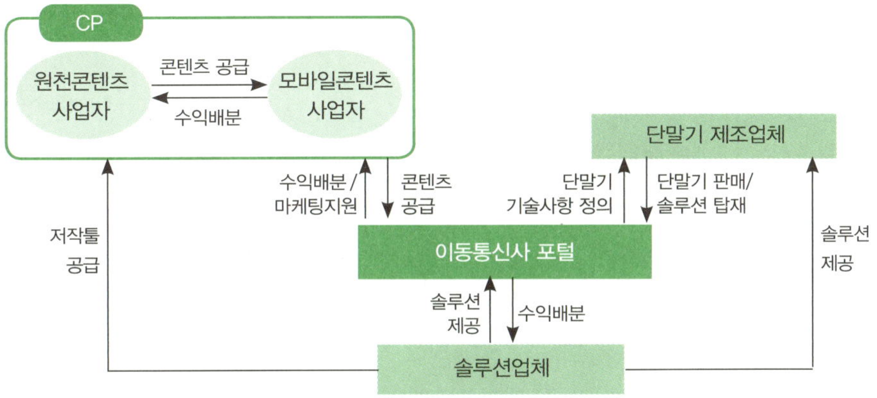

콘텐츠사업자는 포털 중심의 유통구조에서 콘텐츠를 생산하는 업무를 담당하고 있으며 원천콘텐츠사업자와 모바일콘텐츠사업자로 나뉘어진다. 원천콘텐츠사업자는 음악의 경우 음반사나 기획사처럼 음원 자체를 생산하는 업체를 의미하며, 벨소리나 통화연결음 혹은 주문형 음악 등 여러 분야에 응용 사용될 수 있는 원천콘텐츠를 생산하는 업체이다. 그리고 모바일콘텐츠사업자는 벨소리의 경우처럼 원천콘텐츠를 모바일에 맞게 가공하는 사업자 외에 모바일게임의 경우처럼 모바일만의 콘텐츠를 제작하는 업체도 해당된다.

솔루션사업자는 콘텐츠의 저작과 재생에 관련된 사업자와 무선 인터넷 구현에 관련된 플랫폼 사업자, 보안, 결제 등의 지원업무에 해당하는 사업자로 구분된다.

단말기사업자는 포털 위주의 콘텐츠 유통구조에서 수익배분을 받는 부분이 없다. 즉 단말기회사는 이동통신사에 대한 단말기를 판매하는 것으로 시장에서의 역할이 끝난다. 물론 콘텐츠를 재생하기 위한 도구로서의 단말기의 역할이나 콘텐츠 재생에 관련된 솔루션 탑재 등의 부분에서의 영향력은 막강하지만 현재 국내의 유통구조에서는 큰 역할이 없다.

무선 포털을 통해 제공되는 콘텐츠의 종류는 모바일콘텐츠의 모든 종류를 망라하고 있다. 대중적인 무선 포털의 주체인 이동통신사가 단말기와 솔루션, 그리고 콘텐츠에 대한 제어력을 가지고 있는 만큼 음악, 영화, TV, 게임, 채팅, 뉴스, 위치정보 등 다양한 분야의 콘텐츠들을 서비스하고 있다.

이처럼 무선 포털이 많은 콘텐츠를 서비스하고 있는 데는 이동통신사가 새로운 수익원을 찾기 위해 신규 서비스 분야를 개척하는 데 적극적이기 때문이다. 또한 현실적으로 무선 인터넷서비스의 대부분의 수익이 무선 포털을 통해 발생하기 때문에 콘텐츠사업자들이 경쟁적으로 포털에서 새로운 서비스를 시작하고자 하는 점도 큰 이유일 것이다.

포털 중심의 유통구조에서 수익배분은 포털 10%, 콘텐츠업체 및 솔루션업체가 90%이다. 포털은 과금대행의 역할을 통해 수익을 배분받고, 90%의 수익에 대하여 콘텐츠업체 및 솔루션업체들이 나누는데, 이때 중요한 배분율의 기준이 서비스에 대한 이동통신사의 투자비이다. 일례로 이동통신사의 투자비가 많이 소요되는 통화 대기음의 경우 시스템 구축비용을 이동통신사와 포털이 부담하고 사용자가 매달 납부하는 월정액 요금과 콘텐츠 사용료의 50%를 취하는 경우도 있다.

콘텐츠사업자의 경우 수익은 포털과의 배분율에 따라 달라진다. 통상 매출기준 90~50% 사이를 배분받는데, 게임이나 벨소리와 같은 기존 서비스의 경우는 90~80%이고 신규 서비스의 경우에는 상대적으로 기존 서비스에 비해 배분율이 낮아진다.

또 콘텐츠사업자의 경우 상품에 따라 원천콘텐츠에 대한 비용을 원천콘텐츠업체와 배분해야 하고 발생 캐릭터 사용료나 작사, 작곡에 대한 권리 사용의 대가인 저작권료도 지불해야 하는 경우가 있다. 이렇게 원천콘텐츠 사용에 들어가는 콘텐츠사업자의 부담은 통상적으로 30~60%에 이른다.

포털 유통구조에 관련된 솔루션사업자는 다양하나 수익배분에 참여하는 솔루션사업자는 현재 콘텐츠 저작과 재생에 관련된 사업자가 대다수이다. 플랫폼이나 기타 솔루션의 경우 일괄 구매 혹은 정기적인 운영비 지급으로 처리하는 경우가 많다.

콘텐츠 저작과 재생에 관련된 솔루션사업자는 두 가지 방법으로 수익을 만든다. 저작도구를 콘텐츠사업자에게 파는 방법과 솔루션을 활용하여 발생한 콘텐츠 매출의 3~10%가량을 받는 방법들이 있다. 그리고 서버를 판매하는 방법도 부분적으로 존재한다. 또한 위의 여러 방법이 혼합되어 사용되고 있으며 과금대상도 경우에 따라 포털 혹은 콘텐츠사업자가 될 수 있다.

콘텐츠 재생에 관련되어 매출의 일부를 수익배분하는 것은 기존 유선 인터넷 사례와 차이가 있다. 이는 인터넷에 비해 시장 규모가 아직 작고 이동통신사나 단말기회사별로 솔루션이 탑재된다기보다는 특정 단말기별로 탑재되어 매출이 발생하기 때문에 사용자수가 한정되는 과도기적 현상이라고 볼 수 있다.

대금의 결제는 매출이 발생한 후 3개월 뒤에 정산되는 것이 보통이다. 이동통신사의 과금과정에서 미수금이 발생하므로 매출 발생 후 수개월에 걸쳐 과금된 만큼 판매대금을 나누어 받게 된다. 콘텐츠사업자의 입장에서 이러한 분할은 현금흐름을 예측하는 데 하나의 변수가 되므로 5%의 수수료를 이동통신사에 더 지불하고 미수금에 대한 부담을 이동통신사가 담당하는 경우도 있다.

2) 콘텐츠사업자 중심의 유통구조

초기 무선 인터넷시장에서 잠시 활성화되었던 유통구조이나 멀티미디어 등의 새로운 서비스의 등장을 소화해 내지 못해 매출이 감소하고 있다. 망개방 등의 변수로 인하여 활성화될 수 있는 여지도 있으나 마케팅 능력과 단말기 및 솔루션에 대한 영향력 등을 고려할 때 포털 중심의 유통구조에 비해 경쟁우위를 점하기는 쉽지 않을 것이다.

콘텐츠사업자 중심의 유통구조에서 콘텐츠사업자는 판매사이트의 구축 및 운영, 마케팅, 정산 등의 기본적인 판매업무를 담당하고 있다. 그 외에 필요한 과금, 재생솔루션 등에 대한 부분은 이동통신사의 기존 인프라를 이용하는 경우가 많다. 아울러 콘텐츠사업자는 콘텐츠를 생산하는 업무를 담당하고 있으며 포털 중심의 구조와 같이 콘텐츠사업자의 역할은 원천콘텐츠사업자와 모바일콘텐츠사업자로 나뉘어진다. 그러나 원천콘텐츠사업자는 모바일시장이나 기술에 대한 이해가 부족하고, 중요한 시장이긴 하나 원천콘텐츠업체가 직접 시장 참여를 하기에는 규모가 작아서 모바일

그림 5-8 | 콘텐츠 사업자 중심의 유통구조

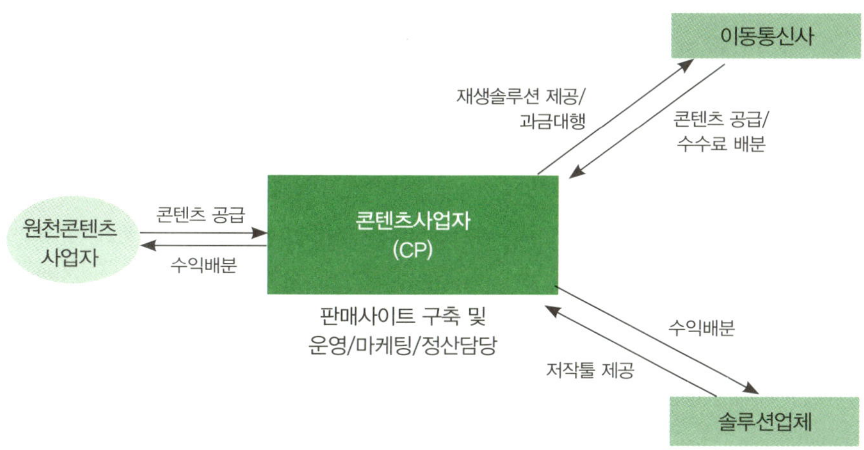

콘텐츠사업자들이 주로 콘텐츠사업자 중심의 유통구조를 운영하고 있다.

솔루션사업자는 콘텐츠 저작과 재생에 관련된 부분에 대해 역할을 담당하고 있다. 벨소리의 경우에는 저작툴과 테스트툴만 구매하면 되고 캐릭터서비스의 경우는 저작툴과 수익배분이 필요하다. 그리고 콘텐츠사업자 중심의 유통구조는 무선 사이트뿐 아니라 ARS형태의 서비스도 일정 비중을 차지하며, ARS 전문업체와 협력하는 경우도 있는데 이 경우 수익배분을 하기도 한다.

콘텐츠의 종류에 있어 콘텐츠사업자 중심의 유통구조는 기본적으로 각 분야별로 경쟁력이 있는 콘텐츠사업자 중심의 사이트이기 때문에 포털 중심과 달리 한 사이트에서 제공하는 콘텐츠 종류가 다양하지는 않으며 벨소리, 통화연결음, 캐릭터 다운로드 등의 폰 꾸미기 서비스가 주로 서비스되고 있다.

콘텐츠 중심의 유통구조에서 수익의 배분을 보면, 콘텐츠사업자 중심의 구도에서도 상품에 따라 원천콘텐츠에 대한 비용을 원천콘텐츠업체와 배분해야 하고 발생 캐릭터 사용료나 작사, 작곡에 대한 권리 사용의 대가인 저작권료도 지불해야 한다. 그리고 역시 수익배분에 참여하는 솔루션사업자는 현재 콘텐츠 저작과 재생에 관련된 사업자이다. 그 외 과금대행을 담당하는 이동통신사에 일정 수수료를 배분하고 있다.

3) 단말기사업자 중심의 유통구조

이 구조는 자본력과 마케팅 능력 측면에서 포털 중심의 유통구조와 함께 유망할 것으로 예상되었으나, 현재는 콘텐츠 판매보다 특정 회사 단말기 사용자의 충성도 증가를 위한 마케팅 측면에서 운영되고 있다. 장기적으로는 이동통신사 포털과 경쟁 구도를 가져갈 수도 있으나 일단 이동통신사에 단말기와 네트워크장비 등을 납품해야 하기 때문에 당분간 시장상황을 관망하리라는 관측이 우세하다.

단말기사업자는 주로 외주의 형태로 사이트의 구축 및 운영, 마케팅, 정산 등의 기본적인 판매업무를 해소하고 있다. 그 외에 필요한 과금, 재생 솔루션 등에 대한 부분은 콘텐츠사업자 경우와 같이 이동통신사의 기존 인프라를 이용한다. 콘텐츠사업자는 다른 구조와 마찬가지로 콘텐츠를 생산하는 업무를 담당하고 있으며 원천콘텐츠사업자와 모바일콘텐츠사업자로 나뉘어진다. 솔루션사업자는 콘텐츠 저작과 재생에 관련된 부분에 대해 역할을 담당하고 있고 특정 단말기 회사를 위한 플랫폼을 개발하여 탑재하고 있기도 하다.

콘텐츠의 종류에서는 기존의 포털과 같이 다양한 콘텐츠서비스가 제공되고 있으나 포털에 비해 멀티미디어서비스 등이 많이 부족하다. 이 같은 현상의 이유로는 매출이 크지 않기 때문에 CP들의 참여가 저조한 점과 고객이 서비스 이용 시 이동통신사에 비해 상대적으로 비싼 패킷요금을 지불해야 한다는 점 등이 거론되고 있다. 현재는 주로 폰 꾸미기와 게임 등이 서비스되고 있다.

단말기사업자 중심에서 수익의 배분을 보면, 아직까지 콘텐츠사업자들의 참여에 대한 대가로 수익배분에서 일어나는 매출 규모가 작기 때문에 지원금형태로 일정 금액을 제공하는 경우가 많은 것으로 알려져 있다.

그림 5-9 | 단말기사업자 중심의 유통구조

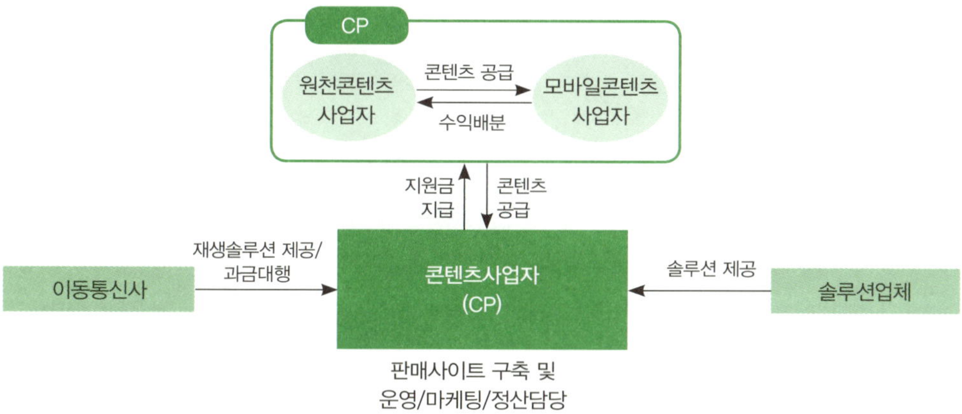

(2) 유통구조의 문제점 및 개선방안

유통구조가 점점 더 단순화되어 감에 따라서 콘텐츠 재사용 및 매출다변화가 불가능해지고 있다. 특히 이동통신사의 경우 데이터통신요금이 판매금액보다 수 배가 더 많이 발생하기 때문에 콘텐츠 판매를 장려하기보다는 사업권을 종속하여 데이터 패킷 양을 늘리는 정책을 사용하고 있는 등 여러 가지 부작용이 나타나고 있다.

1) 이동통신사의 가치사슬 장악

국내에서 이동통신사의 입지는 실로 막강하다고 할 수 있으며, 이동통신서비스뿐만 아니라 단말기 유통에서 콘텐츠 유통까지 모든 분야에서 주도적인 역할을 수행하고 있다. 특히 불완전한 망 개방과 과금 문제, 기술정보 등 콘텐츠 유통에 있어 기본적인 사항들을 이동통신사가 관리함으로써 시장진입조차 쉬운 일이 아니다.

2) 기술정보 부족

콘텐츠를 개발하기 위해서는 단말 종류별 특징과 그에 맞는 플랫폼 등 여러 가지 기술정보들이 필요하지만, 폐쇄적인 시장상황으로 인해 손쉽게 CP들이 정보를 구할 수 없는 상황이다.

3) 수동적 마케팅 환경

이동통신에서 운영하는 모바일 포털을 이용해야 하는 CP 입장에서는 직접적인 브랜드의 홍보나 URL 홍보 등의 효과가 떨어질 수밖에 없다. 이벤트 또한 이동통신사의 협조가 필수인 경우가 많으므로 쉽게 진행하기 힘든 문제가 있다.

4) 콘텐츠의 다양성

음악콘텐츠, 게임콘텐츠가 소비자로부터 많은 인기가 있는 것이 사실이지만, 국내 상황은 이 두 가지 콘텐츠에 너무 치중된 경향이 있다. 이 두 가지 분야의 성장세가 많이 떨어지고 있으므로 새로운 킬러콘텐츠 개발에도 힘써야 하며, 이를 통해 10~20대가 주류를 이루고 있는 콘텐츠시장에 새로운 연령층을 끌어들일 수 있을 것이다.

5) 데이터통신요금

모바일콘텐츠를 이용하기 위해서는 콘텐츠 가격을 지불할 때 들어가는 비용뿐만 아니라, 콘텐츠를 다운로드받는 동안 들어가는 데이터통신요금이 별도로 과금된다. 이는 종량제 개념의 비용으로서 용량이 큰 콘텐츠의 경우에는 데이터통신요금이 상당히 부담스러울 수 있다.

2.4 방송콘텐츠 유통

(1) 국내 방송콘텐츠 유통시장 현황

방송산업실태조사에 따르면 현재 방송산업의 방송시장은 지상파방송업, 유선방송업, 위성방송업, 프로그램제작공급업, IPTV, 기타 방송업으로 분류하고 있으며, 여기서 지상파방송은 텔레비전과 라디오, 지상파 DMB로 구분하고 있다.

이러한 방송사업자 가운데 지상파방송사업자는 국내 방송콘텐츠 유통에 있어서 중심에 있다고 할 수 있다. 현재 지상파방송사업자는 지상파방송 3사를 포함한 11개 지역민영방송사업자 등 33개 방송사다. 그 중 지상파방송 3사인 KBS, MBC, SBS가 국내 방송콘텐츠 유통에 있어서 중심적인 역할을 하고 있다(김유정, 김관현 2011).

현재 지상파방송사업자의 방송콘텐츠 유통창구는 점차 확대되고 다원화되고 있다. 방송시장이 제한적이었던 과거에는 방송콘텐츠를 제작하면 텔레비전을 통해 방영하고 이를 다시 재방영하는 방식으로 수익을 창출했으나, 이후 케이블 TV, 위성방송, DMB, IPTV 등 다양한 유통창구가 생겨나게 되었고, 최근에는 온라인 다운로드서비스인 웹하드서비스, P2P서비스, 포털서비스 등 유통창구가 증가함에 따라 이를 통해 수익을 극대화하고 있다. 이처럼 인터넷은 기존의 공중파가 지니지 못하던 채널과 시간의 한계를 극복할 수 있는 강력한 도구로서 매력적인 매체임에 따라 지상파방송 3사는 인터넷방송 자회사인 KBSi, iMBC, SBS콘텐츠허브를 설립하게 되었다.

방송콘텐츠 유통을 살펴보면 방송사업자들은 유통창구마다 홀드백(hold back)을 두어 방송콘텐츠를 유통시키고 있다. 그 이유는 1차로 유통되는 지상파 TV방송이 무료이기 때문에 후속창구를 통한 수익을 극대화하려는 것이다. 또한 한 번 제작된 방송프로그램을 유통하는 것에 있어서 추가적인 생산비용이 발생하지 않는 공개적 특성을 지니고 있기 때문이다.

그림 5-10 | 방송콘텐츠 유통흐름도

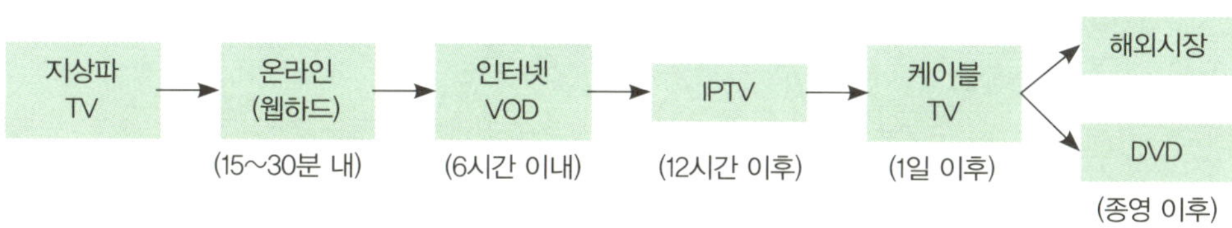

자료 : 김유정, 김관현(2011)

방송콘텐츠의 유통흐름을 살펴보면 본 방송이 끝난 뒤, 15~30분 내로 웹하드서비스에 방송콘텐츠가 업로드(upload)되고 6시간 이내로 자사의 홈페이지에서 다시보기 VOD서비스를 제공하며 12시간 이후에는 IPTV를 통해 서비스를 제공한다. 그리고 하루가 지난 뒤 자사의 케이블을 통해 방송콘텐츠를 제공하고 방송이 종영된 뒤에는 해외시장으로 방송을 판매하거나 DVD로 제작하여 국내 및 국외로 판매한다. 웹하드서비스를 비롯한 방송콘텐츠의 유통시장은 기존의 시장과는 달리 이용자의 콘텐츠 소비패턴의 변화로 인해 그 규모가 점점 커지는 추세이다.

(2) 방송콘텐츠 온라인 유통 현황

방송콘텐츠의 온라인 다운로드 유통시장은 주로 웹하드서비스, P2P서비스, 포털서비스에서 유통이 이루어지고 있으며, 스마트기기의 보급과 함께 방송콘텐츠의 새로운 유통창구로 평가받고 있다. 웹하드서비스는 현재 약 200여 개의 업체가 존재하고 있으며, 지상파방송 3사의 온라인 방송콘텐츠 유통은 2009년부터 시작되어 현재 약 100여 개의 업체만이 제휴된 방송콘텐츠를 합법적으로 유통하고 있다.

사용자 간 자유롭게 파일을 공유할 수 있도록 하는 P2P서비스는 과거 소리바다의 음악파일 유통을 시작으로 그 규모가 점점 커지기 시작하였으며, 방송콘텐츠 유통 또한 P2P서비스를 통해 이루어지고 있다. 합법적인 유통이 이루어지기 이전에는 대다수의 P2P서비스들이 방송콘텐츠를 불법적으로 유통하고 있었으나, 저작권법 강화와 디지털콘텐츠네트워크협회(DCNA)와의 협약을 통해 합법적인 다운로드시장으로 변화하고 있다(김유정, 김관현 2011).

그림 5-11 | 웹하드/P2P 순방문자수 및 평균 페이지뷰 추이

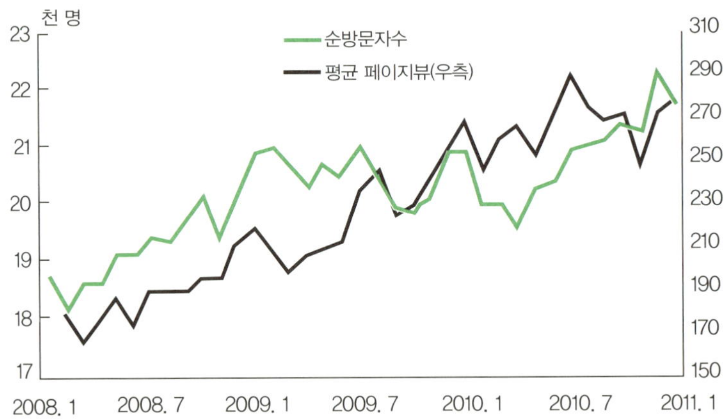

자료 : 김유정, 김관현(2011)

포털서비스에서도 국내 방송프로그램의 다운로드서비스를 이용할 수 있다. 이전에는 다양한 검색서비스 제공을 위하여 지상파 방송사업자와 제휴를 맺고 동영상 검색서비스만을 제공했으나, 2011년부터 NHN은 SBS콘텐츠허브와 계약을 체결한 후 '네이버 다운로드서비스' 내에서 SBS 방송콘텐츠를 회당 700원의 가격에 다운로드 할 수 있게 되었다. 이와 더불어 지상파방송 3사의 자회사인 KBSi, iMBC, SBS콘텐츠허브가 공동으로 만든 '콘팅(Conting)'이라는 방송콘텐츠 다운로드서비스가 있다.

이처럼 방송콘텐츠 온라인 다운로드시장의 성장은 스마트폰 및 휴대기기 사용자의 증가에 있다. 디지털 휴대기기가 발전하면서 콘텐츠의 이동성을 극대화하려는 이용자의 욕구가 커지게 되었고, 방송콘텐츠를 다운로드받아 스마트폰 및 휴대기기에 저장 후 시청하는 이용자가 늘어난 것이다. 합법다운로드시장은 매년 60%에 달하는 성장을 이루어 왔으며, 앞으로도 지속적으로 성장할 것이다.

3. 오프라인 유통

디지털콘텐츠산업 및 유통시장은 빠른 속도로 성장하고 있으나 세부적으로 보면 온라인 유통시장과 달리 오프라인 유통시장은 크게 위축되는 경향을 보이고 있다. 디지털콘텐츠의 오프라인시장이 위축되는 것은 상품 및 관련 매체의 특성에 의한 측면이 크다. 특히 최근 초고속 인터넷망의 발전이 디지털콘텐츠산업의 유통구조에 영향을 미치고 있다.

디지털콘텐츠시장에서 인터넷의 영향으로 나타나는 현상은 첫째, 새로운 유통매체로서 편리하고 효율적인 인터넷이 전통적인 오프라인 유통을 매우 빠르게 대체하고 있다는 점이다. 둘째, 제작과 유통이 분리되었던 과거와는 달리 제작업체도 인터넷을 통하여 직접 유통시킬 수 있다는 점이다. 또한 정보재 유통에 있어서 기존의 종이, 테이프, CD, DVD 등의 매체보다 인터넷 매체가 더 효율적이기 때문에 온라인 유통이 성장하게 되었다.

오프라인 유통의 위축에 영향을 미치는 또 다른 요인은 디지털콘텐츠의 불법적인 유통에 있다. 디지털콘텐츠의 오프라인 유통에서 가장 큰 비중을 차지하고 있는 영화와 음반산업은 인터넷을 통한 콘텐츠의 불법유통에 의해 크게 위축되고 있다. 대표적으로 오프라인 유통의 구조를 게임시장을 중심으로 매체별로 살펴보면 다음과 같다.

3.1 PC게임의 CD롬 타이틀

(1) 유통구조

PC게임 타이틀의 유통구조는 일반적으로 [그림 5-12]와 같다. 개발사 측에서 PC게임을 개발하면, 유통사는 개발사와 유통계약을 맺게 된다. 유통사에서는 해당 PC

게임을 가지고 게임 패키지 제품으로 제작을 하고, 유통채널별로 총판사를 선정하여 수량별 계약을 하게 된다. 유통사가 총판사 역할을 맡아 도매상과 직접 거래를 하는 형태를 '직판식(직접판매방식)'이라고 하며, 총판사를 통한 판매방식을 '총판식(총판사판매방식)'이라고 부른다. 각 판매방식에 따라서 다음과 같은 장단점이 있으며, 유통사는 두 가지 방식을 혼합하여 탄력적으로 유통을 한다.

PC게임의 경우, 국내 개발자와 해외 개발자로 나뉘며 해외 PC게임은 한국어 변환 및 맞춤작업(localization)을 진행하게 된다. 유통사의 경우도 국내 유통사(조이온, 위자드소프트, 한빛소프트 등)와 해외 유통사(비벤디 코리아, 인포그램 등)로 구분되어진다.

총판사의 경우, 해당 PC게임의 유통량에 따라 달라지며, 유통사나 도매상이 해당 역할을 하는 경우도 있다. 크게는 '용산전자상가'업체와 '벤더업체(vendor)' 등으로 구분될 수 있다. 할인점의 경우에는 '벤더업체'를 통하여 PC게임을 유통시키며, 할인점 매출의 확대로 인하여 '벤더업체'가 총판사의 중요한 역할을 하게 되었다. 도매상으로서는 지역별 대형도매상들과 '전자양판점'이 있으며, 전자양판점은 '하이마트', '하이프라자',' 전자랜드' 등 전자대리점들의 전국적인 확장으로 주요 판매처가 되고 있다.

그림 5-12 I PC게임 타이틀의 유통구조

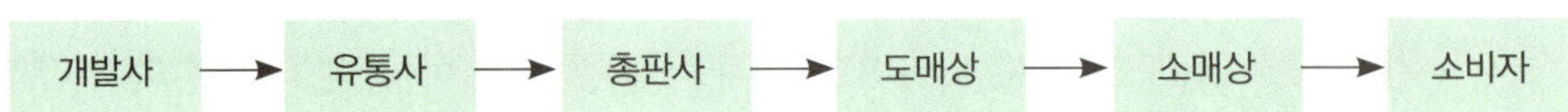

(2) PC게임 타이틀의 판매형태

PC게임은 게임 CD와 매뉴얼이 박스 안에 들어가 있는 이른바 '패키지(일반판)'형태로 1차 판매가 이루어진다. 소비자에 대한 서비스로 '한정판'을 내기도 하는데, 여기에는 게임 CD와 매뉴얼 외에도 기념품과 보너스 상품들을 포장하여 소장의 가치를 높여준다. '일반판'의 평균 수명은 대략 1년 정도가 되며(현재는 반년 정도의 제품수명을 보여준다), 그 이후에는 할인판매 등의 형태가 이루어진다. 일반판의 판매수명 이후에는 2차 판매형태라 할 수 있는 이른바 '쥬얼 CD'로 판매가 이루어지는데, 이는 CD케이스의 외벽에 간단한 커버를 씌운 형태라 하겠다. 일반판에 비하여 20% 수준의 가격에 판매가 이루어지며, 3차 판매의 형태는 이른바 '번들' 판매형태인데,

이는 컴퓨터를 살 때 게임 CD를 함께 받는 경우를 생각하면 된다. 번들 판매는 판매 대상이 일반소비자가 아닌 일반기업이 되며, 가격은 극히 저렴한 데 비하여 수량적으로 가장 많은 형태가 된다.

3.2 비디오게임

(1) 유통구조

비디오게임 타이틀의 유통경로는 퍼블리셔 또는 유통사가 총판을 두어 판매를 위탁하는 방식이었다. 총판은 타이틀을 직접 소매상에게 배포하거나 거래가 있는 온라인 쇼핑몰로 제공하게 된다. 하지만 현재 대다수의 총판이 폐업하고 있는 실정이다.

총판이 점차 사라지면서 나타난 유통현상은 퍼블리셔나 유통사가 직접 유통에 나서는 방식인 직판이다. 관련된 온라인 쇼핑몰이나 소매상으로 직접 배포를 하게 되는데 그만큼 퍼블리셔들의 인력 소모가 커지게 된다.

그림 5-13 | 비디오게임 타이틀의 유통구조

(2) 유통상의 문제점

소규모 중소상인들의 조합인 총판이 상호편익을 위해 결성되어 시장에서 일익을 담당하게 되는데, 국내 시장현황은 오히려 존재하던 총판도 사라지고 있는 현상이 발생되고 있다. 이로 인해 몇 가지 문제점이 발생하고 있다(와이즈인포 2005).

1) 시장질서

정가보다 싸게 팔고 있는 소매상과 소매상끼리의 또 다른 가격경쟁, 소매상 겸업 총판의 가격질서 파괴는 소매상뿐만 아니라 물건을 내보낼 곳이 없어지는 총판의 몰락을 가져오게 된다.

2) 중고시장과 복사

신작 타이틀이 출시되면 시장에서는 발매된 지 일주일이 지나지 않아 중고타이틀이나 복사타이틀이 거래된다. 이와 같은 일들이 악순환되면서 소매상은 정품타이틀을 팔아 얼마 남지 않는 마진을 챙기느니 세금 자료를 남기지 않고 이윤을 챙길 수 있는 중고 타이틀이나 복사타이틀을 더 선호하게 된다. 총판이나 소매상은 재고가 쌓이게 되고 현금흐름이 어려워져 사업을 접게 되면 유통사 또한 타이틀을 발매하려고 하지 않게 되는 것이다. 결국 유통사, 판매자, 소비자 모두가 손해를 보게 된다.

3) P2P

불법 와레즈(warez)사이트의 범람은 국내 PC게임시장의 몰락을 가져왔고, P2P 등의 등장으로 와레즈사이트는 급감하였으나 대용량의 게임파일이 공유형태로 유포가 가능해지면서 비디오게임시장에도 큰 피해를 주게 되었다. 이와 더불어 DVD Writer의 보급과 저렴한 공DVD는 P2P의 자료공유와 함께 복사시장에 날개를 달아준 셈이 되었다.

4) 플랫폼 홀더 및 유통사

서드 파티 또는 퍼블리셔, 유통사는 차기작을 위해 어쩔 수 없이 B급 이하의 게임을 출시한 경우나, 비디오게임 타이틀을 발매한다는 것을 알리기 위해 처음 시작은 저가의 로열티를 지불하고 출시할 수 있는 타이틀을 사오는 경우가 있다. 이 경우 유통망 확보 및 판매에 어려움을 겪는 일이 허다하며 소비자들로부터 외면당하기 쉽다. 미래 수요를 예측하여 막대한 로열티를 지불하고 A급 타이틀을 들여오기에는 국내 비디오게임시장이 불안하고 한국에서 정식 발매되는 타이틀의 일부 성의 없는 한글화로 소비자에게 외면당하는 것도 한 가지 이유일 것이다.

또한 국내에서는 비디오게임 타이틀을 생산하지 않고 해외에서 생산하여 들여오기 때문에 그에 대한 비용이 추가되어 소비자가의 부담이 올라갈 수밖에 없는 상황이다. 이에 대해 국내 비디오게임 플랫폼 홀더(platform holder)는 대책을 마련해야 할 것이다.

(3) 비디오게임 S/W 유통시장 전망

어지럽혀진 시장질서를 해결하기 위해서는 상인들 간의 과도한 가격경쟁을 줄이는 등 올바른 상도가 필요하다. 또한 복사타이틀 및 P2P 자료공유에 대한 계속적인 단속과 처벌법 제정 및 강화, 소비자 계도로 유통시장에 악영향을 미치는 행위를 근절시켜야 한다. 그리고 중고시장을 줄이고 정품 타이틀의 가격을 낮추기 위해 국내에서 제품을 생산할 수 있는 공장을 설립하거나 업체 선정을 하는 등 플랫폼 홀더의 노력이 있어야 한다. 유통시장의 문제점이 해결되고 국산 타이틀 출시, 해외 동시 발매, 충실한 한글화, 적정 소비자가 책정 등이 이루어진다면 비디오게임시장은 활성화될 것이다.

3.3 DVD와 VHS 매체의 유통구조

(1) DVD의 유통구조

국내 DVD의 유통구조는 제작과 관련된 단계로서 DVD의 원 저작권자인 콘텐츠 저작권자와 이들 저작권자로부터 저작권을 구입하여 일반 소비자들에게 제공할 수 있는 상품으로 제작하는 제작사로부터 상품에 대한 시장 유통 전반에 대한 권리를 총판사에게 부여한다. 또한 그 권리를 소유한 총판사는 다시 중간도매상에게로, 그리고 소비자들이 직접 상품을 구입하는 소매상으로 최종 유통된다. 그러나 중간도매상의 경우 소매상의 역할을 동시에 수행하는 곳이 있기도 하며, 총판사이면서 중간도매상의 역할을 동시에 수행하는 곳이 있기도 하다.

그림 5-14 | DVD게임의 유통구조

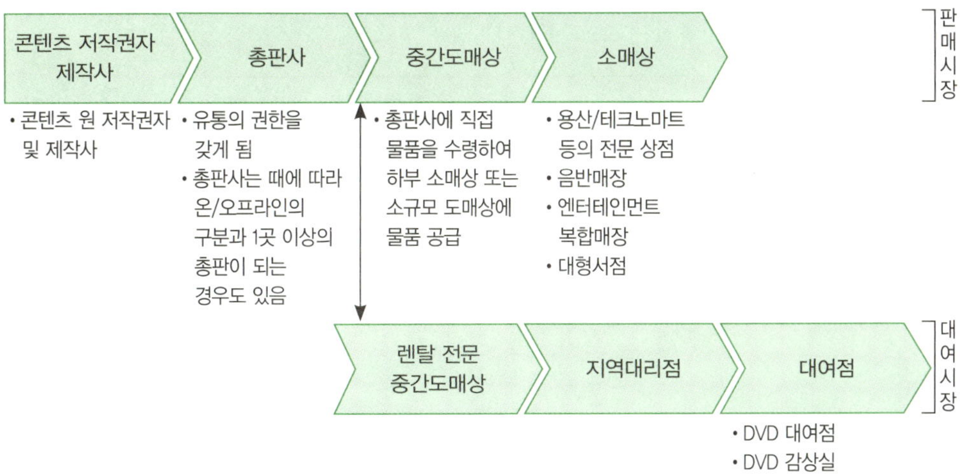

DVD시장은 크게 판매(sell-through)시장[01] 혹은 대여시장(rental market)으로 구분되며, 두 시장은 조금 차이를 보인다. 대여시장은 총판사가 대여전문 중간도매상에게 상품을 공급하게 되고, 대여전문 중간도매상은 다시 지역의 대여점을 관리하는 지역대리점에 상품을 공급하게 된다. 이 경우에서도 판매시장과 마찬가지로 총판사가 직접 지역대리점에게 상품을 공급하는 경우도 있다. DVD 대여시장은 판매시장의 대안으로 점차 그 시장이 확장되고 있다. 또한 향후 DVD의 보급과 홈 엔터테인먼트산업의 성장과 더불어 과거 비디오 대리점이 많은 호황을 누렸듯이 DVD 시장 역시 많은 성장이 있을 것으로 판단된다.

(2) VHS의 유통구조

DVD시장이 판매시장에 더 큰 비중을 두고 있다면 VHS시장은 대여시장에 더 많은 비중을 두고 있다. VHS 제작사이면서 총판사의 역할을 하고 있는 업체가 상당수 있으며, 제작사에서 지역대리점을 직접 운영하고 있는 업체도 있다. DVD 유통구조와 VHS 유통구조의 가장 큰 차이점은 VHS 유통시장에서는 지역대리점의 역할이 DVD시장에서 보다 명확하고 그 구조가 탄탄하다는 것이다. 또한 중간도매상의 역할을 지역의 대리점들이 대신하고 있다는 점이다. 제작사에서 직접 지역대리점을 운영하는 경우 지역대리점이 유통의 독점권을 갖게 되는 문제점도 있지만 가격의 붕괴를 막을 수 있는 긍정적인 측면도 갖게 된다.

그림 5-15 | VHS 유통구조

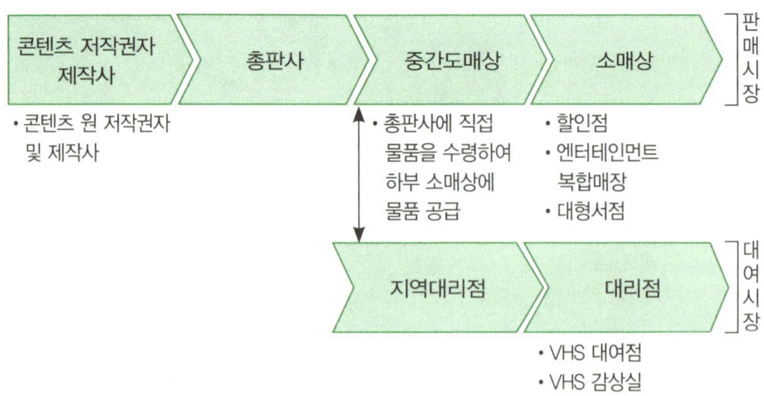

01 대여가 아니고 팔 목적으로 시장에 내놓는 비디오 상품시장을 말한다.

(3) 유통구조의 문제점

DVD 및 VHS의 오프라인 유통의 문제점은 소비자에게 이르는 유통 단계가 복잡하다는 것이다. DVD나 VHS의 오프라인 유통의 문제점만은 아니지만, 제작사에서 소비자에게 이르는 과정에 총판사, 중간도매상, 소매상 등의 중간 유통경로를 거치면서 업자들과 소비자 모두에게 부정적 측면을 야기하게 된다. 우선 건전한 시장가격의 형성을 저해하는 형태의 할인판매나 끼워팔기 등의 형태를 유발하게 된다. 즉, 업체의 과도한 경쟁 및 대부분의 중간도매상, 소매상이 영세하다는 점, 그리고 과도한 경쟁 및 복잡한 유통구조로 인해 실질적 판매분에 따른 수익구조가 매우 열악한 상태이다. 이처럼 열악한 수익구조, 경쟁으로 인한 할인 등으로 인해 그 자생적 경쟁력은 더욱 악화되고 있으며, 결과적으로 가격의 신뢰성 확보가 어려워져 소비자들의 새로운 제품에 대한 구매의사를 떨어뜨려 DVD시장의 성장에 장애가 될 것이다.

이러한 문제점을 해결하기 위해서는 제작사와 소비자와의 유통라인을 줄일 수 있는 새로운 유통망을 확보하는 것이 중요하다. 최근 편의점과의 전략적 제휴를 통한 유통 시도, 전국 서점을 대상으로 한 DVD 판매, 홈쇼핑을 통한 판매, 방문판매 등 소비자와 보다 근접한 유통시장을 공략하는 방법은 위의 여러 문제점을 해결할 수 있는 열쇠가 될 수 있을 것이다.

4. 디지털콘텐츠 유통시장과 유료화

4.1 콘텐츠 유통시장 규모

국내 콘텐츠산업의 유통(소매 및 서비스)시장 규모를 살펴보면, 오프라인 소매는 2011년 6조 8,458억 원으로 전체의 25.6%를 차지하고 있으며 온라인 소매는 1조 3,022억 원으로 전체의 4.9%를 차지하고 있다. 오프라인서비스는 2011년 10조 8,208억 원으로 전체의 40.5%를 차지하고 있으며 온라인서비스는 7조 7,699억 원으로 전체의 29.1%를 차지하고 있다. 즉, 서비스 분야의 시장 비중이 전체 유통시장의 69.6%로서 소매 분야보다 2배 이상 높은 비중을 차지하는 것으로 나타났다.

전년 대비 증감률을 살펴볼 때 가장 높은 증가율을 보인 온라인서비스는 서비스 위주 산업인 지식정보산업의 성장에 따른 것으로 보인다.

| 표 5-4 | 국내 콘텐츠산업의 유통(소매 및 서비스)시장 규모

(단위 : 백만 원)

구분		콘텐츠산업 전체			
		2010년	2011년	비중(%)	전년 대비 증감(%)
소매	오프라인	6,481,726	6,845,872	25.6	5.6
	온라인	1,197,469	1,302,242	4.9	8.7
	소계	7,679,195	8,148,114	30.5	6.1
서비스	오프라인	9,864,295	10,820,844	40.5	9.7
	온라인	6,096,423	7,769,904	29.1	27.5
	소계	15,960,718	18,590,748	69.6	16.5

콘텐츠산업 중 애니메이션, 음악, 출판, 만화, 지식정보의 디지털콘텐츠 유통 · 배급 매출액 비중을 살펴보면, 음악산업의 유통 · 배급 매출액 비중이 90.7%로 가장 높게 나타났다. 이는 스마트폰이 대중화됨에 따라 음악 스트리밍 및 다운로드서비스의 이용자 증가에 기인한 것으로 보인다.

출판과 만화 역시 80% 이상의 높은 유통 · 배급 매출액 비중을 보였다. 출판산업과 만화산업의 경우 전자책 리더기 및 전자책 콘텐츠가 증가하면서 전자책의 이용자 역시 증가하였고, 이에 따라 인터넷 · 모바일 전자출판서비스업과 인터넷 · 모바일 만화콘텐츠서비스, 인터넷서점의 매출이 증가하여 유통 · 배급 매출액 비중이 높게 나타난 것으로 보인다.

| 표 5-5 | 콘텐츠산업별 디지털콘텐츠의 유통 · 배급 매출액 비중

(단위 : %)

구분	2009년	2010년	2011년
애니메이션	10.4	74.8	49.6
음악	88.4	90.0	90.7
출판	90.1	90.0	88.7
만화	71.4	77.0	81.0
지식정보	68.1	71.3	75.0

4.2 유통업체 및 고용

2012년 콘텐츠산업통계에 따르면 콘텐츠 유통부문의 종사자수는 2010년 6만 9,103명에서 2011년 7만 2,374명으로 전년 대비 4.7% 증가하였으며 전체 직무별 종사자에 대한 유통부문의 종사자 비중은 25.2%에서 25.7%로 증가하였다. 또한 직무별 종사자 현황을 살펴볼 때 유통부문의 종사자수가 제작부문 종사자수 다음으로 많은 것으로 나타났다.

그러나 출판(계약배달판매업, 인터넷서점(만화 제외)), 만화(인터넷서점(만화부문)), 음악(인터넷 음반 소매업, 노래연습장 운영업), 게임, 영화, 방송, 광고산업 종사자가 제외된 현황이므로 정확한 콘텐츠 유통부문의 종사자수는 알 수 없었다.

| 표 5-6 | 국내 콘텐츠 유통부문의 종사자수

(단위 : 명)

구분	종사자수	비중(%)
2010년	69,103	25.2
2011년	72,374	25.7

4.3 콘텐츠의 유료화

최근 들어, 콘텐츠를 기반으로 하는 인터넷업체들의 수익창출을 위한 방안으로 콘텐츠 유료화에 대한 논의가 활발히 진행되고 있다. 디지털콘텐츠를 기반으로 하는 업체의 수익모델은 크게 주요 수익원으로 광고비, 구독료와 보조 수익원으로 전자상거래, 라이선스 등으로 분류할 수 있다(Jupiter Communications 1998). 그러나 실질적으로 대다수의 디지털콘텐츠업체들은 무료 콘텐츠를 제공하고 접속건수를 높여 광고를 유지하는 수익모델에 높은 의존도를 보여왔다. 그러나 온라인 광고 지출이 감소하면서 수익원으로서의 광고에 대한 우려가 확산되고, 이는 다시 디지털콘텐츠업체의 수익성 전반에 대한 회의론으로 이어지면서 투자자의 외면을 초래하는 상황을 가져왔다. 이에 대한 타개책으로 디지털콘텐츠업체는 콘텐츠를 이용하는 인터넷 사용자에게서 직접 수익을 창출하는 콘텐츠 유료화를 수익성 증대방안으로 추진하기 시작했다.

구체적으로 국내의 경우, 만화, 영화, 게임, 성인대상 웹캐스팅 등 엔터테인먼트콘텐츠와 재테크 등 경제관련 콘텐츠, 그리고 교육용 콘텐츠를 중심으로 유료화를 진행하고 있거나 추진 중이다. 게임 분야의 경우 한게임(www.hangame.com)의 프리미엄서비스, 이게임넷(www.e-gamenet.com)의 온라인 바둑과 포커게임, 넥슨(www.nexon.co.kr)의 택티컬 커맨더스, 북마크(www.bookmark.co.kr)의 삼국지, 디어유(www.dearyou.com)의 만화게임서비스, 이야기의 판타지 포유, CCR의 포트리스 2 등이 이미 유료화되었다. 한편 교육 분야는 이미 일정 성과를 올리는 것으로 보고되고 있다. 크레듀(www.creduu.com)는 2003년에 이미 85억 원 매출에 8억 원의 흑자를 기록했고, 네띠앙(www.netian.com)도 한 달에 수천만 원을 벌어들이고 있으며, 라이코스코리아도 한 달에 1억여 원의 매출을 기록하고 있는 것으로 나타나고 있다. 이 외에도 유료화를 시행하고 있거나 추진하고 있는 분야를 살펴보면 증권정보와 관련해 팍스넷이 시스템 매매신호를, 와우 TV가 증권시항을 유료로 제공하고 있다. 또, 인터넷신문사이트인 아이뉴스24(Inews24)가 인터넷 분야 리포트의 유료화를 시행하고 있다.

유료 디지털콘텐츠가 수익모델로 자리 잡아 가고 있는 미국의 경우, 유료 콘텐츠 시장도 성장하고 있다. 2010년 하반기 750여 명의 미국 소비자를 대상으로 한 Pew Internet의 조사 결과를 살펴보면 인터넷 이용자의 65%가 온라인 유료콘텐츠를 구매한 경험이 있었으며, 미국 인터넷 이용자의 43%가 온라인 유료콘텐츠를 이용하기 위

그림 5-16 | 월평균 온라인콘텐츠 지불비용

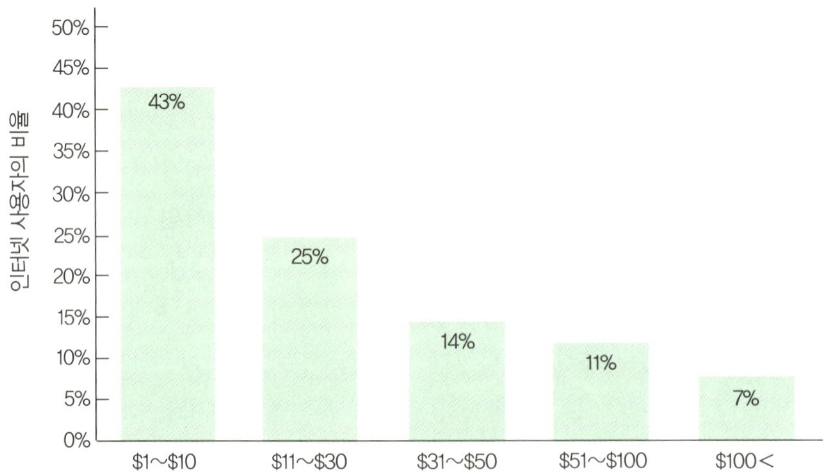

자료 : Pew Research Center' Internet & American Life Project, October 28–November 1, 2010

해 10달러를 지불하는 것으로 나타났다. 또한 응답자들 중 23%가 유료 콘텐츠 정기 구독서비스 이용의사를 밝혔으며 이를 통해 미국의 유료 콘텐츠 이용률은 증가할 것으로 파악되었다.

그러나 국내 디지털콘텐츠 유료화에 대해 인터넷 리서치업체인 아이클릭의 조사에 따르면, 응답자의 42.1%가 콘텐츠 유료화 자체에 대해 반대하는 것으로 나타나 콘텐츠 유료화에 대한 강한 거부감을 가지고 있는 것으로 파악되었다. 하지만 응답자의 과반수가 넘는 53.6%가 질이 보장되는 콘텐츠에는 지불의사가 있다고 밝혀 콘텐츠 유료화에 긍정적인 기대를 걸 수 있게 하였다. 이는 일부 경쟁력 있는 콘텐츠의 성공 여부에 응답자의 86.4%가 긍정적으로 답변하였으며, 또한 애용하는 사이트의 유료화에 대해 응답자의 58.1%가 적당한 가격이면 계속 이용하겠다는 의사를 표시한 데서도 다시 한 번 확인할 수 있다.

인터넷은 공짜라는 인식은 초기에 인터넷이 활성화되는 데 큰 역할을 하였다. 하지만 이제 네티즌들도 무턱대고 '인터넷은 공짜다'라는 식의 생각은 예전에 비해 많이 줄어든 분위기이다. 결국 남겨진 문제는 디지털콘텐츠의 유료화를 통해 다양한 양질의 정보와 서비스를 제공해 줄 수 있느냐일 것이다. 그러기 위해서는 우선 콘텐츠의 질이 보장되어야 하며, 다음으로 콘텐츠의 질과 함께 지적된 지불방식과 가격에 대한 불만을 해소하기 위해 다양한 가격정책 및 지불수단으로 인터넷 이용자의 구매 편의도 고려해야 할 것이다.

현재가 아니라 미래에 다시금 변화할 인터넷 패러다임 속에서 생존하기 위해 디지털콘텐츠를 구성하는 기업들에게 진정으로 필요한 수익모델은 바로 다양하고 차별화된 정보콘텐츠의 개발이다. 네티즌들을 불러들이기 위한 콘텐츠가 아니라 네티즌들 스스로 찾아들어오는 콘텐츠 개발이 콘텐츠 유료화 전쟁 속에서 살아남는 생존전략이 될 것이다.

(1) 콘텐츠 유료화의 성공요소

콘텐츠 유료화는 수익성 제고와 수익구조 다각화를 위해 요청되는 긴급한 과제로 생각되지만 사회 전반에 콘텐츠 유료화의 여건에 대한 사용자들의 저항, 노하우의 부족, 기술적 · 제도적 기반 미비, 콘텐츠 불법공유, 불가피한 신규 투자와 수익실현의 지연, 상업성 있는 콘텐츠 생산의 어려움 등의 장애요인과 지불수단의 부재로 인한 사용자들의 어려움 등으로 인하여 디지털콘텐츠의 대중적 보급과 개발을 촉진시킬 수 있는 디지털콘텐츠 활성화방안이 필요한 시점이다.

디지털콘텐츠 유료화의 성공을 위해서는 콘텐츠의 생산, 콘텐츠의 유통, 인프라의 세 가지 차원에서 경쟁력을 가져야 하며 올바른 전략을 수립하여야 한다. 각 차원의 요구 능력은 창조력(creativity), 마케팅 능력(marketing skill), 기술력(technology)이다.

그림 5-17 | 콘텐츠 유료화의 성공요소

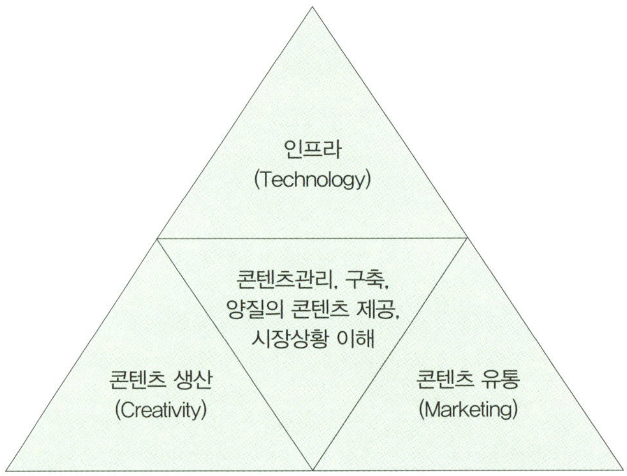

콘텐츠 생산 차원에서는 양질의 콘텐츠를 생산하는 것과 저작권이 주요한 경쟁 포인트이다. 콘텐츠 유통 차원에서는 고객과 고객사에 대한 이해, 즉 시장에 대한 깊은 이해를 바탕으로 적절한 콘텐츠 유통전략을 수립할 수 있는 능력이 필요하다. 세부적으로는 콘텐츠 가격, 콘텐츠 패키징화 능력, 부가서비스 결합 능력 등이 요구된다. 인프라 차원에서는 다양한 채널과 디바이스가 등장하고 서비스 환경에서는 다양한 통합화가 동시에 진행되는 상황에서 적절한 콘텐츠 저장, 관리, 변환, 전달, 과금 등의 기능을 지원하는 효율적인 콘텐츠의 관리 및 유통시스템의 운영기술이 필요하다(박추환 2000).

(2) 유료 콘텐츠 이용 현황

1) 유료 콘텐츠 이용 경험

한국콘텐츠진흥원에 따르면 휴대통신용 기기를 통한 유료 디지털콘텐츠 이용 경험에 대해서 75.6%가 '이용한 적 있다'라고 응답했고, 24.4%가 '이용한 적 없다'고 응답하였다. 성별로는 남성의 경우 76.4%, 여성의 경우 74.9%가 이용한 적이 있다고 응답하여 남성의 이용 경험이 여성에 비해 조금 높게 나타났다. 연령별로는 10대와 40대까지 이용 경험이 있는 응답비율이 70% 이상으로 나타났고, 50대의 경우 69%, 60대 이상의 경우 41.6%로 다른 연령대에 비해 이용 경험이 낮게 나타났다(한국콘텐츠진흥원 2011).

PC용 유료 콘텐츠에 대해서는 69%가 이용 경험이 있으며, 남성의 PC용 유료 콘텐츠 이용 경험은 71.3%로 여성에 비해 4.6% 높았다. 연령별로는 20대가 72%의 이용 경험을 보이며 연령대별 가장 높은 이용률을 보였다.

2) 유료 콘텐츠 구입 현황

한국콘텐츠진흥원의 '2012년 4분기 소비자 콘텐츠 구매실태조사' 결과, 4분기의 콘텐츠별 월평균 구입비용의 비중은 영화콘텐츠(13.6%)가 가장 높은 것으로 나타났다. 다음으로는 공연콘텐츠(11.2%), 게임콘텐츠(10.1%), 출판콘텐츠(9.5%) 등의 순으로 나타났으며, 만화콘텐츠가 2.7%로 가장 낮은 것으로 나타났다. [그림 5-18]을

그림 5-18 | 2012년 11개 콘텐츠의 월평균 구입비용 비중

(전체 n=1,200, 중복응답단위 : 원)

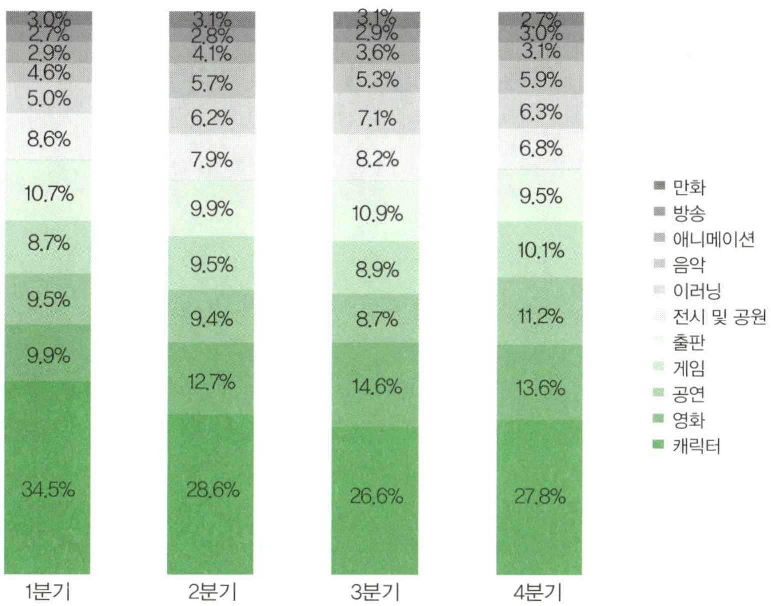

자료 : 2012년 4분기 소비자 콘텐츠 구매실태 조사, 한국콘텐츠진흥원

살펴보면, 매 분기별 캐릭터콘텐츠의 구입비용 비중이 가장 높지만, 이는 캐릭터가 삽입된 인형, 완구 등과 같은 핵심 상품군과 의류, 신발 등의 관련 상품군의 구입비용을 합한 것으로서 다른 콘텐츠와의 정확한 비교를 하기 어렵다는 점에서 제외하였다.

성별, 연령별, 월평균 가구소득별 11개 콘텐츠의 월평균 구입비용을 살펴보면 여성과 40대, 월평균 가구소득 500만 원 이상 계층에서 상대적으로 콘텐츠 구입비용이 높았다. 4분기는 여자(약 197,889원)가 남자(약 190,915원)보다 높으며, 연령별로는 40대(40~44세 267,371원, 45~49세 250,962원)가 비교적 높게 나타났다(한국콘텐츠진흥원 2012).

5. 중고 디지털콘텐츠 유통

5.1 디지털콘텐츠시장에서 중고 디지털콘텐츠 유통의 의미

현재의 디지털콘텐츠 유통구조에서 이용자들이 합법적으로 디지털콘텐츠를 이용할 수 있는 방법은 디지털 마켓플레이스를 통해 콘텐츠 제공업체로부터 직접 구매하는 방법밖에는 없었다. 그러나 최근 애플(Apple)과 아마존(Amazon)을 비롯한 메이저 플랫폼사업자들이 중고 디지털콘텐츠(used digital content) 유통을 위한 특허를 잇따라 신청하면서 콘텐츠 제공업체가 아닌 소비자들 간에 디지털콘텐츠를 합법적으로 유통할 수 있는 방안이 모색되고 있다(한국방송통신전파진흥원 2013).

중고 디지털콘텐츠의 유통이 본격화될 경우 소비자들은 콘텐츠 제공업체가 제공하는 디지털콘텐츠를 정가를 주고 구입하지 않더라도 이미 해당 콘텐츠를 이용한 경험이 있는 여타 소비자로부터 인하된 가격으로 구매할 수 있게 된다. 또한 오프라인 중고 거래에 비해 거리에 따른 제약이 적은 것은 물론 번거로운 배송 절차 등이 필요 없으므로 활발한 유통이 이루어질 가능성이 높다.

5.2 플랫폼사업자, 중고 디지털콘텐츠 유통 추진

(1) 아마존, 디지털콘텐츠 전송을 통한 중고 유통 지원 특허 취득

아마존이 지난 1월 29일 중고 디지털콘텐츠를 유통시킬 수 있는 마켓플레이스와 관련한 '디지털 물품용 2차 시장(secondary market for digital object)' 특허를 취득했다. 특허 신청자료에 따르면 아마존은 이용자들이 합법적으로 구매한 e-Book, 디지털음원, 동영상, 애플리케이션을 비롯한 디지털콘텐츠를 다른 이용자들에게 판매할 수 있는 마켓을 구상하고 있다.

판매방식은 특정 이용자의 개인화된 데이터 저장소에 보관된 디지털콘텐츠를 다른 이용자의 데이터 저장소로 전송하고 자신의 저장소에서는 이를 폐기하는 방식으로 이루어질 전망이다. 특히, 개인화된 데이터 저장소는 클라우드방식이 될 가능성이 높아 이용자들이 손쉽게 디지털콘텐츠를 주고받을 수 있을 것으로 예상된다.

다만 디지털콘텐츠의 중고 유통횟수에는 제한을 둘 방침이다. 아마존은 특허 신청서상에서 "디지털콘텐츠의 이동 혹은 다운로드 횟수가 허용된 범위를 초과하게 되면 더 이상의 이동은 허용되지 않는다"고 명시하고 있다.

아마존은 이미 e-Book 구매자들에게 대여서비스를 제공해 주며 이용자들 간의 콘텐츠 공유를 지원해 왔다. 아마존닷컴(Amazon.com)을 통해 e-Book 콘텐츠를 구매한 이용자들에게 1회에 한해 다른 이용자에게 14일 동안 해당 e-Book을 대여할 수 있도록 허용한 것이다. 대여기간 중에는 원 구매자도 해당 e-Book에 접근할 수 없도록 제한하고 있다. 다만 모든 콘텐츠가 대여대상이 되지 않으며, e-Book 출판사 및 저작권자가 대여를 허락한 타이틀에 한해 대여서비스를 이용할 수 있다.

(2) 애플, DRM상의 소유권 변경을 통한 중고 유통 지원 특허 출원

아마존에 이어 애플 역시 DRM 변경을 통한 중고 디지털콘텐츠 유통관련 특허를 신청하였다. 미국 특허상표청(The U.S Patent and Trademark Office)의 자료에 따르면 애플은 2012년 6월 22일에 '디지털콘텐츠 아이템에 대한 접근관리(Managing Access to Digital Content Items)'란 명칭의 특허를 신청했다. 이는 오프라인상의 실물 중고 거래처럼 디지털콘텐츠의 경우에도 원 구매자가 더 이상 활용하지 않는 아이템은 다른 이용자에게 되팔 수 있도록 하는 것을 핵심으로 하고 있다.

해당 특허는 애플의 디지털콘텐츠 스토어를 통해 판매되는 디지털콘텐츠의 DRM에 이용자정보를 심어 놓은 후, 중고판매를 통해 소유권이 변경된 경우 해당 사항을

DRM에 반영해 원 구매자가 더 이상 이에 접근할 수 없도록 제한하는 방식을 띄고 있다.

e-Book의 경우 애플의 iBookstore에서 특정 콘텐츠를 구매한 이용자가 다른 이용자에게 판매하기로 결정한 후 이를 iBookstore 측에 알리면, 일정 기준 여부를 심사한 후에 다른 이용자에게 해당 e-Book을 전송할 수 있도록 허용할 방침이다. 거래가 성사되면 콘텐츠에 대한 접근권과 소유권이 새로운 구매자에게 양도된다.

중고 디지털콘텐츠 유통범주로는 모바일 애플리케이션, e-Book, 디지털음원, 기타 재판매가 허용된 디지털콘텐츠를 모두 포괄하며, 중고 거래 시 해당 콘텐츠의 저작권자에게 판매비용의 일정 부분을 지급하도록 명시하고 있다. 또한 디지털콘텐츠에 대한 오리지널 판매자로서 애플이 콘텐츠 거래내역을 추적해 지적재산권이 보호될 수 있도록 감시한다는 계획도 담고 있다.

한편, 애플의 특허는 복수의 이용자들이 '복사(copy)'된 디지털콘텐츠를 이용하는 것도 허용하고 있다. 원 콘텐츠 이용자가 소유했던 콘텐츠를 여러 이용자에게 제공할 수 있도록 함으로써 원 소유주와 신규 이용자가 동시에 해당 콘텐츠에 접근할 수 있게 된다. 하지만 애플은 해당 콘텐츠가 복사되는 횟수를 제한한다는 방침이다. 예를 들어 영화는 1회, e-Book은 2회에 한해 복사를 허용하는 방식이다.

5.3 중고 디지털콘텐츠 유통을 둘러싼 주요 쟁점

(1) 디지털콘텐츠에 대한 '최초 판매원칙(first sale doctrine)' 적용 여부

'중고'의 사전적 의미는 '이미 사용하였거나 오래되어 낡은 것'을 뜻한다. 따라서 중고 유통이란 단순히 소유권이 변동되는 것 외에 새것과 대비해 가치가 하락한 낡은 것을 인하된 가격으로 거래하는 것을 의미한다.

이에 따라 일각에서는 종이책, 음반 등과는 달리 시간이 지나도 사용가치가 전혀 달라지지 않는다는 점을 근거로 디지털콘텐츠에 대해서는 중고판매 개념 자체가 성립할 수 없다는 주장을 제기하고 있다.

(2) 중고 디지털콘텐츠의 가격 책정 및 저작권료 지불 문제

디지털콘텐츠의 가격 책정방식이 논란이 되고 있다. 소비자 입장에서는 정가로 판매되는 제품과 전혀 차이가 없는 중고 디지털콘텐츠를 저렴한 가격에 구매할 수 있다면 굳이 비싼 비용을 지불할 필요가 없어지는 만큼 저작자의 이익이 침해될 소지가 높기 때문이다. 이에 따라 콘텐츠 제공업체 및 저작권자 측은 플랫폼사업자들이 중고 디지털콘텐츠 판매가격을 책정할 때 저작권자의 의견을 최대한 반영해 줄 것을 촉구할 것으로 예상된다.

종이책 등 일반적인 실물 콘텐츠의 경우 중고 거래 시에 별도의 저작권료가 지급되지 않는다는 점도 논란이 되고 있다. 저작권자 진영은 거래내용에 대한 추적이 사실상 불가능한 실물콘텐츠와 달리 디지털콘텐츠의 경우 소유권 변동 및 판매가격 등에 대한 추적이 용이한 만큼 이에 대해서도 저작권료를 지불해야 한다고 주장하고 있다.

디지털콘텐츠의 재판매횟수도 제한될 가능성이 높다. 재판매를 무한대로 허용할 경우 콘텐츠가격이 지속적으로 하락하는 것은 물론 중고 유통시장의 성장으로 원 콘텐츠에 대한 수요가 감소됨에 따라 디지털콘텐츠시장 자체를 위축시킬 수 있기 때문이다.

6. 디지털콘텐츠 불법유통

6.1 디지털콘텐츠의 특성에 따른 유통상 장애

디지털콘텐츠는 뚜렷한 형체 없이 네트워크를 통한 무한배포가 가능하고, 트래픽 제한이나 기술적 잠금장치 등을 취하지 않은 상태에서는 자유로운 업로드와 다운로드를 막을 수 없다.

또한 일단 창작된 디지털콘텐츠는 소멸되지 않으며, 공급량의 증가에 따르는 재생산비용이 거의 들지 않아 평균비용이 감소하는 규모의 경제형태를 가지고 있다는 것이다. 즉 저작물의 경우 첫 번째 표현비용이 매우 크고, 두 번째 이후의 단위를 생산하기 위한 가변비용은 급격히 감소하거나 거의 없기 때문에 재생산비용이 거의 들지 않는다는 것이다. 한편 사용자의 입장에서는 디지털콘텐츠라는 것이 사용하기 전에 보는 것만으로는 그 가치를 판단하기 어렵다고 하는 불투명성도 콘텐츠의 거래에 있어서 장애요소라 할 수 있다. 네트워크에 떠도는 수많은 콘텐츠 가운데 내가 원하는 정보와 내용을 가진 콘텐츠인지를 알아내기란 쉽지 않기 때문이다.

디지털콘텐츠가 갖고 있는 공공재적 특성은 생산자와 공급자로 하여금 이러한 콘텐츠를 유료로 판매할 수 있도록 하는 기술적 장치와 시스템에 대한 고민을 안겨주고 있다. 디지털콘텐츠 보호에 대한 인식과 기술적 요소들이 발전하기 이전부터 빠르게 성장한 인터넷과 네트워크를 통해 활발히 콘텐츠를 공유해 온 사용자들에게 있어서 디지털콘텐츠의 공유적 사용은 너무나 당연시되어 왔다. 때문에 콘텐츠의 유료화 기술적 보호조치에 따른 이용제한방식에 대해서는 강력한 저항이 유발되고 있다(탁희성 2008).

6.2 유통 단계에서의 디지털콘텐츠 불법유통

디지털콘텐츠 유통 단계로 먼저 제작과정에서 촬영기나 녹음기 등의 제작매체를 통해 영화나 음악 또는 방송 등의 디지털콘텐츠가 만들어진다. 공급과정에서 웹하드, P2P, 방송사 등의 서비스처와 인터넷, 케이블 등 유통(전달)매체가 활용된다. 사용과정에서 PC, 스마트폰, 미디어 플레이어 등의 사용(재생)매체를 통해 콘텐츠를 이용하게 된다(소대영, 이병수, 이상순 2012).

그림 5-19 | 디지털콘텐츠 유통 프로세스 설계

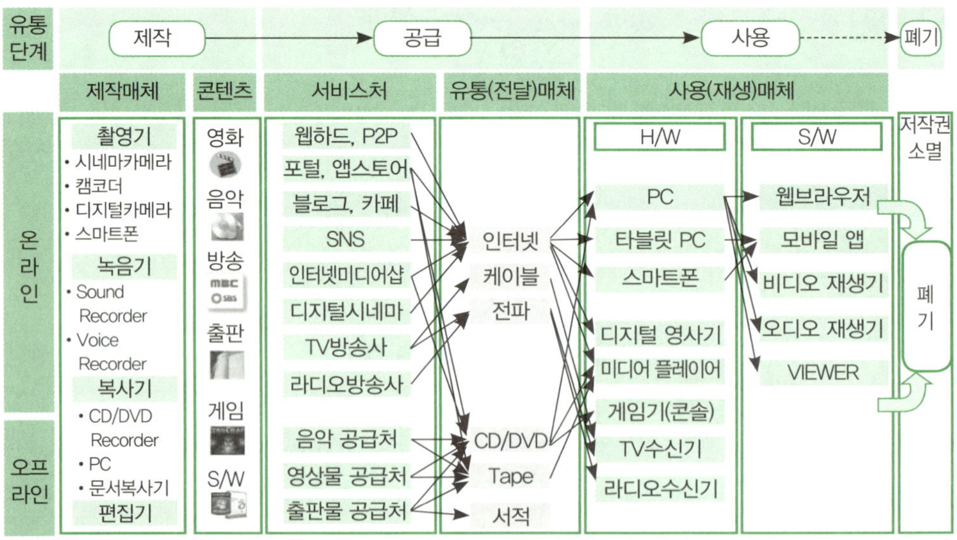

자료 : 디지털콘텐츠 보호를 위한 저작권기술 분류체계 및 요소기술수준 평가 연구(2012)

이러한 디지털콘텐츠 유통 단계에서 영화콘텐츠의 경우 합법적인 서비스로 유통된 콘텐츠를 이용자가 복제 및 편집하거나 상영 중인 동영상을 불법복제해서 웹하드를 통해 다운로드 또는 스트리밍방식으로 불법전송 및 사용하는 사례가 대표적인 불법유통의 유형이다.

방송콘텐츠의 경우 수신단말에 PC, 노트북 등을 연결하여 불법녹화한 뒤 이를 P2P나 웹하드에 불법유통시키는 유형도 있다.

6.3 디지털콘텐츠의 온라인불법유통 현황

디지털콘텐츠는 온라인 유통의 용이성을 기반으로 급속한 속도로 전파되는 특성을 지니고 있기 때문에 일단 온라인에 업로드되면 피해 규모를 산정하기조차 어렵다. 더욱이 디지털콘텐츠 유형과 유통경로의 다양성으로 인하여 공식적으로 디지털콘텐츠의 불법유통의 규모나 피해 규모에 대한 구체적인 통계는 나와 있지 않다. 저작권 보호센터에서 산정한 디지털콘텐츠 합법시장 피해 규모를 토대로 콘텐츠별 피해 규모를 살펴볼 수 있다(탁희성 2008). 음악의 경우 불법유통된 콘텐츠에 의해 온라인 합법시장의 24.3%가 침해를 받고 있으며, 이러한 온라인 불법유통으로 인한 피해는 전체 음악시장 침해 규모의 99.9%에 이르는 것으로 나타났다. 영화를 제외한 방송영상콘텐츠의 경우 온라인 불법영상물에 의하여 합법시장의 31.2%가 침해를 받고 있으며, 온라인 불법유통으로 인한 피해가 전체 방송영상시장 침해 규모의 99.1%인 것으로 나타났다. 디지털출판물의 경우에도 온라인 불법복제물로 인하여 합법시장이 11.4%가 침해를 받고 있으며, 온라인 불법유통으로 인한 피해가 전체 디지털출판물시장 침해 규모의 75.8%인 것으로 나타났다. 이러한 통계조사에 비추어 볼 때 디지털콘텐츠의 합법시장에 대한 침해의 거의 대부분이 온라인에서 불법유통되는 콘텐츠로 인해 발생하고 있다고 볼 수 있다.

현재 디지털콘텐츠의 효율적 유통에 장애를 초래하는 법적 요소는 바로 콘텐츠관련 법률이 여러 개로 분리되어 있고, 각 법률들 간에 추구하는 정책의 방향이 일관되지 못한 데 있다(탁희성 2008).

다음으로 디지털콘텐츠관련 법률들 간의 정책이 충돌하는 경우가 있다. 즉 창작성이 없는 데이터베이스 제작자의 보호와 관련하여 온라인 콘텐츠산업진흥법은 행위규제형 법률로서 부정경쟁방지적 보호방식을 취하고 있는 반면에, 개정 저작권법은 유럽의 EU 지침 및 회원국 각국이 채택한 물권적 보호방법을 채택하고 있다. 현실적으로 콘텐츠산업진흥법상 부정경쟁방지방식보다 저작권법상 물권적 방식이 보다 강력한 보호방식이기 때문에 콘텐츠산업진흥법은 적용될 여지가 거의 없음에도 이를 두 개의 법률에서 각기 다른 정책기조하에서 보호방식을 두려고 하는 것은 비합리적이다.

6.4 디지털콘텐츠 불법유통의 억제를 위한 제도적 개선방안

디지털콘텐츠의 불법유통을 억제하고 효율적으로 디지털콘텐츠를 보호하기 위해서는 몇 가지 법제도적 개선이 요구된다(탁희성 2008).

(1) 저작권집중관리제도의 실효적 운용

권리자가 자신의 저작권을 일정한 단체에 위탁하면 관리를 수탁한 단체가 저작권자와 같은 지위에서 권리를 위탁관리하면서 저작물의 이용에 따른 수익이 발생하면 일정한 관리수수료를 제하고 권리자들에게 분배하는 제도가 저작권집중관리제도이다. 집중관리제도가 우리나라에도 1986년 저작권법에 이미 도입되어 있기는 하지만 활성화되어 있지 못하다. 저작권집중관리제도가 단순히 저작자의 권리보호를 강화하는 데 그치는 것이 아니라 이용자로 하여금 저작권침해에 대한 불안을 덜면서 저작물을 다량으로 활발하게 이용할 수 있도록 한다. 즉 집중관리단체가 디지털 네트워크 환경에 따른 저작물 이용실태의 다양성과 대량성, 통합성을 충분히 포섭하여 신속한 이용절차를 확립하고, 저작권에 관한 정보를 이용자들에게 충분히 제공하여야 한다.

(2) 대체적 분쟁조정제도 고려

대체적 분쟁조정제도는 분쟁당사자들이 중립적인 제3자에게 분쟁을 의뢰하여 판정을 내리도록 함으로써 사법적 판단을 대체하는 비사법적 해결수단이다. 특히 저작권법과 같이 전문가의 판단이 필수적인 분야에서 비전문가인 법관에 의한 판단보다는 훨씬 합리적이고 효율적인 결론을 도출해 낼 수 있다.

(3) 포괄적 공정이용규정을 적극적으로 도입

저작권에 의한 보호는 저작권자가 자신의 저작물을 사용할 수 있는 모든 것에 대한 완전한 통제권을 부여하지는 않는다. 즉 모든 저작물의 복제가 저작권자의 배타적 영역 내에 있는 것은 아니며, 일정한 복제는 일반인의 공유영역에 있다. 모든 개인은 공정이용을 위하여 저작권이 있는 저작물을 복제할 수 있으며, 저작권자는 그러한 사용에 대해 배타적인 권리를 소유하지 않는 것이다. 그런데 현행 저작권법은 지적재산권의 제한조항에 관하여 열거주의를 취함으로써 공정이용의 범위가 상당히 축소되어 있다. 이와 같은 열거적인 규정들은 적용되는 사안들이 한정적일 수밖에 없고 또한 융통성이 결여되어 있다. 따라서 다양한 공정이용의 필요성에 관한 현실적인 요구에 제대로 부응하지 못함으로써 저작권법상의 보호와 이용의 균형이라고 하는 기능을 발휘하지 못하고 있다. 공정이용의 영역을 열거조항으로 규율하기 어려운 부분까지 융통성 있게 규제할 수 있고, 법의 전반적인 역할에 대해 예견가능성을 높여줄 수 있는 포괄적 공정이용규정의 도입이 필요하다고 본다.

(4) 저작물 이용허락표시제도(creative commons license)의 활성화

원래 크리에이티브 커먼즈(creative commons)는 '지적재산권 보호'와 '지적재산권 공유'라는 대립되는 명제를 조화하기 위해 만들어진 전 세계적인 비영리단체를 말한다. 여기에서 개발한 콘텐츠 이용표식을 사용함으로써 국제적인 저작권 교류가 가능하면서도 이용자들이 국제적으로도 보호받을 수 있는 체계가 마련되어 있다.

참고문헌

강심호. 2004. "디지털 에듀테인먼트 스토리텔링." Digital Contents, 2: 104-111.

강정화 외. 2004. 온라인디지털콘텐츠 거래인증 타당성 조사연구. 서울: 한국소프트웨어 진흥원.

강호갑 외. 2004. DRM 최신 국제표준 기술사양 분석 및 세계 유명제품 동향과 전망에 관한 연구. 서울: 한국소프트웨어진흥원.

고형석, 김정현, 우운택, 윤경현, 이인권, 이제희. 2012. "컴퓨터 그래픽스 연구 현황: 2부 융합하는 응용 기술". 컴퓨터그래픽스학회, 18(2): 35-53.

권남훈 외. 2002. 콘텐츠의 산업화에 따른 시장변화 및 발전전략연구: 음악 및 영화 콘텐츠를 중심으로. 서울: 정보통신정책연구원.

김건중. 2004. 새 비디오 불법 복제 방지 기술 SVP. KBENCH News.

김남득. 2001. "디지털 워터마킹 기술소개 및 동향보고." KOSEN/OSTIN Expert Review.

김동근. 2001. "가상공간에서의 표현의 자유와 온라인서비스 제공자의 책임." 기업법연구. 제7집.

김두탁. 2009. "주목 받는 국내 DRM 솔루션 시장현황 및 분석." 컴퓨터월드. 〈http://www.itdaily.kr/atl/view.asp?a_id=20434〉.

김민석. 2005. 2005년 상반기 국내 디지털콘텐츠 이용 성향 조사결과 보고서. 서울: 한국소프트웨어진흥원.

김상익. 2001. "디지털 워터마킹 국내 · 외 표준화 동향." TTA 저널.

김선미. 2010. "포렌식마킹 기술 개발 동향-개요 및 국내외 제품을 중심으로-." 한국저작권위원회(문화체육관광부 지원으로 제공하는 자료).

김용호. 2004. DRM 구조적 모델을 통한 기술표준 분석 및 국제 표준과 시장에 관한 연구. 성균관대학교 정보통신대학원 석사학위논문.

김유정, 김관현. 2011. "온라인 방송콘텐츠 유통 중개업자의 핵심 역량과 유통구조 개선효과에 관한 사례." 한국콘텐츠학회논문지. 11(9): 254-266.

김의석. 2013. "카드사들 모바일 전자지갑 시장 진출." FNTIMES. 〈http://www.fntimes.com/paper/view.aspx?num=125802〉.

김재우. 2007. "컴퓨터프로그램의 특허권적 보호와 저작권적 보호에 관한 연구." 한남대 행정정책대학원.

김재하. 2009. "콘텐츠산업 분류체계 재정립 및 통계조사 과학화 방안 연구." GDCA. (재)

경기디지털콘텐츠진흥원.

김정유 외. 2003. 2003년도 디지털콘텐츠 해외시장조사 보고서: 총괄편. 서울: 한국소프트웨어진흥원.

김준호 외. 2005a. 2004년도 해외 디지털콘텐츠 산업조사연구: 게임편. 서울: 한국소프트웨어진흥원.

김진우. 2002. 디지털콘텐츠@HCILab. 서울: 영진닷컴.

김창수, 권혁인, 김승욱, 문희정, 이성호, 정재진, 최하늘. 2009. 디지털콘텐츠 비지니스. 서울: 도서출판 청람.

김태우. 2004. 디지털 컨텐츠 보호 기술 모델 및 사업 모델. 서울: 한빛소프트.

김하진 외. 2000. 디지털 컨텐츠. 서울: 안그라픽스.

김현빈. 2003a. "렌더링 엔진, 각종 게임 그래픽 데이터를 다양한 환경에서 출력." Digital Contents, 5: 118-120.

김현빈. 2003c. "서버엔진, 온라인 게임 구축을 위한 핵심기술." Digital Contents, 8: 118-121.

김형석 · 이기창 · 전성규. 2000. 무기체계 시뮬레이션을 위한 VR 시스템 개발. 대전: KAIST.

김효정. 2008. "이용자 동의 없는 전화결제, 시장에서 퇴출." ZDNet Korea. 〈http://www.zdnet.co.kr/news/news_view.asp?artice_id=00000039171051&type=det〉.

데이코산업연구소. 2010. 글로벌 전자책(e-book)시장 실태와 관련 산업 동향. 서울: 데이코산업연구소.

문화관광부, 한국저작권위원회. 2009. "개정 저작권법 해설." 한국문화관광부(저작권정책과), 한국저작권위원회(정책연구실).

문화관광부. 2010. "미디어 환경 변화에 따른 콘텐츠 산업 전망과 정책과제." 문화체육관광부.

문화체육관광부. 2008. "방송영상콘텐츠 육성방안." 문화체육관광부.

문화체육관광부, 한국저작권위원회. 2009. "음악 포렌식마크 기술 성능평가 인증 표준화 연구." 한국저작권위원회.

문화체육관광부, 한국저작권위원회. 2011. 2010 저작권 백서. 서울: 문화체육관광부, 한국저작권위원회.

민경배. 2012. "무료 온라인 교육, 대학 장벽 허문다." 한국대학신문. 〈http://news.unn.net/news/articleView.html?idxno=113269〉.

박남제 · 송유진. 2001. "디지털 컨텐츠 저작권 보호기술." 정보보호학회지, 11(5): 147-155.

박수웅. 2008. "저작권에 관한 국제조약." 한국지적재산권법제연구원.

박유리, 유선실, 이은민, 임순옥. 2012. "커넥티드 환경에서의 콘텐츠 산업 패러다임 변화 연구." 정보통신정책연구원.

박창헌. 1999. 디지털이 경제다. 서울: 커뮤니케이션북스.

박추환. 2000. 국내외 디지털 컨텐츠 시장의 유료화 현황 및 활성화 방안. 서울: 정보통신기술연구소.

박태준 · 류성원 · 이은희. 2004. "모바일 3D 기술 동향." 〈http://kidbs.itfind.or.kr/WZIN/jugidong/〉.

반준화, 엄성원. 2013. "진화하는 온라인 결제… 유통 · 통신 · 보안업체 합종연횡." 머니투데이뉴스. 〈http://news.mt.co.kr/mtview.php?no=2013011317423609000〉.

배진성. 2011. (나모 이북에디터로)나는 eBook을 만든다. 남양주: 행복한 나무.

백영미. 2010. "한국 DC 산업 현황과 아시아 · 태평양 진출 활성화 방안". 한국콘텐츠진흥원.

법제처 국가법령정보센터. 2013. "저작권법." 〈http:// www.law.go.kr/〉.

법제처 국가법령정보센터. 2013. "디지털콘텐츠." 〈http:// www.law.go.kr/〉.

베타리서치앤컨설팅. 2003. 2003년도 디지털콘텐츠 해외시장조사 보고서. 서울: 한국소프트웨어진흥원.

사사키 도시나오. 2010. 전자책의 충격. 서울: 커뮤니케이션북스.

서울경제신문. 2013. "음악저작물". 〈http://economy.hankooki.com/〉.

서은영. 2012. "한국 '만화' 용어에 대한 문제제기 및 제언." 인문콘텐츠. 9: 101-128.

성지용. 2003. "사이버지적재산권의 보호방식, 사이버재산권의 보호와 이용." KITAL 세미나 자료집.

소대영, 이병수, 이상순. 2012. "디지털콘텐츠 보호를 위한 저작권기술 분류체계 및 요소기술수준 평가 연구." 한국정보기술학회논문지. 10(5): 203-212.

손정훈 외. 2002. 디지털콘텐츠 유료화 및 수익기반 다각화 방안에 관한 연구. 서울: 한국소프트웨어진흥원.

손태우. 2000. "미국의 통일전자거래법(Uniform Electronic Transactions Act)최종안의 내용과 의의." 인터넷 법률, 2000년 3호.

송민정. 2010. "모바일미디어 환경변화와 콘텐츠 유통." KT경제경영연구소.

송해룡. 2002. 디지털 미디어, 서비스, 그리고 콘텐츠. 서울: 다락방출판사.

신각철. 2001. 최신 컴퓨터프로그램보호법. 서울: 법영사.

안계성. 2002. "디지털도서관에서의 저작권관리 방안." 디지털도서관. 26(여름호).

오성흔. 2012. "[기술] 워터마킹과 포렌식마킹 기술의 활용 동향" 한국저작권위원회.

오원근. 2012. "포렌식마크 기술 평가 및 인증 기술." 방송공학학회. Vol.2(18): 196-203.

오원근. 2012. "포렌식마크 기술 평가 및 인증 지침." 한국전자통신연구원. 2012년 한국방송공학학회 하계학술대회.

오익재. 2002. E-콘텐츠. 서울: 형설출판사.

와이즈인포. 2010. eBook(전자책) 산업 현황조사 리포트. 서울: 와이즈인포.

유선실. 2001. "인터넷 음악." 정보통신산업동향.

유승균, 이제홍. 2011. "디지털콘텐츠 산업에서의 무역보험 역할에 관한 연구." 한국무역보험학회, 12: 141-161.

유은영. 2013. "국내 콘텐츠산업 내 디지털콘텐츠 매출액 동향." KOCCA 통계브리핑. 제13-04호(국내편).

유찬웅. 2011. This is ePUB for iBooks : 1인 저자출판을 위한 최강의 스크릿메뉴얼. 서울: 비엘북스.

윤선희. 2002. IT 산업의 분재해결제동 관한 연구. 서울: 프로그램심의조정위원회.

윤성의, 이승용, 이제희, 임인성, 정규만. 2012. "컴퓨터 그래픽스 연구 현황: 1부 실세계로의 접근." 컴퓨터그래픽스학회, 18(2): 17-33.

은성경 · 김신효 · 조현숙. 1997. "방송 환경에서의 일반적인 제한 수신 구조." 방송공학회지. 제2권 제1호.

이경전. 2009. "유무선 전화결제가 디지털 컨텐츠 산업 및 시장에 미친 영향 분석." 서울: 한국인터넷기업협회.

이경형. 2004. "제4절: 게임." 정보통신산업동향.

이명규 · 장우권. 2004. 지식정보사회와 디지털콘텐츠. 광주: 전남대학교 출판부.

이상수. 2006. "디지털콘텐츠의 법적인프라 - 산업진흥인가? 권리보호인가?." 콘텐츠유통보호팀.

이상원. 2009. 디지털콘텐츠 제작을 위한 애니메이션 워크북. 서울: 미술문화.

이상정. 2001. "통일컴퓨터정보거래법의 성립배경 및 개관." 소프트웨어저작권.

이상호, 심창훈. 2013. "디지털콘텐츠 유통플랫폼 진화에 따른 정책방향: C2C 유통플랫폼을 중심으로." 한국콘텐츠진흥원.

이상호. 2000. "컨텐츠 전송 서비스(content delivery service) 시장의 현황." 정보통신정책.

이성기, 조도현. 2010. 콘텐츠와 e-book 출판. 서울: 해냄.

이영아 · 하재구. 1999. 멀티미디어 컨텐츠 기획. 서울: 영진출판사.

이용준. 2010. (e-book 르네상스) 전자책 빅뱅. 파주: 한국학술정보.

이인화. 2003. "디지털스토리텔링의 원리." Digital Contents, 8: 106-115.

인터넷분쟁조정위원회. 2005. "인터넷분쟁조정제도 개요." 〈http://www.idrc.or.kr/index_dist.htm〉.

일본경제산업성. 일본이러닝백서. 2004/2005.

일본디지털콘텐츠협회. 2001. 디지털콘텐츠 백서. 동경: 일본디지털콘텐츠협회.

일본멀티미디어포럼. 1998. 멀티미디어 현황과 전망. 동경: 일본멀티미디어포럼.

임은모. 1998. 멀티미디어 콘텐츠 비즈니스. 세계. 서울: 진한도서.

임학순 외. 2007. 만화와 문화산업 그리고 도시. 서울: 북코리아.

저작권심의조정위원회. 2005. 한국 저작권 판례집 [9]. 서울: 저작권심의조정위원회.

전봉관. 2004. "뮤지엄 스토리텔링." Digital Contents, 1: 90-97.

전승일. 2001. "애니메이션 예술의 다양한 세계." 〈http://www.moca.go.kr/Modern/modern1/publication/

정동열. 2011. 도서관경영론. 서울: 한국도서관협회.

정보통신부. 1998. 국가정보화백서. 서울: 정보통신부.

정보통신부. 2003. 전기통신에 관한 연차보고서. 서울: 정보통신부.

정보통신연구원. 1997. 정보통신산업동향. 서울: 정보통신연구원.

정보통신정책연구원. 2001. 인터넷 컨텐츠 유료화의 시장환경과 시사점. 서울: 정보통신정책연구원.

정찬모 외. 2002. 디지털 지적재산권 보호를 위한 법제도 연구. 서울: 한국전산원.

조종연. 2003. 멀티미디어 콘텐츠. 서울: 한올출판사.

지경용. 2003. "휴대인터넷 킬러 맵 개발을 위한 마케팅 전략연구 보고서." ETRI 정보화기술연구소.

최동진. 2008. "국내 디지털콘텐츠산업 시장조사 보고서." 한국소프트웨어진흥원.

최종욱. 2001. 기업내 디지털정보보호 기술. 상명여자대학교 대학원 석사학위논문.

코지마 코지. 2011. 전자책 출판가이드(ePUB&AppBook 제작에서 프로모션까지). 서울: 멘토르출판사.

탁희성. 2008. "디지털콘텐츠 불법유통의 실태와 대책." 연구총서. 2008(12):1-2.

프로그램심의조정위원회. 2001. WTO 뉴라운드 체제하에서의 국내 디지털콘텐츠산업 대응방안 연구. 서울: KIPA.

하윤주. 2008. "디지털 뉴미디어 시대의 온라인 콘텐츠 마켓플레이스 연구." 한국방송영상산업진흥원.

한국데이터베이스진흥센터. 2004. 2004 국내데이터베이스 산업 현황 및 전망보고서. 서울: 한국데이터베이스진흥센터.

한국문화콘텐츠진흥원. 2010. "이달의 CT_ 디지털 스토리텔링". 한국문화콘텐츠진흥원.

한국방송위원회. 2003. DMB, 데이터 방송 및 DMC 등 디지털방송에 관한 종합계획. 서울: 방송위원회.

한국방송통신전자파진흥원 방송콘텐츠연구부. 2013. "중고 디지털콘텐츠 유통을 둘러싼 갈등." 한국방송통신전자파진흥원.

한국인터넷정보센터. 2002. 2002 한국인터넷통계집. 서울: 한국인터넷정보센터.

한국저작권중앙회. 2009. 저작권관리사(저작권의 이해). 서울: 한국저작권중앙회.

한국전산원. 2000. 지적재산권 보호를 위한 정보은닉 기술 및 표준화 연구. 서울: 한국전산원.

한국콘텐츠진흥원. 2003b. "현장감 있는 입체음향 구현을 위하여: 멀티채널과 2채널에 의한 입체음향 기술 발전 '급물살'." Digital Contents, 7: 128-131.

한국콘텐츠진흥원. 2005. "미국과 영국이 전세계 웹정보 콘텐츠 시장 주도." 월간 디지털콘텐츠.

한국콘텐츠진흥원. 2005b. 2004년도 해외 디지털콘텐츠 산업조사연구: 디지털영상편. 서울: 한국소프트웨어진흥원.

한국콘텐츠진흥원. 2005c. 2004년도 해외 디지털콘텐츠 산업조사연구: 온라인교육편. 서울: 한국소프트웨어진흥원.

한국콘텐츠진흥원. 2005d. 2004년도 해외 디지털콘텐츠 산업조사연구: 온라인음악편. 서울: 한국소프트웨어진흥원.

한국콘텐츠진흥원. 2005e. 2004년도 해외 디지털콘텐츠 산업조사연구: 총괄편. 서울: 한국소프트웨어진흥원.

한국콘텐츠진흥원. 2009. "방송영상콘텐츠 산업실태조사 Ⅰ: 국내외 산업실태조사." 한국콘텐츠진흥원.

한국콘텐츠진흥원. 2010. "2010 해외콘텐츠시장조사(지식정보콘텐츠)." 한국콘텐츠진흥원.

한국콘텐츠진흥원. 2011. "2011 디지털콘텐츠 이용피해현황 및 경제적 피해규모 조사분석." 한국콘텐츠진흥원.

한국콘텐츠진흥원. 2011. "2011 스마트콘텐츠 시장조사." 한국콘텐츠진흥원.

한국콘텐츠진흥원. 2011. "2011 콘텐츠산업백서." 한국콘텐츠진흥원.

한국콘텐츠진흥원. 2011. "2011년 10월 문화기술(CT) 심층리포트". 한국콘텐츠진흥원.

한국콘텐츠진흥원. 2011. "멀티플랫폼 게임의 동향과 전망." 2011-17호.

한국콘텐츠진흥원. 2012. "2012 콘텐츠산업통계 전체." 한국콘텐츠진흥원.

한국콘텐츠진흥원. 2012. "2012 해외콘텐츠시장 동향조사." 한국콘텐츠진흥원.

한국콘텐츠진흥원. 2012. "2012년 4분기 소비자 콘텐츠 구매실태 조사." 한국콘텐츠진흥원.

한국콘텐츠진흥원. 2012. "방송영상콘텐츠 백서." 한국콘텐츠진흥원.

한국콘텐츠진흥원. 2013. "2012 스마트콘텐츠 시장조사." 한국콘텐츠진흥원.

한국콘텐츠진흥원. 2013. "2012 콘텐츠 산업통계." 한국콘텐츠진흥원.

한국콘텐츠진흥원. 2013. "2012 콘텐츠산업통계." 한국콘텐츠진흥원.

한국콘텐츠진흥원. 2013. "국내 콘텐츠산업 내 디지털콘텐츠 매출액 동향." 한국콘텐츠진흥원.

한종욱 · 박춘식 · 김은수. 1997. "저작권 보호를 위한 디지털 워터마크." 통신정보보호학회지. 7(4).

한혜원. 2004. "커뮤니티 스토리텔링." Digital Contents, 3:114-120.

현대호. 2004. 영업비밀의 보호에 관한 법제연구. 서울: 한국법제연구원.

홍덕기. 2013. "모바일 결제시장의 주도권 싸움." 주간한국. 〈http://weekly.hankooki.

com/lpage/sisa/201308/wk20130803070122121210.htm〉.

Aarseth, Espen. 2004. “Genre Trouble: Narrativism and the Art of Simulation.” In Harrigan & Wardrip-Fruin (Eds.), *First Person*. Cambridge, MA: The MIT Press.

Alatter, A. 2000. “Smart Images using Digimarc's Watermarking Technology.” SPIE 12th International Symposium on Electronic Imaging, San Jose, CA. 3791(25).

ALIC. 2003. e러닝 백서 2004/2005. 일본: 오무사.

ARC Group. 2003. Mobile Content & Applications: Business and Revenue Models for the Evolving Mobile Value Chain.

Bekaert, Jeroen. 2003. “Using MPEG-21 DIDL to Represent Complex Digital Objects in the Los Alamos National Laboratory Digital Library.” *D-Lib Magazine*, 9(11).

Bender, W., D. Gruhl, N. Morimoto, and A. Lu. 1996. “Techniques for Data Hiding.” *IBM Systems Journal*, 35.

Boneh, D. and J. Shaw. 1998. “Collusion-Secure Fingerprinting for Digital Data.” IEEE Trans. Inf. Theory, 44(5).

CableLaps. 2002. “Introduction to OpenCable.” 〈http://www.icdevice.co.kr/mailnews_2003/file/OpenCable_Overview.ppt#385,7,Cable Plant Architecture〉.

CCIR. 1992. “Conditional-Access Broadcasting System.” Recommendation 810.

Cheese, Peter. 2003. “Keeps universities from embracing e-learning.” *LTI Magazine*. 〈http://www.ltimagazine.com/ltimagazine/article/articleDetail.jsp?id=74867〉.

China Meteorological Administration. 2011. “Graphical Editor and Forecast Making.” 〈http://www.cma.gov.cn/en/Special/2012Special/20120504/2012050405/201205/t20120517_173012.html〉.

Chung, Chanjoo et al. 2000. “Efficient Anonymous Fingerprinting with Improved Automatic Identification of Redistributors.” *Trans. of KIISC*, Vol. 10, No. 4.

Cox, I. J. and M. L. Miller. 1997. “A Review of Watermarking and the Importance of Perceptual Modeling.” Proc. of SPIE Conf. on Human Vision and Electronic Imaging II. 3016.

Cox, I. J., J. Kilan, F. T. Leighton, and T. Shamoon. 1997. “Secure Spread Spectrum Watermarking for Multimedia.” IEEE Trans. Image Proc, 6(12).

Cox, I. J., M. L. Miller, and J. A. Bloom. 2001. *Digital Watermarking*. San

Francisco. CA: Morgan Kaufmann Publishers.

Craver, S., N. Memon, B. Yeo, and M. M. Yeung. 1998. "Resolving Rightful Owernerships with Invisible Watermarking Techniques: Limitations, Attack, and Implications." IEEE J. Selected Areas in Communications, 16(4).

DFC Intelligence. 2004. The Business of Computer and Video Games. The Online Game Market.

Digital Content Protection, LCC. 2005. "High-bandwidth Digital Content Protection System Revision 1.1." 〈http://www.digital-cp.com/home〉.

Digital Vector. 2004. Global Animation Industry: Strategies, Trends and Opportunities. The Roncarelli Report on the Computer Animation Industry.

Dittmann, J. 2000. "Combining Digital Watermarks and Collusion Secure Fingerprints for Customer Copy Monitoring." Proc. IEE Seminar Sec. Image & Image Auth., Mar.

Domingo-Ferrer, J. 1998. "Anonymous Fingerprinting of Electronic Information with Automatic Identification of Redistributors." *Electronics Letters*, Vol. 34, No. 13.

________________. 1999. "Anonymous Fingerprinting Based on Committed Oblivious Transfer." PKC99, LNCS1560, Springer-Verlag.

________________. and J. Herrera-Joancomart. 2000. "Simple Collusion-secure Fingerprinting Schemes for Images." in IEEE International Conference on Information Technology: Coding and Computing, ITCC.

ETRI. 2003. "디지털 워터마킹/핑거프린팅 기술현황 및 동향." 〈www.dc.or.kr/down/20031204/321-4번_dcc발표자료.pdf〉.

Forbes. 2005. "Corporate eLearning Economies." Forbes. 〈http://www.forbes.com/specialsections/elearning/e-04.html#i〉.

Forst & Sullivan. 2004. U.S. e-Learning Markets.

Forster, E. M. 1955. Aspects of Novel. New York: Harcourt Brace Jovanovich.

4C Entity, LLC. 2003. Content Protection for Prerecorded Media Specification. Introduction and Common Cryptographic Elements. Revision 1.0. 〈Available at http://www.4centity.com/docs/versions.html.〉.

4C Entity. 2000. 'Content Protection System Architecture: A Comparative Framework for Content Protection, revision 0.81.' 〈http://www.4centity.com/data/tech/cpsa/cpsa081.pdf〉.

Global STM analysis and forecast, 2004. 10. (18)IRM Research. The European Online Information Market: Executive Summary, 2004. 6.

Group, Meta. 2004. "Learning Management Market Update: Current Leadership and Future Considerations." Ted Tzirimis.

Harris, L. 1998. *Digital Property: Currency of the 21st Century*. Ryserson: McGraw-Hill.

Herrigel, A., S. Voloshynoskiy, and Y. Rytsar. 2001. "The Watermark Templage Attack." SPIE Photonics West, Electronic Imaging 2001, Security and Watermarking of Multimedia Contents III, No. Paper 4314-46, San Jose, CA, USA.

IBSNet. 2004. "2005년 모바일 콘텐츠 시장전망." IT 산업전망 컨퍼런스 2005. 〈http://khost.co.kr/bbs/bd_view.asp?q=89&bd=home_data&p=1&ss=1〉.

IDATE. 2004. Video Games-NextGen Gaming: on Its Way and Here to Stay.

IDC. 2003. European Corporate eLearning Marcket Forecast and Analysis 2003~2007.

IMO. 1995. "The Role of the Content Sector in the Engineering Information Society," Working Paper. 〈ftp://ftp.echo.lu/pub/imo/9505fnl.doc.〉

Impress. 2004. eBook Marketing Report.

In-Stat/MDR. 2004. Online Gaming: Where the Lost Boys Are.

____________. 2004. Telco TV Take Off.

IRM Research. 2004. The European Online Information Market: Executive Summary.

ISMA. 2003. "ISMA Cryp Draft Specfication, Version 7.0," ISMA.

_____. 2004. Mobile Gaming Services in the US, 2004~2008.

Strategy Analytics. 2004. Global Cellular Data Forecast.

Jim Jansen. 2010. "65% of internet users have paid for online content." Pew Internet.

Ju, Hak-Soo et al. 2003. "An Anonymous Buyer-Seller Watermarking Protocol with Anonymity Control." ICISC2002, LNCS2587, Springer-Verlag.

Jun, T. 2001. "A Fragile Watermarking Method for Digital Image Authentication." ICASSP 2001, Salt Lake City, USA.

Jupiter Communications. 1998. *Consumer Internet Economy*. New York: Jupiter Communications.

KESA. 2000. 한국게임산업의 현황과 전망. 서울: 한국첨단게임산업협회.

Kilian, J. et al. 1998. "Resistance of Digital Watermarks to Collisive Attacks." Tech. Rep., TR-585-98, Dept. of Computer Science, Prinston University.

KIPA, KIBA. 2004. 2004년도 국내 디지털콘텐츠산업 시장조사 보고서. 서울: 한국소프트웨어진흥원, 한국콘텐츠산업연합회.

KIPA, KOSA. 2003. 2004년 디지털콘텐츠 수요 조사 결과보고서. 서울: 한국소프트웨어진흥원, 한국소프트웨어산업협회.

KIPA. 2003. 디지털콘텐츠 산업백서. 서울: 한국소프트웨어진흥원.

____. 2004a. 디지털콘텐츠 산업 분류 체계에 관한 연구. 서울: 한국소프트웨어진흥원.

____. 2004b. 디지털콘텐츠 산업백서: 2003~2004. 서울: 한국소프트웨어진흥원.

____. 2004c. 2003년도 디지털콘텐츠 해외시장조사 보고서. 서울: 한국소프트웨어진흥원.

____. 2005a. 2004년도 해외 디지털콘텐츠 산업조사연구. 서울: 한국소프트웨어진흥원.

____. 2005b. 디지털콘텐츠 산업백서: 2004~2005. 서울: 한국소프트웨어진흥원.

____. 2005c. 2004년도 국내 디지털콘텐츠시장 조사 보고서. 서울: 한국소프트웨어진흥원.

Kirovski, D. H.S. Malvar, and Y. Yacobi. 2002. "Multime-dia Content Screening Using a Dual Watermarking and Fingerprinting System." ACM Multimedia.

Kundur, D. and D. Hatzinakos. 1998. "Digital Watermarking and Information Embedding using Dither Modulation." Proc. of 1998 IEEE Second Workshop on Multimedia Signal Processing, Redondo Beach, CA.

Küng, L., Anna-Marrina Kröll, B. Ripken, & M. Walker. 1999. "Impact of the Digital Revolution on the Media and Communications Industries." The Public, Vol. 6: 30-40.

Kutter, M., F. Jordan and F. Bosson. 1997. "Digital Signature of Color Images using Amplitude Modulation." Proc. of SPIE.

Kutter, M., S. Voloshynoskiy, and A. Herrigel. 1999. "The Watermark Copy Attack." Proceedings of SPIE, Security and Watermarking of Multimedia Content II, Vol. 3971, Jan. 2000, San Jose, CA, USA.

Makee, Robert. 1997. *Story*. New York: Harper Collins.

Memon, N. and P. W. Wong. 2001. "A Buyer-Seller Watermarking Protocol.," IEEE Transactions on Image Processing, 10(4).

MPEG MDS Group. August 2002. "ISO/IEC FDIS 21000-3 Digital Item Identification." ISO/IECJTC1/SC29/WG11/N4939.

____________. December 2003. "ISO/IEC FDIS 21000-7 Digital Item Adaptation." ISO/IEC JTC1/SC29/WG11/N6168.

____________. July, 2003a. " ISO/IECFDIS 21000-5 Rights Expression Language."ISO/IEC JTC 1/SC29/WG 11/N5839.

____________. July, 2003b. "ISO/IECFDIS 21000-6 Rights Data Dictionary." ISO/IEC JTC 1/SC29/WG 11/N5842.

MPEG MDS Group. March 2004b. "Studyof ISO/IEC 21000-10 CD Digital Item

Processing." ISO/IEC/JTC1/SC29/WG11/N6415.

________________. March 2004c." WD v.1of ISO/IEC 21000-15 EventReporting." ISO/IEC/JTC1/SC29/WG11/N6419.

________________. March, 2004a. "ISO/IEC 21000-2 DID 2nd Edition CD." ISO/IEC JTC1/SC29/WG11/N6409.

MPEG Requirement Group. March 2004a. "Text of DTR of ISO/IEC 21000-1 Second Edition." ISO/IEC JTC1/SC29/WG11/N6388.

________________________. March 2004b. "Text of DTR of ISO/IEC 21000-11 MPEG-21 Evaluation Tools for Persistent Association." ISO/IEC/JTC1/SC29/WG11/N6391.

________________________. March 2004c. "Requirements for MPEG-21 IPMP." ISO/IEC JTC1/SC29/WG11/N6389.

MPEG System Group. March 2004d. "Text of ISO/IEC 21000-9 CD MPEG-21 File Format." ISO/IECJTC1/SC29/WG11 N6331.

MPEG System Group. March 2004e. "WD1.0 of Text of ISO/IEC 21000-16 Binary Format." ISO/IEC/JTC1/SC29/WG11/N6333.

MPEG Video Group. March 2004, "Scalable Video Model Version 1.0." ISO/IEC/JTC1/SC29/WG11/N6372.

MPEG-21 Multimedia Framework. 2003. "Information Technology - Multimedia Framework (MPEG-21) - Part 1: Vision, Technology and Strategy," ISO/IEC PDTR 21000-1.

Multimedia Research Group. 2004. IPTV Business Case and Global Forecast 2004~2007.

Neal, Lisa. 2005. "Prediction for 2005." eLearn Magazine. 〈http://www.elearnmag.org/subpage/sub_page.cfm?article_pk=13126&page_number_nb=2&title=FEATURE%20STORY〉.

Online Publishers Association. 2004. "The Web Habit: An Ethnographic Study of Web Usage." 〈http://www.online-publishers.org/〉.

Ovum. 2003. Global Mobile Market Forecast.

_____. 2003. Mobile Operators Set to the Battle for Content Revenues Worldwide.

Petitcolas, F. A. P., R. Anderson, and M. G. Kuhn. 1999. "Information Hiding: A Survey." Proc. of the IEEE, 87(7).

Pfitzmann, B. 1996. "Trials of Traced Traitors." Information Hiding, Lecture Notes in Computer Science, Vol. 1174, Springer-Verlag.

___________. and Ahmad-Reza Sadeghi. 2000. "Coin-based Anonymous

Fingerprinting." Eurocrypt '99, LNCS 1592.

__________. and M. Schunter. 1996. "Asymmetric Fingerprinting." Eurocrypt'96, LNCS1070, Springer-Verlag.

__________. and W. Waidner. 1997. "Anonymous Fingerprinting." Eurocrypto'97, LNCS1233, Springer-Verlag.

Pine, J. and Gilmore, J. 1999. The Experience Economy. Boston: Harvard Business School Press.

Pitas, Ioannis. 1995. "A Method for Signature Casting on Digital Images." in Proc. of IEEE Conf. on Image Processing.

PwC. 2004. Global Entertainment and Media Outlook 2004~2008.

PwC. 2012. 2012 해외콘텐츠시장 동향조사. 서울: 한국콘텐츠진흥원.

Ricoeur, Paul 저, 김한식 · 이경래 옮김. 1999. 시간과 이야기: Temps of Recit. 서울: 문학과 지성.

Ruanaidh, J. O., W. J. Dowling, and F. M. Boland. 1996. "Phase Watermarking of Digital Images." Proc. of Ieee Conf. in Image Processing. 3.

Sadeghi, Ahmad-Reza. 2001. "How to Break a Semi-anonymous Fingerprinting Scheme." IH2001, LNCS 2137.

Screen Digest. 2004. Animated Movies: US and European Market Assessment.

Sebe, F. and J. Domingo-Ferrer. 2002. "Short 3-Secure Fingerprinting Codes for Copyright Protection." Lecture Notes in Computer Science, Vol. 2384.

Sloan, John. 2003. "E-learning Needs Analysis." Darwin Magazine. 〈http://www.darwinmag.com/read/080103/needs.html〉.

Strategy Analytics. 2004. Carrier Retail Channels Control $8 Billion Mobile Games Opportunity.

Strategy Analytics. 2004. Global Cellular Data Forest.

Stone, H. 1996. "Analysis of Attacks on Image Watermarks with Randomized Coefficients." NEC Technical Report.

Su, J. K. and B. Girod. 1999. "On the Imperceptibility and Robustness of Digital Fingerprints." Proc. of the IEEE International Conf. on Multimedia Computing and Systems. 2.

Surmacz, Jon. 2002. "Cutting Classes." Darwin magazine, 2002. 9. 〈http://www.darwinmag.com/read/090102/learn.html〉.

Trappe, W., M. Wu, and K.J.R. Liu. 2002. "Collusion-Resistant Fingerprinting for Multimedia." Proc. of IEEE Int. Conf. on Acoustics, Speech, and Signal Processing(ICASSP.02), Vol. IV, Orlando, FL.

Tsekeridou, S. and I. Pitas. 2000. "Wavelet-based Self-similar Watermarking for Still Images." ISCAS. Geneva, Switzerland.

TV-Anytime RMP Group. 2002. "TV-Anytime RMP Specification." WD550.

Wahadaniah, V., Y. L. Guan, and H. C. Chua. 2002. "A New Collusion Attack and Its Performance Evaluation." Proceedings of International Workshop on Digital Watermarking, LNCS2613.

Wang, Yiwei, John F. Doherty, and Robert E. Van Dyck, 2001. "A Watermarking Algorithm for Fingerprinting Intelligence Images." 2001 Conference on Information Sciences and Systems, The Johns Hopkins University.

Winter Green. 2004. Electronic Online Music Market Opportunities, Strategies, and Forecasts 2004 to 2009.

찾아보기

{ ㄹ }

{ ㅇ }

{ ㅈ }

{ ㅊ }

{ ㅋ }

| 저자약력 |

노영희

[약력]

- 연세대학교 문헌정보학과 정보학 박사
- 한국과학기술연구원(KIST) 자료실 연구원
- 한국정보공학(KIES) 정보검색엔진개발팀 팀장
- 이화여대 국제정보센터 자료실장
- 건국대학교 문헌정보학과 교수(현재)
- 지식콘텐츠연구소 소장(현재)
- 학술상(2009) 및 건국학술대상(2013) 수상
- 2013 Marquis Who's who in the world에 등재

[주요 저서 및 논문]

- 『인문과학과 예술의 핵심 지식정보원』
- 『한국문헌정보학 교과과정』
- 『개념기반 정보검색 기법』
- 『메타데이터의 이해』
- 『건강정보 지식정보원』 시리즈
- 『국제기구 지식정보원』 시리즈
- 「A Study on Automatic Text Categorization of Internet Documents」
- 「A Study on the Estimation of Performance of Concept-Based Information Retrieval Model Using the Web」
- 「기계학습 기반 피드백 과정을 통한 SDI 시스템의 성능향상에 관한 연구」
- 「The impact of university library resources on university research achievement outputs」
- 「A Study on the Next-Generation Digital Library using Context-Awareness Technology」
- 「The Development and Performance Measurements of Educational Programs to Improve Consumer Health Information (CHI) Literacy」 외 150여 편 저술

디지털콘텐츠의 이해

2014년 2월 20일 1판 1쇄 인쇄
2014년 2월 28일 1판 1쇄 발행

저 자 노영희
발행인 이수영
발행처 도서출판 청람

㊝ 121-811
서울시 마포구 독막로 288(대흥동, 세양상가 109호)
TEL : 02)3272-2601(대)~2 FAX : 02)3272~2603
E-mail : crbooks@hanmail.net
http://www.crbooks.co.kr

등록 : 2000. 8. 26 제6-0509호

ISBN 978-89-5972-372-0 93000 [정가 25,000원]